國家社科基金
GUOJIA SHEKE JIJIN HOUQI ZIZHU XIANGMU
後期資助項目

唐中書門下兩省屬官年表

上

李振中 著

中華書局
ZHONGHUA BOOK COMPANY

圖書在版編目(CIP)數據

唐中書門下兩省屬官年表/李振中著. —北京:中華書局,
2024.11. —ISBN 978-7-101-16843-3

Ⅰ.D691.42

中國國家版本館 CIP 數據核字第 2024RA7207 號

書　　名	唐中書門下兩省屬官年表(全二册)
著　　者	李振中
叢 書 名	國家社科基金后期資助項目
責任編輯	吴愛蘭
封面設計	毛　淳
責任印製	管　斌
出版發行	中華書局
	(北京市豐臺區太平橋西里38號　100073)
	http://www.zhbc.com.cn
	E-mail:zhbc@zhbc.com.cn
印　　刷	三河市宏盛印務有限公司
版　　次	2024 年 11 月第 1 版
	2024 年 11 月第 1 次印刷
規　　格	開本/710×1000 毫米　1/16
	印張 62　插頁 4　字數 980 千字
國際書號	ISBN 978-7-101-16843-3
定　　價	278.00 元

國家社科基金後期資助項目出版説明

後期資助項目是國家社科基金設立的一類重要項目，旨在鼓勵廣大社科研究者潛心治學，支持基礎研究多出優秀成果。它是經過嚴格評審，從接近完成的科研成果中遴選立項的。爲擴大後期資助項目的影響，更好地推動學術發展，促進成果轉化，全國哲學社會科學工作辦公室按照"統一設計、統一標識、統一版式、形成系列"的總體要求，組織出版國家社科基金後期資助項目成果。

全國哲學社會科學工作辦公室

目　録

前　言

　　所謂年表，指依照年代順序排列人物事件的表格。原本是紀傳體史書的一種體裁。它把重大歷史事件按年月排列起來，讓人一目了然。始見於《史記》，如《十二諸侯年表》《六國年表》等，後來的一些紀傳體史書，如《漢書》《新唐書》等也撰有各類年表。本書是逐年排比唐代中書、門下兩省屬官的任免、在職情況，從而形成依照年代順序排列出來的表格。

　　中書、門下兩省，歷來與尚書省並稱，是古代最高的權力機構。中書省是秉承皇帝旨意，發布詔書和中央政令的最高機構。以初唐爲例，中書令爲最高長官，往往任首席宰相，以中書侍郎爲副，以中書舍人爲核心官職，掌管省內機樞政務。中書令不長設時，中書侍郎即爲首席宰相。門下省與中書省同掌機要、共議國政，並負責審查詔令、簽署章奏，又有封駁之權。

　　在對唐代職官的研究中，涉及尚書省官吏的，有勞格、趙鉞《唐尚書省郎官石柱題名考》、張忱石《唐尚書省右司郎官考》、嚴耕望《唐僕尚丞郎表》、岑仲勉《郎官石柱題名新著録》《郎官石柱題名新考訂》。關於御史臺的，有趙鉞、勞格《唐御史臺精舍題名考》。關於九寺（太常、光禄、衛尉、宗正、太僕、大理、鴻臚、司農、太府）的，有郁賢皓、胡可先《唐九卿考》。關於地方官的，有清吳廷燮《唐方鎮年表》、郁賢皓《唐刺史考》。而近年來又有對唐縣令的研究與考述，不一而足。中書、門下兩省的屬官，地位之重要，幾與尚書省相同，卻沒有被研究者重視，確實是一大遺憾，因而顯得更加重要和迫切。

　　關於唐代職官的典籍與著述，除上述所引之外，還有《舊唐書·職官志》《新唐書·百官志》《新唐書·宰相表》《唐六典》《通志·職官略》《通典·職官典》《翰苑群書》《文獻通考·職官考》等。這些都給本研究帶來了極大的啓發和便利。

　　《新唐書·宰相表》，把宰相的任免情況逐年羅列得十分清晰，其中關於中書、門下官員的任免的，對本書幫助很大。《唐方鎮年表》《唐刺史考》《登科記考補正》《唐九卿考》以及已整理的唐人別集中所附年譜等，給本書提供了很多綫索。《唐方鎮年表》《唐刺史考》是關於唐代地方官的任職年表或任職考述,提供了很多節度使或刺史由京官遷出地方或由地方遷入京官的綫索,《登科記考補正》在考述科考者信息時,也有科考者及第後除任京官的資料。《唐九卿考》在考述九卿任職時,有很多中書門下屬官與九卿屬官互遷的綫索。有些已經整理的唐人别集,或按編年排列,或在解題中考述作年,或後附年譜,其中多有作者的仕歷交代,或者與别集作者交游者的仕歷資料信息。這些資料信息,都給本年表提供了非常重要的參考。還有《唐代高層文官》《唐代中層文官》《唐代基層文官》等,也對本年表有很多的啓發和幫助。除此之外,關於唐代職官的研究著述,尚有《歷代職官表》《漢唐職官制度研究》《簡明中國歷代官職辭典》等,但是這些書對於本年表研究參考價值有限。

與上述關於職官的研究明顯不同之處在於:本年表把有唐一代中書、門下兩省官員(不只是長官和副長官)任職情況以年表的形式呈現。年表上限起于唐武德元年(618),下限止于唐天祐四年(907)。根據典籍儘量詳盡列出兩省官員的任職情況及遷黜軌迹。與之前各種静態的"姓名録"最大的不同,本年表是動態的。另外,兩省中尤其是中書省負責起草詔令(當然,尚書省官員甚至九寺職官也有知制誥的)等王言作品,並且有很多在文學上有建樹的作家都曾任職於中書、門下兩省,因此,本年表的編纂,也給研究唐代作家與作品提供了重要的依據。具體來説,其意義和價值在於:

首先,中書、門下兩省與尚書省一樣都屬於中央核心機構,對於尚書省官員研究已有多種,也有對御史臺、九寺官乃至於地方官的研究,而對於中書、門下兩省官員的研究,至今闕如,因此編纂《唐中書門下兩省屬官年表》,尤顯迫切和必要。

其次,新、舊《唐書》本紀和傳記、《資治通鑑·唐紀》以及《全唐文》中王言和墓誌,有很多關於中書、門下兩省官吏任免的記述,將這些史料綜合起來研究,編纂年表,對於唐代文學社會、人物互動研究的意義非常重大,因此有十分重要的史學意義和文學史意義,同時又有重要的官制學、職官學意義。

第三,本年表是對唐代中書、門下兩省屬官的一次拉網式普查,可以系統全面地瞭解這些官員的仕歷行狀,對於糾正人物任職舛誤、正確撰寫人物小傳意義重大,對於進一步研究與兩省官員乃至整個京官相關的問題提供了重要參照。

以下是年表的編纂凡例：

本年表以《唐六典》（結合《舊唐書·職官志》《新唐書·百官志》）所列兩省官職，根據史書典籍盡可能勾稽並排比出每年（按《資治通鑑》的編年順序排列）中書、門下兩省屬官的任免情況，以期滿足學界研究需要，而免去翻檢史籍之勞。編纂年表的同時，注意搜集資料，再進行比勘辨别，糾正史料錯誤，去僞存真，以利於學界進一步研究。

1. 本年表逐年排列，自武德元年（618）至天祐四年（907）。每年兩省官職排列順序如下（其中官名改動的情況，在其年注明）：

中書省：中書令、中書侍郎、中書舍人、主書、右散騎常侍、右諫議大夫（貞元四年始置）、右補闕、右拾遺、起居舍人、通事舍人。

門下省：侍中、門下侍郎、給事中、左散騎常侍（貞觀十七年始爲職事官）、諫議大夫、起居郎、左補闕、典儀、城門郎、符寶郎。

2. 武德元年（618），所列官名，括注員數及官品，其後除非首次出現（如右散騎常侍、右諫議大夫），則均略去。兩省中一些屬官，限於史料，不能列出者則闕如。中書省"主書""主事""通事舍人"及門下省"録事""符寶郎"等，因較少記載，若有則列出，若無，則年表不呈現這些官職名。兩省屬官官名改動者，予以注明。

3. 詳細注明官員的除任、改遷情況。各司官員，一般按任職先後排列。

4. 除任或改遷，首次出現，則引具體出處資料以證，若原文繁複，則節録概述。下年如有新材料，則增引新材料。已引史料足以爲據的，不再因求全而繁瑣徵引相關資料。史書與文集均有記載的，則徵引記載時間較詳者。引文儘量直接引用，引文過長，則概括轉述。

5. 一則材料，含多人任職，相同一年中，前面若引，後面省略。反之亦然。或標明見前（後）某某官某某引。

6. 如有新職遷黜，新職若是中書門下兩省屬官者，則於新職處徵引史料，原職處注明"是年遷（轉、貶、换）某職"；若非兩省屬官，則在原職處徵引。

7. 記載有異不能明斷者，予以注明；能斷者，附按語辨明其誤。對於任職記載不同者，詳加考證，以求實情。確實無以知其任年者，則以《中書門下兩省待考官員》形式附在年表後。

8.所列官員包括皇帝播遷（玄宗、德宗、僖宗等）或即位京外者（肅宗即位靈武）所封之官。

9.六部屬官，限於史料，不能列出者則闕如。

10.以下官員不列：文武散官諸如檢校京職、開府儀同三司、特進、光禄大夫、朝議郎等；僭越者稱帝（如李重福、安禄山、朱泚、李希烈、黃巢等）所封之官；夷人入援臨時所授之官；致仕官、贈官。然有唐一代的攝官、權知、兼判以及初盛唐的檢校官，屬於職事官，予以列出。中唐及其以後節度使所加之兩省長官（中書令、侍中），似有職事之權，姑且列出。

11.引書原則，早出者優先，若早出者誤，後出者正確，則引後出者。比如：《舊唐書》《新唐書》《資治通鑑》相同的，引《舊唐書》。《新唐書》《資治通鑑》相同，而與《舊唐書》不同，不能斷明是非的，引《新唐書》和《資治通鑑》，後附《舊唐書》不同之處；《舊唐書》確誤，則下按語説明。《舊唐書》正確，而《新唐書》《資治通鑑》及其它書有誤者，亦考其錯誤。

12.較長書名，用簡稱。《舊唐書》簡稱《舊書》、《新唐書》簡稱《新書》、《唐會要》簡稱《會要》、《資治通鑑》簡稱《通鑑》、《唐大詔令集》簡稱《大詔令集》、《册府元龜》簡稱《元龜》、《重修承旨學士壁記》簡稱《壁記》、《唐方鎮年表》簡稱《方鎮年表》、《唐僕尚丞郎表》簡稱《郎表》、《唐刺考全編》簡稱《刺考全編》、《全唐文》簡稱等《全文》、《全唐文拾遺》簡稱《唐文拾遺》、《全唐文續拾》簡稱《唐文續拾》、《全唐文補編》簡稱《唐文補編》、《全唐詩》簡稱《唐詩》、《唐尚書省郎官石柱題名考》簡稱《郎官考》、《唐才子傳校箋》簡稱《校箋》、《唐九卿考》簡稱《九卿考》、《唐代墓誌彙編》簡稱《墓誌彙編》、《唐代墓誌續編》簡稱《墓誌續編》、《大唐西市博物館藏墓誌》簡稱《西市博物館藏墓誌》等。墓誌題目一般縮減。

13.除引用外，對於官職的簡稱，基本遵從《郎表》。如"左右僕射"簡稱"左右僕"，"左右司員外郎"簡稱"左右員外"，"吏部尚書"簡稱"吏尚"，其他五部尚書類此；"吏部侍郎"簡稱"吏侍"，其他五部侍郎類此；"吏部員外郎"簡稱"吏部員外"，其他五部員外郎類此；"中書侍郎"簡稱"中郎"（"鳳閣侍郎"簡稱"鳳郎"），"中書舍人"簡稱"中舍"，"右散騎常侍"簡稱"右常侍"，"右諫議大夫"簡稱"右大諫"；"門下侍郎"簡稱"門郎"（"鸞臺侍郎"簡稱"鸞郎"），"左散騎常侍"簡稱"左常侍"，"諫議大夫"簡稱"大諫"；"秘書監"簡稱

"秘監","秘書少監"簡稱"少秘監";"御史大夫"簡稱"大御","御史中丞"簡稱"中丞","殿中侍御史"簡稱"殿侍御";九卿副職,如"太常少卿"簡稱"少太常",其他八副卿類此。"太常博士"簡稱"太博","國子博士"簡稱"國博";"將作少監"簡稱"少將作";"太子少傅"簡稱"少太傅","太子少師"簡稱"少太師"。"太子賓客"簡稱"賓客","太子詹事"簡稱"詹事","右右庶子"簡稱"左右庶","太子舍人"簡稱"太舍"。

官職名稱改動的,如"吏部尚書"改名"天官尚書"、"户部尚書"改名"地官尚書",則分别簡稱"天尚""地尚",其他改名者仿此簡稱,不再一一注出。

高祖武德元年(六一八)

中書省(武德初爲内史省)

中書令(二員,正三品。武德初爲内史令。中書令之職,掌軍國之政令,緝熙帝載,統和天人。入則告之,出則奉之,以釐萬邦,以度百揆,蓋以佐天子而執大政者也。凡王言之制有七:一曰册書,二曰制書,三曰慰勞制書,四曰發日敕,五曰敕旨,六曰論事敕書,七曰敕牒。凡大祭祀群神,則從升壇以相禮;享宗廟,則從升阼階;親征纂嚴,則使戒敕百寮。册命親賢,臨軒則使讀册;若命之於朝,則宣而授之。凡册太子,則授璽、綬。凡制詔宣傳,文章獻納,皆授之於記事之官)(引自《唐六典》九,以下不一一注出)

蕭瑀。《舊書》一《高祖紀》:"(武德元年)六月甲戌……隋民部尚書蕭瑀、相國府司録竇威並爲内史令。"

竇威。《舊書》一《高祖紀》:武德元年六月甲戌,相國府司録竇威爲内史令。辛丑卒。《寶刻叢編》八引《京兆金石録》:"《唐中書令延安靖公竇威碑》,于志寧撰。武德九年。"按碑爲後立。

中書侍郎(二員,正四品上。武德初爲内史侍郎。中書侍郎掌貳令之職,凡邦國之庶務,朝廷之大政,皆參議焉。凡監軒册命大臣,令爲之使,則持册書以授之。凡四夷來朝,臨軒則受其表疏,升於四階而奏之;若獻贄幣則受之,以授於所司)

温大有。《舊書》六一本傳:"大雅弟大有,字彦將……武德元年,累轉中書侍郎。會卒,高祖甚傷惜之。"《墓誌彙編上(開元〇四七)·温煒妻李夫人墓誌》:"(李夫人)後適中書侍郎温彦將孫易州司馬瓚第三子潞州屯留縣令煒。"

唐儉。自中舍遷。《通鑑》一八五"武德元年":"六月甲戌,唐儉爲内史侍郎。"

温彦博。自中舍遷。《通鑑》一八六"武德元年":"(十二月)詔以彦博爲幽州總管府長史，未幾，徵爲中書侍郎。"

中書舍人（六員，正五品上，武德初爲内史舍人。中書舍人掌侍奉進奏，參議表章。凡詔旨、制敕及璽書、冊命，皆按典故起草進畫；既下，則署而行之。其禁有四：一曰漏泄，二曰稽緩，三曰違失，四曰忘誤，所以重王命也。制敕既行，有誤則奏而改正之。凡大朝會，諸方起居，則受其表狀而奏之；國有大事，若大克捷及大祥瑞，百寮表賀亦如之。凡冊命大臣於朝，則使持節讀冊命命之。凡將帥有功及有大賓客，皆使以勞問之。凡察天下冤滯，與給事中及御史三司鞫其事。凡有司奏議，文武考課，皆預裁焉）

溫彦博。《舊書》六一本傳："（羅）藝以幽州歸國，彦博贊成其事，授幽州總管府長史。未幾徵爲中書舍人，俄遷中書侍郎。"

唐儉。六月遷中郎。《舊書》五八本傳："武德元年，除内史舍人，尋遷中書侍郎，特加散騎常侍。"

崔善爲。十一月四日遷左丞。《會要》三九《定格令》："（武德元年十一月）仍令尚書令左僕射裴寂、吏部尚書殷開山、大理卿郎楚之、司門郎中沈叔安、内史舍人崔善爲等，更撰定律令。"《舊書》一九一本傳："武德中，歷内史舍人、尚書左丞。"《郎表》二左丞：（武德元年）十一月四日乙巳至十二月間由内史舍人遷（左丞）。

孔紹安。《舊書》一九〇上本傳："及高祖受禪，紹安自洛陽間行來奔。高祖見之甚悦，拜内史舍人。"

崔確。《元龜》一二五《料敵》："武德元年十一月，降薛仁杲於折摭城……高祖聞之大悦，遣内史舍人崔確齎錦袍，馳賚有功者。"

陳政。《元龜》一七二《求舊》二："陳政初仕隋……亡歸長安……尋授内史舍人。"

趙儒。《墓誌彙編下（天寶一八九）·趙憬墓誌》（卒於開元十二年十二月，年六十九）："曾祖儒，皇内史舍人、侍御史、滁陽郡開國公。"據墓誌推，其玄孫璟生於顯慶元年（656），則儒必在武德時任職，又，武德初爲内史舍人，三年改中舍。故繫於此。

主書（四員，從七品上）

主事（四員，從八品下）

起居舍人（二員，從六品上。起居舍人掌修記言之史，録天子之制誥德

音,如記事之制,以紀時政之損益。季終,則授之於國史)

令狐德棻。《舊書》七三本傳:"高祖入關,引直大丞相府書記。武德元年,轉起居舍人,甚見親待。"

劉林甫。《墓誌續編(開耀○○一)·故秘書少監劉府君(應道)墓誌》:"(父林甫)高祖創業,徵爲起居舍人。"

通事謁者(十六員,從六品上。武德四年改通事舍人。通事舍人掌朝見引納及辭謝者,於殿庭通奏。凡近臣入侍,文武就列,則引以進退,而告其拜起出入之節。凡四方通表,華夷納貢,皆受而進之。凡軍旅之出,則受命慰勞而遣之;既行,則每月存問將士之家,以視其疾苦;凱還,則郊迓之,皆覆命。凡致仕之臣與邦之耆老,時巡問亦如之)

張直。《西市博物館藏墓誌(六四)·張直墓誌》:"及武皇受禪,隨班昇擢,遷通事舍人。"

元禧。《西市博物館藏墓誌(八二)·元禧墓誌》:"隨祚告終,神曆方建……蒙授通事舍人。"

王湛(一作諶)。《楊炯集箋注》八《瀘州都督王湛神道碑》:"高祖受禪,擢爲通事舍人、通直散騎侍郎。"

門下省

侍中(二員,正三品,武德初爲納言。侍中之職,掌出納帝命,緝熙皇極,總典吏職,贊相禮儀,以和萬邦,以弼庶務,所謂佐天子而統大政者也。凡軍國之務,與中書令參而總焉,坐而論之,舉而行之;此其大較也。凡下之通於上,其制有六:一曰奏抄,二曰奏彈,三曰露布,四曰議,五曰表,六曰狀;皆審署申覆而施行焉)(引自《唐六典》卷八,以下不一一注出)

劉文靜。《舊書》一《高祖紀》:"(武德元年)六月甲戌……相國府司馬劉文靜爲納言。"十二月爲户尚。《舊書》五七本傳:"從太宗討(薛)舉,平之,以功復其爵邑,拜民部尚書。"按十二月平薛舉。

竇抗。《新書》一《高祖紀》:"(武德元年六月辛丑)將作大匠竇抗兼納言……(十月)竇抗罷。"

陳叔達。以黃郎判。《新書》一《高祖紀》:"(武德元年六月辛丑)黃門侍郎陳叔達判納言。"

門下侍郎（二員，正四品上。黃門侍郎掌貳侍中之職，凡政之弛張，事之與奪，皆參議焉。若大祭祀，則從升壇以陪禮；皇帝盥手，則奉巾以進；既悅，則奠巾於篚，奉瓡爵以贊獻。凡元正、冬至天子視朝，則以天下祥瑞奏聞）

陳叔達。《舊書》六一本傳：“武德元年，授黃門侍郎。”六月辛丑判納言。

崔民幹。《通鑑》一八五“武德元年”：“六月甲戌……主簿陳叔達、博陵崔民幹並爲黃門侍郎。”

溫大雅。《舊書》六一本傳：“武德元年，歷遷黃門侍郎。”

韋津。《全文》二九三張九齡《故韶州司馬韋府君墓誌銘》：“曾祖津，仕隋至內史侍郎、户部尚書。武德初，拜黃門侍郎，壽光男。”

給事中（四員，正五品上。武德元年，因隋舊制爲給事郎。給事中掌侍奉左右，分判省事。凡百司奏抄，侍中審定，則先讀而署之，以駁正違失。凡制敕宣行，大事則稱揚德澤，褒美功業，覆奏而請施行；小事則署而頒之。凡國之大獄，三司詳決，若刑名不當，輕重或失，則援法例退而裁之。凡發驛遣使，則審其事宜，與黃門侍郎給之；其緩者給傳；即不應給，罷之。凡文武六品已下授職官，所司奏擬，則校其仕歷深淺，功狀殿最，訪其德行，量其才藝；若官非其人，理失其事，則白侍中而退量焉。其弘文館圖書繕寫、讎校，亦課而察之。凡天下冤滯未申及官吏刻害者，必聽其訟，與御史及中書舍人同計其事宜而申理之）

歐陽詢。《舊書》一八九上本傳：“高祖微時，引爲賓客。及即位，累遷給事中。”

起居郎（二員，從六品上。起居郎掌録天子之動作法度，以修記事之史。凡記事之制，以事繫日，以日繫月，以月繫時，以時繫年。必時書其朔日甲乙以紀曆數，典禮文物以考制度，遷拜旌賞以勸善，誅伐黜免以懲惡。季終則授之於國史焉）

高祖武德二年(六一九)

中書省(内史省)

中書令(内史令)

蕭瑀。

中書侍郎(内史侍郎)

唐儉。《舊書》五五《劉武周傳》:"夏縣人吕崇茂殺縣令,自號魏王,以應賊……(高祖)命永安王孝基、陝州總管于筠、工部尚書獨孤懷恩、内史侍郎唐儉進取夏縣,不能克,軍于城南。崇茂與賊將尉遲敬德襲破孝基營,諸軍並陷,四將俱没。"按《新書》一《高祖紀》載於十月。

温彦博。四月見在任。見門郎温大雅引。

封德彝。自中舍遷。《通鑑》一八七"武德二年":"(閏二月)德彝以秘策干上,上悦,尋拜内史舍人。俄遷侍郎。"

鄭善果。《通鑑》一八七"武德二年":"(三月庚午,一作壬午)善果至,上優禮之,拜左庶子、檢校内史侍郎。"

中書舍人(内史舍人)

孔紹安。

崔碻。當在任(上年十一月在任)。

陳政。

趙儒。

封德彝。閏二月遷中郎。《舊書》六三本傳:"遇化及敗,與士及來降。高祖以其前代舊臣,遣使迎勞,拜内史舍人。尋拜内史侍郎。"

鄭德挺。《通鑑》一八七"武德二年":"(六月己酉)遣内史舍人鄭德挺吊處羅可汗,賻帛三萬段。"

起居舍人

令狐德棻。

劉林甫。

通事謁者

張直。

元禧。是年遷都官郎中。《西市博物館藏墓誌（八二）・元禧墓誌》："隨祚告終，神曆方建……蒙授通事舍人。（武德）二年詔曰：'……宜加中散大夫，行都官郎中。'"

王湛（一作諶）。

門下省

侍中（武德爲納言）

陳叔達。《舊書》一《高祖紀》："（武德二年）正月乙卯……黄門侍郎陳叔達兼納言。"

楊恭仁。自黄郎遷。《舊書》一《高祖紀》："（武德二年）十月己亥……黄門侍郎楊恭仁爲納言。"《宰相表》上：（武德二年）十月己亥，黄門侍郎、涼州總管楊恭仁遥領納言。

門下侍郎

陳叔達。判納言。正月兼侍中。

崔民幹。《舊書》六〇《李神通傳》："（淮安王神通）擊宇文化及於魏縣，化及不能抗，東走聊城……會化及糧盡請降，神通不受。其副使黄門侍郎崔（民）幹勸納之。"

溫大雅。《會要》五四《省號》上："武德二年四月，溫大雅爲黄門侍郎，弟彦博爲中書侍郎，對居近侍。"

楊恭仁。《墓誌續編（貞觀〇二一）・觀國公楊恭仁墓誌》："武德二年三月，仍除黄門侍郎，十月遷納言。"《通鑑》一八七"武德二年"："（閏二月）隋吏部侍郎楊恭仁，從化及至河北；化及敗，魏州總管元寶藏獲之，己巳，送長安。上與之有舊，拜黄門侍郎，尋以爲涼州總管。"

李元吉。是年加。《舊書》六四本傳"尋授元吉侍中、襄州道行臺尚書令、稷州刺史。”

給事中（給事郎）

歐陽詢。《集古録目》二：“《唐楚哀王稚詮碑》，給事中歐陽詢撰并八分書。王名稚詮，字集弘，高祖之子也。隋大業末，高祖起兵於太原，王在京師，見殺。高祖輔政，追封楚公，謚曰哀，唐武德初進爵爲王。碑不著所立之年。”

高祖武德三年（六二〇）

中書省（武德爲内史省，武德三年改爲中書省）

中書令（内史令。武德三年改中書令）

蕭瑀。《會要》四五《功臣》：武德三年二月十日詔：内史令蕭瑀奏事及侍立，令升殿。《會要》五四《省號》上：“武德三年，高祖嘗有敕，而中書門下不時宣行，高祖責其遲由，内史令蕭瑀曰……”

封德彝。以中郎兼。《舊書》一《高祖紀》：“（武德三年三月）甲戌，内史侍郎封德彝兼中書令。”

中書侍郎（内史侍郎。武德三年改中書侍郎）

唐儉。《舊書》五八本傳：“高祖嘉儉身没虜庭，心存朝闕，復舊官，仍爲并州道安撫大使……使還，拜禮部尚書。”

温彦博。

封德彝。三月甲戌兼中令。

鄭善果。兼户尚、左庶。《通鑑》一八七“武德三年”：“（三月庚午，一作壬午）善果至，上優禮之，拜左庶子、檢校内史侍郎。”《舊書》六四《李建成傳》：安興貴來降，建成接應之，遷民部尚書鄭善果俱爲宫官。按安興貴來降在是年五月。

中書舍人（内史舍人。武德三年改中書舍人）

孔紹安。

趙儒。約是年改侍御史。《墓誌彙編下（天寶一八九）·趙憬墓誌》（卒於開元十二年十二月，年六十九）：“曾祖儒，皇内史舍人、侍御史、滁陽郡開國公。”考見武德元年。

劉林甫。自起居舍人遷。《墓誌續編（開耀〇〇一）·故秘書少監劉府君（應道）墓誌》：“（父林甫）高祖創業，徵爲起居舍人，遷中書舍人。”《元龜》

四五八《才智》："劉林甫，武德初爲内史舍人。"

起居舍人

令狐德棻。《舊書》三六《天文志》下："武德三年十月三十日，有流星墜於東都城内，殷殷有聲。高祖謂侍臣曰：'此何祥也？'起居舍人令狐德棻曰：'……此王世充滅亡之兆也。'"

劉林甫，約是年遷中舍。

顔師古。蓋是年任。《舊書》七三本傳："從平京城，拜燉煌公府文學，轉起居舍人。"

通事謁者

張直。是年丁父憂。《西市博物館藏墓誌（六四）·張直墓誌》："及武皇受禪，隨班昇擢，遷通事舍人……即武德之三載也，丁父憂去職。"

王湛（一作諶）。約是年遷虞部郎中。《楊炯集箋注》八《瀘州都督王湛神道碑》："高祖受禪，擢爲通事舍人、通直散騎侍郎……稍遷虞部郎中。"

柳憲。《元和郡縣圖志》一二《河東道·臨汾縣》："老君祠，在縣東南二十里。武德三年，見神於羊角山下，語曲沃縣人吉善行曰：'報大唐天子，得聖理一千年。'其年，敕通事舍人柳憲立祠，因改縣爲神山。"又見《全文》九三三杜光庭《歷代崇道記》。

門下省

侍中（納言。武德三年改爲侍中）

陳叔達。以門郎兼。《會要》四五《功臣》：武德三年二月十日詔：納言陳叔達奏事及侍立，令升殿。

楊恭仁。《墓誌續編（貞觀〇二一）·觀國公楊恭仁墓誌》："武德二年三月，仍除黃門侍郎，十月遷納言。三年，改授侍中。"

門下侍郎

陳叔達。兼侍中。

溫大雅。是年遷工侍、進拜陝東道大行臺工尚。《會要》五四《省號》上："武德二年四月，溫大雅爲黃門侍郎，弟彥博爲中書侍郎，對居近侍。高祖謂曰：'我起義晉陽，爲卿一門耳。'"《舊書》六一本傳："武德元年，歷遷黃門侍郎。弟彥博爲中書侍郎,對居近侍,議者榮之,高祖從容謂曰:'我起義晉陽,爲卿一門耳。'尋轉工部,進拜陝東道大行臺工部尚書。"

給事中(給事郎。武德三年改爲給事中)

歐陽詢。

李公昌。《舊書》六二《皇甫無逸傳》:"(是年)斬皇甫希仁於順天門,遣給事中李公昌馳往慰諭之。"

高祖武德四年（六二一）

中書省

中書令

蕭瑀。

封德彝。以中郎兼。《宰相表》上：(武德四年)正月判吏部尚書。

中書侍郎

温彦博。

鄭善果。檢校内史侍郎，兼户尚、左庶子。是年除名。《舊書》六二本傳：
"及山東平，持節爲招撫大使，坐選舉不平除名。"按五月爲山東招撫大使。

封德彝。兼中令。

中書舍人

孔紹安。

劉林甫。

顏師古。自起居舍人遷。《舊書》七三本傳："再遷中書舍人。"《唐文補
編》四顏師古《汪華封越國公制》，末署："武德四年九月二十二日，中書舍人
顏師古行。"

起居舍人

令狐德棻。《會要》六三《修前代使》："武德四年十一月，起居舍人令狐
德棻嘗從容言於高祖曰：'近代以來，多無正史，梁陳及齊，猶有文籍，至於
周隋，多有遺闕。當今耳目猶接，尚有可憑。如更十數年後，恐事迹淹没，
無可紀録。'"按十二月已遷秘書丞。

顏師古。是年遷中舍。

通事舍人（武德四年，廢謁者臺，改通事謁者爲通事舍人）

崔敦禮。自左勳衛遷。《舊書》八一本傳："武德中，拜通事舍人。"《全

文》一四五于志寧《固安昭公崔敦禮碑》:"武德二年,奉敕奪情授左勳衛。四年,授通事舍人。"

門下省

侍中

陳叔達。以門郎兼。是年正拜。《舊書》六一本傳:"(武德)四年,拜侍中。"《元龜》一三六《慰勞》:"(武德四年)五月,王世充降。遣尚書右僕射裴寂持節勞軍,又遣侍中陳叔達齎百牢,上鱒酒醮勞秦王於近郊。"

楊恭仁。

門下侍郎

陳叔達。兼侍中。是年正拜侍中。

唐儉。十月自禮尚遷。《舊書》五八本傳:"(武德四年)使還,拜禮部尚書。授天策府長史,兼檢校黃門侍郎。"按李世民置天策府在是年十月稍前。

韋津。以大諫檢校。

給事中

歐陽詢。《舊書》四八《食貨志》上:"初,開元錢之文,給事中歐陽詢制詞及書,時稱其工。"《會要》八九《泉貨》:"武德四年七月十日,廢五銖錢,行開元通寶錢……其錢文,給事中歐陽詢製詞及書,時稱其工。"

諫議大夫(武德四年始置諫議大夫。四員,正五品上。諫議大夫掌侍從贊相,規諫諷諭。凡諫有五:一曰諷諫,二曰順諫,三曰規諫,四曰致諫,五曰直諫。按《舊紀》云下年置)

韋津。兼檢校黃郎。《舊書》九二《韋安石傳》:洛陽平徵韋津諫議大夫。

蘇世長。《通鑑》一八九"武德四年":七月庚申,王世充行臺右僕射蘇世長來降,高祖以之為諫議大夫。

高祖武德五年（六二二）

中書省

中書令

蕭瑀。《會要》六三《修前代史》：“（武德）五年十二月二十六日詔：‘……中書令蕭瑀、給事中王敬業、著作郎殷聞禮，可修《魏史》。’”

封德彝。兼中郎、判吏尚。《會要》六三《修前代史》：“（武德）五年十二月二十六日詔：‘……中書令封德彝、中書舍人顏師古，可修《隋史》。’”

中書侍郎

封德彝。兼中令、判吏尚。

溫彥博。《會要》五四《省號》上：“（武德）五年三月，彥博又爲中書侍郎。”

中書舍人

孔紹安。《會要》六三《修前代史》：“（武德）五年十二月二十六日詔：‘……大理卿崔善爲、中書舍人孔紹安、太子洗馬蕭德言，可修《梁史》。’”

劉林甫。

顏師古。《大詔令集》八一《命蕭瑀等修六代史詔》（武德五年十二月）：兼中書令封德彝、中書舍人顏師古可修《隋史》。

王孝遠。約是年自大理正遷。《墓誌彙編上（開元〇〇七）·太原縣君王氏墓誌銘》：“祖孝遠，皇朝螯屋縣令、大理正、紫微舍人。”

通事舍人

崔敦禮。

門下省

侍中

陳叔達。《會要》六三《修前代史》:"(武德)五年十二月二十六日詔:'……侍中陳叔達、秘書丞令狐德棻、太史令庾儉,可修《周史》。'"

楊恭仁。

門下侍郎

唐儉。以天策府長史檢校。

韋津。以大諫檢校。

給事中

歐陽詢。《大詔令集》八一《命蕭瑀等修六代史詔》(武德五年十二月):秘書監竇璡、給事中歐陽詢、秦王府文學姚思廉可修《陳史》。

王敬業。《大詔令集》八一《命蕭瑀等修六代史詔》(武德五年十二月):中書令蕭瑀、給事中王敬業、著作郎殷聞禮可修《魏史》。

諫議大夫(《舊書》一《高祖紀》:"武德五年六月……置諫議大夫官員。"《會要》五五《省號下·諫議大夫》:"武德五年六月一日,置四員。")

韋津。兼檢校黃郎。

蘇世長。《會要》二八《蒐狩》:"(武德)五年十二月九日,諫議大夫蘇世長從幸涇陽之花池校獵。"

典儀(二員,從九品下。武德五年置。典儀掌殿上贊唱之節及設殿庭版位之次。凡國有大禮,侍中行事,及進中嚴外辦之版,皆贊相焉)

高祖武德六年（六二三）

中書省

中書令

蕭瑀。《舊書》一《高祖紀》："（武德六年四月癸酉）中書令、宋國公蕭瑀爲右僕射。"

封德彝。自中郎遷，兼判吏尚。《宰相表》上：（武德六年）四月癸酉爲中書令。

楊恭仁。自侍中遷吏尚兼中令。《舊書》一《高祖紀》："（武德六年四月癸酉）以侍中、觀國公楊恭仁爲吏部尚書。"《宰相表》上：（武德六年）四月癸酉爲吏部尚書兼中書令、檢校涼州諸軍事。

中書侍郎

封德彝。兼中令、判吏尚。四月癸酉爲中令。

溫彥博。

中書舍人

孔紹安。約是年卒。《舊書》一九〇上本傳："受詔撰《梁史》，未成而卒。"

劉林甫。見下引。

顏師古。《舊書》五〇《刑法志》："尋又敕尚書左僕射裴寂、尚書右僕射蕭瑀及大理卿崔善爲、給事中王敬業、中書舍人劉林甫顏師古王孝遠、涇州別駕靖延、太常丞丁孝烏、隋大理丞房軸、上將府參軍李桐客、太常博士徐上機等撰定律例，大略以開皇爲準。"按是年裴寂爲左僕、蕭瑀爲右僕。

王孝遠。見上引。

通事舍人

崔敦禮。

門下省

侍中

陳叔達。

楊恭仁。四月癸酉轉中令兼吏尚。

門下侍郎

唐儉。以天策府長史檢校。

韋津。以大諫檢校。約是年爲少太僕。《墓誌續編（永淳〇一一）·前安州都督府參軍元琰妻韋氏墓誌》（卒於永淳元年正月十一日，葬於十八日。年廿五）》：“祖津，皇朝太僕少卿、陵州刺史。”《姓纂》二“東眷韋氏郿公房”：津，隋隴州刺史、黃門侍郎、吏部尚書。唐諫議大夫、太僕少卿、壽光男。《全文》二五八蘇頲《刑部尚書韋抗神道碑》：“郿之子太僕少卿、陵州刺史、武陽公諱津。”《墓誌續編（聖曆〇〇一）·韋憕墓誌》（卒於聖曆元年一月，葬於三月）：“祖津，隋內史侍郎、戶部尚書、武陽郡開國公，唐諫議大夫、黃門侍郎、太僕（少）卿、陵州刺史、壽光縣開國男。”《九卿考》六（增訂）云貞觀中爲少太僕。

崔君肅。當在任。《舊書》九〇《崔元綜傳》：“祖君肅，武德中黃門侍郎、鴻臚卿。”按鴻臚卿爲贈官，見後年引。據其履歷及門郎定員，姑繫於此。

給事中

歐陽詢。

王敬業。見中舍顏師古引。

諫議大夫

韋津。兼檢校黃郎。約是年爲少太僕。

蘇世長。《會要》三〇《慶善宮》：“（武德）六年十二月九日，改武功宮爲慶善宮……其年，諫議大夫蘇世長侍宴於披香殿，酒酣，奏曰：‘此殿隋煬帝所作耶？何雕麗之若此！’”

高祖武德七年(六二四)

中書省

中書令

封德彝(倫)。

楊恭仁(綸)。兼吏尚。《墓誌續編(大曆○二三)·故秘書郎席府君夫人楊氏墓誌》(卒於大曆九年五月,年五十九):"曾祖綸,皇銀青光禄大夫、吏部尚書、中書令,謚曰孝。"楊綸即楊恭仁。

中書侍郎

温彦博。

宇文士及。《通鑑》一九一"武德七年":"(七月)或説上曰:'突厥所以寇關中者,以子女玉帛皆在長安也。若焚長安而不都,則胡寇息矣。'上以爲然,遣中書侍郎宇文士及踰南山至樊、鄧,行可居之地,將徙都之。"

中書舍人

劉林甫。《新書》五八《藝文志》二:"《武德律》十二卷。"注:中書舍人劉林甫、顏師古、王孝遠(原作達,誤)等撰定。武德七年上。《元龜》六一二《定律令》四:"(武德)七年……高祖敕尚書左僕射裴寂、右僕射蕭瑀及大理卿崔善爲、給事中王敬業、中書舍人劉林甫、顏師古、王孝遠、涇州別駕靖延、太常丞丁孝烏、大理寺丞房軸、上將府參軍李桐客、太常博士徐上機等,檢定律令,大略以開皇爲准。"

顏師古。見上引。

王孝遠。《西市博物館藏墓誌(二一六)·陽簡墓誌》:"夫人太原王氏……祖孝遠,皇中書舍人,雍州司馬。"另參上劉林甫引。

通事舍人

崔敦禮。

李鳳起。《通鑑》一九〇“武德七年”：“（四月）庚申，通事舍人李鳳起擊萬州反獠，平之。”

門下省

侍中

陳叔達。

裴矩。《宰相表》上：（武德七年）十二月庚午，太子詹事裴矩檢校侍中。

門下侍郎

唐儉。以天策府長史檢校。

崔君肅。當在任。

給事中

歐陽詢。《會要》三六《修撰》：“武德七年九月十七日，給事中歐陽詢奉敕撰《藝文類聚》成，上之。”

高祖武德八年（六二五）

中書省

中書令

封德彝（倫）。

楊恭仁。兼吏尚。是年改兼右衛大將軍。《墓誌續編（貞觀〇二一）·觀國公楊恭仁墓誌》："（武德）六年四月，拜吏部尚書……尋授右衛大將軍、鼓旗軍將，領京城以西六十餘府。"

李世民。《舊書》一《高祖紀》："（武德八年十一月癸卯）加秦王爲中書令。"《大詔令集》三五《秦王等兼中書令等制》（武德八年十一月）："天策上將、太尉、兼司徒、尚書令、陝東道大行臺益州道尚書令、雍州牧、十二衛大將軍秦王……可中書令。"

中書侍郎

溫彥博。《通鑑》一九一"武德八年"："（六月）丙戌，頡利可汗寇靈州，丁亥以右衛大將軍張瑾爲行軍總管以御之，以中書侍郎溫彥博爲長史。"《舊書》六一本傳："其年，吐蕃入寇，命右衛大將軍張瑾爲并州道行軍總管出拒之，以彥博爲行軍長史。與虜戰於太谷，軍敗，彥博没於虜庭。"

宇文士及。十一月檢校侍中，兼詹事。

中書舍人

劉林甫。

顏師古。

通事舍人

崔敦禮。

王約。約是年任。《西市博物館藏墓誌（六八）·王約墓誌》："武德年中，釋褐通事舍人。尋授雍州司兵參軍。"按貞觀四年入遷户部員外。

門下省

侍中

陳叔達。《元龜》三七《頌德》："(武德八年)七月,高祖從容謂侍中陳叔達曰:'自古帝王統一四海,凡有幾人?'"

裴矩。檢校。十一月辛卯罷判黃郎。《宰相表》上:(武德八年)十一月辛卯罷判黃門侍郎。

李元吉。《舊書》一《高祖紀》:"(武德八年十一月庚子,加)齊王元吉侍中。"《大詔令集》三五《秦王等兼中書令等制》(武德八年十一月):"司徒(按當爲司空)、并州大都督、稷州刺史、左領軍大將軍、右武候大將軍、上柱國、齊王元吉……可侍中,餘如故。"

宇文士及。《舊書》一《高祖紀》:"(武德八年十一月)天策上將府司馬宇文士及權檢校侍中。"《宰相表》上:(武德八年)十一月庚子,天策府司馬宇文士及權檢校侍中、兼太子詹事。

門下侍郎

唐儉。以天策府長史檢校。

崔君肅。是年遷秦王府長史。《墓誌彙編上(久視〇一五)·崔府君(哲)墓誌銘》:"祖君肅,□黃門侍郎,秦王府長史,使持節襄州諸軍事、襄州刺史,贈鴻臚卿。"按□內當爲唐字。

裴矩。以檢校侍中判,十一月罷判。

蕭璟。蓋是年始任。《舊書》六三《蕭瑀傳》:"瑀兄璟,亦有學行。武德中爲黃門侍郎,累轉秘書監,封蘭陵縣公。貞觀中卒,贈禮部尚書。"

給事中

歐陽詢。

袁朗。約是年任。《舊書》一九〇上本傳:"武德初,授齊王文學、祠部郎中,封汝南縣男,再轉給事中。"

高祖武德九年（六二六）

中書省

中書令

李世民。《宰相表》上：（武德九年）六月癸亥，世民爲皇太子。

封德彝。七月遷右僕射。《舊書》六三本傳："高祖任倫（字德彝）爲中書令。太宗嗣位，遷……倫爲右僕射。"

房玄齡。《舊書》二《太宗紀》上："（武德九年）七月壬辰……右庶子房玄齡爲中書令。"《會要》四五《功臣》：武德九年九月二十四日詔，中書令房玄齡食邑三千户。

宇文士及。自詹事遷。《舊書》二《太宗紀》上："（武德九年七月）太子詹事宇文士及爲中書令。"

中書侍郎

劉林甫。七月癸巳自中舍遷。見下引。

顔師古。七月癸巳自中舍遷。《通鑑》一九一"武德九年"："（七月癸巳）中書舍人顔師古、劉林甫爲中書侍郎。"

中書舍人

顔師古。七月癸巳遷中郎。

劉林甫。七月癸巳遷中郎。

通事舍人

崔敦禮。《舊書》六〇《廬江王瑗傳》："及建成誅死，遣通事舍人崔敦禮召瑗入朝，瑗有懼色。"

王約。

門下省

侍中

陳叔達。《會要》四五《功臣》：武德九年九月二十四日詔，長孫無忌等各食邑三千户，遣侍中陳叔達於殿階下唱名示之。《宰相表》上：（武德九年）十月庚辰陳叔達坐事免。

裴矩。檢校。是年遷户尚。《會要》五八《户部尚書》："武德九年十月二十九日，民部尚書裴矩奏：'突厥殘暴之處，户請給絹一匹。'"

李元吉。兼司徒、左衛大將軍。六月庚申李世民誅之。《宰相表》上：（武德九年）二月庚申元吉爲司徒，六月庚申元吉誅。

宇文士及。檢校。六月戊辰爲詹事。尋爲中令。見其引。

高士廉。自右庶遷。《新書》一《高祖紀》："（武德九年）七月辛卯……太子右庶子高士廉爲侍中。"

門下侍郎

唐儉。以天策府長史檢校。是年轉衛尉卿。《墓誌續編（顯慶〇〇六）·唐儉墓誌》："兼黄門侍郎……轉衛尉卿。"

蕭璟。

給事中

歐陽詢。《元龜》三七《頌德》："（武德）九年四月，給事中歐陽詢奏上《帝德論》，帝覽之，稱善。"《金石萃編》四一："《大唐宗聖觀記》，給事中、騎都尉歐陽詢撰序并書，侍中、柱國、江國公陳叔達撰銘……以武德三年詔賜嘉名，改樓觀爲宗聖觀……武德九年二月十五日建。"

袁朗。

諫議大夫

韋挺。《通鑑》一九一"武德九年"："（六月戊辰）召王珪、韋挺於巂州，皆以爲諫議大夫。"旋遷司封（即主爵）郎中。《舊書》七七本傳："及太宗自東宮，徵拜主爵郎中。"

王珪。六月任。見上引。

魏徵。《舊書》七一本傳："及（太宗）踐祚，擢拜諫議大夫，封鉅鹿縣男，使安輯河北，許以便宜從事。"《通鑑》一九一"武德九年"："（七月）丁酉，遣諫議大夫魏徵宣慰山東，聽以便宜從事。"

太宗貞觀元年(六二七)

中書省

中書令

房玄齡。《會要》五六《省號》下:"貞觀元年,上問中書令房玄齡曰:'往者周、隋制敕文案,並在否?'"

宇文士及。九月罷爲殿中監。《舊書》二《太宗紀》上:"(貞觀元年)九月辛酉……中書令、郢國公宇文士及爲殿中監。"

中書侍郎

劉林甫。《會要》五六《省號》下:"貞觀元年……(上)因問中書侍郎劉林甫曰:'蕭何入關,先收圖籍。卿多日在内,何因許行此事?'"是年遷吏侍(郎中)。《通鑑》一九二"貞觀元年":"(十二月)吏部侍郎觀城劉林甫奏四時聽選,隨闕注擬,人以爲便。"按吏侍一職,下年正月十日復置。見《會要》五八《吏部侍郎》,是年當是郎中。

顏師古。《舊書》七三本傳:"太宗踐祚,擢拜中書侍郎。"

溫彥博。自吏部郎中、兼右庶遷。《會要》七四《掌選善惡》:"貞觀元年,溫彥博爲吏部郎中,知選事。"按自武德七年,廢侍郎,郎中升正四品上。《舊書》六一本傳:"復拜中書侍郎,兼太子右庶子。"《舊書》二《太宗紀》上:"(貞觀元年)九月辛酉,命中書侍郎溫彥博、尚書右丞魏徵等分往諸州賑恤。"

中書舍人

高季輔。《舊書》七八本傳:"貞觀初,擢拜監察御史。多所彈糾,不避權要,累轉中書舍人。"《會要》五五《省號》下:"貞觀元年,中書舍人高季輔上封事。"

崔敦禮。自通事舍人遷。《全文》一四五于志寧《固安昭公崔敦禮碑》:

“其年副御史大夫杜淹往武功，遂簡（闕一字）還授中書舍人。”《舊書》八一本傳：“貞觀元年，擢拜中書舍人。”

李百藥。《舊書》七二本傳：“貞觀元年，召拜中書舍人。”

辛謏。《元龜》一四四《弭災》二：“太宗貞觀元年……九月辛酉，詔曰：‘……可令中書侍郎溫彥博、尚書右丞魏徵、治書侍御史孫伏伽、檢校中書舍人辛謏等，分往諸州馳驛，撿行其苗稼不熟之處，使知損耗多少戶口乏糧之家存問。’”

通事舍人

崔敦禮。是年遷中舍。

王約。約是年遷雍州司兵參軍。《西市博物館藏墓誌（六八）‧王約墓誌》：“武德年中，釋褐通事舍人。尋授雍州司兵參軍。”按貞觀四年入遷戶部員外。

門下省

侍中

陳叔達。十二月免官。《舊書》六一本傳：“貞觀初，加授光祿大夫，尋坐與蕭瑀對御忿爭免官。未幾，丁母憂。”與蕭瑀對御忿爭在十二月。

高士廉。《舊書》二《太宗紀》上：“（貞觀元年）八月戊戌，貶侍中、義興郡公高士廉爲安州大都督。”

門下侍郎

蕭璟。是年改秘監。《舊書》六三《蕭瑀傳》：“瑀兄璟，亦有學行。武德中爲黃門侍郎，累轉秘書監，封蘭陵縣公。貞觀中卒，贈禮部尚書。”

王珪。自大諫遷。《舊書》七〇本傳：“建成誅後，太宗素知其才，召拜諫議大夫。貞觀元年，太宗嘗謂侍臣曰：‘正主御邪臣，不能致理；正臣事邪主，亦不能致理……’珪對曰：臣聞木從繩則正，后從諫則聖……遷黃門侍郎兼太子右庶子。”

給事中

歐陽詢。是年遷率更令。《舊書》一八九上本傳：“高祖微時，引爲賓客，及即位，累遷給事中……貞觀初，官至太子率更令、弘文館學士。”

袁朗。

李玄道。自太子中允遷，尋爲幽州長史。《舊書》七二本傳："貞觀元年，累遷給事中，封姑臧縣男。時王君廓爲幽州都督，朝廷以其武將不習邊事，拜玄道爲幽州長史，以維持府事。"《西市博物館藏墓誌（一二六）·李玄道墓誌》："除給事中，封姑臧縣男……後以公事免。尋授幽州長史。"

諫議大夫

王珪。《會要》五五《省號》下："貞觀元年正月十五日，上謂侍臣曰：'朕雖不明，至於大好大惡，容或知之，幸諸公數相諫正。'諫議大夫王珪曰：'臣聞木從繩則正，后從諫則聖……其年三月，上謂侍臣曰：'爲政之道，唯在得人，須以德行學識爲本。'諫議大夫王珪對曰……"是年遷黃郎兼右庶。

魏徵。夏秋遷右丞。《舊書》二《太宗紀》上："（貞觀元年）九月辛酉，命中書侍郎溫彥博、尚書右丞魏徵等分往諸州賑恤。"

起居郎

呂才。《舊書》二九《音樂志》二："太宗即位，使呂才協音律。"《會要》三二《雅樂》上："司徒杜佑論曰：'……貞觀初……太宗文皇帝……命太常卿祖孝孫正宮調，起居郎呂才習音韻，協律郎張文收考律呂，平其散濫，爲之折衷。'"

符寶郎（符寶郎，四人，從六品上。符寶郎掌天子之八寶及國之符節，辨其所用，有事則請於内，既事則奉而藏之）

李安期。《舊書》七二本傳："貞觀初，累轉符璽郎。"符璽郎爲符寶郎別稱。

太宗貞觀二年（六二八）

中書省

中書令

房玄齡。《宰相表》上：（貞觀二年）七月戊申兼太子詹事。

李靖。正月庚午檢校。兼刑尚。《新書》二《太宗紀》：“（貞觀二年正月）庚午，刑部尚書李靖檢校中書令。”

中書侍郎

顏師古。《會要》四六《封建雜録》上：“貞觀二年十二月十六日，太宗以宇内清宴，思以致理，謂公卿曰：‘朕欲使子孫長久，社稷永安，其理如何？’……中書侍郎顏師古《論封建表》曰……”

溫彥博。兼右庶。《元龜》一〇五《惠民》：“（貞觀）二年正月，遣使賑窮乏。三月己未，遣中書侍郎溫彥博往山東賑恤窮乏。”是年遷大御，仍檢校是職。《舊書》六一本傳：“貞觀二年，遷御史大夫，仍檢校中書侍郎事。”

中書舍人

高季輔。

崔敦禮。

李百藥。《唐文補編》五李百藥《汪華可左衛白渠府統軍制》，末署：“貞觀二年四月五日，中書舍人李百藥行。”四月後遷禮侍。《舊書》七二本傳：“（貞觀）二年，除禮部侍郎。朝廷議將封建諸侯，百藥上《封建論》。”按《舊書》七三《令狐德棻傳》：“貞觀三年，太子復敕修撰……中書舍人李百藥修《齊史》。”謂貞觀三年百藥仍爲中舍，當誤。

張文瓘。《大唐新語》四：“張玄素爲侍御史，彈樂蟠令叱奴驚盜官糧。太宗大怒，特令處斬。中書舍人張文瓘據律不當死……驚遂免死。”按《會要》五八《左右丞》載於貞觀二年，然作楊文瓘。

門下省

侍中

杜如晦。兼兵尚、攝吏尚。《新書》二《太宗紀》:"(貞觀二年)正月辛亥……兵部尚書杜如晦檢校侍中,總監東宮兵馬事。"按《會要》七四《選部》上:"貞觀元年正月,侍中、攝吏部尚書杜如晦上言曰……"元年爲二年之誤。

王珪。自門郎遷。兼右庶。《舊書》七〇本傳:"(貞觀)二年,代高士廉爲侍中。太宗嘗閑居與珪宴語,時有美人侍側,本廬江王瑗之姬,瑗敗籍没入宫。"《舊書》二《太宗紀》上:"(貞觀二年)十二月壬午,黄門侍郎王珪爲侍中。"

門下侍郎

王珪。十二月遷侍中。

給事中

袁朗。是年前後卒。《舊書》一九〇上本傳:"再遷給事中,貞觀初卒官。"

孔穎達。自國博遷。《唐文補編》一〇于志寧《大唐故太子右庶子國子祭酒孔穎達碑銘》:"遷國子博士……貞觀二年,改授給事中。"

張玄素。自侍御史遷。《舊書》七五本傳:"太宗善其對,擢爲侍御史,尋遷給事中。"

杜正倫(知起居事)。自兵部員外遷。《舊書》七〇本傳:"貞觀元年,尚書右丞魏徵表薦正倫,以爲古今難匹,遂擢授兵部員外郎……二年,拜給事中,兼知起居注。"《舊書》二《太宗紀》上:"(貞觀二年九月丙午)遣尚書左丞戴胄、給事中杜正倫等,於庭揀宫西門簡出之(指宫女)。"

諫議大夫

戴胄。兼左丞。《舊書》七〇本傳:"尋遷左丞……又領諫議大夫,令與魏徵更日供奉。"

起居郎(貞觀二年移起居舍人於門下省,改爲起居郎。按《新書》四七《百官志》二云:貞觀三年置起居郎,廢舍人)

吕才。《封氏聞見記校注》五《花燭》：“按，起居郎吕才奉太宗詔定《官陰陽書》五十卷，並無此事，今亦除之。”

杜正倫。以給事中兼知。見上引。

符寶郎

李安期。

太宗貞觀三年（六二九）

中書省

中書令

房玄齡。《舊書》二《太宗紀》上："（貞觀三年）二月戊寅，中書令、邢國公房玄齡爲尚書左僕射。"按《新書》一四《禮樂志》五："貞觀二年，左僕射房玄齡、博士朱子奢建言……"云上年已任左僕。誤。

李靖。檢校，兼刑尚。是年遷兵尚，仍兼中令。《舊書》六七本傳："（貞觀）三年，轉兵部尚書。"

中書侍郎

顏師古。《舊書》一九七《東謝蠻傳》："貞觀三年……中書侍郎顏師古奏言：……今萬國來朝，至於此輩章服，實可圖寫，今請撰爲《王會圖》。"

溫彥博。以大御檢校中郎。

于志寧。《舊書》七八本傳："貞觀三年，累遷中書侍郎……加授散騎常侍，行左庶子。"

中書舍人

高季輔。當在任。

崔敦禮。

張文瓘。當在任（上年在任）。

杜正倫。自右丞遷。《舊書》二《太宗紀》上："（貞觀三年）六月戊寅，以旱，親録囚徒。遣長孫無忌、房玄齡等祈雨於名山大川，中書舍人杜正倫等往關內諸州慰撫。"

岑文本。自秘書郎遷。《舊書》七〇本傳："遇太宗行藉田之禮，文本上《藉田頌》。及元日臨軒宴百僚，文本復上《三元頌》，其辭甚美。文本才名既著，李靖復稱薦之。擢拜中書舍人。"按上《藉田頌》在是年正月。

通事舍人

柳保隆。約是年任。《西市博物館藏墓誌（一二七）·唐故駕部郎中柳公墓誌銘并序》：“解褐擢爲秦府典籤。既而關輔流離，頗資寧輯。朝廷藉甚，實賴夫君。乃除同州司戶參軍。俄以材望所歸，詞令推美，授爲通事舍人。累遷尚書工部、兵部員外郎，朝散大夫，膳部、駕部郎中……以（貞觀十五年）十月六日，終於洛陽之净土寺。”所云關輔流離之事，當指武德九年八月突厥寇高陵（據長安城七十里），見《通鑑》一九一“貞觀三年”。

門下省

侍中

王珪。《會要》八一《考》上：“貞觀三年，尚書左僕射（原作右，誤）房玄齡、侍中王珪掌内外官考。”

杜如晦。檢校侍中兼兵尚攝吏尚。二月遷右僕，參預朝政。《大詔令集》四四《房玄齡杜如晦左右僕射制》：“兵部尚書、檢校侍中、蔡國公杜如晦……可右僕射。”《舊書》六六本傳：“（貞觀）三年，代長孫無忌爲尚書右僕射，仍知選事，與房玄齡共掌朝政。”

給事中

孔穎達。《舊書》二四《禮儀志》四：“貞觀三年，親祭先農……初，議藉田方面所在，給事中孔穎達曰……”

張玄素。《元龜》一六一《命使》：“太宗貞觀三年五月旱，六月，令中書舍人杜正倫、崔敦禮，守給事中尹文憲、張玄素等往關内諸州，分道撫慰，問人疾苦。”

杜正倫。《郎表》二右丞：蓋二月遷右丞。

尹文憲。見上引。

裴懷節。約是年自詹事丞遷。《墓誌續編（龍朔〇二八）·故宫府大夫兼檢校司馭少卿裴君（皓）墓誌》：“父懷節。隋舉孝廉，釋褐太僕丞……皇朝授秦王府録事參軍。轉太子詹事丞、門下給事中。”

諫議大夫

戴胄。兼攝吏尚、戶尚、檢校左庶。《舊書》七〇本傳：“又領諫議大夫……（貞觀）三年，進拜民部尚書，兼檢校太子左庶子……詔令兼攝吏部尚書，其民部、庶子、諫議並如故。”

孫伏伽。自少大理遷。《通鑑》一九二“貞觀元年”：“（十月）上好騎射，孫伏伽諫……上悦。未幾，以伏伽爲諫議大夫。”未幾，當是貞觀三年。

起居郎（貞觀三年置起居郎，廢舍人。《新書》四七《百官志》二）

呂才。

太宗貞觀四年(六三〇)

中書省

中書令

李靖。以兵尚檢校中令。八月甲寅爲右僕。《舊書》三《太宗紀》下："(貞觀四年八月)甲寅,兵部尚書、代國公李靖爲尚書右僕射。"又見《宰相表》上。按《元龜》七二《命相》二云左僕。當誤。

溫彦博。自大御兼檢校中郎遷。《舊書》三《太宗紀》下："(貞觀四年二月甲寅)御史大夫、西河郡公溫彦博爲中書令。"

中書侍郎

顔師古。《會要》七三《安北都護府》："(貞觀四年)中書侍郎顔師古上奏:'突厥雜虜,並已歸降;東北諸蕃,咸受正朔。'"

溫彦博。以大御檢校中郎。是年遷中令。

杜正倫。自中舍遷。《舊書》七〇本傳："(貞觀)四年,累遷中書侍郎。"

中書舍人

高季輔。當在任。

崔敦禮。

杜正倫。是年擢中郎。

岑文本。《會要》四八《寺》："破劉黑闥于洺州,立昭福寺,中書侍郎岑文本爲碑銘。已上並貞觀四年五月建造畢。"按云中郎,當誤。是年文本爲中舍。

通事舍人

柳保隆。約是年遷工部員外。

門下省

侍中

王珪。《新書》二《太宗紀》："（貞觀四年二月甲寅，守侍中）王珪爲侍中。"《元龜》一〇五《惠民》："（貞觀）四年十二月甲辰臘，帝狩於鹿苑，見野人多襤褸，遣侍中王珪賑賜貧人焉。"

魏徵。《舊書》七五《張玄素傳》："貞觀四年，詔發卒修洛陽宮乾陽殿以備巡幸，玄素上書諫曰……侍中魏徵歎曰：'張公論事，遂有回天之力，可謂仁人之言，其利博哉！'"按此爲檢校，兼秘監。貞觀七年由秘監正拜。

給事中

孔穎達。是年遷中允。《全文》一四五于志寧《大唐故太子右庶子國子祭酒孔公（穎達）碑銘》："（貞觀）四年加員外散騎常侍行太子中允。"

張玄素。《舊書》七五本傳："遷給事中……貞觀四年，詔發卒修洛陽宮乾陽殿以備巡幸，玄素上書諫。"

裴懷節。當在任，見上年及下年引。

杜楚客。《舊書》六六本傳："貞觀四年，召拜給事中。"

諫議大夫

戴胄。兼檢校吏尚、户尚。《舊書》三《太宗紀》下："（貞觀四年）二月甲寅……民部尚書戴胄以本官檢校吏部尚書，參預朝政。"《舊書》七〇本傳："（貞觀）四年罷吏部尚書，以本官參預朝政。"

孫伏伽。

起居郎

呂才。

褚遂良。《會要》四八《寺》："破宋金剛于晉州，立慈雲寺，起居郎褚遂良爲碑銘……貞觀四年五月建造畢。"

太宗貞觀五年(六三一)

中書省

中書令

温彦博。

中書侍郎

顏師古。《通鑑》一九三"貞觀五年":"上令群臣議封建……中書侍郎顏師古以爲……"

杜正倫。

中書舍人

高季輔。

崔敦禮。

岑文本。《舊書》一九四上《突厥傳》上:"(是年突利可汗卒)太宗爲之舉哀,詔中書侍郎岑文本爲其碑文。"按云中郎,當誤。是時文本爲中舍。

門下省

侍中

王珪。

魏徵。以秘監檢校。《舊書》二二《禮儀志》二:"貞觀五年……侍中魏徵議曰:'稽諸古訓,參以舊圖,其上圓下方,複廟重屋,百慮一致,異軫同歸。'"

門下侍郎

韋挺。自吏侍遷。《舊書》七七本傳:"轉黃門侍郎。"

給事中

張玄素。

杜楚客。

裴懷節。約是年遷揚荆大都督府司馬。《墓誌續編（龍朔〇二八）·故宫府大夫兼檢校司馭少卿裴君（皓）墓誌》："父懷節……皇朝授秦王府録事參軍。轉太子詹事丞、門下給事中，爲揚、荆二大都督府司馬。"

諫議大夫

孫伏伽。是年免官，尋爲刑部郎中。《舊書》七五本傳："（貞觀）五年，坐奏囚誤失免官。"據文似在少大理任上，然《通鑑》一九二"貞觀元年十月"條云："未幾，以伏伽爲諫議大夫。"

起居郎

吕才。

褚遂良。

太宗貞觀六年（六三二）

中書省

中書令

温彦博。《會要》五二《忠諫》：“（貞觀）六年十二月四日，上臨朝，有誠懼之言。中書令温彦博曰：‘陛下爲政，若貞觀之初，則無憂于不治矣。’”

中書侍郎

顔師古。

杜正倫。《舊書》二三《禮儀志》三：“貞觀六年……上問禮官兩漢封山儀注，因遣中書侍郎杜正倫行太山上七十二帝壇迹。”是年遷散騎、右庶。《舊唐書》七〇本傳：“（貞觀）六年，正倫與御史大夫韋挺、秘書少監虞世南、著作郎姚思廉等咸上封事稱旨，太宗爲之設宴……尋加散騎常侍，行太子右庶子。”

岑文本。是年以中舍兼。《舊書》六五《高士廉傳》：“是時，朝議以山東人士好自矜誇……太宗惡之，以爲甚傷教義，乃詔士廉與御史大夫韋挺、中書侍郎岑文本、禮部侍郎令狐德棻等刊正姓氏……撰爲《氏族志》。”按修《氏族志》在是年。

中書舍人

高季輔。

崔敦禮。《全文》一四五于志寧《固安昭公崔敦禮碑》：“（貞觀）六年，授員外散騎常侍、行中書舍人。”

岑文本。是年兼中郎。

門下省

侍中

王珪。《舊書》二三《禮儀志》三：“貞觀六年，平突厥，年穀屢登，群臣上言請封泰山……（太宗不許）侍中王珪對曰：‘陛下發德音，明封禪本末，非愚臣之所及。’”《會要》一九《百官家廟》：“侍中王珪，通貫漸久，而不營私廟，四時烝嘗，猶祭于寢。貞觀六年，坐爲法司所劾，太宗優容之，因爲立廟，以愧其心。”

魏徵。以秘監檢校。《會要》五二《忠諫》：“（貞觀）六年十二月四日，上臨朝，有誠懼之言……侍中魏徵進曰：‘陛下貞觀之初，勵精思治，從諫如流，每因一事，觸類爲善，志存節儉。’”

門下侍郎

韋挺。是年遷大御。《舊書》七七本傳：“轉黃門侍郎，進拜御史大夫。”《舊書》七〇《杜正倫傳》：“（貞觀）六年，正倫與御史大夫韋挺、秘書少監虞世南、著作郎姚思廉等咸上封事稱旨，太宗爲之設宴。”《會要》三八《辰日》：“貞觀六年，御史大夫韋挺《論風俗失禮表》曰：‘臣聞父母之恩，昊天罔極，創巨之痛，終身何已。至于喪服之數，哭泣之哀，聖人作範，布在禮經。’”

給事中

張玄素。約是年遷太子中允。按貞觀七年七月以給事中巡撫嶺南。見《元龜》一六一《命使》。

杜楚客。

諫議大夫

孫伏伽。約是年自刑部郎中復（下年六月在任）。其自大諫免官，尋任刑部郎中，見上年引。

杜文紀。《四川成都志》一一：“杜文紀，貞觀六年，以諫議大夫爲益州刺史。”按此或是刺益州所帶京職。暫繫於此。

起居郎

呂才。《舊書》二八《音樂志》一：“（貞觀）六年，太宗行幸慶善宮，宴從臣於渭水之濱，賦詩十韻……於是起居郎呂才以御製詩等（一作編，或作著）於樂府，被之管弦，名爲《功成慶善樂》之曲，令童兒八佾，皆進德冠、紫袴褶，爲《九功》之舞。”

太宗貞觀七年（六三三）

中書省

中書令

温彦博。

中書侍郎

顔師古。《會要》五四《省號》上："（貞觀）七年（原作其年，誤）四月，中書侍郎顔師古以譴免職，温彦博言於太宗曰：'師古諳練政事，長於文誥，時無逮者，冀上復用之。'太宗曰：'我自舉一人，公勿憂也。'遂以岑文本爲中書侍郎，專典機密。"按該條接上條"貞觀十九年"事，然所叙之事，實爲貞觀七年事，見下岑文本引。"其年"爲"七年"之誤。又按，是年遷少秘監。《舊書》七三本傳："貞觀七年，拜秘書少監。"

岑文本。以中舍兼。《會要》五一《名稱》："（貞觀）七年十二月，岑文本兼中書侍郎，專典機密。"

中書舍人

高季輔。

崔敦禮。是年改少太常。《全文》一四五于志寧《固安昭公崔敦禮碑》："（貞觀）六年，授員外散騎常侍、行中書舍人。七年守太常少卿。"

岑文本。兼中郎。

門下省

侍中

王珪。《宰相表》上：（貞觀七年）三月戊子珪罷爲同州刺史。

魏徵。《舊書》三《太宗紀》下："（貞觀七年三月）庚寅，秘書監、檢校侍中魏徵爲侍中。"

門下侍郎

趙弘智。約是年自越王府長史、檢校吏侍遷（下年正月已在任）。《金石録》二四《跋尾》一四："《唐趙弘智碑》。右《唐趙弘智碑》,云弘智字處仁,而史不載。又云自太子舍人爲吏部員外郎,遷國子博士、檢校吏部郎中,尋爲越王府長史,兼檢校吏部侍郎,遂轉黄門侍郎。"

給事中

杜楚客。約是年刺蒲州。《舊書》六六本傳："貞觀四年,召拜給事中。上謂曰:'聞卿山居日久,志意甚高,自非宰相之任,則不能出,何有是理耶? ……拜楚客蒲州刺史。'"《刺考全編·河東道》據本傳云貞觀四年刺蒲,似未確。

劉洎。自南康州都督府長史遷。《舊書》七四本傳："貞觀七年,累拜給事中。"

諫議大夫

孫伏伽。《元龜》一〇五《惠民》:"(貞觀)七年六月甲子,溥沱決於洋州,壞人廬舍,遣諫議大夫孫伏伽賑恤之。"

起居郎

吕才。《會要》三三《破陣樂》:"(貞觀)七年正月七日,上製《破陣樂舞圖》……起居郎吕才依圖教樂工一百二十人,被甲執戟而習之。"

太宗貞觀八年(六三四)

中書省

中書令

温彦博。

中書侍郎

岑文本。以中舍兼。《舊書》六七《李靖傳》:"(貞觀)八年,詔(靖)爲畿内道大使,伺察風俗。尋以足疾上表乞骸骨,言甚懇至。太宗遣中書侍郎岑文本謂曰⋯⋯乃下優詔,加授特進,聽在第攝養。"

中書舍人

高季輔。《會要》九○《内外官禄》:"(貞觀)八年,中書舍人高季輔上表曰:'仕以應務,亦以代耕,外官卑品,猶未得禄。'"

岑文本。兼中郎。《舊書》一九一《袁天網傳》:"貞觀八年,太宗聞其名,召至九成宮,時中書舍人岑文本令視之。"

門下省

侍中

魏徵。《會要》四七《釋教》上:"貞觀八年⋯⋯侍中魏徵對曰:'佛道法本貴清淨,以遏浮競。'"五一《識量》上:太宗遷怒都官郎中薛仁方,侍中魏徵諫。

門下侍郎

趙弘智。《舊書》三《太宗紀》下:"(命)黃門侍郎趙弘智使于四方,觀省風俗。"

給事中

劉洎。

諫議大夫

孫伏伽。

太宗貞觀九年(六三五)

中書省

中書令

温彦博。

中書侍郎

岑文本。以中舍兼。《會要》一二《廟制度》:"貞觀九年,命有司議廟制度……中書侍郎岑文本議曰:'……請依晉宋故事,立親廟六,其祖宗之制,式遵舊典。'"《會要》一九《陵議》:"貞觀九年高祖崩,詔定山陵制度,令依漢長陵故事,務在崇厚……太宗乃謂中書侍郎岑文本曰:'朕欲一如遺詔,但臣子之心,不忍頓爲儉素。'"

中書舍人

高季輔。

岑文本。兼中郎。

許敬宗。自著作郎遷。《舊書》八二本傳:"貞觀八年,累除著作郎,兼修國史,遷中書舍人。"

門下省

侍中

魏徵。

崔敦禮。五月高祖崩,敦禮以少太常攝侍中治喪。《全文》一四五于志寧《固安昭公崔敦禮碑》:"(貞觀)七年守太常少卿……九年屬有國哀,靈駕進發,以公攝侍中(闕一字)人(闕一字)喪事。"

長孫無忌。《全文》三一六李華《中書政事堂記》:"政事堂者,自武德以來，常於門下省議事，即以議事之所，謂之政事堂。故長孫無忌起復授司空、房玄齡起復授左僕射、魏徵起復授太子太師，皆知門下省事。"按無忌五月起復。

門下侍郎

趙弘智。

給事中

劉洎。

諫議大夫

孫伏伽。約是年遷少大理。《舊書》七五本傳："累遷大理少卿。"

朱子奢。《舊書》二五《禮儀志》五："貞觀九年，高祖崩，將行遷祔之禮，太宗命有司詳議廟制。諫議大夫朱子奢建議曰……"

太宗貞觀十年(六三六)

中書省

中書令

温彦博。六月壬申爲右僕。《舊書》三《太宗紀》下:"(貞觀十年六月)壬申,中書令温彦博爲尚書右僕射。"

中書侍郎

岑文本。以中舍兼。《會要》六三《修前代史》:"貞觀十年正月二十日,尚書左僕射房玄齡、侍中魏徵、散騎常侍姚思廉、太子右庶子李百藥孔穎達、吏部侍郎令狐德棻、中書侍郎岑文本、中書舍人許敬宗等,撰成周、隋、梁、陳、齊五代史,上之。"

杜正倫。自散騎兼右庶遷。《舊書》七〇本傳:"(貞觀)十年,復授中書侍郎,賜爵南陽縣侯,仍兼太子左庶子。"

中書舍人

高季輔。

岑文本。兼中郎。

許敬宗。《舊書》八二本傳:"(貞觀)十年,文德皇后崩,百官縗絰,率更令歐陽詢狀貌醜異,衆或指之,敬宗見而大笑,爲御史所劾,左授洪州都督府司馬。"

門下省

侍中

魏徵。六月以特進知門下事。《舊書》三《太宗紀》下:"(貞觀)十年春正月壬子,尚書左僕射房玄齡、侍中魏徵上梁、陳、齊、周、隋五代史,詔藏於秘閣……夏六月，以侍中魏徵爲特進，仍知門下事。”

楊師道。《舊書》三《太宗紀》下：“（貞觀十年六月）甲戌，太常卿安德郡公楊師道爲侍中。”

門下侍郎

趙弘智。

韋挺。《舊書》七七本傳：“進拜御史大夫……太宗嘗謂挺曰：‘卿之任御史大夫，獨朕意耳，左右大臣無爲卿地者，卿勉之哉！’挺陳謝曰……尋改授銀青光禄大夫，行黄門侍郎，兼魏王泰府事。”按下年在是職任。

給事中

劉洎。是年遷治書侍御史（御史中丞）。《會要》五八《左右丞》：“（貞觀）十年，治書侍御史劉洎上書曰：‘臣聞尚書萬機，實爲政本，伏尋此選，授受誠難。’”

諫議大夫

朱子奢。《集古録目》二：“《唐昭仁寺碑》，諫議大夫朱子奢撰，不著書人名氏及立石年月。唐太宗即位，其平生戰伐之地皆立寺爲戰死者祈福。昭仁寺者，嘗破薛舉處也。”按朱子奢貞觀九年至十二年任大諫。

蓋文達。自國博遷，仍兼之。《舊書》一八九上本傳：“貞觀十年，遷諫議大夫，兼弘文館學士。”《全文》一四五于志寧《唐太傅蓋公墓碑》：“（貞觀）十年，詔授（闕二字）散（闕四字）諫議大夫、國子博士如故。”

起居郎

褚遂良。《舊書》八〇本傳：“貞觀十年，自秘書郎遷起居郎。”按《元龜》一〇一《納諫》：“（貞觀）十年，褚遂良爲諫議大夫。”

太宗貞觀十一年(六三七)

中書省

中書侍郎

岑文本。以中舍兼。《舊書》三七《五行志》:“貞觀十一年七月一日,黄氣竟天,大雨,穀水溢,入洛陽宮……帝引咎,令群臣直言政之得失。中書侍郎岑文本曰……”《集古録目》二:“《唐温彦博碑》,中書侍郎岑文本撰,弘文館學士歐陽詢書……碑以貞觀十一年立。”

杜正倫。兼左庶。《墓誌彙編上(貞觀〇五二)·温公(彦博)墓誌》:“(貞觀十一年六月甲寅)又遣銀青光禄大夫行中書侍郎杜正倫持節吊祭。”

中書舍人

岑文本。兼中郎。《會要》四三《水災》上:“貞觀十一年七月一日,黄氣竟天,大雨,穀水溢,入洛陽宮……帝引咎,令群臣直言政之得失。中書舍人岑文本上疏曰……”按《舊書》三七《五行志》作中郎。

高季輔。《會要》二六《皇太子不許與諸王及公主抗禮》:“貞觀十一年,中書舍人高季輔上疏曰:‘臣竊見密王元曉等,俱是懿親,陛下友愛之懷,義高古昔……比見弟子拜諸叔,諸叔亦答拜,王爵雖同,家人有禮,豈合如此顛倒昭穆?伏望一垂訓戒,永循彝則。’”按《通鑑》一九四“貞觀八年”略同,而載於八年末。注引《考異》:“《貞觀政要》,季輔疏在三年,《會要》在八年……從《會要》置此。”或其所見《會要》載在八年。

許敬宗。約是年爲洪州都督府司馬。參貞觀十四年給事中引。

門下省

侍中

魏徵。以特進知門下事。

楊師道。

門下侍郎

趙弘智。約是年刺萊州。《舊書》一八八本傳：“貞觀中，累遷黃門侍郎，兼弘文館學士。以疾出爲萊州刺史。”《刺考全編·河南道》繫於貞觀中。

韋挺。《舊書》七〇《王珪傳》：“是歲，（珪）兼魏王師。既而上問黃門侍郎韋挺曰：‘王珪爲魏王泰師，與其相見，若爲禮節？’”

給事中

馬周。八月稍後自侍御史遷。《會要》六八《刺史》上：“（貞觀）十一年八月，侍御史馬周上疏曰：‘治天下者，以民爲本。’”《舊書》七四本傳：貞觀十一年，馬周上疏太宗要以民爲本事，尋遷給事中。

諫議大夫

朱子奢。《舊書》二三《禮儀志》三：“（貞觀）十一年，群臣復勸封山，始議其禮……太宗敕秘書少監顏師古（原誤作思古）、諫議大夫朱子奢等，與四方名儒博物之士參議得失。”

蓋文達。兼國博。《全文》一四五于志寧《唐太傅蓋公墓碑》：“（貞觀）十年，詔授（闕二字）散（闕四字）諫議大夫、國子博士如故。十一年從駕洛陽宮（闕四字），補弘文館學士。”

起居郎

褚遂良。

太宗貞觀十二年(六三八)

中書省

中書侍郎

岑文本。以中舍兼。《通鑑》一九五"貞觀十二年":"(正月)吏部尚書高士廉、黄門侍郎韋挺、禮部侍郎令狐德棻、中書侍郎岑文本撰《氏族志》成,上之。"

杜正倫。兼左庶。

中書舍人

高季輔。

岑文本。兼中郎。

馬周。自給事中遷。《舊書》七四本傳:"(貞觀)十二年,轉中書舍人。"《通鑑》一九五"貞觀十二年":"是歲,以給事中馬周爲中書舍人。"

通事舍人

薛萬備。《元龜》一三八《旌表》二:"(貞觀十二年)十月,表通事舍人薛萬備之閭,旌孝行也。"

門下省

侍中

魏徵。以特進知門下事。

楊師道。

門下侍郎

韋挺。正月參撰《氏族志》。見下引。

崔民幹(崔幹)。《通鑑》一九五"貞觀十二年":"(正月)吏部尚書高士廉、黃門侍郎韋挺、禮部侍郎令狐德棻、中書侍郎岑文本撰《氏族志》成，上之……士廉等以黃門侍郎崔民幹爲第一。"

給事中

馬周。是年轉中舍。

張行成。《舊書》七八本傳："累遷給事中。"按貞觀十五年或稍後遷刑侍，則其任給事中當在是年前後。

諫議大夫

朱子奢。約是年遷司業。《舊書》一八九上本傳："轉諫議大夫、弘文館學士。遷國子司業，仍爲學士。"

蓋文達。兼國博。是年遷司業。《全文》一四五于志寧《唐太傅蓋公墓碑》："（貞觀）十年，詔授（闕二字）散（闕四字）諫議大夫、國子博士如故。十一年從駕洛陽宮（闕四字），補弘文館學士……十二年詔授國子司業。"

起居郎

褚遂良。《舊書》七二《虞世南傳》："（貞觀）十二年，又表請致仕，優制許之……尋卒……太宗爲詩一篇，追述往古興王之道……令起居郎褚遂良詣其靈帳讀迄焚之。"按虞世南卒於四月，《元龜》四〇《文學》："（貞觀十二年）四月，虞世南卒。帝悼之。"

太宗貞觀十三年（六三九）

中書省

中書令

楊師道。自侍中轉。《舊書》三《太宗紀》下："（貞觀十三年）十一月辛亥，侍中、安德郡公楊師道爲中書令。"又見《元龜》七二《命相》二。按《舊書》二三《禮儀志》三："至（貞觀）十一年，群臣復勸封山，始議其禮……於是左僕射房玄齡、特進魏徵、中書令楊師道，博採衆議堪行用而與舊禮不同者。"《元龜》三五《封禪》云十一年楊師道即爲中令，誤。

中書侍郎

岑文本。以中舍兼。

杜正倫。兼左庶。

中書舍人

高季輔。

岑文本。兼中郎。

馬周。

門下省

侍中

魏徵。知門下事。

楊師道。《全文》一四九《榻本樂毅論記》："貞觀十三年四月九日，奉敕內出《樂毅論》，是王右軍真迹，命將仕郎、直弘文館馮承素模寫，賜……侍中、護軍、安德郡開國公楊師道等六人。"十一月辛亥爲中令。

門下侍郎

韋挺。

劉洎。自左丞遷。《新書》二《太宗紀》："（貞觀十三年十一月）戊辰，尚書左丞劉洎爲黃門侍郎，參知政事。"

給事中

張行成。

諫議大夫

顏相時。約是年任。《舊書》七三《顏師古傳》："師古弟相時……貞觀中，累遷諫議大夫，拾遺補缺，有諍臣之風。尋轉禮部侍郎。"按相時後年（貞觀十五年）轉禮侍。

起居郎

褚遂良。《唐文拾遺》五〇盧元卿《法書跋尾記》："貞觀十三年十二月，裝成部秩，以貞觀字印縫，命起居郎褚遂良排署。"

太宗貞觀十四年（六四〇）

中書省

中書令

楊師道。

中書侍郎

岑文本。以中舍兼。《舊書》六九《侯君集傳》：“君集初破高昌，曾未奏請，輒配没無罪人，又私取寶物……及京師，有司推其罪，詔下獄。中書侍郎岑文本以爲功臣大將不可輕加屈辱，上疏曰……”《通鑑》一九五“貞觀十四年”載於是年十二月。

杜正倫。兼左庶。

中書舍人

高季輔。

岑文本。兼中郎。

馬周。

門下省

侍中

魏徵。《會要》三七《服紀》上：“貞觀十四年……侍中魏徵、禮部侍郎令狐德棻等與禮官定議（服紀之事）。”

門下侍郎

韋挺。是年遷太常卿。按十一月以太常卿爲封禪使。《通鑑》九五“貞觀十四年”：“（十一月）以太常卿韋縚等爲封禪使。”

劉洎。

給事中

張行成。

許敬宗。自洪州都督府司馬遷。《舊書》八二本傳:"累遷給事中,兼修國史。"《會要》三二《雅樂》上:"貞觀十四年六月一日,詔曰:'殷薦祖考,以崇功德,比雖加以誠潔,而廟樂未稱。宜令所司詳諸故實,制定奏聞。'給事中許敬宗議曰……"

諫議大夫

顏相時。

起居郎

褚遂良。

太宗貞觀十五年(六四一)

中書省

中書令

楊師道。《會要》三六《修撰》:(貞觀十五年)十月二十五日,中書令楊師道參撰《文思博要》成。

房玄齡。當在任(下年自是職拜司空)。

中書侍郎

岑文本。以中舍兼。《會要》三六《修撰》:(貞觀十五年)十月二十五日,中書侍郎岑文本參撰《文思博要》成。

杜正倫。兼左庶。

中書舍人

高季輔。

岑文本。兼中郎。

馬周。《唐文補編》五馬周《第十二女封臨川郡公主制》,末署:"貞觀十五年正月十九日。朝散大夫、守中書舍人馬周行。"是年轉治書侍御史兼知大諫。《舊書》七四本傳:"(貞觀)十五年,遷治書侍御史,兼知諫議大夫。"

楊弘禮。《舊書》七七本傳:"貞觀中,歷兵部員外郎,仍爲西河道行軍大總管府長史,三遷中書舍人。"姑繫於此。

門下省

侍中

魏徵。《舊書》七六《李泰傳》:"(貞觀)十五年,泰撰《括地志》功畢,表上之,詔令付秘閣……太宗又令泰居武德殿,侍中魏徵上奏曰:'……今移此殿,便在東宮之西,海陵昔居,時人以爲不可。'"

門下侍郎

劉洎。

給事中

張行成。《通鑑》一九六"貞觀十五年":"(十二月)上嘗臨朝謂侍臣曰:'朕爲人主,常兼將相之事。'給事中張行成退而上書(以爲不可)。"尋轉刑侍。《舊書》七八本傳:太宗嘗臨朝言身爲人主,兼行將相之事,給事中張行成上書諫之,"太宗深納之,轉刑部侍郎。"

許敬宗。《會要》三六《修撰》:貞觀十五年十月二十五日,給事中許敬宗參撰《文思博要》成。

諫議大夫

顏相時。是年遷禮侍。《會要》三六《修撰》:"(貞觀十五年)十月二十五日,尚書左僕射(應爲右僕射)、申國公士廉等撰《文思博要》成……同撰人特進魏徵、中書令楊師道、中書侍郎岑文本、禮部侍郎顏相時、國子司業朱子奢、給事中許敬宗、國子博士劉伯莊、太常博士呂才、秘書監房玄齡、太學博士馬嘉運、起居舍人褚遂良、晉王姚思廉、太子舍人司馬宅相、秘書郎宋正人。"

馬周。自中舍遷,兼治書侍御史。《舊書》七四本傳:"(貞觀)十五年,遷治書侍御史,兼知諫議大夫。"

褚遂良。《舊書》八〇本傳:"(貞觀)十五年……遷諫議大夫,兼知起居郎事。"按《舊書》七五《張玄素傳》:"是歲(指貞觀十四年),太宗嘗對朝問玄素歷官所由,玄素既出自刑部令史,甚以慚恥。諫議大夫褚遂良上疏曰……"又見《通鑑》一九五"貞觀十四年"。又,《會要》九三本錢上:"(貞觀)十二年,復置公廨本錢。諫議大夫褚遂良上疏……"《元龜》一〇一《納諫》:"(貞觀)十年,褚遂良爲諫議大夫。"歧異如此,暫繫於此。

起居郎

褚遂良。是年以大諫知。見上引。《通鑑》一九六"貞觀十五年":"(五月)己酉,有星孛于太微,太史令薛頤上言,未可東封。辛亥,起居郎褚遂良亦言之。"《會要》三六《修撰》:(貞觀十五年)十月二十五日,起居舍人褚遂良參撰《文思博要》成。《集古錄跋尾》五:"《唐岑文本三龕記》(貞觀十五年),右《三龕記》,唐兼中書侍郎岑文本撰,起居郎褚遂良書。"

太宗貞觀十六年(六四二)

中書省

中書令

楊師道。

房玄齡。《元龜》三三一《退讓》二:"房玄齡,貞觀十六年自中書令拜司空。玄齡頻表固讓。"按房玄齡是年自左僕遷司空。或兼中令。

中書侍郎

岑文本。自中舍遷。《舊書》三《太宗紀》下:"(貞觀十六年)正月辛未……兼中書侍郎、江陵子岑文本爲中書侍郎,專知機密。"

杜正倫。兼左庶。

中書舍人

岑文本。兼中郎。正月辛未正拜。尋遷中郎。

高季輔。

楊弘禮。

門下省

侍中

魏徵。《舊書》三《太宗紀》下:"(貞觀十六年)九月丁巳,特進、鄭國公魏徵爲太子太師、知門下省事如故。"《大詔令集》五五《魏徵特進制》(貞觀十六年九月):左光禄大夫、侍中、鄭國公魏徵可特進,封如故,仍知門下省事,朝章國典參議得失。自徒流以上罪詳事奏聞。其禄賜及國官防閤等並同職事。

門下侍郎

劉洎。《會要》四《儲君》:"(貞觀十六年)八月十四日,上謂侍臣曰:'當今國家何事最急？各爲我言之。'……黃門侍郎劉洎曰：'撫四夷最急。'"
《會要》六三《史館雜録》上："（貞觀）十六年四月二十八日太宗謂諫議大夫
褚遂良曰：'……朕有不善，卿必記之耶？遂良曰：'守道不如守官，臣職當
載筆，君舉必書。'黃門侍郎劉洎曰：'設令遂良不記，天下之人皆記之矣。'"

給事中

許敬宗。

崔仁師。《舊書》七四本傳："（貞觀）十六年，遷給事中。"《會要》五四
《省號》上："（貞觀）十六年，刑部奏請反叛者兄弟並坐，給事中崔仁師駁之
曰：'誅其父子，足警其心，此而不恤，何憂兄弟。'議遂寢。"《通鑑》一九六
"貞觀十六年"載於十二月。

諫議大夫

馬周。兼中丞。

褚遂良。兼知起居郎事。《會要》四《儲君》："（貞觀）十六年二月，諫議
大夫褚遂良諫曰：'……伏願陛下頗擇漢法，弘此無偏，儲君之用，微附古
昔，則天下幸甚。'"同上："至其年八月十四日，上謂侍臣曰：'當今國家何事
最急？各爲我言之。'……諫議大夫褚遂良曰：'當今四方仰德，誰敢爲非，
但太子、諸王，須有定分。陛下宜爲萬代法，以遺子孫。'"同書六三《史館雜
録》上："（貞觀）十六年四月二十八日，太宗謂諫議大夫褚遂良曰：'卿知起
居，記録何事，大抵人君得觀之否？'"

起居郎

褚遂良。以大諫知。

太宗貞觀十七年（六四三）

中書省

中書令

楊師道。《舊書》三《太宗紀》下："（貞觀十七年四月）丁亥，中書令楊師道爲吏部尚書。"

中書侍郎

岑文本。

杜正倫。兼左庶。四月前貶刺穀州。《通鑑》一九七"貞觀十七年"："初，太子承乾失德，上密謂中書侍郎兼左庶子杜正倫曰：'吾兒足疾乃可耳，但疏遠賢良，狎昵群小，卿可察之。果不可教示，當來告我。'正倫屢諫，不聽，乃以上語告之。太子抗表以聞，上責正倫漏泄……出正倫爲穀州刺史。"

馬周。自大諫兼中丞遷，兼右庶。《舊書》七四本傳："（晉）王爲皇太子，拜中書侍郎，兼太子右庶子。"按《通鑑》一九七"貞觀十七年"："（四月己丑）中書侍郎馬周爲左庶子。"

中書舍人

高季輔。《通鑑》一九七"貞觀十七年"："（四月己丑）中書舍人高季輔爲右庶子。"

楊弘禮。

通事舍人

來濟。《通鑑》一九七"貞觀十七年"："（四月，承乾反形已具）上謂侍臣曰：'將何以處承乾？'……通事舍人來濟進曰：'陛下不失爲慈父，太子得盡天年，則善矣！'上從之。"按是年轉考功員外。《舊書》八〇本傳："貞觀中，累轉通事舍人。太子承乾之敗，太宗謂侍臣曰……帝納其言。俄除考功員外郎。”

孫處約。蓋秋冬任。《大唐新語》六：孫處約嘗言其志，願爲通事舍人，來濟領吏部，如其志，注爲通事舍人。是年來濟爲考功員外。

門下省

侍中

魏徵。兼太子太師，知門下事。《舊書》三《太宗紀》下：“（貞觀）十七年正月戊辰……太子太師、鄭國公魏徵薨。”

長孫無忌。《元龜》三二九《兼領》：“太宗貞觀十七年，立皇太子，加無忌太子太師，兼檢校侍中。”

門下侍郎

劉洎。是年遷散騎。

許敬宗。七月後檢校。見給事中引。

給事中

許敬宗。《舊書》八二本傳：“累遷給事中，兼修國史。（貞觀）十七年，以修《武德貞觀實錄》成，賜物八百段，權檢校黃門侍郎。”《會要》六三《修國史》載於七月十六日，修《實錄》成。

崔仁師。四月左貶少鴻臚。《通鑑》一九七“貞觀十七年”：“（四月）給事中崔仁師嘗密請立魏王泰爲太子，左遷鴻臚少卿。”

韋琨。約是年任。《新書》一九七《韋丹傳》：“高祖琨，以洗馬事太子承乾，諫不聽。太宗才之，擢給事中。”按太子四月被廢。

左散騎常侍（武德令，以爲從三品散官。貞觀十七年六月四日改爲職事官，《新書》四七《百官志》二。二員，從三品。左散騎常侍掌侍奉規諷，備顧問應對）

劉洎。自門郎除。《舊書》七四本傳：“（貞觀）十七年，加授銀青光祿大夫，尋除散騎常侍。”《會要》五四《省號》上：“貞觀十七年，（左）散騎常侍劉洎詰難公卿表曰：‘臣聞帝皇之與凡庶，聖哲之與庸愚，上下相懸，擬倫斯絶。’”

柳亨。蓋是年自邛刺入遷。《舊書》七七本傳：“以譴出爲邛州刺史，加散騎常侍，被代還，數年不調。”按是年左常侍爲職事官。然《刺考全編·劍南道》云約貞觀初期刺邛州。

諫議大夫

馬周。兼中丞。是年遷中郎兼右庶。

褚遂良。知起居郎事。《會要》五五《省號》下：“（貞觀）十七年，太宗問諫議大夫褚遂良曰：‘舜造漆器，禹雕其俎，當時諫舜、禹者十有餘人。食器之間，苦諫何也？’”尋爲賓客。

起居郎

褚遂良。以大諫知。

城門郎（四員，從六品上。城門郎掌京城、皇城、宮殿諸門開闔之節，奉其管鑰而出納之。開則先外而後内，闔則先内而後外，所以重中禁，尊皇居也。候其晨昏擊鼓之節而啓閉之）

李震。《墓誌續編（麟德〇二〇）·李震墓誌》：“（貞觀）十七年，選補城門郎，未幾，加朝散大夫，仍行先任。”

太宗貞觀十八年（六四四）

中書省

中書令

岑文本。自中郎遷。《舊書》三《太宗紀》下："（貞觀十八年八月丁卯）中書侍郎江陵子岑文本、中書侍郎馬周並爲中書令。"

馬周。八月丁卯自中郎兼右庶遷。仍兼左庶。《全文》一五二許敬宗《大唐故中書令高唐馬公碑》："（貞觀）十八年（闕一字）正議大夫、守中書令，仍兼左庶子。"

中書侍郎

岑文本。八月丁卯爲中令。

馬周。八月丁卯爲中令。

中書舍人

楊弘禮。是年遷兵侍。《舊書》七七本傳："太宗有事遼東，以弘禮有文武材，擢拜兵部侍郎，專典兵機之務。"

柳奭。蓋是年始任。《舊書》七七本傳："貞觀中，累遷中書舍人。後以外生（甥）女爲皇太子妃，擢拜兵部侍郎。"按約貞觀二十二年拜兵侍。

通事舍人

孫處約。當在任，見上年引。

門下省

侍中

長孫無忌。

劉洎。自左常侍遷。《舊書》三《太宗紀》下："（貞觀十八年八月）丁卯，

（左）散騎常侍、清苑男劉洎爲侍中。”

門下侍郎

許敬宗。以給事中檢校。是年遷右庶。《舊書》八二本傳：“高宗在春宮，遷太子右庶子。”

褚遂良。自大諫兼知起居郎遷。《通鑑》一九七“貞觀十八年”：“九月，以諫議大夫褚遂良爲黃門侍郎，參預朝政。”按《舊書》八〇本傳云是年爲太子賓客：“其年，太子承乾以罪廢……時頻有飛雉集於宮殿之內，太宗問群臣曰：‘是何祥也？’對曰……太宗悦曰：‘立身之道，不可無學，遂良博識，深可重也。’尋授太子賓客。”

給事中

許敬宗。兼檢校黃郎。是年遷右庶。見上引。

韋琨。

左散騎常侍

劉洎。八月丁卯爲侍中。

柳亨。

諫議大夫

褚遂良。兼起居郎。《會要》二七《行幸》：“初將發（征遼），諫議大夫褚遂良上疏。”九月爲黃郎，參預朝政。

起居郎

褚遂良。以大諫兼。九月爲黃郎，參預朝政。

城門郎

李震。

太宗貞觀十九年(六四五)

中書省

中書令

岑文本。《舊書》三《太宗紀》下:"(貞觀十九年四月)丁未,中書令岑文本卒于師。"《金石萃編》四六《太宗祭比干文》:貞觀十九年二月卅日,中書令、江陵縣開國子岑文本等奏請以贈比干詔并祭文刻石樹碑。《寶刻叢編》九引《京兆金石錄》:"《唐中書令贈廣州都督岑文本碑》,貞觀十八年。"按時間誤。

馬周。兼左庶。二月掌機務。十一月兼攝吏尚。《舊書》七四本傳:"太宗伐遼東……還,以本官(中書令兼左庶子)攝吏部尚書。"《金石萃編》四六《太宗祭比干文》:貞觀十九年二月卅日,正議大夫、守中書令、兼太子左庶子馬周等奏請以贈比干詔并祭文刻石樹碑。

楊師道。三月自吏尚攝。《舊書》三《太宗紀》下:"(貞觀十九年二月乙卯)以吏部尚書、安德郡公楊師道爲中書令。"十一月丁亥貶工尚。《新書》二《太宗紀》:"(貞觀十九年)三月壬辰……吏部尚書楊師道攝中書令……十一月……丁亥,貶楊師道爲工部尚書。"

中書侍郎

許敬宗。《舊書》一九九上《高麗傳》:"(貞觀十九年七月)(高)延壽、惠真……請降……令將作造《破陣圖》,命中書侍郎許敬宗爲文勒石以紀其功。"《舊書》八二本傳:岑文本卒,以敬宗以右庶子檢校中書侍郎。

中書舍人

崔仁師。《舊書》七四本傳:"(貞觀十九年正月)及韋挺以壅滯失期,除名爲民,仁師以運夫逃走不奏,坐免官……(冬)太宗還至中山,起爲中書舍人。"

長孫祥。約是年自吏部員外遷。《墓誌彙編上(上元○○八)·唐故刑部尚書長孫府君(祥)墓誌銘》:"又改吏部員外郎,俄遷中書舍人。"

柳奭。

通事舍人

盧師讓。《元龜》一三六《慰勞》："（貞觀）十九年，帝征遼。二月，李勣所領之衆頓於幽州，詔遣通事舍人盧師讓齎璽書詣軍中勞勉之。"

喬寶明。《元龜》九七《獎善》："（貞觀）十九年，太宗征遼，紀王府參軍喬寶明以乘輿暴露堅城之下，賊久未平……謁太宗，太宗與語，甚奇之……於是引寶明參侍從之列，尋守通事舍人。"

門下省

侍中

劉洎。《舊書》三《太宗紀》下："（貞觀十九年）十二月戊申……侍中、清苑男劉洎以罪賜死。"

長孫無忌。三月壬辰檢校（攝）。《舊書》三《太宗紀》下："（貞觀十九年）三月壬辰，上發定州，以司徒、太子太師兼檢校侍中、趙國公長孫無忌，中書令岑文本、楊師道從。"《宰相表》上：（貞觀十九年）三月壬辰，無忌攝侍中。

房玄齡。是年知門下省事。《元龜》七八《委任》二："房玄齡爲司空、太傅、知門下省事。及太宗親幸遼東，以玄齡爲京城留守。"

門下侍郎

褚遂良。《金石萃編》四六《太宗祭比干文》：貞觀十九年二月卅日，中大夫、守黃門侍郎褚遂良等奏請以贈比干詔并祭文刻石樹碑。

給事中

韋琨。約是年遷太舍。《新書》一九七《韋丹傳》："高宗在東宮，爲中舍人。"

左散騎常侍

柳亨。

城門郎

李震。

太宗貞觀二十年（六四六）

中書省

中書令

馬周。兼左庶、攝吏尚。《金石録補》一〇:《唐晉祠碑陰》,題名:"正議大夫、守中書令、太子左庶子、兼攝吏部尚書、護軍臣馬周。"《八瓊室金石補正》三四《晉祠銘碑陰題名》。此碑拓本額有飛白書"貞觀廿年正月廿六日"九字。

中書侍郎

許敬宗。以右庶檢校中郎。

楊弘禮。《舊書》七七本傳:"(貞觀)二十年,拜中書侍郎。"

中書舍人

崔仁師。《元龜》一六一《命使》:貞觀二十年正月丁丑,中書舍人崔仁師、柳奭等以六條巡察四方。尋兼檢校刑侍。《舊書》七四本傳:太宗征遼還至中山起爲中書舍人。尋兼檢校刑部侍郎。

長孫祥。約是年改率更令。《墓誌彙編上(上元〇〇八)·唐故刑部尚書長孫府君(祥)墓誌銘》:"俄遷中書舍人,又任太子率更令。"

柳奭。見上引。

來濟。年初自司議郎遷。《舊書》八〇本傳:"(貞觀)十八年,初置太子司議郎,妙選人望,遂以濟爲之,仍兼崇賢館直學士。尋遷中書舍人,與令狐德棻等撰《晉書》。"按閏三月始撰《晉書》。《會要》六三《修前代史》:閏三月修《晉書》,中書舍人來濟分功撰録。

通事舍人

喬寶明。

蕭嗣業。《舊書》六七《李勣傳》:"(貞觀)二十年,延陁部落擾亂,詔勣將二百餘騎便發突厥兵討擊……其大首領梯真達官率衆來降……遣通事舍人蕭嗣業招慰部領，送於京師，磧北悉定。"《通鑑》一九八"貞觀二十年"載於六月。

門下省

侍中

長孫無忌。以司徒兼檢校侍中。

房玄齡。兼司空、太子太傅、知門下省事。

門下侍郎

褚遂良。兼賓客。《舊書》三《太宗紀》下："（貞觀二十年正月）丁丑，遣大理卿孫伏伽、黃門侍郎褚遂良等二十二人，以六條巡察四方，黜陟官吏。"《會要》四《雜録》："（貞觀）二十年，太宗于寢殿側置一院，令太子居之，絕不遣往東宮。門下侍郎兼太子賓客褚遂良上疏諫。"

給事中

張叡。《元龜》一六一《命使》：貞觀二十年正月丁丑，給事中張叡等以六條巡察四方。

左散騎常侍

柳亨。

起居郎

上官儀。自秘書郎遷。《舊書》六六《房玄齡傳》："（玄齡）尋與黃門侍郎（原作中書侍郎，誤）褚遂良受詔重撰《晉書》，於是奏取太子左庶子許敬宗、中書舍人來濟、著作郎陸元仕劉子翼、前雍州刺史令狐德棻、太子舍人李義府薛元超、起居郎上官儀等八人，分功撰録。"《會要》六三《修前代史》："閏三月分功撰録《晉書》。"

城門郎

李震。

太宗貞觀二十一年(六四七)

中書省

中書令

馬周。兼攝吏尚。

中書侍郎

許敬宗。兼右庶。《會要》三五《釋奠》:"(貞觀)二十一年,中書侍郎許敬宗等奏(釋奠事宜)。"

楊弘禮。《舊書》七七本傳:"明年(即貞觀二十一年)加銀青光禄大夫,尋遷司農卿。"

中書舍人

崔仁師。兼檢校刑侍。

柳奭。

來濟。

通事舍人

喬寶明。

裴皓。是年丁憂。《墓誌續編(龍朔〇二八)·故宮府大夫兼檢校司馭少卿裴君(皓)墓誌》:"轉通事舍人……(貞觀)廿一年,君因使初反,太宗臨朝,告以定公(即其父裴懷節諡號)之患,君唏噓哽咽,悲動聖衷,乃馳驛遣殿中醫人齎藥往洛州救療。及丁艱罰,毁悴過禮。"

門下省

侍中

長孫無忌。司徒兼檢校侍中。

房玄齡。

門下侍郎

褚遂良。是年兼檢校大理卿。尋丁憂。《舊書》八〇本傳："（貞觀）二十一年，以本官檢校大理卿，尋丁父憂解。明年起復舊職。"

唐臨。自中丞遷。《舊書》八五本傳："累轉黃門侍郎，加銀青光禄大夫。"

給事中

段寶玄。蓋是年自刑部郎中遷。見下年引。

左散騎常侍

柳亨。是年轉少光禄。《舊書》七七本傳："以譴出爲邛州刺史，加散騎常侍，被代還，數年不調。因兄葬，遇太宗游於南山，召見與語，頗哀矜之。數日，北門引見，深加誨獎，拜銀青光禄大夫，行光禄少卿……（貞觀）二十三年，以修太廟功，加金紫光禄大夫。"按太宗游南山在貞觀二十一年五月至七月。《舊書》三《太宗紀》上："（貞觀二十一年）夏四月乙丑，營太和宮於終南之上，改爲翠微宮。五月戊子，幸翠微宮……（七月）庚戌，至自翠微宮。"按左常侍爲從三品，少卿爲從四品。似以光禄卿爲是。

起居郎

上官儀。

城門郎

李震。

太宗貞觀二十二年（六四八）

中書省

中書令

馬周。兼攝吏尚。《舊書》三《太宗紀》下：“（貞觀二十二年）正月庚寅，中書令馬周卒。”

長孫無忌。《舊書》三《太宗紀》下：“（貞觀二十二年）正月庚寅，中書令馬周卒。司徒、趙國公無忌兼檢校中書令，知尚書門下二省事。”

褚遂良。自黃郎遷。《舊書》三《太宗紀》下：“（貞觀二十二年）九月己亥，黃門侍郎褚遂良爲中書令。”

中書侍郎

許敬宗。檢校兼右庶。

崔仁師。《舊書》三《太宗紀》下：“（貞觀二十二年正月）刑部侍郎崔仁師爲中書侍郎，參知機務……（二月）中書侍郎崔仁師除名，配流連州。”

中書舍人

崔仁師。兼檢校刑侍。正月己亥擢爲中郎。《新書》二《太宗紀》：“（貞觀二十二年正月）己亥，中書舍人崔仁師爲中書侍郎，參知機務。”

柳奭。約是年擢拜兵侍。《舊書》七七本傳：“貞觀中，累遷中書舍人。後以外生女爲皇太子妃，擢拜兵部侍郎。”按《郎表》四：是年或下年由中書舍人擢遷。

來濟。

通事舍人

喬寶明。

韋燁。《元龜》一三六《慰勞》：“（貞觀）二十二年三月庚戌，遣通事舍人韋燁往使歸兵道行軍宣慰士衆。”

張昌齡。《元龜》九七《獎善》："張昌齡,貞觀末獻《翠微宮頌》,太宗召見,令作息兵詔草,甚加賞歎……令於通事舍人裏供奉。"

門下省

侍中

長孫無忌。《舊書》三《太宗紀》上："（貞觀）二十二年春正月庚寅……司徒、趙國公無忌兼檢校中書令,知尚書門下二省事。"

房玄齡。《會要》九五《高句麗》："（貞觀）二十二年七月,太子太傅、知門下省事房玄齡謂諸子曰:'吾自度危篤,以東討不停,豈可使吾君銜恨入地?'遂封表上諫。"

門下侍郎

褚遂良。《舊書》八〇本傳："（貞觀）二十一年,以本官檢校大理卿,尋丁父憂解。明年起復舊職。"《舊書》三《太宗紀》下："（貞觀二十二年）二月,前黃門侍郎褚遂良起復黃門侍郎。"《元龜》三七《頌德》："（貞觀）二十二年四月,磧外蕃人爭牧馬土界,帝親臨決斷,然後咸服。黃門侍郎褚遂良進曰……"九月己亥遷中令。

唐臨。

給事中

段寶玄。當在任。《八瓊室金石補正續編》二八崔鐶《恒嶽碑陰紀段使君□德政》："公諱憎,字崇簡……王父乾、字寶玄,唐刑部郎中,遷給事中、刑部侍郎、尚書左右丞、洛州刺史。"

高敬言。當在任。《千唐誌・大唐故蒲州猗氏縣令（高）隆基墓誌銘》："父敬言,唐給事中、吏部侍郎、許州刺史。"《唐故銀青光禄大夫行光禄少卿高府君（懲）墓誌銘》："祖敬言,皇朝給事中、户部侍郎、吏部侍郎、果毅虢許四州刺史。"按下年當在户侍任。

諫議大夫

谷那律。約是年自國博遷。《舊書》一八九上本傳："貞觀中,累補國子博士。黃門侍郎褚遂良稱爲'九經庫'。尋遷諫議大夫,兼弘文館學士。"

起居郎

上官儀。《舊書》八〇本傳:"俄又預撰《晉書》成,轉起居郎。"是年《晉書》成,又按《舊書》六六《房玄齡傳》云始撰時已任起居郎。

城門郎

李震。

太宗貞觀二十三年（六四九）

中書省

中書令

長孫無忌。兼知尚書、門下二省事。《通鑑》一九九"貞觀二十三年"："（六月）癸未，以長孫無忌爲太尉，兼檢校中書令，知尚書、門下二省事。無忌固辭知尚書省事，仍令以太尉同中書門下三品。"

褚遂良。《舊書》六五《長孫無忌傳》："（貞觀）二十三年，太宗疾篤，引無忌及中書令褚遂良二人受遺令輔政。"

高季輔。《舊書》四《高宗紀》上："（貞觀二十三年五月庚午）太子右庶子、兼吏部侍郎、攝户部尚書高季輔爲兼中書令、檢校吏部尚書。"

中書侍郎

許敬宗。檢校兼右庶。五月庚午遷禮尚。《舊書》八二本傳："高宗嗣位，代于志寧爲禮部尚書。"按于志寧五月庚午自禮尚遷侍中。

柳奭。自兵侍遷。《舊書》七七本傳："後以外生女爲皇太子妃，擢拜兵部侍郎。妃爲皇后，奭又遷中書侍郎。"

中書舍人

來濟。

李義府。自太舍遷。《舊書》八二本傳："高宗嗣位，遷中書舍人。"

通事舍人

喬寶明。

張昌齡。貞觀末任。見上年引。

門下省

侍中

長孫無忌。六月癸未爲太尉、檢校中令、知尚書門下二省事、同中書門下三品。

于志寧。自禮尚兼左庶遷。《新書》二《太宗紀》:"(貞觀二十三年五月庚午)禮部尚書于志寧爲侍中。"《全文》一三七令狐德棻《大唐故柱國燕國公于君碑銘并序》:"(貞觀)廿一年,遷禮部尚書……廿三年,以本官兼太子左庶子……遷(闕一字)侍(闕一字)。"

張行成。《舊書》四《高宗紀》上:"(貞觀二十三年五月庚午)太子少詹事、兼尚書左丞張行成爲兼侍中、檢校刑部尚書。"

門下侍郎

唐臨。是年始兼檢校吏侍,尋遷大理卿。《舊書》八五本傳:"高宗即位,檢校吏部侍郎。其年,遷大理卿。高宗嘗問臨在獄繫囚之數。"《通鑑》一九九"貞觀二十三年"載於是年十月。

給事中

段寶玄。是年遷刑侍。參上年引。

高敬言。自給事中遷。《唐故銀青光禄大夫行光禄少卿高府君(懲)墓誌銘》:"祖敬言,皇朝給事中、户部侍郎、吏部侍郎、果穀虢許四州刺史。"按是年及下年户侍闕,下年敬言又在吏侍任,當自户侍遷,據墓誌所載仕歷,姑繫於此。

左散騎常侍

張後胤(張允)。自祭酒遷。《新書》一九八本傳:"遷散騎侍郎。"《金石萃編》五一《張允碑》:"除國□祭酒……(貞觀)廿三年,初散騎常侍,出陪鸞輅,承密勿之榮。"

諫議大夫

谷那律。

起居郎

上官儀。是年遷少秘監。《舊書》八〇本傳：“高宗嗣位，遷秘書少監。”

城門郎

李震。是年轉尚乘奉御。《墓誌續編（麟德〇二〇）·李震墓誌》：“（貞觀）廿三年，以朝散大夫守尚乘奉御。”

高宗永徽元年（六五〇）

中書省

中書令

褚遂良。十一月左授同刺。《舊書》四《高宗紀》上："（永徽元年）十一月己未，中書令、河南郡公褚遂良左授同州刺史。"

高季輔。兼檢校吏尚。

中書侍郎

柳奭。按《舊書》五〇《刑法志》：永徽初，黃門侍郎柳奭參撰律令格式。兩傳均未及任黃郎，況下年正月柳奭仍自中郎任。故似仍以中郎爲是。

中書舍人

來濟。

李義府。

薛元超。自給事中遷。《會要》七五《選部》下："永徽元年，中書舍人薛元超好汲引寒微，嘗表薦任希古、高智周、郭正一、王義方、孟利貞十餘人，時論稱美。"

李安期。《舊書》七二本傳："永徽中，遷中書舍人。"

李友益。《舊書》五〇《刑法志》："永徽初，中書舍人李友益參撰律令格式。"

劉祥道。《舊書》八一本傳："永徽初，歷中書舍人、御史中丞。"按是年旋遷中丞。

通事舍人

喬寶明。

門下省

侍中

于志寧。《會要》六《公主雜録》：“永徽元年正月，衡山公主欲出降長孫氏，議者以時既公除，合行吉禮。侍中于志寧上疏曰：‘……伏願遵高宗之令軌，略孝文之權制，國家于法無虧，公主情禮得畢，則天下幸甚。’”

張行成。兼檢校刑尚。《會要》四二《地震》：“永徽元年四月一日地震。六月十二日又震。上以晉地屢震，謂群臣曰：‘朕政教不明，使晉地屢有震動。’侍中張行成曰：‘天，陽也；地，陰也。君象陽，臣象陰，君宜動轉，臣宜安静。今晉州地震，彌旬不休，臣恐女謁用事，大臣陰謀……伏願深思遠慮，以杜其萌。’”

門下侍郎

宇文節。自右丞遷。《舊書》一〇五《宇文融傳》：“祖節，貞觀中爲尚書右丞……永徽初，累遷黄門侍郎。”《舊書》五〇《刑法志》：永徽初，黄門侍郎宇文節參撰律令格式。

給事中

趙文恪。《舊書》五〇《刑法志》：永徽初，參撰律令格式。

薛元超。自太舍遷，俄改中舍。《墓誌續編（垂拱〇〇三）・薛元超墓誌》（卒於光宅元年十二月，年六十二）：“廿二，遷太子舍人。永徽纂曆，加朝散大夫，遷給事中，時年廿六。尋遷中書舍人、弘文館學士，兼修國史。”《舊書》七三本傳：“高宗即位，擢拜給事中……俄轉中書舍人。”

左散騎常侍

張後胤（張允）。

諫議大夫

谷那律。《舊書》一八九上本傳：“嘗從太宗出獵，在途遇雨，因問：‘油衣若爲得不漏？’那律曰：‘能以瓦爲之，必不漏矣！’”《通鑑》一九九“永徽元年”載於九月癸亥。

起居郎

顧胤。《舊書》七三本傳：“永徽中歷遷起居郎，兼修國史。”

高宗永徽二年（六五一）

中書省

中書令

高季輔。兼檢校吏尚。是年遷侍中。

杜正倫。《會要》三七《五禮篇目》：永徽二年，中書令杜正倫參與重訂《貞觀禮》。

中書侍郎

柳奭。《舊書》四《高宗紀》上："（永徽二年正月乙巳）守中書侍郎柳奭爲中書侍郎，依舊同中書門下三品。"《全文》一一《詳定刑名詔》：中書侍郎柳奭等詳定法律，酌前王之令典，考列辟之舊章。按其事在是年閏九月十四日，詳侍中高季輔引。

來濟。自中舍遷。《舊書》八〇本傳："永徽二年，拜中書侍郎，兼弘文館學士，監修國史。"

中書舍人

來濟。是年擢中郎。

李義府。按《會要》三七《五禮篇目》：永徽二年，中書侍郎李義府參與重訂《貞觀禮》。《舊書》二一《禮儀志》一云高宗初，云中令。均誤。

薛元超。

李友益。《會要》三九《定格令》："永徽二年，閏九月十四日，上新删定律令格式。中書舍人李友益……等同修。"按《會要》三七《五禮篇目》云是年爲侍郎。今按，未確。

通事舍人

喬寶明。《通鑑》一九九"永徽二年"："正月……左驍衛將軍、瑶池都督阿史那賀魯，招集離散，廬帳漸盛，聞太宗崩，謀襲取西、庭二州。庭州刺史駱弘義知其謀，表言之，上遣通事舍人橋（喬）寶明馳往慰撫。”

門下省

侍中

于志寧。八月己巳爲左僕。《舊書》四《高宗紀》上：“（永徽二年八月）己巳，侍中、燕國公于志寧爲尚書左僕射，侍中兼刑部尚書、北平縣公張行成爲尚書右僕射，並同中書門下三品，猶不入銜。”

張行成。兼刑尚。八月己巳爲右僕。見上引。

高季輔。自中令、檢校吏尚遷。《新書》三《高宗紀》：“（永徽二年）八月己巳，高季輔爲侍中。”《會要》三九《定格令》：永徽二年，閏九月十四日，上新删定律令格式。侍中高季輔等同修。

門下侍郎

宇文節。《舊書》四《高宗紀》上：“（永徽二年正月）乙巳，黄門侍郎、平昌縣公宇文節加銀青光禄大夫，依舊同中書門下三品。”《會要》三三《破陣樂》：“永徽二年十一月二日，上祀南郊，黄門侍郎宇文節奏言：‘依舊儀，明日朝群臣，除樂懸，請奏《九部樂》。’”

許圉師。《會要》三七《五禮篇目》：永徽二年，參與重訂《貞觀禮》。

給事中

趙文恪。《會要》三九《定格令》：永徽二年，閏九月十四日，上新删定律令格式。給事中趙文恪等同修。

左散騎常侍

張後胤（張允）。

房遺愛。自太府卿遷。《舊書》六六本傳：“尚太宗女高陽公主，拜駙馬都尉，官至太府卿、散騎常侍。”按是年楊弘禮任太府卿（一員）。故繫於此。

諫議大夫

谷那律。約是年卒。《舊書》一九八上本傳：“永徽初卒。”

蕭鈞。《舊書》六三本傳：“永徽二年，歷遷諫議大夫、兼弘文館學士。”《會要》五五《省號》下：“永徽二年九月一日，左武候引駕盧文操踰垣盜左藏庫物，上以引駕職在糾繩，而身行盜竊，命有司誅之。諫議大夫蕭鈞進曰：

'文操所犯,情實難原,然準諸常法,罪未至死。'"

起居郎

顧胤。當在任。見上年引。

符寶郎

顏揚庭。《全文》一六五顏揚庭《上匡謬正俗表》:"永徽二年十二月八日,符寶郎臣顏揚庭上。"按《舊傳》及《會要》云三年,見下年引。

高宗永徽三年（六五二）

中書省

中書令

柳奭。自中郎遷。《舊書》七七本傳："永徽三年，代褚遂良爲中書令，仍監修國史。"《舊書》四《高宗紀》上："（永徽三年）三月辛巳……中書侍郎柳奭爲中書令。"按《新書》三《高宗紀》云下年十一月任。兹從《舊書》。

中書侍郎

柳奭。三月辛巳爲中令。

來濟。《新書》三《高宗紀》："（永徽三年）九月……中書侍郎來濟同中書門下三品。"

辛茂將。蓋三月或稍後自少大理遷（下年十一月見在任）。

中書舍人

李義府。

薛元超。

司馬玄祚。約是年自膳部郎中遷。《墓誌彙編下（顯聖○○一）·前行大理寺丞司馬府君（望）墓誌》（卒於上元二年五月，年五十七）："曾祖玄祚，唐膳部郎中、中書舍人、禮部侍郎。"

門下省

侍中

高季輔。《舊書》四《高宗紀》上："（永徽三年七月乙丑）侍中高季輔兼太子少保。"

宇文節。自門郎遷。《舊書》四《高宗紀》上："（永徽三年）三月辛巳，黃門侍郎、平昌縣公宇文節爲侍中……（七月乙丑）侍中宇文節兼太子詹事。”

門下侍郎

宇文節。三月辛巳爲侍中。

韓瑗。自兵侍遷，入相。《宰相表》上：（永徽三年）三月辛巳……兵部侍郎韓瑗守黃門侍郎、同中書門下三品。

顧琮。韋執誼《翰林院故事》：“永徽中，黃門侍郎顧琮復有麗正之稱。”

給事中

趙文恪。《新書》五八《藝文志》二：“《留本司行格》十八卷。”注云：給事中趙文恪奉詔撰定，永徽三年上。

左散騎常侍

張後胤（張允）。

房遺愛。《通鑑》一九九“永徽三年”：“（十一月）散騎常侍房遺愛尚太宗女高陽公主……主與辯機私通，餉遺億計，更以二女子侍遺愛……遺愛坐出房州刺史。”

諫議大夫

蕭鈞。

符寶郎

顏揚庭。《舊書》七三《顏師古傳》：“永徽三年，師古子揚庭爲符璽郎，又表上師古所撰《匡謬正俗》八卷。高宗下詔付秘書閣，仍賜揚庭帛五十匹。”按《會要》三六《修撰》載於三月三日，又按《全文》一六五《上匡謬正俗表》云：“永徽二年十二月八日，符寶郎臣顏揚庭上。”

城門郎

韋元福。是年前後當在任。《全文》九九三闕名《唐太原節度使韋湊神道碑》：“父諱元福，永徽中爲城門郎。”

高宗永徽四年（六五三）

中書省

中書令

柳奭。《全文》一三六長孫無忌《進五經正義表》："銀青光禄大夫、守中書令、監修國史、上騎都尉臣柳奭……永徽四年二月二十四日。"《全文》一三六長孫無忌《進疏律議表》："銀青光禄大夫、守中書令、監修國史、上騎都尉柳奭……永徽四年十一月十九日進。"

中書侍郎

來濟。《全文》一三六長孫無忌《進疏律議表》："太中大夫、守中書侍郎、監修國史、驍騎尉來濟……永徽四年十一月十九日進。"

辛茂將。《全文》一三六長孫無忌《進疏律議表》："朝議大夫、守中書侍郎辛茂將……永徽四年十一月十九日進。"

中書舍人

李義府。

薛元超。

司馬玄祚。當在任。參上年引。

門下省

侍中

高季輔。兼少太保。十二月卒。《全文》一三六長孫無忌《進五經正義表》："光禄大夫、侍中、兼太子少保、監修國史、上護軍、蓚縣開國公臣季輔……永徽四年二月二十四日。"《舊書》四《高宗紀》上："（永徽四年）十二月庚子，侍中兼太子少保、蓚縣公高季輔卒。"

宇文節。兼詹事。《舊書》四《高宗紀》上:"（永徽四年）二月乙酉……
侍中兼太子詹事、平昌縣公宇文節配流桂州。"

崔敦禮。《舊書》四《高宗紀》上:"（永徽四年）十一月癸丑,兵部尚書、
固安縣公崔敦禮爲侍中。"

門下侍郎

韓瑗。《全文》一三六長孫無忌《進疏律議表》:"太中大夫、守黃門侍
郎、護軍、潁川縣開國公韓瑗……永徽四年十一月十九日進。"

顧琮。當在任。

左散騎常侍

張後胤（允）。

諫議大夫

蕭鈞。

高宗永徽五年（六五四）

中書省

中書令

柳奭。六月罷爲吏尚。《金石萃編》五〇《萬年宮銘》，大唐永徽五年歲次甲寅五月景午（即丙午）朔十五日庚申建，碑陰題名：中書令、監修國史、上騎都尉臣柳□（按奭）。《宰相表》上：（永徽五年）六月癸亥，奭罷爲吏部尚書。

中書侍郎

來濟。《金石萃編》五〇《萬年宮銘》，大唐永徽五年歲次甲寅五月景午（即丙午）朔十五日庚申建，碑陰題名：銀青光禄大夫、行中書侍郎、監修國史、學士臣來濟。《舊書》四《高宗紀》上："（永徽五年）夏四月，守黄門侍郎潁川縣公韓瑗、守尚書侍郎來濟，並加銀青光禄大夫，依舊同中書門下三品。"來濟永徽三年九月以中郎同中書門下三品，見《新書》三《高宗紀》。

辛茂將。當在任（上年十一月在任）。

中書舍人

李義府。《會要》三《雜録》："永徽五年，中書舍人李義府上表請廢王皇后，立昭儀，以厭衆庶之心。"《金石萃編》五〇《萬年宮銘》，大唐永徽五年歲次甲寅五月景午（即丙午）朔十五日庚申建，碑陰題名：中書舍人、兼修國史、弘文館學士臣李義府。

薛元超。《金石萃編》五〇《萬年宮銘》，大唐永徽五年歲次甲寅五月景午朔十五日庚申建，碑陰題名：朝議大夫、守中書舍人、汾陰縣開國男、弘文館學士、兼修國史臣薛元超。《舊書》七三本傳："永徽五年，丁母憂解。"

司馬玄祚。

王德儉。當在任（下年七月在任）。

門下省

侍中

崔敦禮。《金石萃編》五〇《萬年宮銘》,大唐永徽五年歲次甲寅五月景午(丙午)朔十五日庚申建,碑陰題名:侍中、柱國、固安縣開國公臣崔登(敦)禮。

門下侍郎

韓瑗。《舊書》四《高宗紀》上:"(永徽五年)夏四月,守黃門侍郎潁川縣公韓瑗、守尚書侍郎來濟,並加銀青光禄大夫,依舊同中書門下三品。"《會要》五二《忠諫》:"永徽五年……韓瑗因奏事,涕泣諫曰:'皇后是陛下在藩府時先帝所娶,今無愆過,即便廢黜,四海之士,誰不惕然!'"

左散騎常侍

張後胤(張允)。是年致仕。《金石萃編》五一《張允碑》:"除國□祭酒……(貞觀)廿三年,除散騎常侍,出陪鸞輅,承密勿之榮……屢申祈請,久而方遂。永徽五年,下詔曰:'褒賢之義,列代彝章;尚齒之風,□□□□。散騎常侍(下闕)歸□嘉聲於瑣闥,懸車禮及,抗表祈聞,宜賜崇班,式旌高志,可金紫光禄大夫(下闕)。'"

諫議大夫

蕭鈞。《會要》五五《省號》下:"(永徽)五年八月十七日,太常樂工宋四通入監内教,因爲宫人通傳消息,上令處斬,仍遣付律。蕭鈞奏曰:'四通等所犯,在未付律前,不合至死。'上曰:'今喜得蕭鈞之言。'特免死,配流遠處。"尋遷率更令。《舊書》六三本傳:"尋而太常樂工宋四通等爲宫人通傳信物,高宗特令處死……今喜得其言,特免四通等死,遠處配流。鈞尋遷太子率更令。"

敬播。約是年自著作郎遷。《舊書》一八九上本傳:"後歷諫議大夫、給事中,並依舊兼修國史。"

高宗永徽六年（六五五）

中書省

中書令

來濟。《舊書》四《高宗紀》上：“（永徽六年）夏五月（壬辰）……中書侍郎、南陽縣男來濟爲中書令。”《全文》一四《檢閲新譯經論敕》：中書令、兼檢校吏部尚書來濟等時爲看閲，有不穩便處，即隨事潤色。按來濟是年始任中令兼檢校吏尚，下年正月甲子蓋卸檢校吏尚。則此敕文當作於是年五月後自下年正月甲子前。

崔敦禮。自侍中遷，十月癸丑檢校詹事。《舊書》四《高宗紀》上：“（永徽六年）秋七月乙亥（《宰相表》《通鑑》一九九“永徽六年”作乙酉），侍中、固安縣公崔敦禮爲中書令。”《宰相表》上：（永徽六年）七月乙酉爲中書令，十月癸丑檢校太子詹事。

中書侍郎

來濟。五月壬辰爲中令。

李義府。七月自中舍遷。《宰相表》上：（永徽四年）七月乙酉中書舍人李義府守中書侍郎、參知政事。按《集古録目》二：“《唐豆盧寬碑》，門下侍郎李義府撰，不著撰人名氏……碑以永徽中立，在昭陵。”又《寶刻叢編》九引《集古録目》云：“《唐贈并州都督豆盧寬碑》，唐門下侍郎李義府撰……碑以永徽中立，在昭陵。”復引《金石録》：“唐光禄大夫豆盧寬碑，永徽元年六月立。”義府似未任門郎。

杜正倫。當在任（下年正月遷户侍）。

中書舍人

李義府。七月遷中郎。

司馬玄祚。約是年遷禮侍。《墓誌彙編下（顯聖〇〇一）·前行大理寺丞司馬府君（望）墓誌》（卒於上元二年五月，年五十七）：“曾祖玄祚，唐膳部郎中、中書舍人、禮部侍郎。”據司馬望卒歲享年及是年以下禮侍闕載而繫。

王德儉。《舊書》八二《李義府傳》：“高宗嗣位，遷（義府）中書舍人。永徽二年，兼修國史，加弘文館學士。高宗將立武昭儀爲皇后，義府嘗密申協贊。”《新書》二二三上《李義府傳》：“高宗立，遷（義府）中書舍人，兼修國史，進弘文館學士。爲長孫無忌所惡，奏斥壁州司馬，詔未下，義府問計於舍人王德儉……因曰：‘武昭儀方有寵，上欲立爲后，畏宰相議，未有以廢之。君能建白，轉禍爲福也。’”按事在是年。《通鑑》一九九“永徽六年”：“（七月）中書舍人饒陽李義府爲長孫無忌所惡，左遷壁州司馬。敕未至門下，義府密知之，問計於中書舍人幽州王德儉。”

通事舍人

于知微。以秘書郎兼内供奉。《全文》二〇六姚崇《兗州都督于知微碑》：“祖志寧……（知微）永徽元年補弘文生……比及三冬，方齊（闕一字）哲擢第釋褐，授太子内（闕一字）丞（闕一字）年遷授秘書郎、兼通事舍人内供奉……緣親延累，下遷常州司兵參軍。”按“緣親延累”，當指祖父太子太師于志寧顯慶四月免官，旋貶榮州之事。知微亦貶常州。據文意，是年當在任。

門下省

侍中

崔敦禮。七月乙酉爲中令。

韓瑗。自門郎遷。《舊書》四《高宗紀》上：“（永徽六年）夏五月（壬辰）……黃門侍郎、潁川郡公韓瑗爲侍中。”

門下侍郎

韓瑗。五月壬辰爲侍中。

薛元超。《舊書》七三本傳：“永徽五年，丁母憂解。明年，起授黃門侍郎，兼檢校太子左庶子。”

給事中

孫處約。約是年自考功郎中遷。《墓誌彙編上（咸亨〇六八）·孫公（處約）墓誌銘》：“又頻蒙敕授守考功郎中、上都尉。又遷給事中。”

樂彦瑋。當在任(下年在任)。

劉仁軌。當在任(下年八月在任)。

諫議大夫

敬播。《舊書》一八九上本傳:"永徽初,拜著作郎。與許敬宗等撰《西域圖》。後歷諫議大夫、給事中,並依舊兼修國史。"

高宗顯慶元年（六五六）

中書省

中書令

來濟。《全文》一四《檢閱新譯經論敕》：宜令中書令、兼檢校吏部尚書來濟等時爲看閱，有不穩便處，即隨事潤色。按敕文作於正月。《舊書》四《高宗紀》上："（顯慶元年正月）侍中韓瑗、中書令來濟、禮部尚書許敬宗並爲太子賓客，始有賓客也。"《會要》五二《忠諫》："顯慶元年四月二十五日，上謂侍臣曰：'馭下之道，前王深以爲難。計古先帝王應有其要，公等可思此術，爲我具論之。'中書令來濟對曰……"

崔敦禮。《會要》六三《修國史》："顯慶元年七月三日，史官、太尉無忌、左僕射于志寧、中書令崔敦禮、國子祭酒令狐德棻、中書侍郎李義府、崇賢學士劉胤之、著作郎楊仁卿、起居郎李延壽、秘書郎張文恭等，修國史成。"七月癸未爲少太師、同三品。八月丙申卒。《舊書》四《高宗紀》上："（顯慶元年）秋七月癸未，中書令兼檢校太子詹事、固安縣公崔敦禮爲太子少師、同中書門下三品……八月丙申，太子少師崔敦禮卒。"

中書侍郎

李義府。兼右庶，尋兼左庶。《全文》一四《檢閱新譯經論敕》：宜令守中書侍郎、兼檢校右庶子李義府、中書侍郎杜正倫等時爲看閱，有不穩便處，即隨事潤色。按敕文作於正月。《會要》六一《彈劾》："顯慶元年八月，中書令李義府，恃寵用事。聞婦人淳于氏有美色，坐事繫大理，乃諷大理寺丞畢正義枉法使出之，將納爲妾。或有密言其狀者，上令給事中劉仁軌鞫之。"《全文》一四五于志寧《固安昭公崔敦禮碑》："以顯慶元年歲次（闕三字）月癸巳朔三日乙未，薨於（闕一字）陽里第，春秋六十有一……又令中書侍郎李義府持節吊祭。"另參中令引《會要》六三。

杜正倫。正月在任，見上引。蓋稍後即轉户侍。

中書舍人

王德儉。

孫處約。約是年自給事中遷。《墓誌彙編上（咸亨○六八）·孫公（處約）墓誌銘》："又遷守給事中、中書舍人。"按處約任中舍時間,《通鑑》載於貞觀十七年。其卷一九六"貞觀十七年"云："（三月）上檢（齊王）祐家文疏,得記室郯城孫處約諫書,嗟賞之,累遷中書舍人。"云貞觀十七年爲中舍,恐誤。據墓誌,處約永徽元年（六五○）始應游情文藻、下筆成章科,授著作佐郎（從六品上）,其後又歷禮部考功二員外郎、考功郎中、給事中、中書舍人（正五品上）。又據《舊書》八一本傳："貞觀中爲齊王祐記室。祐既失德,處約數上書諫之。祐既誅,太宗親檢其家文疏,得處約諫書,甚嗟賞久之。累轉中書舍人。其年,中書令杜正倫奏請更授一舍人,與處約同知制誥,高宗曰：'處約一人足辦我事,何須多也。'"杜正倫爲中令在顯慶二年九月至三年十一月。則處約蓋是年始任中舍。

通事舍人

于知微。內供奉。兼秘書郎。

門下省

侍中

韓瑗。《舊書》四《高宗紀》上："（顯慶元年正月）侍中韓瑗、中書令來濟、禮部尚書許敬宗,並爲太子賓客,始有賓客也。"

門下侍郎

薛元超。兼檢校左庶。《全文》一四《檢閱新譯經論敕》：宜令守黃門侍郎、兼檢校太子左庶子薛元超等時爲看閱,有不穩便處,即隨事潤色。按敕文作於正月。

杜正倫。《舊書》四《高宗紀》上："（顯慶元年）三月……丙戌,户部侍郎杜正倫爲守黃門侍郎、同中書門下三品。"

給事中

孫處約。約是年遷中舍。

樂彥瑋。《通鑑》二○○"顯慶元年"：十二月,劉洎之子訟其父冤,李義府助之，高宗問近臣，衆人附義府議。給事中樂彥瑋駁之。遂寢其事。

　　劉仁軌。八月在任。見中郎李義府引。

諫議大夫

敬播。

起居郎

李延壽。七月在任。見中令崔敦禮引。

高宗顯慶二年(六五七)

中書省

中書令

來濟。《舊書》四《高宗紀》上:"(顯慶二年)八月丁卯……中書令、兼太子詹事、南陽侯來濟左授台州刺史。"

杜正倫。九月庚寅以中令兼度支尚書。見黃郎引。按《通鑑》二〇〇"顯慶二年"載於八月辛未。《會要》七四《選部》上:"顯慶二年……中書令杜正倫亦言:'入流者多,爲政之弊。'"按《會要》三七《五禮篇目》:永徽二年,中書令杜正倫參與重訂《貞觀禮》。當誤。《舊書》二一《禮儀志》一云高宗初。

李義府。自中郎遷。《舊書》四《高宗紀》上:"(顯慶二年)三月甲子,中書令李義府爲中書令、兼檢校御史大夫……依舊同中書門下三品。"

中書侍郎

李義府。三月甲子爲中令兼檢校大御。

李友益。《舊書》二一《禮儀志》一:中書侍郎李友益參撰《貞觀禮》,至顯慶三年奏上。

中書舍人

王德儉。約是年遷中丞。《西市博物館藏墓誌(一四一)·王中孚墓誌》:"祖德儉,唐中書舍人、御史中丞。"按是年李義府檢校大御。姑繫於此。

孫處約。《舊書》八一本傳:"累轉中書舍人。其年,中書令杜正倫奏請更授一舍人,與處約同知制誥,高宗曰:'處約一人足辦我事,何須多也。'"

右散騎常侍(二員,從三品。顯慶二年分左右散騎常侍。右常侍隸中書省。右散騎常侍掌如左散騎常侍之職)

通事舍人

于知微。內供奉。兼秘書郎。

門下省

侍中

韓瑗。兼賓客。八月丁卯左刺振州。《舊書》四《高宗紀》上："(顯慶二年)八月丁卯，侍中、潁川縣公韓瑗左授振州刺史。"

許敬宗。八月自禮尚遷。《舊書》四《高宗紀》上："禮部尚書、高陽郡公許敬宗爲侍中，以立武后之功也。"

薛元超(薛八)。自門郎遷(見下引)。旋刺饒州。按《刺考全編・江南西道》謂龍朔間刺饒州。未確。

門下侍郎

薛元超。兼檢校左庶。《舊書》七三本傳："後以疾出爲饒州刺史。"《墓誌續編(垂拱〇〇三)・薛元超墓誌》(卒於光宅元年十二月，年六十二)："卅四(歲)，出爲饒州刺史。"按出刺饒州前，或任侍中。《全文》一四九褚遂良《潭府帖》："潭府下濕，不可多時……(顯慶二年)五月八日，舅遂良報薛八侍中前。"疑薛八即薛元超。褚遂良永徽六年九月至顯慶二年七月刺潭州。據元超仕歷，則此貼作於是年五月八日。

杜正倫。《舊書》四《高宗紀》上："(顯慶二年)三月甲子……黃門侍郎杜正倫兼度支尚書，依舊同中書門下三品……九月庚寅，度支尚書杜正倫爲中書令。"

劉祥道。《通鑑》二〇〇"顯慶二年"："(是年)以吏部侍郎劉祥道爲黃門侍郎，仍知吏部選事。"《會要》七四《選部》上："顯慶二年，黃門侍郎、知吏部選事劉祥道上疏曰……"

給事中

劉仁軌。

諫議大夫

敬播。

高宗顯慶三年(六五八)

中書省

中書令

杜正倫。《舊書》四《高宗紀》上:"(顯慶三年)冬十一月乙酉……兼中書令、皇太子賓客、襄陽郡公杜正倫左授橫州刺史。"

李義府。《舊書》四《高宗紀》上:"(顯慶三年)冬十一月乙酉,兼中書令、皇太子賓客兼檢校御史大夫、河間郡公李義府左授普州刺史。"

許敬宗。十一月自侍中、賓客、檢校中令遷,《舊書》四《高宗紀》上:"(顯慶三年十一月)戊子(原作戊戌,誤),侍中許敬宗權檢校中書令。戊戌(原作戊子,誤),侍中、皇太子賓客、權檢校中書令、高陽郡公許敬宗爲中書令,賓客以下如故。"《宰相表》上:(顯慶三年)十一月戊子敬宗權檢校中書令,戊戌爲中令。

中書侍郎

李友益。《舊書》四《高宗紀》上:"(顯慶三年)十一月乙酉……中書侍郎李友益除名,流配巂州。"按同書八二本傳云峯州。

中書舍人

孫處約。《墓誌彙編上(咸亨〇六八)·孫公(處約)墓誌銘》:"又遷給事中、中書舍人……顯慶三年,詔加朝散大夫、弘文館學士,餘依舊任。"

起居舍人(《會要》五六《省號》下:"顯慶三年十二月十五日,又改爲中書省起居舍人兩員,品同起居郎。")

通事舍人

于知微。内供奉。兼秘書郎。

門下省

侍中

許敬宗。十一月遷中令。《集古録目》二:"《唐李靖碑》,侍中許敬宗撰,直弘文館王知敬書……碑以顯慶三年立。"《會要》三三《諸樂》:"顯慶三年十月……(吕才)輒取侍中許敬宗等奉和《雪詩》十六首,以爲送聲,各十六節。"按《會要》二七《行幸》云十月十七日在禮尚任。誤。

辛茂將。《新書》三《高宗紀》:"(顯慶三年)十一月戊戌……大理卿辛茂將兼侍中。"《宰相表》上:(顯慶三年十一月)戊子敬宗權檢校中書令。戊戌敬宗爲中書令,大理卿辛茂將兼侍中。按《舊書》四《高宗紀》上作戊子,誤。據陳垣《朔閏表》,戊子爲初九日,戊戌爲十九日。

門下侍郎

劉祥道。兼知吏部選事。《元龜》三八四《褒異》一〇:"(顯慶三年十月尉遲敬德卒)遣黃門侍郎劉祥道持節齎璽書往吊。"

李安期。《舊書》七二本傳:"又與李義府等於武德殿内修書,再轉黃門侍郎。"

給事中

李崇德。當在任。《墓誌彙編下(開元三〇三)·李謙墓誌》(卒於景雲二年九月,年五十九):"父崇德,給事中。"按下年八月自殺。

劉仁軌。

諫議大夫

敬播。

高宗顯慶四年(六五九)

中書省

中書令

許敬宗。兼賓客。《會要》六三《修國史》:"(顯慶)四年二月五日,中書令許敬宗、中書侍郎許圉師、太史令李淳風、著作郎楊仁卿、著作郎顧胤,受詔撰貞觀二十三年已後至顯慶三年實録,成二十卷,添成一百卷。"按《寶刻叢編》九引《集古録目》:"《唐贈司徒尉遲恭碑》,唐中書舍人許敬宗撰……碑以顯慶四年三月立。"按中舍爲中令之誤。

中書侍郎

許圉師。《會要》六三《史館》上:"至(顯慶)四年二月五日,中書令許敬宗、中書侍郎許圉師、太史令李淳風、著作郎楊仁卿、著作郎顧胤,受詔撰貞觀二十三年已後至顯慶三年實録,成二十卷,添成一百卷。"四月乙丑遷黄郎、同三品。五月己卯復爲中郎、同三品。十一月丙午爲左常侍、檢校侍中。見《宰相表》上。

中書舍人

孫處約。是年遷禮侍。《墓誌彙編上(咸亨〇六八)·孫公(處約)墓誌銘》:"顯慶三年,詔加朝散大夫、弘文館學士,餘依舊任……尋遷朝議大夫、司禮少常伯。"

王德本。《墓誌彙編上(天授〇四二)·張君(敬之)墓誌銘》:"君諱敬之,字叔謇……年十一,中書舍人王德本聞其俊材,當時有制舉天下奇俠,召與相見……咸亨四年七月十六日卒於家,春秋廿五。"據張敬之卒歲及享年,是年十一歲。

通事舍人

于知微。以秘書郎兼通事舍人内供奉。是年貶常州參軍。《全文》

二〇六姚崇《兗州都督于知微碑》："祖志寧……（知微）永徽元年補弘文生……比及三冬，方齊（闕一字）哲擢第釋褐，授太子内（闕一字）丞（闕一字）年遷授秘書郎兼通事舍人内供奉……緣親延累，下遷常州司兵參軍。"按"緣親延累"，當指祖父太子太師于志寧四月免官，旋貶榮州之事。

門下省

侍中

辛茂將。《通鑑》二〇〇"顯慶四年"："十一月……戊午，侍中兼左庶子辛茂將薨。"

許圉師。十一月自中郎兼右庶遷左常侍檢校侍中，仍同三品。

門下侍郎

劉祥道。知吏部選事。是年遷刑尚。《舊書》八一本傳："（顯慶）四年，遷刑部尚書。"

許圉師。自中郎遷，旋復中郎，十月甲辰兼右庶，十一月丙午爲左常侍、檢校侍中。《宰相表》上：（顯慶四年）四月乙丑守黃門侍郎許圉師兼檢校左庶子、同中書門下三品。五月己卯爲中書侍郎、同三品。十一月甲辰兼右庶子，十一月丙午爲左散騎常侍、檢校侍中。按《舊書》五九本傳："顯慶二年，累遷黃門侍郎、同中書門下三品，兼修國史。"《考異》：《舊傳》云二年同中書門下三品。今從《實錄》。

李安期。當在任。《舊書》七二本傳："永徽中，遷中書舍人。與李義府等於武德殿修書。再轉黃門侍郎。"

給事中

劉仁軌。《大唐新語》一一《懲戒》："劉仁軌爲給事中，與中書令李義府不協，出爲青州刺史。"《舊書》八四本傳："累遷給事中，顯慶四年，出爲青州刺史。"

李崇德。八月壬子後下獄自殺。《通鑑》二〇〇"顯慶四年"："八月壬子，以普州刺史李義府兼吏部尚書、同中書門下三品。義府既貴，自言本出趙郡，與諸李叙昭穆，無賴之徒藉其權勢，拜伏爲兄叔者甚衆。給事中李崇德初與同譜，及義府出爲普州，即除之。義府聞而銜之，及復爲相，使人誣構其罪,下獄,自殺。"

左散騎常侍

許圉師。《宰相表》上：(顯慶四年)十一月丙午自門下侍郎兼檢校左庶子遷,兼檢校侍中,仍同三品。

諫議大夫

敬播。

顧胤之子。《會要》六三《修國史》："顯慶四年二月五日……著作郎顧胤(等)受詔撰貞觀二十三年已後至顯慶三年實錄,成二十卷,添成一百卷。"注云：胤子並加諫議大夫,賞修實錄之功。

孫思邈。《舊書》一九一本傳："顯慶四年,高宗召見,拜諫議大夫,又固辭不受。"

符寶郎

李延壽。《會要》六三《修前代史》："其年(即顯慶四年),符璽郎李延壽撮近代諸史,南起自宋,終於陳；北始自魏,卒於隋,合一百八十篇,號爲南北史,上自製序。"

高宗顯慶五年(六六〇)

中書省

中書令

許敬宗。兼賓客。

中書舍人

上官儀。《金石萃編》五三《平百濟國碑》:"(顯慶五年三月遣左武衛大將軍蘇定方伐百濟)武既止戈,文亦柔遠。行軍長史、中書舍人□□儀,雲翹吐秀,日鏡揚輝,風偃搢紳,道光雅俗。鑒清許郭,望重荀裴。辯箭騰□,□九流於學海;詞□發穎,掩七澤於文□。□太傅之深謀,未堪捧彎;杜鎮南之遠略,何可扶輪。□□鳳池,或清鯨壑。"按據文意中舍當是上官儀。

起居舍人

董思恭。《舊書》一九〇上本傳:"初為右史,知考功舉事。坐預洩問目,配流嶺表而死。"當在任。

門下省

侍中

許圉師。以左常侍、同三品檢校。

門下侍郎

李安期。

給事中

敬播。約是年自大諫遷。《舊書》一八九上本傳:"歷諫議大夫、給事中,並依舊兼修國史。"

左散騎常侍

許圉師。兼檢校侍中、同三品。

諫議大夫

敬播。約是年遷給事中。

起居郎

楊越。當在任（下年爲冀州司馬）。

高宗龍朔元年（六六一）

中書省

中書令

許敬宗。兼賓客。《舊書》四《高宗紀》上：“（龍朔元年）六月庚寅，中書令許敬宗定進《累璧》六百三十卷，目録四卷。”

中書侍郎

上官儀。《舊書》八六《孝敬皇帝弘傳》：“龍朔元年，命中書令、太子賓客許敬宗、侍中兼太子右庶子許圉師、中書侍郎上官儀、太子中舍人楊思儉等，於文思殿博探古今文集，摘其英詞麗句，以類想從，勒成五百卷，名曰《瑤山玉彩》，表上之。”

中書舍人

袁公瑜。約是年自兵部郎中遷。《新出唐墓誌百種·袁公瑜墓誌銘》：“拜兵部郎中……俄以君爲中書舍人，又遷西臺舍人。”按龍朔二年（即下年改中書舍人爲西臺舍人）。

起居舍人

董思恭。

門下省

侍中

許圉師。《會要》二八《蒐狩》：“龍朔元年十月五日，狩于陸渾縣，六日，至飛山頓……晚次御營，望見大官烹羊，欲供百官之膳。（高宗）因問侍中許圉師……”

門下侍郎

李安期。

給事中

敬播。約是年出爲越州都督府長史。《舊書》一八九上本傳:"後坐事出爲越州都督府長史。"

左散騎常侍

陸敦信。《舊書》一八九上《陸德明傳》:"子敦信,龍朔中官至左侍極,同東西三品。"

起居郎

楊越。是年爲冀州司馬。《陳子昂集・唐故朝議大夫梓州長史楊府君碑》:"君諱越,字復珪,弘農仙掌人也……遷起居郎,加騎都尉。龍朔中,天子將觀兵於東夷,以復先帝之業,凡居中者,多出守旁郡。是歲授公朝散大夫,除冀州司馬。"

高宗龍朔二年（六六二）

中書省（龍朔二年二月四日改爲西臺）

中書令（龍朔二年二月四日改爲西臺右相）

許敬宗。《舊書》四《高宗紀》上："（龍朔二年）八月甲午，右相許敬宗乞骸骨。壬寅，許敬宗爲太子少師，同東西臺三品，仍知西臺事。"

中書侍郎（龍朔二年二月四日改爲西臺侍郎）

上官儀。《元龜》六九《審官》："高宗龍朔二年五月丙申……蘭臺侍郎、弘文館學士上官儀爲西臺侍郎。"《舊書》四《高宗紀》上："（龍朔二年十月）庚戌，西臺侍郎上官儀同東西臺三品。"

中書舍人（龍朔二年二月四日改爲西臺舍人）

袁公瑜。《通鑑》二〇一"龍朔二年"："（十月）左相許圉師之子奉輦直長自然，游獵犯人田，田主怒，自然以鳴鏑射之，圉師杖自然一百而不以聞。田主詣司憲訟之，司憲大夫楊德裔不爲治。西臺舍人袁公瑜遣人易姓名上封事告之。"

右散騎常侍（龍朔二年二月四日改爲右侍極）

起居舍人（龍朔二年二月四日改爲右史。按《會要》五六《省號》下云三年爲訛誤）

董思恭。冬以是職權知考功員外。《封氏聞見記校注》三《貢舉》："龍朔中，敕右史董思恭與考功員外郎權原崇同試貢舉。"

門下省（龍朔二年二月四日改爲東臺）

侍中（龍朔二年二月四日改爲東臺左相）

許圉師。二月以左常侍檢校兼行右中護。五月正拜左相。《舊書》四

《高宗紀》上："（龍朔二年）五月丙申，左侍極許圉師爲左相……十一月辛未，左相許圉師下獄。"《大詔令集》六二《册許圉師左相文》：咨爾左常侍、檢校左相、兼行太子右中護許圉師爲左相，勳封如故。按册文後注：乾元二年十一月七日。時間誤甚。另參中舍袁公瑜引。

門下侍郎（龍朔二年二月四日改爲東臺侍郎）

李安期。是年遷吏侍。《舊書》七二本傳："龍朔中，爲司列少常伯，參知軍國。"

給事中（龍朔二年二月四日改爲東臺舍人）

左散騎常侍（龍朔二年二月四日改爲左侍極）

陸敦信。

許圉師。《宰相表》上：（龍朔二年）二月丙戌，圉師爲左侍極，檢校左相。五月丙申爲東臺左相（侍中）。

賀蘭敏之（武敏之）。《元龜》六九《審官》："高宗龍朔二年五月丙申……左中護賀蘭敏之爲左侍郎、弘文館學士。"按左侍郎當爲左侍極。《舊書》一八三《武承嗣傳》："乃以韓國夫人之子敏之爲士䕶嗣，改姓武氏，累拜左侍極、蘭臺太史。"

諫議大夫（龍朔二年二月四日改爲正諫大夫）

起居郎（龍朔二年二月四日改爲左史）

高宗龍朔三年（六六三）

中書省（西臺）

中書令（西臺右相）

李義府。自司禮太常伯遷，仍平章事。四月流巂州。《舊書》四《高宗紀》上：“（龍朔三年正月）乙丑，司列太常伯李義府爲右相……夏四月乙丑，右相李義府下獄。戊子，李義府除名，配流巂州。”

中書侍郎（西臺侍郎）

上官儀。《會要》六〇《殿中侍御史》：“龍朔三年，雍州司户參軍韋絢除殿中侍御史，或以爲非遷，中書侍郎上官儀聞而笑曰：‘此田舍翁議論。’”

中書舍人（西臺舍人）

袁公瑜。當在任。

起居舍人（右史）

董思恭。《舊書》一九〇上本傳：“初爲右史，知考功舉事，坐預洩問目，配流嶺表而死。”《元龜》一五二《明罰》：龍朔三年四月壬辰，右史董思恭知考功貢舉，受贓，長流嶺表。《唐語林》八作左史，當誤。

通事舍人

馮義。《唐文補編》九冥祥《大唐故三藏玄奘法師行狀》：“至龍朔三年十月二十三日終訖，凡四處十六會説，總六百卷……至十一月二十三日，命窺基齎表，請聖上製《大般若經序》。至十二月七日，於蓬萊宮表進。時通事舍人馮義宣口敕許。”

門下省（東臺）

門下侍郎（東臺侍郎）

薛元超。自饒州刺史遷。《墓誌續編（垂拱〇〇三）·薛元超墓誌》（卒於光宅元年十二月，年六十二）：“卅（歲），帝夢公，追授右成務。卅一，復爲東臺侍郎。”《舊書》七三本傳：“以疾出爲饒州刺史。（龍朔）三年，拜東臺侍郎。右相李義府以罪流巂州，舊制流人禁乘馬，元超奏請給之，坐貶爲簡州刺史。”按四月李義府流巂州。

給事中（東臺舍人）

張文瓘。《元龜》五四三《直諫》一〇：“張文瓘爲東臺侍郎（按當爲東臺舍人），龍朔三年，蓬萊宮成，百官奉賀。文瓘諫曰：‘人力不可不惜，百姓不可不養……臣願稍安撫之，無使生怨。’帝深納其言。”按二月修蓬萊宮。《舊書》四《高宗紀》上：“（龍朔三年）二月丙戌，隴、雍、同、岐等一十五州户口，徵修蓬萊宮。”按應爲東臺舍人，乾封元年，文瓘尚任是職。

左散騎常侍（左侍極）

陸敦信。

賀蘭（武）敏之。

高宗麟德元年(六六四)

中書省(西臺)

中書令(西臺右相)

劉祥道。八月以吏尚兼。十二月罷爲禮尚。《舊書》四《高宗紀》上："(麟德元年八月)兼司列太常伯……劉祥道兼右相……(十二月戊子)右相、城陽縣侯劉祥道爲司禮太常伯。"

中書侍郎(西臺侍郎)

上官儀。《舊書》四《高宗紀》上："(麟德元年)十二月丙戌,殺西臺侍郎上官儀。"

孫處約。自門郎兼中郎遷,入相。《舊書》四《高宗紀》上："(麟德元年十二月丙戌)太子右中護檢校西臺侍郎樂彥瑋、西臺侍郎孫處約同知政事。"《宰相表》上:(麟德元年十二月戊子)同東西臺三品。

樂彥瑋。檢校。見上引。

中書舍人(西臺舍人)

袁公瑜。

高正業。十二月丙戌後流嶺表。《舊書》七八《高季輔傳》："子正業,仕至中書舍人。坐與上官儀善,配嶺表。"

門下省(東臺)

侍中(東臺左相)

竇德玄。自大御遷,兼户尚。《舊書》四《高宗紀》上："(麟德元年八月戊子)大司憲竇德玄兼司元太常伯、檢校左相。"按《元龜》三〇二《輔政》云:"高宗時爲右相。"云右相,誤。

門下侍郎（東臺侍郎）

孫處約。自禮侍遷，兼中郎，尋正除中郎，入相。《墓誌彙編上（咸亨〇六八）·孫公（處約）墓誌銘》："又授東台侍郎、知軍國事□□□兼□□台事，□正除西台侍郎、□□□□□。"

給事中（東臺舍人）

張文瓘。

左散騎常侍（左侍極）

陸敦信。

賀蘭敏之（武敏之）。

起居郎（左史）

鄧玄挺。《舊書》一九〇上本傳："少善屬文，累遷左史。坐與上官儀善，出爲頓丘令。"十二月上官儀伏誅。

高宗麟德二年（六六五）

中書省（西臺）

中書令（西臺右相）

陸敦信。《舊書》四《高宗紀》上："（麟德二年四月）戊辰，左侍極、仍檢校大司成、嘉興縣子陸敦信爲檢校右相，其大司成宜停。"

中書侍郎（西臺侍郎）

孫處約。《通鑑》二〇一"麟德二年"："（四月）戊辰，西臺侍郎孫處約、太子右中護檢校西臺侍郎樂彥瑋並罷政事。"

樂彥瑋。檢校，兼右中護。《宰相表》上：（麟德二年）四月戊辰彥瑋、處約並罷。

中書舍人（西臺舍人）

袁公瑜。

通事舍人

元萬頃。《舊書》一九〇中本傳："萬頃善屬文，起家通事舍人。乾封中，從英國公李勣征高麗。"當在任。

門下省（東臺）

侍中（東臺左相）

竇德玄。檢校。兼戶尚。《舊書》四《高宗紀》上："（麟德二年五月）左相、鉅鹿男竇德玄爲檢校封禪使。"

門下侍郎

趙仁本。當在任（下年在任）。

給事中（東臺舍人）

張文瓘。

左散騎常侍（左侍極）

陸敦信。《元龜》一五一《慎罰》："麟德二年三月戊午，詔曰：'⋯⋯西京及東都諸司、雍洛二州見禁囚徒，宜準龍朔元年慮囚例處分。其西京令左侍極兼檢校大司成（原作大司憲）陸敦信充使。'"《全文》一二《遣使慮囚詔》亦作大司憲。按大司憲，《舊紀》及《宰相表》均作大司成。四月戊辰檢校右相。

賀蘭敏之（武敏之）。

起居郎（左史）

鄧玄挺。年初出爲頓丘令。《舊書》一九〇上本傳："坐與上官儀善，出爲頓丘令。"按上年十二月上官儀伏誅。

高宗乾封元年(六六六)

中書省(西臺)

中書令（西臺右相）

陸敦信。檢校，兼左常侍。七月爲大司成，仍兼左侍極。《舊書》五《高宗紀》下：“(乾封元年)秋七月……庚午，左侍極、檢校右相、嘉興子陸敦信緣老病乞辭機揆，拜大司成，兼知左侍極。”《宰相表》上云四月庚戌。

劉仁軌。《舊書》五《高宗紀》下：“(乾封元年七月庚午)大司憲、兼檢校右中護劉仁軌兼右相、檢校右中護。”按《元龜》一一九《選將》：“(麟德)三年(是年改元乾封)正月，以右相劉仁軌爲遼東總管。”云正月已任，欠嚴密。

中書侍郎（西臺侍郎）

孫處約。

樂彥瑋。檢校西臺侍郎、右中護。是年遷大御。《舊書》八一本傳：“乾封元年，代劉仁軌爲大司憲，官名復舊，改爲御史大夫。”

楊弘武。自兵侍遷。《舊書》七七本傳：“麟德中(按，麟德二年冬，見上年引)……拜司戎少常伯……俄遷西臺侍郎。”

中書舍人（西臺舍人）

袁公瑜。是年遷司刑少常伯。《新出唐墓誌百種·袁公瑜墓誌銘》：“以君爲中書舍人，又遷西臺舍人。徐邈以儒宗見重，劉超以忠慎推名。喻此聲芳，未足連類。遷司刑少常伯。”

李敬玄。自刑侍遷。《舊書》八一本傳：“乾封初，歷遷西臺舍人、弘文館學士。”

通事舍人

元萬頃。《舊書》一九〇中本傳：“萬頃善屬文，起家通事舍人。乾封中，從英國公李勣征高麗，爲遼東道總管記室。”

韋泰真。《墓誌續編（垂拱〇一七）·韋泰真墓誌》：“乾封中，高宗天皇大帝以通事舍人奉宣帝命，非風質端雅機神英肅者無以居之。令宰臣及有□妙窮其選，乃以公爲通事舍人。”

門下省（東臺）

侍中（東臺左相）

竇德玄。以户尚檢校左相。八月卒。《舊書》五《高宗紀》下：“（乾封元年）八月辛丑，兼司元太常伯、兼檢校左相、鉅鹿男竇德玄卒。”

門下侍郎（東臺侍郎）

趙仁本。《舊書》一九〇上《崔行功傳》：“其後又詔東臺侍郎趙仁本、東臺舍人張文瓘及行功、懷儼等相次充使檢校。”《會要》三五《經籍》：“乾封元年十月十四日，上以四部群書傳寫訛謬，並亦缺少，乃詔東臺侍郎趙仁本、兼蘭臺侍郎李懷嚴、兼東臺舍人張文瓘等，集儒學之士刊正，然後繕寫。”

給事中（東臺舍人）

張文瓘。見門郎趙仁本引。

左散騎常侍（左侍極）

陸敦信。兼檢校右相。七月罷爲祭酒，仍兼左侍極。按《元龜》三三一《退讓》二：“陸敦信，爲左僕射兼校尉右相。乾封元年，以老疾辭職，拜大司成兼左僕射，停檢校右相。”當誤。

賀蘭敏之（武敏之）。

高宗乾封二年（六六七）

中書省（西臺）

中書令（西臺右相）

劉仁軌。

中書侍郎（西臺侍郎）

孫處約。是年遷少司成。《墓誌彙編上（咸亨〇六八）·孫公（處約）墓誌銘》："乾封二年詔除少司成。"

楊弘武。《舊書》五《高宗紀》下："（乾封二年）夏六月乙卯，西臺侍郎楊武，西臺侍郎、道國公、檢校太子左中護戴至德，正諫議大夫、檢校東臺侍郎、安平郡公李安期，東臺侍郎張文瓘，並同東西臺三品。"

戴至德。六月同東西臺三品。見上引。

中書舍人（西臺舍人）

李敬玄。兼弘文館學士。《郎表》二右肅機：乾封末由西臺舍人、弘學遷右肅機、檢校右中護。

李虔澤（繹）。《元龜》一六一《命使》："乾封二年十月，遣守大司憲樂彥瑋、司平少常伯皇甫公義、太子左中護楊思敬、兼西臺舍人李虔澤等分往長安萬年城外諸縣巡問百姓，親檢校田苗，賑給乏絕。"

通事舍人

元萬頃。充遼東總管記室。《舊書》一九〇中本傳："萬頃作文檄高麗，其語有譏高麗'不知守鴨綠之險'，莫離支報云'謹聞命矣'，遂移兵固守鴨綠，官軍不得入，萬頃坐是流于嶺外。"按《通鑑》二〇一"乾封二年"載於十一月。

韋泰真。

門下省（東臺）

門下侍郎（東臺侍郎）

趙仁本。六月稍前遷吏侍。《新書》三《高宗紀》："（乾封二年）六月乙卯，西臺侍郎楊武戴至德、東臺侍郎李安期、司列少常伯趙仁本同東西臺三品。"

張文瓘。《舊書》五《高宗紀》下：乾封二年六月，東臺侍郎張文瓘，同東西臺三品。《舊書》八五本傳："龍朔年，累遷東西（西衍）臺舍人、參知政事。尋遷東臺侍郎、東西臺三品，兼知左史事。"《會要》五三《崇獎》："龍朔二年，諸宰臣以政事堂供饌珍美，議減其料。東臺侍郎張文瓘曰：'此食，天子所以重機務，待賢才也。吾輩若不任其職，當即陳乞以避賢路，不可減削公膳以邀求名譽也。'"又，《會要》三〇《大明宮》："（龍朔三年）四月二十二日，移仗就蓬萊宮新作含元殿，二十五日，始御紫宸殿聽政，百僚奉賀，新宮成也。東臺侍郎張文瓘諫曰：'人力不可不惜，百姓不可不養。'"按《新書》三《高宗紀》、《宰相表》上、《通鑑》二〇一"乾封二年"云東臺舍人（給事中）。

李安期。自吏侍遷，入相。八月辛亥爲荊州長史。《舊書》五《高宗紀》下："（乾封二年）夏六月乙卯，西臺侍郎楊武、西臺侍郎道國公檢校太子右中護戴至德、正諫議大夫（按議當爲衍文）檢校東臺侍郎安平郡公李安期、東臺侍郎張文瓘，並同東西臺三品……（八月）丙辰，東臺侍郎李安期出爲荊州大都督府長史。"按《會要》五三《雜錄》："乾封二年八月，高宗引侍臣，責以不進賢良，司刑少常伯李安期進曰……"《元龜》六七《求賢》云司刑少常伯，亦云八月，均誤。安期三月爲司列少常伯，八月即由東臺侍郎出刺荊州。《通鑑》二〇一"乾封二年"："（三月）上屢責侍臣不進賢，衆莫敢對。司列少常伯李安期對曰……（八月）辛亥，東臺侍郎同東西臺三品李安期出爲荊州長史。"《宰相表》上：六月乙卯東臺侍郎李安期同三品。八月辛亥罷爲荊州大都督長史。

郝處俊。約是年自吏侍遷。

給事中（東臺舍人）

張文瓘。《新書》三《高宗紀》："（乾封二年）六月乙卯，西臺侍郎楊武、戴至德、東臺侍郎李安期、司列少常伯趙仁本同東西臺三品。東臺舍人張文瓘參知政事。"按《舊書》五云東臺侍郎。見上引。

　蕭�鈠。當在任，見下年考。

左散騎常侍（左侍極）

　陸敦信。兼祭酒。

　賀蘭敏之（武敏之）。

諫議大夫（正諫大夫）

　李安期。兼東臺侍郎（《舊書》五云檢校是職）。八月辛亥出爲荆州長史。按《寶刻叢編》八引《京兆金石録》："《唐諫議大夫李公妻焦夫人墓誌》，唐王勃撰并書。開元中立。"按諫議大夫李公當是李安期，王勃撰志在前，立碑在後。

　趙仁本。兼吏侍。

起居郎（左史）

　張文瓘。以東臺侍郎兼知。

高宗總章元年(六六八)

中書省(西臺)

中書令(西臺右相)

劉仁軌。《舊書》五《高宗紀》下:"(總章元年正月)壬子,以右相劉仁軌爲遼東道副大總管。"

閻立本。《新書》三《高宗紀》:"(總章元年十二月甲戌)司平太常伯閻立本守右相。"

中書侍郎(西臺侍郎)

楊弘武。四月卒。《舊書》五《高宗紀》下:"(總章元年四月)辛巳,西臺侍郎楊武卒。"

戴至德。

起居舍人

劉某。《盧照鄰集校注》二《大劍送別劉右史》,劉右史,名未詳。李雲逸謂詩當作於總章元年冬。

通事舍人

韋泰真。《墓誌續編(垂拱〇一七)・韋泰真墓誌》:"以公爲通事舍人。總章初,遼東平。司空英國公李勣擒男建、男産以獻。聖旨以國之大禮,王公已下文武陪位者數千人。乃令中書侍郎戴至德喻旨於公,令公宣□。"

崔行功。以少秘監兼。《元龜》九四〇《不嗣》:"崔行功,總章中秘書少監,兼通事舍人,有文集四十卷。"

門下省(東臺)

侍中(東臺左相)

姜恪。十二月甲申以司戎太常伯檢校。《宰相表》上:(總章元年)十二月甲戌檢校左相。參前引《通鑑》。

門下侍郎（東臺侍郎）

張文瓘。

郝處俊。《元龜》七二《命相》二：“總章元年三月，以東臺侍郎郝處俊同東西臺三品。”《會要》五一《識量》上：“總章元年十月七日，東天竺烏荼國長年婆羅門伽逸多受詔合金丹，上將餌之，東臺侍郎郝處俊諫曰……”又見《通鑑》二〇一“總章元年”。

給事中（東臺舍人）

蕭鈘。約是年刺利州。《墓誌彙編下（開元四五九）·比丘尼惠源和上神空墓誌》（卒於開元廿五年九月，年七十六）：“父諱鈘，給事中、利州刺史……初大師繈九歲，遘先大夫之酷。”據誌主卒日及享年，推知其生於龍朔二年，九歲爲咸亨元年。其父若卒於利州刺史任，則是年當自給事中出刺。按《刺考全編·山南西道》謂約武后時。似未確。

左散騎常侍（左侍極）

陸敦信。兼祭酒。

賀蘭敏之（武敏之）。

諫議大夫（正諫大夫）

趙仁本。兼吏侍。

起居郎（左史）

張文瓘。以東臺侍郎兼知。

城門郎

徐齊耽。蓋是年任。《西市博物館藏墓誌（八九）·徐齊聃墓誌》：“改授司城員外郎……尋以先君望實惟允，才幹兼舉，敕西臺舍人内供奉。尋除西臺舍人。”按約下年初西臺舍人。

高宗總章二年（六六九）

中書省（西臺）

中書令（西臺右相）

劉仁軌。

閻立本。《元龜》九九一《備禦》四：“總章二年九月，詔吐谷渾慕容諾曷鉢部落移就涼州南近山安置。時議者恐吐蕃以舊怨更繫之。帝詔左相姜恪、右相閻立本、左衛大將軍契苾何力、司戎少常伯崔餘慶、左衛將軍郭待封、司元少常伯許圉師等議之，謀發兵先擊吐蕃。

中書侍郎（西臺侍郎）

戴至德。

李敬玄。《新書》三《高宗紀》：“（總章二年）二月辛酉，右肅機李敬玄爲西臺侍郎……同東西臺三品。”

中書舍人（西臺舍人）

徐齊耽。自城門郎遷。《西市博物館藏墓誌（八九）·徐齊聃墓誌》：“改授司城員外郎……尋以先君望實惟允，才幹兼舉，敕西臺舍人內供奉。尋除西臺舍人。”

通事舍人

韋泰真。

崔行功。以少秘監兼。見上年引。

門下省（東臺）

侍中（東臺左相）

姜恪。以司戎太常伯檢校。《郎表》四兵尚：蓋是年卸（戎職）。

門下侍郎（東臺侍郎）

張文瓘。《通鑑》二○一"總章二年"："二月辛酉，以張文瓘爲東臺侍郎。"《舊書》五《高宗紀》下："（總章二年）二月，東臺侍郎、同東西臺三品兼知左史事張文瓘署位，始入銜。"

郝處俊。《舊書》五《高宗紀》下："（總章二年）三月，東臺侍郎郝處俊同東西臺三品。"

來公敏。八月自少大理遷。《會要》二七《行幸》："總章二年八月一日，詔以十月幸涼州。時隴右虛耗，議者咸云車駕西巡不便。上聞之，召五品以上謂曰……宰臣已下，莫有對者。詳刑大夫來公敏曰：'……兼西道經略，兵猶未停，且隴右諸州，人户尤少，供億鑾駕，備擬稍難。臣聞在外，實有竊議。'……無何，擢公敏爲黃門侍郎，賞能直言也。"

左散騎常侍

賀蘭敏之（武敏之）。

諫議大夫（正諫大夫）

趙仁本。兼吏侍。

起居郎（左史）

張文瓘。東臺侍郎、同東西臺三品兼知左史事。

城門郎

徐齊聃。是年遷中舍。

高宗咸亨元年（六七〇）

中書省（西臺，咸亨元年復中書省）

中書令（西臺右相，咸亨元年復中書令）

劉仁軌。《舊書》五《高宗紀》下："（咸亨元年）正月丁丑，右相、樂成男劉仁軌致仕。"

閻立本。

中書侍郎（西臺侍郎，咸亨元年復中書侍郎）

戴至德。《全文》二三九武三思《大周無上孝明高皇后碑銘》："咸亨元年八月二日崩於九成宮……即以其年庚午閏九月辛丑朔廿一日辛酉，遷座於雍州縣之洪瀆原鄭恭王舊塋之左，禮也……仍令司刑太常伯盧承慶攝同文正卿充監護大使，右肅機皇甫公義等爲副，賜東園祕器。每事官供，務從優厚，仍令西臺侍郎道國公戴至德持節吊祭。"

李敬玄。兼檢校吏侍。《宰相表》上：（咸亨元年）四月己酉以喪免，七月戊子起復。

中書舍人（西臺舍人，咸亨元年復中書舍人）

徐齊聃。是年貶蘄州司馬。《會要》五五《省號》下："咸亨元年二月二十一日，西臺舍人徐齊耽上奏曰：'齊獻公，陛下外氏，雖子孫有犯，不合上延於祖。今周忠孝公廟甚修，而齊獻公廟毀壞，不審陛下將何以垂示海内，以彰孝治之風。'上納之。"《元龜》一〇一《納諫》："咸亨初，令突厥酋長子弟事東宮，西臺舍人徐齊耽上疏切諫，帝皆納其言。"《舊書》一九〇上本傳："以漏洩機密，左授蘄州司馬。俄又坐事配流欽州。咸亨中卒。"《西市博物館藏墓誌（八九）·大唐故前西臺舍人徐府君墓誌銘》："俄出爲丹州司馬，旋改授蘄州司馬……因徙於欽州……咸亨四年六月二日薨於配所。"《張説集校注·唐西臺舍人贈泗州刺史徐府君（齊耽）碑》："乃選西臺舍人……咸亨元年，出爲蘄州司馬。二年坐事徙於欽州……歲餘而没，春秋四十有三。”

右散騎常侍（右侍極。咸亨元年復爲右常侍）

起居舍人（右史。咸亨元年復爲起居舍人）

邢文偉。《舊書》一八九下本傳：“咸亨中，累遷太子典膳丞。時孝敬在東宮，罕與宮臣接見。文偉輒減膳。上書曰……文偉自是益知名。其後右史闕官，高宗謂侍臣曰：‘邢文偉事我兒，能減膳切諫，此正直人也。’遂擢爲右史。”《會要》六七《左春坊》載於咸亨元年。按《通鑑》二〇二載於咸亨三年十二月。今從《會要》。

通事舍人

韋泰（太）真。《元龜》一〇五《惠民》：“咸亨元年九月辛未，詔贊善大夫崔承福、通事舍人韋太真、司衛丞鉗耳知正等，使往江西南運糧以濟貧乏。”

門下省（東臺，咸亨元年十二月二十三日改爲門下省）

侍中

姜恪。檢校。《通鑑》二〇一“咸亨元年”：“（閏九月）甲寅，以左相姜恪爲涼州道行軍大總管，以御吐蕃。”

門下侍郎（咸亨元年改爲黄門侍郎）

張文瓘。《元龜》三〇三《褒寵》：“咸亨元年九月甲申，后母衛國夫人楊氏薨，贈魯國太夫人，謚曰忠烈……西臺侍郎張文瓘持節吊祭。”

郝處俊。

給事中（東臺舍人。咸亨元年改爲給事中）

左散騎常侍（咸亨元年改爲左常侍）

武敏之（賀蘭敏之）。

諫議大夫（正諫大夫）

趙仁本。以右中護攝、同三品。十月乙未罷爲左肅機。《舊書》五《高宗紀》下：“（咸亨元年十月）丙申，太子右中護、兼攝正諫大夫、同東西臺三品趙仁本爲左肅機，罷知政事。"按《通鑑》二〇一"咸亨元年"云十月乙未。

起居郎（左史，咸亨元年復爲起居郎）

張文瓘。以門郎知左史事。

高宗咸亨二年(六七一)

中書省

中書令

閻立本。《新書》三《高宗紀》:"是歲(即咸亨二年),姜恪爲侍中,閻立本爲中書令。"

中書侍郎

戴至德。

李敬玄。兼檢校吏侍、同平章事。

起居舍人

邢文偉。

通事舍人

韋泰真。是年遷虞部員外。《墓誌續編(垂拱〇一七)·韋泰真墓誌》:"乾封中……以公爲通事舍人。(咸亨)二年,除虞部員外郎。"

門下省

侍中

姜恪。檢校。《新書》三《高宗紀》:"是歲(咸亨二年),姜恪爲侍中。"

門下侍郎(黃門侍郎)

張文瓘。

郝處俊。

左散騎常侍

武敏之(賀蘭敏之)。《舊書》五《高宗紀》下:"(咸亨二年)六月戊寅,左散騎常侍兼檢校秘書（當脱監字）、太子賓客、周國公武敏之以罪復本姓賀蘭氏，除名，流雷州。”

諫議大夫（正諫大夫）

高智周。《舊書》一八五上本傳：“咸亨二年，召拜正諫大夫，兼檢校禮部侍郎。”

起居郎

張文瓘。以門郎知左史事。

高宗咸亨三年(六七二)

中書省

中書令

閻立本。《舊書》五《高宗紀》下:"(咸亨三年四月)壬午,於水南教旗。上問中書令閻立本、黃門侍郎郝處俊:'伊尹負鼎俎干湯,應是補緝時政,不知鑄鼎所緣,復在何國? 將爲國之重器,歷代傳寶?'閻立本以古義對。"

中書侍郎

戴至德。《舊書》五《高宗紀》下:"(咸亨三年十月)乙亥,中書侍郎、同中書門下三品、道國公戴至德加兼户部尚書……依舊同中書門下三品。"

李敬玄。《舊書》五《高宗紀》下:"(咸亨三年十月乙亥)兼檢校吏部侍郎、同中書門下三品李敬玄爲吏部侍郎,依舊同中書門下三品。"

郝處俊。《舊書》五《高宗紀》下:"(咸亨三年十月乙亥)黃門侍郎、甄山縣公、同中書門下三品郝處俊爲中書侍郎……依舊同中書門下三品。"

崔知悌。約是年任。

起居舍人

劉褘之。約是年自著作郎遷。《新書》一一七本傳:"褘之少與孟利貞、高智周、郭正一俱以文辭稱,號'劉孟高郭',並直昭文館。俄遷右史,弘文館直學士。"

門下省

侍中

姜恪。《舊書》五《高宗紀》下:"(咸亨三年)二月己卯,侍中、永安郡公姜恪卒於河西鎮守。"

門下侍郎（黃門侍郎）

張文瓘。《舊書》五《高宗紀》下："（咸亨三年十月乙亥）黃門侍郎、同中書門下三品張文瓘檢校大理卿……依舊同中書門下三品。"兼左庶子。《舊書》八五本傳："咸亨三年，官名復舊，改授黃門侍郎，兼太子左庶子。俄遷大理卿，依舊知政事。"

郝處俊。十月乙亥爲中郎、依舊同三品。

高智周。蓋是年自大諫遷。

諫議大夫（正諫大夫）

高智周。兼檢校禮侍。蓋是遷門郎。

起居郎

張文瓘。以門郎兼知。

高宗咸亨四年(六七三)

中書省

中書令

閻立本。十月卒。《舊書》五《高宗紀》下:"(咸亨四年)冬十月壬午,中書令、博陵縣子閻立本卒。"

中書侍郎

郝處俊。見門郎高智周引。

崔知悌。

中書舍人

裴敬彝。約是年自著作郎遷。《舊書》一八八本傳:"拜著作郎,兼修國史。儀鳳中,自中書舍人歷吏部侍郎、左庶子。"

起居舍人

劉禕之。

主書

董務忠。當在任。《墓誌續編(天授〇一三)·董務忠墓誌》:"咸亨、儀鳳之中,擢授爲中書主書。"

門下省

門下侍郎

高智周。《元龜》五五四《選任》:"咸亨四年三月,詔(劉)仁軌與吏部侍郎同中書門下三品李敬玄、中書侍郎郝處俊、黃門侍郎高智周(原作如周)等並修國史。仁軌等於是引左史李仁實專掌其事。"

起居郎

李仁實。見門郎高智周引。

范履冰。當在任。見下年引。

苗楚客（神客）。當在任。見下年引。

高宗上元元年（六七四）

中書省

中書侍郎

郝處俊。《會要》三四《論樂》：“上元元年九月，高宗御含元殿東翔鸞閣，大酺。當時京城四縣及太常音樂，分爲東、西朋，雍王賢爲東朋，周王顯爲西朋，務以角勝爲樂。中書侍郎郝處俊諫。”又見同書五一《識量》上，云中書令。誤。

崔知悌。《舊書》七〇《戴至德傳》：“咸亨中，高宗爲飛白書賜侍臣……賜中書侍郎崔知悌曰：‘竭忠節，贊皇猷。’”《元龜》三一九《褒寵》二：“咸亨五年（八月改元上元）八月戊申朔，御札飛白書以賜……中書侍郎崔知悌曰：‘竭忠節，贊皇猷。’”

中書舍人

裴敬彝。

王德真。當在任。《西市博物館藏墓誌（一八七）·王泰墓誌》：“考德真，自神堯皇帝挽郎，授密王府典簽，太子舍人，兵、吏部員外郎，郎中，乾封令，中書舍人，户部、中書侍郎。”據其履歷，姑繫於此。

主書

董務忠。

起居舍人

劉褘之。是年轉起居郎。

周思成。見起居郎劉褘之引。

韓楚賓。見起居郎劉褘之引。

通事舍人

薛思貞。《通鑑》二〇二“上元元年”：“（十一月）箕州録事參軍張君澈等誣告刺史蔣王惲及其子汝南郡王煒謀反，敕通事舍人薛思貞馳傳往按之。十二月癸未，惲惶懼，自縊死。”

門下省

門下侍郎

高智周。

給事中

皇甫文亮。自刑部郎中遷。《新出唐墓誌百種·皇甫文亮墓誌銘》：“累遷度支、刑部二員外，度支、刑部二郎中……粤在上元……公輟南宮來游東省，加朝散大夫，守給事中。”

劉懿之。是年當在任。參下年引。

諫議大夫（正諫大夫）

薛元超。《墓誌續編（垂拱〇〇三）·薛元超墓誌》（卒於光宅元年十二月，年六十二）：“五十三（歲），上元敕還，詣洛陽，帝召見，拜正諫大夫。”《舊書》七三本傳：“上元初，遇赦還，拜正諫大夫。”

起居郎

李仁實。

劉禕之。自右史轉。《舊書》八七本傳：“上元中，遷左史、弘文館直學士，與著作郎元萬頃，左史范履冰、苗楚客，右史周思茂、韓楚賓等，皆召入禁中，共撰《列女傳》《臣軌》《百僚新誡》《樂書》，凡千餘卷。”

范履冰。見上引。

苗楚客（神客）。見上引。按《新書》二〇一《元萬頃傳》作苗神客。

高宗上元二年（六七五）

中書省

中書令

郝處俊。自中郎遷，仍同三品。《舊書》五《高宗紀》下："（上元二年）八月庚子……中書侍郎、同三品、甑山公郝處俊爲中書令，監修國史如故。"

中書侍郎

郝處俊。《元龜》一八〇《失政》：上元二年三月，帝欲令皇后攝國政，中書侍郎郝處俊諫止之。八月庚子爲中令。

崔知悌。是年遷左丞。《新書》一〇六《崔知温傳》："兄知悌，亦至中書侍郎。與戴至德、郝處俊、李敬玄等同賜飛白書贊，而知悌、敬玄以忠勤見表。遷尚書左丞。"按《郎表》繫於下年遷左丞。誤。據中郎僅兩員，則知是年遷左丞。

李義琰。《舊書》八一本傳："上元中，累遷中書侍郎。"《通鑑》二〇二"上元二年"："（三月）高宗風眩甚，議使天后攝知國政。中書侍郎同三品郝處俊曰：'天子理外，后理内，天之道也。昔魏文著令，雖有幼主，不許皇后臨朝，所以杜禍亂之萌也。陛下奈何以高祖、太宗之天下，不傳子孫而委之天后乎！'中書侍郎樂昌李義琰曰：'處俊之言至忠，陛下宜聽之。'上乃止。"

中書舍人

裴敬彝。

王德真。

主書

董務忠。

起居舍人

周思成。見起居郎劉禕之引。

韓楚賓。見起居郎劉禕之引。

門下省

侍中

張文瓘。《舊書》五《高宗紀》下："（上元二年）八月庚子……中書門下三品、大理卿張文瓘爲侍中……九月丙午……兼太子賓客。"《會要》五三《委任》："上元二年，張文瓘加侍中，或時在家，朝廷每有大事，上必問諸宰臣曰：'與文瓘議未？'奏云未議者，則遣其籌之；奏云已議者，皆報可。"

門下侍郎

高智周。

給事中

皇甫文亮。

劉懿之。《舊書》八七《劉禕之傳》："上元中……禕之兄懿之，時爲給事中，兄弟並居兩省，論者美之。"參下起居郎劉禕之引。

李孝逸。《舊書》六〇本傳：高宗末年，歷給事中。

諫議大夫（正諫大夫）

薛元超。

起居郎

李仁實。

劉禕之。《舊書》八七本傳："上元中遷左史、弘文館直學士，與著作佐郎（原作著作郎，誤）元萬頃，左史范履冰、苗楚客，右史周思茂、韓楚賓等皆召入禁中，共撰《列女傳》《臣軌》《百僚新誡》《樂書》，凡千餘卷。"按《通鑑》二〇二"上元二年"載於三月。是年流巂州。《新書》一一七本傳："姊爲内官，武后遣至外家問疾，禕之因賀蘭敏之私省之，坐流巂州。"

范履冰。見上引。

苗楚客（神客）。見上引。

高宗儀鳳元年（六七六）

中書省

中書令

郝處俊。《會要》五一《識量》上：“儀鳳元年四月，上以風疹欲下詔令天后攝理國政，與宰臣議之。中書令郝處俊曰：‘……曠古以來，未有此事，伏乞特垂詳審。’”

李敬玄。自吏尚遷。《舊書》五《高宗紀》下：“（儀鳳元年十一月）庚寅，吏部尚書李敬玄爲中書令。”

中書侍郎

李義琰。《舊書》五《高宗紀》下：“（上元三年四月）甲寅，中書侍郎李義琰同中書門下三品。”《會要》五一《識量》上：四月，高宗欲令天后攝理國政，中書令郝處俊進諫反對。中書侍郎李義琰議同郝處俊。

薛元超。自大諫遷中郎、平章事。《舊書》五《高宗紀》下：“（上元三年）三月癸卯，黃門侍郎來恒、中書侍郎薛元超並同中書門下三品。”

中書舍人

裴敬彝。

王德真。約是年遷户侍。《西市博物館藏墓誌（一八七）·王泰墓誌》：“考德真，自神堯皇帝挽郎，授密王府典籤，太子舍人，兵、吏部員外郎，郎中，乾封令，中書舍人，户部、中書侍郎。”

歐陽通。《舊書》一八九上本傳：“儀鳳中，累遷中書舍人。”

主書

董務忠。當在任。《墓誌續編（天授〇一三）·董務忠墓誌》：“咸亨、儀鳳之中，擢授爲中書主書。”

門下省

侍中

張文瓘。《舊書》五〇《刑法志》：儀鳳中，官號復舊，又敕侍中張文瓘等，刪緝格式。

門下侍郎（黃門侍郎）

高智周。《舊書》五《高宗紀》下："（上元三年）六月癸丑（《新紀》作癸亥），黃門侍郎高智周同中書門下三品。"

來恒。自太府卿遷，同平章事。《新出唐墓誌百种・來景暉墓誌》："父恒……益州大都督府長史、太府卿。黃門侍郎、同中書門下三品。"《舊書》五《高宗紀》下："（上元三年）三月癸卯，黃門侍郎來恒、中書侍郎薛元超並同中書門下三品。"

給事中

皇甫文亮。

劉懿之。當在任。參上年引。

李孝逸。《舊書》六〇本傳：高宗末年，歷給事中。按下年刺益州。

諫議大夫（正諫大夫）

薛元超。三月遷中郎、同三品。

起居郎

李仁實。

高宗儀鳳二年（六七七）

中書省

中書令

郝處俊。兼檢校兵尚。《會要》三九《定格令》：“儀鳳二年……三月九日，删輯格式畢，上之。尚書左僕射劉仁軌、尚書右僕射戴至德、侍中張文瓘、中書令李敬玄、太子右庶子郝處俊、黄門侍郎來恒、太子左庶子高智周、吏部侍郎裴行儉、馬載，兵部侍郎蕭德昭、裴炎，工部侍郎李義琛（原作琰，誤，據《新書・藝文二》改）、刑部侍郎張楚金、右司郎中盧律師等。”三月癸亥，處俊爲右庶。《舊書》五〇《刑法志》：右庶子郝處俊等删緝格式，至儀鳳二年二月九日，撰定奏上。按《舊書》八四本傳：“儀鳳二年，加金紫光禄大夫，行太子左庶子，並依舊知政事。”《宰相表》上：（儀鳳二年）三月癸亥，處俊、智周爲太子左庶子。兹暫從右庶。

李敬玄。見上引。

中書侍郎

李義琰。三月遷右庶，仍同三品。《舊書》八一本傳：“上元中，累遷中書侍郎，又授太子右庶子、同中書門下三品。”《宰相表》上：（儀鳳二年）三月癸亥，義琰爲右庶子。

薛元超。

中書舍人

裴敬彝。《大詔令集》八二《申理冤屈詔》（儀鳳二年十一月十三日）：“宜令朝散大夫守御史中丞崔謐、朝散大夫守給事中劉景先、朝請大夫中書舍人裴敬彝等，於南衙門下外省，共理冤屈。”

歐陽通。

郭正一。《舊書》一九〇中本傳："累轉中書舍人，弘文館學士。"

門下省

侍中

張文瓘。三月在任。見中令郝處俊引。

門下侍郎（黄門侍郎）

高智周。《宰相表》上：（儀鳳二年）三月癸亥，智周爲太子左庶子。

來恒。《墓誌續編（神龍〇一六）・宋禎墓誌》："儀鳳二年，黄門侍郎來恒虔奉芝誥，禮備于招。"另參中令李敬玄引。

崔知温。約是年自右丞遷。《舊書》一八五上本傳："知温四遷蘭州刺史……累遷尚書左丞，轉黄門侍郎、同中書門下三品，兼修國史。"《新書》一〇六本傳略同。按左丞一員不缺，當是右丞之誤。《郎表》二亦列於右丞。從之。

給事中

皇甫文亮。

李孝逸。是年刺益州。《舊書》六〇本傳："高宗末，歷給事中，四遷益州大都督府長史。"參《刺考全編・劍南道》。

劉景先（齊賢）。十一月在任。見中舍裴敬彝引。

諫議大夫（正諫大夫）

明崇儼。《舊書》一九一本傳："儀鳳二年，累遷正諫大夫，特令入閣供奉。"

起居郎

李仁實。

高宗儀鳳三年（六七八）

中書省

中書令

李敬玄。《舊書》五《高宗紀》下："（儀鳳三年九月）丙寅，洮河道行軍大總管中書令李敬玄、左衛大將軍劉審禮等與吐蕃戰于青海之上。"

中書侍郎

薛元超。《會要》九七《吐蕃》："儀鳳三年，上以李敬玄初敗，吐蕃爲患轉甚，召侍臣（問計）……中書侍郎薛元超曰：'臣以爲敵不可縱，縱敵則患生；邊不可守，守邊則卒老。不如料簡士卒，一舉滅之。'"《元龜》一一〇《宴享》二："儀鳳三年七月……帝賦詩作柏梁體曰：'屏欲除奢政返淳。'……中書侍郎薛元超曰：'鷁池濫職奉王言。'"

中書舍人

裴敬彝。

歐陽通。

郭正一。《舊書》五《高宗紀》下："（儀鳳三年九月）上以蕃寇爲患，問計於侍臣中書舍人郭正一等，咸以備邊不深討爲上策。"

劉禕之。自巂州還。《新書》一一七本傳："坐流巂州。（武）后爲丐還，除中書舍人。儀鳳中，吐蕃寇邊，帝訪侍臣所以置之、討之之宜，人人異謀，禕之獨勸帝（願戢威，寬百姓之役），帝内其言。俄拜相王府司馬，檢校中書侍郎。"《會要》九七《吐蕃》："儀鳳三年，上以李敬玄初敗，吐蕃爲患轉甚，召侍臣（問計）……中書舍人劉禕之曰：'臣觀自古聖主明君，皆有夷狄爲梗，今吐蕃憑陵，未足爲恥。願暫戢萬乘之威，以寬百姓之役。'"

門下省

侍中

張文瓘。九月卒。《舊書》五《高宗紀》下："(儀鳳三年九月)癸亥,侍中張文瓘卒。"

門下侍郎(黄門侍郎)

來恒。十一月卒。《元龜》一一〇《宴享》二："儀鳳三年七月……帝賦詩作柏梁體曰:'屏欲除奢政返淳。'……黄門侍郎來常(避宋趙恒諱)曰:'策塞叨榮青鎖門。'"《舊書》五《高宗紀》下："(儀鳳三年)十一月……壬子,黄門侍郎、同中書門下三品來恒卒。"

崔知温。

裴炎。約是年自兵侍遷。《舊書》八七本傳："累歷兵部侍郎、中書門下平章事。"《新書》一一七本傳："歷御史、起居舍人,寖遷黄門侍郎。調露二年,同中書門下三品。"

給事中

皇甫文亮。見下引。又,《舊書》一九〇中《郭正一傳》："先是儀鳳中,吐蕃入寇,工部尚書劉審禮率兵十八萬與蕃將倫欽陵戰于青海,王師大敗,審禮没于陣。高宗駭然,乃召侍臣問以御戎之策。正一對曰……給事中劉齊賢、皇甫文亮等亦以爲嚴守爲便。"約是年冬轉洛州司馬。《新出唐墓誌百種·皇甫文亮墓誌銘》："粵在上元……加朝散大夫,守給事中……尋加朝議大夫,守洛州司馬。"

劉景先(齊賢)。《舊書》一九六上《吐蕃傳》上："儀鳳三年……高宗聞審禮等敗没,召侍臣問綏禦之策……給事中劉齊賢、皇甫文亮等皆言嚴守之便。"按劉審禮戰敗,《通鑑》二〇二"儀鳳三年"載於九月。

楊思忠。《會要》九七《吐蕃》："儀鳳三年,上以李敬玄初敗,吐蕃爲患轉甚,召侍臣(問計)……給事中楊思忠曰:'聖人御物,貴在從時。今凶寇不能懷德,未肯畏威,和好之謀,臣謂非便。'"

諫議大夫(正諫大夫)

明崇儼。

起居郎

李仁實。《墓誌續編（開耀○○一）·故秘書少監劉府君（應道）墓誌》：
"上元三年，遷秘書少監。又奉敕兼知國史事。府君兄之子給事中景先、姊
之子左史李仁實，俱荷朝恩，與府君同預修史。儀鳳、調露之際，筆削於史
官，專其事者，府君及甥姪三人而已。"

江融。當在任。《舊書》九二《魏元忠傳》："時有左史螯屋人江融，撰
《九州設險圖》，備載古今用兵成敗之事，元忠就傳其術。儀鳳中，吐蕃頻犯
邊，元忠赴洛陽上封事，言命將用兵之工拙。"

高宗調露元年(六七九)

中書省

中書令

李敬玄。

中書侍郎

薛元超。《宰相表》上：(儀鳳四年六月改元調露)四月辛酉檢校太子左庶子。

劉禕之。自中舍遷相王府司馬、檢校中郎。《新書》一一七本傳："坐流巂州。(武)后爲丏還，除中書舍人。儀鳳中，吐蕃寇邊，帝訪侍臣所以置之、討之之宜，人人異謀，禕之獨勸帝(願戢威，寬百姓之役)，帝內其言。俄拜相王府司馬，檢校中書侍郎。"

王德真。約是年自户侍轉。《西市博物館藏墓誌(一八七)‧王泰墓誌》："考德真……户部、中書二侍郎。"《新出唐墓誌百種‧泉男生墓誌銘》：泉男生調露元年十二月葬。撰銘署："中書侍郎、兼檢校相王府司馬王德真撰。"

中書舍人

裴敬彝。

歐陽通。是年轉司勳郎中。《新出唐墓誌百種‧泉男生墓誌銘》：調露元年(儀鳳三年六月改元調露)十二月葬。撰銘署：司勳郎中歐陽通書。

郭正一。

劉禕之。是年遷相王府司馬、檢校中郎。

姚璹。自秘書郎遷。《舊書》八九本傳："調露中，累遷至中書舍人。"《新書》一〇二本傳："進秘書郎，稍遷中書舍人。"

門下省

侍中

郝處俊。自右庶（一作左庶）遷。《舊書》五《高宗紀》下："（儀鳳四年四月戊午（按六月改元調露）中書令郝處俊爲是侍中。"

門下侍郎（黄門侍郎）

崔知温。《舊書》五《高宗紀》下："（調露元年）八月丁巳……黄門侍郎崔知温、給事中劉景先兼修國史。"

裴炎。

給事中

劉景先（齊賢）。見門郎崔知温引。

皇甫文亮。

唐之奇。《舊書》八五《唐臨傳》："子之奇，調露中爲給事中。"

諫議大夫（正諫大夫）

明崇儼。五月壬午爲盜所殺。《舊書》五《高宗紀》下："（調露元年）五月壬午，盜殺正諫大夫明崇儼。"《舊書》一九九下本傳："（儀鳳）四年，爲盜所殺。"按儀鳳四年六月改元調露。《舊書》八六《章懷太子傳》云下年卒。誤。

起居郎

李仁實。見上年引。

江融

高宗永隆元年（六八〇）

中書省

中書令

李敬玄。八月貶衡州。《通鑑》二〇二"永隆二年"："（八月）中書令、檢校鄯州都督李敬玄，軍既敗，屢稱疾請還，上許之。既至，無疾，詣中書視事；上怒，丁巳，貶衡州刺史。"

中書侍郎

薛元超。《舊書》八六《章懷太子賢傳》："調露二年（即永隆元年）崇儼爲盜所殺，則天疑賢所爲。俄使人發其陰謀事，詔令中書侍郎薛元超、黃門侍郎裴炎、御史大夫高智周與法官推鞫之。"又見《會要》四《儲君》。按盜殺明崇儼，《舊紀》及本傳云上年五月。見其引。

劉禕之。以相王府司馬檢校。

王德真。《宰相表》上：（調露二年）四月（八月改永隆）戊辰以中書侍郎入相。永隆元年九月甲申爲相王府長史，罷政事。

中書舍人

裴敬彝。是年遷吏侍。《舊書》一八八本傳："儀鳳中，自中書舍人歷吏部侍郎、左庶子。"

歐陽通。《會要》三八《奪情》："調露二年（八月改元永隆），中書舍人歐陽通起復本官。"《舊書》一八九上本傳："儀鳳中，累遷中書舍人。丁母憂，居喪過禮。起復本官，每入朝，必徒跣至皇城門外。"按上年歐陽通爲司勳郎中，尋丁憂，是年起復。

郭正一。

姚璹。

賈大隱。《新書》一九八本傳："累遷中書舍人。"

門下省

侍中

郝處俊。

門下侍郎（黄門侍郎）

崔知温。四月戊辰同中書門下三品。見下引。

裴炎。《舊書》五《高宗紀》下：“（調露二年四月，八月改元永隆）戊辰，黄門侍郎裴炎、崔知温、中書侍郎王德真並同中書門下三品。”

給事中

劉景先（齊賢）。

唐之奇。

起居郎

江融。

高宗開耀元年（六八一）

中書省

中書令

崔知温。《舊書》五《高宗紀》下："（開耀元年）閏七月丁未……黃門侍郎崔知温、中書侍郎薛元超並爲中書令。"

薛元超。閏七月自侍郎遷。見上引。《舊書》七三本傳："永隆二年，拜中書令、兼太子左庶子。"《會要》五三《委任》："永隆二年（九月改元開耀）八月，高宗嘗謂中書令薛元超曰：'長得卿在中書，不藉多人也。'"

中書侍郎

薛元超。閏七月丁未遷中令。

劉禕之。以相王府司馬檢校。

郭正一。自中舍遷少秘監兼檢校中郎。《元龜》五五〇《選任》："郭正一爲中書舍人，高宗永隆二年（原作永隆年，當奪二字）檢校中書侍郎，永淳中正除。"按永隆二年九月改元開耀。另參後年引。

中書舍人

郭正一。是年遷少秘監，兼檢校中郎。《舊書》一九〇中本傳："累轉中書舍人，弘文館學士。永隆二年（按二月改元開耀），遷秘書少監。"按《宰相表》上云秘書員外少監。

姚璹。

賈大隱。

王勮。《唐摭言》一三《敏捷》："王勮，絳州人，開耀中任中書舍人。"

右散騎常侍

高智周。自大御遷。《舊書》一八五上本傳："俄轉御史大夫。累表固辭煩劇之任，高宗嘉其意，拜右散騎常侍。又請致仕，許之，永淳二年十月卒于家。"

門下省

侍中

郝處俊。《舊書》五《高宗紀》下:"侍中郝處俊爲太子少保,罷知政事。"

裴炎。自黄郎遷。《舊書》五《高宗紀》下:"(永隆二年,九月改元開耀)閏七月丁未,黄門侍郎裴炎爲侍中。"

門下侍郎(黄門侍郎)

崔知温。閏七月遷中令。

裴炎。閏七月丁未遷侍中。

薛顗。《新書》一九七《薛大鼎傳》:"子克構,有器識,永隆初,歷户部郎中。族人黄門侍郎顗,以弟紹尚太平公主,問于克構。"《通鑑》二〇二"開耀元年"載於七月。

郭待舉。蓋是年任。

給事中

劉景先(齊賢)。

唐之奇。

起居郎

江融。

高宗永淳元年(六八二)

中書省

中書令

崔知温。

薛元超。是年並兼户尚、左庶。《元龜》七八《委任》二:"薛元超爲中書令,兼太子左庶子。高宗幸東都,太子於京師監國,因留元超以侍太子。"《墓誌續編(垂拱〇〇三)·薛元超墓誌》(卒於光宅元年十二月,年六十二):"駕幸洛陽,詔公見户部尚書,留侍太子居守。"另參侍中引。

中書侍郎

劉褘之。以相王府司馬檢校。

郭正一。《舊書》五《高宗紀》下:永淳元年四月丁亥,中書侍郎郭正一同中書門下同承受進止平章事。《通鑑》二〇三"永淳元年":(四月丁亥)秘書員外少監、檢校中書侍郎郭正一同中書門下平章事。《墓誌彙編上(永淳〇二五)·大唐故臨川郡長公主墓誌銘》:誌主卒於永淳元年五月,葬於十二月。撰銘署:秘書少監、檢校中書侍郎、弘文館學士、上柱國郭正一撰文。

中書舍人

姚璹。

賈大隱。是年遷考功員外。《新書》一四《禮樂志》四:"永淳元年,又作奉天宫於嵩山南,遂幸焉。將以明年十一月封禪,詔諸儒國子司業李行偉、考功員外郎賈大隱等草具其儀,已而遇疾,不克封。"

鄧玄挺。約是年自少詹事遷。《楊炯集箋注》一〇《同詹事府官僚祭郝少保文》:"少詹事鄧玄機,永昌令令狐恩,府司直王思善、楊炯,主簿鄭行該等,謹以清酌庶羞之奠,敬祭太子少保郝公之靈。"按郝少保即郝處俊,永隆二年三月（九月改元開耀）自宰相罷爲少保，十二月辛未卒。祝尚書云：鄧玄機，考兩《唐書》無其人，前《薛元超行狀》稱元超嘗薦鄧玄挺爲崇文館學士，或即此人。按此説可從。《舊書》一九〇上本傳：“坐與上官儀善，出爲頓丘令，有善政，璽書勞問。累授中書舍人。”

右散騎常侍

高智周。約是年致仕。見上年引。

通事舍人

韋泰真。以户侍兼。《墓誌續編（垂拱〇一七）·韋泰真墓誌》：“永淳中，又□詔公以本官（户侍）兼通事舍人内供奉。”

門下省

侍中

裴炎。兼左庶。《元龜》七八《委任》二：“高宗幸東都，皇太子京師監國，遣仁軌及侍中裴炎、中書令薛元超留輔太子。”按高宗四月幸東都。兼知禮尚。同書同卷：“裴炎爲侍中，高宗幸洛陽，令炎留輔太子，兼知禮部尚書事。”《楊炯集箋注》一《庭菊賦》：“天子幸東都，皇儲監守於武德之殿，以門下内省爲左春坊。今庶子裴公所居，即黄門侍郎之廳事也。其庭有菊焉，中令薛公，昔拜瑣闈，此焉游處，今兼左庶子，止於東廳。”

門下侍郎（黄門侍郎）

郭待舉。《舊書》五《高宗紀》下：“（永淳元年四月）丁亥，黄門侍郎郭待舉、兵部侍郎岑長倩、中書侍郎郭正一、吏部侍郎魏玄同並同中書門下同承受進止平章事。上謂參知政事崔知温曰：‘待舉等歷任尚淺，且令預聞政事，未可與卿等同名稱。’自是外司四品以下知政事者，遂以平章爲名。”

劉景先（齊賢）。自給事中遷。《舊書》五《高宗紀》下：“（永淳元年十月）丙寅，黄門侍郎劉景先同平章事。”

給事中

劉景先（齊賢）。是年遷黄郎、同平章事。《舊書》八一本傳：“永淳中，累遷黄門侍郎、同中書門下平章事。”

唐之奇。

左散騎常侍

韋弘敏。自工侍遷。《墓誌續編（長慶〇一六）·韋楚和墓誌》（卒於長慶四年，年廿七）："夫人諱楚和，京兆杜陵人，工部侍郎、太府卿、同中書門下三品弘茂四代姪孫。"

起居郎

江融。

高宗弘道元年(六八三)

中書省

中書令

崔知温。《舊書》五《高宗紀》下:"(弘道元年三月)癸丑,中書令崔知温卒。"

薛元超。兼户尚、左庶。七月罷。《通鑑》二〇三"弘道元年":"(七月)中書令兼太子左庶子薛元超病瘖,乞骸骨,許之。"

裴炎。自侍中兼知禮尚遷,仍平章事。《舊書》六《則天皇后紀》:"(弘道元年十二月甲戌)裴炎爲中書令。"

中書侍郎

劉褘之。以豫王府司馬檢校(下年正月入相)。

郭正一。《宰相表》上:四月壬申正除中書侍郎、同平章事。十二月癸未罷爲國子祭酒。

胡元範。蓋十二月始任。接郭正一。

中書舍人

姚璹。

鄧玄挺。

李景諶。當在任(下年以是職入相)。

起居舍人

沈君諒。當在任(下年十月爲大諫、入相)。

通事舍人

韋泰真。以户侍兼。

門下省

侍中

裴炎。兼知禮尚。十二月甲戌爲中令。

劉景先（齊賢）。自黄郎遷，仍同三品。《舊書》六《則天皇后紀》："（弘道元年十二月甲戌）劉齊賢爲侍中。"《宰相表》上：（弘道元年）十二月戊寅，景先守侍中、同中書門下三品。

門下侍郎（黄門侍郎）

郭待舉。《宰相表》上：（弘道元年）四月檢校太子右庶子、同平章事，十二月戊寅爲左散騎常侍、同三品。

劉景先（齊賢）。十二月戊寅爲侍中。

魏玄同。自吏侍遷。《舊書》六《則天皇后紀》：魏玄同爲黄門侍郎，依舊知政事。

給事中

唐之奇。

左散騎常侍

韋弘敏。

郭待舉。十二月戊寅自黄郎、檢校右庶遷，仍同三品。見上引。

起居郎

江融。

城門郎

王美暢。自太子内直郎遷。《西市博物館藏墓誌（一三九）・王美暢墓誌》："永隆（原作永淳，誤）二年……乃拜太子内直郎……永淳二年，轉爲城門郎。"

符寶郎

賀紀。七月後自太博遷。《墓誌彙編上（太極〇〇四）・大唐故賀府君（玄道）墓誌銘》："父紀，學總儒墨，才兼文史，助撰唐禮，修封禪儀注，累遷符璽郎、太子洗馬。"按《舊書》二三《禮儀志》三："（弘道元年）至七月，下詔將以其年十一月封禪嵩岳。詔國子司業李行偉，考功員外郎賈大隱、太常博士韋叔夏、裴守貞、輔抱素等詳定儀注。"按賀紀當參與修定。

則天后光宅元年（六八四）

中書省（光宅元年九月改爲鳳閣）

中書令（光宅元年九月改爲鳳閣令）

裴炎。《宰相表》上：（光宅元年）十月丙申，炎被殺。

騫味道。《宰相表》上：（光宅元年）十月丁亥左肅政臺御史大夫騫味道檢校内史、同鳳閣鸞臺平章事。

中書侍郎（光宅元年九月改爲鳳閣侍郎）

劉禕之。《舊書》六《則天紀》：“（文明元年二月丁丑）中書侍郎、豫王府司馬劉禕之同中書門下三品。”《集古録目》二：“《唐王法主碑》，鳳閣侍郎同鳳閣鸞臺平章事劉禕之撰……碑以文明元年立，在茅山。”

胡元範。《舊書》八七《裴炎傳》：“文明元年，官名改易，炎爲内史……鳳閣侍郎胡元範奏曰……光宅元年十月，斬炎于都亭驛之前街……胡元範，申州義陽人，坐救炎流死瓊州。”

韋方質。自鸞臺侍郎遷，同平章事。《宰相表》上：（光宅元年）十一月丁卯，鸞臺侍郎韋方質守鳳閣侍郎、同鳳閣鸞臺平章事。

邢文偉。《舊書》一八九本傳：“則天臨朝，累遷鳳閣侍郎，兼弘文館學士。”

中書舍人（光宅元年九月改爲鳳閣舍人）

姚璹。是年遷兵侍。《舊書》八九本傳：“則天臨朝，遷夏官侍郎。”

鄧玄挺。是年遷吏侍。《舊書》一九〇上本傳：“則天臨朝，遷吏部侍郎。”

李景湛（諶）。《宰相表》上：（光宅元年）十月丁亥、鳳閣舍人李景諶同鳳閣鸞臺平章事；九月罷爲司賓少卿。

賈大隱。自考功員外轉。《舊書》一八九下《韋叔夏傳》：“屬高宗崩，山陵舊儀多廢缺，叔夏與中書舍人賈大隱、太常博士裴守貞等，草創撰定，由是授春官員外郎。”

元萬頃。自著作郎遷。《舊書》一九〇中本傳：“會赦得還，拜著作郎……則天臨朝，遷鳳閣舍人。”

陳某。《陳子昂集·爲陳舍人讓官表》：“臣某言：伏奉今月日詔書，以臣爲鳳閣舍人。榮命自天，崇章非次，祗奉惶越，顛沛失圖……已得評刑北寺，執憲南臺……陛下天飛踐祚，雲紀命官，陽館初開，庶政惟始。”詳文意，武后初臨朝稱制，廣命官員。九月改中書舍人爲鳳閣舍人。陳舍人當自刑部員外郎或郎中遷，到任與否，不得而知。

起居舍人

沈君諒。十月爲大諫，同平章事。

門下省（光宅元年九月改爲鸞臺）

侍中（光宅元年改爲納言）

劉景先（齊賢）。是年貶吉州長史。《新書》四《則天皇后紀》：“（光宅元年）十月……貶劉齊賢爲辰州刺史。”《舊書》八一《劉祥道傳》：“景先左遷普州刺史，未到，又貶吉州長史。”

王德真。二月自豫王府長史、太常卿遷，同三品。《宰相表》上：（文明元年，按九月改元光宅）二月丁丑太常卿王德真爲侍中、同中書門下三品。

門下侍郎（黃門侍郎）

魏玄同。八月遷左丞，仍同三品。

韋方質。《舊書》七五《韋雲起傳》：“（雲起）子師實……師實子方質，則天初鸞臺侍郎。”十一月丁卯爲鳳郎、同平章事。

皇甫文亮。自魏州刺史新除揚州大都督府長史遷。《新出唐墓誌百種·皇甫文亮墓誌銘》：“久之遷揚州大都督府長史，未之官，拜鸞臺侍郎。”

給事中

唐之奇。《通鑑》二〇三“光宅元年”：“（九月）給事中唐之奇……貶栝蒼令。”

左散騎常侍

韋弘敏。《宰相表》上：（弘道二年，按二月改文明，九月改光宅）正月癸巳左散騎常侍韋弘敏爲太府卿、同中書門下三品，光宅元年十月丁酉貶汾州刺史（《新紀》作司馬）。

郭待舉。是年遷吏侍，仍同三品。十一月罷左庶，尋貶岳州。《舊書》八七《裴炎傳》：“光宅元年十月，斬炎于都亭驛之前街……程務挺伏法，納言劉齊賢貶吉州長史，吏部侍郎郭待舉貶岳州刺史，皆坐救炎之罪也。”《通鑑》二○三“光宅元年”載於十二月。

諫議大夫（正諫大夫）

沈君諒。自右史遷，同平章事。《宰相表》上：（光宅元年）十月丁酉守右史沈君諒爲正諫大夫、同鳳閣鸞臺平章事。

崔詧。《宰相表》上：（光宅元年）十月丁酉著作郎崔詧爲正諫大夫、同鳳閣鸞臺平章事。

起居郎

江融。《新書》二○九《周興傳》：“武后奪政，拜（興）尚書左丞，上疏請去唐宗正屬籍。是時左史江融有美名，興指融與徐敬業同謀，斬於市。”

城門郎

王美暢。

符璽郎

賀紀。當在任。見上年引。

則天后垂拱元年（六八五）

中書省（鳳閣）

中書令（鳳閣令）

騫味道。正月庚戌自檢校正拜，四月貶青州。《新書》四《則天皇后紀》："（垂拱元年正月）庚戌，騫味道守内史……四月丙子，貶騫味道爲青州刺史。"參鳳郎劉禕之引。

裴居道。自秋尚遷。《舊書》六《則天皇后紀》："（垂拱元年）五月，秋官尚書裴居道爲内史。"《通鑑》二〇三"垂拱元年"載於五月戊午。《會要》三九《定格令》："垂拱元年三月二十六日，删改格式……内史裴居道、夏官尚書岑長倩、鳳閣侍郎韋方質與删定官袁智弘等十餘人同修，則天自製序。"按《新書》四《則天皇后紀》云五月丙午爲納言。當誤。

中書侍郎（鳳閣侍郎）

劉禕之。《會要》五三《雜錄》："垂拱元年四月，司門員外郎房先敏得罪，左授衛州司馬，詣宰相陳訴。内史騫味道謂曰：'此是皇太后處分。'中書侍郎劉禕之謂先敏曰：'緣坐改官，例從臣下之請。'"

韋方質。《宰相表》上：（垂拱元年）五月壬申同鳳閣鸞臺三品。《舊唐書》五〇《刑法志》："垂拱元年……則天又敕内史裴居道、夏官尚書岑長倩、鳳閣侍郎韋方質與删定官袁智弘等十餘人，删改格式，加計帳及勾帳式，通舊式成二十卷。"又見《會要》三九《定格令》。

邢文偉。

中書舍人（鳳閣舍人）

賈大隱。

元萬頃。《新書》一三《禮樂志》三："則天垂拱元年，詔有司議，而成均助教孔玄義，太子右諭德沈伯儀，鳳閣舍人元萬頃、范履冰議皆不同，而卒用萬頃、履冰之説。由是郊、丘諸祠,常以高祖、太宗、高宗並配。"

范履冰。見上引。

孟詵。《舊書》一九一本傳:"垂拱初,累遷鳳閣舍人。"

韓大敏。《舊書》九八《韓休傳》:"伯父大敏,則天初爲鳳閣舍人。"

右補闕(二員,從七品上。《新書》四七《百官志》二:"垂拱元年,置補闕、拾遺,左右各二員。"右補闕、拾遺掌如左補闕、拾遺之職)

喬知之。《舊書》一九〇中本傳:"則天時,累除右補闕。"

門下省(鸞臺)

侍中(納言)

王德真。《會要》五三《雜録》:"垂拱元年四月……納言王德真奏曰:'昔戴至德雖才異行殊,能爲時所服,然其每有善事,必推於君。'"五月戊午流象州。《舊書》六《則天皇后紀》:"(垂拱元年)五月……納言王德真配流象州。"

蘇良嗣。《舊書》六《則天皇后紀》:"(垂拱元年五月)冬官尚書蘇良嗣爲納言。"

門下侍郎(鸞臺侍郎。《會要》五四《省號》上:"垂拱元年二月二日改爲鸞臺侍郎。")

魏玄同。自左丞遷,兼吏侍。《通鑑》二〇三"垂拱元年":"七月己酉,以文昌左丞魏玄同爲鸞臺侍郎、同鳳閣鸞臺三品。"

皇甫文亮。是年刺楚州。《新出唐墓誌百種·皇甫文亮墓誌銘》:"久之遷揚州大都督府長史,未之官,拜鸞臺侍郎……垂拱中除楚州刺史。"

給事中

盧獻。《新出唐墓誌百種·高真行墓誌銘》:高真行垂拱元年十月三十日葬。書丹署:朝請大夫、給事中、容城縣開國男盧獻書。

諫議大夫(正諫大夫)

沈君諒。《宰相表》上:(垂拱元年)二月乙巳,君諒罷。《通鑑》二〇三"垂拱元年":"(二月乙巳)正諫大夫、同平章事沈君諒罷。"

崔詧。《宰相表》上:(垂拱元年)三月辛酉,督使河北,罷。《通鑑》二〇三“垂拱元年”：“三月，正諫大夫、同平章事崔詧罷。”

左補闕（二員，從七品上。《新書》四七《百官志》二：“垂拱元年，置補闕、拾遺，左右各二員。”左補闕、拾遺掌供奉諷諫，扈從乘輿。凡發令奉事有不便於時，不合於道，大則廷議，小則上封。若賢良之遺滯於下，忠孝之不聞於上，則條其事狀而薦言之）

城門郎

王美暢。

則天后垂拱二年(六八六)

中書省(鳳閣)

中書令(鳳閣令)

裴居道。

岑長倩。四月自兵尚遷。《新書》四《則天皇后紀》："(垂拱二年)四月庚辰,岑長倩爲内史。"

中書侍郎(鳳閣侍郎)

劉褘之。

韋方質。

邢文偉。

元萬頃。約是自中舍遷。《舊書》一九○中本傳:"無幾,擢拜鳳閣侍郎。"

中書舍人(鳳閣舍人)

賈大隱。

元萬頃。約是年遷中郎。

范履冰。是年當遷門郎。

孟詵。

韓大敏。

宗楚客。當在任(下年遷户侍)。

右散騎常侍

徐筠。當在任。兼禮尚。《全文》三四三顏真卿《徐秀神道碑》:"(徐恕)生金紫光禄大夫、右散騎常侍、兼禮部尚書諱筠。"《新書》七五下《宰相世系》五下北祖上房徐氏:筠字南美,春官尚書、枝江郡公。父恕字克己,尚食直長;祖榮字子德,隋通事舍人。《集古録目》三:"《唐徐筠碑》,大理評事陶翰撰……徐筠字南美，東海人。垂拱中官至禮部尚書。碑以天寶九載立。"

右補闕

喬知之。《陳子昂集·爲喬補闕論突厥表》作於是年六月。表曰："伏見去月日敕，令同城權置安北都護府，以招納亡叛，扼匈奴之喉。"按置安北都護府在五月。參彭慶生《陳子昂年譜》。

右拾遺

孫行。約是年自澠池縣尉入遷。俄丁母憂。《新出唐墓誌百種·孫行墓誌銘》："調露中，應岳牧舉，對策甲第，敕授鄜州洛交縣尉……丁父艱，服闕補洛州澠池縣尉。屢栖邦佐，未展乎庸，擢此下僚，登于近侍，敕授右拾遺。"按孫行父孫思邈卒於永淳元年（見《舊書》一九一《孫思邈傳》），則服闕在垂拱元年前後。又，其於天授中即攝中郎。據其履歷，故繫於此。

起居舍人

宗秦客。《陳子昂集校注》三《爲宗舍人謝贈物表》。彭慶生從岑仲勉説，宗舍人爲秦客。又云疑舍人爲起居舍人。見注一。

門下省（鸞臺）

侍中（納言）

蘇良嗣。《舊書》六《則天皇后紀》："（垂拱二年）六月，蘇良嗣爲文昌左相。"

裴居道。五月戊午遷內史（中令）。

韋思謙（仁約）。《舊書》六《則天皇后紀》："（垂拱二年六月己卯）右肅政御史大夫韋思謙爲納言。"

門下侍郎（鸞臺侍郎）

魏玄同。兼天侍、同三品。三月丙辰遷地尚，仍同三品。《宰相表》上：（垂拱二年）三月丙辰，玄同爲地官尚書。

范履冰。約是年自中舍遷。《舊書》一九〇中本傳："垂拱中，歷鸞臺、天官二侍郎。"

給事中

盧獻。

諫議大夫（正諫大夫）

沈君諒。

崔詧。《沈佺期集校注》一《和崔正諫登秋日早朝》，崔登，陶敏云："疑當作崔詧，詩即作於垂拱中。姑繫於二年。"

左補闕

王求禮。《通鑑》二○三"垂拱二年"："太后託言懷義有巧思，故使入禁中營造。補闕長社王求禮上表（以爲不可）。"按未云左右，姑繫於此。

城門郎

王美暢。

則天后垂拱三年(六八七)

中書省(鳳閣)

中書令(鳳閣令)

裴居道。四月遷納言。

岑長倩。

中書侍郎(鳳閣侍郎)

劉禕之。五月賜死。《會要》五四《省號》上:"垂拱三年,鳳閣侍郎劉禕之嘗竊謂人曰:'太后何用臨朝稱制,不如返政,以安天下之心。'則天聞之……特賜死。"《通鑑》二〇四"垂拱三年"載於五月庚午。

韋方質。《會要》六二《雜錄》:"(垂拱)三年十二月,鳳閣侍郎韋方質奏言:'舊制有御史監軍,今未差遣,恐虧失節度。'"

邢文偉。

元萬頃。

張光輔。《舊書》六《則天皇后紀》:"(垂拱三年)夏四月……夏官侍郎張光輔爲鳳閣侍郎、同鳳閣鸞臺平章事。"

中書舍人(鳳閣舍人)

賈大隱。《舊書》八七《劉禕之傳》:"禕之嘗竊謂鳳閣舍人賈大隱曰:'太后既能廢昏立明,何用臨朝稱制? 不如返政,以安天下之心。'"按《通鑑》二〇四"垂拱三年"載於五月。是年遷禮侍。

孟詵。約是年貶台州司馬。《舊書》一九一本傳:詵嘗於鳳閣侍郎劉禕之家,見其敕賜金,謂若火燒,有五色氣,則天聞而不悅,因事出爲台州司馬。按是年劉禕之因所言不當賜死於家,孟詵當此時貶官。

韓大敏。

宗楚客。是年遷戶侍。《新書》一〇九本傳:"楚客,武后從姊子……及進士第，累遷户部侍郎。兄秦客，垂拱中，勸武后革命，進爲内史。"

右補闕

喬知之。

右拾遺

孫行。約是年奪情復位。《新出唐墓誌百種·孫行墓誌銘》："擢此下僚，登於近侍，敕授右拾遺……俄丁母艱……曾未半期，有制權奪，仍復舊位。"

門下省（鸞臺）

侍中（納言）

裴居道。自内史遷。《宰相表》上：(垂拱三年)四月壬戌居道爲納言。

韋思謙（仁約）。《宰相表》上：(垂拱三年)三月乙丑以太中大夫致仕。

魏玄同。《舊書》六《則天皇后紀》："(垂拱三年)秋八月，地官尚書魏玄同檢校納言。"《宰相表》上：(垂拱三年)八月壬子兼檢校納言。

門下侍郎（鸞臺侍郎）

范履冰。

盧獻。約是年自給事中遷。《舊書》一九三《崔繪妻盧氏傳》："父獻，有美名，則天時歷鸞臺侍郎、文昌左丞。"按永昌元年或稍前任左丞，參《郎表》二。

給事中

盧獻。約是年遷鸞郎。

左散騎常侍

范陽王李藹。當在任（下年伏誅）。

諫議大夫（正諫大夫）

崔詧。約是遷夏侍。按前年自平章事罷爲本官（諫議大夫），後年五月任夏侍被殺。

起居郎

劉允濟。當在任（下年遷著作郎）。《舊書》一九〇中本傳："允濟嘗採摭魯哀公後十二代至於戰國遺事，撰《魯後春秋》二十卷，表上之，遷左史，兼直弘文館。"

城門郎

王美暢。是年遷水部員外。《西市博物館藏墓誌（六九九）·王美暢墓誌》："垂拱三年，拜朝散大夫，行水部員外郎。"

則天后垂拱四年(六八八)

中書省(鳳閣)

中書令(鳳閣令)

岑長倩。《舊書》六《則天皇后紀》:"(垂拱四年)九月,命内史岑長倩、鳳閣侍郎張光輔、左監門大將軍鞠崇裕率兵討之(瑯琊王李冲)。"按《元龜》二八九《圖興復》云夏官尚書岑長倩。當誤。按《郎表》四云以内史兼知兵尚。

中書侍郎(鳳閣侍郎)

韋方質。

邢文偉。

元萬頃。

張光輔。《舊書》六《則天皇后紀》:"(垂拱四年)九月,命内史岑長倩、鳳閣侍郎張光輔、左監門大將軍鞠崇裕率兵討之(瑯琊王李冲)。"

中書舍人(鳳閣舍人)

韓大敏。

孫行。約是年自右拾遺遷鳳舍内供奉。見下引。

右補闕

喬知之。是年遷左司郎中。《舊書》一九〇中本傳:"則天時,累除右補闕,遷左司郎中。"

右拾遺

孫行。是年爲鳳舍内供奉。《新出唐墓誌百種·孫行墓誌銘》:"擢此下僚,登于近侍,敕授右拾遺……俄丁母艱……曾未半期,有制權奪,仍復舊位……尋降敕曰:'右拾遺孫行,履識清雅,學涉優長,久侍軒墀,載效忠謹,宜加崇秩,擢掌絲言,可鳳閣舍人内供奉,尋而即真。'"

門下省（鸞臺）

侍中（納言）

裴居道。

魏玄同。以地尚（户尚）檢校。

門下侍郎（鸞臺侍郎）

范履冰。約是年遷天侍。《舊書》一九○中本傳：“垂拱中，歷鸞臺、天官二侍郎。尋遷春官尚書、同鳳閣鸞臺平章事，兼修國史。”據其履歷，當自是年前後遷天侍。《郎表》三亦云是年或明年遷天侍。

盧獻。《墓誌彙編下（開元三七九）·盧翊墓誌》（卒於開元十九年四月，年六十二）：“公蓋黃門侍郎獻之次子也。”

左散騎常侍

范陽王李藹。《舊書》六《則天皇后紀》：垂拱四年九月，左散騎常侍范陽王藹等伏誅，改姓虺氏。

起居郎

劉允濟。是年遷著作郎。《舊書》一九○中本傳：“遷左史，兼直弘文館。垂拱四年，明堂初成，允濟奏上《明堂賦》以諷，則天甚嘉歎之，手制褒美，拜著作郎。”

則天后永昌元年(六八九)

中書省(鳳閣)

中書令(鳳閣令)

岑長倩。

張光輔。自納言遷,仍平章事。《宰相表》上:(永昌元年)三月甲子守納言,癸酉守内史,八月甲申被殺。

邢文偉。自中郎(即鳳閣侍郎)遷。《舊書》一八九下本傳:"則天臨朝,累遷鳳閣侍郎,兼弘文館學士。載初元年,遷内史。"

中書侍郎(鳳閣侍郎)

韋方質。三月甲申守地尚,仍同三品。《宰相表》上:(永昌元年)二月甲寅,方質守地尚。

邢文偉。《舊書》六《則天皇后紀》:"(永昌元年)冬十月春官尚書范履冰、鳳閣侍郎邢文偉並同鳳閣鸞臺平章事。"年末遷内史。

元萬頃。《舊書》一九〇中本傳:"永昌元年爲酷吏所陷,配流嶺南而死。"《通鑑》二〇四"永昌元年":"(八月)乙未,秋官尚書太原張楚金、陝州刺史郭正一、鳳閣侍郎元萬頃、洛陽令魏元忠,並免死流嶺南。"

武攸寧。蓋是年自户侍遷,按上年四月任户侍,下年一月自中郎遷侍中。

宗秦客。蓋是年任。

中書舍人(鳳閣舍人)

韓大敏。約是年賜死。《舊書》九八《韓休傳》:"大敏坐推反失情,與知情反不告同罪,賜於家。"按李行褒兄弟是年遭人誣告。

孫行。自鳳舍内供奉真拜。見上年引。

王隱客。《通鑑》二〇四"永昌元年":"(八月)乙未,秋官尚書太原張楚金、陝州刺史郭正一、鳳閣侍郎元萬頃、洛陽令魏元忠，並免死流嶺南。楚金等皆爲敬真所引，云與敬業通謀。臨刑，太后使鳳閣舍人王隱客馳騎傳聲赦之。”

劉允濟。自著作郎遷。《舊書》一九〇中本傳：“垂拱四年，明堂初成，允濟奏上《明堂賦》以諷，則天甚嘉歎之，手制褒美，拜著作郎。”《大唐新語》六：“張柬之進士擢第，爲清源丞，年且七十餘。永昌初，勉復應制策。試畢，有傳柬之考入下課者，柬之歎曰：‘余之命也！’乃委歸襄陽。時中書舍人劉允濟重考，自下第升甲科，爲天下第一，擢第，拜監察，累遷荆州長史。”

門下省（鸞臺）

侍中（納言）

裴居道。

魏玄同。以户尚檢校。九月賜死。《舊書》六《則天皇后紀》：“（永昌元年閏）九月，納言魏玄同賜死于家。”

張光輔。三月甲子自諸軍節度遷。癸酉改守内史。

武承嗣。自吏尚遷。《宰相表》上：（永昌元年）三月癸酉天官尚書武承嗣爲納言。

門下侍郎（鸞臺侍郎）

盧獻。《舊書》一九三《崔繪妻盧氏傳》：“父獻，有美名，則天時歷鸞臺侍郎、文昌左丞。天授中爲酷吏來俊臣所陷，左遷西鄉令而卒。”按天授二年貶西鄉。是年當遷左丞。

左補闕

傅游藝。《舊書》一八六上本傳：“載初元年（即永昌元年）爲合宮主簿、左肅政臺御史，除左補闕。”《新書》二二三上本傳：“載初初，由合宮主簿再遷左補闕。”

則天后天授元年（六九〇）

中書省（鳳閣）

中書令（鳳閣令）

岑長倩。一月戊子爲文昌右相，仍同三品。《舊書》六《則天皇后紀》：（天授元年）一月戊子，岑長倩爲文昌右相，依舊同鳳閣鸞臺三品。

邢文偉。《宰相表》上：（載初二年，按九月改元天授）一月戊子，文偉守内史；十月辛未貶珍州賜死。《舊書》一八九下本傳："天授初，内史宗秦客以姦贓獲罪，文偉坐附秦客，貶授珍州刺史。"

武承嗣。以文昌左相兼知。《舊書》一八三本傳："載初元年，代蘇良嗣爲文昌左相、同鳳閣鸞臺三品，兼知内史事。"按實爲是年一月事，《舊傳》時間微誤。

宗秦客。自中郎遷。《新書》三〇《五行志》三："天授元年九月，檢校内史宗秦客拜日，無雲而雷震，近妖鼓也。"參下中郎引。按《宰相表》上：（天授元年）九月檢校納言，十月甲子貶遵化尉。按納言當爲内史之誤。

中書侍郎（鳳閣侍郎）

武攸寧。一月爲納言。

宗秦客。《舊書》六《則天皇后紀》："（天授元年九月乙酉）鳳閣侍郎宗秦客爲内史。"

孫行。以中舍攝。《舊書》一九一《孫思邈傳》："子行，天授中爲鳳閣侍郎。"《新出唐墓誌百種·孫行墓誌銘》："敕曰……可鳳閣舍人内供奉，尋而即真……嘗攝鳳閣、鸞臺、夏官三侍郎。"

陸元方。是年以中舍判。

中書舍人（鳳閣舍人）

孫行。是年攝中郎。

王隱客。

張嘉福。《元龜》三一七《正直》二："岑長倩，則天時爲文昌右相。天授初，鳳閣舍人張嘉福與王慶之等表請立魏王武承嗣爲皇太子。長倩以皇嗣在東宫，不可更立爲嗣，乃與納言歐陽通奏請初責上書者，告示令散。"

劉允濟。當在任。見下年引。

陸元方。自殿侍御遷。《舊書》八八本傳："元方舉明經，又應八科舉，累轉監察御史。則天革命，使元方安輯嶺外……使還稱旨，除殿中侍御史。即以其月擢拜鳳閣舍人，仍判侍郎事。"

陳嘉言。自監察御史遷。《陳子昂集校注》九《申宗人冤獄書》："陛下所以自監察擢拜爲鳳閣舍人者，豈不以表其臣節，報其竭誠，使天下之人知其忠墾者也？"據此知陳嘉言自監察御史擢拜中舍。又，卷四《爲陳舍人讓官表》，彭慶生謂作於天授元年。見注一。

右拾遺

嚴善思。兼監察御史。《舊書》一九一本傳："則天時爲監察御史，兼右拾遺内供奉。"《舊書》一九一本傳："初，善思爲御史時，中書舍人劉允濟爲酷吏所陷，當死，善思愍其老，密表奏請。"按是年劉允濟入獄。又，《新書》二〇四《嚴善思傳》："始，善思爲御史，中書舍人劉允濟爲酷吏所陷，且死，善思力訟其冤，得免。户部尚書王本立見之，曰：'祁連奚救叔向，嚴公有之。'"按一月王本立爲户尚，二月丁卯即卒。

起居舍人（天授元年復爲右史）

門下省（鸞臺）

侍中（納言）

裴居道。一月戊子爲（當是兼）太子太保。八月甲寅被誅。《宰相表》上：（載初二年，按九月改元天授）一月戊子爲太子太保，八月甲寅下獄死。《通鑑》二〇四"天授元年"："八月甲寅，殺太子太保、納言裴居道。"

武承嗣。一月戊子遷文昌左相。《舊書》六《則天皇后紀》："春一月……武承嗣爲文昌左相。"

武攸寧。《舊書》六《則天皇后紀》："（載初二年）春一月……鳳閣侍郎武攸寧爲納言。”

史務滋。自司賓卿遷，入相。《舊書》六《則天皇后紀》：“（天授元年九月乙酉）司賓卿史務滋爲納言。”

門下侍郎（鸞臺侍郎）

傅游藝。九月由給事中遷，入相。《舊書》六《則天皇后紀》：“（天授元年九月）給事中傅游藝爲鸞臺侍郎，仍依舊知鳳閣鸞臺平章事。”

樂思晦。當在任（下年十月壬辰被殺）。

給事中

傅游藝。自侍御史遷。旋擢門郎，入相。《通鑑》二〇四“天授元年”：“九月丙子，侍御史汲人傅游藝帥關中百姓九百餘人詣闕上表，請改國號曰周，賜皇帝姓武氏，太后不許；擢游藝給事中。”

李嶠。約是年任。《舊書》九四本傳：“累遷給事中。”

諫議大夫（正諫大夫）

史德義。《舊書》一九二本傳：“天授初，江南道宣勞使、文昌左丞周興表薦之，則天徵赴都，詔曰：‘……可諫議大夫。’”按原作“朝散大夫”，據校勘記改。

起居郎（天授元年復爲左史）

左補闕

薛謙光（薛登）。《舊書》一〇一本傳：“天授中，爲左補闕。”

傅游藝。是年遷侍御史，又遷給事中。《舊書》一八六上本傳：“除左補闕。上書稱武氏符瑞，合革姓受命，則天甚悦，擢爲給事中。數月，加同鳳閣鸞臺平章事。”其遷侍御史參給事中引《通鑑》。

則天后天授二年(六九一)

中書省(鳳閣)

中書令(鳳閣令)

武承嗣。以文昌左相兼知。

中書侍郎(鳳閣侍郎)

孫行。以中舍攝。

陸元方。以中舍判。

李昭德。《通鑑》二〇四"天授二年":"(九月)洛陽人王慶之等數百人上表,請立武承嗣爲皇太子……太后頗怒之,命鳳閣侍郎李昭德賜慶之杖,昭德引出光政門外……杖殺之。"按此後《考異》云:衆書所記不一,"今參取《實録》《御史臺記》及《舊傳》之語"。又按,《會要》五一《識量》上云此事於下年即如意元年七月。

任知古。《新書》四《則天皇后紀》:"天授二年六月庚戌……鳳閣侍郎任知古同鳳閣鸞臺平章事。"

中書舍人(鳳閣舍人)

孫行。兼攝鳳郎。

王隱客。

張嘉福。《舊書》一八九上《歐陽通傳》:"(天授)二年,轉司禮卿、判納言事。爲相月餘,會鳳閣舍人張嘉福等請立武承嗣爲皇太子,通與長倩固執以爲不可,遂忤諸武意,爲酷吏所陷,被誅。"

劉允濟。是年或上年繫獄。《舊書》一九一《嚴善思傳》:"初,善思爲御史時,中書舍人劉允濟爲酷吏所陷,當死,善思愍其老,密表奏請。"《舊書》一九〇中本傳:"天授中,爲來俊臣所構,當坐死,以其母老,特許終其餘年,仍留繫獄。"

陳嘉言。是年繫獄。《陳子昂集校注》九《申宗人冤獄書》：“陛下所以自監察擢拜爲鳳閣舍人者，豈不以表其臣節，報其竭誠，使天下之人知其忠懇者也？當此之時，忠必見信，行必見明，自謂專一，事君無貳也。今乃遭誣罔之罪，被構架之詞，陷見疑之辜，困無驗之詰。”彭慶生謂作於天授元年冬至二年仲春之間。見注一。按當作於二年春。是年二月，索元禮殘酷尤甚，武后殺之以慰人心。見《通鑑》二〇四。陳嘉言蓋是時繫獄。

陸元方。兼判侍郎。

主書

皇甫某。《墓誌彙編上（天授〇二六）・大周朝散大夫鳳閣主書皇甫君故妻南陽縣君張夫人墓誌銘》：“以天授二年八月廿五日終於思恭里之私第也，春秋五十有七……主書□命鳳池……以其年九月十八日窆于北邙之。”

門下省（鸞臺）

侍中（納言）

武攸寧。《宰相表》上：（天授二年）八月戊申，攸寧罷爲左羽林衛大將軍；九月癸巳攸復守納言。

史務滋。《宰相表》上：（天授二年）一月庚子，務滋自殺。

歐陽通。八月自夏尚遷司禮卿兼判納言事，十月己酉坐誅。《新書》四《則天皇后紀》：“（天授二年）八月庚午……夏官尚書歐陽通爲司賓卿兼判納言事……十月己酉殺岑長倩、歐陽通、格輔元。”

門下侍郎（鸞臺侍郎）

傅游藝。六月罷爲少司禮，罷政事。《舊書》一八六上本傳：“天授元年，賜姓武氏。二年五月，加銀青光禄大夫。兄神通爲冬官尚書，兄弟並承榮寵。逾月，除司禮少卿，停知政事。”按《新紀》《宰相表》上未云除司禮少卿事，而云“九月壬辰自殺”。

樂思晦。《宰相表》上：（天授二年）六月庚戌鸞臺侍郎樂思晦同鳳閣鸞臺平章事，十月壬戌思晦自殺。

給事中

李嶠。

諫議大夫（正諫大夫）

史德義。是年周興伏誅，坐免。《舊書》一九二本傳："後周興伏誅，德義坐爲所薦免官，以朝散大夫放歸丘壑。"

左補闕

薛謙光（薛登）。

城門郎

崔孝昌。約是年自太子通事舍人遷。《墓誌彙編上（太極〇〇三）·崔府君（孝昌）墓誌銘》："年甫十三，以門子補修文生，明經上第，解褐洛州參軍，轉率更寺丞、太子通事舍人、城門郎。"

則天后長壽元年（六九二）

中書省（鳳閣）

中書令（鳳閣令）

武承嗣。以文昌左相兼知。八月罷爲特進，尋授太子太保。《宰相表》上：（如意元年，按九月改長壽）八月戊寅承嗣罷爲特進。《舊書》一八三本傳：“如意元年，授特進。尋拜太子太保，罷知政事。”

中書侍郎（鳳閣侍郎）

李昭德。《舊書》六《則天皇后紀》：“（如意元年八月）夏官侍郎李昭德爲鳳閣侍郎……同鳳閣鸞臺平章事。”

任知古。《新書》四《則天皇后紀》：“（長壽元年一月）庚午，貶任知古爲江夏令。”

陸元方。以中舍判。是年遷秋侍。

宗楚客。是年自嶺外入遷。《朝野僉載》三：“楚客被建昌王推得贓萬餘貫，兄弟配流……一年追入，爲鳳閣侍郎。”《新書》一〇九本傳：“弟晉卿典羽林兵，後兄弟並坐贓流嶺外。歲餘，秦客死，而楚客等還。”按宗秦客天授元年九月罷相，貶遵化尉。楚客、晉卿兄弟則不久即流嶺外。

中書舍人（鳳閣舍人）

孫行。

王隱客。

張嘉福。

陸元方。兼判侍郎。蓋是年遷秋侍。《新書》一一六本傳：“除殿中侍御史，擢鳳閣舍人、秋官侍郎，爲來俊臣所陷，後置不罪。遷鸞臺侍郎、同鳳閣鸞臺平章事。”按元方下年九月自秋侍遷鸞郎、同平章事。

韋承慶。《舊書》八八本傳：“長壽中，累遷鳳閣舍人，兼掌天官選事。

承慶屬文迅捷，雖軍國大事，下筆輒成，未嘗起草。尋坐忤大臣旨，出爲沂州刺史。未幾，詔復舊職，依前掌天官選事。”

韋嗣立。《會要》四一《酷吏》：“長壽元年……鳳閣舍人韋嗣立上疏曰：‘……陛下儻録垂拱以來伏法者，並追還官爵，緣累之徒，普沾恩造，如此則天下皆知彼所陷罪，元非陛下之意。’”

向光道。《元龜》三〇七《害賢》：“（長壽元年一月）鳳閣舍人向光道、侍御史張知默又極言請誅之（指任知古、狄仁傑等被來俊臣陷害者），不許。”

王劇。《舊書》一九〇上本傳：“長壽中，擢爲鳳閣舍人。”

右補闕

朱敬則。《舊書》九〇本傳：“長壽中，累除右補闕。”《通鑑》二〇五“長壽元年”：“（八月）右補闕新鄭朱敬則以太后本任威刑以禁異議……乃上疏曰……”

李秦授。當在任（下年遷考功員外）。

杜肅。見下右拾遺引。

右拾遺

張德。《通鑑》二〇五“長壽元年”：“右拾遺張德，生男三日，私殺羊會同僚，補闕杜肅懷一餤，上表告之。”

李良弼。當在任。《朝野僉載》四：“周右拾遺李良弼自矜唇頰，好談玄理，請使北蕃説骨篤禄。匈奴以木盤盛糞飼之，臨以白刃。弼懼，食一盤並盡，乃放還。人譏之曰：‘李拾遺，能拾突厥之遺。’出爲真源令。秩滿還瀛州，遇契丹賊孫萬榮使何阿小取滄、瀛、冀、具。良弼謂鹿城令李懷璧曰……勸懷璧降何阿小，授懷璧五品將軍。阿小敗，懷璧及良弼父子四人並爲河内王武懿宗斬之。”按《會要》九四《北突厥》：“長壽二年九月，武后以僧懷義討之（指骨篤禄）。”《通鑑》二〇六“神功元年”：“（六月）甲午，孫萬榮爲奴所殺……獲其將何阿小，萬榮軍大潰。”

通事舍人

周綝。《舊書》一八六上《來俊臣傳》：“（狄仁傑既承反，寄書於其子光遠，令訴冤）則天令通事舍人周綝視之。”又見《通鑑》二〇五“長壽元年一月”條。

田歸道。《舊書》一八五上本傳：“長壽中累補司賓丞，仍通事舍人内供奉。"

韋瓊。當在任。見下年引。

門下省（鸞臺）

侍中（納言）

武攸寧。《宰相表》上：（長壽元年）八月戊寅攸寧罷爲冬官尚書。

門下侍郎（鸞臺侍郎）

崔元綜。八月戊寅自秋尚遷，入相。《舊書》六《則天皇后紀》："（長壽元年八月戊寅）秋官尚書崔元綜……同鳳閣鸞臺平章事。"

給事中

李嶠。正月稍後貶潤州司馬。《舊書》九四本傳："時酷吏來俊臣構陷狄仁傑、李嗣真、裴宣禮三家，奏請誅之，則天使嶠與大理少卿張德裕、侍御史劉憲覆其獄。德裕等雖知其枉，懼罪，並從俊臣所奏。嶠曰：'豈有其枉濫而不爲申明哉！'乃與德裕等列其枉狀，由是忤旨，出爲潤州司馬。"按來俊臣構陷狄仁傑等人在正月。見《通鑑》二〇五"長壽元年"。

裴咸。自秋官郎中遷。《墓誌彙編上（聖曆〇〇五）·大周正議大夫行太子左諭德裴公（咸）墓誌銘》："（歷）秋宫侍郎、給事中、太子左諭德，春秋六十三。唯聖曆元年歲次戊戌八月景晨卒於隆化里……六載居給事中，一遷至左諭德。"按云六載居給事中，是年迄神功元年爲六年。

左補闕

薛謙光（薛登）。《會要》五六《省號》下："天授三年（四月改元如意，九月改元長壽），左補闕薛謙光上疏曰：'戎夏不雜，自古所誡。夷狄無信，易動難安，故斥居塞外，不遷中國。'"另參《會要》七六《貢舉》中。約是年遷水部員外。

城門郎

崔孝昌。當在任，見上年引。

則天后長壽二年（六九三）

中書省（鳳閣）

中書令（鳳閣令）

豆盧欽望。自司賓卿（太常卿）遷。《舊書》六《則天皇后紀》：“（長壽二年九月）辛丑，司賓卿豆盧欽望爲内史。”

中書侍郎（鳳閣侍郎）

李昭德。《舊書》八七本傳：“長壽二年，增置夏官侍郎三員，時選昭德與婁師德、侯知一爲之。是歲又遷鳳閣鸞臺平章事。”《宰相表》上：（長壽二年）一月乙卯昭德爲夏官侍郎。

宗楚客。

王隱客。自中舍遷。《舊書》一〇六《王琚傳》：“叔父隱客，則天朝爲鳳閣侍郎。”

中書舍人（鳳閣舍人）

孫行。

王隱客。是年遷中郎。

張嘉福。

韋承慶。兼知吏部選事。是年病免。《舊書》八八本傳：“長壽中，累遷鳳閣舍人，兼掌天官選事……尋坐忤大臣旨，出爲沂州刺史。未幾，詔復舊職，依前掌天官選事。久之，以病免。”

韋嗣立。《舊書》八八本傳：長壽中，代承慶任是職。

王劇。《大唐新語》八：“天授中，壽春郡王成器等五人同日册命。有司忘載册文，及百僚在列，方知闕禮。宰臣以下相顧失色。中書舍人王劇立召小吏五人，各執筆，口授分寫，斯須而畢。詞理典贍，舉朝歎伏。”按天授中，誤，實爲長壽二年。《舊書》九五《讓皇帝憲傳》：“讓皇帝憲，本名成器，睿宗長子也。初封爲永平郡王。文明元年，立爲皇太子，時年六歲。及睿

宗降爲皇嗣,則天册授成器爲皇孫,與諸弟同日出閤,開府置官屬。長壽二
年,改封壽春郡王。"

右補闕

朱敬則。

李秦授。是年遷考功員外。《通鑑》二〇五《考異》引潘遠《紀聞》:"補
闕李秦授寓直中書,進封事曰……即拜考功員外郎,仍知制誥。"

右拾遺

張德。

李良弼。是年爲真源令。見上年引。

通事舍人

周綝。當在任(上年一月在任)。

田歸道。

韋瓊。《唐文又補》二引《龍門石窟碑刻題記彙編》韋瓊《造像記》:"伏□
弟子通□舍人韋瓊之所造也,弟子以大周長壽□年,□□嶺□□□過此。"

門下省(鸞臺)

門下侍郎(鸞臺侍郎)

崔元綜。

陸元方。《舊書》六《則天皇后紀》:"(長壽二年九月辛丑)秋官侍郎陸
元方爲鸞臺侍郎、同鳳閣鸞臺平章事。"

給事中

裴咸。

薛季昶。《通鑑》二〇五"長壽二年":"(正月)德妃父孝諶爲潤州刺史,
有奴妄爲妖異以恐德妃母龐氏,龐氏懼,奴請夜祠禱解,因發其事。下監察
御史龍門薛季昶按之。季昶誣奏……太后擢季昶爲給事中。"是年又遷中
丞。《新書》一二〇本傳:"自給事中數月爲御史中丞。"

左拾遺

劉承慶。《會要》七六《貢舉》中:"長壽二年十月,左拾遺劉承慶上疏

曰：'……伏請貢人至元日引見，列在方物之前，以備充庭之禮。'"

王求禮。當在任（下年已任）。

城門郎

崔孝昌。

則天后延載元年(六九四)

中書省(鳳閣)

中書令(鳳閣令)

豆盧欽望。

李昭德。《舊書》六《則天皇后紀》:"(長壽三年)三月鳳閣侍郎李昭德檢校內史……(延載元年)九月,內史李昭德左授欽州南賓尉。"

中書侍郎(鳳閣侍郎)

李昭德。三月遷檢校中令。

宗楚客。

蘇味道。自鳳舍遷,入相。《新書》四《則天皇后紀》:"(長壽三年)三月(五月改元延載)甲申,鳳閣舍人蘇味道爲鳳閣侍郎、同鳳閣鸞臺平章事。"

杜景佺。自洛州司馬遷,入相。《舊書》六《則天皇后紀》:"(延載元年八月己巳)洛州司馬杜景佺(原作儉,當誤)爲鳳閣侍郎……同鳳閣鸞臺平章事。"又見《通鑑》二〇五"延載元年"。然《新書》四《則天皇后紀》、《宰相表》上云杜景佺,檢校鳳閣侍郎。按《墓誌彙編下(天寶一八四)·高琛夫人杜蘭墓誌》:"皇刑部尚書、同中書門下平章事曰景佺,其顯考也。"按當從墓誌。

李元素(敬玄弟、武后相)。自文昌右丞遷,入相。《新書》四《則天皇后紀》:"(延載元年)十月壬申,文昌右丞李元素爲鳳閣侍郎……同鳳閣鸞臺平章事。"

周允元。自左肅政中丞遷,入相。《新書》四《則天皇后紀》:"(延載元年)十月壬申……左肅政臺御史中丞周允元檢校鳳閣侍郎,同鳳閣鸞臺平章事。"

中書舍人(鳳閣舍人)

孫行。《唐文補編》一九孫□《西州氾德達可輕車都尉制》,原署:給事郎守鳳閣舍人內供奉臣孫行。

張嘉福。《元龜》三一七《正直》:"李昭德爲内史,延載初,鳳閣舍人張嘉福令洛陽人王慶之率輕薄惡少數百人,詣闕上表,請立武承嗣爲皇太子。則天不許,慶之固請不已,則天令昭德詰責之,令散。"

韋嗣立。約是年貶來庭縣令。《墓誌續編(萬歲通天○○四)·故納言韋府君(思謙)夫人王氏墓誌》(卒於萬歲通天元年八月,葬於二年一月):"孤子前鳳閣舍人承慶、前來庭縣令嗣立,前左羽林衛兵曹參軍淑等,險戾不夭,誠孝無感,奄丁酷罰,永隔慈顔。"

王劇。

韋承慶。自沂州刺史遷。兼知吏部選事。《墓誌續編(神龍○一九)·韋承慶墓誌》:"服闋,除鳳閣舍人內供奉,兼掌天官選事……尋出爲沂州刺史……特降恩敕追還,正除中書舍人。"

蘇味道。三月甲申爲中郎、平章事。

逢弘敏。《舊書》八七《李昭德傳》:"(延載元年九月)長上果毅鄧注又著《碩論》數千言,備述昭德專權之狀,鳳閣舍人逢弘敏遽奏其論。"

李嶠。蓋是年自潤州司馬遷。《舊書》九四本傳:"出爲潤州司馬。詔入,轉鳳閣舍人。"

王處知。蓋是年始任。

右補闕

朱敬則。

右拾遺

張德。

陳子昂。《新書》一○七本傳:"后既稱皇帝,改號周,子昂上《周受命頌》以媚悦后……以母喪去官,服終,擢右拾遺。"彭慶生《陳子昂集·年譜》:"居東都,守右拾遺。旋坐逆黨陷獄。"

通事舍人

田歸道。兼鴻臚丞。當在任。

源某。以太府丞兼。約是年左遷潤州司士參軍。《墓誌彙編上(開元〇五〇）・唐故太府丞兼通事舍人左遷潤州司士參軍源府君夫人清河崔氏墓誌銘并序》：“年甫十九，嬪于源族……夫人始霜，年方三十……以開元四年十二月一日，因感風疾，奄忽終逝，春秋五十有一。”按據崔氏卒歲享年，三十歲爲六九五年，即下年，據墓誌題目知，源府君自太府丞兼通事舍人貶潤州不久即卒。

　　楊令一。約是年遷檢校天官員外。《張説集校注・大周故宣威將軍楊君（令一）碑》：“居無何，拜朝散大夫，行通事舍人。俄而加太中大夫，檢校天官員外郎……除宣威將軍，行右衛翊府郎將……年四十一，聖曆元年夏六月辛丑，遘疾而卒。”據其仕歷及卒年而繫。

門下省（鸞臺）

侍中（納言）

　　姚璹。自少司賓遷。《舊書》六《則天皇后紀》：“（延載元年）秋八月（己巳），司賓少卿姚璹爲納言。”

門下侍郎（鸞臺侍郎）

　　崔元綜。《宰相表》上：（延載元年）八月戊寅，元綜流於振州。

　　陸元方。按《舊書》八八本傳云是年又加鳳閣侍郎。

　　楊再思。自左肅政中丞遷，入相。《舊書》六《則天皇后紀》：“（延載元年）秋八月……左肅政御史中丞楊再思爲鸞臺侍郎……同鳳閣鸞臺平章事。”《新書》一〇九本傳：“累遷天官員外郎，歷左肅政御史中丞，延載初，擢鸞臺侍郎、同鳳閣鸞臺平章事，加兼左肅政御史大夫。”《通鑑》二〇五“延載元年”：“（八月己巳）左肅政御史中丞原武楊再思爲鸞臺侍郎……同平章事。”按《舊書》九〇本傳、《新書》四《則天紀》《宰相表》上云自左肅政御史大夫遷鸞臺侍郎、同平章事。據《新傳》所叙及官階品級，自天官員外遷中丞，再加大御。當是。

給事中

　　裴咸。

　　蘇珦。自右司郎中遷。《舊書》一〇〇本傳：“時侍御史王弘義託附來俊臣，構陷無罪，朝廷疾之。嘗受詔於虢州採木，役使不節，丁夫多死，（右司郎中）珦按奏其事，弘義竟以坐黜。珦尋遷給事中。”按九月弘義獲罪。

諫議大夫（正諫大夫）

韋什方。七月癸未以是職入相。八月乞還山而罷之。《通鑑》二〇五“延載元年”：“七月癸未，以什方爲正諫大夫、同平章事……八月，什方乞還山，制罷遣之。”按《新書》四《則天皇后紀》云武什方。

左拾遺

劉承慶。

王求禮。《會要》四四《雜災變》：“長壽三年（五月改元延載）三月，大雪，鳳閣侍郎蘇味道以爲瑞，修表將賀，左拾遺王求禮止之曰：‘三月降雪，此災也，乃誣爲瑞。’”

城門郎

崔孝昌。約是年遷太舍。《墓誌彙編上（太極〇〇三）·崔府君（孝昌）墓誌銘》：“轉率更寺丞、太子通事舍人、城門郎、太子舍人。”

則天后天册萬歲元年（六九五）

中書省（鳳閣）

中書令（鳳閣令）

豆盧欽望。正月貶趙刺。《舊書》六《則天皇后紀》：證聖元年春一月戊子，豆盧欽望貶趙州刺史。

宗楚客。自中郎遷。按《郎表》四夏侍：神功元年六月己卯自前内史、少府少監遷檢校夏侍、同平章事。

中書侍郎（鳳閣侍郎）

宗楚客。是年遷中令。

蘇味道。正月貶集州刺史。《舊書》六《則天皇后紀》：證聖元年春一月戊子，蘇味道貶集州刺史。

杜景佺。正月貶溱刺。《舊書》六《則天皇后紀》：證聖元年春一月戊子，杜景佺（原作儉）貶溱州刺史。按新、舊《唐書》本傳均作秦州。

李元素（敬玄弟、武后相）。

周允元。《宰相表》上：（證聖元年，按九月改元天册萬歲）二月丙辰允元薨。

楊再思。自鸞郎轉。《舊書》九〇本傳："證聖初，轉鳳閣侍郎，依前同平章事，兼太子右庶子。"

中書舍人（鳳閣舍人）

孫行。是年遷門郎。

王劇。

韋承慶。

逢弘敏。按是年又有逢敏爲通事舍人。未知爲一人否。

李嶠。《會要》八五《逃户》："證聖元年，鳳閣舍人李嶠上表曰……"按

《舊書》一〇二《褚无量傳》云是年爲侍郎。當誤。

王處知。《舊書》一九〇中《員半千傳》："證聖元年，半千爲左衛長史、與鳳閣舍人王處知、天官侍郎石抱忠，並爲弘文館直學士。仍與著作佐郎路敬淳分日於顯福門待制。"

右補闕

朱敬則。

右拾遺

陳子昂。彭慶生《陳子昂詩注·年譜》："獄解，右拾遺。"按《陳子昂集·祭韋府君文》："維年月日，左拾遺陳子昂謹以少牢清酌之奠，致祭故人臨海韋君之靈。"《陳子昂詩注·年譜》繫於是年，左拾遺當爲右拾遺之誤。

朱前疑。約是年遷都官郎中。《朝野僉載》三："則天好禎祥。拾遺朱前疑説夢，云則天發白變黑，齒落更生，即授都官郎中。"未詳左右。姑繫於此。

戴令言。蓋是年任。《墓誌彙編上（開元〇一〇）·故給事中戴府君（令言）墓誌銘》："天授歲，爰降絲綸，來旌巖穴……而府君素尚難拔，猶懷江湖，因著《孤鶴操》以見志，名流高節者多和之。而後復歸江潭。涉五六載，重下明制，令馳入京。於是進對宣室，不言温樹，解褐授右拾遺。"

通事舍人

逢敏。《會要》一一《明堂制度》："證聖元年正月……明堂後夜佛堂災，延燒明堂，至明並盡……通事舍人逢敏奏稱：'當彌勒成佛道時，有天魔燒宮，七寶臺須臾散壞。斯實諂妄之邪言，實非君臣之正論。'"又見《通鑑》二〇五"天册萬歲元年"。按中舍有逢弘敏。未知爲一人否。

房晉。《新出唐墓誌百種·大唐故懷州獲嘉縣令房府君李夫人墓誌銘并序》："天册年，長子晉自通事舍人加朝散大夫，制授隴西縣太君。"

門下省（鸞臺）

侍中（納言）

姚璹。

門下侍郎（鸞臺侍郎）

陸元方。正月（十一月）貶綏州刺史。見中書令豆盧欽望引。《舊書》九〇《豆盧欽望傳》云自秋官侍郎貶。誤，前年元方以由秋侍轉鸞臺侍郎。

楊再思。是年轉鳳郎，兼右庶。

孫行。蓋是年自中舍遷。《新出唐墓誌百種·孫行墓誌銘》：“敕曰……可鳳閣舍人内供奉，尋而即真……嘗攝鳳閣、鸞臺、夏官三侍郎。”

給事中

裴咸。

蘇珦。

起居郎（左史）

張鼎。《會要》一一《明堂制度》：“證聖元年正月……明堂後夜佛堂災，延燒明堂，至明並盡……左史張鼎以爲‘火流王室，彌表大周之祥’。”又見《通鑑》二〇五“天冊萬歲元年”。

左拾遺

劉承慶。《舊書》八九《姚璹傳》：“（證聖元年）明堂災……左拾遺劉承慶廷奏云：‘明堂宗祀之所，今既被焚，陛下宜輟朝思過。’”又見《會要》一一《明堂制度》。《通鑑》二〇五“天冊萬歲元年”。

王求禮。

則天后萬歲通天元年(六九六)

中書省(鳳閣)

中書令（鳳閣令）

宗楚客。

楊再思。自中郎遷。《舊書》九〇本傳："證聖初，轉鳳閣侍郎，依前同平章事，兼太子右庶子。尋遷内史。"

中書侍郎（鳳閣侍郎）

李元素（敬玄弟、武后相）。

楊再思。兼右庶。是年遷中令。

王方慶。自門郎遷，仍平章事。《舊書》六《則天皇后紀》："（萬歲通天九月）庚申，王方慶爲鳳閣侍郎，仍依舊知政事。"

中書舍人（鳳閣舍人）

王劇。兼知天侍。《舊書》一九〇上本傳："尋加弘文館學士，兼知天官侍郎。"

韋承慶。是年丁繼親憂，旋起復，又以病改左諭德。《墓誌續編（萬歲通天〇〇四）·故納言韋府君（思謙）夫人王氏墓誌》（卒於萬歲通天元年八月，葬於二年一月）：孤子前鳳閣舍人承慶撰序，鳳閣舍人趙郡李嶠製銘。《墓誌續編（神龍〇一九）·韋承慶墓誌》："出爲沂州刺史……特降恩救追還，正除中書舍人。尋丁繼親憂去職……公冠冕詞宗，彌綸學府……由是上簡宸聽，驟回星紀，尋以疾罷。改授太子左諭德。"

王處知。

李嶠。《會要》七七《諸使》上："萬歲通天元年，鳳閣舍人李嶠上疏曰：'陛下創置左右臺，分巡天下，察吏人善否，觀風俗得失，斯政徒之綱紀，禮法之準繩，無以加也。'"另參上韋承慶引。

薛稷。當在任(下年十月在任)。

主事

李元振。《舊書》二二《禮儀志》二:“改元萬歲通天……其年鑄銅九州鼎……鼎上圖寫本州山川物産之像,仍令工書人著作郎賈膺福、殿中丞薛昌容、鳳閣主事李元振、司農録事鍾紹京等分題之。”

右補闕

朱敬則。

張説。約是年任。《舊書》九七本傳:“弱冠應詔舉,對策乙第,授太子校書,累轉右補闕,預修《三教珠英》。”

右拾遺

陳子昂。《新書》一〇七本傳:“子昂多病,居職不樂。會武攸宜討契丹,高置幕府,表子昂爲參謀。”《通鑑》二〇五“萬歲通天”:“(九月)右拾遺陳子昂爲攸宜府參謀。”

戴令言。

起居舍人(右史)

崔融。自檢校著作佐郎轉。陳子昂有《送著作佐郎崔融等從梁王東征并序》《登薊州城西北樓送崔著作融入都序》,均作於是年,參彭慶生《陳子昂詩注》。《舊書》九四本傳:“自魏州司功參軍擢授著作佐郎,尋轉右史。”參下劉如玉引。

劉如玉。自太舍遷。《全文》二四二李嶠《授劉如玉崔融右史制》:“鸞臺:朝散大夫行太子舍人劉如玉、朝散大夫檢校麟臺著作佐郎崔融等……並可行右史,散官如故。”

通事舍人

楊泚。是年前後任。《全文》二四二李嶠《授楊泚通事舍人制》:“敕朝散大夫、行通事舍人員外置同正員楊泚……可檢校通事舍人,散官如故。”

門下省(鸞臺)

侍中(納言)

姚璹。《舊書》二二《禮儀志》二:“改元萬歲通天……其年,鑄銅爲九州鼎……納言姚璹曰：‘鼎者神器，貴於質樸，無假别爲浮飾。’”

門下侍郎（鸞臺侍郎）

孫行。蓋是年遷兵侍。《新出唐墓誌百種·孫行墓誌銘》：“嘗攝鳳閣、鸞臺、夏官三侍郎、左臺御史大夫、司禮卿。”

王方慶。《舊書》六《則天皇后紀》：“（萬歲通天九月）并州長史王方慶爲鸞臺侍郎，與殿中監李道廣並同鳳閣鸞臺平章事……庚申爲鳳閣侍郎，仍依舊知政事。”

給事中

裴咸。

蘇珦。

周譒。當在任（下年十一月被族誅）。

劉憲。自司僕丞遷。《舊書》一九〇中本傳：“及俊臣伏誅，擢憲爲給事中。”按來俊臣六月伏誅。

薛謙光（薛登）。約是年自水部員外遷。《舊書》一〇一本傳：“尋轉水部員外郎，累遷給事中、檢校常州刺史。”

起居郎（左史）

張鼎。

東方虬。當在任。《舊書》一九〇中《宋之問傳》：“嘗扈從游宴。則天幸洛陽龍門，令從官賦詩，左史東方虬詩先成，則天以錦袍賜之，及之問詩成，則天稱其詞愈高，奪虬錦袍以賞之。”

左拾遺

劉承慶。

王求禮。

則天后神功元年(六九七)

中書省(鳳閣)

中書令(鳳閣令)

宗楚客。六月遷少府少監兼檢校夏侍、同平章事。《宰相表》上:(萬歲通天,按九月改元神功)六月以尚方少監檢校夏官侍郎同平章事。

楊再思。

王及善。《舊書》六《則天皇后紀》:"(萬歲通天二年)夏四月……前益州大都督府長史王及善爲内史。"

中書侍郎(鳳閣侍郎)

李元素(敬玄弟、武后相)。正月(十一月)壬戌以被誣族誅。《舊書》六《則天皇后紀》:"(萬歲通天二年正月)鳳閣侍郎李元素、夏官侍郎孫元亨坐與綦連耀謀反,伏誅。"

王方慶。《會要》三五《書法》:"神功元年五月,上謂鳳閣侍郎王方慶曰:'卿家多書,合有右軍遺跡。'"同書二三《忌日》:"神功元年七月,清邊道大總管、建安王攸宜破契丹凱旋,欲以是日詣闕獻俘。内史王及善以爲軍將入城,例有軍樂,今既國家忌月,請備而不奏。鳳閣侍郎王方慶奏曰:'……軍樂是軍容,與常樂不等,臣謂振作於事無嫌。'"按《元龜》五八六《奏議》一四云鸞臺侍郎。

婁師德。正月(十一月)甲子任。《舊書》六《則天皇后紀》:"(萬歲通天二年)正月……原州都督府司馬婁師德爲鳳閣侍郎、同鳳閣鸞臺平章事。"五月兼檢校右肅政御史大夫。九月爲納言。

杜景佺。自司刑卿遷,入相。《舊書》六《則天皇后紀》:"(神功元年)冬十月……司刑卿杜景佺(原作儉)爲鳳閣侍郎……同鳳閣鸞臺平章事。"《宰相表》上:(神功元年)閏十月甲寅,景佺爲鳳閣侍郎、同平章事。

中書舍人（鳳閣舍人）

王劇。正月（十一月）壬戌被誣族誅。《舊書》一九〇上本傳：“萬歲通天二年，綦連耀謀逆事洩，劇坐與耀善，并弟勴並伏誅。”《新書》四《則天皇后紀》：“神功元年正月壬戌，殺……鳳閣舍人王劇。”

王處知。《舊書》一八六上《吉頊傳》：萬歲通天二年（按九月改元神功）有箕州刺史劉思禮，自云善相，云洛州録事參軍綦連耀應圖讖，吉頊告之，鞫訊之，令廣引朝士以自全。思禮引鳳閣侍郎李元素、鳳閣侍郎王處知（知字原奪）等三十六家，以此其獄。

李嶠。《通鑑》二〇六“神功元年”：“（閏十月）鳳閣舍人李嶠知天官選事，始置員外官數千人。”

薛稷。《金石萃編》六二《杳冥君銘》，鳳閣舍人河東薛稷爲文并書丹。大唐神功元年丁憂歲十月一日。

李迥秀。二月自考功員外遷。《舊書》六二本傳：“累遷考功員外郎……遷鳳閣舍人。”按《通鑑》二〇六“神功元年”：“（二月）（張）易之爲司衛少卿，拜其母臧氏、韋氏爲太夫人，賞賜不可勝記，仍敕鳳閣侍郎李迥秀爲臧氏私夫。”按鳳閣侍郎當爲鳳閣舍人之誤。

崔融。自右史遷。《法書要録》四：“神功元年五月，上謂鳳閣侍郎王方慶曰：‘卿家多書，合有右軍遺跡。’方慶奏曰：‘臣十代再從伯祖羲之書，先有四十餘紙，貞觀十二年太祖購求，先臣并以進訖，惟有一卷見在。今進臣十一代祖導、十代祖洽、九代祖珣、八代祖曇、七代祖僧綽、六代祖仲寶、五代祖騫、高祖規、曾祖褒并九代三從伯祖晉中書令獻之已下二十八人書，共十卷并進。’上御武成殿示羣臣，仍令中書舍人崔融爲《寶章集》以叙其事。復以集賜方慶，當時舉朝以爲榮也。”

右補闕

朱敬則。

張説。

右拾遺

陳子昂。

戴令言。

盧從愿。《舊書》一〇〇本傳：“又應制舉，拜右拾遺。俄遷右肅政監察御史。充山南東道黜陟巡撫使。"按從愿是年應制舉。見《登科紀考補正》四。

起居舍人（右史）

崔融。是年遷中舍。

通事舍人

元行沖。當在任。《舊書》一○二本傳："舉進士,累遷通事舍人。納言狄仁傑甚重之。"按下年八月狄仁傑任納言。

門下省（鸞臺）

侍中（納言）

姚璹。《舊書》六《則天皇后紀》："（萬歲通天,九月改元神功）秋八月,納言姚璹爲益州大都督府長史。"

婁師德。自中郎兼檢校右肅政大御遷,仍平章事。《舊書》六《則天皇后紀》："（神功元年）九月（庚戌）……婁師德爲納言。"《宰相表》上:（神功元年）九月庚戌,師德守納言。

門下侍郎（鸞臺侍郎）

狄仁傑。《舊書》六《則天皇后紀》："（神功元年）冬十月（《新紀》閏十月甲寅）,前幽州都督狄仁傑爲鸞臺侍郎,司刑卿杜景佺（原作儉,當誤）爲鳳閣侍郎,並同鳳閣鸞臺平章事。"《會要》五三《雜錄》："神功元年,納言婁師德密薦狄仁傑除鸞臺侍郎、平章事。仁傑不知師德之薦也。"

給事中

裴咸。是年遷左諭德。《墓誌彙編上（聖曆○○五）·大周正議大夫行太子左諭德裴公（咸）墓誌銘》："（歷）給事中、太子左諭德,春秋六十三。唯聖曆元年歲次戊戌八月景晨卒於隆化里……六載居給事中,一遷至左諭德。"

蘇珦。

劉憲。

周譒。《新書》四《則天皇后紀》："神功元年正月壬戌,殺……給事中周譒。"

薛謙光（薛登）。

唐奉一。自比部郎中遷。《張説集校注·神兵道爲申平冀州賊契丹等露布》：“大總管右金吾衛大將軍兼檢校洛州長史河内郡王臣某、前軍總管行左衛勳一府中書侍郎將上柱國定陽郡開國公臣楊玄基、行軍長史朝奉大夫守給事中護軍臣唐奉一、行軍司馬通議大夫行天官郎中臣鄭杲等言。”

于惟謙。約是年自右司郎中遷。《全文》二四二李嶠《授于惟謙給事中制》：“鸞臺：文昌右司郎中于惟謙，局量弘深，理識精遠……可朝請大夫，守給事中。”

起居郎（左史）

張鼎。

東方虬。

左補闕

孔季翙。約是年自國子主簿遷。《張説集校注·孔補闕序》：“弱冠制舉，授校書郎，轉國子主簿。年三十一，卒於左補闕。”

左拾遺

劉承慶。

王求禮。《會要》五六《省號》下：“（萬歲）通天二年（九月改元神功）六月，孫萬榮寇陷河北數州，河内王懿宗擁兵不敢進。比賊散，懿宗奏請族誅滄、瀛等州百姓爲詿誤者。左拾遺王求禮廷折之。”

則天后聖曆元年（六九八）

中書省（鳳閣）

中書令（鳳閣令）

楊再思。是年遷鸞郎，仍平章事。按八月庚子武三思檢校内史，再思當轉鸞郎，仍平章事。

王及善。

武三思。八月庚子以禮尚檢校。《舊書》六《則天皇后紀》："（聖曆元年八月）庚子，梁王武三思爲内史。"按《宰相表》上：（聖曆元年）八月庚子三思檢校内史。

中書侍郎（鳳閣侍郎）

王方慶。八月甲午罷爲麟臺監。《全文》二四二李嶠《授王方慶麟臺監監修國史制》："銀青光禄大夫、行鳳閣侍郎、同平章事、上柱國、石泉縣開國子王方慶……可麟臺監，仍修國史，勳封如故。"《宰相表》上：（聖曆元年）八月甲午，方慶罷爲麟臺監，修國史。《舊書》二二《禮儀志》二：聖曆元年正月敕每月一日於明堂行告朔之禮。鳳閣侍郎王方慶獻議云云。又見《會要》一二《饗明堂議》。《會要》三八《雜記》："聖曆元年十月，鳳閣侍郎王方慶奏言：'准令，期喪大功未葬，並不得參朝賀，仍終喪不參宴會。'"按《會要》所記十月甚疑爲正月之誤。《通鑑》二〇六"聖曆元年"云八月王方慶自鸞臺侍郎罷爲麟臺監。誤。

杜景佺。《通鑑》二〇六"聖曆元年"："秋七月，鳳閣侍郎、同平章事杜景佺（原作儉，當誤）罷爲秋官尚書。"

李嶠。以麟臺少監知，十月癸卯入相。《宰相表》上：（聖曆元年）十月癸卯麟臺少監監修國史、知鳳閣侍郎李嶠同鳳閣鸞臺平章事。

蘇味道。自試天侍遷，入相。《舊書》六《則天皇后紀》："（聖曆元年九月）天官侍郎蘇味道（爲）鳳閣侍郎、同鳳閣鸞臺平章事。"《宰相表》上：（聖曆元年）九月辛巳，試天官侍郎蘇味道爲鳳閣侍郎、同鳳閣鸞臺平章事。

中書舍人（鳳閣舍人）

薛稷。

李逈秀。

崔融。

劉憲。自給事中遷。《舊書》一九〇中本傳："尋轉鳳閣舍人。"

張柬之。《通鑑》二〇六"聖曆元年"："六月甲午，命淮陽王武延秀入突厥，納默啜女爲妃……鳳閣舍人襄陽張柬之諫曰：'自古未有中國親王娶夷狄女者。'由是忤旨，出爲合州刺史。"按《舊書》九一本傳云："聖曆初，累遷鳳閣舍人……是歲，突厥默啜表言有女和親，則天盛意許之……柬之奏曰……頗忤其旨。神功初，出爲合州刺史。"時間前後紊亂。又按《會要》三七《服紀》上云鳳閣侍郎，當誤。

崔玄暐。自天官郎中遷。《舊書》九一本傳："尋授天官郎中，遷鳳閣舍人。"《墓誌彙編上（開元〇二六）・崔公（玄暐）墓誌》："尋判度支員外、庫部員外、天官郎中、鳳閣舍人。累遷三署，人譽莫先，獨掌四年，王言所綜。"按長安元年玄暐自中書舍人遷天侍，距今四年。

右補闕

朱敬則。

張説。

右拾遺

陳子昂。《新書》一〇七本傳："聖曆初，以父老，表解官歸侍，詔以官供養。"《陳子昂集・上蜀川安危事》："天恩前使右丞宋爽按察蜀州者，乞早發遣，除屏貪殘，則公私俱寧，國用可富……聖曆元年五月十四日，通直郎行右拾遺陳子昂狀。"

戴令言。

單大。陳子昂《喜馬參軍相遇醉歌并序》："夫詩可以比興也，不言曷著？時醉書散灑，乃昏見清廟臺，令知此有蜀雲氣也。單大拾遺、陸六侍御，崔司議（原作議司）、崔兵曹、鮮于晉、崔澠子、懷一道人，當知吾此憑是實錄也。"該詩作於是年，見彭慶生《陳子昂詩注・年譜》。未詳左右，姑繫於此。

通事舍人

元行冲。《通鑑》二〇六“聖曆元年”：“通事舍人河南元行冲，博學多通，任傑重之。”

沈佺期。《唐文再編》一沈佺期《黃口贊并序》：“聖曆中，余時任通事舍人，有敕於東觀修書。”《沈佺期集校注》二《哭蘇眉州崔司業二公並序》：“蘇往任鳳閣侍郎，佺期忝通事舍人。”蘇即蘇味道，是年爲鳳郎，入相。

盧玢。是年秋冬任。《墓誌彙編上（景雲〇一四）·大唐故左屯衛將軍（玢）墓誌銘》：“閻知微之役也，君奉使北庭。尋而天驕作梗，節毛既盡，漢禮仍全……君以家國之義，志期死節，遂中夜徒行，潰圍而遁……歸朝復命，天子嘉焉。廷拜朝散大夫行通事舍人。”按上年七月閻知微出使突厥，使節盡辱，十月回歸，被族誅。見《舊書》六《則天紀》。

門下省（鸞臺）

侍中（納言）

婁師德。

狄仁傑。以侍郎兼或檢校。《宰相表》上：（聖曆元年）八月庚子兼納言，九月戊寅爲河北道行軍副元帥，檢校納言，十月癸卯爲河北道安撫大使。

門下侍郎（鸞臺侍郎）

狄仁傑。八月庚子兼納言，九月戊寅檢校納言。

王方慶。自中郎遷，仍平章事。八月罷爲麟臺監。《宰相表》上：（聖曆元年）八月甲午方慶罷爲麟臺監，修國史。

楊再思。八月自中令轉，仍平章事。《舊書》一九四上《突厥傳》上：聖曆元年默啜求和親及農器、種子等，遭拒，拘司賓卿田歸道：“納言姚璹、鸞臺侍郎楊再思建議請許其和親。”

給事中

劉憲。約是年遷中舍。

薛謙光（薛登）。

唐奉一。是年遷兵侍。《全文》二四二李嶠《授唐奉一兵部侍郎制》：

"鸞臺：參貳百揆，樞衡九法……具官唐奉一……可夏官侍郎。"

李愿。約是年自倉部員外遷。《墓誌彙編下（天寶一一五）·李迪墓誌》（卒於天寶六載十一月，年六十五）："父愿，倉部員外、給事中、博陳二州刺史。"按據其長子李迪年歲而推。又按，《刺考全編·河北道》繫其刺博州約武后末，刺陳州約神龍時。

諫議大夫（正諫大夫）

員半千。約是年自左衛長史遷（下年正月貶水部郎中）。《舊書》一九〇中本傳："證聖元年，半千爲左衛長史。"《新書》一一二本傳："擢累正諫大夫，兼右控鶴內供奉。"按《舊書》一九〇中本傳："長安中，五遷正諫大夫……上疏請罷之（控鶴監）。由是忤旨，左遷水部郎中。"《通鑑》二〇六載於聖曆二年正月。兹從《通鑑》。

起居郎（左史）

張鼎。當在任。

東方虬。《舊書》一九〇中《宋之問傳》："則天幸洛陽龍門，令從官賦詩，左史東方虬詩先成，則天以錦袍賜之，及之問詩成，則天稱其詞愈高，奪虬錦袍以賞之。"按此事在是年，見陶敏《宋之問集校注》一《龍門應制》注一。

左補闕

孔季詡。

左拾遺

劉承慶。是年遷太博。《全文》二〇三小傳："承慶，聖曆初爲太常博士。"

王求禮。是年當遷監察御史。《舊書》一〇一本傳："則天朝爲左拾遺，遷監察御史。"

徐仁紀。《舊書》一九二本傳："聖曆中徵拜左拾遺，三上書論得失，不納……遂移病歸鄉里。"

則天后聖曆二年(六九九)

中書省(鳳閣)

中書令(鳳閣令)

王及善。九月卒。《金石萃編》六三《昇仙太子碑》(聖曆二年二月建),碑陰署名:光禄大夫、行内史、上柱國、邢國公臣王及善。八月庚子爲文昌左相,仍平章事。《新書》四《則天皇后紀》:"(聖曆二年)八月庚子,王及善爲文昌左相、同鳳閣鸞臺平章事……九月……庚辰,王及善薨。"

武三思。檢校。八月戊申正除。《新書》四《則天皇后紀》:"(聖曆二年八月)戊申,武三思爲内史。"

中書侍郎(鳳閣侍郎)

李嶠。以麟臺(秘書)少監兼知中郎、同平章事。

蘇味道。

魏元忠。自右臺中丞遷。《舊書》六《則天皇后紀》:"(聖曆二年二月,按即臘月)左肅政御史中丞魏元忠爲鳳閣侍郎,吉頊爲天官侍郎,並同鳳閣鸞臺平章事。"《金石萃編》六三《昇仙太子碑》(聖曆二年二月建),碑陰署名:朝散大夫、守鳳閣侍郎、同鳳閣鸞臺平章事臣魏元忠。

中書舍人(鳳閣舍人)

薛稷。《通鑑》二〇六"聖曆二年":"(正月)甲子,置控鶴監丞、主簿等官……以司衛卿張易之爲控鶴監,銀青光禄大夫張昌宗、左臺中丞吉頊、殿中監田歸道、夏官侍郎李迥秀、鳳閣舍人薛稷、正諫大夫臨汾員半千,皆爲控鶴監内供奉。"《金石萃編》六三《昇仙太子碑》(聖曆二年建),碑陰署名:敕檢校勒碑使、守鳳閣舍人、右控鶴内供、奉騎都尉臣□□(按所泐爲薛稷)。《墓誌彙編上(聖曆〇二八)・王府君(德表)墓誌銘》:聖曆二年三月二日卒,二十九日葬。撰銘:鳳閣舍人、兼控鶴内供奉、河東薛稷纂。

李迥秀。

崔融。是年轉著作郎兼右史内供奉。《舊書》九四本傳：“聖曆二年，除著作郎，仍兼右史内供奉。”《全文》二四二李嶠《授崔融著作郎制》：“鸞臺：具官崔融……可著作郎，仍兼右史内供奉官。”

劉憲。

崔玄暐。

韋嗣立。自萊蕪令遷。《通鑑》二〇六“聖曆二年”：“（十月）嗣立，承慶之異母弟也……承慶爲鳳閣舍人，以疾去職。嗣立時爲萊蕪令，太后詔謂曰：‘卿父嘗言：“臣有兩兒，堪事陛下。”卿兄弟在官，誠如父言。朕今以卿代兄，更不用他人。’即日拜鳳閣舍人。”《會要》三五《學校》：“聖曆二年十月，鳳閣舍人韋嗣立上疏。”

陸餘慶。是年或下年自殿侍御遷。《新書》一一六本傳：“聖曆初，靈勝二州党項誘北胡寇邊，詔餘慶招慰，喻以恩信，蕃酋率衆内附。遷殿中侍御史、中書舍人。”

右散騎常侍

張昌宗。是年底任命，旋改麟臺監。《全文》二四二李嶠《授張昌宗麟臺制》：“新除右散騎常侍、中山縣開國男張昌宗……可麟臺監，餘如故。”

李懷遠。當在任（下年爲禮侍）。《舊書》九〇本傳：“歷右散騎常侍、春官侍郎。”

右補闕

朱敬則。《會要》五六《省號》下：“聖曆二年，右補闕朱敬則告絕羅織之徒，上疏曰：‘臣聞李斯之相秦也，行申商之法，重刑名之家，杜私門，彊公室。’”

張説。

右拾遺

戴令言。

起居舍人（右史）

崔融。以著作郎兼右史内供奉。見中舍引。

通事舍人

元行冲。

沈佺期。

盧玢。是年遷尚舍奉御。《墓誌彙編上（景雲〇一四）·大唐故左屯衛將軍盧府君（玢）墓誌銘》：“拜朝散大夫行通事舍人……遷尚舍奉御、左衛郎將。”

門下省（鸞臺）

侍中（納言）

婁師德。《金石萃編》六三《昇仙太子碑》（聖曆二年建），碑陰署名：銀青光禄大夫、守納言、上柱國、譙縣開國子臣婁師德。《宰相表》上：（聖曆二年）三月甲戌爲納言，四月壬辰爲天兵軍副總管，壬寅充隴右諸軍大使。八月丁未薨。《新書》四《則天皇后紀》：“（聖曆二年八月丁未）婁師德薨。”按《舊書》九三本傳云九月薨。

狄仁傑。以門郎兼。《金石萃編》六三《昇仙太子碑》（聖曆二年建），碑陰署名：銀青光禄大夫、守納言、上柱國、汝陽縣開國男臣狄仁傑。

門下侍郎（鸞臺侍郎）

狄仁傑。兼侍中。《會要》七三《安東都護府》：“（聖曆）二年，鸞臺侍郎狄仁傑上表，請收安東，復其君長。”

楊再思。《金石萃編》六三《昇仙太子碑》（聖曆二年建），碑陰署名：銀青光禄大夫、行鸞臺侍郎、同鳳閣鸞臺平章事、上柱國、鄭縣開國子楊再思。八月庚子罷相爲左臺大夫。《通鑑》二〇六“聖曆二年”：“（八月庚子）鸞臺侍郎、同平章事楊再思罷爲左臺大夫。”

陸元方。自試天侍遷，入相。《新書》四《則天皇后紀》：“（聖曆二年八月）丁未，試天官侍郎陸元方爲鸞臺侍郎、同鳳閣鸞臺平章事。”

給事中

薛謙光（薛登）。

李愿。當在任。見上年引。

徐彦伯。自職方員外遷。《舊書》九四本傳：“彦伯聖曆中累除給事中。”卷一〇二《徐堅傳》：“聖曆中，車駕在三陽宮，御史大夫楊再思、太子左庶子王方慶爲東都留守，引堅爲判官，表奏專以委之……堅又與給事中徐彦伯、定王府倉曹劉知幾、右補闕張説同修《三教珠英》。”

閻朝隱。自太舍遷。《舊書》一九〇中本傳：“累遷給事中，預修《三教珠英》……聖曆二年，太后不豫，令朝隱往少室山祈禱。朝隱乃曲申悦媚，以身爲犧牲，請代上所苦。及將康復，賜絹綵百匹、金銀器十事。”《通鑑》二〇六“聖曆二年”：“（二月）壬辰，太后不豫，遣給事中樂城閻朝隱禱少室山。”

諫議大夫（正諫大夫）

員半千。正月遷水部郎中。《通鑑》二〇六“聖曆二年”：“（正月）甲子，置控鶴監丞……半千以古無此官，且所聚多輕薄之士，上疏請罷之。由是忤旨，左遷水部郎中。”

薛曜。《舊書》七三《薛元超傳》：聖曆中，修《三教珠英》，官至正諫大夫。

起居郎（左史）

東方虯。

左補闕

孔季翊。

崔湜。約是年任。《舊書》七四本傳：“舉進士，累轉左補闕。”《元龜》六〇七《撰集》：“張昌宗爲麟臺監，聖曆中，則天以《御覽》及《文思博要》等書，多未周備，令昌宗與麟臺少監李嶠，廣召文學之士給事中徐彦伯、水部郎中員半千等二十六人，增損《文思博要》，勒成一千三百卷，於舊書外更加佛教、道教及親屬、姓氏、方域等部，至是畢功，帝親制名《三教珠英》。時左補闕崔湜同修。

左拾遺

徐仁紀。《舊書》一九二本傳：“聖曆中徵拜左拾遺，三上書論得失，不納……遂移病歸鄉里。”

則天后久視元年(七〇〇)

中書省(鳳閣)

中書令(鳳閣令)

武三思。正月自内史罷。《舊書》一八三本傳:"聖曆元年,檢校内史,二年(二年爲三年之誤),進拜特進、太子賓客,仍並依舊監修國史。"《金石萃編》六四《夏日游石淙詩碑》:《七言侍游應制》,太子賓客、上柱國梁王臣□□上。大周久視元年歲次庚子律中蕤賓十九日丁卯。按《宰相表》上:正月戊寅三思罷爲特進、太子少保。據碑知少保誤。

狄仁傑。正月丁酉自納言遷。九月辛丑薨。《金石萃編》六四《夏日游石淙詩碑》:《七言侍游應制》,内史臣上。大周久視元年歲次庚子律中蕤賓十九日丁卯。《宰相表》上:(聖曆三年)正月丁酉狄仁傑爲内史。久視元年九月辛丑薨。

中書侍郎(鳳閣侍郎)

李嶠。以少秘監知、同平章事。正月辛未守鸞郎、兼修國史。

蘇味道。《金石萃編》六四《夏日游石淙詩碑》:《七言侍游應制》,鳳閣侍郎臣蘇味道上。大周久視元年歲次庚子律中蕤賓十九日丁卯。

魏元忠。六月丁亥轉左臺大御,仍知政事。《舊書》六《則天皇后紀》:"(久視元年)六月(丁亥),魏元忠爲左肅政御史大夫,仍舊知政事。"

張錫。《舊書》六《則天皇后紀》:"(久視元年閏七月己丑)天官侍郎張錫爲鳳閣侍郎、同鳳閣鸞臺平章事。"

中書舍人(鳳閣舍人)

薛稷。是年轉禮部郎中。《唐文補編》七四引《類編長安志》六李石《六門堰記》:"久視元年,副西京留守、雍州長史薛季昶得許公雅法,縛土牛以殺水勢,春官郎中薛稷刻石叙之。"

李迥秀。

崔融。自著作郎兼右史内供奉遷。年末貶婺州長史。《金石萃編》六四《夏日游石淙詩碑》:《七言侍游應制》,鳳閣舍人臣崔融上。大周久視元年歲次庚子律中蕤賓十九日丁卯。年底貶婺州長史。《會要》四一《斷屠釣》:"聖曆三年(五月改元久視),斷屠殺。鳳閣舍人崔融議曰:'春生秋殺,天之常道;冬狩夏苗,國之大事。'"《舊書》九四本傳:"久視元年,坐忤張昌宗意,左授婺州長史。"《通鑑》二○七載於十二月。

劉憲。

崔玄暐。

韋嗣立。是年遷秋侍。《舊書》八八本傳:"(上年即聖曆二年)即日遷鳳閣舍人……尋遷秋官侍郎。"

陸餘慶。

右散騎常侍

李懷遠。約是年遷禮侍。《舊唐書》九○本傳:"歷遷右散騎常侍、春官侍郎。大足年,遷鸞臺侍郎。"

右補闕

朱敬則。《通鑑》二○六"久視元年":"(六月)太后又多選美少年爲奉宸内供奉,右補闕朱敬則諫曰:'陛下内寵有易之、昌宗,足矣。'"

張説。《張説集校注·諫幸三陽宫表》:"右補闕臣説言……"《舊書》六《則天紀》:"(久視元年)夏四月,幸三陽宫……秋七月,至自三陽宫。"《會要》三○《三陽宫》:"久視元年七月三日,左補闕張説以車駕在三陽宫,不時還宫,上疏。"云左補闕,當誤。

尹元凱。蓋是年任。《宋之問集校注》六《送尹補闕入京之》,蓋作於是年(陶敏謂作於上年,按據右補闕具員,當是年始任)。《舊書》一九○中本傳:"與張説、盧藏用特相友善,徵拜右補闕。"

右拾遺

戴令言。

起居舍人(右史)

崔融。以著作郎兼右史内供奉。是年遷鳳舍。

通事舍人

沈佺期。《金石萃編》六四《夏日游石淙詩碑》:《七言侍游應制》,通事舍人臣沈佺期上。大周久視元年歲次庚子律中蕤賓十九日丁卯。

門下省(鸞臺)

侍中(納言)

狄仁傑。正月遷内史。旋卒。《宰相表》上:(聖曆三年)正月丁酉,狄仁傑爲内史。

韋巨源。自文昌左丞遷,入相。《宰相表》上:(聖曆三年)正月庚子文昌左丞(原作左相,誤,見校勘記[一〇]),久視元年十月丁巳罷爲地官尚書。

門下侍郎(鸞臺侍郎)

陸元方。《新書》四《則天皇后紀》:"(聖曆三年臘月)庚寅,陸元方罷(爲)司禮卿。"

韋安石。《宰相表》上:(久視元年)十月丁巳文昌右丞韋安石守鸞臺侍郎、同鳳閣鸞臺平章事。

李嶠。三月自少秘監兼知中郎遷,仍平章事,七月罷知政事爲成均祭酒。《舊書》六《則天紀》:"春三月,李嶠爲鸞臺侍郎,知政事如故……(閏七月)鳳閣鸞臺平章事李嶠爲成均祭酒,罷知政事。"《金石萃編》六四《夏日游石淙詩碑》:《七言侍游應制》,鸞臺侍郎臣李嶠上。大周久視元年歲次庚子律中蕤賓十九日丁卯。

給事中

薛謙光(薛登)。

李愿。

徐彦伯。《金石萃編》六四《夏日游石淙詩碑》:《七言侍游應制》,給事中臣徐彦伯上。大周久視元年歲次庚子律中蕤賓十九日丁卯。《西市博物館藏墓誌·仇立本墓誌》:"粵以大周久視元年歲次庚子七月乙酉朔六日壬午,葬于鼎州雲陽縣嵯峨鄉北平原,禮也。"撰銘:給事中徐彦伯撰。《墓誌續編(久視〇〇四)·梁鋆墓誌》(卒於久視元年七月,葬於十月):朝散大夫、檢校給事中徐彥伯撰。《新出唐墓誌百種·大周故太子中允孫公（行）誌文并序》：“以久視元年十一月七日遘疾，終于道化里之私第，春秋六十。即以其年臘月十六日遷窆于合宮縣之北邙山，禮也。”撰銘：鸞臺給事中徐彥伯撰文。

閻朝隱。《金石萃編》六四《夏日游石淙詩碑》：《七言侍游應制》，□□□臣閻朝隱上。大周久視元年歲次庚子律中蕤賓十九日丁卯。所闕三字當是“給事中”。按五月稍後即轉少秘監。《舊書》一九○中本傳：“累遷給事中，預修《三教珠英》……聖曆二年，太后不豫，令朝隱往少室山祈禱。朝隱乃曲申悅媚，以身爲犧牲，請代上所苦。及將康復，賜絹綵百匹、金銀器十事。俄轉麟臺少監。”

諫議大夫（正諫大夫）

薛曜。

起居郎（左史）

東方虬。

左補闕

崔湜。

孔季翊。張説《孔補闕序》：“年三十一，卒於左補闕。”按其於永昌元年登制舉，時爲弱冠之年，于今三十一歲。

左拾遺

馬懷素。約是年自咸陽尉遷。《全文》九九五《馬公（懷素）墓誌銘》：“時太后大崇諫職，授左拾遺。”

符寶郎

鄭諶。《全文》二七五薛稷《唐故洛州洛陽縣令鄭府君（敞）碑》（卒於儀鳳三年十一月，遷葬於久視元年六月）：第三子符寶郎諶罄節勵行，託之不刊，以申罔極。

則天后長安元年（七〇一）

中書省（鳳閣）

中書侍郎（鳳閣侍郎）

蘇味道。《通鑑》二〇七“長安元年”：“三月鳳閣侍郎、同平章事張錫坐知選漏洩禁中語、贓滿數萬，當斬，臨刑釋之，流循州。時蘇味道亦坐事與錫俱下司刑獄……味道步道至繫所，席地而臥，蔬食而已。太后聞之，赦味道，復其位。”《宰相表》上：（大足元年，按十月改元長安）七月壬午，味道充使往幽平等州按察兵馬。

張錫。《舊書》六《則天皇后紀》：“（大足元年，十月改元長安）三月……丙申，鳳閣侍郎張錫坐贓配循州。”

姚元崇。自夏侍遷，仍知政事。六月庚申兼知夏官尚書。《舊書》六《則天皇后紀》：“（大足元年，十月改元長安）三月，姚元崇爲鳳閣侍郎，依舊知政事。”《宰相表》上：（大足元年）三月己卯，元崇爲鳳閣侍郎。六月庚申兼知夏官尚書。

中書舍人（鳳閣舍人）

李迥秀。是年遷檢校夏侍兼知天官選事，六月入相。《新書》九九本傳：“大足初，檢校夏官侍郎、仍領選，銓汰文武，號稱職，（六月）進鳳閣鸞臺平章事。”

劉憲。

崔玄暐。是年遷檢校吏侍，仍兼中舍（參下年引）。《舊書》九一本傳：“長安元年，超拜天官侍郎……轉文昌左丞。經月餘……又除天官侍郎。”

陸餘慶。《會要》五五《省號》下：“大足元年（十月改元長安），則天常引中書舍人陸餘慶入令草詔，餘慶回惑至晚，竟不能裁一詞。由是轉左司郎中。”

鄭惟忠。十月後自水部員外遷。《舊書》一〇〇本傳：“累遷水部員外郎。則天幸長安,惟忠待制引見……尋加朝散大夫,再遷鳳閣舍人。"按十月則天幸長安。

右補闕

張説。是年遷起居舍人(右史)。

尹元凱。張説有《送尹補闕元凱琴歌》詩(《張説集校注》六)。熊飛謂作於是年,從之。

右拾遺

戴令言。約是年遷左補闕。

起居舍人(右史)

張説。自右補闕遷。《舊書》九七本傳:"長安初,修《三教珠英》畢,遷右史、内供奉,兼知考功貢舉事。"

通事舍人

沈佺期。《舊書》一九〇中本傳:"長安中,累遷通事舍人,預修《三教珠英》。"

門下省(鸞臺)

門下侍郎(鸞臺侍郎)

韋安石。《宰相表》上:(長安元年)十一月甲午安石加檢校太子右庶子。

李懷遠。自禮侍遷,入相。《舊書》六《則天皇后紀》:"(大足元年)二月,鸞臺侍郎李懷遠同鳳閣鸞臺平章事。"七月甲申爲刑尚。《宰相表》上:(大足元年)七月甲申懷遠罷爲秋官尚書。

給事中

薛謙光(薛登)。

李愿。約是年刺博州。《墓誌彙編下(天寶一一五)·李迪墓誌》(卒於天寶六載十一月,年六十五):"父愿,倉部員外、給事中、博陳二州刺史。"按據其長子李迪年歲而推。又按,《刺考全編·河北道》繫其刺博州約武后末,刺陳州約神龍時。

徐彥伯。十一月參編《三教珠英》成，遷宗正卿。《新書》一一四本傳：
"武后撰《三教珠英》，取文辭士，皆天下選，而彥伯、李嶠居首。遷宗正卿。"

左補闕

崔湜。是年遷殿侍御。《舊書》七四本傳："預修《三教珠英》，遷殿中侍
御史。"《全文》二八〇崔湜《御史臺精舍碑》："長安初，湜始自左補闕拜殿中
侍御史。"

戴令言。約是年自右拾遺遷。《墓誌彙編上（開元〇一〇）·故給事中
戴府君（令言）墓誌銘》："解褐授右拾遺，屢竭忠讜，成輒削藁，外莫之知。
爰除□補闕。"按是年右補闕足員，姑繫於此。

左拾遺

馬懷素。約是年遷左臺監察御史。《全文》九九五佚名《馬公（懷素）墓
誌銘》："授左拾遺，深盡規諷，尋改左臺監察御史。"

盧藏用。《舊書》九四本傳："長安中，徵拜左拾遺。"

孫處玄。《舊書》一九二本傳："孫處玄，長安中徵爲左拾遺。"

則天后長安二年（七○二）

中書省（鳳閣）

中書侍郎（鳳閣侍郎）

蘇味道。《宰相表》上：（長安二年）十月甲寅同鳳閣鸞臺三品。

姚元崇。以中郎兼知兵尚。《宰相表》上：（長安二年）十月甲寅元崇同鳳閣鸞臺平章事。

中書舍人（鳳閣舍人）

劉憲。

崔玄暐。兼檢校天侍。《墓誌續編（長安○○三）·李義琳墓誌》（卒於垂拱二年十月，八十二歲；夫人魏氏，卒於久視元年十月，九十歲；合葬於長安二年五月）：□朝□大夫、上柱國、守鳳閣舍人、檢校天官侍郎、博陵崔玄暐製文。

鄭惟忠。

宋璟。自天官員外遷。《宋公神道碑》：“遷天官員外郎，鳳閣舍人。”

劉允濟。自著作佐郎遷。《舊書》一九○中本傳：“未幾，擢拜鳳閣舍人。”《會要》六三《修史官》：“長安二年，鳳閣舍人、修國史劉允濟嘗云：‘史官善惡必書，言成軌範，使驕主賊臣，有所知懼。’”

崔融。自禮部郎中遷。《舊書》九四本傳：“長安二年，再遷鳳閣舍人。”

桓彥範。當在任（下年遷中丞出使吐蕃）。

右補闕

尹元凱。約是年遷左史。

右拾遺

王齊丘。約是年自會稽縣尉遷。《墓誌彙編上（景龍○二九）·王君（齊丘）墓誌銘》：“大周有制，察天下文儒，朝廷薦君，詞標文苑，對策高第。

解褐越州會稽縣尉，尋爲右拾遺。時皇上飛龍在天，誕敷聖教，選衆而舉，俾康下人。神龍初，以君爲右御史臺監察御史。"《登科紀考補正》云垂拱四年及第。按云"大周有制"，則在武則天改國號之後，據墓誌，當在聖曆年前後。

起居舍人（右史）

張説。

崔泰之。約是年自司議郎遷。《墓誌彙編上（開元一七四）·故工部尚書崔泰之墓誌》："轉左金衛長史、司賓丞、太子司議郎。除右史。"

門下省（鸞臺）

門下侍郎（鸞臺侍郎）

韋安石。《會要》五一《識量》上："長安二年，鸞臺侍郎韋安石嘗於内殿賜宴，張易之引蜀商宋霸子等數人博於上前，言辭犯禮。安石奏：'商估賤類，不合參登此筵。'乃顧左右逐出之，時坐者失色。陸元方退而謂人曰：'向見韋公叱博徒，吾等爲之寒心，此真宰相！'"《宰相表》上：（長安二年）十月甲寅，安石同鳳閣鸞臺三品。

給事中

薛謙光（薛登）。

楊廉。《沈佺期集校注》一《酬楊給事廉見贈省中》："顧我叨郎署，慚無草奏工。"沈佺期是年爲考功郎，知制誥。與詩意正合。作於長安二年。

左散騎常侍

武攸暨。約是年自司禮卿遷。《舊書》一八三本傳："歷遷司禮卿、左散騎常侍，加特進。"

起居郎（左史）

劉知幾（劉子玄）。自著作佐郎遷。《舊書》一〇二本傳："知幾長安中累遷左史，兼修國史。"《全文》二七四劉子玄《史通序録》："長安二年，余以著作佐郎兼修國史。尋遷左史，於門下撰《起居注》。"

尹元凱。約是年自右補闕遷。《新書》二〇〇《尹愔傳》："父思貞……左右史張説、尹元凱薦爲國子大成。"按是年張説爲右史。又，《元和姓纂》

六岑仲勉校引《六絕紀文》：“左史尹元凱工於八體，□稱二妙。”（《山右石刻》五，長安二年立）

左補闕

戴令言。

張漪。約是年自登封主簿遷。《墓誌彙編下（開元三八一）·張漪墓誌》：“上聖曆封事，一命懷州武陟尉，後應長材廣度科，再轉洛州登封主簿。糺肅畿甸，望雄臺省。累遷左補闕。”

左拾遺

盧藏用。

孫處玄。

符寶郎

薛璿。約是年自鄭州司户遷。《墓誌彙編下（開元三四七）·薛璿墓誌》（卒於開元二十年七月，年五十二）：“年十二解褐左千牛，尋轉魏王府騎曹參軍、鄭州司户參軍。遷符寶郎，太子右贊善大夫。”據其履歷，姑繫於此。

城門郎

王某。宋之問《祭王城門文》：“維長安二年歲次月日，司禮主簿宋某，謹以清酌之奠，敬祭於故宮尹丞太原王君之靈。”陶敏《宋之問集校注》云：“題云城門郎，此云宮尹丞，蓋其人甫自城門郎授宮尹丞，即去世，故文云：‘賀者在門，哭者在堂。’”

則天后長安三年(七○三)

中書省(鳳閣)

中書侍郎（鳳閣侍郎）

蘇味道。

姚元崇。以中郎、平章事兼知夏尚事。蓋七月遷卸(七月唐休璟以夏尚同三品)。

中書舍人（鳳閣舍人）

劉憲。

鄭惟忠。

宋璟。《會要》六四《史館雜録》下：“長安三年(張説欲替張易之兄弟證魏元忠謀反)鳳閣舍人宋璟恐説阿意，乃謂曰：‘大丈夫當守司善道。’”是年轉中丞。

劉允濟。

崔融。《舊書》九四本傳：“長安……三年兼修國史。時有司表税關市，融深以爲不可，上疏。”按《會要》八六《關市》云二年，當誤。另參侍中李嶠引。《沈佺期集校注》二《哭蘇眉州崔司業二公并序》：“崔重爲鳳閣舍人，佺期又遷給事。”崔即崔融，上年再任中舍。

桓彦範。是年遷中丞攝鸞臺侍郎出使吐蕃。《舊書》九一本傳：“長安三年，歷遷御史中丞。”《張説集校注·和戎篇送桓侍郎序》：“長安三年，吐蕃乞附。中國有聖，殊俗向風……鳳閣舍人攝鸞臺侍郎桓，言重一國，妙結成之選；志澄四方，俞即叙之征。”《舊書》一八七上《蘇安恒傳》：“(安恒上疏言張易之當誅)疏奏，易之等大怒，欲遣刺客殺之，賴正諫大夫朱敬則、鳳閣舍人桓彦範、著作郎魏知古等保護以免。”《通鑑》二○七“長安三年”載於九月。

張説。自右史兼知考功事遷，九月丁酉流嶺表。《舊書》九七本傳：“時麟臺監張易之與其兄昌宗構陷御史大夫魏元忠，稱其謀反，引説證其事。説至御前，揚言元忠實不反，此是易之誣構耳。元忠由是免誅，説坐忤旨配流欽州。"《會要》六四《史館雜録》下、《通鑑》二〇七"長安三年"載於九月丁酉。

魏知古。九月稍後自著作郎遷（朱敬則九月入相，引知古鳳閣舍人）。《舊書》一八九下《王元感傳》："長安三年，表上其所撰《尚書糾謬十卷》《春秋振滯》二十卷……學士祝欽明、郭山惲、李憲等皆專守先儒章句，深譏元感掎摭舊義，元感隨方應答，竟不之屈。鳳閣舍人魏知古、司封郎中徐堅、左史劉知幾、右史張思敬，雅好異聞，每爲元感申理其義，連表薦之。"按七月尚在著作郎任。見其引。按《會要》六三《修國史》云正月即在任。似未確。

尹元凱。約是年春自左史遷。張説有《鳳閣尹舍人父墓銘》。按尹舍人當指尹元凱，與張説交厚。説是年九月流嶺表。則此墓誌當作於九月前。

右拾遺

王齊丘。

吴兢。内供奉。《舊書》一〇二本傳："吴兢，汴州浚儀人也。勵志勤學，博通經史。宋州人魏元忠、亳州人朱敬則深器重之，及居相輔，薦兢有史才，堪居近侍，因令直史館，修國史。累月，拜右拾遺内供奉。"按《全文》二九八吴兢《請總成國史奏》："臣往者長安、景龍之歲，以左拾遺、起居郎兼修國史。"云左拾遺。

起居舍人（右史）

張説。是年知貢舉，放榜後遷中舍。《舊唐書》九七本傳："長安初，修《三教珠英》畢，遷右史、内供奉，兼知考功貢舉事，擢拜鳳閣舍人。"

崔泰之。是年遷職方郎中，仍兼右史事。《墓誌彙編上（開元一七四）・故工部尚書崔泰之墓誌》："除右史，俄遷職方郎中，仍兼右史事。"

張思敬。九月後自司議郎遷（朱敬則九月爲宰相，引爲右史。《會要》云三月即在任，存疑）。《新書》一一五《朱敬則傳》："及執政，每以用人爲先，細務不省也……薦魏知古爲鳳閣舍人，張思敬爲右史，皆稱職。"《元龜》三二四《薦賢》："朱敬則，同鳳閣鸞臺平章事……引冬官郎中魏知古爲鳳閣舍人，太子司議郎張思敬爲右史。"按朱敬則九月入相。《會要》七七《貢舉》下：（長安三年）三月，四門博士王玄感表上《尚書糾謬》十卷、《春秋振滯》二十卷、《禮記繩愆》三十卷等，制令弘文、崇文兩館學士及成均博士，詳其可否……右史張思敬（原作司，誤）贊成之。參中舍魏知古引。

門下省（鸞臺）

侍中（納言）

韋安石。《舊書》九二本傳："長安三年爲神都留守，兼判天官、秋官二尚書事，後與崔神慶等同爲侍讀，尋知納言事，是歲，又加檢校中臺左丞、兼太子左庶子、鳳閣鸞臺三品如故。"

李嶠。《宰相表》上：（長安三年）閏四月庚午嶠兼左丞、同鳳閣鸞臺平章事，己卯嶠知納言事。按《會要》六三《修國史》："長安三年正月一日敕：'宜令特進梁王三思與納言李嶠、正諫議大夫朱敬則、司農少卿徐彦伯、鳳閣舍人魏知古、崔融、司封郎中徐堅、左史劉知幾、直史館吳兢等修唐史，採四方之置，成一家之言，長懸楷則，以貽勸誡。'"上述所記，《全文》九六同，但不具時日。而《元龜》五五四、五五六亦載於正月一日。按李嶠閏四月己卯始兼知納言，徐堅爲司封員外郎，而非郎中。

門下侍郎（鸞臺侍郎）

桓彦範。以鳳舍攝，出使吐蕃。見中舍引。

給事中

薛謙光（薛登）。

沈佺期。自考功郎中遷。《寄北使序》："長安三年，自考功郎中遷給事中。"

孔若思。約是年自庫部郎中遷。《舊書》一九〇上本傳："明經舉，累遷庫部郎中……尋遷給事中。中宗即位，敬暉、桓彦範等知國政，以若思多識故事，所有改革大事及疑議，多訪於若思。"

左散騎常侍

武攸暨。

諫議大夫（正諫大夫）

朱敬則。《舊書》六《則天皇后紀》："（長安三年）秋九月，正諫大夫朱敬則同鳳閣鸞臺平章事。"參侍中李嶠引。

起居郎（左史）

劉知幾（劉子玄）。《會要》六四《史館雜録》下："（長安三年九月，則天詔張説證魏元忠謀反）起居郎劉知幾又謂曰：'無污青史，爲子孫累。'"參納言李嶠引。

尹元凱。是年當遷中舍。

左補闕

戴令言。

張漪。是年遷著作佐郎。《墓誌彙編下（開元三八一）·張漪墓誌》："而狡童怙寵，碩人之過，多士側目，莫之敢指。君疾彼蠹政，上害苗書。帝嘉其言，且未能用，除著作佐郎。恩示累加，實遠之也。"按狡童指張易之、張昌宗。

左拾遺

盧藏用。

孫處玄。

符寶郎

薛璿。

則天后長安四年(七〇四)

中書省(鳳閣)

中書令(鳳閣令)

李嶠。四月壬戌以納言知,六月丁丑爲祭酒,仍同三品。《宰相表》上:(長安四年)四月壬戌李嶠知内史事,六月丁丑嶠爲成均祭酒、同鳳閣鸞臺三品。

楊再思。自左臺大御遷。《新書》四《則天皇后紀》:"(長安四年)七月丙戌,左肅政臺御史大夫楊再思守内史。"

中書侍郎(鳳閣侍郎)

蘇味道。《宰相表》上:(長安四年)三月己亥,貶味道坊州刺史。

姚元崇。《宰相表》上:(長安四年)六月辛酉,元崇罷爲相王府長史。

韋嗣立。《宰相表》上:(長安四年)正月壬子,天官侍郎韋嗣立爲鳳閣侍郎、同鳳閣鸞臺三品,六月乙丑追赴宮所,十二月丙辰,嗣立罷爲成均祭酒。

韋承慶。《宰相表》上:(長安四年)十一月丁亥,天官侍郎韋承慶行鳳閣侍郎、同鳳閣鸞臺平章事。

張柬之。由刑侍轉,仍平章事。《宰相表》上:(長安四年)十一月丁亥柬之守鳳閣侍郎。

中書舍人(鳳閣舍人)

劉憲。約是年遷吏侍。《舊書》一九〇中本傳:"及俊臣伏誅,擢憲爲給事中,尋轉中書舍人。神龍初……自吏部侍郎出爲渝州刺史。"

鄭惟忠。

劉允濟。

崔融。是年遷少太常。《舊書》九四本傳:"(長安)四年,除司禮少卿,仍知制誥。”

魏知古。是年遷少衛尉。《舊書》九八本傳：“長安中，歷遷鳳閣舍人、衛尉少卿。”

劉知幾。自起居郎遷。《會要》三六《氏族》：“長安四年，鳳閣舍人劉知幾撰《劉氏》三卷。”

劉穆（字穆之）。自地官員外遷。《墓誌彙編上（先天〇〇七）·劉君（穆）墓誌銘》：“俄授地官員外郎，尋除鳳閣舍人。”

右拾遺

王齊丘。

吳兢。内供奉。

起居舍人（右史）

崔泰之。以職方郎中兼。

張思敬。是年稍後爲大理評事。是年二月朱敬則致仕。開元初，張思敬放歸田里。

門下省（鸞臺）

侍中（納言）

韋安石。自東都留守兼判天尚事遷。《宰相表》上：（長安四年）四月壬戌安石知納言事。八月甲申兼檢校揚州長史。

李嶠。《會要》六八《刺史》上：“長安四年三月，則天與宰相議及州縣官，納言李嶠等奏曰……”四月壬戌知内史事。六月丁丑爲祭酒，仍同三品。

門下侍郎（鸞臺侍郎）

崔玄暐。《新書》四《則天皇后紀》：“（長安四年六月）乙丑，天官侍郎崔玄暐爲鸞臺侍郎、同鳳閣鸞臺平章事。”《宰相表》上：（長安四年）十一月丁亥兼檢校右庶子。按《舊書》九一本傳：“（長安）三年，拜鸞臺侍郎、同鳳閣鸞臺平章事，兼太子左庶子。”謂在長安三年。《新傳》同。

給事中

薛謙光（薛登）。三月癸巳檢校常州刺史。《舊書》一〇一本傳：“累遷給事中、檢校常州刺史。"《通鑑》二〇七"長安四年"：三月癸巳，制以本官檢校刺史，謙光檢校常州。

沈佺期。是春下獄。《寄北使序》："長安三年，自考功郎中遷給事中……明年春下獄。"

孔若思。

張訥之。當在任。《朝野僉載》五："德州刺史張訥之一白馬，其色如練，父雄爲荆州刺史常乘。雄薨，子敬之爲考功郎中，改壽州刺史，又乘此馬。敬之薨，弟訥之從給事中、相府司馬改德州刺史，入爲國子祭酒，出爲常州刺史，至今猶在。"按兄張敬之約卒於是年。《墓誌彙編下（天寶二一五）·張璹墓誌》（卒於神龍二年十一月，享年三十六）："考敬之，侍御史、司勳郎中、乾封縣令、漢州刺史、太府卿、禮部侍郎。"《郎表》三：敬之武后末葉或稍後曾官春侍。

左散騎常侍

武攸暨。《舊書》一八三本傳："歷遷司禮卿、左散騎常侍，加特進。神龍中，拜司徒。"

諫議大夫（正諫大夫）

朱敬則。《通鑑》二〇七"長安四年"："（二月）壬申，正諫大夫、同平章事朱敬則以老疾致仕。"

房融。《新書》四《則天皇后紀》："（長安四年十月）壬午，懷州長史房融爲正諫大夫、同鳳閣鸞臺平章事。"

起居郎（左史）

劉知幾（劉子玄）。是年遷中舍。

左補闕

戴令言。七月出爲長社令。《墓誌彙編上（開元〇一〇）·故給事中戴府君（令言）墓誌銘》："爰除□（按空缺爲左）補闕。府君志求閑退，朝廷使宰長社。"《通鑑》二〇七"長安四年"："（七月乙未）太后問諸宰相：'昌宗有功乎？'楊再思曰：'昌宗合神丹，聖躬服之有驗，此莫大之功。'太后悦，赦昌宗罪，復其官。左補闕戴令言作《兩脚狐賦》以譏再思，再思出令言爲長社令。"

左拾遺

盧藏用。《舊書》九四本傳："時則天將營興泰宮於萬安山，藏用上疏諫。"《會要》三〇《三陽宮》、《通鑑》二〇七"長安四年"載於正月。

孫處玄。

李邕。四月或稍後任。《新書》二〇二本傳："(李)嶠爲内史，與監察御史張廷珪薦邕文高氣方直，才任諫諍，乃召拜左拾遺。御史中丞宋璟劾張昌宗等反狀，武后不應，邕立階下大言曰：'璟所陳社稷大計，陛下當聽。'"按四月李嶠爲内史，六月罷。宋璟劾張昌宗、李邕建議事在十二月，見《通鑑》二〇七"長安四年"。《舊書》一九〇中本傳："長安初，内史李嶠及監察御史張廷珪，並薦……由是召拜左拾遺。"時間誤。又按，《元龜》四六〇《正直》、四六八《薦舉》作右拾遺。

符寶郎

薛璿。

中宗神龍元年（七〇五）

中書省（鳳閣。神龍元年二月四日甲寅復爲中書省）

中書令（鳳閣令。神龍元年二月四日甲寅復爲中書令）

楊再思。二月爲户尚，六月兼檢校是職，十月轉侍中，仍平章事。《舊書》七《中宗紀》："（神龍元年二月甲寅）中書令楊再思爲户部尚書、同中書門下三品、京留守……（六月癸亥）楊再思兼户部尚書、兼檢校中書令……（十月辛未）楊再思爲侍中。"

崔玄暐。《宰相表》上：（神龍元年）正月庚戌玄暐爲内史、同三品；四月甲戌爲特進、檢校益州大都督府長史同三品，五月甲午罷爲博陵郡王。按一作六月甲寅罷。《全文》一七《册崔玄暐博陵郡王文》：維神龍元年歲次乙巳六月己酉朔六日甲寅，中書令崔玄暐爲博陵郡王。

袁恕己。自中郎遷，仍平章事；五月罷爲南陽郡王。《舊書》七《中宗紀》："（神龍元年三月）己丑，中書侍郎兼檢校相王府長史、南陽郡公袁恕己爲中書令，兼檢校安國相王府長史……（五月癸巳）中書令袁恕己南陽郡王……罷知政事。"

魏元忠。自兵尚遷侍中，仍平章事。《舊書》七《中宗紀》："（神龍元年十月）辛未，魏元忠爲中書令。"《會要》六七《試及斜濫官》："酸棗縣尉袁楚客奏記于中書令魏元忠曰：'……今國子祭酒葉静能、秘書監鄭普思等，不修忠正以事君，妄引鬼神而惑主。'"

張柬之。自吏尚遷，仍同三品。五月甲午罷爲漢陽郡王，七月爲襄州刺史，不知州事。《舊書》七《中宗紀》：神龍元年四月乙亥，張柬之爲中書令；五月甲午罷爲漢陽郡王；七月乙未，以特進、漢陽郡王張柬之爲襄州刺史，仍不知州事。

韋安石。自吏尚兼檢校中令正拜，兼檢校吏尚。《舊書》七《中宗紀》：神龍元年四月甲戌，左庶子韋安石爲吏部尚書。五月癸巳，吏部尚書韋安石兼中書令。六月癸亥，檢校中書令韋安石爲中書令，兼檢校吏部尚書。六月二十七日參與刪定垂拱格式。見左僕射引《會要》三九《定格令》。

唐休璟。自右僕兼知尚書省事遷。《舊書》九三本傳："中宗即位，召拜輔國大將軍、同中書門下三品……未幾加特進，拜尚書右僕射……尋遷中書令，充京師留守。"

豆盧欽望。以左僕（按一作右僕）、中令兼知兵部事。《舊書》九〇本傳："中宗即位，以欽望宮僚舊臣，拜尚書左僕射、知軍國重事，兼檢校安國相王府長史，兼中書令知兵部事。"

中書侍郎（鳳閣侍郎。神龍元年二月四日甲寅復爲中書侍郎）

韋承慶。《墓誌續編（神龍〇一九）・韋承慶墓誌》："而行高於人，遂貽笑誣毀。忽以非罪，殛於循州。"《宰相表》上：（神龍元年）二月甲寅，貶高要尉。

張柬之。《舊書》七《中宗紀》："神龍元年正月，鳳閣侍郎張柬之、鸞臺侍郎崔玄暐、左羽林將軍敬暉、右羽林將軍桓彦範、司刑少卿元恕己等定策率羽林兵誅易之、昌宗，迎皇太子監國，總司庶政。"正月庚戌爲兵尚。《舊書》七《中宗紀》："（神龍元年正月）庚戌，鳳閣侍郎、同鳳閣鸞臺平章事張柬之爲夏官尚書，同鳳閣鸞臺三品。"按二月自兵尚遷吏尚，仍同三品，四月乙亥爲中書令。《宰相表》上：（神龍元年）二月庚戌，柬之爲天官尚書、同鳳閣鸞臺三品，四月辛亥，柬之爲天官尚書，乙亥爲中書令、同中書門下三品。

司馬鍠。自徐州刺史遷。《通鑑》二〇七"長安四年"："（三月）癸巳，制各以本官檢校刺史……其後政績可稱者，唯常州刺史薛謙光、徐州刺史司馬鍠而已。"《新書》二〇二《劉憲傳》："鍠，河南人。神龍初，以中書侍郎卒。"《墓誌彙編下（開元三三五）・司馬詮墓誌》："父希奭……神龍初，以長子中書侍郎鍠追贈懷州長史。"《墓誌續編（開元一一四）・盧日進夫人司馬氏墓誌》："父中書侍郎鍠。"按《舊書》一九〇中本傳云："神龍中，卒於黃門侍郎。"云黃郎，誤。

袁恕己。自司刑少卿兼相王府司馬遷，入相。《舊書》七《中宗紀》："（正月甲辰）司刑少卿、兼相王府司馬袁恕己爲鳳閣鸞臺平章事。"《宰相表》上：（神龍元年）正月甲辰，司刑少卿袁恕己爲鳳閣侍郎、同鳳閣鸞臺平章事。三月己丑遷中書令。

于惟謙。蓋是年任（下年正月戊戌以是職入相）。

中書舍人（鳳閣舍人。神龍元年二月四日甲寅復爲中書舍人）

鄭惟忠。是年遷黄郎。

劉允濟。《舊書》一九〇中本傳：“中興初，坐與張易之款狎，左授青州長史。”

劉知幾（劉子玄）。

劉穆（字穆之）。内供奉。約是年左遷括州司馬。《墓誌彙編上（先天〇〇七）·劉君（穆）墓誌銘》：“俄授地官員外郎，尋除鳳閣舍人。左授括州司馬。”按《金石萃編》六八《大唐洛州滎陽縣頭陁逸僧識法師上頌聖主中興得賢令盧公清德文》，前中書舍人内供奉劉穆之篆。神龍三年五月戊戌朔八日己巳建。劉穆卒於先天元年十二月石州刺史任上，之前又丁父憂、服闋授原州司馬，丁母憂，又授祠部郎中。

畢構。《舊書》一〇〇本傳：“神龍初，累遷中書舍人……武三思惡之，出爲潤州刺史。”《通鑑》二〇八“神龍元年”載於五月刺潤州。

岑羲。自天官員外遷。《舊書》七〇本傳：拜天官員外郎，神龍初爲中書舍人，忤武三思意，轉秘書少監。

鄭愔。自宣州司士遷。《通鑑》二〇八“神龍元年”：（五月）先是，殿中侍御史南皮鄭愔諂事二張，二張敗，貶宣州司士參軍，坐贓，亡入東都，私謁武三思。三思引爲中書舍人。

崔湜。五月自考功員外遷。《舊書》七四本傳：“神龍初，轉考功員外郎。時桓彦範、敬暉等既知國政，懼武三思讒間，引湜爲耳目，使伺其動静。俄而中宗疏忌功臣，於三思恩寵漸厚，湜乃反以桓、敬等計議潛告三思。尋遷中書舍人。”《通鑑》二〇八“神龍元年”：“（五月）敬暉等畏武三思之讒，以考功員外郎崔湜爲耳目，伺其動静，湜見上親三思而忌暉等，乃悉以暉等謀告三思，反爲三思用；三思引爲中書舍人。”

元希聲。自考功員外遷。《全文》二八〇崔湜《故吏部侍郎元公（希聲）碑》：“則天大聖皇后……欲撮群書之要，成一家之美。廣集文儒，以筆以削，目爲《三教珠英》，蓋一千二百卷，公首膺嘉命，議者榮之。書成，克厭帝旨，遷太子文學、主客考功二員外，賞勤也。皇帝纘膺大業，擢中書舍人。是時天地初復，中外多務，章奏交馳，文誥疊委，公操斧則伐，懸衡不欺。”

李適。自户部員外遷。《全文》三九一獨孤及《唐故右常侍李公（季卿）墓誌銘》：“初公烈考曰適，神龍中歷官中書舍人昭文館學士。”按《舊書》一九〇中本傳："景龍中，爲中書舍人。"按景龍中，當誤。

右散騎常侍

武攸暨。自左常侍轉。《宰相表》上：(神龍元年)二月丁卯右散騎常侍武攸暨爲司徒，丁丑罷。《舊書》一八三本傳："神龍中，拜司徒……固辭不拜。尋而隨例降封樂壽郡王，拜右散騎常侍。"

李湛。自右羽林大將軍遷。《舊書》八二本傳："義府少子湛……神龍初，累遷右散騎常侍，襲封河間郡公。時鳳閣侍郎張柬之將誅張易之兄弟，遂引爲左羽林將軍。令與敬暉等啓請皇太子，備陳誅易之兄弟意，太子許之……中宗即位，拜右羽林大將軍，進封趙國公……頃之，復授右(原作左，據前文及《通鑑》改)散騎常侍。"《通鑑》二〇八"神龍元年"："(五月)以李湛爲右散騎常侍。"

孫詮。當在任(下年刺睦州)。

右補闕

張景源。《會要》四八《寺》："龍興寺……貞觀七年，立爲衆香寺，至神龍元年二月改爲中興寺，右補闕張景源上疏。"

吳兢。自右拾遺内供奉遷。《舊書》一〇二本傳："神龍中，遷右補闕。"

右拾遺

王齊丘。《墓誌彙編上(景龍〇二九)·王君(齊丘)墓誌銘》："尋爲右拾遺。時皇上飛龍在天，誕敷聖教，選衆而舉，俾康下人。神龍初，以君爲右御史臺監察御史。"

吳兢。内供奉。是年遷右補闕。

靳恒。《會要》二四《受朝賀》："(神龍元年)四月二十七日，上以時屬炎暑，制令每隔日不坐。右拾遺靳恒上疏諫。"按《元龜》一〇七《朝會》作左拾遺靳常(避宋趙恒諱)。

王昱。是年當在任。《會要》八〇《諡法》下："初，昭容常引弟王昱爲拾遺。昱謂母鄭氏曰：'主上住在房州，則武氏得志矣。今有天命，以能興天下之所興，不可二也。而武三思有異志，天下知之必不能成。昭容爲上所信，而附會三思，誠破家之徵，願姨思之。'"昭容常起草詔書，當引爲右拾遺爲近似。姑繫於此。按《元龜》七八八《智識》作左拾遺。

起居舍人（右史。神龍元年二月四日甲寅復爲起居舍人）

崔泰之。以職方郎中兼。中宗即位遷少太僕。《墓誌彙編上（開元一七四）·故工部尚書崔泰之墓誌》：“除右史，俄遷職方郎中，仍兼右史事……與羽林將軍桓彦範等，共圖匡復，中興之際，公有力焉。中宗嘉之，拜太僕少卿。”

盧若虛。當在任。《新書》一一三《徐有功傳》：“中宗即位，加贈（徐有功）越州都督，遣使就第吊祭，賜物百段，授一子官……起居舍人盧若虛曰：‘徐公當雷霆之震，而能全仁恕，雖千載未見其比。’”

武平一。《全文》六三九李翺《兵部侍郎贈工部尚書武公（儒衡）墓誌銘》（卒於長慶四年四月，年五十六）：“大父平一，懲后族之禍，逃官於嵩山。中宗初，徵拜起居舍人、考功員外郎。”

通事舍人

張景雄。正月癸卯伏誅。《新書》四《中宗紀》：“（神龍元年正月癸卯）通事舍人張景雄伏誅。”

李昷。《全文》三一三孫逖《太子少傅李公（昷）墓誌銘》：“神龍興，復拜通事舍人。”

門下省（鸞臺。神龍元年二月四日甲寅改爲門下省）

侍中（納言。神龍元年二月四日復侍中）

韋安石。以黃郎知侍中事。二月甲戌爲刑尚。《舊書》七《中宗紀》：“（神龍元年二月甲戌）黃門侍郎、知侍中事韋安石爲刑部尚書，罷知政事。”按六月又自吏尚、檢校中令爲中令。見上引。

楊再思。自戶尚、檢校中令遷。見前引。十月以侍中檢校左臺大御。《全文》一六《授楊再思檢校左臺大夫制》：“侍中楊再思……伫因獻替，兼肅權豪，宜分務於鸞扄，俾效能於烏署。”

魏元忠。五月以兵尚檢校，六月正拜，十月遷中令。《元龜》七二《命相》二：“（神龍元年五月）兵部尚書、同中書門下三品魏元忠檢校侍中。”《元龜》七八《委任》二：“中宗時，魏元忠爲侍中，檢校兵部尚書，中宗居諒闇，多不視事，軍國大政獨委元忠者數月。”《新書》四《中宗紀》：“（神龍元年六月癸亥）魏元忠爲侍中……（十月）辛未，魏元忠爲中書令。”

敬暉。自左羽林將軍遷，入相。五月罷爲平陽郡王。《宰相表》上：（神龍元年）正月庚戌，左羽林將軍敬暉爲納言，同鳳閣鸞臺三品。辛未爲侍中。五月甲午罷爲平陽郡王。

桓彦範。自檢校左羽林將軍遷，入相。《宰相表》上：（神龍元年）正月庚戌，檢校左羽林將軍桓彦範爲納言，同鳳閣鸞臺三品。四月辛亥，彦範爲侍中。五月甲午罷爲扶陽郡王。

門下侍郎（神龍元年二月四日甲寅復爲黃門侍郎）

崔玄暐。正月庚戌遷中令。

韋安石。知侍中事、平章事，二月甲戌爲刑尚，罷知政事。

鄭惟忠。自鳳舍遷。《舊書》一〇〇本傳：“加朝散大夫，再遷鳳閣舍人。中宗即位，甚敬重之，擢拜黃門侍郎。”

宋璟。自吏侍兼大諫遷。《舊書》九六本傳：“神龍元年，遷吏部侍郎。中宗嘉璟正直，仍令兼諫議大夫、内供奉，仗下後言朝廷得失。尋拜黃門侍郎。”《通鑑》二〇八“神龍元年”：“（五月）上嘉宋璟忠直，屢遷黃門侍郎。”

給事中

孔若思。是年遷禮侍。《舊書》一九〇上本傳：“尋遷給事中。中宗即位，敬暉、桓彦範等知國政，以若思多識故事，所有改革大事及疑議，多訪於若思。再轉禮部侍郎。出爲衛州刺史。”

張訥之。

徐堅。自司封員外遷。《全文》二九一張九齡《故右散騎常侍徐公（堅）神道碑》：“與李嶠等撰《三教珠英》，書成奏御，拜司封員外郎，尋加朝散大夫，即拜郎中。稍遷給事中。”《舊書》一〇二本傳：“遷司封員外郎……神龍初，再遷給事中。”

李日知。《舊書》一八八本傳：“神龍初，爲給事中。”

嚴善思。《舊書》一九一本傳：“神龍初，遷給事中。”《會要》三四《論樂》：“神龍元年正月，給事中嚴善思上表。”《大唐新語》七：“神龍初，將合祔則天於乾陵。給事中嚴善思上疏諫。”

左散騎常侍

武攸暨。春轉右常侍。

李重福。《舊書》七《中宗紀》：“（神龍元年二月）丙寅，左散騎常侍、譙王重福貶濮州員外刺史,不知州事。"《舊書》八六本傳:"神龍初……左授濮州員外刺史,轉均州,司防守,不許視事。"

武三思。《舊書》一八三本傳:"神龍初,進拜司空、同中書門下三品,加實封五百户,固辭不受……尋拜左散騎常侍。"

李懷遠。自賓客遷。《宰相表》上:(神龍元年)四月甲戌懷遠爲左散騎常侍、同三品,五月庚子爲左散騎常侍。《舊書》九〇本傳:"長安四年,以老辭職,聽解秋官尚書,正除太子左庶子,尋授太子賓客。神龍初,除左散騎常侍、兵部尚書、同中書門下三品。"按《新書》四《中宗紀》:"(神龍元年四月甲戌)太子右庶子李懷遠爲左散騎常侍。"云自右庶遷入,然是年右庶子四月不闕員,似未確。又按《舊書》七《中宗紀》:"(神龍元年四月)甲戌,太子賓客李懷遠爲右散騎常侍。"《通鑑》二〇八"神龍元年"亦云右常侍。均未確。《舊傳》云又除兵尚。當誤。

柳冲。《會要》三六《氏族》:"神龍元年五月十八日,左散騎常侍柳冲上表曰:'臣聞姓氏之初,《世本》著其義;昭穆之序,《周譜》列其風……臣今願叙唐朝之崇,修氏族之譜,使九圍仰止,百代承風,豈不大哉!'上從之。至先天二年三月,柳冲奏所備《姓族録》成,上之,凡二百卷。"《西市博物館藏墓誌(二〇六)·趙若丘墓誌》:"中宗御極之際,制命常侍河東柳冲,丕騭海内搢紳之閥閱,故得我公之諜。"是年兼温王師。《全文》二五二蘇頲《授柳冲兼温王師制》:"敕:左散騎常侍、兼修國史、上柱國、平陽郡開國公柳冲……可兼温王師。"是年李重茂進封温王。見《舊書》八六《殤皇帝重茂傳》。又按《舊書》一八九下本傳、《新書》一九九本傳云自景龍中爲左常侍。誤。

諫議大夫(正諫大夫。神龍元年二月四日甲寅復爲諫議大夫)

房融。《通鑑》二〇八"神龍元年":"(二月乙卯)正諫大夫、同平章事房融除名,流高州。"按《元龜》三三三《罷免》二云自鳳郎流嶺表。

宋璟。是年以吏侍兼。尋爲黄郎。

起居郎(左史。神龍元年二月四日甲寅復爲起居郎)

左補闕

徐仁紀。《舊書》一九二本傳:"神龍初……又徵拜爲左補闕。三上書,又不省,乃詣執政求出,俄授靈昌令。"

左拾遺

孫處玄。《舊書》一九二本傳:"長安中徵爲左拾遺……神龍初,功臣桓彦範等用事,處玄遺彦範書,論時事得失,彦範竟不用其言,乃去官還鄉里,以病卒。"

李邕。《舊書》一九〇中本傳:"及中宗即位,以妖人鄭普思爲秘書監,邕上書諫。"按《會要》六七《試及斜濫官》載於四月一日。

許景先。《舊書》一九〇中本傳:"神龍初,東都起聖善寺報慈閣。景先詣闕獻《大象閣賦》,詞甚美麗,擢左拾遺。"

賈虛己(受)。《舊書》一八三《韋温傳》:"中宗復位,韋氏復爲皇后,七日,追贈玄貞爲上洛郡王。左拾遺賈虛己上疏諫。"《會要》四七《封建雜録》下載於二月十四日。同書五六《省號》下云賈受,當是一人。

符寶郎

薛璿。約是年遷右贊善。《墓誌彙編下(開元三四七)·薛璿墓誌》(卒於開元二十年七月,年五十二):"年十二解褐左千牛,尋轉魏王府騎曹參軍、鄭州司户參軍。遷符寶郎,太子右贊善大夫。"

中宗神龍二年（七○六）

中書省

中書令

魏元忠。七月丙寅爲右僕兼中令，仍知兵部事。《舊書》七《中宗紀》："（神龍二年七月）丙寅，中書令、兼檢校兵部尚書、齊國公魏元忠爲尚書右僕射、兼中書令，仍知兵部事……（十二月丙申）尚書右僕射、兼中書令、知兵部事、齊國公魏元忠爲尚書左僕射、兼中書令，仍兼知兵部事。"

韋安石。《舊書》七《中宗紀》："（神龍二年）三月甲辰，中書令韋安石爲户部尚書，罷知政事。"

李嶠。七月丙寅自吏尚遷。《舊書》七《中宗紀》："（神龍二年正月）戊戌，吏部尚書李嶠同中書門下三品……（七月丙寅）吏部尚書李嶠爲中書令。"

中書侍郎

于惟謙。《舊書》七《中宗紀》："（神龍二年正月戊戌）中書侍郎于惟謙同中書門下三品。"《宰相表》上：（神龍二年）正月戊戌中書侍郎于惟謙同中書門下平章事。

中書舍人

劉知幾（劉子玄）。

岑羲。五月在任。參下左常侍武三思引。五月後遷少秘監。《通鑑》二○八"神龍元年五月"條："（武）三思既得志，羲改秘書少監。"按《會要》六三《修國史》云神龍二年五月岑羲尚任中舍。當爲五月後改少秘監。

鄭愔。《墓誌續編（神龍○一九）・故黄門侍郎兼修國史韋承慶墓誌》（卒於神龍二年十一月十九日，葬於十二月廿四日）：秘書少監、兼修國史、兼判刑部侍郎岑羲撰，中書舍人鄭愔製銘。按《通鑑》二○八"神龍二年"云七月丙寅已在侍御史任。未確。

崔湜。《張説集校注·滎陽郡鄭夫人墓誌銘》（卒於神龍元年十一月，葬於二年三月）：“夫人諱某字某，滎陽開封鄭氏之女，有唐銀青光禄大夫行少詹事博陵崔氏之妻，中大夫、中書舍人湜之母也。”《舊書》七四本傳：“遷中書舍人。及桓、敬等徙于嶺外，湜又説三思盡宜殺之，以絶其歸望。”按《通鑑》二〇八“神龍二年”載於七月。

元希聲。是年轉少太常。《全文》二八〇崔湜《故吏部侍郎元公（希聲）碑》：“皇帝纘膺大業，擢中書舍人……然而不樂處煩，屢乞外補。上優而不許。轉太常少卿。”

李適。《宋之問集校注》二《游陸渾南山自歇馬嶺到楓香林以詩代書答李舍人適》，當作於神龍二年九月。見注一。

梁載言。當在任。《舊書》一九〇中本傳：“梁載言，博州聊城人。歷鳳閣舍人，專知制誥。撰《具員故事》十卷、《十道志》十六卷，並傳於時。中宗時爲懷州刺史。”

盧藏用。自濟陽令遷。《新書》一二三本傳：“爲濟陽令。神龍中，累擢中書舍人。”按《全文》二五一蘇頲《授盧藏用檢校吏部侍郎制》作於景龍三年，有“自四年掌誥，九品作程”語，知是年始任。參其年引。

徐堅。自給事中遷。五月在任。見下左常侍武三思引。

馬吉甫。是年前後當在任。《全文》三四四顏真卿《康希銑墓誌》：“文意麗藻，二雅所祇，政事優長，百僚所則。嘗撰《自古以來清白吏圖》四卷，仍自爲序贊，以見其志。宰相黃門侍郎韋承慶、中書舍人馬吉甫等美而同述焉。”按是年韋承慶爲門郎、平章事。

右散騎常侍

武攸暨。

李湛。

孫詮。是年刺睦州（宋稱嚴州）。《嚴州圖經》一：“孫詮，神龍二年月日自右騎拜。”

右補闕

張景源。《新書》二〇六《武三思傳》：“（神龍二年）春大旱，帝遣三思、攸暨禱乾陵而雨，帝悦。三思因主請復崇恩廟，昊、順二陵，皆置令丞。其黨鄭愔上《聖感頌》，帝爲刻石。補闕張景源建言：'母子承業，不可言中興，所下制書皆除之。'於是天下名祠改唐興、龍興云。"是年遷起居舍人。

吳兢。

權若訥。《會要》七〇《河南道》："（神龍）二年十一月五日，又改（河南縣）爲合宫縣，以蘇頌爲縣令。右補闕權若訥上疏。"《新書》二〇六《武三思傳》："補闕權若訥又言：'制詔如貞觀故事。且太后遺訓，母儀也；太宗舊章，祖德也。沿襲當自近者始。'"按據《會要》，知爲右補闕。

李鄴。《全文》二五五蘇頌《陳情表》："伏奉今月十三日制，鑾駕閏九月十日幸長安。陛下東封禮還，西賓係望……謹附起居使右補闕内供奉臣李鄴奉表以聞。"按是年（神龍二年）十月己卯中宗自東都還京師，戊午至長安。見《舊書》七《中宗紀》。查陳垣《二十史朔閏表》，是年閏九月。

右拾遺

王昱。當在任。見上年引。

起居舍人

武平一。

張景源。自右補闕遷。《元龜》四八〇《奸邪》："張景源，中宗時爲補闕，神龍中，武三思用事，景源希三思，上疏曰……遂授景源朝散大夫。未幾，又擢起居舍人。是時右補闕權若訥見鄭愔等既妄稱天后德業，皆獲榮貴，復上疏曰：……"參右補闕權若訥引。

通事舍人

李嵩。是年遷工部員外。《全文》三一三孫逖《太子少傅李公（嵩）墓誌銘》："神龍興，復拜通事舍人，其後歷尚書工部司勳員外郎、屯田郎中、太僕衛尉太常三少卿、汝汴二州刺史。"據《舊書》一一二本傳，知睿宗時屬任衛尉少卿，則自通事舍人至衛尉少卿期間，幾乎每年履新。

門下省

侍中

楊再思。兼左臺大御。

蘇瓌。《舊書》七《中宗紀》："（神龍二年）三月甲辰，户部尚書蘇瓌爲侍中、京留守。"《會要》六七《員外官》："（神龍二年）十月，侍中蘇瓌上封事（員外官事宜）。"《元龜》一〇五《惠民》："（神龍）二年……十二月，以河北諸州遭水，人多阻飢，令侍中蘇瓌存撫賑給。"按《元龜》三一七《正直》二云景龍二年。誤。

門下侍郎（黄門侍郎）

鄭惟忠。是年遷大理卿。《舊書》一〇〇本傳："無何，守大理卿。"

宋璟。《通鑑》二〇八"神龍二年"："（四月）武三思惡宋璟，出之檢校貝州刺史。"按《郎表》二云夏秋以黄郎檢校左丞，十月刺貝州。

韋承慶。自新除辰州刺史拜少秘監兼修國史、并判禮侍事遷，十一月卒。《墓誌續編（神龍〇一九）‧韋承慶墓誌》："制辰州刺史。未拜，轉秘書少監兼修國史，并判禮部侍郎事……尋除黄門侍郎……粵以神龍二年十一月十九日寢疾，薨於京師萬年縣大寧里第，春秋六十有七。"

給事中

張訥之。《匋齋藏石記》二一神龍二年四月五日門下省行尚書省文刻石："正議大夫、行給事中、柱國、文安縣開國男臣訥之。"

徐堅。五月前遷中舍。

李日知。是年丁憂。《舊書》一八八本傳："神龍初爲給事中。日知事母至孝……其母未受命婦邑號而卒。"

嚴善思。

盧粲。《舊書》一八九下本傳："景龍二年，累遷給事中。"按景龍爲神龍之誤，《新書》一九九本傳："神龍中，累遷給事中。"《會要》九〇《緣封雜記》："（神龍二年）十一月一日敕：'皇太子在藩府日，所食衛府封物，每年便納東宮。'給事中盧粲駁奏。"

冉祖雍。《張説集校注‧河州刺史冉府君神道碑》："有子曰祖雍，景龍初擢給事中，兼侍御史内供奉。"

左散騎常侍

武三思。《會要》六三《修國史》："神龍二年五月九日，左散騎常侍武三思、中書令魏元忠、禮部尚書祝欽明及史官太常少卿徐彦伯、秘書少監柳冲（是年爲左常侍，下年遷少秘監）、國子司業崔融、中書舍人岑羲徐堅等，修《則天實録》二十卷，文集一百二十卷，上之。"

李懷遠。《舊書》七《中宗紀》："（神龍二年四月己卯）左散騎常侍、同中書門下三品李懷遠請致仕，許之……（七月丙午）前左散騎常侍李懷遠爲左散騎常侍、同中書門下三品、東都留守……（九月）戊午，左散騎常侍李懷遠卒。"

柳沖。

諫議大夫

張齊賢。約是年自太博遷。《新書》一九九本傳："齊賢遷（太常）博士，時東都置太社，禮部尚書祝欽明問禮官博士：'周家田主用所宜木，今社主石，奈何？'齊賢與太常少卿韋叔夏、國子司業郭山惲、尹知章等議……齊賢累遷諫議大夫，卒。"是年二月祝欽明爲禮尚，八月貶刺申州。又按齊賢約長安元年既爲太博，於時有年；又太博不缺員。

左拾遺

許景先。

賈虛己。

李邕。《新書》二○二本傳："五王誅，坐善張柬之，出爲南和令。"按七月五王被誅。

中宗景龍元年(七〇七)

中書省

中書令

魏元忠。兼左僕射、知兵部事(春夏卸知兵部事)。《舊書》七《中宗紀》："(神龍三年八月,按九月改元景龍)丙戌,左僕射兼中書令魏元忠請致仕,授特進。"按《宰相表》上:(神龍三年)七月壬戌授特進,八月丙戌以特進致仕。又按《會要》六《公主雜錄》云:"唐隆元年(七一〇年,七月改元景雲)六月二十六日,敕公主置府,近有敕總停,其太平公主有崇保社稷功,其鎮國太平公主府,即宜依舊。酸棗縣尉袁楚客奏記于中書令魏元忠曰……"誤。

李嶠。《新書》四《中宗紀》:"(神龍三年七月,按九月改元景龍)壬戌,李嶠爲中書令。"

楊再思。景龍元年九月庚辰(《宰相表》上作辛亥)自侍中遷。《舊書》七《中宗紀》:"(景龍元年九月)庚辰,侍中兼左御史臺大夫楊再思爲中書令。"

中書侍郎

于惟謙。九月罷相爲祭酒。《舊書》七《中宗紀》:"(景龍元年)九月丁酉……中書侍郎、東海郡公于惟謙(爲)國子祭酒,罷知政事。"

蕭至忠。九月丙辰自黃郎遷。《宰相表》上:(景龍元年)九月丙辰,至忠行中書侍郎。《會要》五三《雜錄》:"景龍元年,中書侍郎蕭至忠上疏曰:'臣伏見貞觀、永徽故事,宰相子弟多居外職。'"

中書舍人

劉知幾(劉子玄)。《舊書》一〇二本傳:"景龍初,再轉太子中允。"

鄭愔。是年遷少太常。《舊書》五一《韋庶人傳》:"神龍三年……右驍衛將軍、知太史事迦葉志忠……進《桑條歌》十二篇,伏請宣布中外,進入樂府,皇后先蠶之時,以享宗廟……太常少卿鄭愔又引而申之,播於舞詠。"

崔湜。五月乙卯前遷兵侍。《會要》三六《氏族》:景龍(原作神龍,誤)元年五月十八日,柳冲表請重修《氏族志》,注云有兵部侍郎崔湜參修。

梁載言。

盧藏用。

徐堅。是年遷刑侍。《會要》三六《氏族》:景龍(原作神龍,誤)元年五月十八日,柳冲表請重修《氏族志》,注云有刑部侍郎徐堅參修。按《舊書》一〇二本傳:"神龍初,再遷給事中……睿宗即位,堅自刑部侍郎加銀青光祿大夫,拜左散騎常侍。"則是年自給事中遷刑侍,接薛謙光。

馬懷素。自考功員外遷。《全文》九九五佚名《馬公(懷素)墓誌銘》:"遷中書舍人,與李乂同掌黃畫。"

李適。

張廷珪。約是年自殿侍御遷。《新書》一一八本傳:"神龍初,詔白司馬坂復營佛祠,廷珪方奉詔抵河北,道出其所,見營築勞極,懷不能已,上疏切爭……帝不省。尋爲中書舍人。"按《舊傳》云景龍末任。此從《新傳》。

張説。自兵部郎中遷,歲中又遷工侍。《舊書》九七本傳:"中宗即位,召拜兵部員外郎,累轉工部侍郎。"《郎表》四工侍:景龍初由中書舍人遷工部侍郎。

冉祖雍。九月後自給事中遷。參後引。

韋元旦。自主客員外遷。《新書》二〇二本傳:"遷中書舍人。舅陸頌妻,韋后弟也,故元旦憑以復進云。"

右散騎常侍

武攸暨。

李湛。七月遷左領軍大將軍。《舊書》八二本傳:"(神龍元年五月)復授右散騎常侍(原作左,見其年考),累轉左領軍衛大將軍。"

姚珽。七月後自詹事兼左庶遷。《舊書》八九本傳:"太子敗,詔遣索其宮中,得珽諫書,中宗嘉其切直。時宮臣皆貶黜,唯珽擢拜右散騎常侍。"

右補闕

吳兢。《會要》五六《省號》下:"(神龍)三年(九月改元景龍)八月,節愍太子誅後,兵部尚書宗楚客、侍御史冉祖雍共誣安國相王及太平公主與太子連謀,請收付制獄。右補闕吳兢上疏曰:‘……伏願陛下降明旨,曉群邪,下全棠棣之美,上慰罔極之心,則群生幸甚。’”按同書六二《諫諍》云左補闕。當誤。是年轉起居郎。

權若訥。《通鑑》二〇八“景龍元年”:“(二月)庚寅,敕改諸州中興寺、觀爲龍興,自今奏事不得言中興。右補闕權若訥上疏……”

盧俌。《舊書》一九四上《突厥傳》上:上年十二月突厥入寇鳴沙縣,官軍敗績,上命内外官各進破突厥之策,右補闕盧俌上疏云云。《通鑑》二〇八“景龍元年”繫於正月。

右拾遺

王昱。

起居舍人

武平一。

門下省

侍中

楊再思。兼左臺大御。《宰相表》上:(景龍元年)九月辛亥爲中書令。

蘇瓌。景龍元年九月庚辰(《宰相表》上作辛亥)爲吏尚。《舊書》七《中宗紀》:“(景龍元年九月甲辰)侍中蘇瓌爲吏部尚書。”《會要》六一《彈劾》:“神龍三年(九月改元景龍)吏部尚書蘇瓌按問鄭普思。其妻有寵於韋庶人,特勒令對御辨析,上屢抑瓌而理普思。”

紀處訥。九月庚辰自太府卿遷。《舊書》七《中宗紀》:景龍元年九月庚辰太府卿紀處訥爲侍中。按《宰相表》上:(景龍元年)九月丁酉左衛將軍兼太府卿紀處訥爲太僕卿同三品。

韋巨源。九月庚辰自吏尚遷。《舊書》七《中宗紀》:景龍元年九月庚辰吏部尚書韋巨源爲侍中。

門下侍郎(黄門侍郎)

蕭至忠。《宰相表》下:(景龍元年)九月丁酉吏部侍郎蕭至忠爲黄門侍郎、同中書門下三品,丙辰至忠行中書侍郎。

韋嗣立。自相州刺史遷。《舊書》八八《韋承慶傳》:“易之等既伏誅

（按：神龍元年）……歲餘，起授辰州刺史，未之任，入爲祕書員外少監，兼修國史。尋以修《則天實錄》之功，賜爵扶陽縣子……俄授黃門侍郎，依舊監修國史，未拜而卒。中宗傷悼久之，乃召其弟相州刺史嗣立令赴葬事，仍拜黃門侍郎，令繼兄位。"《全文》一六《授韋嗣立黃門侍郎制》："通議大夫韋嗣立……近者命兹鸞渚，已擢雁行。纔出芸扃，奄歸蒿里。永言荆州，坐折連枝。眷彼恒山，空餘一鳥。俾遷榮於皂蓋，宜襲寵於黃樞。"

給事中

張訥之。是年刺德州。《朝野僉載》五："德州刺史張訥之一白馬，其色如練，父雄爲荆州刺史常乘。雄薨，子敬之爲考功郎中，改壽州刺史，又乘此馬。敬之薨，弟訥之從給事中、相府司馬改德州刺史。"《刺考全編·河北道》云約景龍中刺德州。

嚴善思。是年遷禮侍。《舊書》一九一本傳："景龍中，遷禮部侍郎。"

盧粲。《會要》二一《諸僭號陵》："（神龍三年，按九月改元景龍）七月，武崇訓將葬，監護使、司農少卿趙履溫諷安樂公主奏依永泰公主例，爲崇訓造陵，制許之。給事中盧粲駁奏。"《新書》一九九本傳：武崇訓死，詔墓視陵制，安樂公主怒，出粲陳州刺史。按《通鑑》二○八"景龍元年"載於七月。

冉祖雍。《舊書》九二《魏元忠傳》："楚客大怒，又遣給事中冉祖雍與楊再思奏言：'（魏）元忠既緣犯逆，不合更授内地官。'遂左遷思州務川尉。"《通鑑》二○八"景龍元年"載於九月。按九月後當遷中舍。

李行言。《舊書》一八九《郭山惲傳》："景龍中，（郭山惲）累遷國子司業。時中宗數引近臣及修文學士，與之宴集，嘗令各效伎藝，以笑爲樂……給事中李行言唱《駕車西河》。"

李景伯。《舊書》九○本傳："景伯，景龍中爲給事中。"

姚某。蓋是年任。《宋之問集校注》四《和姚給事寓直之作》："清論滿朝陽，高才拜夕郎。還從避馬路，來接珥貂行……寓直恩徽重，乘秋藻翰揚。"詩當作於是年秋季。據詩意，姚某自御史臺屬官遷。

左散騎常侍

武三思。《舊書》一八三本傳："（神龍）三年七月（九月改元景龍），太子率羽林大將軍李多祚等，發左右羽林兵，殺三思及其子崇訓於其第，并殺其親黨十餘人。"

　　柳冲。是年遷少秘監。《全文》二四七李嶠《神龍曆序》：“因時通變，厥有前聞；爰命典司，更從刊正。金紫光禄大夫、行秘書監、駙馬都尉、上柱國楊慎交……左散騎常侍、兼修國史、上柱國、陳留縣開國公柳冲……鎮國大將軍、右驍衛將軍、知太史局事伽行志，中散大夫、禮部侍郎、上騎都尉嚴善思，正議大夫、行太史令、上護軍傅志忠等……序臨安寧，歲次強圉。皇帝撫天下之三載也。”《舊書》一八九下本傳：“景龍中，累遷左散騎常侍，修國史。初，貞觀中，太宗命學者撰《氏族志》百卷，甄別士庶；至是向百年，而諸姓至有興替，冲乃表請改修氏族。中宗命與左僕射魏元忠及史官張錫、徐堅、劉憲等八人，依據《氏族志》重加修撰。”

　　楊慎交。自秘監兼賓客轉，兼右千牛將軍、陝王傅。《全文》二九二張九齡《楊公（慎交）墓誌銘》：“神龍元祀，中興在運……拜駙馬都尉、左千牛衛將軍，加上柱國，累遷秘書監兼太子賓客。增秩金紫光禄大夫，又特進散騎常侍、右千牛將軍、陝王傅。”

起居郎

　　沈佺期。自台州司馬遷。見陶敏《沈佺期宋之問集校注·年譜》。按《舊書》一九〇中本傳：“神龍中，授起居郎。”按神龍當是景龍之誤。

　　吳兢。自右補闕遷。《舊書》一〇二本傳：“神龍中，遷右補闕，與韋承慶、崔融、劉子玄撰《則天實録》成，轉起居郎。”《全文》二九八吳兢《請總成國史奏》：“臣往者長安、景龍之歲，以左拾遺、起居郎兼修國史。”

左拾遺

　　許景先。

　　辛替否。《舊書》一〇一本傳：“景龍年爲左拾遺。”

中宗景龍二年（七〇八）

中書省

中書令

李嶠。《會要》六四《弘文館》："景龍二年四月……二十三日，敕中書令李嶠、兵部尚書宗楚客並爲大學士。"

楊再思。四月二十日在任。見中郎蕭至忠引。是年遷吏尚。《舊書》九〇本傳："再思俄復中書令、吏部尚書。景龍三年，遷尚書右僕射。"按上年九月遷中令，下年爲右僕，其任吏尚，當在是年。

中書侍郎

蕭至忠。《會要》六四《史館雜録》下："景龍二年四月二十日，侍中韋巨源、紀處訥、中書令楊再思、兵部侍郎宗楚客、中書侍郎蕭至忠並監修國史。"

崔湜。《郎表》三吏侍：春由兵侍遷吏侍，四月丁亥前遷中郎。冬復以中郎兼檢校吏侍。

中書舍人

梁載言。約是年刺懷州。《舊書》一九〇中本傳："歷鳳閣舍人，專知制誥……中宗時爲懷州刺史。"按梁載言於景龍三年即下年十月在懷州刺史任上爲王震撰寫墓誌，見《墓誌彙編（景龍〇三二）·王府君（震）墓誌銘》。

盧藏用。《會要》六四《弘文館》："景龍二年四月……二十五日，敕秘書監劉憲、中書侍郎崔湜、吏部侍郎岑羲、太常（少）卿鄭愔、給事中李適、中書舍人盧藏用、李乂、太子中舍劉子玄並爲學士。"按崔湜上年五月已在兵侍任。

馬懷素。

張廷珪。

李適。

冉祖雍。

韋元旦。

陸象先（景初）。當在任（下年遷少大理）。

李乂。自右司郎中遷。《全文》二五八蘇頲《唐紫微侍郎贈黃門監李乂神道碑》：“景龍中……加朝散大夫，遷尚書司勳左司二員外、右司郎中、中書舍人。”《新唐書》一一九本傳：“景龍初，葉靜能怙勢，乂條其姦，中宗不納。遷中書舍人、修文館學士。”《景龍文館記》一有《除中書舍人李乂爲學士制》，四月二十五日爲弘文館學士。參上盧藏用引。

右散騎常侍

武攸暨。《舊書》七《中宗紀》：“（景龍二年）夏四月庚午，左散騎常侍（當爲右常侍）、樂壽郡王、駙馬都尉武攸暨讓郡王，改封楚國公。”按，據上下年所任，知左常侍或爲右常侍之訛。

姚珽。

右補闕

權若訥。

趙延禧。《舊書》九二《韋巨源傳》：“景龍二年，順天翊聖皇后衣箱中裙上有五色雲起，久而方歇……右補闕趙延禧等，或相諷諭，或上表章，謬説符祥。”二月擢爲大諫。

盧俌。當在任（上年在任）。

起居舍人

武平一。《會要》六四《弘文館》：“景龍二年……五月五日，敕吏部侍郎薛稷、考功員外郎馬懷素、戶部員外郎宋之問、起居舍人武平一、國子主簿杜審言並爲直學士。”

門下省

侍中

韋巨源。《會要》六四《史館雜録》下：“景龍二年四月二十日，侍中韋巨源、紀處訥、中書令楊再思、兵部侍郎宗楚客、中書侍郎蕭至忠並監修國史。”

紀處訥。見上引。

門下侍郎（黄門侍郎）

韋嗣立。是年當遷太府卿（下年三月自太府卿遷兵尚，入相。見《宰相表》上）。

給事中

李景伯。《隋唐嘉話》下：“景龍中，中宗游興慶池，侍宴者遞起歌舞，並唱下兵詞，方便以求官爵。給事中李景伯亦起唱曰：‘回波而時酒卮，兵兒志在箴規。侍宴既過三爵，喧嘩竊恐非宜。’於是乃罷坐。”

李行言。《唐詩紀事》九引《景龍文館記》：“景龍二年七夕，御兩儀殿賦詩……是日，李行言唱《步虚歌》。”《唐詩紀事》一一：“行言，隴西人……中宗時爲給事中，能唱《步虚歌》。帝七月七日御兩儀殿會宴，帝命爲之。行言於御前長跪，作三洞道士音詞歌數曲，貌偉聲暢，上頻歎美。”

李適。四月二十五日爲弘文館學士。見中舍盧藏用引。

蘇頲。自合宫令遷。按七月爲崔日新撰墓誌時署“朝請大夫守合宫令武功蘇頲撰”（《墓誌續編・景龍〇〇五》）；十月四日爲《弘文館》學士。《會要》六四《弘文館》：“（景龍二年）十月四日，兵部侍郎趙彦昭、給事中蘇頲、起居郎沈佺期並爲學士。”按《舊書》八八本傳：“神龍中，累遷給事中，加修文館學士。”因襲《大唐新語》一，神龍當爲景龍之誤。

左散騎常侍

楊慎交。

李湛。

諫議大夫

趙延禧。自右補闕遷。《舊書》五一《韋庶人傳》：“景龍二年春，宫中希旨，妄稱后衣箱中有五色雲出……兵部尚書宗楚客又諷補闕趙延禧表陳符命……帝大悦，擢延禧爲諫議大夫。”《通鑑》二〇九“景龍二年”載於二月丁亥。

起居郎

吳兢。

沈佺期。十月四日爲弘文館學士。見給事中蘇頲引。

左補闕

崔沔。是春服闕任。《舊書》一八八本傳:"再轉陸渾主簿,秩滿調選,吏部侍郎岑羲深賞重之……特表薦擢爲左補闕。"按是年岑羲任吏部侍郎。又,《新出唐墓誌百種·崔皚墓誌》:"安平公(即崔皚)之次子沔字若冲,服闕,授左補闕。"按其父卒於神龍元年十月,葬於十一月,則是春服闕。

左拾遺

許景先。約是年外遷。《新書》一二八本傳:"以論事切直,外補滑州司士參軍。"

辛替否。

中宗景龍三年（七〇九）

中書省

中書令

李嶠。《舊書》七《中宗紀》："（景龍三年）八月乙酉，特進、行中書令、趙國公李嶠爲特進、同中書門下三品。"按《宰相表》上：（景龍三年）八月乙酉嶠守兵部尚書、同中書門下三品。兵尚僅一員，是年三月韋嗣立爲兵尚、同三品，直至下年六月爲中令。故《宰相表》似未確。

宗楚客。三月戊午自兵尚遷。《新書》四《中宗紀》："（景龍三年）三月戊午，宗楚客爲中書令。"

蕭至忠。八月乙酉自侍中遷。《宰相表》上：（景龍三年）八月乙酉至忠爲中書令。又見《元龜》七二《命相》二。《會要》四八《寺》："（景龍）三年正月二十七日宴侍臣近親于梨園，因問以時政得失……中書令蕭至忠奏曰……"云在正月已任是職。又，《舊書》九〇《李景伯傳》載其以《回波辭》規諷中宗，中宗不悦。中書令蕭至忠稱之曰："此真諫官也。"按《通鑑》二〇九"景龍三年"載於二月。據《宰相表》上，至忠三月自中郎遷侍中，八月自侍中遷中令。《會要》或未確。

中書侍郎

蕭至忠。三月戊午爲侍中。《舊書》七《中宗紀》："（景龍三年三月戊午）中書侍郎、鄭國公蕭至忠爲侍中。"

崔湜。《宰相表》上：（景龍三年）三月戊午中書侍郎兼檢校吏部侍郎崔湜同中書門下平章事……五月丙戌，湜貶襄州刺史。

岑羲。自吏侍遷。《郎表》三吏侍：是年遷中郎。

趙彥昭。自兵侍遷，入相。《舊書》七《中宗紀》："（景龍三年三月戊午）兵部侍郎趙彥昭爲中書侍郎、同中書門下平章事。"

中書舍人

盧藏用。五月遷檢校吏侍。《舊書》一八九《郭山惲傳》："中宗數引近臣及修文學士,與之宴集,嘗令各效伎藝,以爲笑樂……中書舍人盧藏用效道士上章。"《通鑑》二〇九"景龍三年"載於二月。《舊書》九四本傳:"景龍中,爲吏部侍郎。"《全文》二五一蘇頲《授盧藏用檢校吏部侍郎制》:"敕:朝請大夫、守中書舍人、兼知吏部侍郎事、修文館學士、上輕車都尉盧藏用……可檢校吏部侍郎,仍佩魚如故。"

馬懷素。

張廷珪。

冉祖雍。是年遷刑侍。《新書》二〇二《宋之問傳》:"祖雍歷中書舍人、刑部侍郎。倡飲省中,爲御史劾奏,貶蘄州長史。"

李適。

韋元旦。《沈佺期集校注》三《同韋舍人早朝》,作於景龍三年或四年。見注一。韋舍人即韋元旦。

李乂。

陸象先(景初)。《全文》二五一蘇頲《授陸景初大理少卿制》:"門下:朝議大夫、守中書舍人、上柱國陸景初……可大理少卿,散官勳如故。"《唐九卿考》(增訂)七云景龍三年或四年爲少大理。

蘇頲。約年初或上年底自給事中遷。《舊書》八八本傳:"神龍中,累遷給事中,加修文館學士。俄拜中書舍人。"按神龍當爲景龍之誤。

右散騎常侍

武攸暨。

姚珽。是年遷秘監。《舊書》八九本傳:"歲餘,遷秘書監。"按前年七月後任右常侍。

右補闕

權若訥。約是年遷起居郎。

起居舍人

武平一。按下年以考功員外知貢舉,據慣例,是年冬遷考功員外。

崔銑。約是年任。《全文》二〇五蘇頲《授崔銑起居舍人制》:"敕:朝請郎前試通事舍人崔銑……可守起居舍人。"按蘇頲是年或上年底始爲中書舍人，景雲中崔銑已任太府卿（當是員外官）。

　　柳渙。蓋是年任，兼判左司員外。參下年引。

門下省

侍中

　　韋巨源。二月壬寅爲左僕。《舊書》七《中宗紀》：“（景龍三年二月）壬寅，侍中、舒國公韋巨源爲尚書左僕射，同中書門下三品。”《元龜》一八〇《失政》：“景龍三年十一月乙丑，親祀南郊，皇后發壇亞獻，左僕射、舒國公韋巨源爲終獻。”

　　紀處訥。《全文》二六七崔琬《劾宗楚客等疏》：“謹按兵部尚書同中書門下三品宗楚客、侍中紀處納等，立性險詖，志越溪壑……楚客、處納、晉卿等驕恣跋扈，人神同疾，不加天誅，詎清王度，並請收禁，差三司推鞫。”《會要》六一《彈劾》：“（景龍）三年二月九日，娑葛入寇，監察御史崔琬劾奏兵部尚書宗楚客、侍中紀處訥。”

　　蕭至忠。三月戊午自中郎遷。八月乙酉爲中令。

　　韋安石。《舊書》七《中宗紀》：“（景龍三年）八月乙酉（《新紀》己酉）……特進、郇國公韋安石爲侍中。”

門下侍郎（黃門侍郎）

　　李日知。是年服闋任。《舊書》一八八本傳：“服闋，遷黃門侍郎。時安樂公主池館新成，中宗親往臨幸，從官皆預宴賦詩，日知獨存規誡，其末章曰：‘所願暫思居者易，勿使時稱作者勞。’論者多之。”《通鑑》二〇九“景龍三年”載此事於八月。

　　張説。《張説集校注·張氏女墓誌銘》：“景龍（三）年，屬家艱，季兄説徵黃門侍郎。”《會要》三八《奪情》：“景龍三年，以前工部侍郎張説起復爲黃門侍郎。説乞終喪制，上表，許之。”《舊書》九七本傳：“景龍中，丁母憂去職，起復爲黃門侍郎，累表固辭，言甚切至，優詔方許之。”

給事中

　　李景伯。是年遷大諫。

　　李行言。《舊書》一八九《郭山惲傳》：“中宗數引近臣及修文學士，與之

宴集，嘗令各效伎藝，以爲笑樂……給事中李行言唱《駕車西河》。"按《通
鑑》二〇九"景龍三年"載於二月。

蘇頲。約年初或上年底遷中舍。

裴惓。約是年刺杭州。《權德輿詩文集》二三《衛尉少卿裴會墓誌銘》：
"贈司空惓，歷給事中、杭鄧二州刺史，君之王父也。"《全文》三一六李華《杭
州刺史聽壁記》："所莅臨者，皆當時名公……其間劉尚書、裴給事之盛德遠
業。"按《刺考全編・江南東道》據《宰相世系》一上中眷裴氏、《舊書・岑羲
傳》、《金石録》五《唐杭州刺史裴惓碑》等繫於中宗、睿宗間刺杭州，並推測
李華所述裴給事或即此人。

左散騎常侍

楊慎交。

李湛。兼右千牛將軍、陝王傅。

馬秦客。《元龜》八六二《起復》："馬秦客爲左散騎常侍，丁母憂解職。
秦客既嘗通禁掖，故居喪經尋日餘，又起復本職。"按下年六月被誅。

諫議大夫

趙延禧。當在任（上年始任）。

薛稷。自禮部郎中遷。《全文》二五〇蘇頲《授薛稷諫議大夫制》："門
下：中散大夫、行尚書禮部郎中、修文館直學士、河東縣開國男薛稷……可
諫議大夫，餘如故。"《舊書》七三本傳："景龍末，爲諫議大夫、昭文館學士。"
按《會要》六四《弘文館》：景龍二年五月五日，敕吏部侍郎薛稷爲直學士。
按，景龍二年二月尚在禮部郎中（從五品上），五月即爲侍郎（正四品上），而
景龍三年爲大諫（正五品上），從官品上乖於情理。

李景伯。自給事中遷。《舊書》九〇本傳："景龍中爲給事中，又遷諫議
大夫。中宗嘗宴侍臣及朝集使，酒酣，令各爲《回波辭》。眾皆讒佞之辭，及
自要榮位。次至景伯，曰：'回波爾時酒巵，微臣職在箴規。侍宴既過三爵，
喧嘩竊恐非儀。'"《通鑑》二〇九"景龍三年"載於二月。

起居郎

吳兢。

沈佺期。

權若訥。約是年自右補闕遷。權德輿《權公（若訥）文集序》："自晉州

霍邑縣尉，四遷至咸陽尉。由右補闕拜起居郎。在中宗時，嘗以禁中書籍編脱謬，詔朝廷文學大官十人緒正之，而公以秩卑名重，特居其選。”

左補闕

崔沔。是年轉殿侍御。《全文》三三八顏真卿《崔孝公宅陋室銘記》：“擢拜左補闕，遷殿中侍御史。”

何輝圖。當在任。《全文》二五八蘇頲《揚州大都督長史王公（易從）神道碑》：“復册甲科，轉京兆府美原縣尉，換華原丞。廉問之舉，屈爲之佐，殊尤之薦，用冠于首，擢拜左臺監察御史。王憲斯執，國刑不紛，一歲遭内艱……禫闋，制復舊。倖臣左補闕何輝圖，怙勢作奸，頗盈罪惡。府君直言正色，莫避權寵，簡墨條奏，當朝允之。”按長安二年，王易從舉文擅詞場科，見《登科記考補正》四。

左拾遺

辛替否。

睿宗景雲元年（七一〇）

中書省

中書令

宗楚客。六月壬寅伏誅。《宰相表》上：（唐隆元年，按七月改元景雲）六月壬寅伏誅。《通鑑》二〇九"景雲元年"："（六月）中書令宗楚客衣斬衰、乘青驢逃出，至通化門……（門者）執而斬之，並斬其弟晉卿。"

蕭至忠。《會要》二七《行幸》："（景龍）四年（七月改元景雲）五月，上微行，與后觀燈邔邑，因幸中書令蕭至忠宅。"六月壬寅貶刺許州。《舊書》七《睿宗紀》："（景龍四年六月壬寅）中書令、酇國公蕭至忠爲許州刺史。"

姚元之（姚崇）。自兵尚兼左庶遷，仍檢校兵尚、平章事。《舊書》七《睿宗紀》："（景雲元年十月）丁未，姚元之爲中書令，兼檢校兵部尚書。"《新書》五《睿宗紀》、《通鑑》二一〇云十一月戊申任。

韋嗣立。六月戊申自兵尚遷，仍同三品，七月壬戌貶許州刺史。《宰相表》上：（唐隆元年）六月戊申嗣立爲中書令、同平章事，七月壬戌貶許州刺史。

鍾紹京。《舊書》七《睿宗紀》："（唐隆元年六月辛丑）鍾紹京爲中書侍郎、劉幽求爲中書舍人，並參知機務……（癸卯）中書侍郎、潁川郡公鍾紹京爲中書令……乙巳，中書令鍾紹京爲户部尚書、越國公，實封五百户。"

中書侍郎

岑羲。《宰相表》上：（唐隆元年）六月丁未（七月改元景雲），中書侍郎岑羲同中書門下平章事，七月丁巳，罷爲右散騎常侍。

趙彥昭。《宰相表》上：（唐隆元年，七月改元景雲）六月癸卯貶絳州刺史，戊申復以中書侍郎、同平章事；七月壬戌貶宋州刺史。

鍾紹京。六月庚子任并參知機務。六月甲午爲中令。

張說。睿宗即位自兵侍遷、兼雍州長史。《舊書》九七本傳："服終，復爲工部侍郎，俄拜兵部侍郎，加弘文館學士。睿宗即位，遷中書侍郎，兼雍州長史。"

　　陸象先。自少大理遷。《舊書》八八本傳："歷中書侍郎。景雲二年冬，同中書門下平章事。"《元龜》三一〇《問望》："陸象先，睿宗初爲中書侍郎。"

　　薛稷。自黄郎遷，仍平章事，七月己巳罷爲左常侍。《全文》二五〇蘇頲《授薛稷中書侍郎制》："銀青光禄大夫、行黄門侍郎、修文館學士、河東縣開國男、參知機務薛稷……可中書侍郎，餘如故。"《宰相表》上：（景雲元年）七月癸丑，稷爲中郎。七月己巳罷爲左常侍。

　　崔湜。《舊書》七四本傳："韋庶人臨朝，復爲中書侍郎、同中書門下三品。睿宗即位，出爲華州刺史。"七月罷爲左丞，罷知政事。《宰相表》上：（景雲元年）七月壬戌，湜罷爲尚書左丞。

中書舍人

馬懷素。

張廷珪。約是年轉洪州都督。《舊書》一〇一本傳："再轉洪州都督，仍爲江南西道按察使。"

李適。

韋元旦。《通鑑》二〇九"景雲元年"："（六月）韋后秘不發喪，自總庶政……（命）中書舍人韋元徼巡六街。"按當奪"旦"字。又按，元旦是時當坐韋后，或被誅或被貶。

李乂。是年遷吏侍。《新書》一〇一本傳："景雲元年，遷吏部侍郎。"

蘇頲。《會要》五五《省號》下："景龍四年（六月改元唐隆，七月改景雲）六月二日，初定内難，唯中書舍人蘇頲在太極殿後，文詔填委，動以萬計，手操口對，無毫釐差誤……中書令李嶠歎曰：'舍人思若湧泉，嶠所不測也。'"按上年李嶠已罷中令爲兵尚，誤。《舊書》八八本傳："機事填委，文誥皆出頲手，中書令李嶠歎曰：'舍人思如泉湧，嶠所不及也。'俄遷太常少卿。"《舊書》八八本傳："俄拜中書舍人……俄遷太常少卿。景雲中，璩薨，詔頲起復爲工部侍郎。"

劉幽求。《舊書》七《睿宗紀》："（唐隆元年六月庚子，七月改元景雲）劉幽求爲中書舍人，參知機務……（己巳）中書舍人劉幽求爲尚書右丞（原作左丞，據本傳改）、徐國公，實封五百户。（並）依前參知政事。"《舊書》九七本傳："睿宗即位，加銀青光禄大夫、行尚書右丞，仍舊知政事。"

裴漼。六月自兵部員外郎遷。《唐語林》三：“（景龍四年）六月，中宗晏駕……自宗（楚客）、紀（處訥）及前時邪黨輕笑者，咸受戮於朝。又喚兵部員外裴漼，漼股慄而前。幽求曰：‘相識否？’漼答曰：‘不識。’劉曰：‘幽求與公俱以本官一例赴中書上任。’其夜凡制誥百餘首，皆幽求作也。”按劉幽求六月爲中舍。見上引。

盧從愿。是年任，又改吏侍。《墓誌續編（開元一七九）·故榮陽郡夫人鄭氏墓誌》：“夫人則故金紫光禄大夫、吏部尚書、□定州大都督、上柱國、固安縣開國公、謐曰文陽盧府君之夫人……景雲初，文公擢中書舍人，制封榮陽縣君，尋改册吏部侍郎，進號爲郡。”按文公即盧從愿。《舊書》一○○本傳：“累遷中書舍人。睿宗踐祚，拜吏部侍郎。”

沈佺期。自起居郎遷。見《沈佺期宋之問集校注·年譜》。

主書

韓禮。《會要》五五《省號》下：“景龍四年（六月改元唐隆，七月改景雲）六月二日，初定内難，唯中書舍人蘇頲在太極殿後，文詔填委，動以萬計，手操口對，無毫釐差誤。主書韓禮、談子陽轉書詔草，屢謂頲曰：‘望公稍遲，禮等書不及，恐手腕將廢。’”

談子陽。見上引。

右散騎常侍

武攸曁。

嚴善思。三月或稍後自汝州刺史遷。八月後流静州。《舊書》一九一本傳：“（睿宗踐祚）召拜右散騎常侍……（景雲元年）流静州。”《舊書》一○一《韓思復傳》云左常侍：韓思復爲給事中。左散騎常侍嚴善思坐譙王重福事下制獄，有司建議對善思施行絞刑，思復多次反駁，善思免死，配流静州。按重福七月反。

岑羲。七月丁巳自中郎、平章事罷。《通鑑》二○九“景雲元年”：“（七月丁巳）岑羲罷爲右散騎常侍，兼刑部尚書。”尋刺陝州。《舊書》七○本傳：“睿宗即位，出爲陝州刺史。”

徐堅。《舊書》五○《刑法志》：“景雲初，睿宗又敕户部尚書岑羲、中書侍郎陸象先、右散騎常侍徐堅……凡十人，删定格式律令。”按《舊書》一○二本傳云左常侍。又《全文》二三八盧藏用《太子少傅蘇瓌神道碑》：“天命不祐,閣忽遷殂……天子悼焉……別遷左常侍徐□宣旨送于郊。"閣字爲堅字。又按《新書》一九九本傳:"睿宗即位,授太子左庶子兼崇文館學士,修史。"按十二月已在黄郎任。

李景伯。約是年自大諫遷。《舊書》九〇本傳:"景雲中,累遷右散騎常侍。尋以老疾致仕。"按下年二月及六月在右庶任,見《通鑑》二一〇"景雲二年",而本傳未及任右庶,甚疑右常侍或誤爲右庶之誤。

右補闕

封希顔。《舊書》九八《魏知古傳》:"知古初爲黄門侍郎……擢用密縣尉宋遥、左補闕袁暉、右補闕封希顔、伊闕尉陳希烈,後咸累居清要,時論以爲有知人之鑒。"按是年魏知古自晉州刺史入遷黄郎。

右拾遺

嚴挺之。自義興尉遷。《舊書》九九本傳:"神龍元年,制舉擢第,授義興尉。遇姚崇爲常州刺史,見其體質昂藏,雅有吏幹,深器異之。及崇再入中書令,引挺之爲右拾遺。"《新書》一二九本傳略同。按姚崇景雲元年十月(一作十一月)自常州遷中令,下年二月貶刺申州。

杜鵬舉。《朝野僉載》六:"及睿宗登極,拜右拾遺。"

起居舍人

柳涣。兼判左司員外。是年正授左司員外。《全文》二五一蘇頲《授柳涣左司員外郎制》:"敕:朝議郎、行起居舍人、判左司員外郎柳涣……可行左司員外郎。"

崔沔。自殿侍御遷,是年遷祠部員外。《全文》三三八顔真卿《崔孝公宅陋室銘記》:"遷殿中侍史……尋遷起居舍人。嘗扈從,以親老抗疏乞退,薦瑯琊王邱、太原郭潾、渤海封希顔等自代。睿宗嘉之,特許留司,以遂其孝養,遷祠部員外郎。"

通事舍人

盧全操。約是年自尚輦直長遷,十二月丁父憂。《墓誌彙編下(開元四二一)・盧全操墓誌》:"父玢……(全操)秩滿,遷尚輦直長,以材擢通事舍人。承絲布綸,有獻納之美。丁家艱去職,上甚惜之。"《墓誌彙編上(景雲〇一四)・盧玢墓誌》:"春秋五十四,景雲元年十一月廿九日遘疾,終于東都官舍。"

門下省

侍中

紀處訥。《會要》六《雜録》：“上初謂侍中紀處訥曰：‘昔文成公主出降，即江夏王送之，卿識蕃情，又有安邊之略，可爲朕充此使也。’”《通鑑》二〇九“景雲元年”：“（六月）侍中紀處訥行至華州……收斬之。”

韋安石。《舊書》七《睿宗紀》：“（景雲元年十一月）侍中、郧國公韋安石爲太子少保……罷知政事。”

門下侍郎（黃門侍郎）

李日知。《舊書》七《睿宗紀》：“（唐隆元年六月壬寅）黃門侍郎李日知同中書門下三品。”

李從遠。《舊書》一八五上《李至遠傳》：“至遠弟從遠，景雲中歷黃門侍郎、太府卿。”冬遷太府卿。《全文》二五一蘇頲《授李從遠太府卿制》：“門下：……銀青光禄大夫、行黃門侍郎、上柱國、常山縣開國男李從遠……宜回夕拜，式踐冬卿。可守太府卿，勳封如故。”《全文》二三八盧藏用《太子少傅蘇瓌神道碑》：“天命不祐，暗忽遷殂……天子悼焉，遷太府卿李從遠册書吊祭，輟朝三日。”蘇瓌卒於十一月己巳。

魏知古。自晉州刺史遷。《舊書》九八本傳：“授晉州刺史。睿宗即位，以故吏召拜黃門侍郎，兼修國史。”

徐堅。以右常侍兼，尋即真拜。《全文》二九一張九齡《故右散騎常侍徐公（堅）神道碑》：“景雲初，今上夷亂，主邑東朝……遂除右庶子兼崇文館學士，修史如故……遷右散騎常侍，以本官兼黃門侍郎，尋而即真。”《通鑑》二一〇“景雲元年”：“（十二月）姚州群蠻，先附吐蕃，攝監察御史李知古請發兵擊之；既降，又請築城，列州縣，重稅之。黃門侍郎徐堅以爲不可；不從。”

薛稷。《舊書》七《睿宗紀》：“（唐隆元年六月）丙午，新除太常少卿薛稷爲黃門侍郎，參知機務。”七月癸丑爲中郎。

崔日用。《舊書》七《睿宗紀》：“（景雲元年）七月癸丑，兵部侍郎兼雍州長史崔日用爲黃門侍郎，參知機務……戊辰，崔日用爲雍州長史。”

盧藏用。年末自兵侍遷。《墓誌彙編上（景雲〇〇六）·大唐故萬泉縣主薛氏墓誌銘》：卒於景雲元年八月廿一日，葬於十一月廿五日。撰銘署：
太中大夫、守兵部侍郎、修文館學士盧藏用撰。《墓誌彙編下（開元二二
一）·李夫人晉墓誌》："府君先有兩子微明、藏用……睿宗時，藏用遷黃門，
微明任御史。"《舊書》九四本傳："又遷黃門侍郎，兼昭文館學士。"

給事中

李行言。當在任。參上年引。

韓思復。自禮部郎中遷。《舊書》一〇〇本傳："景龍中，累遷給事中。"
按景龍四年六月改元唐隆，七月改元景雲，景龍爲景雲之誤。《舊書》一九
一《嚴善思傳》："景雲元年，大理寺奏：'善思與逆人重福通謀，合從極法。'
給事中韓思復奏曰：'議刑緩死，列聖明規……'竟免善思死。配流静州。"
八月遷少太僕。《會要》六六《太僕寺》："少卿，景雲元年八月加一員，韓思
復爲之。"

左散騎常侍

馬秦客。《新書》四《中宗紀》："（唐隆元年）六月，皇后及安樂公主、散
騎常侍馬秦客反（旋被誅）。"

楊慎交。當兼右千牛將軍、陝王傅。是年貶巴州。《通鑑》二〇九"景
雲元年"："（六月）左散騎常侍、駙馬都尉楊慎交貶巴州刺史。"

薛稷。自中郎、平章事罷。《宰相表》上：（景雲元年）七月己巳，稷罷爲
左散騎常侍。按《舊紀》云右常侍。

李思訓。自左屯衛檢校遷，尋拜右羽林大將軍。《全文》二六五李邕
《李府君（思訓）神道碑》："出公爲岐州刺史……國朝以時泰崇文，事危尚
武，取申忠義，具屈才能，以左屯衛將軍徵，家口並給傳乘，議者以爲是（闕
三十一字）義（闕三字）嶠則文雅洽通，故散騎平遷，侍中兼掌。昔也所重，
今之所難，公得之矣。復換散騎常侍（闕四字）……尋拜右羽林衛大將軍。"
按文中闕字太多，玩文意，當是李嶠執政時，思訓遷左常侍。

諫議大夫

薛稷。是年遷少太常。旋遷黃郎、平章事。見上引。

李景伯。約是年轉右常侍。

甯原悌。《會要》六八《刺史》上："景雲元年十一月，諫議大夫甯原悌上
疏曰：'今天下諸州，良牧益寡……兹令若行，仁風扇矣。'"

源乾曜。《舊書》九八本傳："景雲中，累遷諫議大夫。"

起居郎

吳兢。

沈佺期。是年遷中舍。

權若訥。約是年爲蜀州司馬。權德輿《權公（若訥）文集序》："自晉州霍邑縣尉，四遷至咸陽尉。由右補闕拜起居郎。在中宗時，嘗以禁中書籍編脱謬，詔朝廷文學大官十人緒正之，而公以秩卑名重，特居其選……出爲蜀州司馬。"按是年鍾紹京刺蜀州，當引若訥爲司馬。

左補闕

辛替否。自左拾遺遷。《舊書》一〇一本傳："睿宗即位，又爲金仙、玉真公主廣營二觀……替否時爲左補闕，又上疏陳時政。"

袁暉。是年在任。參右補闕封希顔引。

左拾遺

辛替否。是年遷左補闕。

睿宗景雲二年(七一一)

中書省

中書令

姚元之(姚崇)。兼檢校兵尚、左庶、平章事,二月貶申刺。《舊書》七《睿宗紀》:"(景雲二年二月)甲辰,姚元之左授申州刺史。"

韋安石。四月自侍中遷,八月爲右僕兼賓客,均仍平章事。《舊書》七《睿宗紀》:"(四月)甲申,韋安石爲中書令……(八月)己巳,韋安石爲尚書右僕射、同中書門下三品兼太子賓客。"

中書侍郎

張説。《舊書》七《睿宗紀》:"(景雲二年正月)己未,太僕卿郭元振、中書侍郎張説並同中書門下平章事。"四月遷兵侍、兼左庶、仍平章事,十月罷爲左丞。同書同卷:"夏四月庚辰,張説爲兵部侍郎,依舊同中書門下平章事……(十月甲辰)兵部侍郎兼左庶子張説爲尚書左丞,罷知政事。"

陸象先。《舊書》七《睿宗紀》:"(景雲二年)十月甲辰……中書侍郎陸象先同中書門下平章事。"

崔湜。《舊書》七《睿宗紀》:"(景雲二年)十月甲辰……太子詹事崔湜爲中書侍郎、同中書門下三品。"

中書舍人

李適。是年遷工侍,尋卒。《舊書》一九〇中本傳:"景龍中,爲中書舍人,俄轉工部侍郎……尋卒。"

馬懷素。自中舍遷檢校吏侍,旋改少大理。《全文》九九五佚名《馬公(懷素)墓誌銘》:"遷中書舍人,與李乂同掌黃畫。踰年,檢校吏部侍郎,實允僉(闕一字)。屬朝廷以刑政所急,改授大理少卿。"

劉幽求。二月丙戌後罷爲户尚。《通鑑》二一〇"景雲二年":"(二月丙戌）中書舍人、參知政事劉幽求罷爲户部尚書。”

裴漼。《會要》五〇《觀》：“景雲二年，金仙、玉真二公主入道，制各造一觀……中書舍人裴漼上疏。”

沈佺期。

路敬潛。約是年自都官員外遷。《朝野僉載》一：“懷州録事參軍路敬潛遭綦連輝事，于新開推鞫，免死配流。後訴雪，授睦州遂安縣令……至四考滿，一無所失，選授衡令，除衛州司馬。入爲郎中（按即都官員外），位至中書舍人。”

右散騎常侍

武攸暨。

魏知古。自門郎轉。《舊書》九八本傳：“景雲二年，遷右散騎常侍……尋令同中書門下平章事。玄宗在春宫，又令兼左庶子。”《宰相表》上：（景雲二年）十月甲辰右散騎常侍魏知古同中書門下三品。按《通鑑》二一一“景雲二年”：（十月甲辰）右散騎常侍魏知古爲左散騎常侍……同中書門下平章事。”《會要》五〇《觀》：“景雲二年，金仙、玉真二公主入道，制各造一觀，左散騎常侍魏知古諫。”

竇希瓅。自左千牛大將軍遷，兼檢校光禄卿。《全文》一〇〇《太子少傅竇希瓅神道碑》：“（景龍）二年，加銀青光禄大夫、殿中監……未踰朔，又拜左右千牛衛將軍……先天元年，遷金紫光禄大夫、右散騎常侍、兼檢校光禄卿。”

右補闕

封希顔。當在任，參上年引。

右拾遺

嚴挺之。

杜鵬舉。當在任，見上年引。

靳翰。《墓誌彙編上（景雲〇一二）·陸府君（元感）墓誌銘》：卒於神龍三年七月二十日，葬於景雲二年三月初一。撰銘署：朝議郎、行右拾遺靳翰撰。

門下省

侍中

韋安石。二月自少太保遷,《新書》五《睿宗紀》:"(景雲二年二月)丙戌,太子少保韋安石爲侍中。"四月甲申爲中令。

李日知。自左臺大御遷,仍同三品,十月爲户尚,罷知政事。《舊書》七《睿宗紀》:景雲二年四月丙申,李日知爲侍中。十月甲罷爲户尚。

竇懷貞。自左臺大御遷,仍檢校左臺大御。旋罷爲原職。《舊書》七《睿宗紀》:"(景雲二年)九月丁卯,竇懷貞爲侍中……(十月甲辰)侍中兼檢校左臺御史大夫竇懷貞爲左臺御史大夫……罷知政事。"

劉幽求。《舊書》七《睿宗紀》:"(景雲二年)冬十月甲辰,吏部尚書劉幽求爲侍中。"《宰相表》上:(景雲二年)十月甲辰,劉幽求爲侍中,同中書門下三品。

門下侍郎(黃門侍郎)

李日知。二月己未遷左臺大御、同三品。旋遷侍中。《舊書》七《睿宗紀》:"(景雲二年二月己未)黃門侍郎李日知爲左臺御史大夫,依舊同中書門下三品。"

魏知古。是年轉右常侍、同三品。

徐堅。

盧藏用。約是年遷工侍。《舊書》九四本傳:"轉工部侍郎、尚書右丞。"

李乂。自吏侍遷。《全文》二五八蘇頲《唐紫微侍郎贈黃門監李乂神道碑》:"上(睿宗)即位,檢校吏部郎中(當是侍郎)。二歲遷黃門侍郎,加銀青光禄大夫,進爵中山郡開國公。"《通鑑》二一〇"景雲二年":"(五月)辛酉,更以西城爲金仙公主、隆昌爲玉真公主,各爲之造觀,逼奪民居甚多,用功數百萬,右散騎常侍魏知古、黃門侍郎李乂諫,不聽。"

給事中

約是年遷大理卿。《全文》三三八顏真卿《崔孝公宅陋室銘記》:"(崔沔)遷給事中。大理卿韓思復用法小差,權臣致劾,公特寬之。"按是年崔沔遷給事中。

崔沔。自祠部員外遷。《全文》三三八顏眞卿《崔孝公宅陋室銘記》：
"遷祠部員外郎。倖僧有請度人者，公拒不奉詔，遷給事中。"

左散騎常侍

薛稷。是年遷工尚。《舊書》七三本傳："遷左散騎常侍，歷工部、禮部
二尚書。"

諫議大夫

甯原悌。《會要》五〇《觀》："（景雲）二年四月十日，公主改封玉眞，所
造觀便以玉眞爲名。諫議大夫甯原悌曰……"按《通鑑》二一〇載於上年十
二月癸未。

源乾曜。《會要》二六《大射》："景雲二年，諫議大夫源乾曜請行射禮。"

李巖（從遠子）。約是年自兵部郎中遷。《新書》一九七《李素立傳》：
"從遠子巖……累遷兵部郎中。發扶風兵應姚、嶲，稱旨，遷諫議大夫，封贊
皇縣伯。終兵部侍郎。"按《通鑑》二一〇"景雲元年"："姚州群蠻，先附吐
蕃……（李）知古發劍南兵筑城，因欲誅其豪傑，掠子女爲奴婢。群蠻怨怒，
蠻酋傍名引吐蕃攻知古，殺之，以其尸祭天，由是姚、嶲路絶，連年不通。"

張齊賢。蓋是年自太子洗馬遷（景雲元年齊賢在洗馬任）。《新書》一
九九本傳："齊賢累遷諫議大夫，卒。"

起居郎

吳兢。

戴令言。自三原令遷。《墓誌彙編上（開元〇一〇）·故給事中戴府君
（令言）墓誌銘》："景雲歲……求出莅人，因轉爲三原令。郊墅之富，鄭白之
沃，人安物阜，勳尤王畿。遷起居郎。"

左補闕

辛替否。《會要》五六《省號》下："景雲二年，左補闕辛替否論時政，上
疏曰：'臣請以有唐以來治國之得失，陛下之所以眼見者以言，爲陛下聽
之。'"按《會要》五〇《觀》、《通鑑》二一〇"景雲二年"云右補闕。又按《會
要》四八《寺》："景雲二年七月，左拾遺辛替否疏諫曰：'夫釋教以清净爲本，
慈悲爲主，故恒體道以濟物，不爲利欲以損人，故恒忘己以全眞，不爲營身
以害教。'"云左拾遺，當誤。

韓休。兼判主爵員外。《舊書》九八本傳："玄宗在春宮，親問國政，休

對策與校書郎趙冬曦並爲乙等，擢授左補闕。尋判主爵員外郎。”

袁暉。

左拾遺

孫處玄。《墓誌彙編上（景雲〇一三）・唐故沈夫人墓誌銘》（卒於景雲元年十二月，葬於景雲二年三月）。撰銘：左拾遺孫處玄撰。《集古録目》二：“《唐崇玄宮碑》，左拾遺孫處玄撰，楊幽徑書。崇玄宮者，宋文帝路淑媛所立。唐景雲二年制使道士葉法善奉玉册投龍設齋。碑以太極元年四月立，在茅山。”按據孫處玄本傳，似神龍元年後即辭職，後卒。見其年引。

玄宗先天元年（七一二）

中書省

中書令

崔湜。以中郎檢校，仍同三品。《舊書》七《睿宗紀》："（先天元年八月庚戌）崔湜爲中書令。"《新書》五《睿宗紀》："（先天元年八月庚戌）崔湜檢校中書令。"《宰相表》上：（先天元年）八月庚戌檢校中書令，同三品。

中書侍郎

陸象先。《宰相表》上：（太極元年）正月壬辰象先同中書門下三品。《舊書》一八九下《柳冲傳》："先天初，冲始與侍中魏知古、中書侍郎陸象先及徐堅、劉子玄、吳兢等撰成《姓族系録》二百卷奏上。"《會要》三九《定格令》：太極元年二月二十五日，奏上《太極格》，中書侍郎陸象先同修。

崔湜。八月庚戌檢校中令，仍同三品。

王琚。自大諫遷。《舊書》一〇六本傳："（先天元年）八月，擢拜中書侍郎。"

中書舍人

裴漼。《舊書》一〇〇本傳："三遷中書舍人。太極元年（五月改元延和，八月改元先天），睿宗爲金仙、玉真公主造觀及寺等，時屬春旱，興役不止。漼上疏曰……"

沈佺期。約是年遷少太府。見《沈佺期宋之問集校注·年譜》。

韓思復。自大理卿遷。《舊書》一〇一本傳："思復尋遷中書舍人。"

崔沔。自給事中遷。《舊書》一八八本傳："睿宗時，徵拜中書舍人。"

蘇晉。是年始任。《舊書》一〇〇本傳："先天中，累遷中書舍人。兼崇文館學士。玄宗監國，每有制命，皆令晉及賈曾爲之。"

盧俌。八月庚子稍後自太舍遷。《全文》三四一顏真卿《顏君（元孫）神道碑銘》：“遷洛陽丞、著作郎、太子舍人。時玄宗監國，獨掌令誥，當時以爲綸言之最……玄宗登極，同列皆遷中書舍人，君讓范陽盧備。俄爲（王）琚等所擠，出爲潤州長史。”八月庚子，睿宗禪位於玄宗。

右散騎常侍

武攸暨。《通鑑》二一〇“先天元年”：“六月丁未，右散騎常侍武攸暨卒。”

魏知古。兼左庶子、同三品。六月遷户尚，仍同三品。《舊書》七《睿宗紀》：“（延和元年六月，按八月改元先天）壬戌，魏知古爲户部尚書，仍依舊同中書門下三品……（八月庚戌）魏知古爲侍中。”

徐彦伯。自衛尉卿遷，兼權檢校左羽林將軍。《全文》九二三史崇《妙門由起序》：“肜闈少事，紫掖多閑，披鳳笈之仙章，啓龍緘之秘訣，文多隱諱，字殊俗體。欲使普天率土，廣識靈音。敕……銀青光禄大夫、右散騎常侍、昭文館學士、權檢校左羽林將軍、上柱國、高平縣開國公臣徐彦伯，銀青光禄大夫、右散騎常侍、昭文館學士、權檢校右羽林將軍、上柱國壽昌縣開國侯臣賈膺福……等集見在《道經》，稽其本末，撰其音義。”按事在是年。

賈膺福。自少秘監遷，檢校右羽林將軍。餘見上引。

右補闕

封希顔。約是年改太樂丞（下年自太樂丞復轉中舍），參下年中舍引。

右拾遺

嚴挺之。

靳翰。是年或上年自右拾遺遷，旋被誅。《張九齡集校注》一《答太常靳博士見贈一絶》：“上苑春先入，中園花盡開。”作於太極元年（五月改元延和，八月改元先天）春。見注一。《元龜》九二二《妖妄》二：“劉誠之，太極初，與盧千仞及太常博士靳翰、太僕署令李㑲通謀……事發，並同日就勠。”

趙冬曦。自校書郎遷。《墓誌續編（天寶〇六八）·唐故國子祭酒趙君壙》：“慈州刺史倪若水舉文藻絶倫，對策上中第，除右拾遺。”按《新書》二〇〇本傳：“歷左拾遺。”

韓朝宗。當在任。王維《韓公（朝宗）墓誌銘》：“年若干，應文以經國，舉甲科，試右拾遺。”《會要》三四《論樂》：“景雲三年，右拾遺韓朝宗諫曰：‘……今之乞寒，濫觴胡俗，伏乞三四，籌其所以。’”按一作左拾遺。《新書》

一一八本傳：“朝宗初歷左拾遺。睿宗詔作乞寒胡戲，諫曰……”又見《元龜》五四五《直諫》一二、五七〇《夷樂》。

門下省

侍中

劉幽求。《舊書》七《睿宗紀》：“（先天元年八月庚戌）劉幽求爲尚書右僕射，依舊同中書門下三品……癸亥，劉幽求配流封州。”

岑羲。自户尚遷，仍平章事。《舊書》七《睿宗紀》：“延和元年（按八月改元先天）六月癸丑，户部尚書岑羲爲侍中。”

魏知古。八月庚戌自户尚遷，仍兼左庶子、同三品。《宰相表》上：（延和元年）六月壬戌爲户部尚書、同中書門下三品。八月庚戌守侍中。《會要》二八《蒐狩》：“先天元年十月七日，幸新豐，獵于驪山之下。至十一月三日，侍中魏知古上詩諫。”

門下侍郎（黃門侍郎）

徐堅。是年遷詹事。《舊書》一〇二本傳：“堅妻即侍中岑羲之妹，堅以與羲近親，固辭機密，乃轉太子詹事。”按《會要》三九《定格令》：太極元年二月二十五日，奏上《太極格》，左散騎常侍徐堅同修。云是年二月尚自左常侍任。當誤。

李乂。

竺乂。《全文》九二三史崇《妙門由起序》：“彤闈少事，紫掖多閑，披鳳笈之仙章，啓龍緘之秘訣，文多隱諱，字殊俗體。欲使普天率土，廣識靈音。敕……銀青光禄大夫、行黃門侍郎、昭文館學士、上柱國、贊皇縣開國男臣竺乂……等集見在《道經》，稽其本末，撰其音義。”其事在是年。甚疑竺乂即李乂。

盧懷慎。自兵侍遷。《舊書》九八本傳：“累遷黃門侍郎，賜爵漁陽伯，先天二年，與侍中魏知古於東都分掌選事。”

給事中

崔沔。是年遷中舍。

唐紹。自右司郎中遷。《舊書》八五本傳：“睿宗即位，又數陳時政損益，累轉給事中，仍知禮儀事。"

鄭勉。當在任（下年遷中舍）。

諫議大夫

甯原悌。《元龜》一六二《命使》二：先天元年，詔諫議大夫甯原悌（原作甯悌原，據《通鑑》改）爲嶺南道宣勞使。

源乾曜。是年刺梁州。《舊書》九八本傳："景雲中，累遷諫議大夫……尋出爲梁州都督。"《刺考全編·山南西道》亦繫於是年刺梁州。

賈曾。自太舍遷。《舊書》二一《禮儀志》一：是年（太極元年）正月，將祭南郊，諫議大夫賈曾上表，制令宰臣召禮官詳議。《舊書》一九〇中本傳："明年（即是年），有事於南郊，有司立議·唯祭昊天上帝，而不設皇地祇之位。曾奏議：'請於南郊方丘，設皇地祇及從祀等坐，則禮惟稽古，義得緣情。'睿宗令宰相及禮官詳議，竟依曾所奏。"按七月作《睿宗命皇太子即位詔》，見《唐大詔令集》三〇。

楊虚受。《會要》八九《泉貨》："先天元年九月二十七日，京中用錢惡，貨物踴貴，諫議大夫楊虚受上疏。"《元龜》一六二《命使》二：先天元年，詔諫議大夫楊虚受爲河北道宣勞使。

王琚。以太舍兼（《通鑑》二一〇作太子中舍人）兼。八月擢中書侍郎。《舊書》一〇六本傳："踰月，又拜太子舍人，尋又兼諫議大夫、内供奉。"

起居郎

吳兢。

戴令言。是年遷庫部郎中。《墓誌彙編上（開元〇一〇）·故給事中戴府君（令言）墓誌銘》："遷起居郎……俄遷庫部郎，再爲水陸運使。"

左補闕

辛替否。約是年轉殿侍御。《舊書》一〇一本傳："睿宗即位……替否時爲左補闕，又上疏陳時政……疏奏，睿宗嘉其公直。稍遷爲右臺殿中侍御史。"按《通鑑》二一〇"先天元年"云是年爲右補闕。

袁暉。《舊書》九八《魏知古傳》："及知吏部尚書事，擢用密縣尉宋遥、左補闕袁暉、右補闕封希顔、伊闕尉陳希烈，後咸累居清要，時論以爲有知人之鑒。"

韓休。兼判主爵員外。

左拾遺

張九齡。自校書郎遷。《全文》四四〇徐浩《張九齡神道碑》：“應道侔
伊呂科，對策第二等，遷左拾遺。”按在景雲三年（即先天元年），見《登科記
考補正》五。《新書》一二六本傳：“擢進士，始調校書郎，以道侔伊呂科策高
第，爲左拾遺。”按《舊書》九九本傳：“玄宗在東宮，舉天下文藻之士，親加策
問，九齡對策高第，遷右拾遺。”云右拾遺，當誤。

魏光乘。當在任（下年貶新興縣尉）。

玄宗開元元年（七一三）

中書省（開元元年十二月一日庚寅改爲紫微省）

中書令（開元元年十二月庚寅改爲紫微令）

崔湜。以中郎檢校。七月流竇州。《舊書》八《玄宗紀》上：“（先天二年七月，按十二月改元開元）丁卯，崔湜、盧藏用除名，長流嶺表。”《宰相表》中：（先天二年）七月庚午，湜流竇州。

蕭至忠。《舊書》七《睿宗紀》：“（先天二年正月）乙亥，吏部尚書兼太子右諭德、鄎國公蕭至忠爲中書令。”《舊書》八《玄宗紀》上：“（先天二年七月）執蕭至忠、岑羲於朝，皆斬之。”

張説。《全文》二九五徐鍔《大寶積經述》：“銀青光禄大夫、檢校中書令、上柱國、范陽縣開國男張説……朝踐瑣闥，夕游珠域，護持四法，總而閲之……以先天二年六月三十日進太上皇，八月二十一日進皇帝。禁闈曉闢，真教上聞。”《舊書》八《玄宗紀》上：“（先天二年七月癸丑）尚書左丞張説爲檢校中書令……（九月丁卯）燕國公張説爲中書令……（開元元年十二月癸丑）紫微令張説爲相州刺史。”《宰相表》中：（先天二年）七月乙亥檢校中書令，九月庚午爲中書令，十二月癸丑貶爲相州刺史。

姚崇。兼兵尚。《全文》二五〇蘇頲《授姚崇兼紫微令制》：“金紫光禄大夫、兵部尚書、同紫微黄門三品、監修國史、上柱國梁國公姚崇……可兼紫微令。”《新書》五《玄宗紀》：“（開元元年）十二月……壬寅，姚崇兼紫微令。”

中書侍郎（開元元年十二月庚寅改爲紫微侍郎）

陸象先。《全文》二九五徐鍔《大寶積經述》：“銀青光禄大夫、行中書侍郎、同中書門下三品、監修國史、上柱國、興平縣開國侯陸象先等朝踐瑣闥，夕游珠域，護持四法，總而閲之……以先天二年六月三十日進太上皇，八月二十一日進皇帝。禁闈曉闢，真教上聞。”《全文》二〇《加封魏知古陸象先制》：（先天二年七月）侍中兼太子左庶子梁國公魏知古、中書侍郎同中書門下三品陸象先……知古賜食封二百户，物二百段；象先封兗國公，食實封二百户，賜物五百段。七月庚辰罷爲益州長史。《宰相表》中：（先天二年）七月庚辰，象先罷爲益州大都督府長史。

崔湜。兼檢校中令。七月丁卯流嶺表。

王琚。七月壬申爲户尚，庚辰復任中郎。《大詔令集》六三《加王琚等食實封制》（先天二年七月十八日）：新除銀青光禄大夫、守户部尚書、崇文館學士王琚可行中書侍郎，俸禄防閤品子課等一事以上同三品。《舊書》八《玄宗紀》上："（先天二年七月）庚辰，王琚爲中書侍郎，加實封二百户。"《通鑑》二一〇"開元元年"："中書侍郎王琚爲上所親厚……是月（十一月）命琚兼御史大夫，按行北邊諸軍。"

蘇頲。十一月自工侍遷。《舊書》八八本傳："俄遷太常少卿。景雲中，瓌薨，詔頲起復爲工部侍郎……頲抗表固辭，辭理懇切，詔許其終制。服闋就職。"按其父蘇瓌景雲元年十一月薨，是年春服闋就職，十一月遷中郎。《會要》五四《省號》上："開元元年十二月（按當爲十一月，《大詔令》云十一月八日已任中侍），上詔宰臣謂曰：'從工部侍郎有得中書侍郎者否？'對曰：'任賢用能，非臣等所及。'上曰：'蘇頲可除中書侍郎，仍令宰臣宣旨，移入政事院，便供政事食。'"《大詔令集》一〇五《命張説等兩省侍臣講讀敕》（先天二年十一月八日）：銀青光禄大夫、行中書侍郎、兼知制誥蘇頲等，據張説、褚无量講讀，其有昌言至誠、可體要經遠者，與左右起居，隨事編録，三兩月進。

中書舍人（開元元年十二月庚寅改爲紫微舍人）

裴漼。是年遷兵侍。《舊書》一〇〇本傳："太極元年睿宗爲金仙、玉真公主造觀及寺等，時屬春旱，興役不止，漼上疏諫曰……尋轉兵部侍郎。"《全文》二五一蘇頲《授裴漼兵部侍郎制》："門下：通議大夫、行中書舍人、上柱國、正平縣開國男裴漼……可尚書兵部侍郎，勳封如故。"

韓思復。是年遷大諫。

崔沔。是年遷虞部郎中。《全文》三三八顏真卿《崔孝公宅陋室銘記》："遷中書舍人，省改紫微，其官仍舊。又固辭以親老，除虞部郎中。"

蘇晉。《全文》二九五徐鍔《大寶積經述》："潤文官……朝議大夫、守中書舍人、崇文館學士、上柱國、野王縣開國男蘇晉……以先天二年六月三十日進太上皇,八月二十一日進皇帝。禁闥曉闢,眞教上聞。”

李猷。《舊書》七《睿宗紀》:(先天二年)七月甲子因謀廢玄宗,誅中書舍人李猷。

賈曾。自大諫遷。《舊書》一九○中本傳:“開元初,復拜中書舍人,曾又固辭,議者以爲中書是曹司名,又與曾父音同字別,於禮無嫌,曾乃就職。”

張嘉貞。自兵部員外遷。《大唐新語》六:“張嘉貞落魄有大志……開元初,拜中書舍人。”《隋唐嘉話》下:“崔湜之爲中書令,河東公張嘉貞爲舍人,湜輕之,常呼爲‘張底’。后曾商量數事,意皆出人右,湜驚美久之,謂同官曰:‘知無? 張底乃我輩一般人。此終是其坐處。’湜死十餘載,河東公竟爲中書焉。”

倪若水。自慈刺遷。《墓誌續編(開元○二八)·故尚書右丞倪若水墓誌》:“稍遷慈州刺史,徵拜中書舍人。”《舊書》一八五下本傳:“開元初,歷遷中書舍人、尚書右丞。”

封希顏。自太樂丞遷。《新書》一二九《崔沔傳》:“睿宗召授中書舍人。以母病東都不忍去,固辭求侍,更表陸渾尉郭隣、太樂丞封希顏、處士李喜以代己處。詔改虞部郎中。”按是年崔沔自中舍改虞部郎中。

李喜。是年任。見上封希顏引。

齊處冲。《朝野僉載》四:“唐兵部尚書書省姚元崇長大行急,魏光乘目爲‘趂蛇鸜鵒’……紫微舍人倪若水黑而無鬚,目爲‘醉部落精’。舍人齊處冲好眇目視,目爲‘暗燭底覓虱老母’。舍人吕延嗣長大少髮,目爲‘日本國使人’。又有舍人鄭勉爲‘醉高麗’……目舍人楊伸嗣爲‘熟鏊地術’。”參左拾遺魏光乘引。

吕延嗣。見上引。

鄭勉。自給事中遷。《全文》二五○蘇頲《授鄭勉紫微舍人等制》:“黄門:朝議大夫、守給事中鄭勉……專文事。”另參上齊處冲引。

楊伸嗣。見上引。

右散騎常侍

徐彦伯。是年遷賓客。《舊書》九四本傳:“遷右散騎常侍、太子賓客,仍兼昭文館學士。先天元年,以疾乞骸骨,許之。開元二年卒。”按“先天元年”當爲“先天二年”之誤。先天二年十二月改元開元。

賈膺福。《新書》八三《太平公主傳》：先天二年（十二月改元開元），右散騎常侍、昭文館學士賈膺福等謀廢太子，被斬。又見《通鑑》二一〇。按《舊書》七《睿宗紀》云左常侍。

褚无量。八月己亥任，仍兼祭酒。《舊唐書》一〇二本傳：“玄宗即位，遷郯王傅，兼國子祭酒。尋以師傅恩遷右（原作左）散騎常侍，仍兼國子祭酒，封舒國公，實封二百户。”《大詔令集》一〇五《命張説等兩省侍臣講讀敕》（先天二年十一月八日）：銀青光禄大夫、右常侍、崇文館學士、兼國子祭酒褚无量等，公務之暇，於中書與兩省侍臣講讀。又見《全文》二〇《命張説等與兩省侍臣講讀制》、二五五《餞常侍舒公歸觀序》。按《全文》二〇《封張説褚无量制》、《舊書》一〇二本傳作左常侍。

右拾遺

嚴挺之。是年左遷萬州員外參軍。《舊書》九九本傳：“睿宗好樂，聽之忘倦，玄宗又善音律。先天二年正月望，胡僧婆陀請夜開門燃百千燈，睿宗御延喜門觀樂，凡經四日……挺之上疏諫……時侍御史任知古恃憲威，於朝行訽詈衣冠，挺之深讓之，以爲不敬，乃爲臺司所劾，左遷萬州員外參軍。”《舊書》一二九本傳略同。又見《元龜》一〇一《納諫》。按《會要》四九《燃燈》、《元龜》五四五《直諫》一二作左拾遺。

趙冬曦。

鄭繇。約是年遷左臺監察御史。《全文》二五一蘇頲《授鄭繇監察御史制》：“敕：通直郎行右拾遺鄭繇……可左御史臺監察御史，散官如故。”

通事舍人

盧全操。是年秋服闋，復舊職。《墓誌彙編下（開元四二一）·盧全操墓誌》：“擢通事舍人。丁家艱去職……服闋，制除舊職。”按景雲元年十二月始丁憂。

韋元珪。《全文》二五〇蘇頲《授韋元珪通事舍人制》：“門下：朝散大夫、行太子典膳監韋元珪……可行通事舍人，散官如故。”按制文稱“門下”，當在十二月之前。

韋振。《全文》二五〇蘇頲《授韋振通事舍人制》：“門下：朝散郎、前守通事舍人員外置同正員韋振……可朝散大夫、行通事舍人。”按制文稱“門下”，當在十二月之前。

門下省（開元元年十二月一日庚寅改爲黄門省）

侍中（開元元年十二月一日庚寅，侍中改爲黄門監）

劉幽求。《舊書》八《玄宗紀》上："（先天二年）十一月乙丑，幽求兼知侍中……（開元元年十二月）癸丑，尚書左丞相、兼黄門監劉幽求爲太子少保，罷知政事。"

岑羲。《舊書》七《睿宗紀》：開元元年七月甲子侍中岑羲被誅。

魏知古。兼左庶、同三品。《全文》二九五徐鍔《大寶積經述》："復有銀青光禄大夫、守侍中、兼太子左庶子、兼修國史、上柱國、鉅鹿縣開國公魏知古……等朝踐瑣闥，夕游珠域，護持四法，總而閲之……以先天二年六月三十日進太上皇，八月二十一日進皇帝。禁闈曉闢，真教上聞。"《舊書》九八本傳："其年（開元元年）冬，令往東都知吏部尚書事，深以爲稱職。"《會要》七五《選部》下："開元元年十二月，遣黄門監魏知古、黄門侍郎盧懷慎，往東都分知選事，便令擬宋璟爲東都留守，攝門監過官。"

門下侍郎（黄門侍郎）

李乂。《大詔令集》一〇五《命張説等兩省侍臣講讀敕》（先天二年十一月八日）：銀青光禄大夫、行黄門侍郎、昭文館學士李乂等，據張説、褚无量講讀，其有昌言至誠，可體要經遠者，與左右起居，隨事編録，三兩月進。

盧懷慎。《舊書》八《玄宗紀》上："（開元元年十二月）甲寅，門下侍郎盧懷慎同紫微黄門平章事。"參上魏知古引《會要》。

李廣。《朝野僉載》四："唐兵部尚書姚元崇長大行急，魏光乘目爲'趂蛇鸛鵲'……目黄門侍郎李廣爲'飽水蝦蟆'。"參左拾遺魏光乘引。

給事中

唐紹。兼攝少太常。十月被斬。《舊書》八《玄宗紀》上："（先天二年十月）給事中、攝太常少卿唐紹以軍禮有失，斬於纛下。"

鄭勉。是年遷中舍。

齊澣。内供奉。《新書》一二八本傳："開元初，姚崇復相，用爲給事中、中書舍人。"《新書》一二八本傳："景雲初，姚崇取爲監察御史……開元初，姚崇復相，用爲給事中。"姚崇十月復相。

楊虛受。約是年自大諫遷（下年四月在給事中任）。

戴令言。自庫部郎中遷。《墓誌彙編上（開元〇一〇）·故給事中戴府君（令言）墓誌銘》："遷起居郎……俄遷庫部郎，再爲水陸運使……既簡在帝念，遙授給事中，而身居洛陽，未拜靈陛。"《全文》二五〇蘇頲《授鄭勉紫微舍人等制》："黃門：朝議大夫、守給事中鄭勉措心精覈，尤明理體。朝議大夫、尚書庫部郎中戴令言，屬詞方雅，深達政端……咸蘊公忠，備聞學行，紫闈星拱，必佇賢臣；青闈雲連，實旌奇士……（闕三字）專文是（闕四字）中散官各如故。"

崔璩。《全文》二九五徐鍔《大寶積經述》："潤文官……朝議郎、給事中內供奉崔璩等位列鳳池，聲流雞圃，分別二諦，潤而色之……以先天二年六月三十日進太上皇，八月二十一日進皇帝。禁闈曉闢，真教上聞。"

左散騎常侍

姜晞。蓋是年始任。《舊書》五九《姜行本傳》："子晞嗣，開元初爲左散騎常侍。"

解琬。《全文》二五〇蘇頲《授解琬左散騎常侍制》："金紫光祿大夫致仕、上柱國解琬……可行左散騎常侍，散官勳如故。"《大詔令集》五九《解琬朔方道後軍大總管等制》（先天二年九月十六日）：行左散騎常侍解琬可充朔方道後軍大總管。

諫議大夫

賈曾。是年遷中舍。

楊虛受。約是年遷給事中。

韓思復。自中舍遷。《舊書》一〇一本傳："開元初，爲諫議大夫。"

起居郎

吳兢。是年丁母憂。《舊書》一〇二本傳："開元三年服闋。"《新書》一三二本傳："累遷起居郎，與劉子玄、徐堅等並職。玄宗初立，收還權綱，銳於決事，群臣畏伏。兢慮帝果而不及精，乃上疏曰……尋以母喪去官。"

韓休。自左補闕兼判主爵員外遷。《全文》二五〇蘇頲《授韓休起居郎制》："敕：朝議郎、左補闕內供奉、判尚書主爵員外郎韓休……可行起居郎。"

左補闕

袁暉（輝）。《舊書》九八《魏知古傳》：是年魏知古知東都吏部選事，擢

用之。《朝野僉載》四:"唐兵部尚書姚元崇長大行急,魏光乘目爲'趂蛇鸛
鵲'……目補闕袁輝爲'王門下彈琴博士'。"參左拾遺魏光乘引。

韓休。兼判主爵員外。是年遷起居郎。

馮宗。蓋是年任。《全文》二六六黄元之《潤州江寧縣瓦棺寺維摩詰畫
像碑》:"刺史楊令琛,懷軌物之量,韞不乏之才……邑人左補闕馮宗、右拾
遺孫處玄等,並資忠履孝,抱義懷仁。"《刺考全編·江南東道》云韋銑景雲
中至開元初刺潤州;楊令琛(深)約開元初刺潤州。

左拾遺

張九齡。

魏光乘。是年貶新興縣尉。《朝野僉載》四:"唐兵部尚書姚元崇長大
行急,魏光乘目爲'趂蛇鸛鵲'。黄門侍郎盧懷慎好視地,目爲'觀鼠貓兒'。
殿中監姜皎肥而黑,目爲'飽椹母豬'。紫微舍人倪若水黑而無鬚,目爲'醉
部落精'……由是坐此品題朝士,自左拾遺貶新州新興縣尉。"按所品評之
人及其官職,均與是年合。

蔡孚。蓋是年始任(下年六月在任)。《朝野僉載》四:"唐兵部尚書姚
元崇長大行急,魏光乘目爲'趂蛇鸛鵲'……目拾遺蔡孚'小州醫博士詐諳
藥性'。"

梁昇卿。蓋是年任。《全文》二五〇蘇頲《授梁昇卿等拾遺制》:"敕:宣
德郎、行岐州雍縣尉梁昇卿等……可依前件。"制文緊鄰作於開元元年之
制文。

玄宗開元二年(七一四)

中書省(紫微省)

中書令(紫微令)

姚崇。兼兵尚。《舊書》八《玄宗紀》上:"(開元二年正月)丙寅,紫微令姚崇上言請檢責天下僧尼,以僞濫還俗者二萬餘人。"《會要》五五《省號》下:"開元二年十二月二十日,紫微令姚崇奏:'中書舍人六員……則人各盡能,官無留事。'"

魏知古。自侍中遷,五月辛亥罷爲工尚。《舊書》九八本傳:"(開元)二年還京。上屢有顧問,恩意甚厚,尋改紫微令。姚崇深忌憚之,陰加讒毀,乃除工部尚書,罷知政事。"《舊書》八《玄宗紀》上:"(開元二年)五月辛亥,黃門監魏知古(爲)工部尚書,罷知政事。"

中書侍郎(紫微侍郎)

王琚。《舊書》八《玄宗紀》上:"(開元二年閏二月)紫微侍郎、趙國公王琚左授澤州刺史,賜實封一百户,餘並停。"

蘇頲。《全文》二五七蘇頲《高安長公主神道碑》:"開元二年龍集攝提格夏五月哉生明,高安長公主薨於長安永平里第……乃制銀青光禄大夫、行紫微侍郎、兼知制誥、上柱國、許國公蘇頲爲銘刻石。臣頲不敏,屬言拜命。"《會要》二一《諸陵雜録》:"開元二年,昭成皇后靖陵在洛陽,上令舅希瓘往樹碑……令中書侍郎蘇頲爲碑文(頲極言不可)。"《會要》二二《龍池壇》:(開元二年)六月,太常寺考一百三十篇《龍池篇》詞合音律者十篇爲《龍池篇樂章》,有紫微侍郎蘇頲一首。

李乂。八月後自黃郎遷,冬遷刑尚。《全文》二五八蘇頲《唐紫微侍郎贈黃門監李乂神道碑》:"上(睿宗)即位,檢校吏部郎中(當是侍郎)。二歲遷黃門侍郎,加銀青光禄大夫,進爵中山郡開國公……四歲轉紫微侍郎,掌制數月,兼刑部尚書。"《舊書》一〇一本傳:"開元初,姚崇爲紫微令,薦乂爲紫微侍郎，外託薦賢，其實引在己下，去其糾駁之權也。俄拜刑部尚書。"

中書舍人（紫微舍人）

蘇晉。是年當辭職歸養。《舊書》一〇〇本傳："玄宗監國，每有制命，皆令晉及賈曾爲之……俄出爲泗州刺史，以父老乞辭職歸侍，許之。父卒後，歷戶部侍郎。"按據前之《蘇珦傳》，知其父蘇珦開元三年卒，故約是年辭職歸侍。然《刺考全編·河南道》繫於開元四年蘇晉刺泗州。誤。

賈曾。

張嘉貞。約是年爲秦州都督。《舊書》九九本傳："歷秦州都督、并州長史。"《刺考全編·隴右道》繫於嘉貞刺秦州爲開元初至開元四年。

倪若水。《元龜》一三五《愍征役》："玄宗開元二年六月，詔曰：'……已令紫微舍人倪若水，就軍叙録，即有處分。'"《舊書》一九六上《吐蕃傳》上："開元二年秋……上遂罷親征（吐蕃），命紫微舍人倪若水往按軍實，仍吊祭王海賓而還。"按倪若水吊祭王海賓時，一作官給事中。《金石萃編》一〇〇元載《王忠嗣碑》："皇考諱海賓……開元二年七月……勳映古烈，名垂壯籍。初玄宗省屬廢朝，問故流悼，偉其心而大其節，哀其歿而念其忠。襃贈開府儀同三司安北大都護，俾給事中倪若水乘驛吊祭，命許國公蘇頲爲之文，以致意焉。"

封希顔。當在任。見上年引。

王琎。《元龜》一二四《修武備》：開元二年十月，"有見集後軍兵，宜令兵部侍郎韋抗、紫微舍人王琎即簡擇以聞"。《全文》二六《練兵詔》："仍令兵部侍郎裴漼、太常少卿姜皎（按當爲姜晦）往軍州計會。便簡支配。有見集後軍兵，宜令兵部侍郎韋抗、紫微舍人王琎即簡擇以聞。"

王丘。自考功員外遷紫微舍人內供奉（參下年引）。《舊書》一〇〇本傳："三遷紫微舍人。"

劉昇。《新書》一〇六本傳："昇，年十餘歲流嶺表……景雲中，特授右武衛騎曹參軍。開元中，累遷中書舍人、太子右庶子。"按騎曹參軍爲正六品，中舍爲正五品。姑繫於此。

右散騎常侍

褚无量。兼祭酒。《全文》二五六蘇頲《餞常侍舒公歸覲序》："右散騎常侍、兼國子祭酒、崇文館學士舒公，邦之碩儒也……每灑涕而祈主，將候顔以拜親……而下制，是月惟閏，乘春載陽，服老萊之衣，飄組丈二；擁終童之傳，送車數百。”按舒公即褚无量，杭州鹽官人。玄宗即位以右常侍（本傳作左）兼祭酒，封舒國公。據《二十史朔閏表》，開元二年閏二月。

右補闕

蘇乂。自太常寺祝遷。《元龜》一三一《延賞》二：“（開元）二年四月，以太常寺太祝蘇乂爲左補闕，追父勳也。敕曰：‘……自家刑國，父忠子孝，宜有襃崇，寵及兄弟，諫官之任，允屬象賢，可右補闕。’”《全文》二五五蘇頲《謝弟詵除給事中自求改職表》：“伏奉今月二十四日敕，以臣弟左司郎中臣詵爲給事中……謹詣肅章門外奉表以聞。又臣先臣某，往忠社稷，陛下特賜茅土，遂臣所讓。因授臣第四弟乂右補闕，亦希別從選序，不敢同在近侍。”按《新書》一二五《蘇瓌傳》：“開元二年，賜其家實封百户，長子頲固辭，乃擢中子乂左補闕。”暫不從《新傳》。

右拾遺

趙冬曦。

陳貞節。當在任。《張九齡集校注》一《答陳拾遺贈竹簪》，蓋作於開元二、三年。陳拾遺即陳貞節，時爲右拾遺。見注一。（置於趙冬曦下）

通事舍人

盧全操。

門下省（黃門省）

侍中（黃門監）

魏知古。春改中令。

盧懷慎。以侍郎檢校。《宰相表》中：（開元二年）正月己卯，懷慎檢校黃門監。

門下侍郎（黃門侍郎）

李乂。《大詔令集》五二《姚崇都檢校諸軍大使制》（開元二年正月二十四日）：銀青光禄大夫、行黃門侍郎李乂爲副（使）。《會要》五四《省號》上：“開元二年八月，李乂爲黃門侍郎。”八月後遷中郎。

盧懷慎。正月己卯檢校黃門監。《會要》二二《龍池壇》：開元二年六月,太常寺考一百三十篇《龍池篇》詞合音律者十篇爲《龍池篇樂章》,有黄門侍郎盧懷慎一首。《舊書》三〇《音樂志》三:"亨龍池樂章十首……第四章,黄門侍郎盧懷慎作。"

崔泰之。自左丞遷。《墓誌彙編上(開元一七四)·故工部尚書崔泰之墓誌》:"遷禮部侍郎,加銀青光禄大夫……遷尚書左丞……遷黄門侍郎。"

張廷珪。自禮侍兼判左丞遷。《全文》二五〇蘇頲《授張廷珪黄門侍郎制》:"正議大夫、行尚書禮部侍郎、上柱國、兼判左丞張廷珪……可黄門侍郎,勳如故。"《新書》二〇九《周利貞傳》:"明年(即開元二年),(周利貞)授夷州刺史。黄門侍郎張廷珪執奏曰:'……今錫以朱紱,是絀奸不必行也。'"《會要》四〇《臣下守法》:"開元二年八月,監察御史蔣挺有犯,敕朝廷杖之。黄門侍郎張廷珪執奏曰:'御史,憲司清望,耳目之官,有犯當殺即殺,當流即流,不可決杖,可殺而不可辱也。'"

給事中

楊虛受。《元龜》一六二《命使》二:開元二年四月己巳,命給事中楊虛受往江東道安撫存問。《大詔令集》一一五《遣楊虛受江東道安撫敕》(開元二年四月十一日):"宜令給事中楊虛受往江東道安撫存問。"《集古録目》三:"《唐石門湯泉記》,太子通事舍人李幼卿撰,太僕寺主簿文學直集賢殿書院衛包八分書并篆額……開元中敕給事中楊營茸之,增其室宇,立此碑。"按文中給事中疑是楊虛受。

齊澣。内供奉。

戴令言。正月卒。《墓誌彙編上(開元〇一〇)·故給事中戴府君(令言)墓誌銘》:"以開元二年歲次甲寅正月廿二日,終於洛陽審教里之私第,春秋五十有六。"

崔璩。是年或上年秋冬遷吏部郎中。《全文》二〇《授崔璩張愻朝散大夫制》:"崔玄暐、張柬之等往以神龍之初,保乂王室,奸臣所忌,謫居炎海,流落變衰,感激忠義。玄暐嗣子吏部郎中璩,清才遠韻,謹守專直;柬之嫡孫愻,祖考繼殁,遺孤可哀……命璩、愻並可朝散大夫。"

蘇詵。自左司郎中遷。《全文》二五五蘇頲《謝弟詵除給事中自求改職表》:"伏奉今月二十四日敕,以臣弟左司郎中臣詵爲給事中。"《會要》五四《省號》上:"(開元)二年,(蘇頲)弟詵(原作銑)除給事中,頲屢陳情,上曰:'古來有内舉不避親耶?'"

左散騎常侍

姜晞。是年遷工侍。《會要》二二《龍池壇》：開元二年六月，太常寺考一百三十篇《龍池篇》，詞合音律者十篇爲《龍池篇樂章》，有工部侍郎姜晞一首。

解琬。《舊書》一〇〇本傳：“（開元二年五月）吐蕃寇邊，復召拜左散騎常侍，令與吐蕃分定地界，兼處置十姓降户。”《元龜》一七〇《來遠》：開元二年十一月丙申，詔令左散騎常侍解琬攝御史大夫，持節往北庭宣慰突厥部落。

諫議大夫

韓思復。

起居郎

韓休。

左補闕

袁暉。《張九齡集校注》一《與袁補闕尋蔡拾遺會此公出行後蔡有五韻詩見贈以此篇答焉》，蓋作於開元二年，袁補闕即袁暉，蔡拾遺即左拾遺蔡孚。見注一。

馮宗。當在任。見上年引。

左拾遺

張九齡。《全文》二九〇張九齡《上姚令公書》：“月日，左拾遺張九齡謹奏記紫微令梁公閣下。”此文作於是年，見熊飛《張九齡集校注》一六注一。

張宣明。是年前後在任。《大唐新語》九：“陸象先爲益州長史，奏嘉、邛路遠，請鑿岷山之南，以從捷進。發卒從役，居人不堪，多道亡痛死，行旅無利。左拾遺張宣明監姚、嶲諸軍事，兼招慰使，仍親驗其路，審其艱險。”陸象先開元元年至開元三年爲益州長史，參《刺考全編·劍南道》。

蔡孚。《舊書》三〇《音樂志》三：“亨龍池樂章十首……第二章，左拾遺蔡孚作。”《元龜》二一《徵應》、三七《頌德》均云六月且爲左拾遺。按一作右拾遺。《會要》二二《龍池壇》：“開元二年閏二月，詔令祠龍池。六月四日，右拾遺蔡孚獻《龍池篇》，集王公卿士以下一百三十篇。”

玄宗開元三年(七一五)

中書省(紫微省)

中書令(紫微令)

姚崇。兼兵尚。《舊書》八《玄宗紀》上:"(開元三年)六月,山東諸州大蝗……紫微令姚崇奏請差御史下諸道,促官吏遣人驅撲焚瘞,以救秋稼,從之。"《新書》五八《藝文志》二:"《開元格》十卷。"注兵部尚書兼紫微令姚崇等删定,開元三年上。《全文》三二八胡皓《姚懿碑銘》(卒於開元三年七月,葬用十月):"後娶劉氏,累封彭城郡夫人……今紫微令崇、故宗正少卿元景之母也。"

中書侍郎(紫微侍郎)

蘇頲。《集古錄目》三:"《唐崔愃碑》,紫微侍郎蘇頲撰,愃孫太常博士瑨八分書……碑以開元三年立。"

李乂。兼刑尚,是年正拜刑尚。《全文》二五八蘇頲《唐紫微侍郎贈黄門監李乂神道碑》:"(開元二年)轉紫微侍郎,掌制數月,兼刑部尚書。明年正除檢校尚書。校郡國考績,凡二歲。"《新書》五八《藝文志》二:"《開元格》十卷。"注:紫微侍郎、兼刑部尚書李乂等删定,開元三年上。《墓誌彙編上(開元〇二六)・崔公(玄暐)墓誌》:開元三年十月遷葬於恒州舊塋。撰銘:紫微侍郎、知制誥、兼刑部尚書、昭文館學士李乂撰。《全文》二五〇蘇頲《授李乂刑部尚書制》:"銀青光禄大夫、行紫微侍郎、兼檢校刑部尚書、兼知制誥、昭文館學士、上柱國、中山郡開國公李乂……可刑部尚書,學士散官勳封如故。"

中書舍人(紫微舍人)

賈曾。

倪若水。約是年或上年冬(按察吐蕃軍情之後)遷右丞。《舊書》一八五下本傳："開元初，歷遷中書舍人、尚書右丞，出爲汴州刺史。"按開元四年即後年刺汴。

封希顔。約是年遷户侍。《墓誌彙編下（元和一四六）・盧偁墓誌》（卒於貞元六年，年六十四）："夫人渤海封氏，故户部侍郎希顔之孫。"

王丘（邱）。内供奉，是年正拜。《全文》二五〇蘇頲《授王邱紫微舍人制》："敕：通直郎、紫微舍人内供奉王邱……可守紫微舍人，散官如故。"

劉昇。當在任。見上年引。

齊澣。年初自給事中遷。《全文》二五〇蘇頲《授齊澣紫微舍人制》："敕：朝議郎、守給事中内供奉齊澣……可守紫微舍人，散官如故。"《舊書》一九〇中本傳："開元中，崇復用爲給事中，遷中書舍人。"《通鑑》二一一"開元三年"：正月，姚崇子喪告假十餘日，政事委積。假滿後須臾裁決俱盡，頗得意，問中書舍人齊澣，是否可比管、晏，澣曰不及云云。

崔琳。約是年自屯田郎中遷。《全文》二五〇蘇頲《授崔琳紫微舍人制》："黄門：正議大夫、行尚書屯田郎中、上柱國、魏縣開國子崔琳……可行紫微舍人，散官勳封如故。"《舊書》九九《蕭嵩傳》："開元初爲中書舍人，與崔琳、王丘、齊澣同列，皆以嵩寡學術，未異之。"

吕延祚。正月參修《開元格》，見門郎盧懷慎引《會要》。《新書》五八《藝文志》二："《開元格》十卷。"注：紫微舍人吕延祚等删定，開元三年上。是年遷太僕卿。《新書》五《玄宗紀》："（開元三年十月）壬戌，薛訥爲朔方道行軍大總管，太僕卿吕延祚、靈州刺史杜賓客副之。"

崔璩。自吏部郎中遷。《墓誌彙編上（開元〇二六）・崔公（玄暐）墓誌》："以開元三年歲次乙卯十月己酉朔合祔於恒州鹿泉之舊塋，禮也。子紫微舍人璩等，其殆庶幾，重生顔氏；終當遠至，復爲李公。"

主書

趙誨。當在任（下年十一月流嶺南）。

右散騎常侍

褚无量。《舊書》八《玄宗紀》上："（開元三年）（十月）以光禄卿馬懷素爲左散騎常侍。與右散騎常侍褚无量並充侍讀。"《會要》三五《經籍》："開元三年，右散騎常侍褚无量、馬懷素侍宴，言及内庫及秘書墳籍。"《會要》二六《侍讀》："開元三年十月……命光禄卿馬懷素、右散騎常侍褚无量更日入。”《全文》九九五佚名《馬公（懷素）墓誌銘》：“與右散騎常侍褚无量更日入内侍讀。”按《舊書》四六《經籍志》上：“開元三年，左常侍褚无量、馬懷素事宴，言及經籍。玄宗曰：‘……卿試爲朕整比之。’”云左常侍。當誤。按是年丁憂。《舊書》一〇二本傳：“玄宗即位，遷郯王傅，兼國子祭酒，尋以師傅恩遷右（原作左）散騎常侍，仍兼國子祭酒，封舒國公，實封二百户。未幾丁憂解職。廬於墓側。”

元行冲。《舊書》一〇二本傳：“開元初，自太子詹事出爲岐州刺史……俄復入爲右散騎常侍、東都副留守。”

右拾遺

趙冬曦。約是年遷監察御史。《新書》二〇〇本傳：“開元初，遷監察御史。”

陳貞節。《新書》二〇〇本傳：“開元初，爲右拾遺。”《會要》一九《諸太子廟》：“開元三年，右拾遺陳貞節以諸太子廟不合守供祀享，上疏曰……”

通事舍人

盧全操。約是年爲晉城縣令。《墓誌彙編下（開元四二一）·盧全操墓誌》：“（開元元年秋）服闋，制除舊職。無何，以親累出左澤州晉城縣令。”

門下省（黄門省）

侍中（黄門監）

盧懷慎。自黄郎兼檢校是職正除，兼檢校吏尚。《宰相表》中：（開元三年）正月癸卯，懷慎檢校吏部尚書、兼黄門監。《新書》五八《藝文志》二：“《開元格》十卷。”注：黄門監盧懷慎等删定，開元三年上。

門下侍郎（黄門侍郎）

盧懷慎。正月參修《開元格》。《會要》三九《定格令》：“開元三年正月，又敕删定格式令，上之，名爲《開元格》，六卷，黄門侍郎盧懷慎、刑部尚書李乂、紫微侍郎蘇頲、紫微舍人吕延祚、給侍中魏奉古、大理評事高智静……等同修。”正月癸卯檢校吏尚兼黄門監。《全文》二一《授盧懷慎黄門監制》：“黄門侍郎、同紫微黄門平章事盧懷慎……可檢校黄門監，散官、黄門如故。”

崔泰之。

張廷珪。

給事中

齊澣。年初遷中舍。

蘇詵。

魏奉古。正月參修《開元格》。見黃郎盧懷慎引。

柳渙。自司門郎中遷。《全文》二五〇蘇頲《授柳渙給事中制》："敕：朝議郎、守尚書司門郎中柳渙……可守給事中，散官勳如故。"

陳憲。自考功郎中遷。《墓誌彙編下（開元二三七）・陳憲墓誌》："丁內艱，哀毀過禮。服闋，除禮部、考功二郎中，遷給事中。"

左散騎常侍

解琬。《通鑑》二一一"開元三年"："（三月）默啜發兵擊葛邏禄、胡禄屋、鼠尼施等，屢破之；敕北庭都護湯嘉惠、左散騎常侍解琬發兵救之。"

劉知幾（劉子玄）。自左庶遷。《舊書》一〇二本傳："景雲中，累遷太子左庶子……開元初，遷左散騎常侍，修史如故。"

崔日用。《郎表》三吏尚云上年或是年自吏尚左遷。

馬懷素。自光禄卿遷。《舊書》八《玄宗紀》上："（開元三年十月）以光禄卿馬懷素爲左散騎常侍。與右散騎常侍褚无量並充侍讀。"《墓誌彙編上（開元〇六〇）・大唐大理卿崔公故夫人滎陽縣君鄭氏墓誌銘并序》：誌主卒於長安三年八月，葬於開元三年（原作五年，誤）十月廿五日。撰文：光禄卿、上柱國、常山縣開國公馬懷素撰。按《通鑑》二一一"開元三年"："上謂宰相曰：'朕每讀書有所疑滯，無從質問；可選儒學之士，日使入內侍讀。盧懷慎薦太常卿馬懷素，九月戊寅，以懷素爲左散騎常侍，使與右散騎常侍褚无量更日侍讀。"云自太常卿遷左常侍。誤。

蕭璿。當在任（下年遷京兆尹）。

諫議大夫

韓思復。

吳兢。是年服闋，自水部郎中遷。《全文》二五〇蘇頲《授吳兢諫議大夫制》："黃門：朝議大夫、行尚書水部郎中、兼修國史、上柱國、長垣縣開國男吳兢……可守諫議大夫、兼修國史，散官勳如故。"《舊書》一〇二本傳："開元三年服闋……乃拜諫議大夫，依前修史。"

起居郎

韓休。

左補闕

馮宗。當在任。

許景先。約是年任。《全文》二五〇蘇頲《授許景先左補闕等制》："敕：奉議郎、行揚州大都督府兵曹參軍事許景先……可行左補闕（原作右，據題改）。"《新書》一二八本傳："舉手筆俊拔、茂才異等連中，進揚州兵曹參軍。還爲左補闕。"景先中茂才異等、手筆俊拔分別在景龍三年和先天元年。

左拾遺

張九齡。《元龜》五三三《規諫》一〇："張九齡，開元三年爲左拾遺。"
蔡孚。當在任（上年六月在任）。

玄宗開元四年（七一六）

中書省（紫微省）

中書令（紫微令）

姚崇。兼兵尚。十二月罷知政事。《舊書》八《玄宗紀》上：“（開元四年十二月）兵部尚書兼紫微令、梁國公姚崇爲開府儀同三司……罷知政事。”《宰相表》中云閏十二月己亥。

中書侍郎（紫微侍郎）

蘇頲。《舊書》八《玄宗紀》上：“（開元四年閏十二月乙卯）紫微侍郎、許國公蘇頲同紫微黃門平章事。”又，《會要》三八《葬》：“（開元）四年七月，王仁皎葬，其子駙馬都尉守一，請同昭成皇后父竇孝諶故事，墳高五丈一尺。侍中宋璟、中書侍郎蘇頲上表曰：‘……一品合陪陵葬者，墳高三丈以上，四丈以下，降敕使同陪陵之例，即極是高下得宜。臣參樞近，不敢不奏。’”按七月宋璟尚未任侍中。

中書舍人（紫微舍人）

賈曾。

王丘。

齊澣。

劉昇。約是年遷右庶。《新書》一〇六本傳：“昇，年十餘歲流嶺表……景雲中，特授右武衛騎曹參軍。開元中，累遷中書舍人、太子右庶子。”

崔琳。

崔璩。

高仲舒。自都官郎中遷。《通鑑》二一一“開元四年”：“（十二月）姚、宋相繼爲相，崇善應變成務，璟善守法持正……紫微舍人高仲舒博通典籍，齊澣練習時務，姚、宋每坐二人以質所疑。”按開元二年仲舒始爲都官郎中。

蕭嵩。自祠部員外遷。《舊書》九九本傳:"開元初,爲中書舍人,與崔琳、王丘、齊澣同列,皆以嵩寡學術,未異之,而紫微令姚崇許其致遠,眷之特深。"《明皇雜録》下:"玄宗嘗器重蘇頲,欲待以爲相,禮遇顧問,與群臣特異。欲命相前一日,上秘密不欲左右知,追夜將艾,乃令草詔……遂命秉燭召來,至則中書舍人蕭嵩。上即以頲名授嵩,令草制書。"按閏十二月蘇頲拜相。

陳憲。自給事中遷。《墓誌彙編下(開元二三七)·陳憲墓誌》:"遷給事中、中書舍人,策勳上柱國,除大理少卿。"《九卿考》(增訂)七云開元五六年爲少大理。

主書

趙誨。《舊書》九六《姚崇傳》:"時有中書主書趙誨爲崇所親信,受蕃人珍遺,事發,上親加鞠問……配流嶺南。"《通鑑》二一一"開元四年"載於十一月。按《元龜》三三七《徇私》作趙誨如。

右散騎常侍

元行沖。

右補闕

崔尚。約是年自大理評事遷。《新出唐墓誌百種·崔尚墓誌》:"稍遷大理評事。初陳留郡奏謀逆者,命使推劾,朝廷所難,委君此行,果雪非罪。使乎之美,復存於今。俄遷右補闕。"

右拾遺

陳貞節。約春夏遷太博。《新書》二〇〇本傳:"開元初爲右拾遺……遷太常博士。"《全文》二五一蘇頲《授陳貞節太常博士制》:"敕:宣議郎右拾遺内供奉陳貞節……可守太常博士。"《舊唐書》二五《禮儀志》五:"開元四年,睿宗崩,及行祔廟之禮,太常博士陳貞節、蘇獻等奏議曰:'……奉睿宗神主升祔太廟,上繼高宗,則昭穆永貞,獻裸長序。'"按《通鑑》二一一載於七月。

起居舍人

洪子輿。約是年自著作佐郎遷。《全文》二五〇蘇頲《授洪子輿起居舍人制》:"敕:通直郎、著作佐郎洪子輿……可守起居舍人。"

門下省（黄門省）

侍中（黄門監）

盧懷慎。以黄郎檢校侍中，兼吏尚、平章事。十一月卒。《會要》五三《舉賢》："開元四年，黄門監盧懷慎上疏（舉薦宋璟、李朝隱、盧從愿等）。"《舊書》八《玄宗紀》上："（開元四年十一月）辛丑，黄門監兼吏部尚書盧懷慎卒。"按《通鑑》二一一"開元四年"作己卯求罷，乙未卒。《宰相表》中：（開元四年）正月丙申懷慎檢校吏部尚書，十一月己卯懷慎去官養疾。

宋璟。閏十二月以吏尚兼，同平章事。《舊書》八《玄宗紀》上："（開元四年閏十二月乙丑）尚書、廣平郡公宋璟爲吏部尚書兼黄門監……同平章事。"

門下侍郎（黄門侍郎）

盧懷慎。檢校侍中兼檢校吏尚。十一月卒。

張廷珪。約是年刺沔州。《舊書》一〇〇本傳："俄坐洩禁中語，出爲沔州刺史。"按廷珪開元六年自沔刺改蘇刺。《元龜》一七二《求舊》二："（開元）六年二月……沔州刺史張廷珪爲蘇州刺史。"《刺考全編·淮南道》云開元五年至六年刺沔。

崔泰之。自禮侍轉。《全文》二五八蘇頲《李乂碑》："開元丙辰歲仲春癸酉薨於京師宣陽里第……以其夏丙申，卜葬於長安細柳原……柩既引，户部尚書東平畢構、少府監吳郡陸餘慶、散騎常侍扶風馬懷素、黄門侍郎清河崔泰之洎紫微侍郎武功蘇頲，祖於延年門外。"

源乾曜。《舊書》八《玄宗紀》上："（開元四年十一月）甲午，尚書左丞源乾曜爲黄門侍郎、同紫微黄門平章事……（十二月）黄門侍郎、安陽縣男源乾曜守京兆尹，罷知政事。"

韋抗。自益州長史遷。《舊書》九二本傳："開元三年，自左庶子出爲益州長史。四年，入爲黄門侍郎。"

給事中

蘇詵。

柳涣。當在任。

陳憲。是年遷中舍。

李懷讓。自兵部郎中遷，十二月前又遷中丞。《全文》二五〇蘇頲《授李懷讓給事中制》：“黃門：朝議大夫、尚書兵部郎中、上柱國李懷讓……可守給事中。”《新書》一三〇《李尚隱傳》：“玄宗知尚隱方嚴，繇定州司馬擢吏部員外郎，懷讓自河陽令拜兵部員外郎。懷讓，蔣人，後歷給事中。”《墓誌續編（開元一〇七）·故檢校尚書（屯田郎中）橋某墓誌》：“其系本於晉，有葬橋山之隅者，因以爲氏。補瀛州河間尉，□□馮翊尉，遷京兆三原主簿。在官有政，所莅可徵。於左輔，則爲遷御史中丞李懷讓以精幹名聞；在王畿，則爲前御史中丞徐知仁以政□付款進……皇帝稱善久之。惟（開元）十一年，上將詰邦，禁量國儲，使車煌煌……敕公攝監察御史，勾劍南租税。”《全文》二五一蘇頲《授李懷讓御史中丞制》：“黃門：……朝議大夫、守給事中、上柱國李懷讓……可守御史中丞。”按十二月蘇頲入相，不再知制誥。

韓休。蓋是年自起居郎遷。《元龜》六五一《清正》：“韓休爲起居舍人（當爲起居郎），奉制考制舉人，執心公正，取捨平允，不爲豪右所奪。遷給事中。”

左散騎常侍

劉知幾（劉子玄）。《元龜》五五四《恩獎》：“劉子玄爲散騎常侍、修國史。開元四年，與吳兢撰《則天實録》四十卷成，以聞。”

馬懷素。十二月前遷秘監。《舊書》一〇〇《李傑傳》：“（開元四年正月癸未）皇后妹婿尚衣奉御長孫昕與其妹婿楊仙玉因於里巷遇（李）傑，毆擊之，上大怒，令斬昕等。散騎常侍馬懷素以爲陽和之月，不可行刑，累表陳請。”《全文》二五一蘇頲《授馬懷素秘書監制》：“黃門：……左散騎常侍、常山縣開國公、仍每日入內侍讀馬懷素……可秘書監，餘如故。”按制文稱“黃門”，當在十二月前。又，閏十二月蘇頲入相，不再知制誥。

蕭璿。春遷京兆尹。《全文》二五二蘇頲《授蕭璿京兆尹制》：“黃門：……左散騎常侍、上柱國、東都留守蕭璿……可京兆尹。”按宋璟正月自京尹貶刺睦州，蕭璿當接宋璟。可參《刺考全編·京畿道》。

諫議大夫

韓思復。按是年或下年春刺德州。《會要》四四《螟蜮》：“開元四年五月，山東諸州大蝗，分遣御史捕而埋之……諫議大夫韓思復以爲蝗是天災，當修德以禳之，恐非人力所能翦滅。”《舊書》一〇一本傳：“開元初，爲諫議大夫。時山東蝗蟲大起，姚崇爲中書令，奏遣使分往河南、河北諸道殺蝗蟲而埋之。思復以爲蝗蟲是天災，當修德以禳之，恐非人力所能翦滅。上疏……上深然之。出思復疏以付崇。崇乃遣思復往山東檢蝗蟲所損之處，及還，具以實奏……思復爲崇所擠，出爲德州刺史。”《刺考全編·河北道》僅繫於開元八年。恐未確。

吳兢。是年遷著作郎。《全文》二五一蘇頲《授吳兢著作郎制》：“黃門：朝議大夫、守諫議大夫、上柱國、兼修國史吳兢……可行著作郎、兼昭文館學士，餘如故。”按上年吳兢服闋拜大諫，下年已在少衛尉任。而蘇頲十二月入相，不再知制誥。

起居郎

韓休。蓋是年遷給事中。

左補闕

馮宗。是年遷太博（下年在太博任）。

許景先。

張九齡。自左拾遺遷。《全文》四四〇徐浩《唐尚書右丞相中書令張公（九齡）神道碑》：“應道侔伊呂科，對策第二等，遷左拾遺……特拜左補闕。”《新唐書》一二六本傳：以道侔伊呂科策高第，爲左拾遺。時玄宗即位，未郊見，九齡建言：謂選部之法，敝於不變。今歲選乃萬計，京師米物爲耗。俄遷左補闕。

左拾遺

張九齡。是年遷左補闕。

玄宗開元五年(七一七)

中書省(紫微省,開元五年九月六日復中書省)

中書令(紫微令,開元五年九月六日復中書令)

中書侍郎(紫微侍郎,按《舊志》云至德復爲中書侍郎,《新志》云大曆五年乃復。分別見其年引)

蘇頲。《元龜》三三《崇祭祀》二:"(開元)五年正月……紫微侍郎同紫微黃門平章事蘇頲致祭於夏禹祠。"《會要》五一《識量》上:"開元五年,令中書門下爲皇太子制名及封邑,並公主等邑號,又令別進一佳名者。侍中宋璟、中書侍郎蘇頲奏曰:'七子均養,百王至仁,今若同等別封,或緣母寵子愛,骨肉之際,人所難言。'"

中書舍人(紫微舍人,開元五年九月六日復中書舍人)

賈曾。是年刺洋州。《舊書》一九〇中本傳:"曾後坐事,貶洋州刺史。開元六年,玄宗念舊,特恩甄叙,繼歷慶、鄭等州刺史。"按《元龜》一七二《求舊》二:"(開元)六年二月……洋州刺史賈曾爲慶州刺史。"既言特恩,知其刺洋州未滿屆(一般三年)。

王丘。

齊澣。是年或上年遷左庶(是年在任左庶,於秘閣録書)。

崔琳。《會要》五五《省號》下:"(開元)五年,高仲舒爲中書舍人,侍中宋璟每詢訪故事。時又有崔琳達於政治,璟等亦禮也。嘗謂人曰:'古事問高仲舒,今事問崔琳,又何疑也。'"

崔璩。

高仲舒。《舊書》一八七上本傳:"開元中,累授中書舍人。侍中宋璟、中書侍郎蘇頲每詢故事焉。"參崔琳引。

蕭嵩。約是年爲梁州都督。《墓誌彙編下(開元三九〇)·開休元墓誌》（卒於開元廿一年五月，年五十五）：“秩滿，調補梁州兵曹參軍。時中書令蕭公作牧斯郡……（開元八年）蕭公入爲鴻臚卿，移按河北，奏君從事如初。”《刺考全編·山南西道》云約開元五年至八年刺梁州。

陳憲。約是年遷少大理。《墓誌彙編下（開元二三七）·陳憲墓誌》：“遷給事中、中書舍人，策勳上柱國，除大理少卿。”《九卿考》（增訂）七云開元五、六年爲少大理。

王珹。當在任。《舊書》一〇五《王鉷傳》：“（王鉷祖王方翼）……生子珹、瑨、珣。珹、瑨，開元初並爲中書舍人。”

王瑨。見上引。

劉令植。蓋是年始任（下年參編《開元格》）。

源光裕。當在任，參下年引。

柳涣。約是年自給事中遷。《舊書》七七《柳亨傳》：“開元初，亨孫涣爲中書舍人。”

韓休。約是年自給事中遷。《舊書》九八本傳：“擢左補闕，尋判主爵員外郎，歷遷中書舍人、禮部侍郎。”

右散騎常侍

褚无量。是年服闋。《元龜》三三《崇祭祀》二：“（開元）五年正月，命右散騎常侍褚无量攝黄門監，致祭於帝堯祠。”《會要》一七《廟災變》：“開元五年正月二日，太廟四室崩，上素服避正殿，迎神主于太極殿……遂幸東都。右散騎常侍褚无量請修德，諫曰……”《會要》二七《行幸》：“開元五年正月十日，幸東都，右散騎常侍褚无量陳意見。”按《通鑑》二一一“開元五年”：“（十二月）命國子博士尹知章、桑泉尉韋述等二十人同刊正，以左散騎常侍褚无量爲之使，於乾元殿前編校群書。”云左常侍。當誤。是年丁憂。

元行冲。是年遷大理卿。《舊書》一〇二本傳：“俄（自岐州刺史）復入爲右散騎常侍……四遷大理卿。時揚州長史李傑爲侍御史王旭所陷，詔下大理結罪。”《新書》二〇〇略同。可知自開元三年至是年改大理卿之前，均任右常侍。然《會要》三七《服紀》上：“開元五年……左散騎常侍元行冲奏議（父在爲母終三年之服事宜）。”《舊書》一〇二《韋述傳》：“開元五年……秘書監馬懷素受詔編次圖書，乃奏用左散騎常侍元行冲、左庶子齊澣、秘書少監王珣、衛尉少卿吳兢並述等二十六人，同於秘閣詳錄四部書。懷素尋卒。”《全文》三四《遣祠南郊華岳温湯敕》：“宜令左常侍元行冲攝侍中祠南郊,太常長官分祭華岳温湯。"均載是年行冲爲左常侍,當誤。

右補闕

崔尚。

鄭齊望。約是年轉著作佐郎。《新出唐墓誌百種・鄭齊望墓誌》:"拜右補闕内供奉,尋而正除,乃遷著作佐郎。"

盧履冰。《舊書》二七《禮儀志》七:開元五年,右補闕盧履冰上言,父在爲母一周除靈,三年心喪,武后請同父没之服,三年除靈,非是。又見《新書》二〇〇本傳。《新書》二〇《禮樂志》一〇。按《舊書》二四《禮儀志》四、《會要》三七《服紀》上云左補闕。

起居舍人

洪子輿。當在任,見上年引。

蔡孚。《張説集校注》七《遥同蔡孚起居偃松篇》,作於開元五年正月至四月間。見解題。

門下省（黄門省。開元五年九月六日仍改門下省）

侍中（黄門監。開元五月九月六日復舊名）

宋璟。以吏尚兼,同平章事。《會要》二七《行幸》:"開元五年正月十日幸東都……及車駕至永寧縣崤谷。馳道停擁,河南尹李朝隱,知頓使、户部侍郎王怡,並失其部署,上令黜之。侍中宋璟奏曰:'陛下富有春秋,方事巡狩,一以墊隘,致罪大臣,恐將來人受艱弊。'於是遽命捨之。"另參中舍高仲舒引。《法書要録》三徐浩《古蹟記》:開元五年十一月五日,吏部尚書兼侍中、監修國史宋璟跋尾。

門下侍郎（黄門侍郎）

崔泰之。

韋抗。

給事中

蘇詵。春刺徐州。《舊書》八八本傳:"詵,歷授右司郎中、給事中、徐州刺史。"《國秀集》上盧僎《送蘇八給事出牧徐州相國請出用芳韻》:"曉騎辭朝遠,春帆向楚長。"蘇八即蘇詵,詩寫春景。據詩題"相國請出",知蘇頲入相後請其弟出刺徐州。頲上年十二月入相。《刺考全編·河南道》謂蘇詵刺徐州"開元七年前"。

柳涣。約是年遷中舍。

韓休。是年遷中舍。

左散騎常侍

劉知幾(子玄)。

起居郎

賀知章。約是年自户部員外遷。《全文》二五〇蘇頲《授賀知章起居郎制》:"敕:朝議郎、前行户部員外郎賀知章……可行起居郎,散官如故。"

左補闕

許景先。是年遷殿侍御。《新出唐墓誌百種·姚崇夫人劉氏墓誌》:開元五年二月十三日葬。撰銘:左補闕許景先撰。《新書》一二八本傳:"宋璟、蘇頲擇殿中侍御史,久不補,以授景先,時議愈愜。"《墓誌彙編上(開元〇五七)·朱齊之墓誌》(卒於開元二年六月,葬於五年十月):朝議郎、殿中侍御史、高陽許景先詞。

張九齡。

左拾遺

潘元祚。當在任(下年在任)。

玄宗開元六年（七一八）

中書省

中書侍郎

蘇頲。《舊書》五〇《刑法志》："（開元）六年，玄宗又敕吏部侍郎兼侍中宋璟、中書侍郎蘇頲、尚書左丞盧從愿、吏部侍郎裴漼慕容珣、户部侍郎楊滔、中書舍人劉令植、大理司直高智静、幽州司功參軍侯郢璀等九人，删定律令格式，至七年三月奏上，律令式仍舊名，格曰《開元後格》。"

中書舍人

王丘。

崔璩。

王瑨。

劉令植。是年參修《開元後格》，見中郎蘇頲引。

源光裕。《舊書》九八《源乾曜傳》："乾曜從孫光裕……初爲中書舍人，與楊滔、劉令植等同删定《開元新格》。"按删定《開元新格》在是年，見《舊書》五〇《刑法志》。

韓休。

右散騎常侍

褚无量。《會要》二五《親王及朝臣行立位》："開元六年八月一日，右散騎常侍褚无量上疏。"同書六四《集賢院》："（開元）六年，乾元院更號麗正修書院，以秘書監馬懷素、右散騎常侍褚无量充使。"

右補闕

崔尚。

盧履冰。

起居舍人

蔡孚。

門下省

侍中

宋璟。以吏尚兼，同平章事。《會要》二六《皇太子冠》："開元六年，侍中宋璟上表：'臣伏以太常狀，以皇太子冠，准東宮典記，有上禮之儀。'"

門下侍郎（黄門侍郎）

崔泰之。是年丁母憂。《墓誌彙編上（開元一五九）·唐故中書令贈荆州大都督清河崔府君齊國太夫人杜氏墓誌銘》："尋以長子銀青光禄大夫、行黄門侍郎、上柱國、清河郡開國公泰之誅逆安國功，（封）清河郡太夫人……以唐開元六年十二月十五日甲戌遘疾，薨於河南府永豐里第。"《墓誌彙編上（開元一七四）·故工部尚書崔泰之墓誌》："遷黄門侍郎……屬夷狄不賓，邊守失禦，詔公持節按撫諸軍，威略克宣，軍容斯振。丁内憂去職。"

韋抗。

給事中

王易從。約是年自考功郎中遷。《全文》二五八蘇頲《揚州大都督長史王公（易從）神道碑》："拜尚書户部員外郎，轉祠部、主爵、考功三郎中……主上旒冕而思一，以寰宇腹心，特重其掖垣，故近密委於侍臣，緝諧連乎小相，拜給事中。"

何某（鷟？）。《全文》二八八張九齡《爲何給事進亡父所著書表》："臣言，臣父某官某名，往歷樞近，志勤忠益……因著十篇，命曰《帝圖秘錄》……謹繕寫封進以聞。"按熊飛注引《何考》云：何給事不知何人。查公之同僚有何鷟者……但曾否官給事中則史無明徵。《張九齡集校注》一三。按推測有道理。又，是年張九齡自左補闕遷禮部員外，二人爲官有交集。若然，則是年自倉部員外遷。暫繫於此。

左散騎常侍

劉知幾（子玄）。

元行冲。十一月自大理卿遷。《通鑑》二一二“開元六年”：“（十一月宋璟奏）‘大理卿元行冲素稱才行，初用之時，實允僉議；當事之後，頗非稱職，請復以爲左散騎常侍，以李朝隱代之。’……從之。”按《舊書》一〇二本傳作下年。

諫議大夫

盧鴻一。《舊書》一九二本傳：“鴻一赴徵。（開元）六年，至東都……授諫議大夫。鴻一固辭。”

起居郎

賀知章。當在任。

左補闕

張九齡。是年遷禮部員外。《全文》四四〇徐浩《唐尚書右丞相中書令張公（九齡）神道碑》：“特拜左補闕，尋除禮部、司勳二員外郎。”

左拾遺

潘元祚。《舊書》一〇二《褚无量傳》：“開元六年……令選經明篤行之士國學博士郗恒通、郭謙光、左拾遺潘元祚等，爲太子及鄠王已下侍讀。”《元龜》一三九《旌表》三云左拾遺內供奉。

鄭虛心。內供奉。當在任（約下年遷監察御史）。

玄宗開元七年（七一九）

中書省

中書侍郎

蘇頲。《會要》三九《定格令》：“（開元）七年三月十九日，修格令，仍舊名《開元後格》，吏部尚書宋璟，中書侍郎蘇頲，尚書左丞盧從愿，吏部侍郎裴漼、慕容珣，户部侍郎楊絪，中書舍人劉令植，大理司直高智静，幽州司功參軍侯郢璀等同修。”按是年三月修成，見上年引《舊書》五〇《刑法志》。十一月在任。見侍中宋璟引。

中書舍人

王丘。三月前遷禮侍。《元龜》一四四《弭災》二：“（開元）七年……七月，詔曰：‘……即令禮部侍郎王丘、太常少卿李暠分往華嶽河瀆祈求。’”

崔璩。

王琚。

劉令植。三月十九日修成《開元後格》。見中郎引。

源光裕。

韓休。

吕太一。約是年自户部員外遷（下年在任）。

右散騎常侍

褚无量。《舊書》一〇七《廢太子瑛傳》：“（開元）七年正月加元服。其年，玄宗又令太子謁國子學行齒胄之禮，仍敕右散騎常侍褚无量升筵講論，學官及文武百官節級加賜。”《會要》三五《釋奠》：“開元七年十一月……二十一日，皇太子謁先聖，皇太子初獻，亞獻、終獻，並以胄子充。右散騎常侍褚无量講《孝經》並《禮記·文王世子》篇。”又見《新書》一五《禮樂志》五，按《通鑑》二一二“開元七年”云左常侍。當誤。

元行冲。是年轉左常侍。

陸餘慶。約是年自沂州刺史遷（開元四年十月責授沂州）。《舊書》八八本傳：“責授左司郎中。累除大理卿、散騎常侍、太子詹事。以老疾致仕，尋卒。”《全文》二八二小傳：餘慶，玄宗朝官右散騎常侍。

右補闕

崔尚。《會要》二八《蒐狩》：“（開元）七年十月，右補闕崔尚（原作向，誤）上疏曰：‘……陛下宜保萬壽之體，副三禮之望，安可輕出入，重盤游乎？’……側聞畋于渭濱，有異于是，六飛馳騁，萬騎騰躍，衝醫薈，蹴蒙籠，越嶮險……交刃霜飛，而降尊亂卑，爭捷于其間，豈不殆者？”《新出唐墓誌百種·崔尚墓誌》：“俄遷右補闕。會駕幸温泉宫，獵騎張皇，雜以塵霧，君上疏直諫。詔賜帛及彩九十匹……歷秘書郎。”按是年玄宗幸温湯，非温泉宫。《舊書》八《玄宗紀》上：“（開元七年）冬十月……辛卯，幸新豐温湯，癸卯，至自温湯。”約冬遷秘書郎。

盧履冰。《通鑑》二一二“開元七年”：“閏七月，右補闕盧履冰上言：‘禮，父在爲母服周年，則天皇后改服齊衰三年，請復其舊。’上下其議。”

右拾遺

劉眖。當在任。《新書》一三二本傳：“歷右拾遺内供奉。”按一作左拾遺。《舊書》一三六《劉滋傳》：“父眖，開元初爲左拾遺。”

徐楚璧。約是年自武陟尉遷。開元五年楚璧在武陟尉任。見《新書》一九九《馬懷素傳》。另參以下年份右拾遺引。

起居舍人

蔡孚。當在任（下年在任）。《全文》二九〇張九齡《韋司馬別業集序》：“開元歲夏四月，猥忝散職，居多放情……乃與起居舍人蔡公、萬年主簿韓公惠而得朋，欣然命駕。”蔡公即蔡孚，此文約作於是年。見熊飛《張九齡集校注》一七注一。

門下省

侍中

宋璟。以吏尚書兼，同平章事。《會要》三五《釋奠》：“開元七年十一月……二十一日，皇太子謁先聖，皇太子初獻，亞獻、終獻，並以冑子充……初，詔侍中宋璟爲亞獻，中書侍郎蘇頲爲終獻。及臨享，上思齒冑之義，乃改焉。”

門下侍郎（黄門侍郎）

韋抗。

給事中

王易從。當在任。

何某（鸞）。當在任。

左散騎常侍

劉知幾（子玄）。

元行冲。自右常侍轉。《舊書》一〇二本傳：“（開元）七年，復轉左散騎常侍。”按《通鑑》二一二“開元六年”載於上年十一月。

起居郎

賀知章。

左拾遺

鄭虛心。約是年遷監察御史。《全文》二九五韓休《授鄭虛心監察御史制》：“左拾遺内供奉鄭虛心……可監察御史。”制文置於作於開元七年制文之後。

褚庭誨。當在任（下年正月在任）。

玄宗開元八年(七二〇)

中書省

中書令

張嘉貞。五月丁卯自中郎遷,仍平章事。《舊書》八《玄宗紀》上:"(開元八年)夏五月丁卯……張嘉貞爲中書令。"

中書侍郎

蘇頲。正月己卯爲禮尚,罷政事。《舊書》八《玄宗紀》上:"(開元八年正月己卯)中書侍郎蘇頲爲禮部尚書,罷知政事。"

張嘉貞。自并州大都督府長史遷,同平章事。《舊書》八《玄宗紀》上:"(開元八年正月己卯)并州大都督府長史張嘉貞爲中書侍郎……同中書門下平章事。"五月改中令。

盧從愿。是年或上年下半年自左丞遷。《舊書》一〇〇本傳:"又與楊滔及吏部侍郎裴漼、禮部侍郎王丘、中書舍人劉令植删定《開元後格》,遷中書侍郎。"按上年三月與衆人删定《開元後格》。

中書舍人

崔璩(據)。

劉令植。約是年遷禮侍。《郎表》三禮侍云:是年或上年由中書舍人遷。《墓誌彙編下(元和一二一)·李孔明夫人劉氏(媛)墓誌》(卒於元和十三年四月,年二十五):"曾祖令植,皇朝銀青光禄大夫、禮部侍郎,謚曰憲。"

韓休。

王瑨。約是年遷少秘監。《新書》一一一《王珣傳》:"瑨至中書舍人。珣嘗爲秘書少監,數年而瑨繼職。"按王珣開元五年爲少秘監。

苗延嗣。《舊書》九九《張嘉貞傳》:"(開元)八年春,宋璟、蘇頲罷知政事,擢嘉貞爲中書侍郎、同中書門下平章事。數月,加銀青光禄大夫,遷中書令……時中書舍人苗延嗣·吕太一、考功員外郎員嘉静、殿中侍御史崔訓，皆嘉貞所引，位列清要。”《通鑑》二一二“開元八年”載於五月。

呂太一。詳上引。

源光裕。約是年遷刑侍。《舊書》九八《源乾曜傳》：“乾曜從孫光裕……初爲中書舍人，與楊滔、劉令植等同删定《開元新格》。歷刑部、户部二侍郎。”

王易從。約是年自給事中遷。《全文》二五八蘇頲《揚州大都督長史王公（易從）神道碑》：“主上旒冕而思一，以寰宇腹心，特重其掖垣，故近密委於侍臣，緝諧連乎小相，拜給事中，轉中書舍人。”

何鸞。約是年自給事中改。

右散騎常侍

褚无量。《舊書》八《玄宗紀》上：“（開元八年正月）壬申，右散騎常侍、舒國公褚无量卒。”《元龜》三八《尊師》：“唐玄宗爲太子時，褚无量以國子祭酒侍讀，及即位，加右散騎常侍……（開元）八年，褚无量卒，帝震悼久之。”按《通鑑》二一二“開元八年”：“正月丙辰，左散騎常侍褚无量卒。”云左常侍。當誤。

陸餘慶。當在任。見上年引。

右補闕

盧履冰。《全文》四二〇常袞《太子賓客盧君（正己）墓誌銘》（卒於大曆五年二月，年七十九）：“烈考履冰，歷左補闕。”按左補闕爲右補闕之訛。

右拾遺

劉貺。當在任。

徐楚璧。

起居舍人

蔡孚。《元龜》四〇《文學》：“玄宗開元八年，親製春雪詩《春臺望》一章二十八句。起居舍人蔡孚奏曰……”

門下省

侍中

宋璟。以吏尚兼，同平章事。正月罷。《舊書》八《玄宗紀》上：“（開元八年正月)己卯,侍中宋璟爲開府儀同三司。"《宰相表》中云正月辛巳。

源乾曜。自門郎遷,同平章事。《舊書》八《玄宗紀》上:"(開元八年正月己卯)京兆尹源乾曜爲黃門侍郎……同中書門下平章事……夏五月丁卯,源乾曜爲侍中。"

門下侍郎(黃門侍郎)

韋抗。《舊書》八《玄宗紀》上:"(開元八年九月)黃門侍郎韋抗爲御史大夫。"

源乾曜。正月自京兆尹遷,五月遷侍中,均同平章事。見上。

給事中

王易從。約是年遷中舍。

何某(鸞)。約是年改中舍。

許景先。約是年自殿侍御遷。《舊書》一九〇中本傳:"累遷給事中。"《會要》二六《大射》:"(開元)八年九月七日,制敕百官九日射。給事中許景先駁曰……"

裴子餘。是年或下年刺冀州。《墓誌彙編下(貞元〇五六)·盧寂墓誌》(卒於貞元九年五月,年八十一):"夫人河東裴氏,祖守忠,寧州刺史;父子餘,銀青光禄大夫、給事中、冀州刺史。"按,開元三年在駕部員外任,見《會要》一九《諸太子廟》;開元十年在冀州刺史任。《元龜》四九七《河渠》:"(開元)十年六月,博州黃河堤壞,詔博州刺史李畬、冀州刺史裴子餘、趙州刺史柳儒,乘傳旁午分理,兼命按察使蕭嵩總其事。"則其任給事中當開元四年之九年之間。

賀某。《張九齡集校注》二《賀給事嘗詣蔡起居郊館有詩因命同作》:"記言聞直史,築室面層阿。"作於開元八年。參注一。

左散騎常侍

劉知幾(子玄)。

元行冲。《會要》六四《集賢院》:"(開元)八年正月,以散騎常侍元行冲充使,檢校院内修撰官。"《元龜》三三《崇祭祀》二:"(開元)八年三月,敕:'……宜令左常侍元行冲攝侍中,祠南郊。'"按《通鑑》二一二"開元八年"云右常侍。當誤。

李元通。《全文》二八《誅康待賓免從坐詔》:"乃遣常侍趙元通,又命御史大夫韋抗附以招慰，俱不禀承。"《舊書》一〇三本傳："（開元）八年，六州胡康待賓等反，詔知運與王晙討平之。"

左拾遺

褚庭誨。《全文》二五八蘇頲《贈禮部尚書褚公（无量）神道碑》："粵開元庚申歲正月哉生魄，景命不造，遘疾薨於長安崇仁里之賜第，春秋七十有五……長子河南澠池主簿庭詢，次左拾遺庭誨，次京兆渭南縣尉庭賓，三子之戚，二連所善，居家嗣徽，繼世承烈。"

城門郎

獨孤晏。《元龜》三七《頌德》："（開元）八年，城門郎獨孤晏奏曰：'伏見聖上於別殿安置太宗、高宗、睿宗聖容，每日侵早，具服朝謁。'"

玄宗開元九年（七二一）

中書省

中書令

張嘉貞。《會要》三一《輿服》上："（蘇冕記曰）至開元九年九月十四日，中書令張嘉貞奏曰：'致仕官及内外官五品已上，檢校、試、判及内供奉官，見占闕者，聽准正員例，許終身佩魚，以爲榮寵。以理去任，亦許佩魚。'"

中書侍郎

盧從愿。

中書舍人

崔璩（據）。是年遷禮侍。《舊書》九一《崔玄暐傳》："子璩，頗以文學知名，官歷中書舍人、禮部侍郎。"

韓休。

呂太一。

苗延嗣。當在任。

王易從。

何鸞。《全文》二八《遣使宣慰百姓詔》："命中書舍人何鸞等，宜所到之處，宣慰百姓。"《元龜》一六二《命使》二：開元九年八月，命中書舍人何鸞等分道巡撫百姓。

許景先。自給事中遷。《全文》三一二孫逖《送李郎中赴京序》："今上有天下之十載，鑾輅在鄴，而大夫師長，庶士御事，分曹成周，俾贊居守。歲八月，詔下東都，召水部員外郎李公拜工部郎中，崇德也……始以茂才擢第，與今中書舍人許公，俱補廣陵掾。"許公即許景先。

右散騎常侍

陸餘慶。約是年遷詹事。《舊書》八八本傳："累除大理卿、散騎常侍、太子詹事。以老疾致仕，尋卒。”

　　薛温。自太常卿遷。《墓誌彙編下（開元三四七）·薛璿墓誌》（卒於開元二十年七月，年五十二）：“烈考温，銀青光禄大夫、太常卿、右散騎常侍。”

右補闕

　　盧履冰。約是年卒。《新書》二〇〇本傳：“後履冰以官卒。”《新書》七三上《宰相世系表》三上盧氏：履冰，右補闕。

右拾遺

　　劉貺。約是年遷太樂令。《舊書》一三六《劉滋傳》：“父貺，開元初爲左拾遺。”《舊書》一〇二《劉子玄傳》：“（開元）九年，長子貺爲太樂令，犯事配流。子玄詣執政訴理，上聞而怒之，由是貶授安州都督府別駕。”

　　徐楚璧。《會要》八五《逃户》：開元九年正月二十八日，右拾遺徐楚璧充使勸農，巡行州縣。

起居舍人

　　陸堅。當在任（下年在任）。

門下省

侍中

　　源乾曜。《會要》五三《雜録》：“開元九年四月，侍中源乾曜上疏曰：‘臣竊見勢要之家，并求京職，俊乂之士，多任外官，王道均平，不合如此。臣三男俱是京官，望出二人與外官，以叶均平之道。’上從之。”

門下侍郎（黄門侍郎）

　　裴漼。自左丞遷。《舊書》一〇〇本傳：“再轉黄門侍郎。”

給事中

　　許景先。《舊書》八《玄宗紀》上：“（開元九年七月）先天中，重修三九射禮，至是，給事中許景先抗疏罷之。”是年爲中舍。

左散騎常侍

　　劉知幾（子玄）。《舊書》一〇二本傳：“開元初，遷左散騎常侍，修史如故。九年，長子貺爲太樂令，犯事配流。子玄詣執政訴理，上聞而怒之，由是貶授安州都督府別駕……子玄至安州，無幾而卒，年六十一。"按一作右常侍，《全文》五二〇梁肅《給事中劉公（迴）墓誌銘》："（祖父藏器）生烈考右散騎常侍、贈工部尚書、居巢文公諱子玄。"

元行冲。《舊書》八《玄宗紀》上："開元九年冬十一月丙辰，左散騎常侍元行冲上《羣書目録》二百卷，藏之内府。"又見《會要》三六《修撰》。按《通鑑》二一二"開元九年"云以祭酒上是書。

左拾遺

劉彤。《大唐新語》四："開元九年，左拾遺劉彤上表論鹽鐵。"

楊相如。《舊書》一〇五《宇文融傳》：是年宇文融奏置勸農判官十人分往天下檢括田疇户口，左拾遺楊相如上書以爲不便。

玄宗開元十年(七二二)

中書省

中書令

張嘉貞。《舊書》五九《姜晈傳》:"(開元)十年,(晈)坐漏洩禁中語,爲嗣濮王嶠所奏,敕中書門下究其狀。嶠即王守一之妹夫,中書令張嘉貞希守一之意,構成其罪,仍奏請先決杖配流嶺外。"《會要》三九《議刑輕重》:開元十年十一月,中書令張嘉貞奏請決杖裴伷先。

中書侍郎

盧從愿。

中書舍人

韓休。是年遷禮侍。《舊書》九八本傳:"歷遷中書舍人、禮部侍郎,兼知制誥。"

呂太一。

王易從。約是年遷兵侍。《舊書》一七八《王徽傳》:"曾祖擇從兄易從,天后朝登進士第。從弟明從、言從,睿宗朝並以進士擢第。昆仲四人,開元中三至鳳閣舍人,故時號鳳閣王家。"《全文》二五八蘇頲《揚州大都督長史王公(易從)神道碑》:"轉中書舍人……遷兵部侍郎。"《郎表》四兵侍:約是年前後由中舍遷(兵侍)。

何鸞。是年當遷少太常(下年在太常任)。《舊唐書》三〇《音樂志》三:玄宗開元十一年祭皇地祇於汾陰樂章十一首……送文武出迎武舞入用《舒和》,太簇宮。太常少卿何鸞作。

許景先。《舊書》一九〇中本傳:"俄轉中書舍人……十年夏,伊、汝汜濫,漂損居人廬舍,溺死者甚衆。景先言於侍中源乾曜曰:'誠宜發德音,遣大臣存問……'乾曜然其言,遽以聞奏,乃下詔遣戶部尚書陸象先往賑給窮乏。"

張九齡。自司勳員外遷。《曲江集》附録《轉中書舍人敕》:"門下:朝散大夫、行尚書省司勳員外郎、上柱國張九齡……可中書舍人、内供奉。開元十年二月十七日。"按《舊書》九九本傳云開元十一年。當誤。

右散騎常侍

薛温。當在任。

王珣(伯玉)。《新書》一一一本傳:"終右散騎常侍,卒。贈户部尚書。"《舊書》一〇五《王鉷傳》:"(鉷從父)珣,兵部侍郎,秘書監。"按《寶刻叢編》八引《京兆金石録》:"《唐秘書監王珣墓誌》,唐韓休撰,馬極書,開元十六年。"又似終官或贈官秘監。

右補闕

韋述。當在任。《舊書》一〇二本傳:"開元五年,爲櫟陽尉……轉右補闕,中書令張説專集賢院事,引述爲直學士。"按下年張説爲中令。

右拾遺

徐楚璧。

起居舍人

陸堅。《新書》五八《藝文志》二:"《六典》三十卷。注:開元十年,起居舍人陸堅被詔集賢院修'六典'。"

崔尚。約是年自秘書郎遷。《新出唐墓誌百種・崔尚墓誌》:"歷秘書郎,即起居舍人。"

通事舍人

王瀚(翰)。約是年自秘書正字遷。《舊書》一九〇中本傳:"擢拜通事舍人。"

盧全操。約是年自襄陽令遷。《墓誌彙編下(開元四二一)・盧全操墓誌》:"無何,以親累出左澤州晉城縣令,稍遷襄州襄陽縣令……上多之,復授通事舍人。"按開元三年出爲晉城縣令。

門下省

侍中

源乾曜。《舊書》五九《姜晈傳》:"(開元)十年,坐漏洩禁中語,爲嗣濮王嶠所奏，敕中書門下究其狀……源乾曜時爲侍中，不能有所持正，論者亦深譏之。"《會要》五三《崇獎》："開元十年……十一月二十八日，敕曰：'侍中源乾曜、中書令張嘉貞、兵部尚書張説等忠誠輔弼，以致昇平，襃德賞功，先王制也。'"

門下侍郎（黃門侍郎）

裴漼。是年代韋抗爲大御。《舊書》一〇〇本傳："再轉黃門侍郎，代韋抗爲御史大夫。"按《舊書》九九《張嘉貞傳》："開元十年，車駕幸東都。有洛陽主簿王鈞爲嘉貞修宅，將以求御史，因受贓事發，上特令朝堂集衆決殺之。嘉貞促所由速其刑以滅口，乃歸罪於御史大夫韋抗、中丞韋虚心，皆貶黜之。"

韓思復。約是年自絳州刺史遷。《舊書》一〇一本傳："轉絳州刺史。入爲黃門侍郎。"參《刺考全編·河東道》。

給事中

杜暹。約是年任。《舊書》九八本傳："累遷給事中。丁繼母憂去職。（開元）十二年……乃奪情擢拜黃門侍郎。"

左拾遺

孫逖。自秘書正字遷。《舊書》一九〇中本傳："遷秘書正字。（開元）十年，應制登文藻宏麗科，拜左拾遺。"《新書》二〇二本傳云："開元十年，又舉賢良方正……擢左拾遺。"

玄宗開元十一年（七二三）

中書省

中書令

張嘉貞。《大詔令集》五七《張嘉貞幽州刺史制》：中書令張嘉貞可幽州刺史。《新書》五《玄宗紀》："（開元十一年）二月己酉，貶張嘉貞爲幽（原作幽，據《大詔令》《舊紀》《舊傳》《通鑑》改）州刺史。"

張説。自兵尚遷。《舊書》八《玄宗紀》上："（開元十一年二月）癸亥，兵部尚書張説兼中書令……（四月）癸亥，張説正除中書令。"

中書侍郎

盧從愿。是年遷工尚。《舊書》三〇《音樂志》三："玄宗開元十一年祭皇地祇於汾陰樂章十一首……太簇角。中書侍郎盧從愿作。"《舊書》一〇〇本傳："（開元）十一年，拜工部尚書。"

崔沔。五月後自中舍遷。《舊書》一八八本傳："中書令張説數稱薦之。服闋，拜中書侍郎。"《新出唐墓誌百種·崔皚妻王媛墓誌》："以開元九年四月廿一日終于東都崇政里第……次子沔，服闋，拜中書侍郎。開元十一年冬至，玄宗有事南郊，制詔侍從登壇，官加一節，在侍郎上，上言請以加階之恩，追贈邑號，制贈夫人安平郡太君。"《通鑑》二一二"開元十一年"："（六月）張説引崔沔爲中書侍郎。"按是年二月癸亥張説兼中令。《會要》七〇《州縣改置》上："（開元）十一年十二月，敕以仙州頻喪長史，欲廢之，令公卿議其可否。中書侍郎崔沔議曰……"

中書舍人

吕太一。約是年遷户侍。《全文》五二二梁肅《外王父贈秘書少監東平吕公神道表銘》："遂居於河東，今爲蒲人也。從尚書四葉生璀，皇朝晉陽令，贈郴州刺史。郴州之嗣曰仁誨，以文學稱，以從父兄太一俱用射策科。

太一歷御史、尚書郎、中書舍人、户部侍郎、右庶子。"《郎表》三户侍：蓋十年稍後曾官户侍。

許景先。《舊書》一九〇中本傳："中書令張説嘗稱曰：'許舍人之文，雖無峻峰激流嶄絶之勢，然屬詞豐美，得中和之氣，亦一時之秀也。'"

張九齡。《曲江集》附録《加朝請大夫敕》："朝散大夫、中書舍人内供奉、上柱國張九齡，右可朝請大夫。門下：守朝散大夫、中書舍人崔沔等……可依前件，主者施行……開元十一年五月二十八日。"

崔沔。見上引。五月後遷中郎。

寇泚。當在任（下年冬遷兵侍）。

陸堅。自給事中遷。《通鑑》二一二"開元十一年"："（五月）上置麗正院，聚文學之士……有司供給優厚。中書舍人洛陽陸堅以爲此屬無益於國，徒爲糜費。"按《舊書》一〇五《宇文融傳》："（開元九年二月）上方委任融，侍中源乾曜及中書舍人陸堅皆贊成其事（檢括田疇户口）。"云開元九年既任中舍。

右散騎常侍

薛溫。是年遷兵尚。《墓誌彙編下（開元三四七）·薛璿墓誌》（卒於開元二十年七月，年五十二）："烈考溫，銀青光禄大夫、太常卿、右散騎常侍，制兵部尚書，謚曰昭成。"據其子享年、卒期及是年兵尚闕員情況而繫。

李令問。自殿中監遷。《西市博物館藏墓誌（二一〇）·李令問墓誌》："遷右散騎常侍。扈從東封。"

徐堅。開元十一年四月稍後自祭酒轉右常侍。《全文》二九一張九齡《徐公（堅）神道碑》："遷秘書監（按爲員外監），無何轉國子祭酒。皇帝稽古崇訓，開堂集儒，以公才學元長，命登首席，遂令集賢殿修撰。又除右常侍，以公爲學士，副丞相燕公知院事。"按《通鑑》二一二"開元十一年"："（五月至八月間）上置麗正書院，聚文學之士秘書監徐堅、太常博士會稽賀知章、監察御史鼓城趙冬曦等，或修書，或侍講。以張説爲修書使以總之。"云此時徐堅爲秘監，當誤。

右補闕

韋述。

右拾遺

徐楚璧。《全文》二九《遺御史分巡諸道詔》:"是用命兹使,委其詳覆,徐楚璧等……並可攝監察御史,勾當租庸地税,兼覆囚。"《元龜》一六二《命使》二:開元十一年五月,命左拾遺徐楚璧等攝監察御史,分巡諸道。左遺拾當爲右拾遺之訛。

毋煚。《墓誌彙編上(開元一七三)・龐夷遠妻李氏墓誌》:開元九年十月卒,十一年四月葬。撰銘:麗正殿修書學士、右拾遺毋煚撰。

起居舍人

陸堅。是年遷給事中。

崔尚。

陸景獻。蓋是年始任。《張九齡集校注》一《酬通事(王)舍人寓直見示篇中兼起居舍人景獻》:"同聲感喬木,比翼謝長離。"據詩意,張九齡與王舍人及陸景獻同在中書省。通事王舍人爲王翰(澣)。參注一。

通事舍人

王澣(翰)。

盧全操。

門下省

侍中

源乾曜。《全文》二八七張九齡《南郊赦書》(開元十一年十一月十六日):"侍中源乾曜、中書令張説、兵部尚書同中書門下三品王晙,各賜物五百匹。"又見《元龜》八〇《慶賜》二。

門下侍郎(黃門侍郎)

韓思復。是年遷大御。《舊書》三〇《音樂志》三:"玄宗開元十一年祭皇地祇於汾陰樂章十一首。迎神用《順和》,林鐘宮。黃門侍郎韓思復作。"《舊書》一〇一本傳:"代裴漼爲御史大夫。"按是年裴漼遷吏尚。《舊書》一〇〇《裴漼傳》:"漼早與張説特相友善,時説在相位,數稱薦之。漼又善於敷奏,上亦嘉重焉。由是擢拜吏部尚書。"

王丘。自右丞遷。《舊書》一〇〇本傳:"(開元)十一年,拜黃門侍郎。"

給事中

杜暹。是年當丁繼母憂去職。參下年引。

陸堅。自起居舍人遷。《歷代名畫記》三:"開元中玄宗購求天下圖書,亦命當時鑒識人押署跋尾,劉懷信等亦或割去前代名氏以己等名氏代之。開元五年月日。"小字注:宣義郎、行左驍衞率府倉曹參軍臣陸元悌堅,後至十一年爲給事中,賜名堅。按是年又遷中舍。

李昇期。約是年自工部郎中遷(開元九年八月任工部郎中)。

左拾遺

孫逖。

吕向。約是年任。《新書》二〇二本傳:"開元十年,召入翰林……時帝歲遣使采擇天下姝好,内之後宮,號'花鳥使',向因奏《美人賦》以諷,帝善之,擢左拾遺。"

玄宗開元十二年（七二四）

中書省

中書令

張説。《舊書》二三《禮儀志》三："開元十二年……時穀屢稔，上書請修封禪之禮并獻賦頌者，前後千餘篇。玄宗謙冲不許。中書令張説又累日固請……於是詔中書令張説、右散騎常侍徐堅、太常少卿韋紹、秘書少監康子元、國子博士侯行果等，與禮官於集賢書院刊撰儀注。"《元龜》三一九《褒寵》二："源乾曜爲侍中，張説爲中書令。開元十二年，賜上考親製。"

蕭嵩。自左丞遷（下年在任）。《郎表》二左丞云是年自左丞轉兵侍。似未確。下年自中令除兵侍。

中書侍郎

崔沔。是年刺魏州。《會要》五四《省號》上："（開元）十二年六月，中書令張説薦崔沔爲中書侍郎……自是每有制敕及南曹事，沔多異同，張説頗不悦焉。"按是年刺魏州。《舊書》一八八本傳："每有制敕及曹事，沔多所異同，張説頗不悦焉。尋出爲魏州刺史。"按《通鑑》二一二"開元十二年"載於六月壬午。參黃郎王丘引。

中書舍人

許景先。是年遷吏侍。按下年由吏侍刺虢州。《舊書》一九〇中本傳："轉中書舍人……（開元）十三年（即下年）玄宗令宰臣擇刺史之任，必在得人，景先首中其選，自吏部侍郎出爲虢州刺史。"

張九齡。十二月守中舍。參給事中褚琇引。

寇洮。七月宣慰河東道。《元龜》一四四《弭災》二："（開元）十二年七月，河東、河北旱。命中書舍人寇洮宣慰河東道，給事中李昇期宣慰河北道。"冬遷兵侍。見《郎表》四兵侍。

陸堅。《會要》八五《逃戶》：開元十二年,宇文融復奏令人分往各得檢查戶口田地。中書舍人陸堅贊成之。

席豫。約是年自考功員外遷。《新書》一二八本傳：“遷考功員外郎,進紬清明。爲中書舍人。”

右散騎常侍

李令問。

徐堅。

右補闕

韋述。

馮騭。當在任（下年四月在任）。

起居舍人

崔尚。

陸景獻。當在任。見上年引。

右拾遺

毋煛。

通事舍人

王澣（翰）。約是年遷駕部郎中。《舊書》一九○中本傳：“擢拜通事舍人,遷駕部郎中。”

盧全操。

門下省

侍中

源乾曜。《會要》八五《逃戶》：開元十二年,宇文融復奏令人分往各得檢查戶口田地。侍中源乾曜贊成之。同書八《郊議》：“開元十二年閏十二月……甲子,侍中源乾曜、中書令張説等奏（封禪事宜）。”《元龜》二九六《追封》：十一月申王撝薨,遣侍中攝太尉源乾曜持節（册命）。

門下侍郎（黃門侍郎）

王丘。《舊書》一○○本傳：“山東旱儉,朝議選朝臣爲刺史以撫貧民……

於是以丘爲懷州刺史。"《通鑑》二一二"開元十二年":"(六月)壬午,以黄門侍郎王丘、中書侍郎長安崔沔、禮部侍郎知制誥韓休等五人出爲刺史。"

杜暹。《舊書》九八本傳:"累遷給事中,丁繼母憂去職。(開元)十二年,安西都護張孝嵩遷太原尹,或薦暹往使安西,蕃人伏其清慎,深思慕之,乃奪情擢拜黄門侍郎,兼安西副大都護。"

給事中

李昇期。《元龜》一四四《弭災》二:"(開元)十二年七月,河東、河北旱。命中書舍人寇泚宣慰河東道,給事中李昇期宣慰河北道。"按宣慰河北後遷衛尉少卿(下年即自少衛尉刺邢州)。

褚琇。《曲江集》附録《加守中書舍人敕》:"門下:朝請大夫、中書舍人、内供奉、上柱國、曲江縣開國男張九齡……朝請大夫、試給事中、上柱國褚琇……九齡可守中書舍人,琇可守給事中,散官勳封各如故。開元十二年十二月十三日。"

左補闕

吕向。約是年自左拾遺遷。《新書》二〇二本傳:"天子數校獵渭川,向又獻詩規諷,進左補闕。"

左拾遺

孫逖。

吕向。是年遷左補闕。

王忠翼。《會要》八五《逃户》:開元十二年,左拾遺王忠翼充使籍田。

玄宗開元十三年(七二五)

中書省

中書令

張説。《會要》六四《集賢院》:"(開元十三年)(四月)中書令張説充學士、知院事。"十一月兼右僕射。《舊書》八《玄宗紀》上。另參中舍張九齡引。

蕭嵩。《舊書》一〇七《廢太子瑛傳》:"(開元)十三年,改名鴻,納妃薛氏,禮畢,曲赦京城之内,侍講潘肅等並加級改職,中書令蕭嵩親迎,特封徐國公。"按是年遷兵侍。

中書舍人

張九齡。《會要》五五《省號》下:"(開元)十三年,行封禪之禮,中書令張説自定升山之官,多引兩省録事主書及己之所親攝官而上。中書舍人張九齡言於説曰:'官爵者,天下之公器,德望爲先,勞舊次之。若顛倒衣裳,則詛謗起矣。'後果爲宇文融所劾。"《通鑑》二一二"開元十三年"載於十一月。十一月後遷少太常。《曲江集》附録《轉太常少卿制》:"門下:中書舍人、上柱國、曲江縣開國男張九齡……可中散大夫、守太常少卿,勳封如故。主者施行。開元十三年十一年十六日。"

陸堅。《會要》六四《集賢院》:(開元十三年)四月,中書舍人陸堅爲集賢院學士。

席豫。當在任。見上年引。

右散騎常侍

李令問。《西市博物館藏墓誌(二一〇)·故右散騎常侍宋國公隴西李公(令問)墓誌銘》:"遷右散騎常侍,扈駕東封。"

徐堅。《舊書》九七《張説傳》:"(開元)十三年,受詔與右散騎常侍徐堅、太常少卿韋縚等撰東封儀注。"又見一三四《宇文融傳》。《通鑑》二一二

"開元十三年"。《會要》七四《選部》上："(開元)十三年十二月,封嶽回,以選限漸迫,宇文融上策,請史部置十銓。注云:禮部尚書蘇頲、刑部尚書韋抗、工部尚書盧從愿、右散騎常侍徐堅、御史中丞宇文融……等十人。"《元龜》一六《封禪》二:"(開元十三年)八月己未,以封禪之故,語中書令張説、右散騎常侍徐堅、太常卿韋縚、秘書少監康子元、國子博士侯行果等與禮官於集賢院刊撰儀注。"按一説左常侍,《舊書》一○二本傳:"開元十三年,再遷左散騎常侍。"時間及官職均似未確。

右補闕

韋述。《會要》六四《集賢院》:開元十三年四月,左補闕韋述、李釗、陸元泰、吕向爲集賢院直學士。按《舊書》一○二本傳:轉右補闕,中書令張説專集賢院事,引爲直學士,遷起居舍人。兹從《舊傳》作右補闕。按是年當遷起居舍人。

馮驚。《會要》六四《集賢院》:(開元十三年)四月右補闕馮驚爲集賢院侍講學士。

右拾遺

毋煚。《會要》六四《集賢院》:(開元十三年)四月,(右)拾遺毋煚爲集賢院直學士。

起居舍人

崔尚。約是年遷著作郎。《新出唐墓誌百種·崔尚墓誌》:"歷秘書郎,即起居舍人、著作郎。"

吕向。自左補闕遷。《新書》二○二本傳:"以起居舍人從帝東巡。"《舊書》一九四上《突厥傳》上:玄宗封禪。常令突厥入仗馳射,起居舍人吕向上疏諷諫云云。

韋述。四月後自右補闕遷。《新書》一三二本傳:"累除右補闕。張説既領集賢院,薦述爲直學士,遷起居舍人。從封太山,奏《東封記》,有詔褒美。"另見右補闕引。

通事舍人

盧全操。約是年轉尚乘奉御。《墓誌彙編下(開元四二一)·盧全操墓誌》:"復授通事舍人……以考績轉尚乘奉御。"

門下省

侍中

源乾曜。《會要》三三《太常樂章》："元日迎送皇帝，奏《大和》。"注："開元十三年，侍中源乾曜撰。"十一月兼左僕射。《舊書》八《玄宗紀》上："（開元十三年十一月）侍中源乾曜爲尚書左丞相兼侍中。"

門下侍郎（黄門侍郎）

杜暹。

給事中

李昇期。當在任（上年七月在任）。

褚琇。當在任（上年十二月始任）。

左補闕

孫逖。約是年自左拾遺遷。《舊書》一九〇中本傳："張説尤重其才，逖日游其門，轉左補闕。"

吕向。四月爲左補闕，充集賢院直學士。稍後遷起居舍人。《金石萃編》七五《述聖頌》：左補闕、集賢殿直學士吕向撰頌并書。後引《關中金石記》："《吕向本傳》叙向以開元十年召入翰林院兼集賢院校理，擢左拾遺，進左補闕，帝爲文勒石西嶽，詔向爲鐫勒使，以起居舍人從東巡。玄宗之封太山在十三年十一月。案孫逖有《春初送吕補闕往西嶽勒碑詩》，是向以是年春奉命華山後，即從太山矣。考《會要》，華嶽碑十三年七月七日成，則向之進起居舍人即以鐫勒功，而從太山在七月後更可知。"另參起居舍人引。按一云爲右補闕。《寶刻叢編》一〇引《集古録目》："《唐御製華嶽碑述聖頌》，唐京兆府富城縣尉達奚珣撰序，右補闕、集賢殿學士吕向撰頌并書。玄宗御製御書華嶽廟。碑建于廟中，珣等遂作此頌。以開元中立。"

左拾遺

孫逖。約是年遷左補闕。

孫翌（季良）。自校書郎遷。《舊書》一八九下本傳："孫季良者，河南偃師人也，一名翌。開元中，爲左拾遺、集賢院直學士。"《新書》二〇〇《趙冬曦傳》:"未幾,冬曦知史官事,遷考功員外郎。踰年與季良、廣業、知章、吕向皆爲直學士。"《會要》六四《史館》下:(開元十三年)四月,考功員外郎趙冬曦爲集賢院直學士。

玄宗開元十四年（七二六）

中書省

中書令

張説。以右僕兼。《舊書》八《玄宗紀》上："（開元十四年）夏四月癸丑，御史中丞宇文融與御史大夫崔隱甫彈尚書右丞相兼中書令張説，鞫於尚書省……庚申，張説停兼中書令。"

中書侍郎

李元紘。自户侍遷，入相。《新書》五《玄宗紀》："（開元十四年）四月丁巳，户部侍郎李元紘爲中書侍郎、同中書門下平章事。"

中書舍人

陸堅。約是年遷秘監。《新書》二〇〇本傳："從封泰山，封建安男，帝待之甚厚，圖形禁中，親製贊。以秘書監卒。"按《集古錄目》三《唐請立馮昭泰碑表》："昭泰子紹正等請立廟碑表，梁昇卿八分書并墨，詔同刻散騎常侍陸堅題額。"前有《唐馮昭泰碑》，爲開元二十一年立。則陸堅於時仍在世，任常侍。

席豫。

趙冬曦。自考功員外遷。《新書》二〇〇本傳："未幾，冬曦知史官事，遷考功員外郎……俄遷中書舍人內供奉。"

宋遥。四月後自度支郎中遷。《墓誌彙編下（天寶一一八）·宋遥墓誌》："遷司勳員外郎、度支郎中，拜中書舍人。"《舊書》九九《嚴挺之傳》："時黃門侍郎杜暹、中書侍郎李元紘同列爲相，不叶。暹與挺之善，元紘素重宋遥，引爲中書舍人。"

劉升。《墓誌彙編下（開元二四一）·魏靖墓誌》：卒於開元十四年八月廿四，葬於十五年正月廿四。撰銘：朝散大夫、守中書舍人劉升撰。

主書

段萬頃。《墓誌彙編下（開元二四四）·故朝議郎行中書主書上柱國段府君（萬頃）墓誌》：“自吏部主書事，遷中書主書……以開元十四年歲在景寅（即丙寅）十二月朔廿三日寢疾而終。”

主事

張觀。《舊書》九七《張說傳》：“中書主事張觀、左衛長史范堯臣並以說勢，詐假納賂，又私度僧王慶則往來與說占卜吉凶，爲隱甫等所鞫伏罪……觀及慶則決杖而死。”

右散騎常侍

李令問。

徐堅。《舊書》二一《禮儀志》一：“（開元）十四年，通事舍人王喦上疏請改撰《禮記》……初令學士右散騎常侍徐堅及左拾遺李鋭、太常博士施敬本等檢撰，歷年不就。”

右補闕

馮騖。當在任（上年四月在任）。

毋煚。蓋是年自右拾遺遷。《大唐新語》一一《褒錫》：“右補闕毋煚，博學有著述才，上表請修古史，先撰目録以進。玄宗稱善，賜絹百匹……煚直集賢，無何，以熱疾暴終。”

右拾遺

毋煚。蓋是年遷右補闕。

起居舍人

吕向。

韋述。

通事舍人

王喦。《會要》三七《五禮篇目》：“（開元）十四年，通事舍人王喦疏請撰《禮記》，削去舊文，而以今事編之。詔以集賢院學士詳議。”

門下省

侍中

源乾曜。兼左僕。

門下侍郎（黃門侍郎）

杜暹。《舊書》八《玄宗紀》上："（開元十四年）九月己丑，檢校黃門侍郎
磧西副大都護杜暹同中書門下平章事。"

李暠。自兵侍轉，兼太原尹。《舊書》一一二本傳："三遷黃門侍郎，兼
太原尹，仍充太原以北諸軍節度使。"《大詔令集》七四《命盧從愿等祭岳瀆
敕》（開元十四年六月：原作正月，當誤）：令黃門侍郎李暠祭北嶽。《元龜》
一四四《弭災》二："（開元）十四年六月丁未，以久旱分命六卿祭山川。詔
曰：'……黃門侍郎李暠祭北嶽。'"

左散騎常侍

崔沔。自魏州刺史遷，兼判祭酒。《全文》三三八顏真卿《崔孝公宅陋
室銘記》："乙丑歲（按即開元十三年），玄宗東封，知頓使奏課第一……明年
入朝……還州，以理有異績，御史大夫崔隱甫、中丞宇文融朝服表薦……無
何，徵拜左散騎常侍……兼判國子祭酒。"《墓誌彙編下（大曆〇六〇）·崔
沔墓誌》："河朔無年，特詔公魏州刺史。皇上有事泰山，觀大禮，加朝議大
夫。因上計，分掌吏部選事。未幾，入爲左散騎常侍兼判國子祭酒。"

諫議大夫

徐玄之。當在任（下年刺湖州）。

左補闕

孫逖。

左拾遺

孫翌（季良）。當在任（上年始任）。

李銳。《舊書》二一《禮儀志》一："（開元）十四年，通事舍人王喦上疏請
改撰《禮記》……初令學士右散騎常侍徐堅及左拾遺李銳、太常博士施敬本
等檢撰，歷年不就。"

玄宗開元十五年（七二七）

中書省

中書令

闕

中書侍郎

李元紘。《會要》六三《在外修史》："（開元）十五年（原作二十五年。誤）六月二十六日，詔左丞相張説在家修史。中書侍郎李元紘奏曰："……望勒説等就史館參詳撰録，則典册舊章不墜矣。"按張説是年二月既已致仕，謂二十五年，誤。

中書舍人

席豫。

趙冬曦。

宋遥。

劉升。

右散騎常侍

李令問。《西市博物館藏墓誌（二一○）·故右散騎常侍宋國公隴西李公（令問）墓誌銘》："遷右散騎常侍，扈駕東封……而婚姻之家，抵犯天綱，國有恒制，官移侍臣，貶撫州別駕。"《通鑑》二一三"開元十五年"："（九月）己卯，貶右散騎常侍李令問爲撫州別駕。"按《舊書》六七本傳："開元中，轉殿中監、左散騎常侍……（開元）十五年，涼州都督王君㚟奏回紇部落叛，令問坐與聯姻，左授撫州別駕。尋卒。"云左常侍，誤。

徐堅。

右補闕

毋煚。是年或稍後卒。參上年引。

施敬本。《新書》二〇〇本傳：“敬本以太常博士爲集賢院修撰，踰年，遷右補闕。”

右拾遺

李鋭。約是年自左拾遺改（下年五月在任）。

起居舍人

吕向。約是年遷主客郎中。《新書》二〇二本傳：“久之，遷主客郎中。”

韋述。《舊書》八八《蘇頲傳》：“（開元）十五年卒，年五十八。初，優贈之制未出，起居舍人韋述上疏曰：‘臣伏見貞觀、永徽之時，每有公卿大臣薨卒，皆輟朝舉哀，所以成終始之恩，厚君臣之義。’”又見《會要》五六《省號》下。

門下省

侍中

源乾曜。兼左僕。

門下侍郎（黄門侍郎）

杜暹。

李暠。兼太原尹。《墓誌彙編下（開元二八四）・張楚璋墓誌》：“黄門侍郎兼太原尹李暠聞之，奏充節度判官。”

左散騎常侍

崔沔。兼判祭酒。《全文》三三八顔真卿《崔孝公宅陋室銘記》：“俄充東都副留守。”

諫議大夫

徐玄之。《嘉泰吴興志》一四《郡守題名》：“徐玄之，開元七年自諫議大夫授（湖州刺史），改邠王府長史。《統紀》云：十五年。”按《刺考全編・江南東道》從《統紀》繫於是年刺湖州。從之。

左補闕

孫逖。《舊書》一九〇中本傳：“黄門侍郎李暠出鎮太原，辟爲從事。”

左拾遺

李鋭。約是年改右拾遺。

玄宗開元十六年（七二八）

中書省

中書令

闕

中書侍郎

李元紘。

中書舍人

席豫。

趙冬曦。約是年遷少太僕。《墓誌續編（天寶〇六八）·國子祭酒趙君壙》："遷考功員外郎、中書舍人、太僕少卿。"

宋遙。約是年遷中丞。《墓誌彙編下（天寶一一八）·宋遙墓誌》："拜中書舍人、除御史中丞，賜緋魚袋。尋加朝散大夫，户部、禮部、吏部、再户部四侍郎。"按開元十八年當在户侍任。

劉升。約是年遷右庶。《新出唐墓誌百種·大唐故太子右庶子任城縣開國男劉府君墓誌銘并序》："公諱升，字陟遐，彭城人……累兵户二員外、中書舍人、右庶子……開元十八年六月廿九日薨於京兆修竹里私第。"

張均。約是年自司封郎中遷。《新書》一二五本傳："自太子通事舍人累遷主爵郎中、中書舍人。"

右散騎常侍

徐堅。

右補闕

施敬本。

右拾遺

李鋭。《會要》三〇《大明宮》："開元十六年五月六日，唐昌公主出降，有司進儀注，于紫宸殿行五禮。右補闕施敬本、左拾遺張烜、右拾遺李鋭等連名上疏（請權於別所）。"

起居舍人

韋述。

門下省

侍中

源乾曜。兼左僕。

門下侍郎（黃門侍郎）

杜暹。

李暠。兼太原尹。《全文》三一二孫逖《伯樂川記》："太原元帥、黃門侍郎李公，國之宗盟，朝之俊德，以元凱之忠肅，兼桓文之節制。戊辰歲秋七月，公以疆場之事，會幽州長史李公於伯樂川。"按黃郎李公即李暠，幽州長史李公即李尚隱。

給事中

嚴挺之。自考功員外遷。《舊書》九九本傳："遷考功郎中，特敕又令知考功貢舉事，稍遷給事中。"《全文》二九〇張九齡《答嚴給事書》。嚴給事即嚴挺之。

韓朝宗。約是年自度支郎中遷。王維《韓公（朝宗）墓誌銘》："拜監察御史、兵部員外郎……轉度支郎中。"《舊書》九九《李適之傳》："開元中，累遷通州刺史，以強幹見稱。時給事中韓朝宗爲按察使，特表薦之。擢拜秦州都督。"按李適之約是年刺秦州，參《刺考全編·隴右道》。

劉彤。當在任（下年十一月在任）。

左散騎常侍

崔沔。兼判祭酒、東都副留守。

左拾遺

張烜。《會要》三〇《大明宮》:"開元十六年五月六日,唐昌公主出降,有司進儀注,于紫宸殿行五禮。右補闕施敬本、左拾遺張烜、右拾遺李銳等連名上疏(請權於別所)。"

袁瓘。孟浩然有《洛州訪袁拾遺不遇》詩。袁拾遺即袁瓘。見佟培基《孟浩然詩集箋注·宋本集外詩》。按浩然開元十六年冬入長安赴舉,十七年冬離京游吳越,則詩當作於這一時段途徑洛州時。

玄宗開元十七年（七二九）

中書省

中書令

蕭嵩。《舊書》八《玄宗紀》上："（開元十七年六月甲戌）兵部尚書蕭嵩兼中書令。"

中書侍郎

李元紘。《舊書》八《玄宗紀》上："（開元十七年）六月甲戌……中書侍郎李元紘爲曹州刺史。"

裴光庭。《舊書》八《玄宗紀》上："（開元十七年）六月甲戌……兵部侍郎裴光庭爲中書侍郎，同中書門下平章事……（八月）己卯，中書侍郎裴光庭兼御史大夫，依舊知政事……（九月）壬寅，裴光庭爲黄門下侍郎，依舊知政事。"

中書舍人

席豫。

張均。《會要》八一《考》上："（開元）十七年三月，中書舍人張均，其父左（應爲右）丞相説校京官考。"按三月張説爲右丞相。

裴寬。《舊書》一〇〇本傳：嵩加中書令，寬任中書舍人。按蕭嵩六月兼中令。

陳希烈。蓋是年始任。《新書》二二三上本傳："開元中，帝儲思經義，自褚元量、元行冲卒，而希烈與康子元、馮朝隱進講禁中，其應答詔問，敷盡微隱，皆希烈爲之章句。累遷中書舍人。"元行冲正月卒。

右散騎常侍

徐堅。《舊書》八《玄宗紀》上："（五月癸巳）右散騎常侍徐堅卒。"

王丘。是年服闋。《舊書》一〇〇本傳："丁父憂去職（左丞），服闋，拜右散騎常侍。"

右補闕

施敬本。

起居舍人

韋述。

門下省

侍中

源乾曜。以左僕兼，六月停兼侍中。《舊書》八《玄宗紀》上："（開元十七年）六月甲戌，尚書左丞相源乾曜停兼侍中。"

門下侍郎（黃門侍郎）

杜暹。《舊書》八《玄宗紀》上："（開元十七年）六月甲戌……黃門侍郎杜暹爲荆州都督府長史。"

李暠。兼太原尹。

裴光庭。自中郎轉。《舊書》八《玄宗紀》上："（開元十七年九月）壬寅，裴光庭爲黃門侍郎，依舊知政事。"

宇文融。《舊書》八《玄宗紀》上："（開元十七年）六月甲戌……户部侍郎兼鴻臚卿宇文融爲黃門侍郎……同中書門下平章事……九月壬子，宇文融左遷汝州刺史。"

給事中

嚴挺之。是年刺登州。《舊書》九九本傳：時黃門侍郎杜暹與中書侍郎李元紘不協，而挺之與暹善，挺之違元紘意，由是出爲登州刺史、太原少尹。

韓朝宗。

劉彤。《會要》二〇《親謁陵》："開元十七年十一月……十二日，朝于定陵，如橋陵之禮。時每發行宮，將謁，天尚未曉。給事中劉彤上疏諫曰：'……拜陵之日，必假朝光，凡百歡心，普天幸甚。'"

馮紹烈。《舊書》一〇五《宇文融傳》："裴光庭時兼御史大夫，又彈融交游朋黨及男受贓等事，貶昭州平樂尉。在嶺外歲餘，司農少卿蔣岑舉奏融自汴州迴造船脚，隱没鉅萬，給事中馮紹烈又深文案其事實，融於是配流巖州。"按司農少卿蔣岑舉奏宇文融事，《通鑑》二一三"開元十七年"："（十月，宇文融）至嶺外歲餘，司農少卿蔣岑奏在汴州隱没官錢鉅萬計，制窮治其事，融坐流巖州。"《張説集校注・馮公（昭泰）神道碑》："是時天子嚴謁山陵，訓人追孝，推恩庶辟，漓澤幽泉。公長子少府監紹正，次子給事中紹烈，並構層堂，仰延榮贈，乃贈公工部尚書。"按是年十一月丙申，玄宗謁橋陵。見《舊書》八《玄宗紀》上。

薛侃。當在任（下年五月在任）。

左散騎常侍

崔沔。

諫議大夫

王迴質。是年任。《舊書》一八五下《楊瑒傳》："（楊瑒）表薦滄州人王迴質、瀛州人尹子路、汴州人白履忠，皆經學優長，德行純茂，堪爲後生師範，請追授學官……及追至，迴質起家拜諫議大夫，仍爲皇太子侍讀。"《舊書》一九二《白履忠傳》："（開元）十七年，國子祭酒楊瑒又表奏履忠堪爲學官。"

起居郎

盧諭（論）。當在任。見下年引。

左拾遺

袁瓘。見上年引。

薛僅。蓋是年始任。《全文》三六二徐季鴿《屯留令薛僅善政碑》："開元二十年，又敕將幸太原，重巡潞藩，上顧謂侍中裴光庭，先擇才能，俾宿儲供。公以左拾遺膺是選也……會有制命舉才高未達沉跡下僚宏詞博識至公從正者，上御紫宸殿，親試親考，入拜獻替之司，正議鯁詞，多所獻納。"按薛僅是年應才高未達沉跡下僚科及第，《登科紀考補正》七。

符寶郎

張坱。當在任（下年十二月丁父憂）。

玄宗開元十八年(七三〇)

中書省

中書令

蕭嵩。以兵尚兼。《全文》三一二孫逖《宰相及百官定昆明池旬宴序》："皇帝御天下之十有九載……我上相裴公,中書令蕭公,保乂皇極,緝熙文教。"裴公即裴光庭,蕭公即蕭嵩。《集古録目》三:"《唐蕭瓘碑》,尚書左丞相張説撰,梁昇卿八分書,明皇八分書題額。瓘字玄茂,南梁蕭詧之後,官至渝州長史。子嵩爲中書令(原誤作尚書令),贈瓘吏部尚書。碑以開元十八年五月立。"

中書舍人

席豫。是年遷戶侍。《舊書》一九〇中本傳:"三遷中書舍人……轉戶部侍郎。"

裴寬。《舊書》一九九下《契丹傳》:"(開元)十八年,可突于殺邵固,率部落并脅奚衆降於突厥,東華公主走投平盧軍。於是詔中書舍人裴寬,給事中薛侃等於京城及關内、河東、河南、河北分道募壯勇之士,以忠王浚爲河北道行軍元帥以討之。師竟不行。"《通鑑》二一三"開元十八年"載於五月。

張均。十二月丁父憂。《新出唐墓誌百種·張説墓誌》:"開元十有八載龍集庚午冬十二月戊申,開府儀同三司、尚書左丞相燕國公薨於位……長子均,中書舍人;次曰垍,駙馬都尉、衛尉卿;季曰埱,符寶郎。泣血在疚,皆我之有後也。"

陳希烈。《元龜》五三《尚黃老》:"(開元)十八年十月,命集賢院學士陳希烈等於三殿講《道德經》。侍中裴光庭等奏曰:'堯舜以揖遜而理,湯武以干戈而興……遂命集賢院學士、中書舍人陳希烈、諫議大夫王迴質、侍講學士宗正少卿康子元、贊善大夫馮朝隱等於三殿侍講。'"裴光庭文見《全文》

二九九《請以三殿講道德經編入史策奏》。

鄭少微。約是年自考功郎中遷。《全文》九九三佚名《唐故慈州刺史光禄少卿鄭公（曾）碑》：“長子長裕，國子司業……次子□□，歷□部郎中、中書舍人、鴻臚太常□少卿、□□□侍郎。”又見《金石萃編》八一。所空次子即鄭少微。《舊書》一五八《鄭餘慶傳》：“祖長裕，官至國子司業，終潁川太守。長裕弟少微，爲中書舍人，刑部侍郎。”所空某部郎中當是考功郎中。《郎官考》九考功郎中有鄭長裕，在許圉師後，元大士前。

梁昇卿。蓋是右庶子遷。《舊書》九九《張九齡傳》：“九齡……與中書侍郎嚴挺之、尚書左丞袁仁敬、右庶子梁升（昇）卿、御史中丞盧怡結交友善。”

右散騎常侍

王丘。

右補闕

施敬本。約是年遷秘書郎。《新書》二〇〇本傳：“敬本以太常博士爲集賢院修撰。逾年，遷右補闕、秘書郎，卒。”

起居舍人

韋述。約是年轉屯田員外。《舊書》一〇二本傳：“遷起居舍人……（開元）十八年，兼知史官事，轉屯田員外郎、職方吏部二郎中。”

孫逖。是年自太原節度從事遷。《新書》二〇二本傳：“李暠鎮太原，表置幕府。以起居舍人入爲集賢院修撰。”按開元十五年至開元十八年李暠鎮太原，參《方鎮年表》四。

門下省

侍中

裴光庭。正月辛卯自黃郎遷。四月乙丑兼吏尚。《舊書》八《玄宗紀》上：“（開元十八年）正月辛卯，黃門侍郎裴光庭爲侍中，依舊兼御史大夫……（乙丑）裴光庭兼吏部尚書。”

門下侍郎（黃門侍郎）

李暠。兼太原尹。十二月遷太常卿，旬日改工尚。《舊書》一一二本傳：“久之，轉太常卿，旬日，拜工部尚書、東都留守。”參《方鎮年表》四。《九卿考》（增訂）二。

裴光庭。正月辛卯遷侍中，仍兼大御。

給事中

韓朝宗。以給事中知吏部選事。王維《韓公（朝宗）墓誌銘》：“除給事中……尋知吏部選事。”按開元十六年除給事中。《郎表》三吏侍於下年云：是年或前後一年以給事中知吏部選事。

劉彤。當在任（上年十一月在任）。

馮紹烈。是年遷中丞。《張説集校·馮公（昭泰）神道碑》：“以開元十八年十月壬寅，葬我公於長安縣高陽原，夫人王氏、劉氏祔焉。長子紹正，少府監……第五子紹烈，御史中丞。”

薛侃。《舊書》一九九下《契丹傳》：“（開元）十八年，可突于殺邵固，率部落並脅奚衆降於突厥，東華公主走投平盧軍。於是詔中書舍人裴寬、給事中薛侃等於京城及關內、河東、河南、河北分道募壯勇之士，以忠王浚爲河北道行軍元帥以討之，師竟不行。”《通鑑》二一三“開元十八年”載於五月。

録事

閻麟之。《會要》七四《選部》上：“（開元）十八年，蘇晉爲吏部侍郎，而侍中（原作侍郎，誤）裴光庭每過官應批退者，但對衆披簿，以朱筆點頭而已。晉遂榜選院云：‘門下點頭者，更引注擬。’光庭以爲侮己，不悦。時有門下主事閻麟之爲光庭心腹，專知吏部過官，每麟之裁定，光庭隨口下筆，時人語曰：‘麟之手，光庭口。’”按門下省無主事，或即録事。姑繫於此。

左散騎常侍

崔沔。《墓誌續編（開元〇九七）·李暢墓誌》（卒於開元十八年六月，葬於七月）：左散騎常侍、博陵崔沔撰。

諫議大夫

王迴質。十月在任。見中舍陳希烈引。

起居郎

盧諭（論）。《新書》一二九《盧從愿傳》：“（開元）十八年，復爲東都留守。坐子起居郎論（《舊傳》作諭）輸羅於官取利多，貶絳州刺史。”

左拾遺

薛僅。《全文》三六二徐季鴒《屯留令薛僅善政碑》：“會有制命舉才高未達沉跡下僚宏詞博識至公從正者，上御紫宸殿，親試親考，入拜獻替之司，正議鯁詞，多所獻納。御史大夫李朝隱屢有推薦，竟無昇擢。”按李朝隱上年始任大御，是冬遷太常卿。薛僅是年應才高未達沉跡下僚科及第。見《登科紀考補正》七。

符寶郎

張垍。十二月丁父憂。見中舍張均引。

玄宗開元十九年（七三一）

中書省

中書令

蕭嵩。兼兵尚。《元龜》二六《感應》："（開元）十九年四月己丑，侍中裴光庭、中書令蕭嵩奏曰：'頃以春季夏初，微愆時澤，雖無溥潤，尚未爲災。'"參與删撰《格後長行敕》，見《舊書》五〇《刑法志》。又見《會要》三九《定格令》。見侍中引。

中書舍人

裴寬。是年遷中丞。《舊書》一〇〇本傳："蕭嵩爲中書令，寬歷中書舍人、御史中丞、兵部侍郎。開元二十一年冬……（裴耀卿）奏寬爲户部侍郎、爲其副。"

陳希烈。

鄭少微。約是年遷少鴻臚。《全文》九九三佚名《唐故慈州刺史光禄少卿鄭公（曾）碑》："長子長裕，國子司業……次子□□，歷□部郎中、中書舍人、鴻臚太常□少卿、□□□侍郎。"又見《金石萃編》八一。按"次子"後所空爲"少微"二字。開元二十一年爲少太常。

梁昇卿。

右散騎常侍

王丘。

起居舍人

孫逖。

門下省

侍中

裴光庭。《舊書》五〇《刑法志》："（開元）十九年，侍中裴光庭、中書令蕭嵩，又以格後制敕行用之後，頗與格文相違，於事非便，奏令所司删撰《格後長行敕》六卷，頒于天下。"又見《會要》三九《定格令》。《會要》三六《修撰》："（開元十九年）十二月十一日，侍中裴光庭上《瑶山往則》《維城前軌》各一卷，上以賜皇太子及慶王。"

給事中

韓朝宗。約是年刺許州。王維《韓公（朝宗）墓誌銘》："除給事中……尋知吏部選事……除許州刺史。"《刺考全編·河南道》云約開元二十年刺許州。

薛侃。當在任（上年五月在任）。

元彦冲。當在任（下年九月刺邠州）。

左散騎常侍

崔沔。

諫議大夫

王迥質。

左補闕

王仲丘。蓋是年始任。《新書》二〇〇本傳："仲丘開元中歷左補闕内供奉、集賢修撰。"

左拾遺

薛僅。

玄宗開元二十年（七三二）

中書省

中書令

蕭嵩。十二月兼吏尚。仍兼中令、平章事。《舊書》八《玄宗紀》上："（開元二十年）九月乙巳，中書令蕭嵩等奏上《開元新禮》一百五十卷，制所司行用之。"《宰相表》中：（開元二十年）十二月壬申嵩爲吏部尚書（原作兵部，誤）。按蕭嵩自開元十四年至今一直任兵尚，而又書其任兵尚，實屬無謂，當是吏部之誤書。見《郎表》九"吏部尚書輯考"。

中書舍人

陳希烈。

梁昇卿。《新出唐墓誌百種·張説墓誌》：張説葬於開元二十年八月。書丹：朝散大夫、中書舍人梁昇卿書。九月二十一日刺莫州。《會要》八二《當直》："開元二十年九月二十一日，中書舍人梁昇卿私忌。二十日晚欲還，即令傳制報給事中元彦冲令宿衛。會彦冲已出，昇卿至宅，令狀報……比往復，日已暮矣。其夜，有中使齎黄敕，見直官不見，回奏。上大怒，出彦冲爲邠州刺史……出昇卿爲莫州刺史。"按《集古錄目》三："《唐馮昭泰碑》，棣王洽撰，中書舍人内供奉梁昇卿八分書……碑以開元二十一年立。"按碑爲後立。

徐安貞。自禮部員外遷。《舊書》一九〇中本傳："開元中爲中書舍人、集賢院學士。"

主事

張守珍。當在任。《墓誌彙編下（開元五二一）·故郴州義章縣尉張守珍墓誌》："復轉都省主事……又轉中書省主事。"

右散騎常侍

王丘。

起居舍人

孫逖。

門下省

侍中

裴光庭。兼吏尚。十二月罷兼吏尚。《張九齡集校注》一《和裴侍中承恩拜掃旋轡途中有懷寄州縣官僚鄉園故親》，作於開元二十年十月。見注一。

給事中

薛侃。當在任。

元彥冲。九月刺邠州。見中舍梁昇卿引。

夏侯銛。當在任（下年二月後貶瀘州都督）。

王敬從。約是年自考功郎中改。《全文》三一三孫逖《太子右庶子王公（敬從）神道碑》："歷尚書禮部司勳員外郎、考功郎中、給事中，拜中書舍人。"按約於下年始任中舍。

崔翹。當在任。《西市館藏墓誌（二一四）·崔嬌嬌墓誌》："大唐開元廿年歲在壬申秋七月既望翌日景辰，隴西李氏之妻清河崔氏卒於河南行脩里。八月辛未廿日庚寅，葬於伊闕山，春秋廿有二……清河文公融之孫，給事中翹之女。"

左散騎常侍

崔沔。

諫議大夫

王迴質。

左補闕

王仲丘。内供奉。《墓誌彙編下（開元三四七）·薛璿墓誌》：卒於開元二十年七月，葬於八月。撰銘：子婿左補闕内供奉集賢殿修撰瑯琊王仲丘撰。

左拾遺

薛僅。是年爲屯留令。《全文》三六二徐季鴒《屯留令薛僅善政碑》："開元二十年，又敕將幸太原，重巡潞藩，上顧謂侍中裴光庭，先擇才能，俾宿儲供。公以左拾遺膺是選也⋯⋯及公之出宰（屯留）也⋯⋯議者爲屈，公無慍色。"

玄宗開元二十一年（七三三）

中書省

中書令

蕭嵩。兼吏尚。十一月罷爲右僕。《會要》七四《選部》上："開元十八年四月十一日，侍中兼吏部尚書裴光庭奏，用循資格。至二十一年，光庭薨，中書令蕭嵩與光庭不協，以循資格取士不廣，因奏事言之。"按《全文》二八三張九齡《敕皇太子納妃》："五禮使兵部尚書兼中書令蕭嵩特封徐國公。"該敕作於開元二十一年五月二十一日，見《大詔令集》三一。按兵部爲吏部之誤。開元二十年十二月蕭嵩已自中令兼兵尚遷兼吏尚。十一月罷爲右僕。《宰相表》中：（開元二十一年）十二月丁巳罷爲右丞相。

中書侍郎

張九齡。自工侍遷（檢校），十二月入相。《曲江集》附錄《加檢校中書侍郎制》："正議大夫、行尚書工部侍郎、集賢院學士、仍知副院事、上柱國、曲江縣開國男張九齡，朝散大夫、中書舍人、集賢院學士、侍講陳希烈等……九齡可檢校中書侍郎，希烈可檢校尚書工部侍郎，餘如故。開元二十一年五月二十七日。"《舊書》九九本傳："再遷中書侍郎。常密有陳奏，多見納用。尋丁母喪歸鄉里，（開元）二十一年十二月，起復拜中書侍郎、同中書門下平章事。"《宰相表》中：（開元二十一年）十二月丁巳，前檢校中書侍郎起復張九齡爲中書侍郎、同中書門下平章事。又見《大詔令集》四五《裴耀卿張九齡平章事制》。

中書舍人

陳希烈。五月遷檢校工侍。見中郎張九齡引。

徐安貞。是年十二月有《裴耀卿張九齡平章事制》，見《大詔令集》四五。

徐嶠。《舊書》一九一《張果傳》:"開元二十一年,恒州刺史韋濟以狀奏聞。玄宗令通事舍人裴晤往迎之,果對使絶氣如死。又遣中書舍人徐嶠齎璽書以邀迎之。"

王敬從。約是年自給事中改。《全文》三一三孫逖《太子右庶子王公(敬從)神道碑》:"歷尚書禮部司勳員外郎、考功郎中、給事中,拜中書舍人。"按約下年始任中舍。

裴敦復。自檢校吏部郎中遷。《全文》三二八王邱《授裴敦復中書舍人制》:"敕:朝議郎、檢校吏部郎中裴敦復等,並行標純一,材藴經通……可依前件。"

主書

張守珍。約是年自主事遷。《墓誌彙編下(開元五二一)・故郴州義章縣尉張守珍墓誌》:"無何,遷主書,尚德也。"

主事

張守珍。約是年遷主書。

右散騎常侍

王丘。是年代崔琳爲大御。《舊書》一〇〇本傳:"(開元)二十一年,侍中裴光庭病卒,中書令蕭嵩與丘有舊,將薦丘知政事,丘知而固辭,且盛推尚書右丞韓休,嵩因而奏之。及休作相,遂薦丘代崔琳爲御史大夫。"按韓休三月入相,十二月罷。

右拾遺

徐浩。《全文》四四五張式《徐公神道碑銘》:"尋拜右拾遺。張守珪之節制幽薊……特以幕僚陳乞,優遂其請,授監察御史。"

起居舍人

孫逖。是年遷考功員外。《舊書》一九〇中本傳:"(開元)二十一年入爲考功員外郎、集賢修撰。"

王仲丘。自左補闕内供奉遷。《新書》二〇〇本傳:"仲丘開元中歷左補闕内供奉、集賢修撰、起居舍人。"《舊書》二一《禮儀志》一:"説卒後,蕭嵩代爲集賢院學士,始奏起居舍人王仲丘撰成一百五十卷,名曰《大唐開元禮》。"

賈登。約是年任。《新書》一三二《韋述傳》：“先是，詔修《六典》，徐堅構意歲餘，歎曰：‘吾更修七書，而《六典》歷年未有所適。’及蕭嵩引述撰定，述始摹周六官領其屬，事歸於職，規制遂定。初，令狐德棻、吳兢等撰武德以來國史，皆不能成。述因二家參以後事，遂分紀、傳，又爲例一篇。嵩欲蚤就，復奏起居舍人賈登、著作佐郎李銳助述紬續。逮成，文約事詳。蕭穎士以爲譙周、陳壽之流。改國子司業。”按蕭嵩是年十二月罷中書令。韋述開元二十七年轉司業。

通事舍人

裴晤。《舊書》一九一《張果傳》：“開元二十一年，恒州刺史韋濟以狀奏聞。玄宗令通事舍人裴晤往迎之，果對使絶氣如死。”按《大唐新語》一〇謂開元二十三年。

韋景先。《元龜》一七〇《來遠》：“（開元）二十一年八月，日本國朝賀使真人廣成與儻從五百九十人舟行遇風，飄至蘇州，刺史錢惟正以聞，詔通事舍人韋景先往蘇州宣慰勞焉。”

門下省

侍中

裴光庭。《元龜》二四《符瑞》三：“（開元）二十一年二月，衢州獲魚有銘，獻之，侍中裴光庭等奉賀。”《舊書》八《玄宗紀》上：“（開元二十一年）三月乙巳，侍中裴光庭薨。”

門下侍郎（黃門侍郎）

韓休。《舊書》八《玄宗紀》上：“（開元二十一年三月）甲寅，尚書右丞韓休爲黃門侍郎、同中書門下平章事。”《全文》二八三張九齡《敕皇太子納妃》：“五禮使、兵部尚書、兼中書令蕭嵩特封徐國公。禮會使、黃門侍郎、同中書門下平章事韓休特與三品。”十月丁巳罷爲檢校工尚。《宰相表》中：（開元二十一年）十二月丁巳罷爲檢校工部尚書。

裴耀卿。《舊書》八《玄宗紀》上：“（開元二十一年十二月丁未）京兆尹裴耀卿爲黃門侍郎……同中書門下平章事。”《新紀》及《宰相表》中云丁巳。

給事中

夏侯銛。是年貶瀘州都督(《刺考全編・劍南道》云約睿宗時。誤)。《新書》八三《定安公主傳》:"(定安公主)薨,王同皎子請與父合葬,給事中夏侯銛曰:'主義絕王廟,恩成崔室,逝者有知,同皎將拒諸泉。'(崔)銑或訴於帝,乃止。銛坐是貶瀘州都督。"《會要》五四《省號》上:"開元二十一年二月,安定公主初降王同皎,後降韋濯,又降博陵崔銑,銑卒。及是,公主薨,其子駙馬王繇請與其父合葬,敕旨依。給事中夏侯銛駁之。"

王敬從。約是年改中舍。

崔翹。當在任。

李彭年。自考功員外遷。《全文》三五四王從敬《授李彭年等中書舍人制》:"門下:朝請大夫、守給事中李彭年等,器業弘深,風規穎秀……可依前件。"

蕭華。十月後任。《舊書》九九《蕭嵩傳》:"(開元)二十一年二月……玄宗眷嵩厚,乃許嵩授尚書右丞相,令罷相,以(韓)休爲工部尚書。尋又以嵩子華爲給事中。"按蕭嵩罷相在十月。

左散騎常侍

崔沔。兼祭酒。是年遷秘監。《墓誌彙編下(大曆〇六〇)・崔沔墓誌》:"未幾,入爲左散騎常侍、兼判國子祭酒。始東都副留守,復秘書監。"《全文》三三八顏真卿《崔孝公宅陋室銘記》:"(開元)二十一年,遷秘書監。"

諫議大夫

王迥質。《元龜》五三《尚黃老》一:"(開元二十一年十二月)文武百官尚書左丞相、集賢院學士蕭嵩奏:'伏見去年以來,又敕令集賢院學士、工部侍郎陳希烈,諫議大夫王迥質,膳部郎中馮朝隱等,每日侍講玄元皇帝《道德經》及《周易》《尚書》《莊子》等,以今月二十日講畢。'"

李祈。當在任(下年刺湖州)。

左補闕

王仲丘。内供奉。是年遷起居舍人。

王智明。是年前後在任。《大唐新語》九:"開元中,中書令蕭嵩以《文選》是先代舊業,欲注釋之。奏請左補闕王智明、金吾衛佐李玄成、進士陳居等注《文選》。"

玄宗開元二十二年（七三四）

中書省

中書令

張九齡。自中郎遷。《舊書》八《玄宗紀》上："（開元二十二年）五月戊子……中書侍郎張九齡爲中書令。"

中書侍郎

張九齡。《全文》二八八張九齡《讓起復中書侍郎平章事表》："臣九齡言：伏奉去年十二月十四日制，復臣中書侍郎同平章事……謹詣朝堂奉表陳乞以聞……開元二十二年正月二十七日草土臣張九齡上表。"五月戊子爲中令，仍平章事。

徐安貞。以中舍兼。《曲江集》附錄《張九齡加銀青光禄大夫中書令制》，末署：開元二十二年五月二十七日，中書侍郎、朝議大夫、中書舍人內供奉、集賢院修撰、上柱國臣徐安貞奉行。按是年當遷檢校工侍。

中書舍人

徐安貞。兼中郎。約是年遷檢校工侍（按工侍一員，是年陳希烈自工侍遷黃郎；而安貞下年七月已在工侍任）。

徐嶠。

王敬從。其於後年即開元二十四年遷中丞，其制文云："中書舍人、上柱國王敬從……自居近密，頗歷歲時，忘公盡於掌綸，淑慎形於削藁。"見《全文》三〇八孫逖《授王敬從御史中丞充京畿採訪使制》。謂其任中舍"頗歷歲時"，則知是年當在任。

裴敦復。《舊書》八《玄宗紀》上："（開元二十二年正月）乙酉，懷、衛、邢、相等五州乏糧，遣中書舍人裴敦復巡問，量給種子。"

崔翹。約是年自給事中遷。《新出唐墓誌百種·崔尚墓誌》（卒於天寶四載七月,年六十六):"文公融,君之叔父也。公子中書舍人、知制誥,贈定州刺史貞公禹錫,君之從父兄也。"《舊書》九四《崔融傳》:"二子,禹錫、翹,開元中相次爲中書舍人。"《全文》三二八王邱《授崔翹中書舍人制》:"門下:朝議大夫、守給事中崔翹……可守中書舍人。"按據已有材料,可排列崔禹錫仕歷:給事中(正五品上,開元廿年在任)、禮侍(正四品下,開元廿六年始任)、大理卿、左右丞、禮尚。崔翹仕歷自開元二十二年至二十六年空闕。

李彭年。自給事中遷。《元龜》一六二《命使》二:"(開元二十二年)十一月……中書舍人李彭年巡河南道。"

主書

張守珍。當在任。見下年引。

右拾遺

徐浩。

起居舍人

賈登。當在任。

李融。《舊書》一九四上《突厥傳》上:"册立伊然,爲立碑廟,仍令史官起居舍人李融爲其碑文。"按《通鑑》二一四"開元二十二年"載於是年。

門下省

侍中

裴耀卿。自黄郎遷。《舊書》八《玄宗紀》上:"(開元二十二年)五月戊子,黄門侍郎裴耀卿爲侍中。"《會要》八七《漕運》:"(開元)二十二年八月……侍中裴耀卿充江淮轉運使。"按《會要》七〇《州縣改置》上:"開元二十二年四月,侍中裴耀卿奏:'汜水、滎澤、武陟三縣,於河口輸場置焉,隸河南。'"云四月已在任。當誤。

門下侍郎(黄門侍郎)

裴耀卿。五月戊子爲侍中。

李林甫。四月自吏侍遷檢校,五月戊子爲禮尚、平章事。《通鑑》二一四"開元二十二年":"(四月)吏部侍郎李林甫……擢爲黄門侍郎……(五月戊子)林甫爲禮部尚書、同中書門下平章事。"《全文》二三《授裴耀卿侍中張九齡中書令李林甫禮部尚書制》：“正議大夫、檢校黃門侍郎、賜紫金魚袋、上柱國李林甫……可銀青光禄大夫、守禮部尚書。”

陳希烈。自工侍遷。《新書》二二三上本傳：“（開元）十九年爲集賢院學士，進工部侍郎，知院事。帝有所撰述，希烈必助成之，遷門下侍郎。”

給事中

崔翹。約是年遷中舍。

李彭年。是年遷中舍。

蕭華。是年或下年遷少太常（下年在少太常任）。《明皇雜録》下：“張果者，隱於恒州條山……開元二十三年，玄宗遣通事舍人裴晤馳驛於恒州迎之……一日，秘書少監王迥質、太常少卿蕭華，嘗同造焉。”裴晤迎張果事，《大唐新語》一〇亦云開元二十三年，然新、舊《唐書·張果傳》並云開元二十一年。按開元二十一年十月後蕭華在給事中任。故從《明皇雜録》。

韋恒（常）。蓋是年自左司員外遷。《元龜》一六二《命使》二：“（開元二十二年）十一月，詔令給事中韋常巡關内道。”

諫議大夫

王迥質。

李祈。是年刺湖州。《嘉泰吳興志》一四《郡守題名》：“皇再從兄祈，開元十六年自國子司業授（湖州刺史）；遷金吾大將軍。《統紀》云：（開元）二十二年自諫議大夫授；遷右領軍衛將軍。”按《刺考全編·江南東道》從《統紀》繫於是年刺湖州。從之。

左補闕

王智明。當在任。見上年引。

盧象。約是年自右衛倉曹掾遷。劉禹錫《唐故尚書主客員外郎盧公（象）集紀》云：“由前進士補秘書省校書郎，轉右衛倉曹掾。丞相曲江方執文衡，揣摩後進，得公甚器之。擢爲左補闕、河南府司録、司勳員外郎。”按張九齡（曲江）開元二十一年十二月至二十四年十一月執政。是年五月爲中令。

玄宗開元二十三年（七三五）

中書省

中書令

張九齡。《會要》三六《修撰》："（開元）二十三年正月，敕中書令張九齡、光禄卿（當爲太常卿）韋縚，與禮官就集賢院撰《藉田儀注》。"《舊書》一八八《張琇傳》："開元二十三年（張琇殺楊萬頃，爲捕者所獲），中書令張九齡又欲活之。"《元龜》五一《崇釋氏》一："（開元）二十三年九月，親注《金剛經》及《修義訣》，中書令張九齡等上言。"

中書侍郎

嚴挺之。自左丞遷。《舊書》一〇六《李林甫傳》："（開元）二十三年，以黄門侍郎平章事裴耀卿爲侍中，中書侍郎平章事張九齡爲中書令……九齡與中書侍郎嚴挺之善。"

中書舍人

徐嶠。《大唐新語》一〇《隱逸》："張果老先生者，隱於恒州枝條山，往來汾晉。時人傳其長年秘術……至開元二十三年，刺史韋濟以聞，詔通事舍人裴晤馳驛迎之。果對晤氣絶如死。晤焚香啓請，宣天子求道之意，須臾漸蘇。晤不敢逼，馳還奏之。乃令中書舍人徐嶠、通事舍人盧重玄齎書迎之。"

王敬從。《全文》三一三孫逖《太子右庶子王公（敬從）神道碑》："歷尚書禮部、司勳員外郎，考功郎中，給事中，拜中書舍人。是時也，張曲江、李晉公更踐中樞，公與徐安貞、韋陟、孫逖，繼揮宸翰。"

裴敦復。當在任。

李彭年。

韋陟。自吏部郎中遷。《舊書》九二本傳："轉吏部郎中。張九齡一代辭宗，爲中書令，引陟爲中書舍人，與孫逖、梁涉對掌文誥，時人以爲美談。”
按張九齡上年五月既爲中令。

主書

張守珍。約是年貶軍安尉。《墓誌彙編下（開元五二一）·故郴州義章
縣尉張守珍墓誌》：“遷主書，尚德也……遂貶愛州軍安尉，非其罪也。是時
廣府都督王公冕，尚德能賢，以公充推勾判官……改遷郴州義章尉……春
秋冊有七，開元廿七年歲次己卯七月辛卯朔十日庚子遘疾，終于廣州南海
縣安定里大雲寺。”據墓誌，知開元廿八年七月前遷義章尉，未赴任而卒。

右散騎常侍

崔希逸。是年或上年冬自鄭刺遷，《舊書》四九《食貨志》下：“（開元）二
十二年八月……以（裴）耀卿爲黄門侍郎、同中書門下平章事，充江淮、河南
轉運都使；以鄭州刺史崔希逸、河南少尹蕭炅爲副。”按《新書》五三《食貨
志》三作開元二十一年。又，下年秋代牛仙客知河西節度事。

右補闕

杜璉。當在任（下年貶爲下邽令）。

右拾遺

徐浩。

王維。《新書》二〇二本傳：“張九齡執政，擢右拾遺。”按是年三月後
任。分別見《校箋》二王維箋、陳鐵民《王維集校注·年譜》。

起居舍人

賈登。當在任。

通事舍人

裴晤。《大唐新語》一〇《隱逸》：“張果老先生者，隱於恒州枝條山，往
來汾晉。時人傳其長年秘術……至開元二十三年，刺史韋濟以聞，詔通事
舍人裴晤馳驛迎之。”按《舊書》一九一《張果傳》云開元二十一年。

盧重玄。見中舍徐嶠引。

楊紹賢。《元龜》九八〇《通好》：“（開元）二十三年三月，命内使竇元禮
使於吐蕃，使悉諾勃藏還蕃，命通事舍人楊紹賢往赤嶺以宣慰焉。”

門下省

侍中

裴耀卿。《金石萃編》七八《裴耀卿書奏》：唐侍中裴耀卿書，開元廿三二月十二日，禮部尚書同中書門下三品、上柱國臣李林甫奏。《舊書》二七《禮儀志》七："（開元）二十三年，藉田禮畢，下制曰：'服制之紀，或有所未通，宜令禮官學士詳議聞奏。'……侍中裴耀卿、中書令張九齡、禮部尚書李林甫等奏議。"《新書》一九五《張琇傳》："（是年張琇殺楊萬頃，爲捕者所獲）中書令張九齡等皆稱其孝烈，以貸死，侍中裴耀卿等陳不可，帝亦謂然。"

門下侍郎（黃門侍郎）

陳希烈。《大詔令集》四〇《册壽王楊妃文》："維開元二十三年歲次乙亥十二月壬子朔二十四日乙亥……遣使户部尚書、同中書門下李林甫，副使黃門侍郎陳希烈持節册爾爲壽王妃。"

給事中

韋恒（常）。《舊書》八八《韋嗣立傳附》："御史中丞宇文融，即恒之姑子也……乃擢拜殿中侍御史。歷度支左司等員外、太常少卿、給事中。"按傳中少太常與給事中順序顛倒。

李橙。自吏部郎中遷。《舊書》一八七下本傳："橙驟歷兵、吏部郎中、給事中。"

左散騎常侍

楊瑒。《舊書》一八五下本傳："再遷大理卿，以老疾辭職。二十三年，拜左散騎常侍。尋卒。"

諫議大夫

王迥質。

褚庭誨。《墓誌彙編下（開元四二〇）·蕭謙墓誌》（卒於開元廿年七月，葬於廿三年九月）："夫人彭城劉氏，永樂令行之之孫，洛陽主簿延續之女。爰以女憲，成乎婦道，繁衍親屬，中外爲儀，閨門之間，室家相謂：子不立父也，女不成母也，不忘既誠，是擇賢夫。有若諫議大夫河南褚庭誨，有若河南縣尉義興蔣渙，皆人倫之選也。"

起居郎

裴積。九月服闋任。《墓誌彙編下（開元五二三）·裴積墓誌》：“丁太師憂，柴毀骨立，殆將滅性……憂制缺，主上永言念舊，方議賞延，命執事與五品官。□宰以君□量清通，不欲處之散地，請授史官，是日拜起居郎。”按其父光庭開元廿一年三月，贈太師。

左補闕

盧象。見上年考。另，《李頎詩歌校注》一《留別王盧二拾遺》，作於天寶二十三年至二十五年。王盧即王維、盧象。見注一。

韋廉。當在任（下年遷起居郎）。

玄宗開元二十四年（七三六）

中書省

中書令

張九齡。《會要》五二《忠諫》："（開元）二十四年……上悦，將與之（牛仙客）尚書，中書令張九齡諫曰：'不可。'"十一月壬寅爲右丞相，罷知政事。

李林甫。《舊書》八《玄宗紀》上："（開元二十四年）十一月壬寅……兵部尚書李林甫兼中書令。"

中書侍郎

嚴挺之。是年刺洺州。《金石萃編》八一《大唐故大智禪師碑銘并序》（卒於開元二十四年五月，葬於七月）：中書侍郎嚴挺之撰。《舊書》九九本傳："及挺之囑蔚州刺史王元琰，林甫使人詰於禁中，以此九齡罷相，挺之出爲洺州刺史。"《通鑑》二一四"開元二十四年"："（十一月）嚴挺之貶洺州刺史。"

中書舍人

徐嶠。是年春或上年遷少大理。《墓誌續編（開元一四五）·故金仙長公主誌石銘》（卒於開元廿年五月，葬於廿四年七月）：守大理少卿、集賢院學士徐嶠撰。

王敬從。是年遷中丞、京畿採訪使。《全文》三〇八孫逖《授王敬從御史中丞充京畿採訪使制》："中書舍人上柱國王敬從……自居近密，頗歷歲時，忘公盡於掌綸，淑慎形於削藁……可中散大夫、御史中丞，仍充京畿採訪處置等使，勳如故。"

李彭年。

韋陟。

苗晉卿。自吏部郎中遷。《舊書》一一三本傳："（開元）二十四年，與吏部郎中孫逖並拜中書舍人。"

孫逖。自吏部郎中遷。《舊書》一九〇中本傳：“（開元）二十四年，拜逖中書舍人。”

梁涉。《舊書》九二《韋陟傳》：“張九齡一代文辭宗，爲中書令，引陟爲中書舍人，與孫逖、梁涉對掌文誥，時人以爲美談。”韋陟上年、孫逖是年任中舍，張九齡十一月罷中令。故繫於此。

右散騎常侍

崔希逸。《舊書》一〇三《牛仙客傳》：“開元二十四年秋，代信安王禕爲朔方行軍大總管，右散騎常侍崔希逸代仙客知河西節度事。”

右補闕

杜璡。是歲因諫言被李林甫貶下邽令。《通鑑》二一四“開元二十四年”：“（是歲）李林甫欲蔽塞人主視聽，自專大權，明召諸諫官謂曰：‘今明主在上，群臣將順之不暇，烏用多言！諸君不見立仗馬乎？食三品料，一鳴輒斥去，悔之何及！’補闕杜璡上書言事，明日黜爲下邽令。”按當爲右補闕。

崔玄隱。約是年自□州司功參軍遷。《墓誌彙編下（開元五〇一）·故比部員外郎崔玄隱墓誌》：“轉□州司功參軍。時屬求賢，對揚居最，特授右補闕。”

右拾遺

徐浩。《新出墓誌百種·張公夫人陳尚仙墓誌》：葬於開元二十四年二月二十二日。書丹：右拾遺徐浩書。

王維。

起居舍人

賈登。約是年遷給事中。

陳九言。《全文》三〇八孫逖《授陳九言起居舍人劉貺起居郎制》：“敕：朝議郎、守太子舍人、攝殿中侍御史、朔方節度判官陳九言……可行起居舍人，散官如故。”制文約作於是年。

門下省

侍中

裴耀卿。十一月壬寅爲左丞相，罷知政事。《舊書》八《玄宗紀》上：

“(開元二十四年)十一月壬寅,侍中裴耀卿爲尚書左丞相。罷知政事。”又見《宰相表》中。按《會要》六八《刺史》上:“(開元)二十四年五月,夷州刺史楊濬犯贓,詔令杖六十,配流古州。左丞相裴耀卿曰⋯⋯”耀卿十一月任是職,此云五月。誤。

牛仙客。《宰相表》中:(開元二十四年)十一月壬寅朔方節度使牛仙客守工部尚書、同中書門下三品,十二月丙寅知門下省事。

門下侍郎（黃門侍郎）

陳希烈。

給事中

韋恒(常)。

李憕。

呂向。蓋是年始任。

賈登。約是年自起居舍人遷(約天寶元年遷中舍)。

諫議大夫

王迥質。是年遷秘監。《全文》三〇九孫逖《授秘書監韋廉起居郎制》:“門下:守諫議大夫王迥質⋯⋯可秘書監。”按《明皇雜録》下:“張果者,隱於恒州條山⋯⋯開元二十三年,玄宗遣通事舍人裴晤馳驛於恒州迎之⋯⋯一日,秘書少監王迥質、太常少卿蕭華,嘗同造焉。”裴晤迎張果事,《大唐新語》一〇亦云開元二十三年。然新、舊《唐書·張果傳》並云開元二十一年。按開元二十一年十月後蕭華在給事中任。孫逖自開元二十四年始知制誥,則制文不能早過開元二十四年,而且王迥質自大諫遷秘監,亦非少監。由此知上引史料叙王迥質官職均似未確。

褚庭誨。《集古録目》三:“《唐裴光庭碑》,中書令、集賢院學士張九齡奉敕撰,玄宗御書,侍中裴耀卿題御書字,兵部尚書、同中書門下三品李林甫題額,諫議大夫褚庭誨摹勒⋯⋯碑以開元二十四年十一月立,在聞喜。”

起居郎

裴積。《全文》三九三獨孤及《唐故祠部員外郎裴積行狀》:“服闋,授起居郎。載筆丹墀,書法不隱。開元二十四年,三庶人以罪廢⋯⋯時壽王以母寵子愛,議者頗有奪宗之嫌。道路憫然默,朝野疑懼。公乃從容請問,慷慨獻諫。”

劉貺。自太博遷。《全文》三〇八孫逖《授陳九言起居舍人劉貺起居郎制》："朝議郎、行太常博士、兼史館修撰劉貺……可行起居郎，餘如故。"《舊書》一〇二《劉子玄傳》："（開元）九年，長子貺爲太樂令，犯事配流。子玄詣執政訴理，上聞而怒之，由是貶安州都督府別駕……子玄至安州，無幾而卒，年六十一……後數年，玄宗敕河南府就家寫《史通》以進，讀而善之，追贈汲郡太守；尋又贈工部尚書，諡曰文。"《新書》一三二本傳："子玄卒，有詔訪其後，擢起居郎。"

韋廉。自左補闕遷。《全文》三〇九孫逖《授秘書監韋廉起居郎制》："左補闕韋廉……可起居郎。"

左補闕

盧象。

韋廉。是年遷起居郎。

薛令之。當在任。《新書》一九六《賀知章傳》："肅宗爲太子，知章遷賓客，授秘書監。而左補闕薛令之兼侍讀。時東宮官積年不遷，令之書壁，望禮之薄，帝見，復題'聽自安者'。令之即棄官，徒步歸鄉里。"一作左庶，《唐摭言》一五《雜記》："薛令之，閩中長溪人，神龍二年及第，累遷左庶子。時開元東宮官僚清淡，令之以詩自悼，復紀於公署曰……上因幸東宮覽之，索筆判之曰……令之因此謝病東歸。"

左拾遺

羊愉。當在任（下年八月在任）。

玄宗開元二十五年(七三七)

中書省

中書令

李林甫。兼兵尚。《會要》三九《定格令》:"(開元)二十五年九月一日,復删輯格式律令,中書(令)李林甫……等共加删輯舊格式律令及敕。"同書二二《嶽瀆》:"(開元)二十五年十月八日敕:'三時不害,百穀用成。遂使京坻,遍于天地。和平之氣,既無遠而不通;禋祀之典,亦有祈而必報。宜令中書令李林甫等分祭郊廟社稷,尚書左丞相裴耀卿等分祭五岳四瀆。'"

中書侍郎

徐安貞。約春夏自檢校工侍轉。《全文》三〇八孫逖《授徐安貞中書侍郎制》:"中大夫、檢校尚書工部侍郎、兼集賢院學士、上柱國徐安貞……可守中書侍郎,餘如故。"《大詔令集》四一《册信成公主文》:"維開元二十五年歲次丁丑八月癸卯朔十五日丁巳……遣金紫光禄大夫、兵部尚書、兼中書令、集賢院學士、修國史、上柱國、晉國公李林甫、副使中大夫、守中書侍郎、集賢院學士徐安貞持節禮册。"同卷《册建平公主文》爲九月十一日。參《郎表》二二《輯考》八下。

中書舍人

李彭年。約是年遷少太僕。按約開元二十八年,彭年自少太僕遷兵侍。《全文》三〇八孫逖《授李彭年兵部侍郎制》:"朝議大夫、守太僕少卿、上柱國、趙郡開國公李彭年……可權判兵部侍郎事。"

韋陟。

苗晉卿。

孫逖。

梁涉。

右補闕

崔玄隱。約是年遷比部員外。《墓誌彙編下(開元五〇一)・故比部員外郎崔玄隱墓誌》:"轉□州司功參軍。時屬求賢,對揚居最,特授右補闕。俄遷尚書比部員外郎。"

右拾遺

楊齊宣。約是年遷左補闕。

徐浩。

王維。夏赴河西幕府。見陳鐵民《王維集校注・年譜》。

起居舍人

陳九言。

劉光謙。當在任。參下年引。

門下省

侍中

牛仙客。以工尚知門下省事。《會要》三九《定格令》:"(開元二十五年)九月一日,侍中牛仙客等共加刪輯舊格式律令及敕。"

門下侍郎(黄門侍郎)

陳希烈。《大詔令集》三九《冊穎王獨孤妃文》:"維開元二十五年歲次丁丑七月辛巳朔十一日辛卯……遣使工部尚書、同中書門下三品牛仙客,副使行黄門侍郎陳希烈持節冊爾爲穎王妃。"同書四一《冊昌樂公主文》《冊高都公主文》分別爲八月二十九日、九月十一日。

給事中

韋恒(常)。《王維集校注》二《韋給事山居》,韋給事,即韋恒。陳鐵民謂疑作於開元二十五年正月。

李憕。

吕向。

賈登。

褚庭誨（廷誨）。八月或稍後自大諫遷。《全文》三〇八孫逖《授褚廷誨給事中制》：“門下：朝議大夫、守諫議大夫、上柱國褚廷誨……可守給事中，散官如故。”

諫議大夫

褚庭誨。《集古錄目》三：“《唐玄覽律師碑》，工部侍郎徐安貞撰，諫議大夫褚庭誨書。法師，庭誨之諸父也，爲杭州華嶽寺僧。碑以開元二十五年八月立。”撰碑在春夏間，八月立碑。八月或稍後遷給事中。

尹愔。《全文》三〇八孫逖《授尹愔諫議大夫制》：“道士尹愔……可朝請大夫、守諫議大夫、集賢院學士，兼知史官事。”《舊書》九《玄宗紀》下：“（開元二十五年正月）癸卯，道士尹愔爲諫議大夫、集賢學士、兼知史館事。”

起居郎

裴積。

左補闕

盧象。四月稍後遷河南府司錄。見開元二十二年引。按上年十一月張九齡罷相，爲右丞相，是年四月左遷荊州長史。

薛令之。

楊齊宣。自右拾遺遷。《全文》三〇八孫逖《授楊齊宣左補闕制》：“敕：朝議郎、前行右拾遺內供奉楊齊宣……可左補闕，餘如故。”按楊齊宣爲李林甫女婿，上年十一月林甫爲中令。

左拾遺

羊愉。《墓誌彙編下（開元四五三）·唐嵩山會善寺故景賢大師身塔石記》：開元廿五年歲次乙亥八月十二日。撰銘：左拾遺太山羊愉纂。

蘇源明。當在任（下年在任）。

盧某。《王維集校注》二《同盧拾遺（過）韋給事東山別業……不果斯諾》，作於開元二十五年二月。見注一。

玄宗開元二十六年(七三八)

中書省

中書令

李林甫。《會要》七八《諸使》中:"(開元)二十六年二月,中書令李林甫遥領隴右節度。"

中書侍郎

徐安貞。《大詔令集》三九《册永王侯莫陳妃文》:"維開元二十六年歲次戊寅正月庚午朔十八日丁亥……遣使金紫光禄大夫、兵部尚書、兼中書令、集賢院學士、修國史、上柱國、晉國公李林甫,副使中大夫、中書侍郎、集賢院學士、上柱國徐安貞持節册爾爲永王妃。"同書四一《册永寧公主文》爲八月二十二日。

中書舍人

韋陟。

苗晉卿。

孫逖。是年或稍後丁憂。《舊書》一九〇中本傳:"丁父喪免,二十九年服闋,復爲中書舍人。"

梁涉。《集古録目》三:"《唐李造遺愛碑》,中書舍人梁陟(當作涉)撰,監察御史集賢院修撰徐浩書……碑以開元二十六年十一月立。"按同卷引《京兆金石録》:"《唐長安令韋堅德政頌》,唐梁涉撰,吕向行書,天寶元年。"

右補闕

韓賞。當在任(下年秋在任)。

右拾遺

徐浩。約是年入張守珪幕府。《舊書》一三七本傳:"三遷右拾遺,仍爲校理。幽州節度使張守珪奏在幕府,改監察御史。"

起居舍人

陳九言。

劉光謙。韋執誼《翰林院故事記》："（開元）二十六年始以翰林供奉改稱學士，由是遂建學士院，俾傳內命。太常少卿張垍、起居舍人劉光謙等首居之。"

門下省

侍中

牛仙客。以工尚知門下省事，正月乙亥正拜。《舊書》九《玄宗紀》下："（開元）二十六年正月乙亥，工部尚書牛仙客爲侍中。"《宰相表》中：（開元二十六年）正月乙亥仙客守侍中。《全文》三五《遣牛仙客往關內諸州安輯六州胡敕》："河曲之北，先有六州，群胡編列，積百年餘，往緣康待賓等，輒構凶黨，自取誅夷，詿誤蕃落，損害良善……宜委侍中牛仙客於鹽夏等州界內選土地良沃之處，都置一州，量户多少置縣。"《通鑑》二一四"開元二十六年"："（二月）壬戌，敕河曲六州胡坐康待賓散隸諸州者，聽還故土，於鹽夏之間，置宥州以處之。"

門下侍郎（黃門侍郎）

陳希烈。《大詔令集》四一《册臨晉公主文》："維開元二十六年歲次戊寅閏八月丁卯朔十六日壬午……遣侍中豳國公牛仙客、副使黃門侍郎陳希烈持節禮册。"

給事中

李憕。

韋恒（常）。約是年遷少太常。《舊書》八八《韋嗣立傳》："（子）恒，歷度支左司等員外、太常少卿、給事中。（開元）二十九年，爲隴右河西黜陟使。"《全文》三〇九孫逖《授韋恒太常少卿制》："門下：朝議大夫、守給事中、鄭縣開國男韋恒……可守太常少卿。"《元龜》一六二《命使》二：開元二十九年五月，命太常少卿韋嘗（當作常）、班景倩分行天下。又，開元二十二年十一月，詔令給事中韋嘗巡關內道。知《舊傳》敘其官歷顛倒。

吕向。

賈登。當在任。

褚庭誨。

諫議大夫

尹憕。《墓誌彙編下（元和〇五一）·尹夫人墓誌》（卒於元和七年五月廿日，年卅）：“王考憕，皇諫議大夫。”

起居郎

裴積。

左補闕

楊齊宣。

薛令之。是年或稍後歸鄉里。《新書》一九六《賀知章傳》：“肅宗爲太子，知章遷賓客，授秘書監。而左補闕薛令之兼侍讀。時東宮官積年不遷，令之書壁，望禮之薄，帝見，復題‘聽自安者’。令之即棄官，徒步歸鄉里。”

左拾遺

羊愉。當在任（上年八月在任）。

蘇源明（預）。《唐文補編》四二蘇源明《唐故中大夫福州刺史管府君（元惠）神道碑》：“（開元）廿六年，來朝京師。夏六月丁未，至洛陽遇疾，薨毓德里第，春秋七十四。”原署：左拾遺内供奉、東周蘇預纂。

玄宗開元二十七年（七三九）

中書省

中書令

李林甫。兼兵尚。四月兼吏尚。《舊書》九《玄宗紀》下：“（開元二十七年四月丁酉）兵部尚書兼中書令李林甫爲吏部尚書，依舊兼中書令。”《會要》三六《修撰》：“（開元）二十七年二月，中書令張九齡等撰《六典》三十卷成，上之，百官稱賀。”按云張九齡撰《六典》，誤。撰《六典》者爲林甫，九齡二十四年自中令罷相爲右僕。

中書侍郎

徐安貞。

中書舍人

韋陟。

苗晉卿。是年權知吏部選事。《舊書》一一三本傳：“（開元）二十四年，與吏部郎中孫逖並拜中書舍人。二十七年，以本官權知吏部選事。”

梁涉。當在任。見上年引。

右補闕

韓賞。《全文》三三〇韓賞《告華嶽文》：“惟廿七祀孟秋，右補闕韓賞敢昭告於泰華府君祠廟。”《集古録目》三：“《唐韓賞祭華嶽文》，右補闕韓賞撰，諸王侍書、榮王府司馬韓擇木八分書……天寶元年四月立，在華嶽廟。”按碑爲後立。

起居舍人

陳九言。

劉光謙。

通事舍人

王曜。《墓誌彙編下(開元四九六)·唐故天水縣君趙氏(上真)墓記》："夫人自有行于朝散大夫、鄭州司馬王府君,誕三子四女……次子曜,通事舍人。夫人在府君後而終,即以開元十七年七月十五日告禍,廿七年十月十四日闔祔于斯塋。"

門下省

侍中

牛仙客。四月丁酉以兵尚兼。《舊書》九《玄宗紀》下:"(開元二十七年四月)丁酉,侍中牛仙客爲兵部尚書兼侍中。"

門下侍郎(黃門侍郎)

陳希烈。

給事中

李憕。

呂向。《西市博物館藏墓誌(二二七)·高婕妤墓誌》:誌主卒於開元二十七年六月十日,葬於七月三十日。撰銘:中大夫、行給事中、侍皇太子及諸王文章、集賢院學士、上柱國呂向奉敕撰。

賈登。當在任。

褚庭誨。《新出唐墓誌百種·程伯獻墓誌》:誌主程伯獻葬於開元二十七年正月二十七。書丹:給事中褚庭誨書。

諫議大夫

尹愔。

起居郎

裴積。

左補闕

楊齊宣。

玄宗開元二十八年（七四〇）

中書省

中書令

李林甫。兼吏尚。

中書侍郎

徐安貞。《集古録目》三："《唐田琬德政頌》，中書侍郎集賢院學士徐安貞撰，蘇靈芝書。琬字正勤，自易州刺史遷安西都護，此易州人所立德政碑也。開元二十八年十月立。"

中書舍人

韋陟。

苗晉卿。權知吏部選事。

趙良器。《金石萃編》九五《趙叡冲碑》："惟天水趙公諱叡冲……以景雲二年冬十月二旬有一日終于縣館，享年五十二……初公寢疾，告其二子良器、良弼曰……爾曹爾嗣，其將必有達人。洎公即世，適卅歲，而良器官至中書舍人。"按景雲二年至天寶十載，恰三十年。

達奚珣。自職方郎中兼試制誥遷。《全文》三〇八孫逖《授達奚珣中書舍人制》："敕：朝議大夫、守職方郎中、兼試知制誥達奚珣……可中書舍人。"《唐文再編》二達奚珣《張守珪墓誌銘》（卒於開元廿八年五月，葬於十月）。署名：朝散大夫、守中書舍人、河南達奚珣撰。

右補闕

韓賞。當在任。參上年引。

起居舍人

陳九言。

劉光謙。

門下省

侍中

牛仙客。兼兵尚。《會要》二二《嶽瀆》："（開元）二十八年十月三日，敕：……宜令侍中牛仙客等，分祭郊廟社稷岳瀆等，其四海四鎮，及名山岳瀆，使有道路由過者，亦宜便祭。"

門下侍郎（黃門侍郎）

陳希烈。《大詔令集》四一《册真陽公主文》："維開元二十八年歲次庚辰二月戊子朔八日乙未……遣使兵部尚書兼侍中牛仙客、副使黃門侍郎陳希烈持節禮册。"

給事中

李憕。《舊書》一八七下本傳："（開元）二十八年，爲河南少尹。"

吕向。約年初丁父憂。參天寶元年中舍引。

賈登。當在任。

褚庭（廷）誨。當在任（上年正月在任）。

趙安貞。當在任（下年五月在任）。

諫議大夫

尹愔。是年或稍前卒。《新書》二〇〇本傳："開元末卒，贈左散騎常侍。"《寶刻叢編》七引《京兆金石録》："唐吴鞏撰，韓擇木分書。開元二十八年。"《墓誌彙編下（元和〇五一）·尹夫人墓誌》（卒於元和七年五月廿日，年卅）："王考愔，皇諫議大夫。"

起居郎

裴積。春夏遷祠部員外，旋卒。《墓誌彙編下（開元五二三）·故祠部員外郎裴君（積）墓誌》："俄遷尚書祠部郎……視事累月，臥疾彌旬，以開元廿八年十二月十九日終于長安光德里私第。"

左補闕

楊齊宣。

玄宗開元二十九年（七四一）

中書省

中書令

李林甫。兼吏尚。《元龜》五三《尚黄老》一："（開元二十九年）四月，漏下後，帝謂侍中牛仙客、中書令李林甫曰：'朕自臨御以來，向三十年來，未嘗不四更初起，具衣服，禮謁尊容，蓋爲蒼生祈福也。'"

中書侍郎

徐安貞。《墓誌彙編下（開元五二五）·張九齡墓誌》：卒於開元廿八年五月七日，葬於廿九年三月三日。撰銘：太中大夫、守中書侍郎、集賢院學士、東海縣開國男徐安貞撰。

中書舍人

韋陟。是年遷禮侍。《會要》五八《考功員外郎》："開元二十九年十一月十九日，禮部侍郎韋陟奏：'……伏望天恩許臣移送吏部，差考功員外郎試揀，侍郎覆定，任所在聞奏。即望浮議止息。'敕旨從。"

苗晉卿。權知吏部選事。是年正除吏侍。《舊書》一一三本傳："（開元）二十九年，拜吏部侍郎。"

達奚珣。

孫逖。《舊書》一九〇中本傳："（開元）二十九年服闕，復爲中書舍人。"《元龜》一六二《命使》二：開元二十九年五月，詔令中書舍人孫逖等觀風天下。

右拾遺

姚子彦。《全文》三九一獨孤及《唐故秘書監姚子彦墓誌銘》："開元二十九年，詔立黃老學，親問奧義，對策者五百餘人。公與今相國河南元公載及廣平宋少貞等十人，以條奏精辯，才冠等列，授右拾遺内供奉。"

起居舍人

陳九言。是年或上年遷右司員外（十月在右司任）。《金薤琳琅》九：
"《唐尚書省郎官石記序》，朝散大夫、行右司員外郎陳九言撰，吳郡張旭
書……開元廿九年歲次辛巳十月戊寅朔二日己卯建。"

劉光謙。

門下省

侍中

牛仙客。兼兵尚。《全文》三八《册濟王崔妃文》："維開元二十九年歲
次辛巳五月庚戌朔十四日癸亥……遣使兵部尚書兼侍中牛仙客、副使黃門
侍郎陳希烈持節禮册。"另參中令及門郎引。

門下侍郎（黃門侍郎）

陳希烈。《大詔令集》四〇《册榮王薛妃文》："維開元二十九年歲次辛
巳三月壬午朔十八日己亥……遣使兵部尚書兼侍中牛仙客、副使黃門侍郎
陳希烈持節禮册。"按五月十四日又册濟王崔妃。

給事中

賈登。當在任。

趙安貞。《元龜》一六二《命使》二：開元二十九年五月，詔令給事中等
觀風天下。

左補闕

楊齊宣。

玄宗天寶元年（七四二）

中書省

中書令（天寶元年爲右相）

李林甫。兼吏尚。八月壬辰加左僕。《全文》三〇八孫逖《授李林甫左僕射兼右相制》："光禄大夫、吏部尚書、兼集賢殿學士、上柱國李林甫……可尚書左僕射兼右相，餘如故。"《舊書》九《玄宗紀》下："（天寶元年八月）壬辰，吏部尚書兼右相李林甫加尚書左僕射。"

中書侍郎

徐安貞。

中書舍人

孫逖。

達奚珣。

梁涉。約是年自兵部郎中遷。《全文》三〇八孫逖《授梁涉中書舍人制》："敕：朝議郎、守尚書兵部郎中梁涉……可中書舍人。"

吕向。約是年秋冬服闋任。《新書》二〇二本傳："父炭……官朝散大夫……卒，贈東平太守。向終喪，再遷中書舍人。"按約開元二十八年初丁父憂。

賈登。約是年自給事中遷。《全文》三〇八孫逖《授賈登中書舍人制》："門下：朝散大夫、守給事中、騎都尉賈登……可守中書舍人。"

右拾遺

姚子彦。内供奉。

起居舍人

劉光謙。

張烜（烜）。是冬參預銓選。《會要》七四《選部》上："天寶元年冬選，六十四人判入等。時御史中丞張倚男奭判入高等，有下第者嘗爲薊令，以其事白於安禄山，禄山遂奏之。至來年正月二十一日，遂於勤政樓下，上親自重試。惟二十人比類稍優，餘並下第。張奭不措一詞，時人謂之'曳白'。吏部侍郎宋遙貶武當郡太守，苗晉卿貶安康郡太守，考官禮部郎中裴朏、起居舍人張烜、監察御史宋昱、左拾遺孟國朝並貶官。"

通事舍人

崔季梁。内供奉，當在任（下年十月後丁憂）。

盧惟。約是年任。《全文》三〇八孫逖《授盧惟等通事舍人制》："敕：前行潤州丹徒縣主簿盧惟等……並可通事舍人。"制文置於作於天寶元年文中。

門下省

侍中（天寶元年曰左相）

牛仙客。兼兵尚。《舊書》九《玄宗紀》下："（天寶元年七月）辛未，左相、豳國公牛仙客卒。"

李適之。八月丁丑自刑尚兼大御遷。壬辰兼兵尚。《舊書》九《玄宗紀》下："（天寶元年）八月丁丑，刑部尚書、兼御史大夫李適之爲左相……壬辰……左相李適之兼兵部尚書。"按《元龜》七二《命相》二云左丞。誤。

門下侍郎（黄門侍郎。天寶元年二月二十日改爲門下侍郎）

陳希烈。《元龜》五四《尚黄老》二："（天寶元年）三月丙申，追號莊子爲南華真人，所著書爲《南華真經》。庚子，帝曰：'莊子號曰南華真人，其文、列、庚桑宜令中書門下更討論聞奏。'……門下侍郎陳希烈奏曰……"

給事中

賈登。約是年改中舍。

左散騎常侍

韋堅。四月任。《舊書》一〇五本傳："李林甫以（韋）堅姜氏婿，甚狎之……四月，進銀青光禄大夫、左散騎常侍、陝郡太守、水陸轉運使。"

起居郎

楊齊宣。自左補闕遷。《全文》三〇八孫逖《授楊齊宣起居郎制》："敕：

朝議郎、前行左補闕楊齊宣……可行起居郎，散官如故。"

左補闕

楊齊宣。是年遷起居郎。

王維。是年任。《舊書》一九〇下本傳："（歷）左補闕。"另參陳鐵民《王維集校注・年譜》。

左拾遺

孟國朝。是冬參預銓選。見起居舍人引。

崔明允。《元龜》六五〇《應舉》："崔明允，天寶元年應文詞秀逸舉。明允等二十人、儒學博通劉毖等八人、軍謀越衆令狐潮等七人並登科，各依資授官。"據下年知授明允爲左拾遺內供奉。

玄宗天寶二年（七四三）

中書省

中書令（右相）

李林甫。兼吏尚、左僕。見下徐安貞引。

中書侍郎

徐安貞。《大詔令集》四〇《册信王盧妃文》：“維天寶二年歲次癸未九月戊戌朔二十一日戊午……遣使尚書左僕射兼右相晉國公李林甫、副使銀青光禄大夫行中書侍郎徐安貞持節禮册。”

中書舍人

孫逖。

達奚珣。正月權知貢舉。旋正除禮侍。《全文》三〇八孫逖《授韋陟吏部侍郎達奚珣中散大夫禮部侍郎制》：“中書舍人、權知禮部侍郎、上騎都尉達奚珣……可中散大夫、守禮部侍郎。”

梁淑。

吕向。

賈登。

韋斌。自司業拜。《全文》三〇八孫逖《授韋斌中書舍人制》：“門下：國子司業韋斌……可行中書舍人。”《舊書》九二本傳：“天寶初，轉國子司業，徐安貞、王維、崔顥，當代辭人，特爲推挹。天寶中，拜中書舍人，兼集賢院學士。兄陟先爲中書舍人，未幾遷禮部侍郎，陟在南省，斌又掌文誥。改太常少卿，天寶五載，右相李林甫構陷刑部尚書韋堅，斌以親累貶巴陵太守。”按韋陟是年春即自禮侍轉吏侍。

李元成（誠）。自考功郎中遷。《全文》三九一獨孤及《李公（誠）墓誌銘》：“公諱誠，字元成，魏郡頓丘人……天寶元年考功郎中、知制誥修國史。

二年中書舍人。"《全文》三〇八孫逖《授李元成中書舍人制》："敕：朝議郎、守尚書考功郎中、仍試知誥、兼知史官事李元成……可守中書舍人，兼知史官事。"

右補闕

鄭欽説（悦）。蓋是年任。見以下年份引。

右拾遺

姚子彦。約是年遷左補闕。

起居舍人

劉光謙。《金石萃編》一〇九《石刻十二經并五經文字九經字樣》："乃命集賢院學士尚書左僕射兼右相吏部尚書李林甫、門下侍郎陳希烈、中書侍郎徐安貞、直學士起居舍人劉光謙、宣城大司馬齊光乂、河南府倉曹參軍陸善經、修撰官家令寺丞兼知太史監事史元晏、待制官安定郡別駕梁令瓚等爲之注解，臣等虔奉綸旨……謹上。"按據李林甫所署官銜，最早在是年。

張烜（烜）。是年貶。《會要》七四《選部》上：天寶二年正月二十一日，吏部銓選不公，考官起居舍人張烜因此貶官。《元龜》一五二《明罰》作張烜。

常无名。是年遷屯田員外，未幾遷禮部員外。《西市博物館藏墓誌（二九〇）・常府君（无名）墓誌銘》："拜起居舍人，搜遺求賢，典册大備，撰《開元注記》三十卷，藏在太史。除屯田員外郎，未幾轉禮部，時天寶改元。"

通事舍人

崔季梁。十月後丁憂。《墓誌彙編下（天寶〇三五）・崔奉先夫人獨孤氏墓誌》：卒於天寶二年十月十七日，葬於十一月二日。撰銘：長子朝議郎、通事舍人季梁修并書。

高備。約是年自左羽林司戈遷（下年六月卒）。《墓誌彙編下（天寶〇七二）・高備墓誌》："又轉左羽林司戈，又遷通事舍人内供奉。"

某某。《墓誌續編（天寶〇一二）・李尚旦墓誌》（卒於□□二年二月廿九日；夫人豆盧氏卒於天寶二年，年八十三）：外孫□通事舍人□□。

門下省

侍中（左相）

李適之。兼兵尚。

門下侍郎

陳希烈。《會要》六四《崇玄館》：“（天寶二年）二月四日，以門下侍郎陳希烈兼崇賢館學士。”

左散騎常侍

韋堅。

諫議大夫

楊慎矜。自右贊善兼侍御史專知太府出納權知中丞遷，仍知太府出納。《全文》三〇八孫逖《授楊慎矜諫議大夫依舊知太府出納制》：“門下：太子右贊善大夫、兼御史、專知太府出納、權知御史中丞事楊慎矜……可行諫議大夫、兼侍御史，仍依舊知太府出納。”《舊書》一〇五本傳：“天寶二年，遷權判御史中丞，充京畿採訪使，知太府出納使並如故。時右相李林甫握權，慎矜以遷拜不由其門，懼不敢居其任，固讓之，因除諫議大夫、兼侍御史，仍依舊知太府出納。”《通鑑》二一五“天寶二年”載於五月辛丑。

李麟。約是年自吏部郎中遷。《舊書》一一二本傳：“天寶元年，遷（吏部）郎中，尋改諫議大夫。”

宋渾。約是年自駕部郎中遷。《全文》三〇八孫逖《授宋渾諫議大夫制》：“門下：朝議大夫、前行尚書駕部郎中、上柱國、襄國縣開國男宋渾……可守諫議大夫，散官如故。”《舊書》九六本傳：“與右相李林甫善，引爲諫議大夫、平原太守、御史中丞、東京採訪使。”

起居郎

楊齊宣。當在任（上年始任）。

左補闕

王維。

姚子彥。約是年自右拾遺內供奉遷。《全文》三九一獨孤及《唐故秘書監姚子彦墓誌銘》："開元二十九年,詔立黃老學,親問奧義,對策者五百餘人。公與今相國河南元公載及廣平宋少貞等十人,以條奏精辯,才冠等列,授右拾遺內供奉。歷左補闕。"

左拾遺

孟國朝。是年貶。《會要》七四《選部》上:天寶二年正月二十一日,吏部銓選不公,考官左拾遺孟國朝因此貶官。《元龜》一五二《明罰》作右拾遺孟正朝。

崔明允。內供奉。《金石萃編》八六《慶唐觀金籙齋頌》:朝議郎、左拾遺內供奉、博陵崔明允篆,天寶二年歲次癸未十月景寅朔十五日庚辰下元齋建。

玄宗天寶三載（七四四）

中書省

中書令（右相）

李林甫。兼吏尚、左僕。

中書侍郎

徐安貞。是年前後卒。《舊書》一九〇中本傳："天寶初卒。"

中書舍人

孫逖。是年權判刑侍。《舊書》一九〇中本傳："天寶三載，權判刑部侍郎。"

梁淑。當在任。見上年引。

吕向。《墓誌彙編下（天寶〇五一）·太僕卿豆盧建墓誌》：卒於天寶三載三月，葬於八月。撰銘：正議大夫、行中書舍人、侍皇太子及諸王文章、集賢院學士吕向撰。按冬當遷工侍。《新書》二〇二本傳："再遷中書舍人，改工部侍郎。"

賈登。當在任。見上年引。

韋斌。

李元成（誠）。

右補闕

鄭欽説（悦）。當在任（下年遷殿侍御）。

李牴。當在任（下年在任）。

右拾遺

李揆。約是年任。《舊書》一二六本傳：開元末舉進士，補陳留尉，獻書闕下，中書試文章，擢右拾遺。

通事舍人

高備。《墓誌彙編下（天寶○七二）·大唐故宣德郎通事舍人高君（備）墓誌銘》："解褐任右司禦執戟，又轉左羽林司戈，又遷通事舍人內供奉……以天寶三載六月四日染疾彌留，終於東京豐財坊之私第，春秋卅有七。"

門下省

侍中（左相）

李適之。兼兵尚。

門下侍郎

陳希烈。

給事中

李巘。當在任（下年九月在任）。

韋良嗣。當在任（下年九月在任）。

左散騎常侍

韋堅。兼陝郡太守。正月又加兼中丞。《舊書》一○五本傳："（天寶）三年正月，堅又加兼御史中丞，封韋城男。"

諫議大夫

楊慎矜。《舊書》一○五本傳："林甫以慎矜屈於己，復擢為御史中丞，仍充諸道鑄錢使，餘如故。"《通鑑》二一五"天寶三載"："李林甫以楊慎矜屈服於己，九月甲戌，復以慎矜為御史中丞，充諸道鑄錢使。"

李麟。

宋渾。

王燾。當在任（下年秋冬在任）。

韋見素。蓋是年自兵部郎中遷。《舊書》一○八本傳："歷右司兵部二員外、左司兵部二郎中，遷諫議大夫。天寶五載，充江西、山南、黔中、嶺南等黜陟使。"

左補闕

王維。

姚子彦。約是年遷殿侍御。《全文》三九一獨孤及《唐故秘書監姚子彦墓誌銘》：“開元二十九年……授右拾遺內供奉，歷左補闕……南宮章奏，主張綸翰，典司禮文，尤精其選，非盛名莫居。由是遷公殿中侍御史。”

崔國輔。當在任。《全文》三七一李軫《泗州刺史李君（孟犨）神道碑》：“君諱孟犨，字公悦……開元十九年十一月十九日終於大梁旅館，享年五十有五……今夫人清河人也。父諱惟明，累遷海、沂等州司馬；兄鏡邈，隱居太行，累辟不起；弟國輔，秀才擢第，制舉登科，歷補闕、起居、禮部員外郎。”《國秀集》卷中目錄題作“左補闕崔國輔六首”，按《國秀集》所錄詩止於天寶三載。

玄宗天寶四載(七四五)

中書省

中書令（右相）

李林甫。兼吏尚、左僕。三月丁丑册陳王韋妃。見中舍孫逖引。

中書舍人

孫逖。權判刑侍。《大詔令集》四〇《册陳王韋妃文》："維天寶四載歲次乙酉三月己未朔十九日丁丑……遣使尚書左僕射兼右相吏部尚書集英院學士修國史晉國公李林甫、副使中書舍人兼判刑部侍郎孫逖持節禮册。"《集古録目》三："《唐宋公神道碑》,中書舍人孫逖撰,河南府陽翟縣尉、集賢校理、御書史惟則八分書……碑以天寶四年立,在梁縣。"

韋斌。《舊書》九二本傳："天寶中,拜中書舍人,兼集賢院學士。兄陟先爲中書舍人,未幾遷禮部侍郎,陟在南省,斌又掌文誥。改太常少卿。"《金石萃編》八七《石臺孝經》(天寶四載九月一日)署名:正議大夫、行中書舍人、集賢院學士、上柱國、平樂郡開國公臣韋斌。

李元成(誠)。《金石萃編》八七《石臺孝經》(天寶四載九月一日)署名:朝散大夫、守中書舍人、兼知史官(當爲館)事臣李弘成。按李弘成當是李元成。

右補闕

鄭欽説(悦)。是年遷殿侍御。《全文》五一二李吉甫《貶刺鄭欽悦辨大同古銘論》："欽悦尋自右補闕歷殿中侍御史,爲時宰李林甫所惡,斥擯於外,不顯其身。"按下年十月自殿侍御貶夜郎尉。《舊書》一〇五《韋堅傳》:"(天寶五載十月)殿中侍御史鄭欽悦貶夜郎尉。"

李岯。《新出唐墓誌百種·大唐故太子右庶子任城縣開國男劉府君墓誌銘并序》:改葬於天寶四載十月十三日。撰銘:右補闕李岯撰。按《墓誌彙編下（天寶〇七〇）》云李翊。按翊，録文誤。

李揆。約是年自右拾遺遷。《舊書》一二六本傳："擢拜右拾遺，改右補闕、起居郎。"

右拾遺

李揆。約是年遷右補闕。

門下省

侍中（左相）

李適之。兼兵尚。《舊書》一八六下《吉温傳》："（是年）會林甫與左相李適之、駙馬張垍不叶，適之兼兵部尚書，垍兄均爲兵部侍郎，林甫遣人訐出兵部銓曹主簿事令史六十餘人僞濫事。"《大詔令集》四〇《册壽王韋妃文》："維天寶四載歲次乙酉七月丁巳朔二十六日壬辰……遣使光禄大夫行左相兼兵部尚書弘文館學士李適之、副使金紫光禄大夫行門下侍郎集賢院學士兼崇玄館大學士陳希烈持節禮册。"《金石萃編》八七《石臺孝經》（天寶四載九月一日）：光禄大夫、行左相、兼兵部尚書、弘文館學士、上柱國、渭源縣開國公臣李適之。

門下侍郎

陳希烈。《元龜》五四《尚黃老》二："（天寶四載二月）甲午，崇玄館學士、門下侍郎陳希烈奏曰……"七月壬辰册韋妃。見上引。《金石萃編》八七《石臺孝經》（天寶四載九月一日）：光禄大夫、行門下侍郎、集賢院學士、副知院事、仍侍講崇玄館大學士、上柱國、臨潁縣開國侯臣陳希烈。

給事中

李巖。《金石萃編》八七《石臺孝經》（天寶四載九月一日）署名：太中大夫、行給事中臣李巖。

韋良嗣。《金石萃編》八七《石臺孝經》（天寶四載九月一日）署名：太朝請大夫、守給事中臣韋良嗣。

左散騎常侍

韋堅。兼中丞、陝郡太守。九月遷刑尚。《舊書》一〇五本傳："（天寶四載）九月，拜守刑部尚書，奪諸使，以楊慎矜代之。"《通鑑》二一五"天寶四載":"九月癸未,以陝郡太守、江淮租庸轉運使韋堅爲刑部尚書,罷其諸使,以御史中丞楊慎矜代之。"

諫議大夫

李麟。

宋渾。是年改少將作。《全文》三〇九孫逖《授宋渾爲將作少匠制》:"門下:朝議大夫、守諫議大夫、上柱國、襄國縣開國男宋渾……可守將作少匠,散官勳封如故。"

王燾。《墓誌續編(天寶〇二六)·睿宗賢妃王氏墓誌》(卒於天寶四載八月,春秋七十三;葬於十二月):諫議大夫王燾撰。

韋見素。《舊書》一〇八本傳:"歷右司兵部二員外、左司兵部二郎中,遷諫議大夫。天寶五載,充江西、山南、黔中、嶺南等黜陟使。"據其履歷,是年當任是職。

左補闕

王維。是年遷侍御史。見陳鐵民《王維集校注·年譜》。

崔國輔。

陽潤。《新出唐墓誌百種·陽修己墓誌》:葬於天寶四載十月二十五日。撰銘:猶子通直郎、左補闕內供奉潤撰。

左拾遺

馬曾。《元龜》九八《徵聘》:"天寶四年五月,引諸州高蹈不仕舉人見,詔曰:'……其馬曾、常廣心、賀蘭迪等三人,宜待後處分。'……還郡數日,增曾爲左拾遺,廣心、迪並爲金吾衛兵曹。"

蕭昕。約是年自壽安尉遷。《舊書》一四六本傳:"天寶初,復舉宏辭,授壽安尉,再遷左拾遺。"按昕於天寶元年舉宏辭,見《登科記考補正》九。

玄宗天寶五載(七四六)

中書省

中書令(右相)

李林甫。兼左僕、吏尚。《大詔令集》四二《册樂成公主出降文》:"維天寶五年歲在景戌(即丙戌)七月辛亥朔二十二日壬申⋯⋯遣使特進、行尚書左僕射、兼右相、吏部尚書、晉國公李林甫持節册命。"

中書舍人

孫逖。權判刑侍。是年遷左庶。《舊書》一九〇中本傳:"(天寶)五載,以風病求散秩,改太子左庶子。"

李暐。《大詔令集》四二《册平昌公主出降文》:"維天寶五載歲次景戌十二月戊申朔九日景辰(即丙辰)⋯⋯遣使特進行尚書左僕射右相吏部尚書晉國公李林甫、副使朝散大夫守中書舍人李暐持節禮册。"

李元成(誠)。是年遷少秘監。《全文》三九一獨孤及《李公(誠)墓誌銘》:"公諱誠,字元成,魏郡頓丘人⋯⋯天寶元年考功郎中、知制誥、修國史。二年中書舍人。五年秘書少監。"

苑咸。《王維集校注》三《苑舍人能書梵字兼達梵音皆曲盡其妙戲爲之贈》,苑舍人即苑咸,時爲中舍。《新書》六〇《藝文志》四:"《苑咸集》。"注:"卷亡。京兆人。開元末上書,拜司經校書、中書舍人,貶漢東郡司户參軍,復起爲舍人、永陽太守。"顏真卿《尚書刑部侍郎贈尚書右僕射孫逖文公集序》:"公之除庶子也,苑咸草詔曰:'西掖掌綸,朝推無對。'議者以爲知言。"中舍掌制誥。又,孫逖天寶五載自刑侍轉左庶子。《舊書》一九〇中本傳:"天寶三載,權判刑部侍郎。五載,以風疾求散秩,改太子左庶子。"綜上,知是年苑咸在中舍任。

右補闕

李玒。當在任(上年在任)。

李揆。王維《送李補闕充河西支度營田判官序》:"補闕李公,家世龍門,詞場虎步。"李補闕,陳鐵民未注爲誰。核查《舊書》一二六《李揆傳》:"李揆字端卿,隴西成紀人,而家于鄭州,代爲冠族……少聰敏好學,善屬文。開元末,舉進士,補陳留尉,獻書闕下,詔中書試文章,擢拜右拾遺。改右補闕。"云其籍貫爲隴西成紀("家世龍門"),又善屬文。甚疑李補闕即是李揆。若爾,則是年爲河西節度使王忠嗣幕僚。

通事舍人

辛景湊。當在任(下年十一月流放)。

門下省

侍中(左相)

李適之。兼兵尚,四月爲少太保,罷知政事。《舊書》九《玄宗紀》下:"(天寶五載)夏四月庚寅,左相、渭源伯李適之爲太子少保,罷知政事。"

門下侍郎

陳希烈。《元龜》五四《尚黃老》二:"(天寶)五載正月,太清宮使、門下侍郎陳希烈奏:'昨二日緣告獻大聖祖宿齋,時日抱戴。'"《舊書》九《玄宗紀》下:"(天寶五載四月)丁酉,門下侍郎陳希烈同中書門下平章事。"《全文》三八《册廣平郡王崔妃》:"維天寶五載歲次景戌(丙戌)四月癸未朔十六日戊戌……遣使光禄大夫、行門下侍郎陳希烈持節禮册。"

給事中

李巖。冬權知禮侍(明年春知貢舉)。

王燾。《大詔令集》四二《册壽光公主出降文》:"維天寶五載歲次景戌(丙戌)八月辛巳朔十三日癸巳……遣使光禄大夫行門下侍郎同中書門下平章事陳希烈、副使中大夫給事中王壽持節禮册。"按王壽當作王燾。

李麟。自大諫遷。《舊書》一一二本傳:"(天寶)五載,充河西、隴右、磧西等道黜陟使。稱旨,遷給事中。"

韋見素。自大諫遷。《舊書》一〇八本傳:"天寶五載,充江西、山南、黔中、嶺南等黜陟使……使還，拜給事中。”

　　房琯。《舊書》一一一本傳：“（天寶）五年（當作五載）正月，擢試給事中。”

諫議大夫

　　李麟。是年遷給事中。

　　王燾。是年遷給事中。

　　韋見素。是年遷給事中。

左補闕

　　崔國輔。當在任。

　　杜某。《李白全集編年箋注》七《秋日魯郡堯祠亭上宴別杜補闕范侍御》，作於天寶五載秋。右補闕不缺員，姑繫於此。

左拾遺

　　馬曾。當在任（上年五月始任）。

　　蕭昕。當在任。見上年引。

玄宗天寶六載（七四七）

中書省

中書令（右相）

李林甫。兼吏尚、左僕。

中書舍人

李暐。

韋鑑。約是年自吏部員外遷。《全文拾遺》二七呂温《韋公（武）神道碑》："父（鑑）……轉殿中侍御史、尚書禮吏員外、中書舍人、給事中。"

苑咸。當在任。見上年引。

主書

吳珦。是年當在任。《舊書》一〇六《楊國忠傳》：主書吳珦持籍就左相陳希烈之第云云。按是年希烈爲左相。

右補闕

李揆。是年遷起居郎。

于休烈。蓋是年遷起居郎。

右拾遺

常無求。當在任。參下年引。

起居舍人

崔國輔。約是年自左補闕遷。《全文》三七一李軫《泗州刺史李君（孟犨）神道碑》："君諱孟犨，字公悦……開元十九年十一月十九日終於大梁旅館，享年五十有五……今夫人清河人也。父諱惟明，累遷海、沂等州司馬；兄鏡邈，隱居太行，累辟不起；弟國輔，秀才擢第，制舉登科，歷補闕、起居、禮部員外郎。"《國秀集》卷中目録題作"左補闕崔國輔六首"，按《國秀集》所録詩止於天寶三載。

通事舍人

辛京凑。《舊書》一〇五《楊慎矜傳》:"(天寶六載十一月二十五日)慎矜外甥前通事舍人辛景凑決杖配流。"

李賁。《李白全集編年箋注》八《題瓜洲新河餞族叔舍人賁》,作於天寶六載春。見解題。舍人當是通事舍人(從六品上),下年爲著作郎(從五品上)。按是年回京後當遷著作郎(下年九月在著作郎任)。

門下省

侍中(左相)

陳希烈。四月戊午自門郎遷兼兵尚,仍平章事。《舊書》九《玄宗紀》下:"(天寶六載)夏四月戊午,門下侍郎陳希烈爲左相兼兵部尚書。"《新書》五《玄宗紀》云三月甲辰任左相。

門下侍郎

陳希烈。四月戊午(《新紀》作三月甲辰)爲左相。

給事中

王燾。當在任(上年始任)。

李麟。

韋見素。

房琯。正月貶宜春太守。《通鑑》二一五"天寶六載":"(正月)給事中房琯坐與(李)適之善,貶宜春太守。"按《舊書》一一一本傳云試給事中。又《集古錄目》三:"《唐房琯遺愛碑》,監察御史平洌撰,河陽令徐浩書。琯字次律,清河人。嘗爲濟源令,洌作頌,時琯爲給事中。碑以天寶七載二月立。"

諫議大夫

李洌。《墓誌續編(天寶〇三五)·李鏈墓誌》:"父洌,諫議大夫,君即諫議之第四子也……以開元廿一年夏六月二日染疾而終,年十二歲。殯於洛城東伊川鄉。以今天寶六載十月七日陪葬於延州都督府君之塋。"

起居郎

李揆。約是年自右補闕遷。《舊書》一二六本傳："獻書闕下，詔中書試文章，擢拜右拾遺，改右補闕、起居郎。"

于休烈。蓋是年自右補闕遷。《舊書》一四九本傳："累遷右補闕、起居郎、集賢殿學士，轉比部員外郎，郎中。楊國忠輔政，排不附己者，出爲中部郡太守。"

左補闕

崔國輔。約是年遷起居舍人。

玄宗天寶七載（七四八）

中書省

中書令（右相）

李林甫。兼吏尚、左僕。

中書舍人

李暐。

韋鑑。約是年遷給事中。

主書

吳珣。當在任，考見上年。

右拾遺

常無求。《西安碑林全集》一九二《唐故朝請大夫内侍省内給事上柱國常府君（無逸）神道碑》（卒於天寶七載十二月，葬於八載二月）。署名：右拾遺内供奉常無求撰。

起居舍人

崔國輔。

門下省

侍中（左相）

陳希烈。

給事中

韋見素。是年遷檢校工侍。《舊書》一〇八本傳："拜給事中，駁正繩違，頗振臺閣舊典。尋檢校尚書工部侍郎。"

李麟。

韋鑑。約是年自中舍遷。見上年中舍引。

楊釗（國忠）。六月甲辰任，兼中丞，判度支。《通鑑》二一六"天寶七載"："（六月）度支郎中兼侍御史楊釗善窺上意所愛而迎之……甲辰，遷給事中兼御史中丞，專判度支事。"《會要》七八《諸使》中："天寶七載十一月，給事中楊釗充九成宮使。"

諫議大夫

李冽。當在任（上年十月在任）。

起居郎

李揆。當在任。

于休烈。當在任。

左補闕

顏允南。蓋是年自大理評事遷。《全文》三四一顏真卿《顏允南神道碑》："遷大理評事，從調吏部，侍郎達奚珣以書判超等，薦爲左補闕。"《全文》三四〇顏真卿《顏惟貞碑銘》："君生闕疑、允南、喬卿、真長、幼輿、真卿、允臧……允南仁孝有清識，工詩，人多誦其佳句，善草隸。與春卿、杲卿、耀卿同日於銓庭，爲侍郎席建侯所賞，達奚珣薦爲左補闕。真卿時爲殿中，至正。三拱法座舞蹈，而衣袂相接者三。允南賦詩云'誰言百人會，兄弟也霑陪'。歷殿中膳部司封郎中國子司業。"按席建侯爲席豫，開元末爲吏侍。達奚珣是年前後任吏侍。又按，是年顏真卿爲殿侍御，天寶十一載允南在殿侍御任。

玄宗天寶八載（七四九）

中書省

中書令（右相）

李林甫。兼吏尚、左僕。

中書舍人

李暐。

竇華。當在任（下年二月在任）。

主書

吳珣。是年當在任。考見前年。

右補闕

衛包。當在任（下年四月在任）。

右拾遺

常無求。當在任。見上年引。

起居舍人

崔國輔。

門下省

侍中（左相）

陳希烈。以侍中、平章事兼。《全文》三四五顏真卿《修造紫陽觀敕牒》：“中書門下牒丹陽郡，牒奉敕宜依，牒至準敕故牒。天寶八載正月八日左相兵部尚書陳希烈、左僕射兼右相林甫。”

給事中

李麟。

韋鑑。約是年遷禮侍。《全文拾遺》二七呂温《韋公（武）神道碑》："父（鑑）……轉殿中侍御史、尚書禮吏員外、中書舍人、給事中。擢□禮吏户三侍郎。"

楊釗（國忠）。兼中丞，判度支事。是年兼太府卿事。《舊書》一○六本傳："（天寶）八載，玄宗召公卿百僚觀左藏庫，喜其貨幣山積，面賜國忠金紫，兼權太府卿事。"

盧奕。自兵部郎中遷。《舊書》一八七下本傳："天寶八載，轉給事中。"

諫議大夫

鄭審。當在任（下年在任）。

起居郎

李揆。當在任。

于休烈。蓋是年或稍前遷比部員外。《舊書》一四九本傳："累遷右補闕、起居郎、集賢殿學士，轉比部員外郎，郎中。楊國忠輔政，排不附己者，出爲中部郡太守。"

左補闕

顏允南。

玄宗天寶九載（七五〇）

中書省

中書令（右相）

李林甫。兼吏尚、左僕。四月乙亥備禮册凉王妃。見中舍李暐引。

中書舍人

李暐。權知禮侍。《大詔令集》四〇《册凉王張妃文》："維天寶九載歲次庚寅四月己未朔十七日乙亥……遣使開府儀同三司行尚書左僕射兼右相吏部尚書崇文館大學士監修國史上柱國晉國公李林甫、副使中大夫行中書舍人權知禮部侍郎事上柱國成紀縣開國男李暐持節册爾爲凉王妃。"按夏秋遷戶侍（下年正月已任）。見《通鑑》二一六"天寶十載"。

竇華。《通鑑》二一六"天寶九載"："（二月）中書舍人竇華嘗退朝，值公主進食，列於中衢，傳呼按轡出其間；宮苑小兒數百奮梃於前，華僅以身免。"

陽浚。當在任（下年在任）。

右補闕

衛包。《集古録目》三："《唐雲臺三方功德頌》，右補闕內供奉集賢院修書衛包撰并書，字爲古文篆……以天寶九年四月立。"同卷："《唐嶽廟古松詩》，韋元志（《寶刻叢編》一〇引作忠）撰，右補闕集賢院學士衛包古文篆。天寶九年立。"四月稍後遷虞部員外。參下起居舍人閻伯璵引。

右拾遺

王晃。當在任。劉禹錫《代郡開國公王氏先廟碑》："第四室曰溫州刺史、贈太尉府君諱晃。年十有五，蕡然從秋賦。明年春，升名於司徒。又一年，玄宗御曾樓發德音，懸文詞政術科以置髦士，府君策最高，授太常寺太祝。未幾，復以能通《道德》《南華》《冲虛》三真經，進盩厔尉。天寶中歷右拾遺、左補闕、禮部司駕二外郎。"

起居舍人

崔國輔。約是年遷禮部員外(天寶十一年自禮員外貶竟陵司馬)。《全文》三七一李輈《泗州刺史李君(孟犨)神道碑》:"君諱孟犨,字公悅……開元十九年十一月十九日終於大梁旅館,享年五十有五……今夫人清河人也。父諱惟明,累遷海、沂等州司馬;兄鏡邈,隱居太行,累辟不起;弟國輔,秀才擢第,制舉登科,歷補闕、起居、禮部員外郎。"

閻伯璵。《新書》二〇一《王勃傳》:"有崔昌者采勃舊說,上《五行應運曆》,請承周、漢,廢周、隋爲閏。右相李林甫亦贊佑之,集公卿議可否。集賢學士衛包、起居舍人閻伯璵上表曰:'都堂集議之夕,四星聚於尾,天意昭然矣。'……授崔昌太子贊善大夫,衛包司虞員外郎。"按《通鑑》二一六"天寶九載"載於八月辛卯。

門下省

侍中(左相)

陳希烈。

給事中

李麟。權知刑侍。《大詔令集》四二《册廣寧公主出降文》:"維天寶九載歲次庚申四月己未朔二十六日甲申……遣使特進行左相兼兵部尚書崇玄館大學士集賢院弘文館大學士上柱國潁川郡開國公陳希烈、副使正議大夫給事中權知刑部侍郎上柱國渭源縣開國男李麟持節禮册。"按是年遷兵侍、權知貢舉。又按《舊書》一一二本傳:"遷給事中。(天寶)七載,遷兵部侍郎。"云七載即自給事中遷兵侍。當誤。

楊釗(國忠)。兼中丞、判度支、太府卿。四月遷兵侍,仍兼中丞、判度支、太府卿。《舊書》一〇六《楊國忠傳》:"吉溫爲國忠陳移奪執政之策,國忠用其謀,尋兼兵部侍郎。"《通鑑》二一六"天寶九載":"(四月)初,吉溫因李林甫得進,及兵部侍郎兼御史中丞楊釗恩遇浸深,溫遂去林甫而附之,爲釗畫代林甫執政之策。"

盧奕。

諫議大夫

鄭審。當在任。《全文》三四一顔真卿《顔允南神道碑》："天寶九載，令御史大夫王鉷打百本以賜朝臣，家獲二本者四族，而君以兩省官、弟真卿以殿中侍御史居其一焉……朝覲宴集，必同行列，故君賦詩'誰言百人會，兄弟皆霑陪'。與諫議大夫鄭審、郎中祁賢之，每應製及朝廷唱和，必驚絶佳對，人人稱説之。"按郎中祁賢之未知何屬。

起居郎

李揆。當在任。

左補闕

顔允南。是年遷殿侍御。《全文》三四一顔真卿《顔允南神道碑》："天寶九載，令御史大夫王鉷打百本以賜朝臣，家獲二本者四族，而君以兩省官、弟真卿以殿中侍御史居其一焉……朝覲宴集，必同行列，故君賦詩云'誰言百人會，兄弟皆霑陪'。與諫議大夫鄭審、郎中祁賢之，每應制及朝廷唱和，必驚絶佳對，人人稱説之。俄遷殿中侍御史。"

張之緒。當在任（下年在任）。

玄宗天寶十載(七五一)

中書省

中書令（右相）

李林甫。兼吏尚、左僕。《宰相表》中：（天寶十載）正月丁酉，林甫遙領單于安北副大都護，充朔方節度等使。《全文》三三玄宗《以李林甫兼領朔方節度使詔》：開府儀同三司、行尚書左僕射、兼右相李林甫，可兼安北副大都督持節朔方節度使。

中書舍人

竇華。

陽浚。《唐文又補》三陽浚《張無價授官制》。末署：天寶十載二月十二日，尚書右僕射、右相臣林甫宣，中書侍郎闕，中書舍人臣陽浚奉行。

宋昱。《新書》一九三《劉迺傳》："中書舍人宋昱知銓選事，迺方調，因進書曰：'書稱知人則哲，能官人則惠。'"《會要》七四《選部》上："天寶十載，吏部選才多濫，選人劉迺獻議於知銓舍人宋昱曰：'《虞書》稱"知人則哲，能官人。"則魏巍唐虞舉以爲難。'"按《通鑑》二一六載於天寶十二年。

右補闕

崔興宗。當在任。見下年引。

右拾遺

王晃。約是年遷左補闕。

綦毋潛。當在任。參下年考。

起居舍人

閭伯璵。《墓誌彙編下（天寶一八〇）·崔湛墓誌》：葬於天寶十載八月十日。撰銘：起居舍人翰林院待制閭伯璵撰。

門下省

侍中（左相）

陳希烈。

給事中

盧奕。

諫議大夫

鄭審。當在任（下年在任）。

起居郎

李揆。當在任。

左補闕

張之緒。内供奉。當在任。《墓誌彙編下（天寶一九九）·張之緒妻順節夫人李氏墓誌》：卒於是年，葬於明年二月。撰銘：朝議郎、左補闕内供奉張之緒撰。

王晃。約是年自右拾遺遷。劉禹錫《代郡開國公王氏先廟碑》：“第四室曰溫州刺史、贈太尉府君諱晃……天寶中歷右拾遺、左補闕、禮部司駕二外郎。”

左拾遺

甄濟。《新書》一九四本傳：“天寶十載以左拾遺召，未至而安禄山入朝，求濟於玄宗，授范陽掌書記。”

玄宗天寶十一載（七五二）

中書省

中書令（右相）

李林甫。兼吏尚、左僕，十一月卒。《舊書》九《玄宗紀》下："（天寶十一載）十一月乙卯（一作丁卯），尚書左丞相兼右相、晉國公李林甫薨於行在所。"

楊國忠。《舊書》九《玄宗紀》下："（天寶十一載十一月）庚申，御史大夫兼蜀郡長史楊國忠爲右相兼文部尚書。"

中書舍人

竇華。

陽浚。冬以中舍權知明春貢舉。

宋昱。

右補闕

崔興宗。《唐詩紀事》一六："興宗爲右補闕時，和王維《敕櫻桃詩》。"按王維詩約作於是年，見陳鐵民《王維集校注》。

右拾遺

綦毋潛。《唐才子傳》二："潛字孝通……授宜壽尉，遷右拾遺。"陳鐵民云："李嵩任京兆府曹參軍應在天寶十一載，潛爲右拾遺亦在此時。"見《校箋》二《綦毋潛傳》。其說可從。

起居舍人

閻伯璵。《墓誌續編（天寶〇八七）·王守節墓誌》（卒於天寶十一載十二月，葬於十二載四月）：朝議郎、行起居舍人、上柱國、賜緋魚袋閻伯璵撰。

門下省

侍中（左相）

陳希烈。《會要》七四《選部》上：“（天寶）十一載十一月，楊國忠爲右相兼吏部尚書，奏請兩京選人，銓日便定留放……呼左相陳希烈於坐隅，給事中列於前。”

給事中

盧奕。是年遷中丞。《舊書》一八七下本傳：“（天寶）十一載，爲御史中丞……留臺東都，又分知東都武部選事。”

諫議大夫

鄭審。《杜甫全集校注》二《敬贈鄭諫議十韻》，作於天寶十一載，鄭諫議即鄭審。見解題。

楊齊宣。當在任（下年春在任）。

起居郎

李揆。約是年遷司勳員外。《舊書》一二六本傳：“改右補闕、起居郎，知宗子表疏。遷司勳員外郎。”

左補闕

張之緒。内供奉。《新出唐墓誌百種·張之緒妻李氏墓誌》：葬於壬辰歲（即天寶十一年）二月。撰銘：朝議郎、左補闕内供奉張之緒撰。

王晃。當在任。

玄宗天寶十二載（七五三）

中書省

中書令（右相）

楊國忠。兼吏尚、大御、判度支。

中書舍人

竇華。《舊書》一〇六《楊國忠傳》："國忠既已宰臣典選，奏請銓日便定留放，不用長名……其所昵京兆尹鮮于仲通、中書舍人竇華、侍御史鄭昂諷選人於省門立碑，以頌國忠銓綜之能。"

陽浚。知貢舉。放榜後正除禮侍。分別見《登科記考補正》九、《郎表》三禮侍。

宋昱。《新書》一九三《劉迺傳》："中書舍人宋昱知銓選事，迺方調，因進書曰：'書稱知人則哲，能官人則惠。'"按《通鑑》二一六"天寶十二載"載於是年。按《會要》七四《選部》上載於天寶十載。

張漸。當在任（下年在任）。《新書》二〇二《蕭穎士傳》："倭國遣使入朝，自陳國人願得蕭夫子爲師者，中書舍人張漸等諫不可而止。"

姚子彥。約是年自禮部郎中遷。《全文》三九一獨孤及《唐故秘書監姚子彥墓誌銘》："歷左補闕……遷公殿中侍御史、禮部員外郎、禮部郎中、知制誥、中書舍人。"

蔡雄。《李白全集編年箋注》一〇《書情贈蔡舍人雄》，作於天寶十二載，蔡雄當是中書舍人。見解題。

右補闕

崔興宗。當在任。見上年引。

王翼。《李白全集編年箋注》一〇《酬王補闕惠翼莊廟宋丞泚贈別》，按王琦注云"詩題疑有舛錯……翼則王補闕之名耳。"作於天寶十二載。見解題。左補闕不缺，暫繫於右。

陳兼。是年任。《杜甫全集校注》二《贈陳二補闕》，陳二即陳兼，是年入京任右補闕。見解題。

右拾遺

綦毋潛。當在任。參《校箋》二《綦毋潛傳》陳鐵民箋。

起居舍人

閻伯璵。五月己酉貶涪川尉。《通鑑》二一六"天寶十二載"："夏五月己酉，復以魏周隋爲三恪，楊國忠欲攻李林甫之短也。衛包以助邪貶夜郎尉，崔昌貶烏雷尉。"按《新書》二〇一《王勃傳》："於是玄宗下詔以唐承漢，黜隋以前帝王，廢介、酅公，尊周漢爲二王後，以商爲三恪，京城起周武王、漢高祖廟。授崔昌太子贊善大夫，衛包司虞員外郎。楊國忠爲右相，自稱隋宗，建議復用魏爲三恪，周隋爲二王後，酅介二公復舊封，貶崔昌烏雷尉，衛包爲夜郎尉，閻伯璵爲涪川尉。"據《通鑑》二一六，知閻伯璵亦五月貶。

門下省

侍中（左相）

陳希烈。《通鑑》二一六"天寶十二載"："正月壬戌，國忠召左相陳希烈及給事、諸司長官皆集尚書都堂，唱注選人，一日而畢。"《會要》七八《諸使》中："（天寶）十二載十二月二十日，左相陳希烈充秘書省圖書使。"

給事中

張垍。當在任（下年三月貶）。《翰林院故事》："自後給事中張垍（原作淑，據《通鑑》改）、中書舍人張漸竇華等相繼而入焉。"

劉彙。當在任（下年遷右丞）。

裴士淹。蓋是年自少京尹（《大詔令》作京兆尹）遷。按上年五月充贈慶王太子制副使。見《大詔令集》三二《慶王贈靖德太子制》。後年三月以給事中巡撫河南、河北、淮南等道。見其引。

諫議大夫

楊齊宣。《通鑑》二一六"天寶十二載"："（正月）楊國忠使人說安禄山，誣李林甫與阿布思謀反，禄山使阿布思部落降者詣闕，誣告林甫與阿布思約爲父子。上信之，下吏按問；林甫婿諫議大夫楊齊宣懼爲所累，附國忠意證成之。"《大詔令集》一二六《李林甫除削官秩詔》："（林甫）子婿諫議大夫楊齊宣，睹其不善，尋有薄功，跡異同惡，頗申誠款。"

左補闕

張之緒。

王晃。是年遷禮部員外。劉禹錫《代郡開國公王氏先廟碑》："第四室曰温州刺史、贈太尉府君諱晃……天寶中歷右拾遺、左補闕、禮部司駕二外郎。"《太平廣記》二一七《路生》："補闕王晃，七月内訪卜於路生。路云：'九月當入省，官有禮字。'時禮部員外陶翰在座，乃曰：'公即是僕替人。'九月陶病請假，敕除王禮部員外。"

李澥。約是年自太子通事舍人遷。《全文》七八四穆員《刑部郎中李府君（澥）墓誌銘》："天寶中擢進士，調太子校書郎……以通事舍人轉左補闕。"

玄宗天寶十三載（七五四）

中書省

中書令（右相）

楊國忠。兼司空、吏尚、大御，判度支。

中書舍人

竇華。《舊書》一〇八《韋見素傳》："天寶十三載秋，霖雨六十餘日……太子以宰輔或未稱職，見此咎徵，命楊國忠精求端士……國忠訪於中書舍人竇華、宋昱等，華、昱言見素方雅，柔而易制。上亦以經事相王府，可之。"

宋昱。見上引。

張漸。《舊書》一一五《趙國珍傳》：是年，南蠻閣羅鳳叛，官軍屢喪師徒，中書舍人張漸薦國珍平叛。《墓誌彙編下（天寶二五八）·大唐皇故第五孫女墓誌》：卒於天寶十三載十一月，葬於閏十一月。撰銘：中書舍人、翰林院待制張漸撰。

姚子彥。約是年遷少太常（下年三月以少太常宣慰江淮）。《全文》三九一獨孤及《唐故秘書監姚子彥墓誌銘》："遷公殿中侍御史、禮部員外郎、禮部郎中、知制誥、中書舍人、太常少卿。"

右補闕

李彭。《新書》一九一本傳："彭擢明經第。天寶中，選名臣子可用者，自咸寧丞遷右補闕。從天子入蜀。"當在任。

李華。自監察御徙。《新書》二〇三本傳："天寶十一載，遷監察御史。宰相楊國忠支婭所在橫滑，華出使，劾按不橈，州縣肅然。爲權幸見疾，徙右補闕。"

右拾遺

楊綰。《舊書》一一九本傳："天寶十三載，玄宗御勤政樓，試博通墳典、洞曉玄經、辭藻宏麗、軍謀出衆等舉人……時登科者三人，縮爲之首，超授右拾遺。"

起居舍人

田澄。《杜甫全集校注》二《贈獻納使起居田舍人（澄）》，作於天寶十三載。見解題。

門下省

侍中（左相）

陳希烈。兼兵尚、秘監、平章事。八月丁亥（《新表》作丙戌）罷爲太子太師。《會要》三三《諸樂》："天寶十三載七月十日，太樂署供奉曲名，及改諸樂名……司空楊國忠、左相陳希烈奏：'中使輔璆琳至，奉宣進止，令臣將新曲一本，立石刊於太常寺者，今既傳之樂府，勒在貞珉，仍望宣付所司，頒示中外。'"《舊書》九《玄宗紀》下："（天寶十三載）秋八月丁亥，以久雨，左相、許國公陳希烈爲太子太師，罷知政事。"

韋見素。八月自吏侍遷兵尚、平章事，知門下省事。《舊書》九《玄宗紀》下："（天寶十三載）八月……文部侍郎韋見素爲武部尚書、同中書門下平章事。"一〇八本傳："（天寶十三載）八月，拜武部尚書、同中書門下平章事，充集賢院學士，知門下省事。"《杜甫全集校注》三《上韋左相二十韻》，作於天寶十三載。見解題。

給事中

張垍。三月貶宜春司馬。《通鑑》二一七"天寶十三載"："禄山之發長安也，上令高力士餞之長樂坡，及還，上問：'禄山慰意否？'對曰：'觀其快快，必知欲命爲相而中止故也。'上以告國忠，曰：'此議他人不知，必張垍兄弟告之也。'上怒，貶張均爲建安太守，垍爲盧溪司馬，垍弟給事中埱爲宜春司馬。"

蔣渙。《舊書》一八五上《高智周傳》："（蔣）渙，天寶末爲給事中。"

劉彙。蓋是年遷右丞。《舊書》一〇二本傳："彙，給事中、尚書右丞、左散騎常侍、荆南長沙節度。"

裴士淹。

竇紹。當在任。見下年引。

起居郎

蕭昕。當在任（下年爲哥舒判官）。

左補闕

張之緒。

李澥。約是年遷監察御史。《全文》七八四穆員《刑部郎中李府君（澥）墓誌銘》：“以通事舍人轉左補闕、監察御史。玄宗季年，逆帥兆亂，亂成於寵？上莫得聞。府君奉使朔陲，復而露奏。”

玄宗天寶十四載(七五五)

中書省

中書令(右相)

楊國忠。兼司空、吏尚、判度支。

中書舍人

竇華。

宋昱。《墓誌續編(天寶一〇四)‧故殿中省進馬宋應墓誌》:"天寶十四載歲次乙未四月庚申朔八日丁酉,殿中省進馬宋公卒,年始十九,嗚呼哀哉!公名應,字用之……父昱,朝議大夫、中書舍人。去載以父掌綸掖垣,天恩特拜進馬。"

張漸。

李彭年。約是年自馮翊太守遷。旋遷給事中。《舊書》九〇本傳:"天寶十二載,起彭年爲濟陰太守,又遷馮翊太守,入爲中書舍人、給事中、吏部侍郎。"參《刺考全編‧京畿道》。

苑咸。《新書》六〇《文藝志》四:"《苑咸集》。"注:"卷亡。京兆人。開元末上書,拜司經校書、中書舍人,貶漢東郡司户參軍,復起爲舍人、永陽太守。"《宋高僧傳》一七《唐越州焦山大曆寺神邕傳》:"倏遇禄山兵亂,東歸江湖,經歷襄陽。御史中丞庚光先出鎮荆南,邀留數月,時給事中竇紹、中書舍人苑咸,鑽仰彌高,俱受心要。"參給事中竇紹引。

右補闕

李彭。《新書》一九一本傳:"天寶中,選名臣子可用者,自咸寧丞遷右補闕。從天子入蜀。"

李華。是年遷司封員外(下年以前司封員外入李峴荆南幕)。

閻式。當在任(下年十月貶朗州武陵縣)。

右拾遺

楊綰。

起居舍人

田澄。當在任。見上年引。

門下省

侍中（左相）

韋見素。以兵尚權知。

給事中

蔣渙。《舊書》一八五上《高智周傳》：“（蔣）渙，天寶末爲給事中。”

裴士淹。《舊書》九《玄宗紀》下：“（天寶十四載三月）癸未，遣給事中裴士淹等巡撫河南、河北、淮南等道。”《元龜》一六二《命使》二：“（天寶）十四載三月，給事中裴士淹、禮部侍郎楊浚、太常少卿姚子彦往河南、河北、江淮宣慰。”

竇紹。王維《給事中竇紹爲亡弟故駙馬都尉於孝義寺浮屠畫西方阿彌陀變讚》：“西方變者，給事中竇紹敬爲亡弟故駙馬都尉某官職所畫也。”陳鐵民繫此文於天寶末。又《宋高僧傳》一七《唐越州焦山大曆寺神邕傳》：“倏遇禄山兵亂，東歸江湖，經歷襄陽。御史中丞庾光先出鎮荆南，邀留數月，時給事中竇紹、中書舍人苑咸，鑽仰彌高，俱受心要。”

王維。自吏部郎中遷。《舊書》一九〇下本傳：“天寶末，爲給事中。”《元龜》一四四《弭災》二：“（天寶）十四載三月，詔曰：‘……給事中王維等分祭于五星壇。’”

李彭年。據其履歷，是年當自中舍遷。見是年中舍引《舊書》九〇本傳。

郭納。《杜詩詳注》四《奉同郭給事湯東靈湫作》：“君來必十月，樹羽臨九州。”仇兆鰲繫於天寶十四載十月作。《王維集校注》四《酬郭給事》，陳鐵民據仇説，亦繫於是年，且謂郭給事即郭納。按是年刺汴州（陳留郡）。《新書》五《玄宗紀》：“（天寶十四載）十二月癸亥，安禄山陷靈昌郡。辛卯，陷陳留郡，執太守郭納。”

左散騎常侍

劉彙。自右丞遷。《舊書》一〇二本傳：“彙，給事中、尚書右丞、左散騎常侍、荆南長沙節度。”是年或下年初除荆南節度，見下年引。

起居郎

蕭昕。《通鑑》二一七“天寶十四載”：“（十二月）河西·隴右節度使哥舒翰病廢在家，上藉其威名……拜兵馬副元帥，將兵八萬以討禄山……以田良丘爲御史中丞，充行軍司馬，起居郎蕭昕爲判官。”《舊書》一四六本傳：“及安禄山反，昕舉贊善大夫來瑱堪任將帥……累遷憲部員外郎。”

左補闕

張之緒。蓋是年遷金部員外。《杜甫全集校注》一二《宿清溪驛奉懷張員外十五兄之緒》，解題引梁運昌云：張之緒，天寶十一載官朝議郎、左補闕内供奉，遷金部員外郎。肅宗時，李輔國弄權，迫害朝臣，被貶黔中道。

左拾遺

張鎬。《新書》一三九本傳：“天寶末，楊國忠執政，求天下士爲己重，聞鎬才，薦之，釋褐衣，拜左拾遺。”《全文》三九〇獨孤及《唐故洪州張公（鎬）遺愛碑》：“天寶十四年，始褐衣召見……一命左拾遺。”

歸崇敬。約是年任。《舊書》一四九本傳：“天寶末，對策高第，授左拾遺，改秘書郎。”按《登科記考》未録。

肅宗至德元載（七五六）

中書省

中書令（右相）

楊國忠。兼司空、吏尚、判度支。《舊書》九《玄宗紀》下：天寶十五載六月丙申被誅。

中書侍郎

崔圓。《舊書》九《玄宗紀》下："（天寶十五載六月）丙午次河池郡。崔圓奏劍南歲稔民安，儲供無闕，上大悅，授圓中書侍郎、同中書門下平章事，蜀郡長史、劍南節度如故。"

裴冕。肅宗任命。《舊書》一〇《肅宗紀》："（至德元載七月甲子）以御史中丞裴冕爲中書侍郎、同中書門下平章事。"《宰相表》中：（至德元載）七月甲子河西行軍司馬裴冕爲中書侍郎、同平章事。

中書舍人

竇華。是年被誅。見下引。

宋昱。是年被誅滅。《舊書》一〇六《楊國忠傳》："國忠之黨翰林學士張漸、竇華，中書舍人宋昱，吏部郎中鄭昂等……及國忠敗，皆坐族滅。"

張漸。是年被誅。見上引。

賈至。自起居郎遷。《舊書》一〇八《韋見素傳》："（至德元載）八月，肅宗使至，始知靈武即位。尋命見素與宰臣房琯賫傳國寶玉册奉使靈武，宣傳詔命，便行册禮。將行，上皇謂見素等曰……仍以見素子諤及中書舍人賈至充册禮使判官。"按《舊書》一九〇中本傳："天寶末爲中書舍人。"

杜鴻漸。七月甲子以兵部郎中知。《舊書》一〇《肅宗紀》："（至德元載七月甲子）大理司直杜鴻漸爲兵部郎中……知中書舍人。"《全文》三六六賈至《授杜鴻漸崔倚（注：一作猗）中書舍人制》："敕：知中書舍人鴻漸等……

鴻漸可守中書舍人、判武部郎中,倚可中書舍人、判文部侍郎。”

崔漪。七月甲子以吏部郎中知。《舊書》一○《肅宗紀》:“(至德元載七月甲子)朔方節度判官崔漪爲吏部郎中⋯⋯知中書舍人。”參上杜鴻漸引。

李揆。《舊書》一二六本傳:“扈從劍南,拜中書舍人。”

徐浩。《舊書》一三七本傳:“肅宗即位,召拜中書舍人。”

李季卿。《舊書》九九本傳:“肅宗朝,累遷中書舍人。”

苑咸。當在任。

右補闕

李彭。當在任。《集古録跋尾》七《唐李憕碑》(大曆四年):“右《李憕碑》,李紓撰⋯⋯憕子見於碑者實十二人,曰右補闕彭⋯⋯公(即李憕)之薨也,彭從玄宗南狩,次公而歿。”

閻式。《會要》五五《省號》下:“至德元載十月,復改爲匭令。右補闕閻式請先視其事狀,然後爲投,上責壅塞,貶式爲朗州武陵縣。”

張鎬。自左拾遺遷,旋爲侍御史兼南汝(闕)節度判官。《全文》三九○獨孤及《唐故洪州刺史張公(鎬)遺愛碑并序》:“天寶十四年,始褐衣召見⋯⋯一命左拾遺,再命右補闕,修國史,三命侍御史。”參大諫引。

右拾遺

楊綰。是年遷起居舍人。

起居舍人

楊綰。自右拾遺遷。知制誥。《舊書》一一九本傳:“肅宗即位靈武。綰自賊中冒難,披榛求食,以赴行在。時朝廷方急賢,及綰至,衆心咸悦,拜起居舍人、知制誥。”

門下省

侍中(左相)

韋見素。自武尚遷。《舊書》九《玄宗紀》下:“(至德元載七月)庚午,以韋見素爲左相。”又見《新書》五《玄宗紀》、《宰相表》中。按《舊書》一○八本傳云六月十二日玄宗出逃時已任。

門下侍郎

崔渙。《舊書》九《玄宗紀》下："（至德元載七月）庚午，次巴西郡，太守崔渙奉迎。即日以渙爲門下侍郎、同中書門下平章事。"

給事中

王維。《舊書》一九〇下本傳："天寶末，爲給事中。禄山陷兩都，玄宗出幸，維扈從不及，爲賊所得……迫以僞署。"

裴士淹。《大唐新語》八："玄宗幸成都，給事中裴士淹從。"按是冬遷禮侍，權知貢舉。

李彭年。蓋春遷吏侍，旋陷賊受僞職。《舊書》九〇《李景伯傳》："天寶十二載，起彭年爲濟陰太守，又遷馮翊太守。入爲中書舍人、給事中、吏部侍郎。十五載，玄宗幸蜀，賊陷西京，彭年没於賊，脅授僞官。"

嚴武。自侍御史遷。《舊書》一一七本傳："至德初……累遷給事中。"

裴遵慶。《舊書》一一三本傳："肅宗即位，徵拜給事中。"

劉秩。《舊書》一一一《房琯傳》："（房琯）尋抗疏自請將兵以誅寇孽……琯自請參佐，乃以御史中丞鄧景山爲副、户部侍郎李揖爲行軍司馬，中丞宋若思、起居郎知制誥賈至、右司郎中魏少游爲判官，給事中劉秩爲參謀。既行，又令兵部尚書王思禮副之。"尋遷庶子。

于休烈。《舊書》一四九本傳："肅宗踐祚，休烈自中部赴行在，擢給事中。遷太常少卿，知禮儀，兼修國史。"

韋倜。《次柳氏舊聞》："玄宗西幸……始入斜谷，天尚早，煙霧甚晦。知頓使、給事中韋倜，於野中得新熟酒一壺，跪獻於馬首者數四，上不爲之舉。"

左散騎常侍

劉彙。是年或上年末爲荊南節度。《舊書》一〇二本傳："彙，給事中、尚書右丞、左散騎常侍、荊南長沙節度。"《舊書》一〇七《李琦傳》："天寶十五年六月，玄宗幸蜀，在路除琦爲廣陵大都督，仍領江南東路及淮南河南等路節度支度採訪等使，以前江陵大都督府長史劉彙爲之副，以廣陵長史李成式爲副大使兼御史中丞。琦竟不行。"

諫議大夫

暢璀。《舊書》一一一本傳："至德初，肅宗即位，大收俊傑，或薦璀，召見悦之,拜諫議大夫。"《全文》三六六賈至《授暢璀諫議大夫制》:"關內監河判官暢璀……可兼諫議大夫,餘如故。"

高適。自侍御史遷。《舊書》一一一本傳:"玄宗嘉之,尋遷侍御史。至成都,八月制曰:'……可諫議大夫。'"按一作自監察御史遷。《全文》三六六賈至《授高適諫議大夫制》:"敕:監察御史高適……可守諫議大夫。"十二月爲廣陵長史。《舊書》一〇《肅宗紀》:"(至德元載)十二月戊子……諫議大夫高適爲廣陵長史。"

張鎬。自南汝(闕)節度判官遷。《舊書》一一一本傳:"肅宗即位,玄宗遣鎬赴行在所。鎬至鳳翔,奏議多有弘益,拜諫議大夫。"《全文》三六六賈至《授張鎬諫議大夫制》:"門下:侍御史南汝(闕)節度判官張鎬……可諫議大夫。"

李何忌。《舊書》一一一《房琯傳》:"此時琯爲宰相,略無匡懈之意。但與庶子劉秩、諫議李揖(揖或衍)何忌等高談虛論,説釋氏因果、老子虛無而已……諫議大夫張鎬上疏,言琯大臣,門客受賕,不宜見累。二年五月,貶(琯)太子少師。"按《全文》三六六賈至《授李何忌職方員外郎制》:"敕:右補闕李何忌,後進人物,一時儁選。或丕丞清緒,多負美才;或直言正詞,有犯無隱;或繡衣持斧,摘伏擒姦;或馳譽翰林,文詞藻麗;或知名吏道,政事詳密。在邦必達,歷試有聞。宜居鵷鷺之列,俾弘準繩之紀。可試職方員外郎。"詳文意,當在任大諫之前。然賈至尚未知制誥。亦或誤置賈至名下,或非一人。

起居郎

蕭昕。是年遷憲部(刑部)員外。《舊書》一四六本傳:"及安禄山反,昕舉贊善大夫來瑱堪任將帥……累遷憲部員外郎。"

賈至。《舊書》一一一《房琯傳》:房琯請兵討賊,自選參佐,有起居郎知制誥賈至。後有陳濤斜之敗。按《新書》一一九本傳云:"玄宗幸蜀,拜起居舍人,知制誥。"是年改中舍。

左補闕

孫遘。當在任。《墓誌彙編下(元和〇三九)·韋公夫人孫氏(娩)墓誌》(卒於元和四年六月,年五十七):"烈考遘,左補闕、太子舍人……方當齠歲,丁先府君憂。"按乾元二年孫娩七歲(齠歲)其父遘卒。據而逆推,姑繫於此。

韋少游。當在任（下年六月十二日在任）。

左拾遺

張鎬。《通鑑》二一七“至德元載”：“（四月）楊國忠問士之可爲將者於左拾遺博平張鎬及蕭昕。昕薦左贊善大夫永壽來瑱。”是年爲右補闕、侍御史、南汝（關）節度判官、大諫。

高適。《舊書》一一一本傳：“禄山之亂，徵翰討賊，拜適左拾遺，轉監察御史。”尋爲監察御史、侍御史、大諫。

肅宗至德二載(七五七)

中書省

中書令（右相,至德二載復爲中書令）

崔圓。自中郎遷。《舊書》一〇《肅宗紀》:"（至德二載十二月戊午）中書侍郎崔圓爲中書令。"

中書侍郎（《舊書》四三《職官志》二:"至德復爲中書侍郎。"《新書》四七《百官志》二:"至大曆五年,紫微侍郎乃復爲中書侍郎。"按開元五年似已復）

崔圓。十二月戊午爲中令。

裴冕。三月辛酉爲右僕,罷政事。《舊書》一〇《肅宗紀》:"（至德二載三月）辛酉,以左相韋見素、平章事裴冕爲左右僕射,並罷知政事。"《元龜》一六《尊號》一:"肅宗至德二年十二月壬申,右僕射裴冕與百僚上言。"按《會要》四五《功臣》:十二月朔日敕,左僕射裴冕加開府儀同三司,封冀國公,實封三百户。又,《新書》六《肅宗紀》載:九月癸卯後已爲左僕射。當誤。

張鎬。自大諫兼侍御史遷,入相。《舊書》一〇《肅宗紀》:"（至德二載五月丁巳）以諫議大夫張鎬爲中書侍郎、同中書門下平章事。"《宰相表》中:（至德二載）五月丁巳諫議大夫兼侍御史張鎬爲中書侍郎、同中書門下平章事。《大詔令集》一二三《至德二載收復兩京大赦》:（十二月）朝散大夫、守中書侍郎、同中書門下平章事、河南節度採訪處置使張鎬封南陽縣公,餘並如故。

苗晉卿。十二月甲寅自左相遷,同平章事。《宰相表》中:（至德二載）三月辛酉憲部尚書致仕苗晉卿爲左相,十二月甲寅晉卿爲中書侍郎、同中書門下平章事。五月行侍中。

中書舍人

賈至。《新書》一一九本傳："歷中書舍人。至德中將軍王去榮殺富平令杜徽，肅宗……詔貸死，以流人使自效。至諫曰：'……不可以一士小材，廢祖宗大法。'"按《通鑑》二一九"至德二載"載於六月，又按《元龜》一八〇《失政》作將軍王玄榮。

杜鴻漸。以兵部侍郎知，五月鎮河西。《舊書》一〇《肅宗紀》："（至德二載五月丁巳）以武部侍郎杜鴻漸爲河西節度使。"

崔漪。以吏侍知。是年貶右庶。《舊書》一二八《顏真卿傳》："（至德）二年四月，朝於鳳翔，授（真卿）憲部尚書，尋加御史大夫。中書舍人兼吏部侍郎崔漪帶酒容入朝，諫議大夫李何忌在班不肅，真卿劾之。貶漪爲右庶子，何忌西平郡司馬。"

李揆。《元龜》一〇〇《聽納》："李揆爲中書舍人，至德中，宗室請加張皇后'翼聖'之號，肅宗召問之，揆對曰……"

徐浩。《舊書》一三七本傳："肅宗即位，召拜中書舍人。時天下事殷，詔令多出於浩……肅宗悦其能，加兼尚書右丞。"《金石録補序跋》七："《唐徐浩先塋題名》，右徐浩題云至德二年上在鳳翔，應制扈從……任中書舍人兼尚書右丞、集賢殿學士。"

李季卿。

苑咸。見左補闕引。

蕭昕。自司門郎中遷。《舊書》一四六本傳："潼關敗，間道入蜀，遷司門郎中，尋兼安陸長史，爲河南等道都統判官。"《新書》一九二《張巡傳》："肅宗詔中書侍郎張鎬代進明節度河南……巡亡三日而鎬至，十日而廣平王收東京。鎬命中書舍人蕭昕誄其行。"

右補闕

薛邕。兼禮部員外。《唐摭言》一四《主司稱意》："至德二年，駕臨岐山，右補闕、兼禮部員外薛邕下二十一人。"

岑參。《岑參集校注・附録岑參年譜》：至德二載，二月肅宗至鳳翔，六月爲杜甫等舉薦，授右補闕。十月隨肅宗還長安。

右拾遺

許登。《全文》三六六賈至《授韋少游祠部員外郎等制》："敕：左補闕、弘文館韋少游……守右監門衛曹參軍許登……少游可檢校祠部員外郎,登可右拾遺。"

孟昌浩。《杜甫全集校注》二二《爲遺補薦岑參狀》,文末署:至德二年六月十二日,左拾遺内供奉臣裴薦等狀,右拾遺内供奉臣孟昌浩,右拾遺内供奉臣姚齊耽,左拾遺内供奉臣杜甫,左補闕臣韋少游。

魏齊耽。見上引。

起居舍人
楊綰。

通事舍人
向昌釪。《全文》三六七賈至《授向昌鑾試衛尉卿等制》:"敕:前太子洗馬向昌鑾、三品子昌釪等,代業忠貞,死於王事,能遵先志,常著貞誠……昌鑾可試衛尉卿,昌釪可通事舍人。"據文意,當在是年。

門下省

侍中(左相,至德二年復侍中)
韋見素。《舊書》一〇《肅宗紀》:"(至德二載三月)辛酉,以左相韋見素、平章事裴冕爲左右僕射,並罷知政事。"

苗晉卿。十二月戊午自中郎遷,仍同平章事。《宰相表》中:(至德二載)十二月甲寅晉卿爲中書侍郎、同中書門下平章事。戊午晉卿行侍中。《全文》四四《收復兩京大赦文》:"左相苗晉卿……可特進行侍中,封韓國公,食實封五百户。"

門下侍郎
崔渙。兼左常侍。《舊書》一〇《肅宗紀》:"(至德二載)八月甲申,以黃門侍郎崔渙爲餘杭太守、江東採訪禦使。"

給事中
嚴武。是年底或稍後遷少京尹兼中丞。《舊書》一一七本傳:"累遷給事中。既收長安,以武爲京兆尹、兼御史中丞。"

裴遵慶。

于休烈。是年遷少太常。《舊書》二八《音樂志》一:"肅宗克復兩京,將行大禮，禮物盡闕。命禮儀使太常少卿于休烈使屬吏與東京留臺領，赴於朝廷。”一四九本傳：“肅宗踐祚……擢拜給事中，遷太常少卿。”《會要》六三《修國史》：“至德二載十一月二十七日，修史官太常少卿于休烈奏曰……”

李廙。《舊書》一〇《肅宗紀》：“（至德二載二月）上議大舉收復兩京，盡括公私馬以助軍。給事中李廙署‘無馬’，大夫崔光遠劾之，貶廙江華太守。”

南巨川。《舊書》一〇《肅宗紀》：“（至德二載三月）吐蕃遣使和親，遣給事中南巨川報命。”

張孚。自膳部郎中遷。《全文》三六六賈至《授張孚給事中制》：“司膳郎中張孚……可給事中。”

左散騎常侍

崔渙。以門郎兼。《舊書》一〇八本傳：“時未收復京師，舉選路絕，詔渙充江淮宣諭選補使，以收遺逸……以不稱職聞。乃罷知政事，除左散騎常侍，兼餘杭太守。”《宰相表》中：（至德二載）八月甲申，渙罷爲左散騎常侍、餘杭郡太守。

諫議大夫

暢璀。

李何忌。是年貶西平郡司馬。《新書》一三九《房琯傳》：“御史大夫顏真卿劾奏諫議大夫李何忌不孝，琯素善何忌，不欲以惡名錮之，託被酒入朝，貶西平郡司馬。”另參中舍崔漪引。

張鎬。五月丁巳爲中郎、平章事。《舊書》一〇《肅宗紀》：“（至德二載五月丁巳）以諫議大夫張鎬爲中書侍郎、同中書門下平章事。”

王延昌。自少京尹遷。《全文》三六六賈至《授王延昌諫議大夫兼侍御史制》：“京兆少尹知雜王延昌……可諫議大夫、兼侍御史知雜，餘並如故。”按當是兼監察御史。下年王延昌撰墓誌署銜爲監察御史。《墓誌彙編下（乾元〇〇四）·大唐興唐寺净善和尚塔銘》：卒於乾元元年二月，葬於九月。撰文：監察御史王延昌製。

起居郎

裴綜。是年前後自殿侍御遷。《全文》三六六賈至《授裴綜起居郎制》：“殿中侍御史裴綜……可行起居郎。”

左補闕

孫遘。約是年遷太舍。《墓誌彙編下（元和〇三九）·韋公夫人孫氏（娩）墓誌》（卒於元和四年六月，年五十七）：“烈考遘，左補闕、太子舍人……方當齠齔，丁先府君憂。”按乾元二年孫娩七歲（齠齔），其父遘卒。

韋少游。蓋是年遷檢校祠員外。《全文》三六六賈至《授韋少游祠部員外郎等制》：“敕左補闕、弘文館韋少游……可檢校祠部員外郎。”是年元載自祠員外刺洪州，當接元載任祠部。

韓紘。蓋是年任（下年遷考功員外）。

苑某（苑咸兄）。《全文》三三三苑咸《謝兄除補闕表》：“臣某言，伏奉恩旨，臣兄前長安縣尉某特授左補闕内供奉，賜紫金魚袋……臣侍奉皇輿，委身巴蜀，艱難萬里，兄弟一方，分成吳越之人，久切支離之思。陛下克清禍難，再闢寰宇。臣兄幸遇休明，得歸鄉陌……臣官參秩禮，任在司言。身上列於紫垣，兄遽升於青瑣。”據文意，知肅宗收復長安後，苑咸任中舍，其兄授左補闕。

左拾遺

杜甫。《金石録補》一五：“《唐授杜甫左拾遺誥》，右敕：‘襄陽杜甫，爾之才德，朕深知之。今特命爲宣義郎行在（在疑衍）左拾遺，授職之後，宜勤是職，毋怠，命中書侍郎張鎬齎符告諭。至德二載五月十六日行。’蓋用黄麻紙，高廣皆可四尺，字大二寸許，年月有御寶，寶方五寸許。今藏湖廣岳州府平江縣裔孫杜富家，見錢謙益《杜詩注》；而予所見石刻，則宋紹興中也。按《少陵年譜》，至德二載在賊中，五月竄歸鳳翔，拜左拾遺，上疏救房琯，上怒，詔三司推問，張鎬救之，仍放就列。與此年月同。”《杜詩詳注》六有《宣政殿退朝晚出左掖》《春宿左省》《晚出左掖》，又附岑參《寄左省杜拾遺》，可知杜甫任左拾遺無疑。元稹《杜工部墓系銘》、辛文房《唐才子傳》亦作左拾遺。然《舊書》一九〇下、《新書》二〇一本傳均作右拾遺。誤。

裴薦。見右拾遺孟昌浩引。

肅宗乾元元年(七五八)

中書省

中書令

崔圓。《舊書》一〇《肅宗紀》:"(乾元元年五月)己未,中書令崔圓爲太子少師……罷知政事。"

郭子儀。兼司徒。《舊書》一〇《肅宗紀》:"(乾元元年八月甲辰)加子儀中書令。"《大詔令集》六〇《郭子儀中書令李光弼侍中制》(乾元元年九月):司徒、兼尚書右僕射、同中書門下平章事、兼靈州大都督府長史、朔方節度使子儀爲中書令。

中書侍郎

苗晉卿。

張鎬。《舊書》一〇《肅宗紀》:"(乾元元年五月)戊子,以河南節度、中書侍郎、平章事張鎬爲荆州大都督府長史、本州防禦使。"

王璵。《舊書》一〇《肅宗紀》:"(乾元元年五月己未)以太常少卿、知禮儀使王璵爲中書侍郎、同中書門下平章事。"《元龜》三四《崇祭祀》三:"乾元元年六月己酉,初置太一神壇於南郊圜丘東,命中書侍郎、同中書門下平章事王璵攝祭。"

中書舍人

賈至。是年或明年初刺汝州。按明年三月在汝州任上。《新書》六《肅宗紀》:"(乾元二年三月)壬申,九節度之師潰於滏水……東京留守崔圓、河南尹蘇震、汝州刺史賈至奔于襄、鄧。"《新書》一一九本傳:"坐小法,貶岳州司馬。"貶岳州司馬爲明年三月後。又按《會要》三六《氏族》:"乾元元年,著作郎賈至撰《百家類例》十卷。"或是年遷著作郎,再刺汝州?

徐浩。兼右丞。《會要》三三《太常樂章》:"春分日,祀朝日,樂章三,奏

《元和》之舞,六變。"注云:"至乾元元年,中書舍人徐浩又撰。"是年遷祭酒。《全文》四四五張式《徐公神道碑銘》:"有命將授左散騎常侍……期不奉制。有命改授大詹事……因出國子祭酒。"

李揆。是年兼禮侍。《舊書》一二六本傳:"扈從劍南,拜中書舍人。乾元初兼禮部侍郎。"《會要》七六《貢舉》中:"乾元初,中書舍人李揆兼禮部侍郎。"《宣室志》一○:"唐丞相李揆,乾元初爲中書舍人……至明日,果選禮部侍郎。"按《通鑑》二二○"乾元元年":"(五月)張后生興王佋,纔數歲,欲以爲嗣,上疑未決,從容謂考功郎中、知制誥李揆曰:'成王長,且有功,朕欲立爲太子,卿意如何?'揆再拜賀曰:'此社稷之福,臣不勝大慶。'上喜曰:'朕意決矣。'"云考功郎中。

李季卿。

蕭昕。

王維。夏自中庶子遷,秋遷給事中。《舊書》一九○下本傳:"責授太子中允。乾元中,遷太子中庶子、中書舍人,復拜給事中。"

姚子彥。自右庶遷。《全文》三九一獨孤及《唐故秘書監姚公(子彥)墓誌銘》:"二京陷覆,太夫人捐館……乘輿反正,公適外除,拜太子右庶子……俄又授公中書舍人、禮部侍郎、光禄卿、左散騎常侍,加銀青光禄大夫,復知制誥。"

右散騎常侍

韓擇木。蓋是年自刑侍遷(下年四月在任)。

季廣琛。《通鑑》二二○"乾元元年"八月《考異》按語:"季廣琛先爲荆州長史,今年五月爲右常侍。"

右補闕

薛邕。兼禮部員外。當在任(上年在任知鳳翔貢舉)。

岑參。《杜甫全集校注》四《奉答岑參補闕見贈》,作於乾元元年春。見解題引黄鶴注。陳鐵民等《岑參集校注・年譜》:在長安,任右補闕。

右拾遺

許登。《岑參集校注》三《送許拾遺恩歸江寧拜親》,作於乾元元年春。許拾遺即許登。見注一。

起居舍人

楊綰。是年遷司勳員外。《舊書》一一九本傳：“肅宗即位靈武。綰自賊中冒難，披榛求食，以赴行在。時朝廷方急賢，及綰至，衆心咸悅，拜起居舍人、知制誥。歷司勳員外郎、職方郎中，掌誥如故。”

魏某（魏徵後人）。當未赴任。《王維集校注》一一《與魏居士書》：“足下太師之後，世有明德……崇德茂緒，清節冠世，風高於黔婁、善卷，行獨于石門、荷蓧。朝廷所以超拜右史。”作於乾元元年春後或二年。見校注一。據文意，魏某被徵爲右史，辭不赴任，王維致書以勸。

門下省

侍中

李光弼。自兵尚遷。《舊書》一〇《肅宗紀》：“（乾元元年八月甲辰，加）光弼侍中。”《大詔令集》六〇《郭子儀中書令李光弼侍中制》（乾元元年九月）：司空、兼兵部尚書、同中書門下平章事、河東節度使李光弼爲侍中。

門下侍郎（乾元元年，改爲黃門侍郎）

給事中

裴遵慶。是年遷右丞。《舊書》一一三本傳：“肅宗即位，徵拜給事中、尚書右丞。”

張孚。

王維。秋自中舍遷。見前引。

敬括。約是年自果州刺史遷。《舊書》一一五本傳：“累遷給事中。”

崔寓。自越州（會稽）太守遷。《全文》三六六賈至《授崔寓給事中制》：“門下：會稽太守崔寓……可給事中。”《嘉泰會稽志》二《太守》：“崔寓，至德二年自江夏太守授。召拜給事中。復改州刺史。李希言，乾元元年初置浙江東道節度使。自禮部侍郎授。”李希言接替崔寓刺越州。

左散騎常侍

鄭沛。是年或稍後在任。《全文》六三一呂溫《大唐故紀國大長公主墓誌銘》（卒於元和二年九月十三日，葬於三年某月日）：“公主諱某字某……肅宗宣皇帝之第二女也……乾元二年，年若干，許笄從周，築館於魯，輜軿將其百兩,環佩出乎九重,以降於駙馬都尉滎陽鄭君曰某,官至特進、左散騎常侍。"鄭君即鄭沛。《新書》八三《諸帝公主傳》:"紀國公主,始封宜寧。下嫁鄭沛。"

諫議大夫

暢璀。

王延昌。兼監察御史。

起居郎

裴綜。

歸崇敬。約是年自秘書郎遷。《舊書》一四九本傳:"天寶末對策高第,授左拾遺,改秘書郎。遷起居郎、贊善大夫,兼史館修撰,又加集賢校理。以家貧求外職,歷同州、潤州長史。"按寶應元年已在潤州任上。見《舊書》二一《禮儀志》一。

左補闕

韓紘。是年遷考功員外、知制誥。《全文》三六七賈至《授韓洪山南東道防禦使等制》:"敕襄陽太守韓洪、左補闕韓紘等,令德之後,象賢而立。克光前業,不墜家聲……今寇虐未除,邦家多事;用武之地,宜徵奇傑;掌翰之職,故擇英髦。洪可山南東道防禦使,紘可考功員外郎、知制誥。"

苑某(苑咸兄)。當在任,見上年引。

左拾遺

杜甫。《舊書》一九〇下本傳:"明年春,(房)琯罷相,甫上疏言琯有才,不宜罷免。肅宗怒,貶琯爲刺史,出甫爲華州司功參軍。"

裴薦。

韋啓。是年前後在任。《全文》三六六賈至《授韋啓左拾遺制》:"敕:劍門縣令韋啓……可左拾遺。"

肅宗乾元二年（七五九）

中書省

中書令

郭子儀。

李光弼。自司空兼侍中遷太尉兼中令。《大詔令集》六〇《李光弼太尉中書令制》（乾元二年十二月）：司空、兼侍中、幽州大都督府長史、河北節度使光弼可太尉中書令。按《宰相表》中云下年正月。

中書侍郎

苗晉卿。《通鑑》二二一"乾元二年"："（三月）乙未，以中書侍郎、同平章事苗晉卿爲太子太傅。"按《舊書》一〇《肅宗紀》："（乾元二年二月）壬戌，遣侍中苗晉卿、王璵分録囚徒。"《舊書》一〇《肅宗紀》："（乾元二年三月）乙未，侍中苗晉卿爲太子太傅……罷知政事。"《元龜》八七《赦宥》六："（乾元）二年三月壬戌，帝遣侍中苗晉卿、中書侍郎王璵分録大理寺、御史臺、京兆府，見禁囚徒已下罪皆免之。"均云是年苗晉卿在侍中任。又按《宰相表》中苗晉卿至德二年十二月以中書侍郎爲平章事後，未列轉侍中。暫從《通鑑》；《舊紀》及《元龜》（按是年三月無壬戌）或誤。

王璵。三月乙未爲刑尚，罷政事。《舊書》一〇《肅宗紀》："（乾元二年三月）乙未，侍中苗晉卿爲太子太傅，平章事王璵爲刑部尚書，並罷知政事。"

李揆。自禮侍兼中舍遷中郎、平章事。《舊書》一〇《肅宗紀》："（乾元二年三月乙未）禮部侍郎李揆爲中書侍郎……同中書門下平章事。"

中書舍人

李揆。兼禮侍。三月遷中郎、平章事。

李季卿。約是年貶。《舊書》九九本傳："肅宗朝，累遷中書舍人，以公事坐貶通州別駕。”

蕭昕。

姚子彦。秋冬以中舍權知貢舉。《全文》三九一獨孤及《唐故秘書監姚子彦墓誌銘》：“俄又授中書舍人、禮部侍郎、光禄卿、左散騎常侍。”

劉炟。《通鑑》二二二“寶應元年”《考異》引《代宗實録》云：“秘書監韓穎、中書舍人劉炟善候星曆，乾元中待詔翰林，頗承恩顧。”

右散騎常侍

韓擇木。《舊書》一一二《李峴傳》：“上怒峴言，出峴爲蜀州刺史。時右散騎常侍韓擇木入對，上謂之曰：‘峴欲專權耶？ 何乃云任毛若虛是無御史臺也？ 今貶蜀州刺史，朕自覺用法太寬。’擇木對曰：‘峴言直，非專權。陛下寬之，祇益聖德爾。’”按，貶李峴爲蜀州刺史在四月，見《通鑑》二二一“乾元二年”。

右補闕

岑參。三月轉起居舍人。

起居舍人

權皋。詔徵起居舍人，以疾辭。《全文》三二一李華《著作郎贈秘書少監權君（皋）墓表》：“服除，遷起居舍人、著作郎，大曆元年四月某日，不幸逝於丹徒，因殯焉，享齡四十。”《舊書》一四八《權德輿傳》：“父皋……（乾元二年六月）浙西節度使顔真卿表皋爲行軍司馬，詔徵爲起居舍人，又以疾辭。”按《封氏聞見記》九《誠節》謂起居郎：“權皋爲范陽節度掌書記，禄山男慶和承恩尚主，皋在京親禮會畢歸本道，知禄山有異謀，出路托疾詐死。家人載喪以歸封丘，僅達而關東鼎沸。皋微服變姓名至臨淮，於驛家庸賃，欲數知北方動静故也。尋過江。上京復，肅宗發詔褒美，拜起居郎，辭疾不赴。”

岑參。自右補闕轉。陳鐵民等《岑參集校注·年譜》：春在長安，三月轉起居舍人。夏四月，署虢州長史。

門下省

侍中

李光弼。兼司空。《舊書》一〇《肅宗紀》：“（乾元二年七月）辛巳，制以趙王係爲天下兵馬元帥，司空兼侍中李光弼爲副。"

門下侍郎（黄門侍郎）

第五琦。四月以户侍入相，權知門下省事。十一月貶忠州長史。《舊書》一〇《蕭宗紀》："（乾元二年三月乙未）户部侍郎第五琦等並同中書門下平章事……十一月庚午，户部侍郎、同平章事第五琦貶忠州長史。"《大詔令集》五七《第五琦忠州長史制》（乾元二年十一月）：行尚書户部侍郎、同中書門下平章事、權知門下省、第五琦可忠州長史員外置同正員外官。

吕諲。六月前以兵侍同平章知門下省事，七月以母喪罷。《舊書》一〇《蕭宗紀》："（乾元二年三月）甲午，以兵部侍郎吕諲同中書門下平章事。"《墓誌續編（乾元〇〇八）·唐贈鴻臚卿先府君（藏元）墓誌》（卒於開元廿四年六月，六十八歲；夫人卒於乾元二年六月廿六日，葬於十月八日）：仲子前行兵部侍郎、同中書門下平章事、知門下省事吕諲撰。十月起復。十二月自兵部侍郎遷，仍平章事。《宰相表》中：（乾元二年）十二月甲午，爲黄門侍郎。

給事中

張孚。當在任。

王維。

敬括。

諫議大夫

暢璀。

王延昌。是年兼殿侍御。《全文》三九二獨孤及《鄭密墓誌銘》："二京返正，天子選賢守相令長，將蘇瘡痍之人。殿中侍御史王政以公充賦，拜商州洛南令。數月，訟平賦均。監察御史李椅、殿中侍御史王延昌、御史中丞元公載並表言其狀，詔書褒美，加公壽王府户曹。"

起居郎

裴綜。約是年遷吏部員外。《郎官考》四吏部員外郎有裴綜，在苗丕後、鄭珣瑜前。

歸崇敬。約是年遷贊善大夫。《舊書》一四九本傳："天寶末對策高第，授左拾遺，改秘書郎。遷起居郎、贊善大夫，兼史館修撰，又加集賢校理。以家貧求外職，歷同州、潤州長史。"按寶應元年已在潤州任上。見《舊書》

二一《禮儀志》一。按未詳左右,姑繫於此。

左補闕

常衮。是年當在任。《舊書》一一九本傳:"累授補闕、起居郎。寶應二年,選爲翰林學士。"

左拾遺

裴薦。

肅宗上元元年（七六〇）

中書省

中書令

郭子儀。兼司徒。

李光弼。正月辛巳自司空兼侍中遷太尉兼中令。《舊書》一〇《肅宗紀》："（上元元年）正月辛亥朔。辛巳，李光弼進位太尉、兼中書令，餘如故。"《大詔令集》云上年十二月。

中書侍郎

李揆。《大詔令集》三二《恭懿太子册文》：上元元年十月辛酉，遣中書侍郎、同平章事李揆持節册命故興王佋爲恭懿太子。

中書舍人

蕭昕。

姚子彦。知貢舉。是年正除禮侍。《全文》三九一獨孤及《唐故秘書監姚子彦墓誌銘》："俄又授中書舍人、禮部侍郎、光禄卿、左散騎常侍。"

劉烜。

楊綰。自職方郎中遷。《舊書》一一九本傳："肅宗即位靈武。綰自賊中冒難，披榛求食，以赴行在。時朝廷方急賢，及綰至，衆心咸悦，拜起居舍人、知制誥。歷司勳員外郎、職方郎中，掌誥如故。遷中書舍人，修國史。"

右散騎常侍

韓擇木。閏四月壬午遷禮尚。《舊書》一〇《肅宗紀》："（上元元年閏四月壬午）右散騎常侍韓擇木爲禮部尚書。"

通事舍人

李若冰。《舊書》一八六下《敬羽傳》："上元中，擢爲御史中丞。太子少傅、宗正卿、鄭國公李遵，爲宗子通事舍人李若冰告其贓私，詔羽按之……

蕭宗以勳舊捨之,但停宗正卿。"

門下省

侍中

李光弼。《舊書》一〇《蕭宗紀》:"(乾元三年正月,按閏四月改元上元)辛巳,李光弼進位太尉、兼中書令,餘如故。"

苗晉卿。《舊書》一〇《蕭宗紀》:"(上元元年五月)丙午,以太子太傅、韓國公苗晉卿爲侍中。"

門下侍郎(黄門侍郎)

吕諲。兼判度支。五月壬子爲賓客。《舊書》一〇《蕭宗紀》:"(上元元年五月)壬子,黄門侍郎、同中書門下平章事吕諲爲太子賓客,罷知政事。"

給事中

王維。陳鐵民《王維集校注·年譜》"上元元年":"是夏,轉尚書右丞。"

敬括。

左散騎常侍

張鎬。自賓客遷。《舊書》一〇《蕭宗紀》:"(乾元三年四月甲辰,閏四月改元上元)以太子賓客、平章事張鎬爲左散騎常侍。"《全文》三九〇獨孤及《唐故洪州刺史張公(鎬)遺愛碑并序》:"授太子賓客。上思夙夜出納言語侍從之臣,命公作左散騎常侍。"

晁衡。《舊書》一九九上《日本國傳》:"上元中,擢衡爲左散騎常侍、鎮南都護(《新書》作安南都護)。"按《會要》一〇〇《日本國》:"歷左補闕,終右常侍、安南都護。"

諫議大夫

暢璀。約是年遷吏侍。《舊書》一一一本傳:"拜諫議大夫,累轉吏部侍郎。"

王延昌。兼殿侍御。

祝素琚。《元龜》九八《徵聘》:"蕭宗乾元三年(閏四月改元上元)二月,徵太白山人祝素琚,拜諫議大夫。"

韓泧。上元中任。《舊書》九八《韓休傳》:"(子)泧,上元中爲諫議大夫。"

左補闕

常袞。當在任。《舊書》一一九本傳:"天寶末舉進士,歷太子正字,累授補闕、起居郎。寶應二年選爲翰林學士、考功員外郎、知制誥。"

晁衡。是年遷左常侍。《舊書》一九九上《日本國傳》:"歷左補闕、儀王友……上元中,擢衡爲左散騎常侍、鎮南都護(《新書》作安南都護)。"

左拾遺

裴薦。

肅宗上元二年（七六一）

中書省

中書令

郭子儀。兼司徒。《元龜》五六《節儉》："上元二年八月壬申，內宴宰臣已下，內出伎樂不過數人，甚儉。司徒兼中書令郭子儀上表曰……"

李光弼。兼太尉。三月戊午辭太尉兼中令，守侍中、兼河中尹、晉絳等州節度觀察使。

中書侍郎

李揆。《舊書》一〇《肅宗紀》："（上元二年二月）癸未，中書侍郎、同中書門下三品李揆貶爲袁州刺史。"

蕭華。《宰相表》中：上元二年二月癸未，河中節度使蕭華爲中書侍郎、同中書門下平章事。

中書舍人

蕭昕。

劉烜。

楊綰。

韋少華。當在任（下年卒）。

右拾遺

杜甫。十月爲西川節度參謀。見門郎嚴武引。

苗發。當在任。見下年考。

起居舍人

楊炎。自河西掌書記遷。《舊書》一一八本傳："釋褐，辟河西節度掌書記，神烏令李大簡嘗因醉辱炎，至是與炎同幕，率左右反接之，鐵棒搋之二百，流血被地，幾死。節度使呂崇賁愛其才，不之責。後副元帥李光弼奏爲判官，不應，征拜起居舍人，辭禄就養岐下。”按吕崇賁上元二年罷鎮河西，李光弼亦是年鎮河中。見《方鎮年表》四、八。

門下省

侍中

苗晉卿。

李光弼。自太尉、中令轉，復兼太尉。《舊書》一〇《肅宗紀》：“（上元二年三月戊午）李光弼以失律讓太尉、中書令，許之；授侍中、河中尹、晉絳等州節度觀察使……（五月乙未）李光弼來朝，進位太尉、兼侍中，充河南副元帥。”

門下侍郎（黄門侍郎）

裴遵慶。《舊書》一〇《肅宗紀》：“（上元二年四月）己未，以吏部侍郎裴遵慶爲黄門侍郎、同中書門下平章事。”

嚴武。《舊書》一九〇下《杜甫傳》：“上元二年冬，黄門侍郎、鄭國公嚴武鎮成都，奏爲節度參謀、檢校工部員外郎。”按《方鎮年表》六據錢謙益引趙抃《玉壘記》云：東劍段子璋反，崔光遠平之。監軍按其罪，冬十月，恚死。廷命嚴武。又按《通鑑》二二二“寶應元年”云下年六月壬戌自兵部侍郎爲西川節度使。《郎表》四從之。按似未確。今從《舊書·杜甫傳》。

給事中

敬括。

左散騎常侍

張鎬。《舊書》一〇《肅宗紀》：“（乾元二年四月）左散騎常侍張鎬貶辰州司户長任。”

王縉。自工侍遷。《舊書》一一八本傳：“歷工部侍郎、左散騎常侍。”

諫議大夫

王延昌。兼殿侍御。

韓洿。上元中任。見上年引。

起居郎

常袞。約是年自左補闕遷。見上年左補闕引。

左補闕

常袞。約是年遷起居郎。

趙驊。《全文》三八七獨孤及《送薛處士業游廬山序》："趙補闕驊、王侍御定、張評事有略,各以文爲貺。記行邁之所以然,余亦持片言,用代疏麻瑤華之贈。"按《舊書》一八七下本傳:"趙驊(原作曄,據《新書·趙宗儒傳》《元龜》七七七及《全文》改),字雲卿……乾元初,三司議罪,貶晉江尉。數年,改錄事參軍。徵拜左補闕,未至。福建觀察使李承昭奏爲判官。"李承昭是年即上元二年鎮福建。參《方鎮年表》六。

左拾遺

裴薦。

肅宗寶應元年（七六二）

中書省

中書令

郭子儀。兼司徒。

李輔國。兼兵尚、司空。《舊書》一一《代宗紀》："（寶應元年）五月己卯朔，以李輔國爲司空兼中書令，餘如故……（六月）己未，罷尚父李輔國判元帥行軍及兵部尚書、閑廐等使。輔國請遜位，辛酉，以輔國爲博陵王，罷中書令，許朝朔望。"

僕固懷恩。十二月辛未任。兼左僕射、靈州大都督府長史、河北副元帥。《舊書》一一《代宗紀》："（寶應元年十二月）辛未，僕固懷恩爲尚書左僕射兼中書令、靈州大都督府長史、河北副元帥。"

中書侍郎

蕭華。三月戊申罷爲禮尚。《舊書》一○《肅宗紀》："建辰月（三月）……戊申，中書侍郎、平章事、徐國公蕭華爲禮部尚書、罷知政事。"

元載。自户侍遷，仍平章事。《宰相表》中：（寶應元年）五月丙寅，載行中書侍郎，勾當轉運租庸支度使。《舊書》四九《食貨志》下："寶應元年五月，元載以中書侍郎代呂諲（爲鹽鐵使）。"

中書舍人

蕭昕。《郎表》三禮侍：蓋寶應元年冬遷禮侍。

劉烜。九月甲午流嶺表。尋賜死。《舊書》一一《肅宗紀》："秘書監韓穎、中書舍人劉烜配流嶺表。尋賜死，坐狎昵李輔國也。"

楊綰。《大詔令集》三○《肅宗命皇太子監國制》："（寶應元年四月命太子李豫監國）司徒兼中書令（原注下缺，按爲郭子儀）、户部侍郎同中書門下平章事兼知中書事臣元載、宣德郎檢校中書舍人臣楊綰奉行。"約是年遷少太常(按下年由少太常遷禮侍)。

韋少華。《通鑑》二二二“寶應元年”:“(十月)以雍王适爲天下兵馬元帥。辛酉辭行,以兼御史中丞藥子昂、魏琚爲左右厢兵馬使,以中書舍人韋少華爲判官,給事中李進爲行軍司馬,會諸道節度使及回紇于陝州,進討史朝義。”《舊書》一九五《迴紇傳》:“相拒久之,車鼻遂引子昂、李進、少華、魏琚各搒捶一百,少華、琚因搒捶,一宿而死。”

徐浩。《全文》四四五張式《徐公神道碑銘》:“代宗踐祚,公論勃興,乃(闕一字)復中書舍人,加銀青光禄大夫、集賢殿學士、副知院事。”

賈至。自岳州司馬遷。《新書》一一九本傳:“寶應初,召復故官。”按自中舍貶岳州。

李季卿。自少京尹遷。《舊書》九九本傳(李适之子):“代宗即位,大舉淹抑,自通州徵爲京兆少尹。尋復中書舍人。”

右散騎常侍

于休烈。自祭酒遷。《舊書》一四九本傳:“代宗即位,甄別名品,宰臣元載稱之,乃拜右散騎常侍,依前兼修國史。”

右補闕

李紓。當自大理評事遷。《全文》三九〇獨孤及《唐故揚州慶雲寺律師一公塔銘并序》:“公諱靈一,俗姓吳,廣陵人也……寶應元年冬十月十六日,終於杭州龍興寺,春秋三十有六……粵以是月某日,焚身於某山,起塔於某原,從拘尸城之制也。右補闕趙郡李紓、殿中侍御史頓丘李湯,嘗以文字言語,游公廊廡,至是相與追録遺懿,以詒塵劫。”《舊書》一三七本傳:“大曆初,吏部侍郎李季卿薦爲左補闕。”又,《元龜》四六八《薦舉》:“李季卿,代宗大曆中爲吏部侍郎,薦大理評事李紓,徵拜左補闕。”大理評事當在此前。

右拾遺

苗發。《新書》五七《藝文志》:“元載爲相,奏以千錢購書一卷,又命拾遺苗發等使江淮括訪。”按元載三月入相,五月爲中郎,則苗發當是右拾遺。又按永泰元年四月,發父晉卿卒,發時已任秘書丞,則苗發是年前後當任右拾遺。

門下省

侍中

苗晉卿。《集古録目》三:"《唐郭敬之墓碑》,侍中苗晉卿撰,中書侍郎平章事蕭華書……碑以肅宗元年建寅月立。"《元龜》一一《繼統》三:"(寶應元年四月)庚午,群臣等上表,請聽政,帝不答。以侍中苗晉卿攝冢宰,於太極殿鐘樓之東,張幄視事,百官以聽。"

李光弼。以太尉兼。《大詔令集》六三《賜李光弼實封一子官制》(寶應年月):副元帥、太尉、兼侍中光弼可加實封二百戶,仍與一子官階三品,餘並如故。

門下侍郎(黃門侍郎)

裴遵慶。

給事中

敬括。

李進。冬遷工侍。《舊書》一九五《回紇傳》:"給事中李進兼御史中丞,充元帥行軍司馬。"《通鑑》二二二"寶應元年":"(十月)給事中李進爲行軍司馬,會諸道節度使及回紇於陝州,進討史朝義。"《新書》七八本傳:"從廣平王東征,以工部侍郎署雍王元帥府行軍司馬,爲回紇鞭之幾死。"《元龜》九四〇《患難》:"李進爲工部侍郎,代宗初,皇儲爲天下元帥,平河洛,以進參佐。時元帥在陝,兼統蕃兵,回紇恃功而驕,敢恣狼戾。進與中書舍人韋少華爲皮鞭所辱,進數月病瘡,僅以全生。"

韓液。《大詔令集》三〇《肅宗命皇太子監國制》:"(寶應元年四月)特進行侍中上柱國韓國公臣晉卿、銀青光禄大夫行黃門侍郎同中書門下平章事臣遵慶、朝請大夫守給事中臣液等言:……伏惟皇太子承累聖之資,禀自天之訓,問安有禮,無闕三朝;保大功成,已申七德。是命守邦之重,允彰知子之明。"液即是韓液,下年遷少太常。

李栖筠。約是年自絳州刺史遷(下年遷工侍)。《新書》一四六本傳:"改絳州刺史,累遷給事中。"《刺考全編·河東道》云約廣德中刺絳州。

左散騎常侍

王縉。是年改兵侍。《舊書》一一八本傳:"(歷)左散騎常侍。撰玄宗哀册文,時稱爲工。改兵部侍郎。"按下年正月已在兵侍任。

王翊。《舊書》一九五《回紇傳》:"以散騎常侍兼御史大夫王翊充使,就可汗行營行册命焉。"《元龜》四五八《德望》:"王翊……爲左散騎常侍,代宗即位,目爲純臣。"冬遷刑侍。《權德輿詩文集》一六《王光謙神道碑》:"(公長子)曰翊,以文雅典憲,直方貞厲。歷御史中丞、左散騎常侍、邢部吏部二侍郎、御史大夫,贈戶部尚書,謚曰忠惠。"

尚衡。《通鑑》二二二"寶應元年"引《考異》:"六月,衡自賓客爲常侍。"《會要》九八《回紇》:"寶應元年……(八月)命左散騎常侍兼御史大夫尚衡使於回紇軍宣慰。"

諫議大夫

王延昌。兼殿侍御。是年遷中丞。《全文》三九二獨孤及《鄭密墓誌銘》:"以本官兼商州録事參軍。御史中丞王延昌表公才任御史,奏未下,會疾終於位。春秋五十。是歲廣德元年八月七日也。"按下年爲廣德元年,據墓誌知是年王延昌當在中丞任。

黎幹。自少京尹遷。《墓誌彙編下(貞元〇三四)·黎幹墓誌》:"京兆少尹。尋拜諫議大夫。"《舊書》二一《禮儀志》一:"寶應元年……諫議大夫黎幹議,以太祖景皇帝非受命之君,不合配享天地。"

李椅。約是年自尚書郎遷(未知何部郎)。《全文》三九〇獨孤及《福州都督府新學碑并序》:"中興之後,歷御史、尚書郎、諫議大夫。"

起居郎

常袞。

左補闕

李華。《全文》三一六李華《衢州刺史聽壁記》文末署云:"元年建寅月二十一日,左補闕趙郡李華於江州附述。"元年建寅月即是年,四月改元寶應。按《中國文學家大辭典(唐五代卷)》"李華":"上元二年,授左補闕,加司封員外郎,因病未赴。"謂上元二年,當非。

柳渾。約是年任。《舊書》一二五本傳:"執政惜其才,奏爲左補闕。明年除殿中侍御史,知江西租庸院事。大曆初,魏少游鎮江西,奏署判官。"

左拾遺

裴薦。是年遷攝主客員外。《全文》三六六賈至《授裴薦攝主客員外郎制》:"敕:左拾遺裴薦,正直而温,洵美且惠。有紛綸之詞藻,懷耿介之志氣。自居近侍,屢獻讜言。中原未寧,鄰國是協。俾領攝於郎署,爲專對之使人。可攝主客員外郎。"據"中原未寧,鄰國是協",當作於是年。

代宗廣德元年(七六三)

中書省

中書令

雍王李适。《宰相表》中:(廣德元年)七月壬子,雍王适兼中書令。《舊書》一一《代宗紀》:"(廣德元年七月壬子)元帥雍王兼尚書令。"兹從《新表》。

郭子儀。兼司徒。《舊書》三一《音樂志》四:"享太廟樂章十四首。玄宗至道大聖大明孝皇帝室奠獻用《廣運》之舞一章。司徒兼中書令、汾陽郡王郭子儀撰。"

僕固懷恩。兼左僕、少太師。七月加太保。八月拒命。《大詔令集》一一八《招諭僕固懷恩詔》:太保兼中書令、靈州大都督府長史、單于鎮北副大都護、朔方節度使、河中副元帥等懷恩,其太保兼中書令大寧郡王並如故,其餘並停。

中書侍郎

元載。

中書舍人

徐浩。

賈至。是年遷左丞。《舊書》一九〇中本傳:"寶應二年(七月改元廣德),遷尚書左丞。"《通鑑》二二二"廣德元年":六月,禮部侍郎楊綰上疏請改科舉方式,給事中李栖筠、左丞賈至、京兆尹嚴武贊成之。

李季卿。是年遷少秘監。《全文》三九一獨孤及《唐故右常侍李公(季卿)墓誌銘》:"由秘書少監爲吏部侍郎。"按下年爲吏侍。

王延昌。自中丞遷。《全文》三九二獨孤及《鄭密墓誌銘》:"以本官兼商州録事參軍。御史中丞王延昌表公才任御史,奏未下,會疾終於位。春秋五十。是歲廣德元年八月七日也。"《通鑑》二二三"廣德元年":"(九月)

辛未，（吐蕃）寇奉天、武功，京師震駭。詔以雍王适爲關内元帥，郭子儀爲副元帥，出鎮咸陽以禦之……吐蕃帥吐谷渾、党項、氐、羌二十餘萬衆，瀰漫數十里，已自司竹園渡渭，循山而東。子儀使判官中書舍人王延昌入奏，請益兵，程元振遏之，竟不召見。”

右散騎常侍

于休烈。

王縉。自兵侍遷。《會要》一《帝號》上：“（玄宗）廣德元年三月辛酉，葬泰陵……哀册文，右（原作左，誤）散騎常侍王縉撰。”

右補闕

李紓。當在任。見上年引。

關播。是年當在任。《舊書》一三〇本傳：鄧景山爲淮南節度使，辟爲從事，累授衛佐評事，遷右補闕。按景山自至德二載至上元二年鎮淮南，見《方鎮年表》五。

右拾遺

苗發。當在任。見上年考。按是年至永泰元年四月間，苗發還應有兩到三次官職變動，因爲右拾遺（從八品上）到秘書丞（從五品上）相差三品官級。具體未詳。

黎昕。當在任。見下年引。

起居舍人

崔祐甫。蓋是年任。《舊書》一一九本傳：“安禄山陷洛陽，士庶奔迸，祐甫獨崎危於矢石之間，潛入私廟，負木主以竄。歷起居舍人、司勳吏部員外郎。”按傅璇琮考盧象生平時附考崔祐甫云：“崔祐甫之任起居舍人恐亦在安史之亂初平後數年間。”《校箋》二。

門下省

侍中

苗晉卿。《舊書》一一《代宗紀》：“（廣德元年十二月）乙未，以侍中苗晉卿爲太保……罷知政事。”

李光弼。以太尉兼。《大詔令集》六三《不許李光弼辭封詔》（廣德年

月）：守太尉、兼侍中、充河南副元帥李光弼，豈宜暫以微瘵，便思獨善，將使
其下者，何顏受封。

李懷仙。《舊書》一一《代宗紀》："（寶應二年閏正月，按七月改元廣德）
戊申，李懷仙檢校兵部尚書、兼侍中，武威郡王、幽州節度使。"

門下侍郎

裴遵慶。《舊書》一一《代宗紀》："（廣德元年十二月乙未）黃門侍郎、平
章事裴遵慶爲太子少傅……罷知政事。"

嚴武。十月壬辰自京兆尹兼吏侍遷。《舊書》一一《代宗紀》："廣德元
年（十月壬辰）京兆尹、兼吏部侍郎嚴武爲黃門侍郎。"

李峴。自檢校吏尚、宗正卿遷。《舊書》一一《代宗紀》："（廣德元年十
二月乙未），宗正卿、梁國公李峴爲黃門侍郎、同中書門下平章事。"《新書》
六《代宗紀》："（廣德元年十二月乙未）檢校禮部尚書李峴爲黃門侍郎、同中
書門下平章事。"

給事中

敬括。

韓液。是年遷少太常。《全文》三六七賈至《授蕭昕秘書監等制》："門
下：圖書之府，掌天人之際；禮儀之柄，繫風化之元。爲官擇人，必舉髦
士……昕可守秘書監，液可守太常少卿。"

李栖筠。秋冬遷工侍。《新書》一四六本傳："擢給事中……進工部侍
郎。"《郎表》四工侍：秋冬由給事中遷。

李廙。《新書》四四《選舉志》上："寶應二年（七月改元廣德），禮部侍郎
楊綰上疏（言科舉之弊）……詔給事中李栖筠、李廙、尚書左丞賈至、京兆尹
兼御史大夫嚴武議。"按是年李廙自處州刺史遷。《新安志》：季廙，上元中
（歙州）刺史。寶應元年改刺處州。"郁賢皓云季廙爲李廙之誤。見《刺考全
編·江南東道》。從之。

韋諤。自吏部郎中遷。《全文》四一〇常袞《授韋諤給事中制》："門下：
通議大夫、行尚書吏部郎中、彭城郡開國公韋諤……多所階歷，參我六典，
冠於諸曹，學以辨疑，文以決滯，五年勤職，時謂淹才……可行給事中，散官
封如故。"按常袞是年知制誥，見《舊書》一一九本傳。又據"五年勤職"上
推，知乾元二年自中丞遷吏部郎中。

張延賞。《舊書》一二九本傳:"(王)思禮領河東,又爲太原少尹,兼行軍司馬、北都副留守。代宗幸陝,除給事中。"

左散騎常侍

李之芳。自右庶遷。《舊書》一九六上《吐蕃傳》上:"寶應二年三月,遣左散騎常侍兼御史大夫李之芳、左庶子兼御史中丞崔倫使于吐蕃,至其境而留之。"

姚子彦。自光禄卿遷。《全文》三九一獨孤及《唐故秘書監姚公(子彦)墓誌銘》:"俄又授公中書舍人、禮部侍郎、光禄卿、左散騎常侍,加銀青光禄大夫,復知制誥。廣德二年,授秘書監。"

諫議大夫

黎幹。《舊書》二一《禮儀志》一:"寶應二年(七月改元廣德)五月,幹進議狀爲十詰十難曰:'集賢校理潤州別駕歸崇敬議狀及禮儀使判官水部員外郎薛頎等稱……'"是年復爲少京尹。《墓誌彙編下(貞元〇三四)·黎幹墓誌》:"京兆少尹。尋拜諫議大夫。有替,南渡江漢,願終養不仕,累詔徵至,復拜京兆少尹。"

李椅。

起居郎

常袞。是年遷考功員外。《舊書》一一九本傳:"寶應二年(七月改元廣德),選爲翰林學士、考功員外郎、知制誥,依前翰林學士。"

于邵。是年任。《舊書》一三七本傳:"累歷使府,入爲起居郎。"《全文》四二七于邵《送劉協律序》:"予廣德年三掌注起居。"

左補闕

柳渾(載)。是年改殿侍御。《舊書》一二五本傳:"執政惜其才,奏爲左補闕。明年除殿中侍御史,知江西租庸院事。大曆初,魏少游鎮江西,奏署判官。"按《柳宗元集校注》八《柳渾行狀》:"授右補闕。不隱忠以固位,不形直以奸名。除殿中侍御史,賜緋魚袋,赴江西,與租庸使議復榷鐵及常平倉,便宜制置,得以專任。"

代宗廣德二年（七六四）

中書省

中書令

雍王李适。《宰相表》中：（廣德二年）正月乙卯爲皇太子。

郭子儀。兼司徒，既而兼太尉、尚書令，均辭。

僕固懷恩。《全文》顏真卿《乞御書題額恩敕批答碑陰記》：“廣德元年秋八月拜江陵尹、兼御史大夫，充荆南節度觀察處置等使，未行受代轉尚書右丞。明年春正月檢校刑部尚書、兼御史大夫，充朔方行營汾晉等六州宣慰使，以招太師、中書令僕固懷恩。不行，遂知府事。”

中書侍郎

元載。《元龜》五〇《崇儒術》二：“代宗廣德二年七月甲申，集賢殿大學士、中書舍人、侍郎、平章事元載奏：‘集賢院圖書自經寇盜，墜失頗多。請開贖書之令，得一卷，賞一千錢。’許之。”

杜鴻漸。自兵侍遷，仍平章事。《宰相表》中：（廣德二年）四月甲午爲中書侍郎。

中書舍人

徐浩。

王延昌。約冬遷吏侍（下年三月在吏侍任）。

右散騎常侍

于休烈。

王縉。正月癸亥爲黃郎、平章事。《宰相表》中：（廣德二年）正月癸亥右散騎常侍王縉爲黃門侍郎、同中書門下平章事。

右補闕

李紓。當在任。

關播。

右拾遺

黎昕。《岑參集校注》四《左僕射相國冀公東齋幽居同黎拾遺所獻》，左僕射相國即裴冕。是年二月自澧刺入遷左僕射，黎拾遺，疑即黎昕。《元和姓纂》三："宋城唐右拾遺黎（原作犁）昕。"

趙闡。是年前後當在任。《全文》四一〇常袞《授趙闡等右拾遺制》："詔獻再試文學考入第三等處士趙闡等，或懿丈清拔，四科之美。或純孝彰著……屬觀風省俗，頓綱求賢，幽滯靡遺，精粗咸紀。俾昇榮於中外，庶有光於獎擢。可右拾遺。"

起居舍人

崔祐甫。約是年轉司勳員外。《舊書》一一九本傳："歷起居舍人、司勳吏部員外郎。"

王定。約是年加理匭使。《權德輿詩文集》一四《王公（定）神道碑》："公望寖盛，徵書累下……拜起居舍人，尋加理匭使。"

門下省

侍中

李光弼。兼太尉。七月己酉薨。《舊書》一一《代宗紀》："（廣德二年）七月己酉，河南副元帥、太尉兼侍中、臨淮王李光弼薨於徐州。"

杜鴻漸。以中郎、平章事兼判。《舊書》一一《太宗紀》："（廣德二年）八月丁卯……宰相杜鴻漸判門下省事。"

王縉。八月以黃郎兼。固辭。癸巳兼領東京留守。《舊書》一一《代宗紀》："（廣德二年）八月丁卯，宰臣王縉爲侍中，持節都統河南、淮西、淮南、山南東道節度行營事，進位太原郡公。固讓侍中，從之……癸巳，王縉兼領東京留守。"《宰相表》中：（廣德二年）八月壬申縉罷侍中，甲午兼東都留守。

門下侍郎

嚴武。正月癸卯鎮東西兩川。《舊書》一一一《高適傳》："代宗即位，吐蕃陷隴右，漸逼京畿。（高）適練兵於蜀，臨吐蕃南境以牽制之，師出無功，而松、維等州尋爲蕃兵所陷，代宗以黃門侍郎嚴武代還，用爲刑部侍郎。"

《通鑑》二二三“廣德二年”：“（正月）癸卯，合劍南東、西川爲一道，以黄門侍郎嚴武爲節度使。”

李峴。正月癸亥罷爲詹事。《舊書》一一《代宗紀》：“（寶應二年正月癸亥，按七月改元廣德）黄門侍郎、同平章事李峴爲太子詹事……罷知政事。”

王縉。正月癸亥以是職入相。《舊書》一一《代宗紀》：“（正月癸亥）以前右散騎常侍王縉爲黄門侍郎……同中書門下平章事……八月丁卯，宰臣王縉爲侍中，持節都統河南、淮西、淮南、山南東道節度行營事，進封太原郡公。固讓侍中，從之。”八月丙寅兼侍中。

給事中

敬括。

李廙。約是年病免。《全文》四一二常袞《授李子左庶子制》，稱其自給事中病免，後爲左庶子。

韋謂。《新書》一一八本傳：“後終給事中。”按上年始自吏部郎中遷。

張延賞。約是年轉中丞。《舊書》一二九本傳：“代宗幸陝，除給事中，轉御史中丞。”

李涵。是年服除。《舊書》一二六本傳：“服闋，除給事中。”按寶應元年冬平河朔，命李涵河北宣慰，會丁母憂，起復本官而行。

趙縱。當在任（下年遷工侍）。

李椅。約是年自大諫遷。《全文》三九〇獨孤及《福州都督府新學碑并序》：“中興之後，歷御史、尚書郎、諫議大夫、給事中。”

左散騎常侍

姚子彦。是年遷秘書監。《全文》三九一獨孤及《唐故秘書監姚公（子彦）墓誌銘》：“又授公中書舍人、禮部侍郎、光禄卿、左散騎常侍，加銀青光禄大夫，復知制誥。廣德二年，授秘書監。”

高適。自刑侍遷。《舊書》一一一本傳：“代宗以黄門侍郎嚴武代（高適）還，用爲刑部侍郎，轉散騎常侍。”

能元皓。自賓客兼光禄卿遷。《全文》四一〇常袞《授能元皓左散騎常侍制》：“太子賓客、兼光禄卿、上柱國、河南郡開國公能元皓……可行左散騎常侍，餘如故。”參張弛《新見唐人墓誌兩種——〈韋庇墓誌〉〈劉子暉墓誌〉輯考》。

郭晞。自朔方節度使副使試殿中監兼大御遷。《全文》四一〇常袞《授郭晞左散騎常侍制》："同朔方節度副使、特進、試殿中監、御史大夫、充朔方先鋒司馬使、上柱國、太原郡開國公郭晞……可行左散騎常侍,散官勳封如故。"《金石萃編》九二《郭公(敬之)家廟碑》：廣德二年歲次甲辰十一月甲午朔廿一日甲寅建。碑陰題名：特進、試鴻臚卿、兼御史大夫、左散騎常侍、上柱國、太原縣開國公晞。

諫議大夫

李椅。約是年遷給事中。

崔審。約是年自金部郎中遷。《舊書》一一七《崔寧傳》："寬兄審亦任郎中、諫議大夫、給事中。"

起居郎

于邵

楊某。是年前後在任。《全文》三八九獨孤及有《楊起居畫古松樹贊》。當是與獨孤及同僚時作。是年獨孤及爲左拾遺。

左拾遺

獨孤及。自武康令遷。《全文》四〇九崔祐甫《獨孤及神道碑》："授左金吾衛兵曹,軍旅之事,非其所好。未幾,返初服。今上即位,下詔收俊茂,舉淹滯,政之大者,以公爲左拾遺。"按《全文》三八七獨孤及《送賀若員外巡按畢歸朝序》："今年春,上以富人侯爲丞相,百揆時叙,九州賦錯。方欲齊職貢之法,崇底慎之典,使六府修,九叙成。謂上書吏部郎賀若公,貞明直躬,特達公器……故俾繡衣持斧,巡按江介,分王命也……冬十一月,爰命郡吏致事,言旋於京師……而況奸宄已弭,干戈將戢。天子方以律令章程,責成三府,然則操六轡,驟四駱,周爰咨詢,以成天下之務。"此文作於上年即廣德元年十一月。於時獨孤及任武康令。文中所叙富人侯爲宰相,指正月劉晏入相。奸宄已弭,謂史思明被平定。

郎士元。是年或稍後自渭南尉遷。《全文》四一〇常袞《授郎士元等拾遺制》："敕：前渭南縣尉郎士元等……可依前件。"《才子傳》："寶應初,選京城縣官,詔試政事中書,補渭南尉。歷左拾遺,出爲郢州刺史。"《校箋》云："常袞制詞及《極玄集》等皆僅云'拾遺',《才子傳》作左拾遺,恐係以意增字,不足據信……其爲拾遺,當是廣德二年(七六四)或永泰元年(七六五)事。"

代宗永泰元年(七六五)

中書省

中書令

郭子儀。《通鑑》二二三"永泰元年":"(十月)丙寅,回紇、吐蕃合兵圍涇陽,子儀命諸將嚴設守備而不戰……遂與數騎開門而出,使人傳呼曰:'令公來!'"胡注:子儀時爲中書令,故傳呼令公。

中書侍郎

元載。《舊書》一一三《苗晉卿傳》:"(晉卿)永泰元年四月薨……至是元載爲中書侍郎、平章事,懷舊恩,諷有司改謚曰文貞。"

杜鴻漸。平章事、兼判門下省。

中書舍人

徐浩。

常袞。自考功員外遷。《舊書》一一九本傳:"寶應二年,選爲翰林學士、考功員外郎、知制誥,依前翰林學士。永泰元年,遷中書舍人。"

張延賞。約是年自中丞遷。《舊書》一二九本傳:"代宗幸陝,除給事中,轉御史中丞、中書舍人。大曆二年,拜河南尹,充諸道營田副使。"

主書

卓英倩。《舊書》一一八《元載傳》:李輔國死,元載復結內侍董秀,委主書卓英倩潛通密旨。《舊書》一一九《崔祐甫傳》:"及永泰之後,四方既定,而元載秉政,公道隘塞,官由賄成。中書主書卓英倩、李待榮蕈用事,勢傾朝列,天下官爵,大者出元載,小者出倩、榮。"

李待榮。見上引。

右散騎常侍

于休烈。

右補闕

李紓。當在任。

關播。當在任。

起居舍人

王定。當在任。

門下省

侍中

杜鴻漸。以中郎、平章事兼判。

門下侍郎（黃門侍郎）

王縉。兼東都留守。《元龜》一三九《旌表》三：“（永泰元年）三月，河南等道都統、黃門侍郎、同中書門下平章事王縉奏徐州處士皇甫晅養母以孝聞，請旌表門閭，許之。”《元龜》一四《都邑》二：“（永泰元年）十一月，河南道都統、黃門侍郎、平章事王縉上言，請減諸道軍資錢四十萬貫，修東都宮內殿宇。從之。”按《宰相表》中：（永泰元年）八月庚辰，縉爲河南副元帥。

給事中

敬括。是年遷兵侍。《舊書》一一五本傳：“累遷給事中、兵部侍郎。”

李涵。是年遷右丞。《全文》三八四獨孤及《爲李給事讓起復尚書左丞兼御史大夫第二表》：“尚書右丞，會府之樞轄，御史大夫，天下之繩墨，宣慰巡檢，朝廷之大寄，今臣受此三職，而以起復爲名，因臣過舉，破陛下法令。”《元龜》一三六《慰勞》：“永泰元年七月，遣尚書右丞（原作左丞，誤）李涵以本官兼御史大夫，使於河北道宣慰。”

趙縱。是年遷工侍。于邵《爲趙侍郎（原作御）陳情表》：“臣……始自給事驟遷侍郎，贊貳冬官。”

李椅。

左散騎常侍

高適。《舊書》一一《代宗紀》：“（永泰元年正月）乙卯。左散騎常侍高適卒。”

能元皓。當在任，見上年引。

暢瑾。自吏侍遷。《舊書》一一一本傳：“永泰元年，復爲左常侍，與裴冕並集賢院待制。”《全文》四八《授裴冕等集賢待制敕》作暢瑾。

諫議大夫

崔審。

起居郎

于邵。《全文》四二六于邵《與郭令公書》：“汾陽王令公閣下：伏惟戡亂定禍，勳載王府……爰自起居郎署省闈，未爲令公所顧……有若公之令弟少府監知之爲人，工部趙侍郎賞之爲文，戶部李郎中列之爲友，皆朝廷俊選，而不相鄙棄。”按趙縱是年爲工侍，郭晤爲少府少監。稱郭子儀爲令公，見中令引。

左補闕

韋某。是年爲河南副元帥判官。《全文》三八七獨孤及《送韋員外充副元帥判官之東都序》：“太尉臨淮王之秉麾淮沂也，天子命公爲介，洎臨淮薨，而相國太原公繼授兵符，盡護東夏諸將，亦表公參成周軍事如初命。故事，登掖垣者不驅傳，居諫臣者不就辟。將使其能，必易其秩，故自左補闕爲尚書郎。元年仲春，始以使節赴洛陽。”按太尉臨淮王爲李光弼，卒於廣德二年，相國太原公爲王縉。元年仲春，即爲永泰元年仲春。

左拾遺

獨孤及。春後遷太博。《舊書》一一《代宗紀》：“（永泰元年）是春大旱，京師米貴，斛至萬錢……（六月）自春無雷，至此月甲申，大風而雷。”《舊書》二一《禮儀志》一：“至二年春夏旱……太常博士獨孤及獻議。”按《新書》一三《禮樂志》三：“寶應元年……太常博士獨孤及議曰：‘……太祖景皇帝始封於唐，天所命也。’由是配享不易。”云寶應元年已任太博，誤；《舊志》所云二年，亦誤。

郎士元。是年或稍前自渭南尉遷。見上年引。

孫絳。當在任。《全文》三八七獨孤及《送孫侍御赴鳳翔幕府序》：“夫子卿族也。用文學纘緒，而兄弟皆材，伯曰宿，以秋官郎辟丞相府。仲曰絳，拾遺君前……二月丙午，乘傳詣部。”孫侍御入鳳翔李抱玉幕府，抱玉是年正月鎮鳳翔。見《舊書》一一《代宗紀》。未詳左右。姑繫於此。

代宗大曆元年(七六六)

中書省

中書令
郭子儀。

中書侍郎
元載。

中書舍人
徐浩。

常袞。《通鑑》二二四"大曆元年":"(八月)甲辰,以魚朝恩行内侍監、判國子監事。中書舍人京兆常袞上言:'成均之任,當用名儒,不宜以宦者領之。'"按《舊書》一一二本傳:"永泰元年遷中書舍人……大曆元年,遷禮部侍郎,仍爲學士。"大曆元年爲大曆九年之誤,《舊書》一一《代宗紀》:"(大曆九年)十二月……中書省舍人常袞爲禮部侍郎。"據《唐語林》八,大曆十年、十一年、十二年連續三年知貢舉。袞九年冬遷禮部侍郎、十年知貢舉符合慣例(唐代慣例,前一年秋冬任命下年知貢舉者)。

張延賞。

薛邕。《郎表》三禮侍:是年自中舍遷。

主書
卓英倩。

李待榮。

孫進。當在任(下年卒)。

右散騎常侍
于休烈。《舊書》二四《禮儀志》四:"永泰二年(十一月改元大曆),春夏累月亢旱……禮儀使右常侍于休烈請依舊祠風伯、雨師於國門舊壇,復爲中祠,從之。"

蕭昕。自祭酒遷。《舊書》一四六本傳:"代宗幸陝,昕出武關詣行在,轉國子祭酒。大曆初,持節吊回鶻……回紇慚退,加禮以歸,爲(右)常侍。"按祭酒一員,是年八月由魚朝恩兼判。

蔣涣。自光禄卿遷。《全文》四一〇常衮《授蔣涣右散騎常侍制》:"銀青光禄大夫、光禄卿、上柱國、汝南郡開國公蔣涣……可右散騎常侍,散官勳封如故。"

右補闕

李紓。是年轉左補闕。

右拾遺

錢起。郎士元《送錢拾遺兼寄劉校書》,《校箋補正》四:"故此錢拾遺當是錢起,起自校書郎、藍田尉,累官至考功郎中,其間宜有拾遺之一轉也。其官拾遺當在代宗初。"按未詳左右,姑繫於此。

起居舍人

王定。當在任。

李興。《全文》三九一獨孤及《李公(誠)墓誌銘》(卒於天寶七年,年五十三):"有才子二人,曰興曰殷……興三十爲左補闕、起居舍人……永泰二年,興請命於上,迎夫人喪,自至洋州。十月二十七日,合祔於澠池先塋。"

門下省

侍中

杜鴻漸。以門郎兼判。二月鎮西川。

門下侍郎(黄門侍郎)

王縉。兼東都留守。

杜鴻漸。兼判侍中。二月鎮西川。《舊書》一一《代宗紀》:"(永泰二年二月壬子,十一月改元大曆)命黄門侍郎、同平章事杜鴻漸兼成都尹、持節充山南西道、劍南東川等道副元帥,仍充劍南西川節度使。"

給事中

李椅。

賀若察。自吏部郎中遷。《全文》四一〇常衮《授賀若察給事中制》："門下：中散大夫、行尚書吏部郎中賀若察……可給事中，散官如故。"按永泰元年賀若察爲吏部郎中。《全文》三八九獨孤及《吏部郎中聽壁記》："歲在乙巳，河南賀若公用貞幹諒直，實莅厥位。往歲公爲員外郎也，東曹朗然如得水鏡。"乙巳歲即永泰元年。

左散騎常侍

暢璀。

郭晞。自殿中監遷檢校左常侍。《舊書》一二〇本傳："永泰二年，檢校左散騎常侍。"

諫議大夫

崔審。《舊書》一一七《崔寧傳》："大曆二年，（杜）鴻漸歸朝，遂授崔寧西川節度使……令弟寬留京師。元載及諸子有所欲，寬恣與之。故寬驟歷御史知雜事、御史（中）丞。寬兄審亦任郎中、諫議大夫、給事中。"按下年爲給事中，則是年當在大諫任。

起居郎

于邵。約是年遷比部郎中。《全文》四二七于邵《送劉協律序》："予廣德年三掌注起居。"按廣德元年至是年爲三年。《舊書》一三七本傳："累歷使府，入爲起居郎。再遷比部郎中。"按《全文》四二八于邵《送河南王少府還任序》："王公秀出士林，香傳國譽……今大夫當弄印之貴，積蒼生之望，立程朝端，舉正天下。少府公晨昏之際，戀深獨立，爰自東洛，達於上京。且因王命，得及私覲。喬梓之慶，實爲時榮……頃忝臺憲，出於門闌……前郊一葉，涼風已半，金吹淅瀝，淒然欲寒。兵部員外郎王公，以從父之仁，敦北阮之好。"按據文所寫，王某當爲王翊。其兄王翊是時爲御史大夫，下年即大曆二年六月卒。王少府任職河南，"自東洛達於上京"，看望其父王翊。文中于邵云"頃忝臺憲"，當爲比部郎中。

褚長孺。

左補闕

李紓。自右補闕轉。《舊書》一三七本傳："大曆初，吏部侍郎李季卿薦

爲左補闕。"李季卿是年典選事。明年春夏徙右常侍。又按《元龜》四六八
《薦舉》:"李季卿,代宗大曆中爲吏部侍郎,薦大理評事李紆,徵拜左補闕。"
大理評事當在此前。

左拾遺

柳識。當在任(下年正月在任)。

楊護。當在任(約下年遷監察御史)。

代宗大曆二年（七六七）

中書省

中書令

郭子儀。

中書侍郎

元載。

中書舍人

徐浩。二月稍前遷工侍。《新出唐墓誌百種·李峴墓誌》：葬於二月十日。撰銘書丹署：銀青光禄大夫、行尚書工部侍郎、集賢殿學士、上柱國、會稽縣開國公徐浩撰並書。

張延賞。《舊書》一一《代宗紀》：“（大曆二年）秋七月戊申朔……以中書舍人張延賞檢校河南尹。”

常衮。

韋肇。當在任（約下年遷少京尹）。

主書

卓英倩。

李待榮。

孫進。《墓誌彙編下（大曆〇〇四）·故中書主事孫進墓誌》：“翰博宏詞，雙美之名遠見，遂特拜中書主事，以當職矣。公家孝養未盡於甘新，昏定有離辭於辰夕。享年冊有五，大曆二年□月八日，終於長安布政里之私第也。”

右散騎常侍

于休烈。七月戊申朔爲檢校工尚、知省事。《舊書》一一《代宗紀》：“秋七月戊申朔，以右散騎常侍于休烈爲檢校工部尚書、知省事。”

蕭昕。

蔣渙。是年遷工侍。《全文》四一一常衮《授蔣渙工部侍郎制》：“銀青光禄大夫、守右散騎常侍、上柱國、汝南縣開國公蔣渙……可行尚書工部侍郎，散官勳封如故。”

李季卿。自吏侍徙，七月卒。《全文》四一〇常衮《授李季卿右散騎常侍李涵尚書右丞制》：“門下：……正議大夫、守尚書吏部侍郎、集賢待制、隴西縣開國子、賜紫金魚袋李季卿……可守右散騎常侍。”《全文》三九一獨孤及《唐故右常侍李公（季卿）墓誌銘》：“歲在丁未七月丁卯，有唐故右散騎常侍李季卿薨，享年五十九。”丁未即大曆二年。《舊書》九九本傳（李適之子）：“在銓衡數年，轉右散騎常侍……大曆二年卒。”

右補闕

皇甫冉。自右拾遺遷。參《權德輿文集・簡譜》。按一作左補闕。《新書》六〇《藝文志》四：“《皇甫冉詩集》三卷。”注：“天寶末無錫尉，避難居陽羨，後爲左金吾衛兵曹參軍、左補闕。”

右拾遺

錢起。郎士元《送錢拾遺兼寄劉校書》，《校箋補正》四云起官拾遺當在代宗初。按未詳左右，姑繫於此。

皇甫冉。是年任。轉右補闕。見《權德輿文集・簡譜》。按《全文》三八八獨孤及《唐故左補闕安定皇甫公（冉）集序》：“大曆二年遷左拾遺，轉右補闕。”云自左拾遺轉右補闕。

令狐峘。自華原尉遷。《元龜》四六八《薦舉》：“楊綰爲吏部侍郎，薦漣水令劉滋，堪備諫職，拜左補闕。又薦令狐峘自華原，封拜右拾遺。”

起居舍人

王定。當在任。

門下省

侍中

杜鴻漸。以門郎兼判。

門下侍郎（黄門侍郎。大曆二年四月復爲門下侍郎）

王縉。兼東都留守。

杜鴻漸。兼判侍中。

給事中

賀若察。《大詔令集》一一六《宣慰湖南百姓制》："震澤之南，數州之地，頃以水潦暴至，沱潛潰溢，既泛城郭，復瀦良田，連歲大歉，元元重困，餒莩相望……宜令中散大夫、給事中賀若察往湖南宣慰處置。"《元龜》一六二《命使》二："大曆二年八月，以潭、衡水災，命給事中賀若察使於湖南宣慰。"

李椅。是年爲少京尹。《全文》三九〇獨孤及《福州都督府新學碑并序》："中興之後，歷御史尚書郎諫議大夫給事中……求爲京兆少尹，無何，出守弘農。"

崔審。自大諫遷。《通鑑》二二四"大曆二年"："（七月丙寅）元載擢……（崔）寬兄審至給事中。"

劉某。《國史補》上："代宗朝，百僚立班。良久，閣門不開。魚朝恩忽擁白刃十餘人而出，宣示曰：'西蕃頻犯郊圻，欲幸河中如何？'宰相已下，不知所對，而倉遑頗甚。給事中劉（原注：不記姓名）出班抗聲曰：'敕使反耶？屯兵無數，何不捍寇，而欲脅天子去宗廟！'仗內震聳，朝恩大恐駭而退。因罷遷幸之議。"按是年及下年吐蕃寇近郊，京師戒嚴。

左散騎常侍

暢璀。

崔昭。當在任（下年五月癸酉遷京兆尹）。

諫議大夫

崔審。是年遷給事中。

宋晦。約是年自檢校兵部郎中兼侍御史遷。《全文》四一〇常袞《授宋晦諫議大夫制》："敕：通議大夫、檢校兵部郎中、兼侍御史、上柱國宋晦……可行諫議大夫，散官勳如故。"按大曆五年宋晦自大諫刺虢州。

馬錫。約是年自兵部郎中遷。按《全文》四一二常袞《授馬錫少府少監制》述其自大諫遷少府少監。

起居郎

褚長孺。蓋是年遷祠部員外。《全文》四一一常袞《授褚長孺祠部員外郎制》："敕，朝議郎、行起居郎、集賢殿直學士褚長孺……可依前件。"

左補闕

李紓。

劉滋。自漣水令遷。《舊書》一三六本傳：吏部侍郎楊綰薦滋堪爲諫官，拜左補闕。《元龜》四六八《薦舉》："楊綰爲吏部侍郎，薦漣水令劉滋，堪備諫職，拜左補闕。又薦令狐峘自華原，封拜右拾遺。"

左拾遺

柳識。《全文》三七七柳識《草堂記》："大曆二年正月七日，左拾遺柳識記。"

楊護。約是年遷監察御史。《全文》四一一常袞《授楊護監察御史制》："敕：守左拾遺楊護……可監察御史。"按大曆八年，楊護自殿侍御貶官。

崔峒。蓋是年任。《校箋》四儲仲君箋："崔峒入京當在大曆元年、二年間，旋任左拾遺，有《初除拾遺酬丘二十二見寄》……入朝後即授拾遺。"

代宗大曆三年(七六八)

中書省

中書令

郭子儀。閏六月己酉,加司徒。《舊唐書》一一《代宗紀》:"(大曆三年)閏(六)月己酉,(中書令)郭子儀加司徒。"

中書侍郎

元載。

中書舍人

常袞。見大曆元年考辨。

韋肇。約是年左遷少京尹。《新書》一六九《韋貫之傳》:"父肇,大曆中爲中書舍人,累上疏言得失,爲元載所惡,左遷京兆少尹。"

主書

卓英倩。

李待榮。

右散騎常侍

蕭昕。《新書》二一七上《回鶻傳》上:"大曆三年,光親可敦卒,帝遣右散騎常侍蕭昕持節弔祠。"

崔昭。約秋自京尹遷。《全文》四一○常袞《授崔昭右散騎常侍制》:"銀青光禄大夫、前京兆尹、兼御史中丞、博陵縣開國子崔昭……可守右散騎常侍,散官封如故。"

右補闕

皇甫冉。

右拾遺

錢起。未詳左右,姑繫於此。

令狐峘。是年遷起居舍人。

起居舍人

王定。是年遷禮部員外。《權德輿詩文集》一四《王公(定)神道碑》:"公望寖盛,徵書累下……拜起居舍人,尋加理匭使。歷禮部、吏部二員外。"

令狐峘。自右拾遺遷。《會要》六三《修國史》:"大曆三年,起居舍人兼修史官令狐峘,修《玄宗實錄》一百卷。"

班宏。是年任。兼理匭使。《舊書》一二三本傳:"大曆三年,遷起居舍人,尋兼理匭使。"

門下省

侍中

杜鴻漸。以門郎兼判。

門下侍郎

王縉。《舊書》一一《代宗紀》:"(大曆三年八月庚午)門下侍郎、同中書門下平章事、兼幽州長史、持節河南副元帥、都統河南淮西山南東道諸節度行營、兼幽州盧龍等軍節度使、太微宮使、弘文館大學士、兼東都留守、齊國公王縉兼太原尹、北都留守,充河東軍節度,餘官使並如故。"按是年先兼幽州節度使,勞軍旬日而還。見《舊書》一四三《朱希彩傳》。

杜鴻漸。兼判侍中。《舊書》一一《代宗紀》:"(大曆三年八月)辛未以門下侍郎、同中書門下平章事、山劍副元帥、太清宮使、崇玄館大學士杜鴻漸兼東都留守。"《舊書》一〇八本傳:"(大曆)三年八月,代王縉爲東都留守,充河南、淮西、山南東道副元帥,同平章事如故。以疾上表乞骸骨,從之,竟不之任。"

給事中

賀若察。《通鑑》二二四"大曆三年":十月,上命給事中賀若察按察潁州刺史李峀與滑亳節度使令狐彰矛盾之事。

崔審。是年卸或改職。

韓滉。約是年自吏部郎中遷。《舊書》一二九本傳：“大曆中改吏部郎中、給事中。”

杜濟。自東川節度使(遂州都督)遷。《墓誌彙編下(大曆〇五五)·杜濟墓誌》：“尋拜東川節度使。俄而移軍，復爲遂州都督，徵拜給事中。”

蕭直。自左庶遷。《全文》三九二獨孤及《唐故給事中贈吏部侍郎蕭公(直)墓誌銘》：“永泰元年拜太子左庶子，大曆三年授給事中。”《全文》四一〇錄有常袞《授崔佚蕭直給事中制》。見下引。

崔佚。自中丞、東都留臺遷。《全文》四一〇常袞《授崔佚蕭直給事中制》：“門下：銀青光祿大夫、御史中丞、東都留臺崔佚，俊而能通，和而有節；朝議郎、守太子左庶子、賜紫金魚袋蕭直，性資高朗，識詣冲妙。各以文儒致用，貞亮處心。持綱憲府，必執其中；贊事宮坊，允歸於正……佚可行給事中，散官如故；直可守給事中，散官賜如故。”

左散騎常侍

暢璀。

崔昭。五月爲京兆尹，旋又爲右常侍。《舊書》一一《代宗紀》：“(大曆三年五月)癸酉，以左散騎常侍崔昭爲京兆尹。”

諫議大夫

宋晦。

馬錫。當在任。

左補闕

李紓。約是年遷司封員外。《舊書》一三七本傳：“大曆初，吏部侍郎李季卿薦爲左補闕，累遷司封員外郎、知制誥。”

劉滋。

左拾遺

柳識。是年或遷秘書郎(下年八月前在任)。

崔峒。

代宗大曆四年(七六九)

中書省

中書令

郭子儀。兼司徒。

中書侍郎

元載。十一月癸酉,權知門下事。《集古録目》四:"《唐杜鴻漸碑》,中書侍郎平章事元載撰,門下侍郎平章事王縉書。鴻漸,京兆杜陵人,位至門下侍郎平章事,封衛國公,贈太尉,卒謚文獻。碑以代宗初立,不著年月。"注:案鴻漸卒於大曆四年。今按杜鴻漸卒於大曆四年十一月。見門郎引。

中書舍人

常袞。見大曆元年考辨。

郗純(高卿)。《舊書》一五七《郗士美傳》:敘述郗純歷中書舍人時,爲元載所忌,李琄侮辱京兆尹崔昭,郗純詣元載抗論,不從,遂辭疾。按崔昭上年五月任京兆尹,下年改任他職,則郗純是年當在任。

李紓。自司封員外遷。《舊書》一三七本傳:"大曆初,吏部侍郎李季卿薦爲左補闕,累遷司封員外郎、知制誥,改中書舍人。"《集古録目》五:"《唐李憕碑》,中書舍人李紓撰,洪州刺史沈傳師書,商州刺史防禦隨軍儲或篆額……碑以大曆四年立。"注:案李紓爲中書舍人在大曆間,沈傳師爲洪州刺史在大和初,蓋先撰而後書也。《金石録》謂文宗時立,是也。此云大曆當作大和。

主書

卓英倩。

李待榮。

右散騎常侍

蕭昕。

崔昭。

右補闕

皇甫冉。

崔峒。約是年自左拾遺遷。《唐才子傳》四本傳："後歷左拾遺，終右補闕。"見《校箋》。

起居舍人

令狐峘。

班宏。當在任（上年始任）。

門下省

侍中

杜鴻漸。以門郎兼判。十一月卒。

元載。《新書》六《代宗紀》："（大曆四年）十一月……癸酉，元載權知門下省事。"

門下侍郎

王縉。《會要》四八《寺》："大曆四年正月二十九日，門下侍郎王縉捨宅，奏爲寺，以年號爲名。"《金石萃編》九五《大證禪師碑》：金紫光祿大夫、門下侍郎、平章事、太清太微宮使、崇玄弘文館大學士、上柱國、齊國公王縉撰。

杜鴻漸。兼判侍中。《舊書》一一《代宗紀》："（大曆四年）十一月……乙亥，門下侍郎、同中書門下平章事、衛國公杜鴻漸卒。"

給事中

賀若察。《元龜》六五三《稱旨》："賀若察，代宗大曆四年爲給事中。察自潁州使還，見於延英殿，賜帛五十匹。先是，潁州刺史李岵以暴政專殺，本道使令狐彰陳奏。帝命宣慰，且驗其事。察復奏稱旨，與彰狀協，流岵於夷州。"按上年十月以給事中宣慰潁州。

韓滉。約是年遷右丞。《舊書》一二九本傳："盜殺富平令韋當，縣吏捕獲賊黨，而名隸北軍，監軍魚朝恩以有武材，請詔原其罪，滉密疏駁奏，賊遂伏辜。遷尚書右丞。"

杜濟。

蕭直。二月卒。《全文》三九二獨孤及《唐故給事中贈吏部侍郎蕭公（直）墓誌銘》："永泰元年拜太子左庶子，大曆三年授給事中……歲在丁酉（按丁酉爲至德二年，此當是己酉之誤），二月二日終於静安里正寝，春秋四十六……三月二十五日，詔贈吏部侍郎，嗣子策、密、莒，羸然銜哀，奉喪來歸。冬十月甲午，卜葬於洛陽龍門岡先中丞塋之左，禮也。"

左散騎常侍

暢璀。

諫議大夫

宋晦。

馬錫。當在任。

杜亞。自吏部郎中遷。《舊書》一四六本傳："永泰末（即大曆元年二月），劍南叛亂，鴻漸以宰相出鎮山、劍副元帥，以亞及楊炎並爲判官。使還，授吏部郎中、諫議大夫。"

劉迴。自吉州刺史遷。《全文》五二〇梁肅《給事中劉公（迴）墓誌銘》："大曆初，詔擇二千石，遂授公吉州刺史。三載績成，徵拜諫議大夫。"按約大曆元年刺吉州。

左補闕

劉滋。是年當改太常丞（從五品上）。《舊書》一三六本傳："吏部侍郎楊綰薦滋堪爲諫官，拜左補闕，改太常丞（按原作太常卿。太常卿爲正三品官，於理不合），復爲左補闕。"

陸鼎。是年前後在任。《全文》四一二常衮《授陸鼎史館修撰制》："敕：左補闕陸鼎……可左補闕，充史館修撰。"

左拾遺

崔峒。約是年遷右補闕。

代宗大曆五年（七七○）

中書省

中書令

郭子儀。兼司徒。

中書侍郎（《新書》四七《百官志》二：“至大曆五年，紫微侍郎乃復爲中書侍郎。”《舊書》四三《職官志》二：“至德復爲中書侍郎。”按開元五年似已復）

元載。權知門下事。

中書舍人

常袞。

郗純。約是年辭疾。《舊書》一五七《郗士美傳》：“處事不迴，爲元載所忌……遂以疾辭。”

李紓。

楊炎。自禮部郎中遷。《舊書》一四六《杜亞傳》：“（大曆二年自劍南使還），炎爲禮部郎中、知制誥、中書舍人。”

主書

卓英倩。

李待榮。

右散騎常侍

蕭昕。

崔昭。是年鎮宣歙。《全文》四一三常袞《授崔昭宣州團練使制》：“銀青光録大夫、守右散騎常侍、博陵縣開國子崔昭……可使持節宣州諸軍事、宣州刺史、兼御史中丞，充宣歙池等州團練守捉及觀察處置等使，并采石軍。”《全文》三九一獨孤及《唐故大理寺少卿兼侍御史河南獨孤府君（璵）墓誌銘》:"大曆五年,崔公受詔持節牧宣歙池三州,府君復爲從事。"

賈至。九月自京尹遷。《舊書》一一《代宗紀》:"(大曆五年三月)辛卯,以兵部侍郎賈至爲京兆尹。"《舊書》一九〇中本傳:"(大曆)五年,轉京兆尹、兼御史大夫。"按九月杜濟除京兆尹,賈至遷右常侍。《會要》六一《館驛使》:"大曆五年九月,杜濟除京兆尹,充本府館驛使。"

右補闕

皇甫冉。是年卒。《新書》二〇二本傳:"遷右補闕,卒。"參《權德輿文集·簡譜》。

崔峒。

右拾遺

姚南仲。自萬年尉遷。《舊書》一五三本傳:"歷高陵、昭應、萬年三縣尉。遷右拾遺,轉右補闕。"按:《權德輿文集》一四《姚公神道碑銘并序》:"擢拜右拾遺,久次歷右補闕。祭文石,封皂囊,諷議十年,彌縫百度。"南仲于大曆十四年自右補闕貶海鹽令,倒推至是年恰十年。故繫於此。

起居舍人

令狐峘。

班宏。當在任。

門下省

侍中

元載。以中郎權知。

門下侍郎

王縉。

給事中

杜濟。是年遷少京尹,翌日改京兆尹。《墓誌彙編下(大曆〇五五)·杜濟墓誌》:"徵拜給事中。間歲,拜京兆少尹。明日,遷京兆尹。"

田季羔。自衢刺遷。《全文》四一一常袞《授閭伯璵刑部侍郎等制》:"銀青光録大夫、婺州刺史、本州團練守捉使、上柱國閭伯璵,銀青光禄大

夫、衢州刺史、本州團練守捉使、樂陵縣開國男田季羔等……伯璵可行尚書
刑部侍郎，散官勳如故；季羔可行尚書給事中，散官封如故。”《刺考全編·
江南東道》繫於大曆五年前後在衢刺任。

左散騎常侍

暢璀。是年兼判太常卿。

孟皡。三月前自京兆尹遷。《通鑑》二二四“大曆五年三月”條《考異》
云：“按《實錄》：去年十月乙卯，孟皡爲京兆尹，今年三月辛卯爲左常侍。”按
三月辛卯，賈至爲京兆尹，孟皡遷是職。

諫議大夫

宋晦。約是年刺虢州。《刺考全編·河南道》云約大曆五年始刺虢州。

馬錫。約是年遷少府少監。《全文》四一二常袞《授馬錫少府少監制》：
“敕：中散大夫、諫議大夫、賜紫金魚袋馬錫……可守少府少監，散官賜
如故。”

杜亞。

劉迴。

左補闕

劉滋。自太常丞復。《舊書》一三六本傳：“吏部侍郎楊綰薦滋堪爲諫
官，拜左補闕，改太常丞（按原作太常卿。太常卿爲正三品官，於理不合），
復爲左補闕。”

代宗大曆六年（七七一）

中書省

中書令

郭子儀。兼司徒。

中書侍郎

元載。權知門下省事。

中書舍人

常袞。

李紓。

楊炎。

主書

卓英倩。

李待榮。

右散騎常侍

蕭昕。

賈至。

右補闕

崔峒。當在任。

右拾遺

姚南仲。

起居舍人

令狐峘。

門下省

侍中

元載。以中郎權知。

門下侍郎

王縉。

左散騎常侍

暢璀。兼判太常卿。

孟皞。《元龜》一三六《慰勞》："（大曆）六年八月，命左散騎常侍孟皞使於河北道宣慰。"

諫議大夫

杜亞。《舊書》一四六本傳："永泰末，劍南叛亂，鴻漸以宰相出鎮山、劍副元帥，以亞及楊炎並爲判官。使還，授吏部郎中、諫議大夫。"

劉迴。

吳損。《通鑑》二二四"大曆六年"："（四月）吐蕃請和。庚辰，遣兼御史大夫吳損使于吐蕃。"按被吐蕃扣留，大曆九年病死虜中。同書二二五"大曆六年"："二月……諫議大夫吳損使吐蕃累年，竟病死虜中。"

左補闕

劉滋。約是年辭官，又爲河南功曹。《舊書》一三六本傳："吏部侍郎楊綰薦滋堪爲諫官，拜左補闕，改太常丞（按原作太常卿。太常卿爲正三品官，於理不合），復爲左補闕。辭官侍親還東都，河南尹李廙署奏功曹參軍。"

李翰（李華宗人）。參《唐五代文學家大辭典》。

左拾遺

司空曙。《唐才子傳》："累官左拾遺。"引自《校箋》卷四。賈晉華云大曆初登進士第，六、七年任拾遺。

耿湋。《盧綸詩集校注》三《早春歸盩厔舊居却寄耿拾遺湋李校書端》，作於大曆六年春。見注一。

代宗大曆七年（七七二）

中書省

中書令

郭子儀。兼司徒。

中書侍郎

元載。權知門下省事。

中書舍人

常袞。

李紓。

楊炎。

主書

卓英倩。

李待榮。

右散騎常侍

蕭昕。

賈至。是年卒。《新書》一一九本傳：“（大曆）七年，以右散騎常侍卒，年五十五，贈禮部尚書，諡曰文。”《全文》三九三獨孤及《祭賈尚書文》：“維大曆七年四月二十一日，朝散大夫、檢校尚書司封郎中、兼舒州刺史、賜紫金魚袋獨孤及，謹以清酌庶羞之奠，敬祭於故散騎常侍、贈禮部尚書賈公六兄之靈。”賈尚書即賈至。

右拾遺

姚南仲。

起居舍人

令狐峘。

崔儒。約是年或上年五月後自殿侍御遷（上年五月在殿侍御任）。《全文》四〇九崔祐甫《齊昭公崔府君集序》："公諱日用，佐命中朝，光照千里……公薨五十載，嗣孫起居舍人儒，以文主事便蕃禁闥，追懷前烈，思有以發揚垂裕，奉昭公之文集以請焉。"按崔日用卒於開元十年，見《舊書》九九本傳。自開元十年至大曆七年，恰五十年。

門下省

侍中

元載。以中郎權知。

門下侍郎

王縉。《大詔令集》四二《册普寧公主出降文》："維大曆七年歲次壬子七月庚辰朔十六日乙未……遣使……門下侍郎、同中書門下平章事……王縉持節禮册。"

給事中

趙涓。是年前後在任。《全文》四一〇常袞《授趙涓給事中制》："門下：朝議郎、檢校尚書吏部郎中、兼御史中丞、賜緋魚袋趙涓……歷踐三台之列，嘗參二陝之佐，其於事典，多所精詳。頃毗荆舒，尋罷戎務。近侍方缺，選才正難……可守給事中。"按永泰時趙涓爲監察御史；大曆九年，常袞自中舍遷禮侍，罷知誥。

左散騎常侍

暢璀。兼判太常卿。約是年遷户尚。《舊書》一一一本傳："大曆五年，兼判太常卿事，遷户部尚書。"接路嗣恭。按《郎表》三云大曆九年或十年檢校尚書省事。

孟皥。

諫議大夫

杜亞。《舊書》一四六本傳：楊炎爲禮部郎中、中書舍人時，亞爲諫議大夫，而未能受重用，心頗不悦。按後年十二月炎自中舍遷吏侍。是年炎當任禮部郎中。

　　劉迥。

　　吳損。

起居郎

劉灣。當在任(下年十月在任)。

左補闕

李翰(李華宗人)。是年充翰林學士。參《唐五代文學家大辭典》。

左拾遺

司空曙。賈晉華云大曆初登進士第,六、七年任拾遺。參《唐五代文學家大辭典》。未知何據。

　　耿湋。

代宗大曆八年（七七三）

中書省

中書令

郭子儀。兼司徒。

中書侍郎

元載。權知門下省事。《集古録目》四：“《唐令狐彰開河碑》，中書侍郎、平章事元載撰，尚書吏部侍郎徐浩書并篆額……碑以大曆八年正月立。”

中書舍人

常衮。《舊書》一一九本傳：“衮文章俊拔，當時推重，與楊炎同爲舍人，時稱‘常楊’。”

李紓。

楊炎。

庾準。約是年自職方郎中、知制誥遷。《舊書》一一八本傳：“準以門蔭入仕，昵於宰相王縉，縉驟引至職方郎中、知制誥，遷中書舍人。”

主書

卓英倩。

李待榮。

右散騎常侍

蕭昕。

右拾遺

姚南仲。

起居舍人

令狐峘。是年遷刑部員外。《舊書》一四九本傳："大曆八年,改刑部侍郎。"

崔儒。當在任(上年始任)。

孔述睿。約是年自河南江淮轉運使判官遷。《全文》四一〇常袞《授孔述睿起居舍人制》:"敕:宣議郎、試太常博士、東都河南江淮南等道轉運使判官孔述睿……可守起居舍人。"

門下省

侍中

元載。以中郎權知。

門下侍郎

王縉。

給事中

劉迵。約是年自大諫遷。《全文》五二〇梁肅《給事中劉公(迵)墓誌銘》:"大曆初,詔擇二千石,遂授公吉州刺史。三載績成,徵拜諫議大夫。遷給事中。"《新書》一三二本傳:"大曆初,爲吉州刺史,治行尤異。累遷給事中。"

左散騎常侍

孟皞。

諫議大夫

杜亞。見起居郎劉灣引。

劉迵。約是年遷給事中。

吳損。

蔣鎮。自司封員外遷。《舊書》一二七本傳:"累授左拾遺、司封員外郎,轉諫議大夫。時户部侍郎、判度支韓滉上言:'河中鹽池生瑞鹽,實土德之上瑞。'上以秋霖稍多,水潦爲患,不宜生瑞,命鎮馳驛檢行之。"按事在六月,《舊書》一一《代宗紀》:"(大曆八年六月)癸亥,户部侍郎、判度支韓滉奏安邑鹽池生乳鹽。"按《舊書》一三七《于邵傳》:"與御史中丞袁高、給事中蔣鎮雜理左丞薛邕詔獄。邕以爲邕犯在赦前,奏出之,失旨,貶桂州長史。”按于邕五月貶桂州。見《通鑑》二二四“大曆八年”。據鎮之履歷,是年不應爲給事中。故不從之。

韓洄。《權德輿文集》二〇《韓公行狀》:任司封郎中六七年,號爲稱職,徵拜諫議大夫。按自大曆二年至是年爲七年。

孫宿。當在任。《墓誌續編(寶曆〇一〇)·孫簡墓誌》:“□大父諱宿,又傳文公之業,登制舉,爲諫議大夫、中書舍人,終華州刺史。”按大曆十二年孫宿自中書舍人刺華州。

起居郎

劉灣。《元龜》六三五《考課》:“(大曆)八年十月,敕中書舍人常袞、諫議大夫杜亞、起居郎劉灣、左補闕李翰考吏部選人判。”

左補闕

李翰(李華宗人)。見起居郎劉灣引。

趙玗。《西市博物館藏墓誌(二八五)·郭幼儒墓誌》:卒於大曆八年四月十六日,葬於七月九日。撰銘:左補闕趙玗撰。

左拾遺

耿湋。

代宗大曆九年(七七四)

中書省

中書令

郭子儀。兼司徒。

中書侍郎

元載。權知門下省事。

中書舍人

常袞。十二月庚寅爲禮侍。《舊書》一一《代宗紀》:"(大曆九年)十二月庚寅……中書舍人常袞爲禮部侍郎。"按《舊書》一一二本傳:"大曆元年,遷禮部侍郎,仍爲學士。"元年爲九年之誤。

楊炎。十二月庚寅爲吏侍。《舊書》一一《代宗紀》:"(大曆九年)十二月庚寅,以中書舍人楊炎、秘書少監韋肇並爲吏部侍郎。"

李紓。

庾準。約是年改中丞。《舊書》一一八本傳:"遷中書舍人。準素寡文學,以柔媚自進,既非儒流,甚爲時論所薄,尋改御史中丞。"

孫宿。約是年自大諫轉。《墓誌續編(寶曆〇一〇)·孫簡墓誌》:"□大父諱宿,又傳文公之業,登制舉,爲諫議大夫、中書舍人,終華州刺史。"按大曆十二年孫宿自中書舍人刺華州。

主書

卓英倩。

李待榮。

右散騎常侍

蕭昕。

季廣琛。《舊書》一一《代宗紀》:"(大曆九年十月乙亥)以前宣州刺史季廣琛爲右散騎常侍。"

右補闕

姚南仲。約是年自右拾遺遷。《舊書》一五三本傳："遷右拾遺,轉右補闕。"《姚公神道碑銘并序》："擢拜右拾遺,久次歷右補闕。"《全文》四一六常袞《賀納諫表》："臣某言:伏以補闕姚南仲、和士幹等上封事,恩命特與改官及進階,兼賜章服……臣職任潤色,敢揚鴻休。"按,是年常袞仍任中書舍人、知制誥,下年遷禮侍。又,大曆五年任右拾遺,下年貞懿皇后崩,南仲已在補闕任上,有疏上奏。

右拾遺

姚南仲。約是年遷右補闕。

起居舍人

孔述睿。當在任。

韓會。蓋是年始任。《全文》六八七皇甫湜《韓愈神道碑》："兄會,亦顯名,官至起居舍人。"

門下省

侍中

元載。以中郎權知。

門下侍郎

王縉。

給事中

劉迴。

左散騎常侍

孟皞。《金石録補》一六："《唐敕祭使孟皞等恒岳題名》,右題名五人而泐其一,孟皞以散騎常侍、平昌縣開國子奉敕主祭,王士則以知州事亞獻,王巨源以太僕少卿爲勾管祠祭官,盧基以監察御史奉敕爲監察使。後題云大曆九年二月六日王士則書於諸題名中。"

田悦。《全文》四四〇封演《魏州開元寺新建三門樓碑》："此寺自神龍至於寶應，五十有七年而遇焚毀，自寶應以至於茲，十有三年，而復舊物……公愛子左散騎常侍兼御史中丞悦、駕部郎中兼御史中丞縉、從子太子賓客兼御史中丞昂等皆才傑而妙，器用而敏，卓然自立，克茂家聲。"寶應後十三年即大曆九年。

諫議大夫

杜亞。《舊書》一四六本傳：楊炎爲禮部郎中、中書舍人時，亞爲諫議大夫，而未能受重用，心頗不悦。按是年十二月炎自中舍遷吏侍。

吳損。《通鑑》二二五"大曆九年"："（二月）諫議大夫吳損使吐蕃，留之累年，竟病死虜中。"按大曆六年吳損出使吐蕃，被留。

蔣鎮。

韓洄。

孫宿。約是年轉中舍。

起居郎

劉灣。當在任（上年十月在任）。

左補闕

李翰（李華宗人）。

左拾遺

耿湋。

代宗大曆十年(七七五)

中書省

中書令

郭子儀。兼司徒。《元龜》三一〇《謀猷》三:"郭子儀爲中書令,代宗大曆十年二月,奏曰:'臣伏以魏博、相衛、河陽三城、陝州等軍吏不寧,須速安撫。'"

中書侍郎

元載。權知門下省事。《金石萃編》一〇〇《王忠嗣碑》,銀青光禄大夫、守中書侍郎、同中書門下平章事、集賢殿崇文館大學士、修國史、潁川郡開國公元載撰,大曆十年四月三日建。

中書舍人

李紓。

孫宿。

主書

卓英倩。

李待榮。

右散騎常侍

蕭昕。

季廣琛。當在任(上年十月始任)。

右補闕

姚南仲。

起居舍人

孔述睿。

韓會。

門下省

侍中

元載。以中郎權知。

門下侍郎

王縉。《金石萃編》一〇〇《王忠嗣碑》,金紫光禄大夫、門下侍郎、同中書門下平章事、太清太微宫使、弘文崇玄館大學士、上柱國、齊國公王縉書,大曆十年四月三日建。

給事中

劉迴。

左散騎常侍

孟皞。《舊書》一一《代宗紀》:"(大曆十年三月)丁未,以左散騎常侍孟皞爲華州刺史。"

諫議大夫

杜亞。

蔣鎮。

韓洄。

起居郎

裴郁。當在任。《全文》三三九顔真卿《湖州烏程縣杼山妙喜寺碑銘》:"大曆壬子歲,真卿叨刺於湖。公務之隙,乃與金陵沙門法海、前殿中侍御史李萼、陸羽、國子助教州人褚冲、評事湯某……以夏季於州學及放生池,日相討論……而起居郎裴郁、秘書郎蔣志、評事吕渭……往來登歷。"顔真卿大曆七年秋九月刺湖州,來年正月才到任,至大曆十二年罷任。碑約撰於是年。

左補闕

李翰(李華宗人)。

左拾遺

耿湋。見下年引。

代宗大曆十一年（七七六）

中書省

中書令

郭子儀。兼司徒。

中書侍郎

元載。權知門下省事。

中書舍人

李紓。

孫宿。

崔祐甫。約是年自永平軍京師留後遷。《舊書》一一九本傳：“累拜兼御史中丞、永平軍行軍司馬，尋知本軍京師留後……累遷中書舍人。”

主書

卓英倩。

李待榮。

右散騎常侍

蕭昕。《元龜》一〇六《惠民》：“（大曆）十一年三月，以杭州前歲災，命右散騎常侍蕭昕使于杭州，宣慰賑給。”

右補闕

姚南仲。

起居舍人

孔述睿。約是年遷國博。《舊書》一九二本傳：“代宗以太常寺協律郎徵之，轉國子博士。”

韓會。

門下省

侍中

元載。以中郎權知。

門下侍郎

王縉。

給事中

劉迥。

左散騎常侍

郭晞。當在任（下年丁母憂）。

諫議大夫

杜亞。

蔣鎮。

韓洄。

王定。自考功郎中遷，仍知制誥。《權德輿詩文集》一四《王公（定）神道碑》："尋以本官知制誥，歲中遷諫議大夫，掌誥如故……明年，宰臣伏法，移太子洗馬。"按宰臣謂元載，明年伏誅。

樊系。當在任（下年出刺湖州）。按《廣記》二七七引《定命錄》：員外郎樊系，王正卿牓下進士，自校書郎調選，吏侍達奚珣注金城尉，不受，改涇陽尉。朱泚之亂，系自殺。見《奉天錄》一。

左補闕

李翰（李華宗人）。

左拾遺

耿湋。約是年以是職充括圖書使，由吳越返京。見《校箋》卷四傅璇琮箋。

何士幹。當在任（下年七月遷左補闕）。

代宗大曆十二年（七七七）

中書省

中書令

郭子儀。兼司徒。《舊書》一一九《楊綰傳》：“中書令郭子儀在邠州行營，聞綰拜相，座內《音樂志》減散五分之四。”按楊綰四月入相。

中書侍郎

元載。權知門下省事。三月賜自盡。《舊書》一一《代宗紀》：“（大曆十二年三月）辛巳，制：中書侍郎、平章事元載賜自盡。”

楊綰。七月卒。《舊書》一一《代宗紀》：“（大曆十二年）夏四月壬午，以朝議大夫、守太常卿、兼修國史楊綰爲中書侍郎……同中書門下平章事……（七月）己巳，中書侍郎、同中書門下平章事、集賢殿崇文館大學士、兼修國史楊綰卒。”《集古錄目》四：“《唐李抱玉碑》，中書侍郎、平章事楊綰奉敕撰，刑部尚書顏真卿奉敕書……碑以大曆十二年五月立。”

崔祐甫。以中舍領省事。見下引。

中書舍人

李紓。是年出刺婺州。《唐語林》五：“元相載用李紓侍郎知制誥，元敗，欲出官。王相縉曰：‘且留作誥。’待發遣諸人盡，始出爲婺州刺史。”《全詩》一四八錄劉長卿《奉和趙給事使君留贈李婺州舍人兼謝舍人別駕之什》、一四九錄《奉寄婺州李使君舍人》。按元載三月伏誅，是月王縉貶括州刺史。見《舊書》一一《代宗紀》。

孫宿。約是年出刺華州。《墓誌彙編下（大中一六三）·孫筥墓誌》（卒於大中四年三月，葬於五月。年七十三）：“大父府君諱宿，皇朝中書舍人、華州刺史。”按約下年宿刺華州時失火，驚懼病瘖，其弟孫成時爲長安令，請假不俟批准即奔赴華州，代宗不責，遷倉部郎中。見《舊書》一九〇中《孫成傳》。

崔祐甫。《全文》四〇九崔祐甫《祭獨孤常州文》：“維大曆十二年歲次月日，外從祖舅朝散大夫、權知中書舍人、賜紫金魚袋崔祐甫，遣表侄前鄧州南陽縣尉李綜，以清酌之奠，祭於從外孫甥獨孤使君至之之靈。”《舊書》一一九本傳：“累遷中書舍人。時中書侍郎闕，祐甫（領）省事，數爲宰相常袞所侵，祐甫不從。袞怒之，奏令分知吏部選，每有擬官，袞多駁下，言數相侵。”按是年元載賜死、楊綰卒，中郎闕。

令狐峘。約是年自吏部員外遷。按後年九月自中舍遷禮侍。

主書

卓英倩。三月入獄。《舊書》一一八《元載傳》：“大曆十二年三月庚辰，仗下後，上御延英殿，命左金吾大將軍吳湊收載、縉于政事堂，各留繫本所，并中書主事卓英倩、李待榮及載男仲武、季能並收禁，命吏部尚書劉晏訊鞫。”

李待榮。是年入獄。見上引。

右散騎常侍

蕭昕。十一月癸酉爲工尚。《集古錄目》四：“《唐霍國夫人王氏碑》，中書侍郎、平章事楊綰撰，右散騎常侍蕭昕書……碑以大曆十三年立。”按撰文在是年，立碑在下年。又《集古錄目》五：“《唐九皋碑》，工部尚書蕭昕撰，九皋孫曹州刺史仲方書。九皋，范陽人，仕至殿中監。碑以長慶三年立。”撰碑在前，長慶三年方立碑。

右補闕

姚南仲。《會要》五六《省號》下：“（大曆）十二年七月，賜右補闕姚南仲緋。遷左拾遺何士幹爲左補闕。時葬貞懿皇后，代宗恩寵所屬，令繕陵寢，邇章敬寺後，爲游幸近地，左右莫敢言。南仲等上疏極諫。代宗覽表歎息，立從其議。因賜南仲緋，遷士幹之官以褒之。”按此事《會要》二一《皇后諸陵議》云在下年，《舊書》本傳一五三云在大曆十年。

起居舍人

韓會。四月癸未坐元載黨貶官。《舊書》一一《代宗紀》：“（大曆十二年四月癸未）起居舍人韓會等十餘人，皆坐元載貶官也。”

門下省

侍中

元載。以中郎權知。三月辛巳賜自盡。見中郎引。

門下侍郎

王縉。《舊書》一一《代宗紀》:"(大曆十二年三月辛巳)門下侍郎、平章事王縉貶括州刺史。"

常衮。《舊書》一一《代宗紀》:"(大曆十二年)夏四月壬午……尚書禮部侍郎、集賢院學士常衮爲門下侍郎……同中書門下平章事。"

給事中

劉迴。約是年辭疾。《全文》五二〇梁肅《給事中劉公(迴)墓誌銘》:"大曆初,詔擇二千石,遂授公吉州刺史。三載績成,徵拜諫議大夫,遷給事中。移疾請告就醫於洛陽,享年若干,以建中元年七月某日,終於某里私第。"

杜亞。三月自大諫遷。《舊書》一四六本傳:"(元)載死之翌日,亞遷給事中、河北宣慰使。"《舊書》一一《代宗紀》:"(大曆十二年四月)給事中杜亞使魏州、賜田承嗣鐵券。"

左散騎常侍

郭晞。是年丁母憂。《全文》三三一楊綰《汾陽王妻霍國夫人王氏神道碑(卒於大曆十二年正月,葬於六月)》:"有子六人……次曰開府儀同三司行左散騎常侍趙國公晞。"

諫議大夫

杜亞。三月爲給事中。

蔣鎮。

韓洄。《舊書》一一《代宗紀》:"(大曆十二年四月癸未)諫議大夫、知制誥韓洄、王定、包佶、徐璜……皆坐元載貶官也。"

樊系。《嘉泰吳興志》一四《郡守題名》:"樊系,大曆十二年自諫議大夫授(湖州刺史);遷濠州刺史。《統紀》云:十年。"《刺考全編·江南西道》云:按大曆十年,顏真卿尚在湖州任。《統紀》誤。從之。

王定。四月癸未貶。見上引。

包佶。四月癸未貶。見上引。

徐璜。四月癸未貶。見上引。

于邵。當在任。《舊書》一三七本傳:"西川節度使崔寧請留爲支度副使。尋拜諫議大夫、知制誥。"

謝良弼。蓋是年任。參下年中舍引。

左補闕

李翰。

何士幹。七月自左拾遺遷。《會要》五六《省號》下:"(大曆)十二年七月……遷左拾遺何士幹爲左補闕。"

左拾遺

何士幹。七月遷左補闕。

竇叔向。四月後任。《新書》六〇《藝文志》四:"《竇叔向集》七卷。"注:"字遺直。與常袞善,袞爲相,用爲左拾遺、内供奉。"按袞四月壬午爲相。

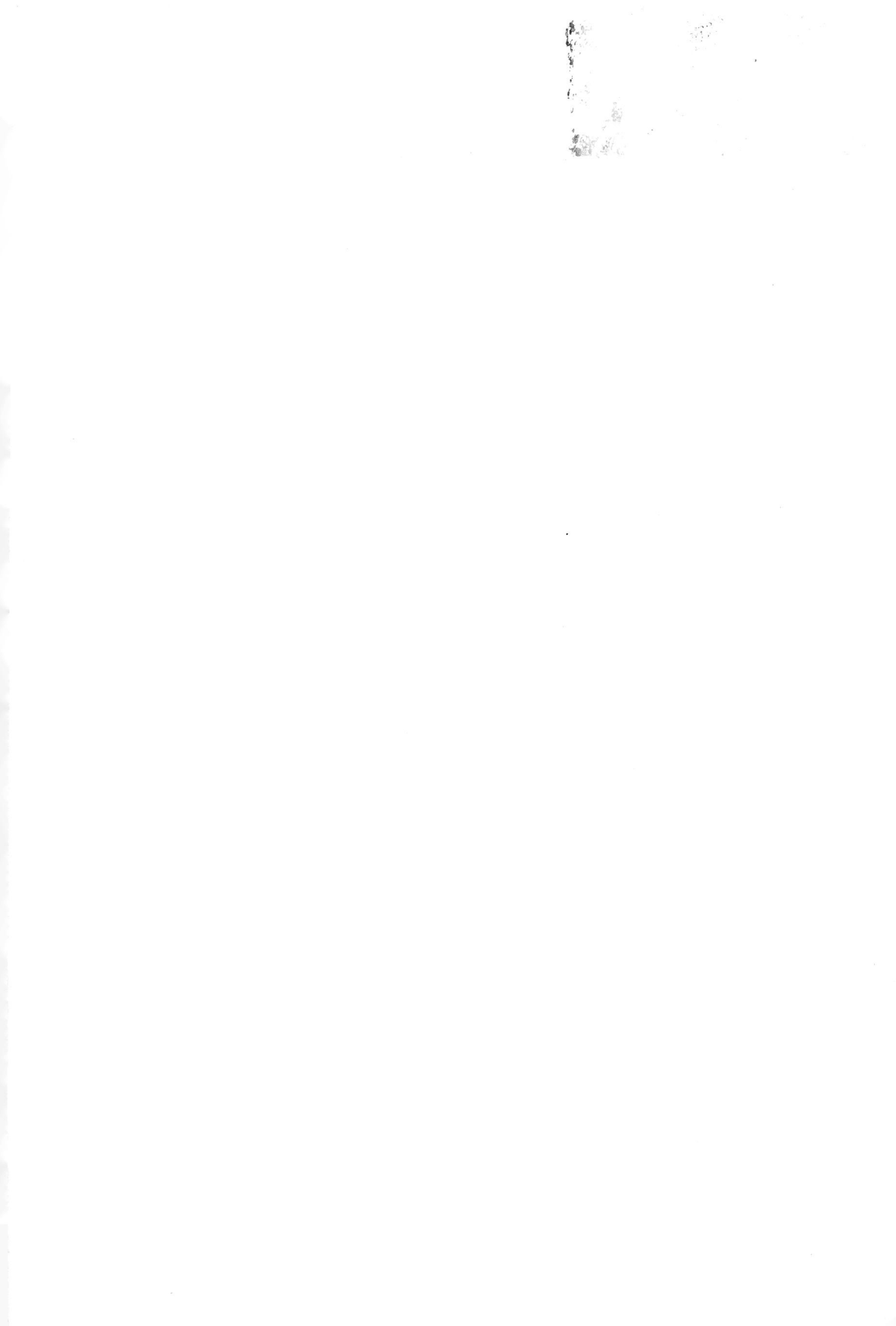

國家社科基金
GUOJIA SHEKE JIJIN HOUQI ZIZHU XIANGMU
後期資助項目

唐中書門下兩省屬官年表

下

李振中 著

中華書局
ZHONGHUA BOOK COMPANY

代宗大曆十三年(七七八)

中書省

中書令

郭子儀。兼司徒。

中書侍郎

崔祐甫。以中舍領省事。

中書舍人

崔祐甫。領中郎事。《舊書》一一《代宗紀》:"秋七月壬子,中書舍人崔祐甫知吏部選事。"《舊書》一一九本傳:"累遷中書舍人。時中書侍郎闕,祐甫(領)省事,數爲宰相常袞所侵,祐甫不從;袞怒之,奏令分知吏部選……時朱泚上言,隴州將趙貴家貓鼠同乳,不相爲害,以爲禎祥。詔遣中使以示於朝,袞率百僚慶賀,祐甫獨否。"按《會要》四四《雜災變》:"大曆三年六月二十四日,隴右節度使奏,隴右汧源縣趙貴家貓鼠同乳,獻以爲瑞。"三年爲十三年之誤。

令狐峘。

于邵。約是年自大諫遷(下年在任)。

謝良弼。約是年自大諫遷。《全文》五一八梁肅《送謝舍人入朝廷序》:"大曆再居獻納,俄典書命。時人謂公視三事大夫,猶寸步耳。爾來六七年,同鄧披垣者,已迭操國柄,而公方自廬陵守入副九卿。"按良弼刺吉州爲建中元年至三年。見《刺考全編·江南西道》。據文意官品,獻納之職當爲大諫,書命即中舍。

右補闕

姚南仲。《舊書》一五三本傳:"大曆十三年,貞懿皇后獨孤氏崩,代宗悼惜不已,令於近城爲陵墓,冀朝夕臨望於目前。南仲上疏諫曰……"按大曆十年貞懿皇后薨,十三年葬。《會要》二一《皇后諸陵議》:"大曆十三年七月,將葬貞懿皇后,命起陵寢于章敬寺後,嘗游幸近地,左右莫敢言。於是右補闕姚南仲上疏……"

柳冕。當在任。《新書》一三二本傳:"冕字敬叔……歷右補闕、史館修撰。"按後年貶巴州司户。

門下省

門下侍郎

常衮。《會要》八一《階》:"大曆十三年正月,特加朝議郎、守門下侍郎、平章事常衮九階,爲銀青光禄大夫。"《舊書》五二《貞懿皇后傳》:"(大曆)十三年十月方葬,命宰臣常衮爲哀册曰:……十三年十月癸酉,乃命門下侍郎、同平章事常衮持節册命,以其月二十五日丁酉,遷座于莊陵,禮也。"

給事中

杜亞。《舊書》一一《代宗紀》:"(大曆十三年)十二月丙戌……以給事中杜亞爲洪州刺史、兼御史中丞,充江西觀察使。"

諫議大夫

蔣鎮。《元龜》一七六《姑息》:"(大曆十三年)三月,命諫議大夫蔣鎮使於魏州宣慰,以田承嗣有弟喪故也。"

于邵。約是年遷中舍。

謝良弼。約是年遷中舍。

裴虯。《墓誌彙編下(大曆〇七三)·趙府君妻裴婉墓誌》:"大曆中,母兄諫議大夫虯孝思罔極,改兆先塋,遂遷五父之衢,將置萬家之邑……乃命猶子繼宗遠赴江潭,歸櫬鞏洛。舟車萬里,旌旐雙懸。以大曆十三年十一月七日合祔於邙山北原。"

左補闕

李翰。是年歸少室養疾。《全文》五一八梁肅《送李補闕歸少室養疾序》,胡大浚、張春雯《梁肅年譜高》(上)繫此文於大曆十三年。見《甘肅社會科學》1996年第6期。

何士幹。當在任（上年七月始任）。

左拾遺

竇叔向。

代宗大曆十四年（七七九）

中書省

中書令

郭子儀。《舊書》一二《德宗紀》上：“（大曆十四年閏五月）甲申，以司徒兼中書令……郭子儀可加尚父，守太尉，餘官如故。”《大詔令集》六一《册郭子儀尚父文》：“維大曆十有四年五月甲子，皇帝使金紫光禄大夫、左僕射、彭城郡開國公、攝太尉劉某（按劉晏）持節册命曰：惟爾太尉、兼中書令、汾陽郡王某……今故特册公尚父之號。”按此爲劉迺文，見《全文》三七八。

中書侍郎

崔祐甫。自黄郎、平章事遷。《舊書》一二《德宗紀》上：“（大曆十四年）八月甲辰，以門下侍郎、平章事崔祐甫爲中書侍郎、平章事。”

中書舍人

崔祐甫。閏五月貶河南少尹。旋召爲門郎、平章事。《舊書》一二《德宗紀》上：“（大曆十四年）閏（五）月壬申，貶中書舍人崔祐甫爲河南少尹。甲戌，貶門下侍郎、平章事常衮爲潮州刺史。召崔祐甫爲門下侍郎、同中書門下平章事。”《通鑑》二二五“大曆十四年”：“閏（五）月壬申，貶祐甫爲河南少尹……上初即位，以衮爲欺罔，大駭，甲辰，百官衰絰，序立于月華門，有制，貶衮爲潮州刺史，以祐甫爲門下侍郎、同平章事，聞者震悚。祐甫至昭應而還。”

令狐峘。九月丙戌遷禮侍。《舊書》一二《德宗紀》上：“（大曆十四年九月丙戌）中書舍人令狐峘爲禮部侍郎。”

于邵。《全文》四二三于邵《降誕頌并序》：“皇唐八葉之中興，提天綱，披寶圖，臨八紘，俯萬物，垂鴻儲休，粵十有七年。元冬陽月，旬外三日……有司諫掌絲綸之臣，當右掖分宵之直。望閶闔，沐薰風，齋心以虔，稽首獻頌。"右掖即中書省。

謝良弼。《新書》卷一五九《鮑防傳》:"與中書舍人謝良弼友善,時號'鮑謝'云。"

薛播。《舊書》一四六本傳:"及祐甫輔政,用爲中書舍人。"按崔祐甫是年五月入相,八月爲中侍。又,《會要》七八《諸使》中:(大曆十四年)六月三日敕:"御史中丞董晉、中書舍人薛蕃、給事中劉迺,宜充三司使。"云薛蕃。按薛蕃,兩《唐書》無傳,僅《新書》七三下《宰相世係》三下有一而未載其官職,甚疑《唐要》之薛蕃爲薛播之誤。

獨孤恒。當在任(下年在任)。

右散騎常侍

蕭昕。自工尚轉。按建中四年三月以右常侍致祭汝州。

右補闕

姚南仲。閏五月貶蘇州海鹽令。《舊書》一五三本傳:"與宰相常袞善,袞貶官,南仲坐出爲海鹽縣令。"又見《權德輿文集》一四《姚公神道碑銘并序》,按常袞閏五月貶。

柳冕。當在任(下年二月甲寅貶巴州司户)。

通事舍人

李若水。當在任(下年八月卒)。

門下省

門下侍郎

常袞。《舊書》一二《德宗紀》上:"(大曆十四年閏五月)甲戌,貶門下侍郎、平章事常袞爲潮州刺史。"《宰相表》中:(大曆十四年)閏五月甲戌貶河南少尹。

崔祐甫。《舊書》一二《德宗紀》上:"(閏五月甲戌)召(新除河南少尹)崔祐甫爲門下侍郎、同中書門下平章事。"八月甲辰爲中郎、平章事。

楊炎。《舊書》一二《德宗紀》上:"(大曆十四年)八月甲辰……以道州司馬同正楊炎爲門下侍郎、平章事。"

給事中

蔣鎮。約是年自大諫遷。《舊書》一二七本傳："轉諫議大夫。時户部侍郎、判度支韓滉上言……轉給事中。"

劉迺。自司門員外遷。旋權知兵侍。《舊書》一五三本傳："召拜司門員外郎。十四年，崔祐甫秉政，素與迺友善。會加郭子儀尚父……祐甫令兩省官撰册文，未稱旨，召迺至閣，立就……數日，擢爲給事中，尋遷權知兵部侍郎。"按册子儀尚父在五月甲申。見《舊書》一二《德宗紀》上。

班宏。約是年任。《舊書》一二三本傳："四遷給事中……遷刑部侍郎。"按建中三年宏由給事中遷刑侍。

劉滋。自司勳郎中拜。《舊唐書》一三六本傳："遷司勳郎中，累拜給事中。"

左散騎常侍

張涉。《通鑑》二二五"大曆十四年"："上之在東宮也，國子博士河中張涉爲侍讀，即位之夕，召涉入禁中，事無大小皆咨之；明日，置於翰林爲學士。（七月）乙未，以涉爲右散騎常侍，仍爲學士。"按《元龜》一七二《求舊》二云左常侍。據下年張涉以左常侍放歸田里，而是年右常侍滿員，當以左常侍爲是。

郭曖。《元龜》五五三《謬誤》："（貞元）十六年贈左散騎常侍、駙馬都尉郭曖工部尚書。曖大曆十四年授左常侍，建中二年以憂罷。興元元年二月授太常卿同正，以至於終。今詔書言常侍，誤也。"

諫議大夫

蔣鎮。約是年遷給事中。

裴虯。

崔河圖。《墓誌續編（貞元〇六〇）·吕渭墓誌》："今上（指德宗）嗣統，權臣長備，以李公（即李涵）爲太子太傅，官名抵李氏家諱。公據禮法抗表極言，因論勞能，不宜退斥。上特嘉納，擢拜尚書司門員外郎，賜緋魚袋。同府崔河圖時爲諫議大夫，深懷愧嫉，密□誣構，貶歙州司馬。"

孔述睿。自司勳員外遷。《舊書》一九二本傳："代宗以太常寺協律郎徵之，轉國子博士，歷遷尚書司勳員外郎、史館修撰……德宗踐祚，以諫議大夫銀章朱綬，命河南尹趙惠伯齎詔書、玄纁束帛，就嵩山以禮徵聘。"

柳渾(載)。自袁州刺史遷。《柳宗元集校注》八《柳渾行狀》:"就拜袁州刺史……召拜諫議大夫,充浙江東西道黜置使。"《舊書》一二五本傳:"(大曆)十二年,拜袁州刺史。居二年,崔祐甫入相,薦爲諫議大夫、浙江東西黜置使。"《刺考全編·江南西道》繫於是年罷刺袁州。

吳經綸。當在任(下年二月在任)。

起居郎

劉太真。《舊書》一三七本傳:"大曆中爲淮南節度使陳少游掌書記,徵拜起居郎。"《全文》五三八裴度《劉太真神道碑》:"及陳(少游)之移鎮揚州,又爲節度判官……德宗皇帝即位,徵拜起居郎。"

左補闕

朱巨川。《全文》三九五李紓《故中書舍人朱巨川神道碑》:"本州牧(京畿)御史大夫李涵推善里仁,拜章特徵,薦左補闕内供奉。"

鄭珣瑜。《新書》一六五本傳:"以拔萃爲萬年尉。崔祐甫爲相,擢左補闕。"按崔祐甫閏五月爲相,下年即卒。

左拾遺

竇叔向。閏五月甲戌稍後貶爲溧水令。《新書》六〇《藝文志》四:"《竇叔向集》七卷。"注:"字遺直。與常袞善,袞爲相,用爲左拾遺、内供奉,及貶,亦出溧水令。"按常袞閏五月甲戌貶。

德宗建中元年（七八〇）

中書省

中書令

郭子儀。兼太尉。

朱泚。《舊書》一二《德宗紀》上：“（建中元年八月）丁未，加朱泚中書令，餘官並如故。”

中書侍郎

崔祐甫。《舊書》一二《德宗紀》上：“（建中元年）六月甲午朔，中書侍郎、同中書門下平章事崔祐甫薨。”

中書舍人

于邵。以中舍權知貢舉。《封氏聞見記校注》五《花燭》：“今上（按即德宗）詔有司約古禮今儀。禮儀使太子少師顏真卿、中書舍人于邵等奏：‘請停障車、下壻、觀花燭及却扇詩。”按是年顏真卿爲太子少師。又《舊書》一二二《樊澤傳》：“建中元年，舉賢良對策，禮部侍郎于邵厚遇之。”

謝良弼。是年刺吉州（廬陵）。《全文》五一八梁肅《送謝舍人入朝廷序》：“大曆再居獻納，俄典書命。時人謂公視三事大夫，猶寸步耳。爾來六七年，同登掖垣者，已迭操國柄，而公方自廬陵守入副九卿。”按良弼刺吉州爲建中元年至三年。見《刺考全編·江南西道》。

薛播。約是年刺汝州。《舊書》一四六本傳：“及祐甫輔政，用爲中書舍人。出爲汝州刺史。”按播因崔祐甫汲引，祐甫六月卒。其卒後或即刺汝州。參《刺考全編·河南道》。

獨孤恒。《元龜》一〇一《納諫》：“德宗建中初，將厚奉山陵事，中書舍人獨孤恒上疏極諫。”

高參。《通鑑》二二六“建中元年”：“（十月）中書舍人高參請分遣諸沈訪求太后。"

衛晏。是年按巡嶺南後,自禮部員外遷。按《元龜》一六二《命使》二:"建中元年二月,發黜陟使分往天下……禮部員外郎衛晏往嶺南五管。"按使還,遷中舍。

右散騎常侍

蕭昕。

右補闕

柳冕。《舊書》一二《德宗紀》上:"(建中元年二月甲寅,貶)右補闕柳冕巴州司户。"

盧邁。權德輿《盧公行狀》:"建中初,上方靖端百度,修起五諫,拜右補闕,俄換侍御史。興元元年,遷刑部員外郎。間一日,又以本官兼侍御史。"《權德輿文集卷》二〇。

嚴楚。是年當在任。見下年引。

右拾遺

趙宗儒。《舊書》一六七本傳:"數月,徵拜右拾遺,充翰林學士。時父驊秘書少監,與父並命,出於一日,當時榮之。"按是年其父趙驊任秘書少監。《新書》一五一《趙宗儒傳》:"父驊……建中初,遷秘書少監。"按《壁記》:"建中元年,自左拾遺充。"云左拾遺,當誤。

韓臯。自雲陽尉遷。《舊書》一二九本傳:"臯字仲聞……由雲陽尉擢賢良科,拜右拾遺。"按是年中賢良方正科。見《登科記考補正》一一。

起居舍人

朱巨川。自左補闕遷。《金石萃編》一〇二《朱巨川告身》:起居舍人試知制誥朱巨川。右臺一人擬朝議郎、正陸品上、行起居舍人、試知制誥。建中元年八月廿二日,朝議郎、守尚書吏部郎中、賜緋魚袋臣王定上,朝議大夫、守給事中臣崔容讀,銀青光禄大夫、守門下侍郎、同平章事、上柱國臣楊炎省。

通事舍人

李若水。《舊書》一一二《李暠傳》:"若水,齊物族弟,累官至左金吾大將軍,兼通事舍人……建中元年八月卒。"

門下省

門下侍郎

楊炎。《會要》七八《諸使》中:"建中元年四月一日,門下侍郎楊炎充删定格式使。"《金石萃編》一〇二《朱巨川告身》:起居舍人、試知制誥朱巨川。右臺一人擬朝議郎、正陸品上、行起居舍人、試知制誥。建中元年八月廿二日,朝議郎、守尚書吏部郎中、賜緋魚袋臣王定上,朝議大夫、守給事中臣崔容讀,銀青光禄大夫、守門下侍郎、同平章事、上柱國臣楊炎省。

給事中

蔣鎮。《元龜》一三五《愍征役》:"德宗建中元年六月,命給事中蔣鎮吊祠涇州將士之戰亡者。"

班宏。

劉滋。

盧翰。《元龜》一六二《命使》二:"建中元年二月,發黜陟使分往天下……給事中盧翰往河南、淄青、東都畿等道。"

審道。《唐文補編》五〇德宗《贈鍾紹京太子大傅制》:"可贈太子大傅。建中元年庚申十一月五日……侍郎(闕),銀青光禄大夫、門下侍郎、平章事炎,正議大夫、行給事中審道奉制書如右。"

左散騎常侍

張涉。《舊書》一二《德宗紀》上:"(建中元年三月)辛未,左散騎常侍、翰林學士張涉放歸田里。"

郭曖。

董晉。自太府卿遷,兼中丞知臺事。是年刺華州。《全文》五六七韓愈《董公(晉)行狀》:"今上即位,以大行皇帝山陵出財賦,拜太府卿。由太府而爲左散騎常侍兼御史中丞知臺事。三司使選擇才俊,有威風。始公爲左金吾,未盡一月,拜太府,九日又爲中丞。朝夕入議事。於是宰相請以公爲華州刺史,拜華州刺史、潼關防禦鎮國軍使。"

諫議大夫

裴虬。

崔河圖。是年或上年遷庫部郎中。《舊書》四九《食貨志》下:"建中初,宰相楊炎用事，尤惡劉晏，炎乃奪其權。詔曰：'……宜令庫部郎中崔河圖權領之。'"

孔述睿。《元龜》八九《赦宥》八："建中元年正月……諫議大夫孔述睿宜充太子侍讀。"

柳渾（載）。《元龜》一六二《命使》二："建中元年二月，發黜陟使分往天下……諫議大夫柳載往浙江東西道。"按復命稱旨，改左庶子。

吳經綸。《元龜》一六二《命使》二："建中元年二月，發黜陟使分往天下……諫議大夫吳經綸往魏博、成德、幽州等道。"

韓洄。二月癸卯自戶部郎中遷。三月癸巳爲戶侍、判度支。《舊書》一二《德宗紀》上："（建中元年二月）癸卯，以戶部郎中韓洄爲諫議大夫……（三月）癸巳，以諫議大夫韓洄爲戶部侍郎、判度支。"

起居郎

劉太真。是年改司勳員外。《全文》五三八裴度《劉太真神道碑》："德宗即位，徵拜起居郎。載筆丹陛，休風藹然。改司勳員外郎。"

左補闕

朱巨川。是年遷起居舍人。《全文》三九五李紓《故中書舍人朱巨川神道碑》："本州牧（京畿）御史大夫李涵推善里仁，拜章特徵，薦左補闕內供奉。"按《金石萃編》一〇二《朱巨川告身》：起居舍人、試知制誥朱巨川。下小字云：任右補闕內供奉，大曆十四年六月一日即今年正月五日制。右補闕當爲左補闕之誤。

鄭珣瑜。是年爲涇原判官。《新書》一六五本傳："以拔萃爲萬年尉。崔祐甫爲相，擢左補闕。出爲涇原帥府判官。"按是年孟皞先後鎮涇原，珣瑜當入其幕府。

樊澤。《舊書》一二二本傳：建中元年，舉賢良對策，與楊炎善，薦爲補闕，《新書》一五九本傳："是歲，澤上第，楊炎善之，擢左補闕。"

左拾遺

沈既濟。《舊書》一四九《沈傳師傳》："父既濟……建中初，（楊）炎宰相，薦既濟才堪史任，召拜左拾遺、史館修撰。"《會要》六三《修國史》："建中元年七月，左拾遺、史館修撰沈既濟以吳兢所撰國史則天事爲本紀，奏議駁之。"

姜公輔。《壁記》："建中元年自左拾遺充。"

德宗建中二年(七八一)

中書省

中書令

郭子儀。兼太尉。《舊書》一二《德宗紀》上:"(建中二年六月)辛丑,尚父、中書令、汾陽郡王郭子儀薨。"

朱泚。七月壬午兼太尉。《舊書》一二《德宗紀》上:"(建中二年七月)壬午,以幽州隴右節度使、中書令朱泚爲太尉。"

中書侍郎

楊炎。《舊書》一二《德宗紀》上:"(建中二年二月)乙巳,以門下侍郎楊炎爲中書侍郎、同中書門下平章事……(七月)庚申,以中書侍郎、平章事楊炎爲左僕射。"

張鎰。《舊書》一二《德宗紀》上:"(建中二年七月庚申)以前永平軍節度使張鎰爲中書侍郎、同中書門下平章事。"《會要》七八《諸使》中:"(建中)二年七月,中書侍郎張鎰與盧杞同充格式使。"

中書舍人

于邵(召)。以中舍知貢舉,放榜後貶桂刺。《舊書》一二《德宗紀》上:"(建中二年四月)丁巳,貶禮部侍郎于召桂州刺史。"

獨孤恒。當在任(上年在任)。

高參。約是年改兵部員外(上年以中舍尋訪沈太后,下年自兵部員外改郎中)。

衛晏。《舊書》一二《德宗紀》上:"(建中二年八月)庚戌,以中書舍人衛晏爲御史中丞、京畿觀察使。"

趙贊。《會要》七五《貢舉》上:"建中二年十月,中書舍人、權知禮部貢舉趙贊奏:'……伏請每歲甄獎,不過數人,庶使經述漸興,人知教本。'"《新書》四四《選舉》上:"建中二年,中書舍人趙贊權知貢舉,乃以箴、論、表、贊代詩賦,而皆試策三道。"

韓翃。約是年自駕部郎中遷。《新書》二〇三《盧綸傳》:"李勉在宣武,復辟之。俄以駕部郎中知制誥。"《本事詩》:建中初,駕部郎中。《校箋》卷四"夏侯審條"儲仲君箋:"韓翃建中初奉調入京,除中書舍人(據《本事詩》)。"

右散騎常侍

蕭昕。

右補闕

盧邁。是年當遷侍御史。《權德輿文集》二〇《盧公行狀》:"建中初……拜右補闕,俄換侍御史。"

嚴楚。《西市博物館藏墓誌(三一一)‧郭雄夫人李氏墓誌》:誌主卒於建中三年(即下年)八月,葬於十一月。書丹:前右補闕嚴楚書。

右拾遺

趙宗儒。

韓皋。

起居舍人

朱巨川。是年遷司勳員外。按上年由右補闕遷起居舍人,下年自司勳員外遷中舍。

門下省

門下侍郎

楊炎。二月乙巳遷中郎。

盧杞。《舊書》一二《德宗紀》上:"(建中二年二月乙巳)以御史大夫盧杞爲門下侍郎、同中書門下平章事。"《會要》五五《省號》下:"建中二年六月六日,門下侍郎盧杞奏:'《六典》云中書舍人、給事中充監中外考使。重其事也……請依舊置監使。'……中書侍郎楊炎固以爲不可而止。"《會要》五四《省號》上:"建中二年十月,門下侍郎盧杞密啓中書主事過咎,逐之。楊炎怒曰:'中書,吾局也。吏有過,吾治之,奈何相侵耶?'"

給事中

蔣鎮。

班宏。《通鑑》二二六"建中二年"："正月戊辰,成德節度使李寶臣薨……匿喪二十餘日……遣給事中汲人班宏往問寶臣疾,且諭之。"夏秋遷刑侍。《舊書》一二三本傳:李寶臣卒,其子惟岳匿喪求位,代宗遣宏諭旨,還報合旨,遷刑部侍郎,兼京官考使。按正月間疾於李寶臣。見《通鑑》二二六"建中二年",又按,《會要》八一《考》上："(貞元)八年七月,班宏遷刑部侍郎,兼京官校考使。時右僕射崔寧考兵部侍郎劉迺上下,宏正議曰:'今夷荒靖難,專在節制,尺籍伍符,不校省司。夫上多虛美之名,下開趨競之路,上行阿容,下必朋黨。'因削去之。迺謝之曰:'迺雖不敏,敢掠一美以徼二罪乎?'"此建中二年事,誤作貞元八年。

劉滋。

盧翰。蓋是遷吏侍(下年六月在吏侍任)。

關播。《舊書》一二《德宗紀》上："(建中二年七月)丁丑,以河中尹關播爲給事中。"

左散騎常侍

郭曖。是年丁父憂。參大曆十四年引。

李涵。自光禄卿遷。《會要》九八《回紇》："(建中)二年六月,以兼光禄卿李涵爲散騎常侍,充吊册回紇使。"按《舊書》一二《德宗紀》上云下年六月。

孟皞。自涇原節度入遷。《舊書》一二七《姚令言傳》："建中元年,孟皞爲涇原節度留後,自以文吏進身,不樂軍旅,頻表令言謹肅,堪任將帥。皞尋歸朝廷,遂拜令言爲四鎮北庭行營涇原節度使、涇州刺史、兼御史大夫。"按孟皞建中元年八月自右丞爲涇原留後。建中四年三月自左常侍鎮福建。見《舊書》一二《德宗紀》上。另參《方鎮年表》一。

諫議大夫

裴虬。

孔述睿。

吳經綸。當在任(上年二月在任)。

左補闕

樊澤。約是年遷都官員外。《舊書》一二二本傳:"與楊炎善,薦爲補闕,歷都官員外郎。"

左拾遺

沈既濟。五月上疏論待製官事宜,《會要》二六《待製官》:"建中二年五月二日敕……左拾遺、史館修撰沈既濟上疏論之曰……"是年冬貶處州司户。《舊書》一四九《沈傳師傳》:"既而楊炎遣逐,既濟坐貶處州司户。"按是年十月,楊炎自左僕射貶崖州司馬,未至而被縊殺。

姜公輔。充翰林學士。

奚陟。約是年自大理評事遷。《舊書》一四九本傳:"拜大理寺評事。佐入吐蕃使,不行,授左拾遺。丁父母憂。"按上年陟登制舉文辭清麗科,見《登科記考補正》一一。又按其後佐入吐蕃使,不行,授左拾遺,丁父母憂。德宗出逃興元(七八四)拜陟起居郎。是年或稍後即丁母憂。

德宗建中三年（七八二）

中書省

中書令

朱泚。兼太尉、幽州盧龍節度使。《通鑑》二二七“建中三年”：“（四月）上驛詔泚於鳳翔……因留之長安私第……其幽州·盧龍節度、太尉、中書令並如故。”

中書侍郎

張鎰。《舊書》一二《德宗紀》上：“（建中三年四月）戊寅，以中書侍郎、平章事張鎰兼鳳翔尹、隴右節度使，以代朱泚。”《宰相表》中：（建中三年）四月戊寅鎰罷爲鳳翔節度使。《金石萃編》一〇二《朱巨川告身》：“朝議郎、行尚書司勳員外郎、知制誥朱巨川……可守中書舍人，散官如故。建中三年八月十四日。銀青光禄大夫、守中書侍郎、同中書門下平章事臣張使。”按張使即指張鎰，時爲使相。

關播。《舊書》一二《德宗紀》上：“（建中三年十月）丙辰，以吏部侍郎關播爲中書侍郎、同平章事。”

中書舍人

韓翃。

趙贊。知貢舉。見《登科記考補正》一一。五月乙巳爲户侍。《舊書》一二《德宗紀》上：“（建中三年五月乙巳）以中書舍人趙贊爲户部侍郎、判度支。”

張薦。自司封郎中遷。《校箋補正》卷四《耿湋傳》：“初爲大理司法。”陶敏箋云：“（耿湋詩）《許下書情寄張韓二舍人》……張舍人，則爲張薦。建中中官司封郎中、知制誥。”按建中元年爲司封郎中，是年遷中舍。

朱巨川。自司勳員外遷。《全文》五四《授朱巨川中書舍人敕》：“朝議郎、行尚書司勳員外郎、知制誥朱巨川……可守中書舍人，散官如故。"《金石萃編》一〇二《朱巨川告身》："朝議郎、行尚書司勳員外郎、知制誥朱巨川……可守中書舍人，散官如故。建中三年八月十四日。"

右散騎常侍

蕭昕。

鮑防。自江西觀察使遷。《舊書》一四六本傳："歷福建、江西觀察使，徵拜左散騎常侍。扈從奉天，除禮部侍郎。"按鮑防鎮江西在建中元年至是年。見《方鎮年表》五。按本傳云左常侍，此從《全文》，見下年考。

右拾遺

趙宗儒。

韓皋。約是年轉左補闕。

田佐時。《元龜》九八《徵聘》："建中三年閏正月，以潞州處士田佐時爲右拾遺、集賢院直學士……竟不起。觀察使李抱真又數薦之，自拾遺拜諫議大夫，亦不起。"

起居舍人

鄭南史。當在任。參下年引。

蔣鈇。當在任。參下年引。

門下省

門下侍郎

盧杞。

給事中

蔣鎮。約是年遷工侍。《舊書》一二七本傳："轉給事中、工部侍郎。"

劉滋。

關播。《會要》八二《甲庫》："(建中)三年四月三日，給事中關播奏：'三省中庫官各一人，或屬假故，即公事廢闕，請各更置一人。'"《金石萃編》一〇二《朱巨川告身》："朝議郎、行尚書司勳員外郎、知制誥朱巨川……可守中書舍人，散官如故。建中三年八月十四日。銀青光禄大夫、守中書侍郎、同中書門下平章事臣張使。通直官、朝議郎、守給事中、賜緋魚袋臣關

播奉行。”按張使即指張鎰，時爲使相。稍後遷吏侍。十月自吏侍轉中郎，
入相。《舊書》一二《德宗紀》上：“（建中三年十月）丙辰，以吏部侍郎關播爲
中書侍郎、同平章事。”

宋端。是年當在任（下年五月在任）。

左散騎常侍

李涵。《舊書》一二《德宗紀》上：“（建中三年六月）以左散騎常侍李涵
爲入回紇吊祭使。”按《會要》九八《回紇》云上年六月。

孟皞。

諫議大夫

裴虬。

孔述睿。

鄭雲逵。《舊書》一三七本傳：“（朱）滔助田悦爲逆，雲逵諭之不從，遂
棄妻子馳歸長安，帝嘉其來，留於客省，超拜諫議大夫。”《元龜》一六五《招
懷》三：“七月，以盧龍軍節度使掌書記、檢校祠部員外郎鄭雲逵爲諫議大
夫。雲逵以朱滔反，因出軍，乃逃歸京師。帝嘉其來，超拜之而留於客省。”

孔巢父。自汾州刺史遷。《舊書》一五四本傳：“建中初，涇原節度留後
孟皞表巢父試秘書少監兼御史中丞、行軍司馬。尋拜汾州刺史，入爲諫議
大夫。”

左補闕

韓皋。約是年自右拾遺轉。《舊書》一二九本傳：“拜右拾遺，轉左
補闕。”

李元平。《舊書》一三〇《關播傳》：“建中三年十月……播累奏云（李）
元平等皆可將相也，請閱試用之，上以爲然，以元平爲左補闕。”

左拾遺

姜公輔。充翰林學士。

德宗建中四年(七八三)

中書省

中書令

朱泚。兼太尉、中令、幽州盧龍節度使。十月僭僞。

李懷光。《新書》七《德宗紀》:"(建中四年十一月)癸巳,李懷光及朱泚戰於魯店,敗之。懷光爲中書令、朔方邠寧同華陝虢河中晉絳慈隰行營兵馬副元帥。"

中書侍郎

關播。

中書舍人

韓翃。

張薦。朱泚入京,張薦潛藏不仕,旋當遷左庶。按《元龜》一三九《旌表》三:"(興元元年十二月)前左庶子張薦爲彭州刺史……朱泚時潛藏不仕也。"

朱巨川。三月卒。《全文》三九五李紓《故中書舍人朱巨川神道碑》:"由是擢起居舍人、知制誥,換司勳員外郎,掌誥如初。拜中書舍人……以建中四年三月九日,遘疾終於上都勝業里私第,春秋五十有九。以其年七月七日,歸窆於縣上蔡原舊塋。"

劉太真。自駕部郎中、知制誥遷。《全文》五三八裴度《劉太真神道碑》:"遷駕部郎中、知制誥……建中四年夏,正授中書舍人。"

右散騎常侍

蕭昕。《唐大詔令集》六五《贈淮寧軍大將軍周會等敕》(建中四年):"仍令右散騎常侍蕭昕往汝州界首,以禮致祭。《元龜》一三九《旌表》三:"(建中四年三月)命散騎常侍蕭昕往汝州境上以禮致祭,並委李勉、哥舒曜訪其家,以名聞有子者,得回父官爵,子孫三代過犯者,減一等論。"十月後遷少太傅。《舊書》一四六本傳:"朱泚之亂,徒步出城……至奉天,遷太子少傅。"

鮑防。是年遷禮侍。《舊書》一四六本傳:"扈從奉天,除禮部侍郎。"按本傳云左常侍,《全文》七八三穆員《鮑防碑》云右常侍。從之。

右拾遺

趙宗儒。是年遷屯田員外。《舊書》一六七本傳:"建中四年,轉屯田員外郎,内職如故。"按是年其父趙驊卒,丁憂。

起居舍人

鄭南史。是年朱泚之亂,潛藏不仕。下年因此爲司封員外。

蔣鈇。《墓誌彙編下(建中〇一七)·源溥墓誌》:卒於建中三年十二月廿四日,葬於四年二月二日。撰文:宣德郎、守起居舍人樂安蔣鈇撰。

吳通玄。自侍御史遷。《舊書》一二《德宗紀》上:"(建中四年十二月乙丑)以侍御史吳通玄爲起居舍人。"

門下省

門下侍郎

盧杞。《舊書》一二《德宗紀》上:"(建中四年)十二月壬戌,貶門下侍郎、平章事盧杞爲新州司馬。"

給事中

劉滋。十月後遷少太常。《舊書》一三六本傳:"累拜給事中。從幸奉天,轉太常少卿。"十月德宗出逃奉天。

宋端。《通鑑》二二八"建中四年":"(五月)王武俊以滔既破李晟,留屯瀛州,未還魏橋,遣其給事中宋端趣之。"

杜黄裳。《舊書》一二《德宗紀》上:"(建中四年十二月癸酉)司封郎中杜黄裳爲給事中。"

孔巢父。自大諫遷。《舊書》一二《德宗紀》上:"(建中四年十二月癸酉)命給事中孔巢父淄青宣慰。"

左散騎常侍

李涵。是年或稍後致仕。《舊書》一二六本傳:"以右僕射致仕。興元元年九月卒。"

孟皞。《舊書》一二《德宗紀》上:"(建中四年三月)癸未,以左散騎常侍孟皞爲福建都團練觀察使。"

歸崇敬。自司業遷。《壁記》:"(建中)四年,遷左散騎常侍。"

柳渾(載)。自右丞遷。《舊書》一二五本傳:德宗在奉天,奔行在,扈從至梁州,改是職。

賈隱林。《桂陽雜編》上:"初,上欲西行,有知星者奏上曰:'逢林即往。'……及奉天尉賈隱林謁上於行在,上觀隱林氣宇雄俊……遂拜爲侍御史,糾劾行在。尋遷左常侍。"

諫議大夫

裴虬。

孔述睿。

鄭雲逵。

孔巢父。《舊書》一五四本傳:九月遷除潭州觀察使,旋改右庶子兼御史大夫、舒王誼元帥府行軍左司馬。未行,兵亂而止,遷給事中。

姜公輔。自京兆府戶曹參軍遷。《舊書》一二《德宗紀》上:"(建中四年十月丁巳)諫議大夫姜公輔……同中書門下平章事。"

樊澤。《舊書》一二二本傳:"(建中四年九月)時李希烈背叛,詔以普王爲行軍元帥,徵澤爲諫議大夫、元帥行軍右司馬。屬駕幸奉天,普王不行,澤改右庶子、兼中丞,復爲山南東道行軍司馬。"

起居郎

韓臯。約是年自左補闕遷。《舊書》一二九本傳:"臯字仲聞……由雲陽尉擢賢良科,拜右拾遺,轉左補闕,累遷起居郎、考功員外郎。俄丁父艱。"按其父滉貞元三年二月卒。

左補闕

韓臯。約是年遷起居郎。

李元平。是年遷大理評事。《柳宗元集校注》八《柳渾行狀》:"賊(朱泚)平,策勳賜輕車都尉,封宜城縣開國伯,拜尚書兵部侍郎。公名載,字元興，至是奏請改名，以滌僞署之汙。是歲，盜據淮潩，方議討戮，宰相以大理評事李元平者有名，以爲才堪攘寇，拜爲汝州。"按明年刺汝州。

左拾遺

姜公輔。《壁記》："（建中）四年四月改京兆府户曹參軍，拜諫議大夫、平章事。"

裴佶。《舊書》九八本傳："德宗南狩，佶詣行在，拜拾遺。"未詳左右，姑繫於此。

城門郎。

路泌。《舊書》一五九《路隨傳》："父泌字安期……建中末，以長安尉從調，與李益、韋綬等書判同居高第，泌授城門郎。屬德宗違難幸奉天，泌時在京師，棄妻子潛詣行在所。"

德宗興元元年(七八四)

中書省

中書令

李懷光。三月遷少太保。《舊書》一二《德宗紀》上:"(興元元年三月己亥)詔授李懷光太子太保,其餘官職並罷。"

李晟。《舊書》一二《德宗紀》上:"(興元元年六月)己酉,加李晟司徒、兼中書令。"

中書侍郎

關播。《宰相表》中:(興元元年)正月癸酉播罷爲刑部尚書。

劉從一。自刑侍遷,仍平章事。《舊書》一二五本傳:"(興元元年)六月,改中書侍郎、平章事。"

中書舍人

韓翃。

劉太真。秋冬遷工侍。《元龜》一六二《命使二》:"(興元元年)十一月丁丑……工部侍郎劉太真爲河東、澤、潞、鎮、冀、易、定賑給宣慰使。"

齊映。自給事中遷。《舊書》一三六本傳:"其年(即興元元年)冬,轉中書舍人。"

陸贄。十二月辛卯自大諫遷。見後引。

李竦。自吏部郎中遷。《全文》五二〇梁肅《李史魚墓誌銘》:(卒於上元元年,年五十六):"貞元(當是興元)元年,嗣子以谷口扈從之勳,朝廷推恩,贈公尚書户部侍郎……竦以文藝史事,歷中書舍人、户部侍郎。"

右散騎常侍(興元元年左右各加一員。貞元四年復四員)

于頎。二月自大御遷,三月甲申爲京兆尹。《元龜》九八〇《通好》:"興元元年二月,以御史大夫于頎爲右散騎常侍,尋加兼御史大夫,往涇州已來宣慰吐蕃,仍與州府計會頓遞。”《舊書》一二《德宗紀》上:“(興元元年)三月甲申……右散騎常侍于頎爲京兆尹。”

蔣沇。《舊書》一八五下本傳:“建中四年(原作元年,誤)冬鑾駕幸奉天,沇奔行在,爲賊侯騎所拘執,欲以僞職誘之,因絶食稱病,潛竄里閭間。京師平,首蒙旌擢,拜右散騎常侍。”《元龜》一三九《旌表》三:“(興元元年十月)前大理卿蔣沇爲右常侍……以陷賊不仕褒之也。”

右補闕

裴佶。約是年自左拾遺遷。《舊書》九八本傳:“德宗南狩,佶詣行在,拜拾遺,轉補闕。李懷光以河中叛,朝廷欲以含詬爲意,佶抗議請討,上深器之,前席慰勉。”未詳左右,姑繫於此。

右拾遺

梁肅。《全文》五二三崔元翰《右補闕翰林學士梁君墓誌》:“相國蘭陵蕭公薦之,擢授右拾遺,修史。以太夫人羸老,有沉痼之疾,辭不應召。”按蕭公即蕭復。其於上年十月入相,是年十一月罷。故繫於此。

盧景亮。《戴叔倫詩集校注》一《奉天酬别鄭諫議雲逵盧拾遺景亮見别之作》,作於興元元年新春。見注一。參下年引。

起居舍人

吴通玄。知制誥。

門下省

侍中

渾瑊。《舊書》一二《德宗紀》上:“(興元元年六月甲寅)加渾瑊侍中,實封八百户。”

門下侍郎

蕭復。正月丙戌自吏尚轉,仍平章事;十一月乙丑罷爲左庶。《舊書》一二《德宗紀》上:“(興元元年正月)丙戌,以吏部侍郎蕭復爲門下侍郎、同平章事……十一月……乙亥,宰相蕭復三上章乞罷免,許之。”

盧翰。自吏侍遷,仍平章事。《宰相表》中:(興元元年)六月癸丑,翰爲門下侍郎。

給事中

杜黄裳。《通鑑》二二九“興元元年”：“（正月）以給事中杜黄裳爲江淮宣慰副使。”

孔巢父。七月遇害。《全文》五一《諭李懷光詔》：“誠念其赴難之效，以功贖罪，務在優容。令給事中兼御史大夫孔巢父齎先授懷光太子太保敕牒河中宣慰。”《舊書》一五四本傳：“興元元年，李懷光擁兵河中。七月復以巢父兼御史大夫、充宣慰使……方宣詔，譁譟，懷光亦不禁止，巢父、守盈並遇害。”又見《舊書》一四一《田悦傳》。

袁高。自湖刺遷。《舊書》一二《德宗紀》上：“（興元元年八月）己未，以前湖州刺史袁高爲給事中。”《金石録》二八《跋尾》十八：“《唐袁高茶山詩》并于頔撰《詩述》，李吉甫撰《碑陰記》，共兩卷。湖州歲貢茶，高爲刺史，作此詩以諷。高，恕己之孫也……吉甫爲《碑陰記》，述高所歷官甚詳，云大曆中從其父贊皇公辟，‘爲丹陽令，再表爲監察御史、浙西團練判官。德宗嗣位，累遷尚書金部員外郎、右司郎中，擢御史中丞。爲（盧）杞所忌，貶韶州長史，尋刺湖州。收復之歲，徵拜給事中以卒。’”

齊映。自中丞遷。《舊書》一三六本傳：“興元初，從幸梁州……拜給事中。”冬遷中舍。

崔造。自吏部郎中遷。《舊書》一二《德宗紀》上：“（興元元年十二月）戊子，以吏部郎中崔造爲給事中。”

左散騎常侍（興元元年左右各加一員。貞元四年復四員）

柳渾（載）。

歸崇敬。

賈隱林。是年卒。《桂陽雜編》上：“及奉天尉賈隱林謁上於行在，上觀隱林氣宇雄俊……遂拜爲侍御史，糾劾行在。尋遷左常侍。後駕幸梁州，而隱林卒。”

李泌。七月乙未自杭刺遷。《通鑑》二三一“興元元年”：“及上自興元，泌爲杭州刺史，上急詔徵之，與睦州刺史杜亞俱詣行在。乙未，以泌爲左散騎常侍，亞爲刑部侍郎。”

馬炫。約是年自右庶子遷。《舊書》一三四本傳：“建中初，爲潤州刺史，黜陟使柳載以清白聞，徵拜太子右庶子，遷左散騎常侍。”

諫議大夫

裴虬。《全文》四二六于邵《與裴諫議虬書》：“（邵）特用潤色鴻業，頗承渥私，孤奉明恩，竟速官謗，謫居之地，猶佐大藩……歲不我與，星迴四周……南面蒼梧，北背瀟湘，歲聿云暮。”據文知于邵貶官爲桂州長史，其於建中二年貶，星迴四周，則在興元元年。

孔述睿。

鄭雲逵。《舊書》一三七本傳：“奉天之難，雲逵奔赴行在，李晟以爲行軍司馬，戎略多以咨之。”

姜公輔。四月甲寅罷爲左庶。《舊書》一二《德宗紀》上：“（興元元年四月）甲寅，以諫議大夫、平章事姜公輔爲左庶子。”《宰相表》中：（興元元年）四月甲寅，公輔罷爲左庶子。

陸贄。自考功郎中遷，俄遷中舍。《舊書》一二《德宗紀》上：“（興元元年六月癸丑）考功郎中知制誥陸贄、司封郎中知制誥吉中孚，並爲諫議大夫……（十二月）辛卯，以諫議大夫陸贄爲中書舍人，依前翰林學士。”

吉中孚。自司封郎中遷。《壁記》：“興元元年自司封郎中、知制誥充，六月改諫議大夫。”

高參。自兵部郎中遷。按上年以兵部郎中充元帥書記討李希烈，下年自大諫遷中舍。

何士幹。自考功員外遷（貞元四年鎮鄂岳）。

起居郎

韓皋。是年遷考功員外。《舊書》一二九本傳：“累遷起居郎、考功員外郎。”《通鑑》二三一“興元元年”：十一月，議者云韓滉有異志，上疑之，李泌保其無異志，曰：“臣固聞之，其子皋爲考功員外郎，今不敢歸省其親，正以謗語沸騰故也。”

奚陟。《舊書》一四九本傳：“車駕幸興元，召拜起居郎、翰林學士。辭以疾病，久不赴職，改太子司儀郎。”

于皋謨。《全文》四二六于邵《與裴諫議虬書》：“閣下：昨日愚子皋謨起居迴，蒙以《放鷹》《度隴》二賦及宗儒銘《自發東甌至安南諸作見示》……（邵）特用潤色鴻業，頗承渥私，孤奉明恩，竟速官謗，謫居之地，猶佐大藩……歲不我與，星迴四周……南面蒼梧，北背瀟湘，歲聿云暮。”按據文知作於是年。參上大諫裴虬考。

左補闕

陳京。自太博遷。《新書》二〇〇本傳："還京師，擢左補闕。"按德宗七月壬午回京。

左拾遺

裴佶。

張薦。《舊書》一四九本傳："德宗還宮，擢拜左拾遺。"按是年七月德宗還長安。又按本傳："薦自拾遺至侍郎，僅二十年，皆兼史館修撰。"

陸質（淳）。《舊書》一八九下本傳："陳少游鎮揚州，愛其才，辟爲從事。後薦於朝，拜左拾遺。"按少游是年十二月卒於揚州任上，當在卒前薦陸質。

德宗貞元元年（七八五）

中書省

中書令

李晟。兼司徒。《唐大詔令集》五九《李晟鳳翔隴右節度使兼涇原副元帥制》（興元二年八月四日）：司徒、兼中書令、鄜坊丹延等州節度觀察處置等使李晟，可鳳翔、隴右、涇原節度兼管内及四鎮北庭行營副元帥，改封西平郡王。

渾瑊。《元龜》一一九《選將》：“興元二年四月，帝在梁州，臨軒備禮，授副元帥渾瑊節鉞中書令。”

中書侍郎

劉從一。九月庚申卒。《舊書》一二《德宗紀》上：“（貞元元年九月）辛亥，宰相劉從一以疾辭任，授户部尚書。庚申，劉從一卒。”

張延賞。六月自劍南遷，入相；八月罷爲左僕。《新書》七《德宗紀》：“（貞元元年六月）辛卯，劍南西川節度使張延賞爲中書侍郎、同中書門下平章事。”《舊書》一二《德宗紀》上：“（貞元元年八月丁卯）新除中書侍郎、平章事張延賞爲尚書左僕射。時宰相劉從一病，詔徵延賞。李晟與延賞有隙，自鳳翔上表論之。延賞罷鎮西川還，行至興元，改授左僕射。”

中書舍人

韓翃。約是年卒。《新書》二〇三本傳：“終中書舍人。”

齊映。《元龜》一三六《慰勞》：“貞元元年六月……中書舍人齊映宣慰于朔方、河中、同絳、陝虢等州諸軍。”

陸贄。按《會要》一七《原廟裁制》下：“貞元元年十一月，有事于南郊，太常博士陸贄奏：‘請准禮而用祝板，祭畢焚之。’”云太博。或是兼知。

李竦。是年遷少京尹。《郎官考》三吏部郎中李竦，在李承、齊貢後，盧翰、趙贊前。按貞元二年自少京尹遷户侍。

高參。自大諫遷。《舊書》一二《德宗紀》上:"(貞元元年七月)庚申,以
諫議大夫高參爲中書舍人。"

右散騎常侍

蔣沇。

右補闕

裴佶。見下引。

宇文炫。《舊書》一五三《袁高傳》:"(帝欲盧杞刺饒州)遣補陳京、趙
需、裴佶、宇文炫、盧景亮、張薦等上疏論奏。"又見《新書》二〇〇《陳京傳》。
按陳京、趙需爲左補闕。

右拾遺

盧景亮。《元龜》四五九《公正》:"盧景亮,德宗朝拜右拾遺、補闕,居諫
列,與補闕穆質皆以直稱。"參右補闕、左補闕引。

起居舍人

吳通玄。知制誥。

韋執誼。貞元元年二月自左拾遺遷,依前充。丁憂。見左拾遺引《壁
記》。

門下省

侍中

渾瑊。兼河中節度使。四月節鉞中令。《舊書》一二《德宗紀》上:貞元
元年八月己卯詔:渾瑊可檢校司空。

馬燧。《舊書》一二《德宗紀》上:貞元元年八月己卯詔:馬燧可侍中。
《宰相表》中:(貞元元年)八月己卯河東節度使、檢校司徒、同平章事馬燧兼
侍中。

門下侍郎

盧翰。

給事中

杜黄裳。

袁高。《會要》八二《當直》：貞元元年正月，給事中袁高既宿直。時盧杞由新州司馬移吉州長史，上命饒州刺史。袁高執奏不下。《元龜》一〇六《惠民》二："貞元元年正月……給事中袁高奏曰：'聖慈所憂，切在貧下，百姓有田不滿五十畝已下者，尤是貧人。請量三兩户共給牛一頭，以濟農事。'從之。"

崔造。

殷亮。見下年引。

左散騎常侍

柳渾（載）。七月丁巳遷兵侍。《舊書》一二《德宗紀》上："（貞元元年七月）丁巳，以左散騎常侍柳渾爲兵部侍郎。"按《舊書》一二五本傳云下年任。當誤。

歸崇敬。

李泌。《舊書》一二《德宗紀》上："（貞元元年七月）辛丑，以左散騎常侍李泌爲陝州長史、陝虢都防禦觀察陸運使。"

馬炫。

諫議大夫

孔述睿。約是年遷少秘監兼右庶。《舊書》一九二本傳："久之，改秘書少監兼右庶子。"

鄭雲逵。蓋是年遷少秘監。《舊書》一三七本傳："超拜諫議大夫。奉天之難，雲逵奔赴行在，李晟以爲行軍司馬，戎略多以咨之。歷秘書少監、給事中。"

吉中孚。

高參。七月庚申爲中舍。

何士幹。

左補闕

陳京。《新書》二〇〇本傳："帝以盧杞爲饒州刺史，京與趙需、裴佶、宇文炫、盧景亮、張薦共劾。"按《通鑑》二三一"貞元元年"繫於正月。

趙需。《通鑑》二三一"貞元元年"："新州司馬盧杞，遇赦，移吉州長史，謂人曰：‘吾必再入。’未幾，上果用爲饒州刺史……補闕陳京、趙需等上疏。”略同上引。

穆質。《太平廣記》引《異聞集》：“穆質初應舉……道士曰：‘面色大喜，兼合官在清近……策是第三等，官是左補闕。’”《通鑑》二三七“貞元元年”：“（元和三年五月白居易上疏云）昔德宗初即位，亦徵直言極諫之士，策問天旱，穆質對云：‘兩漢故事，三公當免；卜式著議，弘羊可烹。’德宗深嘉之，自畿尉擢爲左補闕。”

鄭絪。約是年自西川書記遷。《舊書》一五九本傳：“張延賞鎮西川，辟爲書記，入除補闕、起居郎。”按張延賞四月遷左僕。又按未詳左右，姑繫於此。

左拾遺

張薦。是冬遷太博。《舊書》一四九本傳：“貞元元年冬，上親郊……乃以薦爲太常博士，參典禮儀。”同卷《柳冕傳》：“（貞元）二年，昭德王皇后之喪，論皇太子服紀。左補闕穆質請依禮周期而除，冕與同職張薦等奏議。”

陸質（淳）。

韋執誼。《壁記》：“貞元元年自左拾遺充。二月加知制誥，賜緋魚袋，遷起居舍人。丁憂。”

德宗貞元二年（七八六）

中書省

中書令

李晟。

中書舍人

齊映。正月壬寅爲平章事。癸丑，兼判兵部。《舊書》一二《德宗紀》下：“（貞元二年正月）壬寅，以散騎常侍劉滋、給事中崔造、中書舍人齊映並守本官，同中書門下平章事。”

陸贄。

高參。《集古録目》四：“《唐汾陽王廟碑》，中書舍人高參撰，右威衛倉曹參軍張誼書……碑以貞元二年九月立。”

右散騎常侍

蔣沇。《舊書》一二《德宗紀》上：“（貞元二年七月）庚辰，右散騎常侍蔣沇卒。”

右補闕

宇文炫。

裴佶。

盧景亮。約是年自右拾遺遷。參上年右拾遺引。

右拾遺

盧景亮。約是年遷右補闕。

歸登。是年任。《舊書》一四九本傳：“貞元初，復登賢良科，自美原尉拜右拾遺。”按歸登中賢良方正科在是年，見《登科記考補正》一二。又據《舊書》一三〇《李泌傳》：“泌又奏請罷拾遺、補闕，上雖不從，亦不授人，故諫司惟韓皋、歸登而已……如是三年。至貞元五年……復置。”故繫於此。

韋況。《元龜》九八《徵聘》："貞元二年七月，以嵩山韋況爲右拾遺……徵之不起。"

起居舍人

吳通玄。知制誥。

門下省

侍中

馬燧。

渾瑊。兼河中節度使。

門下侍郎

盧翰。正月罷爲賓客。《舊書》一二《德宗紀》上："（貞元二年正月壬寅）門下侍郎、平章事盧翰爲太子賓客。"

給事中

杜黄裳。

袁高。《舊書》一五三本傳：貞元二年，德宗以關輔禄山之後，百姓貧乏，田疇荒穢，詔諸道進耕牛。袁高上疏論之。尋卒於官。《元龜》四五九《公正》："時（按爲十二月，見右丞引）爲度支韓滉所奏貶雷州司户。其責既重，舉朝以爲非罪名，有竊議者……給事中袁高又抗疏申理之，滉誣以朋黨，寢而不報。"

崔造。《舊書》一二《德宗紀》上："（貞元二年正月壬寅）給事中崔造……守本官、同中書門下平章事。（十二月）庚申，以給事中、同平章事崔造爲右庶子。"《宰相表》中：（貞元二年）十二月庚申造罷爲右庶子。

殷亮。《全文》五一四殷亮《顏魯公行狀》："希烈審不爲己用，其年（貞元元年）八月二十四日又使景臻等害於龍興寺幽辱之所……（明年）十一月三日祔葬萬年縣鳳樓原之先塋……今給事中殷公亮、吏部員外郎柳公冕採其謀猷，分以休戚者。"

鄭雲逵。蓋是年自少秘監遷。參上年大諫引。《通鑑》二三二"貞元二年"："（十二月）給事中鄭雲逵嘗爲（李）晟行軍司馬，失晟意，亦附（張）延賞。"

左散騎常侍

歸崇敬。

馬炫。

劉滋。自吏侍遷,同平章事。《新書》七《德宗紀》:“(貞元二年正月)壬寅,盧翰罷。劉滋爲左散騎常侍,給事中崔造、中書舍人齊映:同中書門下平章事。”《宰相表》中:(貞元二年)正月壬寅吏部侍郎劉滋爲左散騎常侍、同中書門下平章事。

諫議大夫

吉中孚。正月遷户侍。《壁記》:“貞元二年(正月)遷户部侍郎出院。”《舊書》一二《德宗紀》上:“(貞元二年正月癸丑)諫議大夫、知制誥、翰林學士吉中孚爲户部侍郎、判度支兩税。”

何士幹。

左補闕

陳京。

穆質。《舊書》一四九《柳冕傳》:“(貞元)二年,昭德王皇后之喪,論皇太子服紀。左補闕穆質請依禮周期而除,冕與同職張薦等奏議。”又見《會要》三八《服紀》下。按《新書》二〇〇《暢當傳》、《全文》七八三穆員《尊勝幢記》。云右補闕。

鄭絪。《舊書》一五九本傳:“張延賞鎮西川,辟爲書記,入除補闕、起居郎,兼史職。”

左拾遺

陸質(淳)。是年四月前轉太博。《舊書》一八九下本傳:“拜左拾遺。轉太常博士。”《會要》二二《祀風師雨師雷師及壽星等》:“貞元二年四月二十三日,詔問禮官:‘其風師、雷師祝版署訖,合拜乎?’太常博士陸淳奏曰:‘……並無拜禮。’”

韋執誼。

德宗貞元三年（七八七）

中書省

中書令

李晟。《舊書》一二《德宗紀》上：貞元三年三月丁未鳳翔隴右節度使、司徒兼中書令李晟爲太尉兼中書令。

中書侍郎

李泌。《舊書》一二《德宗紀》上："（貞元三年六月丙戌）以陝虢觀察使李泌爲中書侍郎、平章事。"《會要》九一《内外官料錢》上："（貞元）三年六月，中書侍郎、同平章事李泌奏加百官俸料，各具品秩，以定月俸，隨曹署閒劇，加置手力、資課、雜給等，議者稱之。"

中書舍人

齊映。《舊書》一二《德宗紀》上："（貞元三年正月壬子）中書舍人、平章事齊映貶夔州刺史。"

陸贄。《壁記》："（貞元）三年丁憂。"

高參。《會要》八一《階》："（貞元）三年正月，中書舍人高參奏：'准貞元二年十月敕，准制三品已上賜爵一級，並以三品爲限者。'"同書五五《省號》下："貞元初，中書舍人五員皆缺，在省唯高參一人，未幾亦以病免。唯庫部郎中張濛獨知制誥，宰相張延賞、李泌累以才可者上聞，皆不許。其月濛以姊喪給假，或須草詔，宰相命他官爲之，中書省案牘不行者十餘日。"按李泌六月入相，張延賞七月薨，所叙之事在六、七月之間。

右散騎常侍

柳渾（載）。八月自兵侍判門下省事、同平章事罷。《舊書》一二《德宗紀》上："（貞元三年八月）己丑，以兵部侍郎、平章事柳渾爲散騎常侍，罷知政事。"《元龜》三一七《正直》二、三三三《罷免》云右常侍。《通鑑》二三三云左常侍。按《郎表》四兵侍云罷爲右常侍。

右補闕

宇文炫。《會要》三五《學校》:"貞元三年正月,右補闕宇文炫上言,請京畿諸縣鄉村廢寺,並爲鄉學,并上制置事二十餘件,疏奏,不報。"

裴佶。

盧景亮。

右拾遺

歸登。

朱某。是年或稍前在任。《全文》五二九顧況《送朱拾遺序》:"楚天暮秋,衰草多霜,我送朱兄。"五二八《右拾遺吳郡朱君集序》:"雖有諫職,心游江湖,謝病而來,慕出塵之侶,精好涅槃《維摩經》,愛人爲善,有志未就,終於廣陵舟中。識與不識,聆風向義,相與興歎。我主人延陵包君、兵部李侍郎、禮部劉侍郎,皆有託獨之舊。子郁,襲其先行,敬事父友,泣捧遺文,祈余冠序。"按延陵包君當爲包佶、兵部李侍郎當爲李紓、禮部劉侍郎當爲劉太真。

起居舍人

吳通玄。《墓誌續編(貞元〇〇一)·唐故扶風縣君馮氏墓誌》(卒於貞元三年閏五月,葬於十月):起居舍人、翰林學士吳通玄撰。

門下省

侍中

馬燧。六月以司徒兼。《宰相表》中:(貞元三年)六月丙戌馬燧爲司徒兼侍中。《唐大詔令集》六一《册馬燧司徒文》:"維某年月……咨爾檢校司徒兼侍中北平郡王馬燧……是用册爾爲司徒。"

渾瑊。兼河中節度使。五月丁亥爲吐蕃清水會盟使。《舊書》一二《德宗紀》上:"(貞元三年)五月丁亥,以侍中渾瑊爲吐蕃清水會盟使,兵部尚書崔漢衡副之。"吐蕃背盟。陷吐蕃。旋被遣回。見《舊書》一二二本傳。

柳渾。以兵侍判,同平章事。《元龜》七三《命相》三:"(貞元三年正月)以兵部侍郎柳渾平章事,仍判門下省事。"八月罷爲右常侍。

給事中

杜黄裳。

袁高。《舊書》一五三本傳：貞元二年（即上年）上疏論二三家給牛一頭，以濟農事。尋卒於官。按上年十二月仍在任。約是年卒。

鄭雲逵。《舊書》一二九《張延賞傳》："（貞元三年）會（韓）滉卒，延賞揣上意，遂行其志，奏令給事中鄭雲逵代之（指李晟）。上不許。"按，與一三七本傳所記履歷先後不同。

趙憬。《舊書》一二《德宗紀》上："（貞元三年）十一月丁丑，以湖南觀察使趙憬爲給事中。"

王緯。《舊書》一四六本傳："貞元三年，泌爲相，擢授緯給事中；未數日，又擢爲潤州刺史、兼御史中丞、浙江西道都團練觀察使。"《舊書》一二《德宗紀》上："（貞元三年八月）壬申，以給事中王緯爲潤州刺史、浙西觀察使。"

左散騎常侍

歸崇敬。

馬炫。是年遷刑侍。《舊書》一三四本傳："弟燧爲司徒，以親比拜刑部侍郎，以疾辭，改兵部尚書致仕。"按六月馬燧爲司徒兼侍中。

劉滋。正月壬子守本官，罷相。《舊書》一二《德宗紀》上："（貞元三年正月壬子）劉滋守本官，罷知政事。"《宰相表》中：（貞元三年）正月壬子，滋罷守左散騎常侍。

諫議大夫

何士幹。

韓皋。是年當在任。《舊書》一三〇《李泌傳》：諫司惟韓皋、歸登二人，故時戲云；韓諫議雖分左右，歸拾遺莫辨存亡。如是三年，至貞元五年復置。

齊抗。自倉部郎中遷。《舊書》一三六本傳："授倉部郎中，條理江淮鹽務。貞元初，爲水陸運副使，督江淮漕運以給京師。遷諫議大夫。"

起居郎

房式。《舊書》一一一本傳：李泌入相，累遷起居郎。

左補闕

陳京。約是年遷膳部員外。柳宗元《陳京行狀》：“（歷）左補闕、尚書膳部、考功員外郎。”

穆質。

鄭絪。

左拾遺

韋執誼。

德宗貞元四年(七八八)

中書省

中書令

李晟。兼太尉。《舊書》一三《德宗紀》下:"(貞元四年七月)壬戌,詔以太尉、中書令、西平郡王李晟長子愿爲銀青光禄大夫、太子賓客。"

中書侍郎

李泌。《會要》六四《集賢院》:"(貞元四年)五月十一日,中書侍郎、同中書門下平章事李泌奏:'伏蒙以臣爲集賢殿大學士……伏望削去"大"字,崇文館大學士亦准此。'敕依。"二四《受朝賀》:"貞元四年十一月十三日,中書侍郎李泌奏:'冬至朝賀,請准元日中書令讀諸方表。'"

中書舍人

吉中孚。《舊書》一三《德宗紀》下:"(貞元四年)八月,以權判吏部侍郎吉中孚爲中書舍人。"

張濛。二月後自庫部郎中遷。《會要》五五《省號》下:"(貞元)四年二月……故事,舍人六員,通微與庫部郎中張濛凡五人,以他官知制誥,而六員舍人皆缺焉。"《新書》一二五《張均傳》:"子濛,事德宗爲中書舍人。"

右散騎常侍

柳渾(載)。

右諫議大夫(《舊書》四三《職官志》二:至貞元四年五月十五日敕,諫議分爲左右,加置八員)

陽城。《舊書》一三《德宗紀》下:"(貞元四年六月乙酉)徵夏縣處士先除著作郎陽城爲諫議大夫。"《通鑑》二三三"貞元四年":"夏縣人陽城以學行著聞,隱居柳谷之北,李泌薦之;六月徵拜諫議大夫。"按《會要》五五《省號》下:"貞元二年六月,以秘書郎陽城爲諫議大夫,仍遣長安縣尉楊寧齎束帛詣夏縣所居致禮，城遂以褐衣赴京師。"云貞元二年以秘書郎徵。當誤。

右補闕

裴佶。

盧景亮。《西市博物館藏墓誌（三一〇）•郭公（幼沖）墓誌銘》：誌主卒於正月，葬於二月。撰銘：朝議郎、右補闕内供奉、上輕車都尉盧景亮撰。按是年貶官。《新書》一六四本傳："景亮志義崒然，多激發，與穆質同在諫諍地，書數上，鯁毅無所回。宰相李泌劾景亮等嘗衆會，漏所上語言，引善在己，即有惡歸之君。帝怒，貶朗州司馬，質亦斥去，廢抑二十年。"

右拾遺

歸登。

起居舍人

吳通玄。知制誥。《會要》五五《省號》下："（貞元）四年二月，以翰林學士職方郎中吳通微、禮部郎中顧少連、起居舍人吳通玄、左拾遺韋執誼，並知制誥。"

門下省

侍中

馬燧。兼司徒。

渾瑊。兼河中節度使。

給事中

杜黄裳。

鄭雲逵。

趙憬。《舊書》一三八本傳："貞元四年，回紇請結和親，詔以咸安公主降回紇，命檢校右僕射關播充使，憬以本官兼御史中丞爲副。"

左散騎常侍（貞元四年復四員）

歸崇敬。

劉滋。是年遷吏侍。《舊書》一三六本傳："（貞元）四年，復爲吏部侍郎。"

丘爲。《會要》七六《致仕官》:"貞元四年四月,以前左散騎常侍致仕丘爲復舊官。"

諫議大夫

何士幹。《舊書》一三《德宗紀》下:"(貞元四年六月)乙未,以諫議大夫何士幹爲鄂岳沔蘄黄等州都團練觀察使。"

韓皋。

齊抗。

起居郎

房式。

韋況。蓋是年前後任,旋棄官。《元龜》九八《徵聘》:"貞元二年七月,以嵩山韋況爲右拾遺……徵之不起。"《新書》一二二本傳:"及(孔)述睿以諫議大夫召,薦況爲右拾遺,不拜。未幾,以起居郎召,半歲,輒棄官去,徙家龍門。"

左補闕

穆質。是年貶官。見右補闕盧景亮引。按一作右補闕。《全文》七八三穆員《尊勝幢記》:"先是兩兄郴州刺史贊、前右補闕貶連州司馬質從官於遠……貞元六年秋七月七日,前侍御史穆員記。"

鄭絪。

左拾遺

韋執誼。二月知制誥。見起居舍人吳通玄引。

朱遘景。《全文》六一二張濆《重游惠山寺記》:"元和二年五月三日,重游此寺,獨覽舊題,二十年矣。當時三人,皆登諫列。朱遘景方諧行車,王晦尋卒郎署,余自西掖累遷外臺,復此躊躇,吁嗟存歿。朱拾遺詩云:'歲月人間促,煙霞此地多。殷勤竹林寺,更得幾回過。'可謂得詩人之思。"按元和二年逆推二十年、即貞元四年。

德宗貞元五年（七八九）

中書省

中書令

李晟。兼太尉。

中書侍郎

李泌。三月卒。《舊書》一三《德宗紀》下："（貞元五年）三月甲辰，中書侍郎、平章事李泌卒。"

竇參。兼度支使。《舊書》一三《德宗紀》下："（貞元五年二月庚子）以御史中丞竇參爲中書侍郎、平章事，兼轉運使。"又見《會要》八七《轉運使》。《通鑑》二三三"貞元五年"。按《宰相表》中謂自大御遷：貞元五年二月庚子御史大夫竇參爲中書侍郎、同中書門下平章事。《會要》八八《鹽鐵使》："（貞元）五年二月，中書侍郎竇參充諸道鹽鐵使。"

中書舍人

吉中孚。約是年卒。《新書》六〇《藝文志》四："《吉中孚詩》一卷。"注："貞元初卒。"

張濛。《金石萃編》一〇二《李元諒頌》：中大夫、行中書舍人、上騎都尉、昌平縣開國男張濛撰。貞元五年十月十一日建。是年以是職權知禮侍。參《郎表》三。

韓皋。自大諫改。按下年改中丞。見其引。

右散騎常侍

柳渾（載）。正月卒。《舊書》一三《德宗紀》下："（貞元五年正月）丁卯，右散騎常侍、宜城縣子柳渾卒。"

右諫議大夫

陽城。《全文》五一八梁肅《丞相鄴侯李泌文集序》："近歲肅以監察御

史徵詣京師，始得集録於公子繁，且以序述見託。公之執友諫議大夫北平
陽城，亦謂子曰：'鄞侯經邦緯俗之謨，立言垂世之譽，獨善兼濟之略，藏在
册牘，載於碑表，唯斯不可以不傳於後。'"按是年梁肅遷監察御史。

　　盧邁。自司門郎中遷。《舊書》一三六本傳："入爲司門郎中，遷右諫議
大夫，累上表言時政得失。"參《權德輿文集》二〇《盧公行狀》。

右補闕

　　裴佶。是年遷吏部員外。《舊書》九八本傳："轉補闕……三遷吏部員
外郎。"

　　梁肅。自監察御史遷。《舊書》一三〇《李泌傳》："至貞元五年，以……
監察御史梁肅右補闕。"《新書》二〇二本傳："召爲監察御史，轉右補闕。"

右拾遺

　　歸登。

起居舍人

　　吳通玄。

門下省

侍中

　　馬燧。兼司徒。《會要》四五《功臣》："（貞元）五年九月，（李）晟與侍中
馬燧召見于延英殿。"
　　渾瑊。兼河中節度使。

門下侍郎

　　董晉。自太常卿遷，入相。《舊書》一三《德宗紀》下："（貞元五年二月）
庚子，以大理卿（應爲太常卿）董晉爲門下侍郎、同中書門下平章事。"按大
理卿爲太常卿之誤。見《九卿考》（增訂）二《太常寺》董晉考。

給事中

　　杜黄裳。《舊書》一三《德宗紀》下："（貞元五年三月丙寅）以給事中杜
黄裳爲河南尹。"
　　鄭雲逵。蓋是年復爲少秘監。按下年在少秘監任，見《舊書》一六七

《趙宗儒傳》。

趙憬。是年遷左丞。《舊書》一三八本傳：“使（回紇）還，遷尚書左丞。”按上年使回紇。

姚南仲。自中丞遷。《權德輿文集》一四《姚公神道碑銘并序》：“拜御史中丞，歲中遷給事中。”

嚴浣。蓋是年自左司郎中遷。《全文》九一八清晝（皎然）《唐洞庭山福願寺律和尚墳塔銘并序》（卒於貞元六年十月，年七十五）：“奉戒弟子開州刺史陸公向、前給事中嚴公浣……天誘厥衷，俾揚我法。”

左散騎常侍

歸崇敬。

諫議大夫

韓皋。是年改中舍。

齊抗。是年遷處州（括州）刺史。《舊書》一三六本傳：“遷諫議大夫。歷處州刺史。”參《刺考全編·江南東道》。

韓章。蓋是年司勳郎中遷（下年二月在大諫任）。

起居郎

房式。約是年刺忠州。《舊書》一一一本傳：“出入（李）泌門，爲其耳目。及泌卒，再除忠州刺史。”按李泌是年卒。

楊凝。約是年自荆南幕府遷。《柳宗元集校注》九《唐故兵部郎中楊君（凝）墓碣》：“君既舉進士，以校書郎爲書記，毗贊元侯於漢之陰，式徙荆州，由協律郎三轉御史，元戎出師，用顯厥謀，遂入王庭，爲起居郎。”按元侯爲樊澤，貞元三年樊澤移鎮荆南，八年二月移鎮襄陽。

左補闕

韋綬（韋貫之兄）。《舊書》一三〇《李泌傳》：“貞元五年，以前東都防禦判官、殿中侍御史内供奉韋綬爲左補闕。”

鄭絪。當在任。《舊書》一五九本傳：“張延賞鎮西川，絪爲書記，入除補闕。”未詳左右，姑繫於此。

德宗貞元六年(七九〇)

中書省

中書令
李晟。兼太尉。

中書侍郎
竇參。兼判度支。

中書舍人
韓皋。

陸贄。服闋遷權知兵侍。《舊書》一三《德宗紀》下:"(貞元六年二月)丙戌,以中書舍人陸贄權兵部侍郎。"

吕渭。自駕部郎中改。《墓誌續編(貞元〇六〇)·吕渭墓誌》:"遷駕部郎中、知制誥。滿歲,拜中書舍人,加中大夫。"按上年吕渭始爲駕部郎中。

高郢。自刑部郎中遷。《金石萃編》一〇三《姜源公劉廟碑》(貞元六年十一月立):太中大夫、行中書舍人、上輕車都尉、賜紫金魚袋高郢撰。《舊書》一四七本傳:"改中書舍人,凡九歲,拜禮部侍郎。"按自是年至貞元十四年高郢以中舍權知禮部貢舉,凡九年。

右諫議大夫
陽城。

盧邁。是年轉給事中。

右補闕
梁肅。

右拾遺
歸登。

起居舍人

吳通玄。約是年遷起居郎。

門下省

侍中

馬燧。兼司徒。

渾瑊。兼河中節度使。

門下侍郎

董晉。

給事中

姚南仲。是年刺同州。《權德輿文集》一四《姚公神道碑銘并序》："拜御史中丞,歲中遷給事中。明年授同州刺史。"

盧徵。自右司郎中遷。《舊書》一四六本傳："入爲右司郎中,驟遷給事中。"《會要》六四《崇玄館》："貞元六年十二月,給事中盧微奏:'大清宮崇玄館,元置楷書二十人寫道經,已足,請不更補置。'敕旨依奏。"

李元素(字大朴)。自侍御史遷。《舊書》一三二本傳:杜亞爲東都留守,因事拘繫大將令狐運,令侍御史李元素覆按就決,元素執奏不可,後數月,令狐運果冤。元素由是爲時器重,遷給事中。

盧邁。自右大諫遷。《舊書》一三六本傳:"遷右諫議大夫,累上表言時政得失。轉給事中。"

鄭珣瑜。當在任(下年八月甲午爲中舍)。

左散騎常侍

歸崇敬。

諫議大夫

韓章。《會要》七四《選部》上:"(貞元)六年二月詔:'吏部續流選人新授官者,至來年二月之任。'初,吏部侍郎劉滋、李紓以去冬選人缺員,乃奏請代貞元五年授官計日成考者三百五十員,令今年八月之任,議者非之。於是諫議大夫韓章抗疏曰:'……請令至來年二月赴任。'從之。"

起居郎

楊凝。約是年遷司封員外。《柳宗元集校注》九《唐故兵部郎中楊君(凝)墓碣》:"遂入王庭,爲起居郎。書事不回,著垂國典。又爲尚書司封員外郎。"

吳通玄。約是年自起居舍人轉(下年自起居郎遷大諫)。

唐次(文編)。約是年自侍御史遷。權德輿《開州刺史新宅記》:"貞元八年夏四月,北海唐侯文編承詔爲郡……初,文編以文行馨香,爲左史、儀曹郎。"按貞元八年自禮拜員外(儀曹郎)刺開州。

左補闕

韋綬(韋貫之兄)。

鄭絪。

左拾遺

崔邠。當在任(下年丁憂)。

德宗貞元七年（七九一）

中書省

中書令

李晟。兼太尉。

竇參。《全文》五六七韓愈《董公（晉）行狀》："由太常拜門下侍郎、平章事。在宰相位凡五年……以疾病辭於上前……拜禮部尚書。初公爲宰相時，五月朔會朝，天子在位，公卿百執事在廷，侍中贊百寮賀。中書侍郎、平章事竇參攝中書令，當傳詔，疾作不能事……公逡巡進，北面言曰：'攝中書令臣某病不能事，臣請代某事。'於是南門宣致詔詞，事已復位，進退甚詳。"按竇參下年三月罷相，四月貶。其攝中令當在是年或上年。

中書侍郎

竇參。兼判度支。攝中令。

中書舍人

韓皋。正月庚辰爲中丞。《舊書》一三《德宗紀》下："（貞元七年正月庚辰）以中書舍人韓皋爲御史中丞。"

呂渭。是年丁母憂。《舊書》一三七本傳："（歷）中書舍人，母憂罷。服闋授太子右庶子、禮部侍郎。"按約貞元十年自右庶遷禮侍。

高郢。

顧少連。自禮部郎中遷。《壁記》："（貞元）七年遷中書舍人。"

鄭珣瑜。自給事中遷。《舊書》一三《德宗紀》下："（貞元七年八月）甲午，給事中鄭瑜爲中書舍人。"按鄭瑜即鄭珣瑜。

右諫議大夫

陽城。

右補闕

梁肅。《壁記》："貞元七年自右（原作左，誤）補闕充。"按據墓誌及《新傳》知爲右補闕。

右拾遺

歸登。

門下省

侍中

馬燧。兼司徒。

渾瑊。兼河中節度使。《舊書》一三《德宗紀》下："（貞元七年二月）庚子，侍中渾瑊自河中來朝。"

門下侍郎

董晉。

給事中

盧邁。

盧徵。正月遷户侍。見《郎表》二户侍。

李元素（字大朴）。當在任。

鄭珣瑜。八月甲午爲中舍。

韋夏卿。自吏部郎中遷。《舊書》一六五本傳："改吏部員外郎，轉本司郎中，拜給事中。"

徐岱。約是年自司封郎中遷。《舊書》一八九下本傳："尋改司封郎中，擢拜給事中，加兼史館修撰，並依舊侍讀。"

竇申。當在任（下年四月貶官）。

左散騎常侍

歸崇敬。《壁記》："（貞元）七年六月除檢校户部尚書兼本官，七月遷工部尚書。依前充（翰林學士）。"

諫議大夫

韓章。當在任。

吳通玄。自起居郎遷。《舊書》一九〇下本傳："（貞元）七年，自起居舍郎拜諫議大夫、知制誥。"

起居郎

吳通玄。是年遷大諫。

鄭絪。自補闕遷。《舊書》一五九本傳:"入除補闕、起居郎。"

韋某。蓋是年任。

左補闕

韋綬(韋貫之兄)。《壁記》:"貞元七年自左補闕充。"

鄭絪。是年遷起居郎。

左拾遺

崔郀。是年丁父憂。《劉禹錫集箋證》三《崔倕神道碑》:"享齡六十有五,貞元七年某月日遘疾,終于治所……夫人隴西李氏,汾州司倉參軍成一之女。生才子六人,長曰郀,及公時已爲左拾遺。"

德宗貞元八年(七九二)

中書省

中書令

李晟。兼太尉。《舊書》一四九《奚陟傳》:"貞元八年,擢拜(奚陟)中書舍人……時中書令李晟所請紙筆雜給,皆不受。"

中書侍郎

竇參。三月丁丑兼吏尚,四月貶郴州。《舊書》一三《德宗紀》下:"(貞元八年四月)乙未,貶中書侍郎、平章事竇參爲郴州別駕。"

趙憬。自左丞遷,入相。《舊書》一三《德宗紀》下:"(貞元八年四月乙未)以尚書左丞趙憬……同中書門下平章事。"

陸贄。《舊書》一三《德宗紀》下:"(貞元八年四月乙未)兵部侍郎陸贄爲中書侍郎、同中書門下平章事。"《會要》七五《選部》下:"貞元八年春,中書侍郎、平章事陸贄,始復令吏部每年集選人。"

中書舍人

高郢。《會要》八二《甲庫》:"貞元八年閏十二月,給事中徐岱,中書舍人奚陟、高郢等奏:'比來甲敕,祇下刑部,不納門下省甲庫,如有失落,無處檢覆,今請准制敕,納一本入門下甲庫,以憑檢勘。'敕旨依奏。"

顧少連。《壁記》:"(貞元)八年四月改户部侍郎,賜紫金魚袋出院。"

鄭珣瑜。《會要》八一《考》上:"(貞元八年)十月……中書舍人鄭珣瑜宜監外官考。"

吳通微。自禮部郎中遷。《舊書》一九〇下本傳:"(貞元)七年改禮部郎中,尋轉中書舍人。"

奚陟。自左司郎中遷。《舊書》一四九本傳:"歷金部、吏部員外郎、左司郎中……貞元八年,擢拜中書舍人。"《會要》七七《諸使》上:貞元八年八

月,詔令中書舍人奚陟往江陵及襄郡、隨、復、鄂、申、光、蔡等州宣撫。《通
鑑》二三四"貞元八年":"八月,遣中書舍人奚陟等宣撫諸道水災。"

右諫議大夫

陽城。

右補闕

梁肅。

權德輿。正月自太博遷。六月轉左補闕。參《權德輿文集‧簡譜》。
按《元龜》四六七《舉職》云左補闕:"權德輿爲左補闕,貞元八年,關中大水,
上疏,請降詔恤隱。遂命奚陟等四使。"

右拾遺

歸登。

起居舍人

楊憑。蓋是年任。《舊書》一四六本傳:"累遷起居舍人、左司員外郎、
禮部兵部郎中、太常少卿。"

門下省

侍中

馬燧。兼司徒。

渾瑊。兼河中節度使。

門下侍郎

董晉。《金石萃編》一〇三《李抱真德政碑》:銀青光祿大夫、守門下侍
郎、□□門下平章事、上柱國、隴西縣開國伯董晉奉敕撰。銀青光祿大夫、
守户部尚書、□度支及諸道鹽鐵轉運等副使、上柱國、扶風郡開國公班宏奉
敕書。按《金石録》繫於貞元九年,然班宏卒於八年七月,則知是碑在八年
七月之前。

給事中

盧邁。《郎表》二右丞:貞元八年七月前遷右丞。

李元素(字大朴)。當在任。按以下暫略。至十四年又列。乃不確

定也。

韋夏卿。四月貶刺常州。《舊書》一三《德宗紀》下:"(貞元八年四月)給事中韋夏卿左遷常州刺史,坐交諸竇也。"《全文》四三八韋夏卿《東山紀》:"貞元八年,余出守是邦。"

徐岱。閏十二月在任。見中舍高郢引。

竇申。《舊書》一三《德宗紀》下:"(貞元八年)四月丁丑……(貶)給事中竇申道州司馬。"

李巽。四月或稍前自常州刺史遷。《會要》八一《考》上:"(貞元八年)十月……給事中李巽宜監京官考。"十二月爲湖南觀察使。《舊書》一二三本傳:"逾年,召爲給事中。出爲湖南觀察使。"《權德輿文集》一二《李公遺愛碑銘》載十二月出鎮湖南。

齊抗。自湖南觀察使遷。《舊書》一三六本傳:"轉潭州刺史、湖南都團練觀察使。入爲給事中。"按是年抗鎮湖南。參《方鎮年表》六。

李衡。當在任(下年五月庚申遷戶侍、諸道鹽鐵轉運使)。

諫議大夫

韓章。約是年遷兵侍。按據是年兵侍具員及貞元十一年已在兵侍任而繫。

吳通玄。四月貶泉州司戶,中途賜死。《舊書》一三《德宗紀》下:"(貞元八年)夏四月丁丑,貶……左諫議大夫、知制誥吳通玄爲泉州司戶。"《舊書》一九〇下本傳:"通玄泉州司馬。帝召見之,親自臨問,責以污辱近屬。行至華州長城驛,賜死。"

起居郎

鄭絪。是年轉司勳員外。《壁記》:"貞元八年自司勳員外郎、知制誥充。"

韋某。約是年病假(下年正月歸嵩陽)。權德輿《奉送韋起居老舅假滿歸嵩陽舊居序》:"(貞元)九年正月,左史韋公移疾,既逾時,左曹以聞,得請當免。遂以角巾野服,如東周舊山。"

鄭儋。自太博遷。《全文》五六二《河東節度觀察使榮陽鄭公神道碑文》:"其後爲大理丞、太常博士,遷起居郎。"按權德輿《右補闕舉人自代狀》:"將仕郎、守右補闕臣權德輿,准制舉自代官將仕郎、守太常博士、賜緋魚袋鄭儋……貞元八年六月二十八日，右補闕臣權德輿狀進。”據《墓誌》知，未任右補闕。

左補闕

韋綬（韋貫之兄）。充翰林學士。

衛次公。自山南西道節度從事遷。《舊書》一五九本傳：“貞元八年，徵爲左補闕。”《壁記》：“貞元八年四月二十日自左補闕充。”

權德輿。六月自右補闕轉。《論江淮水災上疏》（貞元八年）：“八月日，將仕郎、守左補闕臣權德輿謹昧死頓首上疏皇帝陛下。”《元龜》四六七《舉職》：“權德輿爲左補闕，貞元八年，關中大水，上疏，請降詔恤隱。遂命奚陟等四使。”

德宗貞元九年（七九三）

中書省

中書令

李晟。兼太尉。八月薨。《舊書》一三《德宗紀》下：“（貞元九年）八月庚戌，太尉、中書令、西平郡王李晟薨。”

中書侍郎

趙憬。五月甲辰遷門郎，仍平章事。

陸贄。

中書舍人

高郢。《舊書》一三七《于公異傳》：陸贄因中舉時與公異不協，爲宰相時因而黜之。於時高郢爲中書舍人，曾薦監察御史元敦義，及睹公異被遣，懼爲所累，乃上疏揭發敦義有失禮教，詔嘉高郢之知過。按于公異是年放歸田里。

鄭珣瑜。約是年遷吏侍。《新書》一六五本傳：“四遷吏部侍郎，爲河南尹。”按後年即貞元十一年自吏部侍郎出爲河南尹。見其年引。

吳通微。

奚陟。

右諫議大夫

陽城。《權德輿詩文集》四九《祭故吕給事文》：“維貞元九年歲次癸酉正月庚辰朔二十一日庚子，右諫議大夫陽城，給事中徐岱、李衡，中書舍人奚陟，尚書駕部郎中知制誥張式，左補闕權某等，謹以清酌庶羞之奠，敬祭於故給事中吕公之靈。”韓愈《諫臣論》：“或問諫議大夫陽城於愈……天子以爲諫議大夫，人皆以爲華，陽子不色喜，居於位五年矣。”按陽城貞元四年始任大諫，至今五年。

右補闕

梁蕭。《全文》五二三崔元翰《右補闕翰林學士梁君墓誌》："（貞元）九年冬十有一月旬六日，寢疾於萬年之永康里。"《全文》六三四李翱《感知己賦》："貞元九年……十一月，梁君邁疾而歿。"

右拾遺

歸登。

蔣乂（武）。是年任。《舊書》一四九本傳："貞元九年，轉右拾遺，充史館修撰。"《會要》六三《修史官》："貞元九年十二月，以前河南府王屋縣尉蔣武爲右拾遺、史館修撰。"

起居舍人

楊憑。當在任。見上年引。

門下省

侍中

馬燧。兼司徒。《舊書》一三《德宗紀》下："（貞元九年）冬十月己酉，侍中馬燧對於延英。"

渾瑊。兼河中節度。

門下侍郎

董晉。五月遷禮尚，罷知政事。《舊書》一三《德宗紀》下："（貞元九年五月）丙戌，以門下侍郎、平章事董晉爲禮部尚書，罷知政事。"按《通鑑》二三四"貞元九年"作五月丙午。

趙憬。自中郎遷仍平章事。《通鑑》二三四"貞元九年"："五月甲辰，以中書侍郎趙憬爲門下侍郎、同平章事。"

給事中

徐岱。

齊抗。

李衡。六月庚申爲户侍、諸道鹽鐵轉運使。《舊書》一三《德宗紀》下："（貞元九年六月）庚申，以給事中李衡爲户部侍郎、諸道鹽鐵轉運使。"

苗粲。當在任。見下年引。

吕某。正月或稍前卒。《權德輿詩文集》四九《祭故吕給事文》："維貞元九年歲次癸酉正月庚辰朔二十一日庚子，右諫議大夫陽城，給事中徐岱、李衡，中書舍人奚陟，尚書駕部郎中知制誥張式，左補闕權某等，謹以清酌庶羞之奠，敬祭於故給事中吕公之靈。"

起居郎

鄭儋。是年遷司封郎中。《全文》五六二《河東節度觀察使滎陽鄭公神道碑文》："其後爲大理丞、太常博士，遷起居郎、尚書司封吏部二郎中。"

左補闕

韋綬（韋貫之兄）。充翰林學士。

衛次公。

權德輿。正月參與祭奠吕給事。見上引。《通鑑》二三四"貞元九年"："（七月）左補闕權德輿上奏，以爲：'（裴）延齡取常賦支用未盡者充羨餘以爲己功……陛下亦稍回聖慮而察之。'"《權德輿詩文集》四八《祭故梁補闕文》："維貞元九年歲次癸酉十一月朔日，左補闕權德輿等，謹以清酌庶羞之奠、敬祭於故右補闕、贈禮部郎中梁君之靈。"

德宗貞元十年(七九四)

中書省

中書侍郎

陸贄。十二月貶賓客。《舊書》一三《德宗紀》下:"(貞元十年)十二月庚子朔,壬戌,貶中書侍郎、平章事陸贄爲太子賓客。"

中書舍人

高郢。

吳通微。充翰林學士。

奚陟。是年遷刑侍。《劉禹錫集箋證》二《吏部侍郎奚陟神道碑》:"遷中書舍人……會江淮間被水禍,上愍焉,特命公宣撫之,時以便宜及物。赤車所至,如東風變枯,條其利病,復奏咸可。轉刑部侍郎。"按《舊書》一三《德宗紀》下:"是春霖雨,罕有晴日。"又,《舊書》一四九本傳於述奚陟遷是職後接云裴延齡陷害李充、陸贄等事,再述奚陟重新檢覆李充。按陸贄是年罷相爲賓客,下年李充貶官。《郎表》四刑侍:是年或前後一年由中舍遷。

右諫議大夫

陽城。

右補闕

崔邠。是年或上年末服闕任(貞元七年丁父憂,參其年左拾遺引)。權德輿《送許協律判官赴西川序》:"(貞元)十年冬,予與今左曹相君、兵部郎崔君同受詔禁中,雜閲對策,以第其等……時相君爲吏部郎,崔爲右補闕……十三年冬,以府檄計事至京師。"按崔君即崔邠,貞元十三爲兵部員外。

右拾遺

歸登。

蔣乂（武）。

起居舍人

楊憑。

權德輿。五月自左補闕遷。兼知制誥。《舊書》一四八本傳："（貞元）十年，遷起居舍人，歲中，兼知制誥。"五月一日有《起居舍人舉人自代狀》，見右補闕歸登引。八月二十四日又有《起居舍人舉人自代狀》："徵事郎、守起居舍人、知制誥臣權德輿，准制舉自代官儒林郎、守尚書膳部員外郎、賜緋魚袋楊於陵……貞元十年八月二十四日，起居舍人、知制誥臣權德輿狀進。"

門下省

侍中

馬燧。兼司徒。

渾瑊。兼河中節度使。

門下侍郎

趙憬。

給事中

徐岱。

齊抗。二月爲河南尹。《舊書》一三《德宗紀》下："（貞元十年二月）乙卯，以給事中齊抗爲河南尹。"

苗粲。是年前後當在任。《新書》七五上《宰相世系》上《上黨苗氏》："粲，給事中。"《劉賓客嘉話録・補遺》引《唐語林》二："裴藻者，延齡之子，應鴻辭舉。延齡於吏部候消息。時苗給事及杜黃門同時爲吏部知銓，將出門，延齡接見；采偵二侍郎口氣，延齡乃念藻賦頭曰：'是衝仙人。'黃門顧苗給事曰：'記此有否？'苗曰：'恰似無。'延齡仰頭大呼曰：'不得不得！'敕下，果無名藻者。劉禹錫曰：'當延齡用事之時，不預實難也。非杜黃門誰能拒之。'"又引《唐語林》四："苗給事子纘應居次，而給事以中風語澀，而心中至切。"注引《太平廣記》一八〇："給事"作"粲"。按云裴延齡上年以户部侍郎判度支，後年九月卒。上年及是年均有博學宏詞科。劉禹錫上年及第。

左散騎常侍

顧少連。《郎表》三禮侍：貞元十年春放榜後自禮部侍郎轉散騎。未詳左右，暫繫於此。

左補闕

韋綬（韋貫之兄）。充翰林學士。

衛次公。

權德輿。三月祭奠韓洄。《權德輿詩文集》四八《祭故韓祭酒文》：“維貞元十年歲次甲戌三月朔日，徵事郎、守左補闕權德輿，謹以清酌庶羞之奠，敬祭於故國子祭酒韓十四丈之靈。”五月遷起居舍人。

左拾遺

王仲舒。《全文》五六三韓愈《王公（仲舒）墓誌銘》：“貞元十年，以賢良方正拜左拾遺。”按《舊書》一九〇下本傳作右拾遺。

德宗貞元十一年（七九五）

中書省

中書侍郎

盧邁。正月乙亥自右丞遷，仍平章事。《權德輿詩文集》二〇《盧邁行狀》："歷諫議大夫，左曹右轄，乃參大政。皆用德進，人無異詞。間一歲，遷中書侍郎、平章事。"《宰相表》中：正月邁爲中書侍郎。

中書舍人

高郢。

吳通微。充翰林學士。

右諫議大夫

陽城。《舊書》一三《德宗紀》下："（貞元十一年）秋七月丙寅朔，右諫議大夫陽城爲國子司業。"

崔損。自兵部郎中遷。《舊書》一三六本傳："累遷兵部郎中。貞元十一年，遷右諫議大夫。"

右補闕

熊執易。《通鑑》二三五"貞元十一年"：二月陸贄被貶，諫議大夫陽城率拾遺王仲舒（紓）、歸登，右補闕熊執易、崔邠等切諫。

歸登。自右拾遺遷。權德輿《起居舍人舉人自代狀》："徵事郎、守起居舍人臣權德輿，准制舉自代官朝議郎、行右補闕歸登……司諫十年，其道一貫……貞元十年五月一日，起居舍人臣權德輿狀進。"

崔邠。《舊書》一五五本傳："貞元中授渭南尉。遷拾遺、補闕。"

右拾遺

歸登。《舊書》一四九本傳：德宗將相裴延齡，諫議大夫陽城，右拾遺歸登，右補闕熊執易同署名上疏切諫。按此事《通鑑》二三五"貞元十一年"繫於是年。是年當遷右補闕。

蔣乂（武）。

起居舍人

楊憑。

權德輿。知制誥。《權德輿詩文集》一九《馬遂行狀》（貞元十一年八月卒）：“貞元十一年十月十六日，宣德郎、守起居舍人、知制誥、雲騎尉權德輿謹上尚書考功。”五〇《祭故外姑河東縣君文》：“維貞元十一年歲次乙亥十月朔日，子壻起居舍人、知制誥權某，謹以清酌庶羞之奠，敬祭於外姑故河東縣君之靈。”十月又有《祭故建昌崔丞文》。十一月轉駕部員外。

門下省

侍中

馬燧。兼司徒。八月薨。《舊書》一三《德宗紀》下：“（貞元十一年）八月辛亥，司徒兼侍中、北平郡王馬燧薨。”

渾瑊。兼河中節度使。

門下侍郎

趙憬。《會要》五三《雜錄》：“（貞元）十一年二月，門下侍郎、平章事趙憬進上《審官六議》。”

給事中

徐岱。《舊書》一四八《權德輿傳》：“始，德輿知制誥，給事中徐岱，舍人有高郢。”按上年德輿始知制誥，高郢爲舍人。

趙宗儒。自吏部郎中遷。《舊書》一六七本傳：“授吏部郎中。（貞元）十一年，遷給事中。”

鄭雲逵。約是年自少秘監遷。《舊書》一三七本傳：“歷秘書少監、給事中。”

左散騎常侍

顧少連。《郎表》三：蓋是年（貞元十一年）自散騎遷（吏侍）。未詳左右，暫繫於此。

諫議大夫

袁滋。自祠部郎中遷。《新書》一五一本傳："擢祠部郎中，兼御史中丞，此賜金紫，持節往。逾年還，使有指，進諫議大夫。"

張薦。自工部郎中遷，月餘改少秘監。《舊書》一四九本傳："（貞元）十一年，拜諫議大夫，仍充史館修撰……薦爲諫議月餘，改秘書少監。"按《元龜》四八〇《奸邪》云右諫議大夫。

左補闕

韋綬（韋貫之兄）。充翰林學士。

衛次公。

左拾遺

王仲舒（紓）。參右補闕熊執易及下年左拾遺引。

德宗貞元十二年（七九六）

中書省

中書令

渾瑊。正月乙丑兼。《舊書》一三《德宗紀》下（校勘記）："（貞元十二年正月乙丑）河中、絳州節度使檢校司徒兼侍中渾瑊（兼）中書令。"按原文有脫。

王武俊。《通鑑》二三五"貞元十二年"："（正月）乙丑，以渾瑊、王武俊並兼中書令。"《舊書》一四二本傳："（貞元）十二年，上念舊勳，加檢校太尉，兼中書令。"

中書侍郎

盧邁。《權德輿詩文集》二〇《盧邁行狀》："歷諫議大夫，左曹右轄，乃參大政。皆用德進，人無異詞。間一歲，遷中書侍郎、平章事。又一歲，感風痺，寢疾周月，除太子賓客。"按《元龜》三一九《褒寵》二："盧邁，爲門下侍郎、平章事。貞元十二年九月，遘中風疾，令宰相詣邁宅問疾。"當誤。

中書舍人

高郢。十二月參與祭奠趙憬。見右大諫崔損引。

吳通微。充翰林學士。

右散騎常侍

杜皓。《元龜》一二八《明賞》二：貞元十二年，詔曰：宣武節度都押衙、兼御史大夫杜皓可右散騎常侍，仍兼御史大夫。

右諫議大夫

崔損。《全文》四七六崔損《祭成紀公（趙憬）文》："維貞元十二年月日，朝議郎、右諫議大夫崔損，太中大夫、行給事中徐岱，朝議郎、給事中趙宗儒，正議大夫、守中書舍人高郢，宣德郎、守駕部員外郎、知制誥權德輿，起居郎韋丹,起居舍人楊憑,左補闕熊執易,右補闕歸澄(登)、崔郘、韋渠牟,左拾遺李肇、王中書(仲舒),右拾遺蔣武等,謹以庶羞之奠,敢昭告於門下平章事、贈太子太傅成紀公之靈。"《宰相表》中:貞元十二年十月甲戌,右諫議大夫崔損同中書門下平章事。

右補闕

熊執易。蓋是年轉左補闕。

歸登。

崔郘。約是年遷兵部員外。《舊書》一五五本傳:"(上年任右補闕時)嘗疏論裴延齡,爲時所知。以兵部員外郎知制誥至中書舍人,凡七年。"

王仲舒(紓)。自左拾遺遷。《全文》五六二韓愈《王公(仲舒)神道碑銘》:"改右補闕,遷禮部、考功、吏部三員外郎。"權德輿《吏部員外郎南曹廳壁記》:"太原王仲舒字弘中……貞元十年冬,繇諸侯部從事賢良對策,歷左右諫列、儀曹郎、考功郎。十八年,實授斯命,類能故也。"

韋渠牟。自秘書郎遷,十一月又遷左大諫。《權德輿詩文集》二三《唐故太常卿贈刑部尚書韋公墓誌銘》:"拜秘書郎。尋獻詩七百字,極其文采。歲中歷右補闕、左諫議大夫。"

右拾遺

蔣乂(武)。

起居舍人

楊憑。八月參與祭成紀公趙憬。參右諫議崔損引。八月稍後遷左司員外。《舊書》一四六本傳:"累遷起居舍人、左司員外郎、禮部兵部郎中、太常少卿。"

門下省

侍中

渾瑊。以河中節度使兼。正月乙丑兼中令。

門下侍郎

趙憬。八月薨。《舊書》一三《德宗紀》下:"(貞元十二年八月)丙戌,門下侍郎、平章事趙憬薨。"

給事中

徐岱。《新書》一六一本傳：“遷給事中，史館修撰。帝以誕日歲詔佛、老者大論麟德殿，并召岱及趙需、許孟容、韋渠牟講説。”

趙宗儒。《舊書》一三《德宗紀》下：“（貞元十二年十月甲戌）給事中趙宗儒……同中書門下平章事。”

鄭雲逵。

諫議大夫

袁滋。

韋渠牟。十一月自右補闕遷。《通鑑》二三五“貞元十二年”：“十一月乙未，以右補闕韋渠牟爲左諫議大夫。”按《舊書》一三五本傳云右大諫。

薛之輿。當在任（下年八月遷司業）。

起居郎

韋丹。自太舍遷。韓愈《韋公墓誌銘》：“佐邠寧軍，自監察御史爲殿中侍御史。徵拜太子舍人。”按“佐邠寧軍”，馬其昶校注云：“貞元四年七月，以張獻甫爲邠寧節度使，獻甫表丹佐其府。”獻甫鎮邠寧，下年五月卒於鎮，則丹約是年拜太子舍人。八月參與祭成紀公趙憬。參右諫議崔損引。

左補闕

韋綬（韋貫之兄）。充翰林學士。

衛次公。

熊執易。蓋是年自右補闕轉。八月參與祭成紀公趙憬。參右諫議崔損引。

左拾遺

王仲舒（紓）。八月參與祭成紀公趙憬。參右諫議崔損引。是年遷右補闕。

李肇。八月參與祭奠趙憬。參右諫議崔損引。

德宗貞元十三年（七九七）

中書省

中書令

渾瑊。兼河中節度使。

王武俊。兼檢校太尉、成德節度使。

中書侍郎

盧邁。《舊書》一三《德宗紀》下：“（貞元十三年）九月己丑，盧邁懇讓相位，乃授太子賓客。”

中書舍人

高郢。

吳通微。充翰林學士。

右諫議大夫

崔損。同平章事。

裴佶。自兵部郎中遷。《舊書》九八本傳：“歷駕部、兵部郎中，遷諫議大夫。會黔中觀察使韋士宗慘酷馭下，爲夷獠所逐，俾佶代之。”《權德輿詩文集》三六《奉送裴二十一兄閣老中丞赴黔中序》：“裴兄居大諫五年，休問籍甚……有黔巫長帥之拜。”貞元十七年四月，裴佶鎮黔中。自是年至十七年爲五年。

右補闕

歸登。當在任。見下年引。

王仲舒（紓）。

右拾遺

蔣乂（武）。

門下省

給事中

徐岱。

趙宗儒。

鄭雲逵。是年遷大理卿。《舊書》一三七本傳："歷秘書少監、給事中、
尋拜大理卿。"《舊書》一五八《鄭餘慶傳》："（貞元）十三年……時有玄法寺
僧法湊爲寺衆所訴……詔中丞宇文邈、刑部侍張彧、大理卿鄭雲逵等三司
與功德使判官諸葛述同按鞫。"

諫議大夫

袁滋。約是年遷右丞。《舊書》一八五下本傳："使還，擢爲諫議大夫。
俄拜尚書右丞。"

韋渠牟。

薛之輿。《會要》五五《省號》下："（貞元）十三年八月，以左諫議大夫薛
之輿爲國子司業。"

起居郎

韋丹。

左補闕

韋綬（韋貫之兄）。充翰林學士。

衛次公。

德宗貞元十四年(七九八)

中書省

中書令

渾瑊。兼河中節度使。

王武俊。兼檢校太尉、成德節度使。

中書侍郎

鄭餘慶。《舊書》一三《德宗紀》下:"(貞元十四年七月壬申)以工部侍郎鄭餘慶爲中書侍郎、同平章事。"

中書舍人

高郢。知明年貢舉。八月參與祭奠給事中徐岱。

吳通微。充翰學士。八月參與祭奠給事中徐岱。

右諫議大夫

崔損。七月壬申爲門郎,仍平章事。

裴佶。八月參與祭奠給事中徐岱。

田登(敦)。《舊書》一三《德宗紀》下:"(貞元十四年九月)癸酉,諫議大夫田登奏言:'兵部武舉人持弓挾矢,數千百人入皇城,恐非所宜。'上聞之瞿然,乃命停武舉。"據下年知爲右大諫。按《會要》五九《兵部侍郎》作田敦。登、敦兩《唐書》均無傳,當爲一人。田敦約於貞元十七年至十八年刺衢州,見《刺考全編·江南東道》。

右補闕

歸登。約是年遷起居舍人。

王仲紓(舒)。八月參與祭奠給事中徐岱。稍後遷禮部員外。權德輿《吏部員外郎南曹廳壁記》:"太原王仲舒字弘中……貞元十年冬,縣諸侯部從事賢良對策。歷左右諫列、儀曹郎、考功郎。(貞元)十八年,實授斯命,類能故也。”

鄭隨。是年前後任。《元龜》四六八《薦舉》：“韋渠牟，貞元中爲諫議大夫，茅山處士崔芊徵至闕下，鄭隨自山人再至補闕。”按左補闕滿員，姑繫於此。

右拾遺

蔣乂（武）。八月參與祭奠給事中徐岱。

起居舍人

歸登。約是年自右補闕遷。《舊書》一四九本傳：“轉右補闕、起居舍人，三任十五年。”

門下省

門下侍郎

崔損。自大諫遷，仍平章事。《宰相表》中：（貞元十四年）七月壬申損爲門下侍郎。按《舊書》一三《德宗紀》下：“（貞元十四年七月壬申）以左諫議大夫、平章事崔損爲門下侍郎、平章事。”云左諫議。

給事中

徐岱。八月卒。《舊書》一八九下本傳：“擢拜給事中，加兼史館修撰，並依舊侍讀……卒時年五十，上歎息之。”《權德輿詩文集》四九《祭故徐給事文》：“維貞元十四年歲次戊寅八月戊寅朔十日丁亥，右諫議大夫裴佶、中書舍人翰林學士吳通微、中書舍人高郢、尚書司勳郎中知制誥權某、尚書司勳員外郎知制誥翰林學士鄭絪、起居郎韋丹、左補闕翰林學士衛次公、右補闕王紓、右拾遺史館修撰蔣武等，謹以清酌庶羞之奠敬祭於故給事中、贈禮部尚書徐公之靈。”徐給事即徐岱。

趙宗儒。七月壬申罷爲右庶。《大詔令集》五五《趙宗儒太子右庶子制》（貞元十四年七月）：給事中、平章事趙宗儒可太子右庶子。《通鑑》二三五“貞元十四年”：“秋七月壬申，給事中、同平章事趙宗儒罷爲右庶子。”按《舊書》一三《德宗紀》下云罷爲左庶。

諫議大夫

韋渠牟。是年遷太府卿。《權德輿詩文集》二三《唐故太常卿贈刑部尚書韋公墓誌銘》："歷……左諫議大夫……間一歲，遷太府卿。"按《舊書》一三五本傳云自右大諫遷太府卿："遷右諫議大夫……居無何，遷太府卿。"

苗拯。當在任（下年七月戊午貶刺萬州）。

起居郎

韋丹。八月參與祭奠故給事中徐岱。

左補闕

韋綬（韋貫之兄）。充翰林學士。

衛次公。

左拾遺

李繁。當在任（下年七月戊午貶播州參軍）。

德宗貞元十五年（七九九）

中書省

中書令

渾瑊。十二月薨。《舊書》一三《德宗紀》下：“（貞元十五年）十二月庚午，朔方等道副元帥、河中絳州節度使、檢校司徒、兼奉朔中書令渾瑊薨。”

王武俊。兼檢校太尉、成德節度使。

中書侍郎

鄭餘慶。

中書舍人

高郢。知貢舉。見《登科記考補正》一四。

吳通微。上年八月在任。按《壁記》：“累遷中書舍人，賜紫金魚袋，卒官。”然不知卒於何時。

權德輿。秋自司勳郎中遷，知制誥（《權德輿文集·簡譜》云秋任）。《舊書》一四八本傳：“轉駕部郎中、司勳郎中，職如舊。遷中書舍人。”《集古錄目》四：“《唐董晉碑》，中書舍人權德輿撰，皇太子侍書殿中丞王丕書……碑以貞元十五年立。”

右諫議大夫

田敦（登）。《元龜》六九《審官》：“（貞元）十五年正月，以右諫議大夫、知匭使田敦爲兵部郎中。敦素承顧問，帝將用爲兵部侍郎，又疑其年少，故且授郎中。”

裴佶。

右拾遺

蔣乂（武）。

起居舍人

歸登。

門下省

門下侍郎

崔損。

給事中

李元素。《權德輿詩文集》四九《祭故奚吏部文》："維貞元十五年歲次己卯十二月庚午朔二十六日乙未，右諫議大夫裴佶、給事中許孟容、李元素、陳京，中書舍人高郢、權德輿，兵部員外郎、知制誥崔邠等，謹以清酌庶羞之奠，敬祭於故吏部侍郎、贈禮部尚書奚公之靈。"

陳京。自司封郎中遷。十二月參與祭奠吏侍奚陟。柳宗元《陳京行狀》："（歷）司封郎中、給事中。"另參上李元素引。

許孟容。自兵部郎中遷。《舊書》一五四本傳："（貞元）十四年，轉兵部郎中。未滿歲。遷給事中。"《舊書》一一七《嚴礪傳》："貞元十五年，嚴震卒，以（嚴）礪權留府事，兼遺表薦礪才堪委任。七月超授興元尹、兼御史大夫、山南西道節度、支度營田、觀察使。諫官御史以爲除拜不當……給事中許孟容曰：'誠如此，不曠職矣。'"

諫議大夫

苗拯。七月戊午貶刺萬州。《舊書》一三《德宗紀》下："（貞元十五年七月）戊午，貶諫議大夫苗拯萬州刺史。"

起居郎

韋丹。是年遷駕部員外。韓愈《韋公墓誌銘》："遷起居郎。吳少誠襲許州，拜河陽司馬，未行，少誠死，改駕部員外郎。"按少誠是年八月襲許，然卒於元和四年，墓誌其後接叙下年將往吊新羅（貞元十六年）、拜容州刺史（貞元十七）。甚疑"少誠死"三字爲衍文，不然，無法説通。姑繫於此。

左補闕

韋綬（韋貫之兄）。充翰林學士。

衛次公。

左拾遺

李繁。七月戊午貶播州參軍。《舊書》一三《德宗紀》下："（貞元十五年七月）戊午，貶……左拾遺李繁播州參軍，以私議除拜嚴礪不當而無章疏，而僞言累上疏故也。"

德宗貞元十六年（八〇〇）

中書省

中書令

王武俊。兼檢校太尉、成德節度使。

中書侍郎

鄭餘慶。《舊書》一三《德宗紀》下：“（貞元十六年九月）庚戌，貶中書侍郎、同中書門下平章事鄭餘慶爲郴州司馬。”

齊抗。《舊書》一三《德宗紀》下：“（貞元十六年九月）庚申，以太常卿齊抗爲中書侍郎、同平章事。”

中書舍人

高郢。知貢舉。《新書》四四《選舉志》上：“初，禮部侍郎親故，移試考功，謂之別頭。（貞元）十六年，中書舍人高郢奏罷，議者是之。”放榜後正除禮侍。

權德輿。知制誥。

崔邠。自兵部員外遷。《舊書》一五五本傳：自兵部員外郎遷中書舍人，凡七年。按自是年至元和元年爲七年。

右諫議大夫

裴佶。

右補闕

王紓。《柳宗元集校注》一三《伯祖趙郡李夫人墓誌銘》：“夫人……生女三人，皆得良壻……太原王紓，今爲右補闕……貞元十六年，王氏姑定省扶侍，自揚州至于京師，道路遇疾，遂館于陳氏……享年八十一，是歲六月二十九日，終于平康里。”按柳文作於是年。《新書》一〇三《蘇弁傳》：“（貞元十四年閏五月，貶蘇袞永州司户，蘇冕信州司户參軍）袞年老，瞑不能視，帝閔之，聽還。又有稱冕才者。而袞以老先還，重追冕。更問大臣昆弟可任者，左右以王紹之兄紓、韓皋之兄群對。帝乃擢紓右補闕，群考功員外郎。"按蘇袞、蘇弁約是年回京，弁除滁州刺史。參《刺考全編·淮南道》。

右拾遺

蔣乂（武）。

起居舍人

歸登。《舊書》一四九本傳：自右拾遺、右補闕、起居舍人，三任十五年。按貞元二年任右拾遺，至是年十五年。是年當遷兵部員外。

門下省

門下侍郎

崔損。

給事中

李元素（大朴）。約春遷右丞。《舊書》一三二本傳："遷尚書右丞。數月，鄭滑節度使盧群卒，遂命元素兼御史大夫，鎮鄭滑。"按《舊書》一三《德宗紀》下："（貞元十六年九月）戊辰，以左丞李元素爲滑州刺史、兼御史大夫、義成軍節度使。"又見《通鑑》二三五"貞元十六年"。《元龜》三一三《謀猷》三。此從《舊傳》。《郎表》二亦作右丞。

陳京。《白居易集箋校》四四《與陳給事書》，作於是年，陳給事即陳京。

許孟容。

姚齊梧。《會要》六〇《御史臺》上："貞元十六年十二月，以給事中姚齊梧爲御史中丞，仍東都留臺。"

馮伉。自醴泉令遷。《舊書》一八九下本傳："澤潞節度使李抱真卒，爲吊贈使，抱真男遺伉帛數百匹，不納……屬醴泉缺縣令，宰臣進人名，帝意不可……遂改醴泉令……在縣七年，韋渠牟薦爲給事中，充皇太子及諸王侍讀。"按李抱真貞元十年六月卒，馮伉爲吊贈使。隨後當遷醴泉令，至今七年。

左補闕

韋綬（韋貫之兄）。壁記："（貞元）十六年十月丁憂。"

衛次公。

德宗貞元十七年（八〇一）

中書省

中書令

王武俊。兼檢校太尉、成德節度使。六月卒。《舊書》一三《德宗紀》下：“（貞元十七年六月）丁巳，成德軍節度使……檢校太尉、中書令、琅邪郡王王武俊薨。”

韋臯。《舊書》一三《德宗紀》下：“（貞元十七年）冬十月，加韋臯檢校司徒、中書令，封南康郡王，賞破吐蕃功也。”

中書侍郎

齊抗。

中書舍人

權德輿。冬權知禮侍，知貢舉。《權德輿詩文集》五〇《祭故房州崔使君文》：“維貞元十七年歲次辛巳十一月己未朔十日戊辰，姪女壻朝議郎、守中書舍人、賜緋魚袋權某，謹以清酌庶羞之奠，敬祭於故房州崔十一叔之靈。”

崔邠。

李直方。蓋是年自左司員外遷。《全文》六一八小傳：“直方，德宗朝官左司員外郎，歷中書舍人、試太常卿。”

右諫議大夫

裴佶。四月出鎮黔州。《通鑑》二三六“貞元十七年”：“夏四月辛亥，以右諫議大夫裴佶爲黔州觀察使。”

右補闕

王紓。當在任。見上年引。

右拾遺

蔣乂（武）。

韋執誼。當在任。

門下省

門下侍郎

崔損。

給事中

陳京。韓愈《與陳給事書》："去年春，亦嘗一進謁於左右矣……其後如東京取妻子，又不得朝夕繼見。"按歷來多認爲作於貞元十九年。蔣抱玄注："舊譜載公署十九年作，實誤。按'去年春'乃十五年冬，爲建封朝正於京師，至春而未出京也。公子昶十五年生，十七年居洛陽，挈眷入京師，故有'取妻子'一語。"《韓愈文集彙校箋註》七，按所注是。

許孟容。

馮伉。

左補闕

衛次公。

王武陵。當在任（下年二月在任）。

德宗貞元十八年（八〇二）

中書省

中書令

韋皋。兼檢校司徒。

中書侍郎

齊抗。

中書舍人

權德輿。《會要》五五《省號》下："（貞元）十八年八月，中書舍人權德輿獨直禁垣，數旬一歸家。嘗上疏請除兩省官員，詔報曰：'非不知卿勞苦，以卿文雅，尚未得如卿等比者，所以久難其人。'德輿居西掖八年，其間獨掌者數歲。及以本官知禮部貢舉，事畢仍掌命書。"是年知貢舉。見《登科記考補正》一五。十月遷禮侍。見《權德輿詩文集》四六《禮部侍郎舉人自代狀》。又，《舊書》一三五《李實傳》：前歲（貞元二十年之前）李實曾薦士於禮部侍郎權德輿，不能如意。貞元二十年之前歲即是年。

崔邠。

李直方。蓋是年遷試太常卿。《全文》六一八小傳："直方，德宗朝官左司員外郎，歷中書舍人、試太常卿。"

楊於陵。自少京尹遷。九月兼知吏部選事。《權德輿詩文集》四六《禮部侍郎舉人自代狀》："朝議郎、守尚書禮部侍郎、雲騎尉、賜緋魚袋臣權德輿，准制舉自代官朝議郎、守中書舍人、驍騎尉、賜緋魚袋、權知吏部選事楊於陵。"《舊書》一六四本傳："轉吏部郎中，改京兆少尹。出爲絳州刺史。德宗雅聞其名，將辭赴郡，詔留之，拜中書舍人。"

陳詡。《閩川名士傳》："許稷，貞元中入京時，舍人陳詡在焉。"《閩中名士傳》："許稷挾策入關，遇舍人陳詡、司門助教歐陽詹、校書郎邵楚萇、侍御林藻。在京師，閩川舉子釀酒食，會諸先達。”(《莆陽比事》一)。按許稷貞元十八年及第，詳見《登科記考補正》一五。又按，陳翃貞元十三年及第，《英華》八七有陳翃《西掖瑞柳賦》，《玉海》一九七：貞元十三年丁丑，試《西掖瑞柳賦》。至十八年既任中舍，則嫌太速。

主書

滑渙。《舊書》一五八《鄭餘慶傳》：“有主書滑渙，久司中書簿籍，與内官典樞密劉光琦情通。宰相議事，與光琦異同者，令渙達意，未嘗不遂其所欲。”

右補闕

劉伯芻。蓋是年始任。《舊書》一五三本傳：“淮南杜佑辟爲從事，府罷，屏居吳中。久之，徵拜右補闕，遷主客員外郎。以過從友人飲噱，爲韋執誼密奏，貶虔州掾曹。”《會要》五四《省號》上：貞元十八年二月齊總授衢州刺史，八月，張貞元授邕管經略使，給事中許孟容封還敕書，右補闕劉伯芻亦有封章。《元龜》一○○《聽納》云三月。

劉茂弘。《權德興詩文集》二四《陸公(傪)墓誌銘》：“常與故虔州刺史隴西李公受、故右補闕安定梁寬中、今禮部郎中京兆韋德符、右補闕廣平劉茂弘、秘書郎趙郡李叔翰、方外士右諭德博陵崔公穎暨予友善……時貞元十八年歲直鶉首，秋七月甲子，鏤堅石而銘。”

右拾遺

蔣乂(武)。是年遷起居舍人。

韋執誼。約是年遷吏部郎中。按下年已在吏部郎中任。見《舊書》一六○《劉禹錫傳》。

起居舍人

蔣乂(武)。自右拾遺遷，又轉司勳員外。《舊書》一四九本傳：“(貞元)十八年，遷起居舍人，轉司勳員外郎，皆兼史職。”

門下省

門下侍郎

崔損。

給事中

陳京。

許孟容。《會要》五四《省號》上：“貞元十八年二月，以前攝浙東團練副使、試大理評事兼監察御史齊總爲衢州刺史，群議以爲超奬過當。詔至門下，給事中許孟容上表封還……八月，以嶺南節度掌書記、試大理評事張貞元爲邕州經略使，給事中許孟容上疏論奏。”張貞元事又見《舊書》一三《德宗紀》下。

馮伉。

左補闕

衛次公。

王武陵。《會要》五四《省號》上：貞元十八年二月齊總授衢州刺史，給事中許孟容封還敕書，左補闕王武陵亦有封章。《元龜》一〇〇《聽納》云三月。

張正一。當在任（下年九月甲寅貶）。

左拾遺

竇群。《舊書》一三《德宗紀》下：“（貞元十八年）五月癸亥，以竇群爲左拾遺。”按《舊書》一五五本傳：“及夏卿入爲吏部侍郎，改京兆尹。中謝日，因對復薦群，徵拜左拾遺。”上年十月韋夏卿自吏部侍郎改京兆尹。然《全文》七六一褚藏言《竇群傳》云右拾遺。

德宗貞元十九年（八〇三）

中書省

中書令

韋皋。兼檢校司徒。

中書侍郎

齊抗。《舊書》一三《德宗紀》下："（貞元十九年七月）己未，中書侍郎、平章事齊抗爲太子賓客，病免也。"

高郢。《舊書》一三《德宗紀》下："（貞元十九年十二月）庚申，以太常卿高郢爲中書侍郎、同中書門下平章事。"

中書舍人

崔邠。《新書》二〇〇《陳京傳》："（貞元）十九年將禘祭，京復奏禘祭大合祖宗，必尊太祖位，正昭穆……帝曰：'京議善。'卒不從。帝器京，謂有宰相才，欲用之。會病狂易，自刺弗殊。又言中書舍人崔邠、御史中丞李汶訕己。"

楊於陵。夏秋或稍後遷少秘監。《舊書》一六四本傳："拜中書舍人。時李實爲京兆尹，恃承恩寵，於陵與給事中許孟容俱不附協，爲實媒孽，孟容改太常少卿，於陵改秘書少監。"

陳詡。蓋是年徙户部郎中。《新書》六〇《藝文》四："《陳詡集》十卷。"注："字載物，福州閩縣人。貞元户部郎中，知制誥。"按《永樂大典》引《閩中記》："陳詡字載物，貞元十三年及第。"一作終户部員外。《淳熙三山志》："陳詡，終户部員外郎、知制誥。"

某某（當姓徐）。《墓誌續編（貞元〇七三）・唐故宜都公主墓誌銘》（卒於貞元十九年三月，葬於八月，年卅二）：正議大夫、行中書舍人、翰林學士、上柱國、東海縣開國男（下泐）敕撰。按徐晦元和九年七月自東都留守充翰林學士，見《壁記》，不知是此人否。

主書

滑渙。

右補闕

劉伯芻。是年遷主客員外。《西市博物館藏墓誌（三六八）·劉公（伯芻）自譔誌文》：“復淮南掌奏十年，疲於文字，不樂內職。翌日，拜右補闕內供奉……俄遷主客員外郎。”

張惟素。四月祭奠兵部郎中楊凝。《全文》四七九許孟容《祭楊郎中文》：“維貞元十九年歲次癸未四月壬午朔二十二日癸卯，給事中許孟容、吏部郎中李備、司封郎中韋成季、屯田員外郎穆員、右補闕張惟素、京兆府司錄參軍薛丹等，潔牢醴庶羞，以祭於兵部郎中楊君之靈。”

右拾遺

崔群。當在任。參下年引。

門下省

門下侍郎

崔損。十月卒。《舊書》二六《禮儀志》六：“（貞元十九年三月獻祖、懿祖新廟成）門下侍郎、平章事崔損攝太尉，告太廟。”《舊書》一三《德宗紀》下：“（貞元十九年）閏十月丁巳，門下侍郎、同平章事崔損卒。”

鄭珣瑜。《新書》七《德宗紀》：“（貞元十九年十二月庚申）吏部侍郎鄭珣瑜爲門下侍郎，同中書門下平章事。”

給事中

陳京。《舊書》二六《禮儀志》六：“（貞元）十九年三月，給事中陳京奏：‘禘是大合祖宗之祭，必尊太祖之位，以正昭穆。’”《新書》二〇〇本傳：“（貞元）十九年，將禘祭，京復奏禘祭大合祖宗，必尊太祖位，正昭穆。”按是年當遷少秘監。

許孟容。夏秋改少太常。《舊書》一五四本傳：“（貞元）十九年夏旱，孟容上疏曰……以諷諭太切，改太常少卿。”

馮伉。

左補闕

衞次公。

張正一。九月甲寅貶。《通鑑》二三六“貞元十九年”：“左補闕張正一上書，得召見……叔文之黨疑正一言己陰事，令（韋）執誼反譖正一等於上，云其朋黨，游宴無度。九月甲寅，正一等皆坐遠貶，人莫知其由。”

左拾遺

竇群。

吕温。《通鑑》二三六“貞元十九年”：“（七月）叔文……密接翰林學士韋執誼及當時朝士有名而求速進者陸淳、吕温、李景儉、韓曄、韓泰、陳諫、柳宗元、劉禹錫等，定爲死友……温，渭之子，時爲左拾遺。”

德宗貞元二十年（八○四）

中書省

中書令

韋皋。兼檢校司徒。

中書侍郎

高郢。

中書舍人

崔邠。

崔樞。當在任（下年四月在任）。

主書

滑渙。

右補闕

崔群。自右拾遺遷。《墓誌彙編下（元和○○一）‧題佚》："唐永貞元年十月五日，清河崔氏十六女殀於楊□行旅之次，時年十三……去年秋八月，群拜右補闕，令堂弟鞏攜領家累自宣城赴上國，行次揚州，而十六女殀，載歸櫬于行舟。即以元和元年正月廿日窆于先塋之後地曰東陶村之原。"《會要》五六《省號》下："元和元年九月……（杜從郁）自太子司議郎爲左補闕，右拾遺崔群、韋貫之，左拾遺獨孤郁等上疏。"參左補闕引。按云韋貫之爲右拾遺，誤。

右拾遺

崔群。八月遷右補闕。《會要》五六《省號》下："元和元年九月……（杜從郁）自太子司議郎爲左補闕，右拾遺崔群韋貫之、左拾遺獨孤郁等上疏……"按云元和元年九月群在右拾遺任。當誤。見上右補闕引。

王涯。十一月自藍田尉遷。《舊書》一三《德宗紀》下：“（貞元二十年）十一月丁酉，以監察御史李程、秘書正字張隺、藍田尉王涯並爲翰林學士。”《舊書》一六九本傳：“釋褐藍田尉。二十一年十一月，詔充翰林學士，拜右拾遺。”

門下省

門下侍郎
鄭珣瑜。

給事中
馮伉。

左補闕
衛次公。

韋顗。當在任。《舊書》一〇八本傳：“歷御史、補闕、尚書郎、累遷給事中、尚書右丞（原作左丞，見長慶三年右丞引）、户部侍郎、中丞、吏部侍郎。其在諫垣，與李約、李正辭迭申褘諷，頗迴大政。”按《新書》一〇八《裴均傳》：“擢荆南節度行軍司馬，就拜荆南節度使……德宗以均任方鎮，欲遂相之，諫官李約疏斥爲（竇）文場養子，不可汙台輔，乃止。”裴均鎮荆南自上年五月，見《舊書》一三《德宗紀》下。

劉禹錫。自監察御史遷。《雲溪友議》卷中《中山誨》：“襄陽牛相公赴舉之秋，每爲同袍見忽。及至升超，諸公悉不如也。嘗投贄於劉補闕禹錫，對客展卷，飛筆塗竄其文。”按，牛僧孺下年春及第。未詳左右，姑繫於此。

左拾遺
竇群。是年遷侍御史。《舊書》一五五本傳：“徵拜左拾遺，遷侍御史，充入蕃使秘書監張薦判官，群因入對……德宗異其言，留之，復爲侍御史。”按張薦入蕃在是年。《舊書》一四九《張薦傳》：“（貞元）二十年，吐蕃贊普死，以薦爲工部侍郎、兼御史大夫，充入吐蕃吊祭使。”《會要》八二《休假》：“（貞元二十年）六月，侍御史竇群奏，令尚書省四品，中書、門下、御史臺五品，同三品例，正衙參假訖，既失舊章，又煩聖聽。今請准例三品以上，假滿正衙見。”按《會要》六〇《侍御史》：“（貞元）十二年六月，侍御史竇群奏：‘常參官假滿，惟三品官至王府傅已上，即於正衙參假，其餘不在此限。’”“十二年”當爲“二十年”之誤。貞元十八年竇群任左拾遺（從八品上），無由於十二年既任侍御史（從六品下）。

呂溫。是冬轉侍御史。《舊書》一三七《呂渭傳附》：“（貞元）二十年冬，副工部侍郎張薦爲入吐蕃使，行至鳳翔，轉侍御史。”按《舊書》一六〇《柳宗元傳》云監察御史。

盧元輔。約是年任。《舊書》一三五《盧杞傳附》：及第後授崇文館校書郎。德宗思盧杞，求其後，特拜左拾遺。按元輔於貞元十四年及第（《登科記考補正》一四），除去守選及校書郎任職，加上德宗任期，故繫於此。

李逢吉。《新書》一七四本傳：“舉明經，又擢進士第。范希朝表爲振武掌書記，薦之德宗，拜左拾遺。”按上年十一月范希朝罷鎮振武，入朝。

順宗永貞元年（八〇五）

中書省

中書令

韋皋。八月癸丑薨。《舊書》一四《憲宗紀》上："（永貞元年）八月……
癸丑，劍南西川節度使、檢校太尉、中書令、南康郡王韋皋薨。"

中書侍郎

高郢。《全文》五四《命皇太子即位册文》："維貞元二十一年歲次乙酉
正月辛未朔二十三日癸巳……令中書侍郎、同中書門下平章事高郢奉册。"
三月庚寅爲刑尚，仍平章事。《宰相表》中：（貞元二十一年）三月庚寅爲刑
部尚書。

韋執誼。三月戊子自左丞遷，仍平章事；十一月壬申貶崖州司户。《舊
書》一四《順宗紀》："（貞元二十一年三月戊子）韋執誼（爲）中書侍郎。"同卷
《憲宗紀》上："（十一月）壬申，貶正議大夫、中書侍郎、平章事韋執誼爲崖州
司馬，以交王叔文也。"

袁滋。七月乙未自左金吾大將軍遷，入相。《舊書》一四《順宗紀》：
"（貞元二十一年七月乙未）以太常卿杜黄裳爲門下侍郎、左金吾衛大將軍
袁滋爲中書侍郎，並同中書門下平章事。"八月己未爲劍南東西兩川等道安
撫使。《舊書》一四《憲宗紀》上："（永貞元年八月）己未，以中書侍郎、平章
事袁滋爲劍南東西兩川、山南道安撫大使。"

鄭絪。《舊書》一四《憲宗紀》上："（永貞元年十二月）壬戌，以朝請大
夫、守中書舍人、翰林學士、上柱國鄭絪爲中書侍郎、同平章事、集賢殿
學士。"

中書舍人

崔邠。冬權知吏部選事。《舊書》一五五本傳："以兵部員外郎、知制誥

至中書舍人，凡七年。又權知吏部選事。”《郎表》三吏侍：冬以中舍權知吏部選事。

鄭絪。正月自司勳員外遷。《舊書》一五九本傳：“憲宗監國，遷中書舍人、依前學士。”《全文》五六〇韓愈《順宗實錄》一：“（貞元二十一年正月壬戌）以司勳員外郎、翰林學士、知制誥鄭絪爲中書舍人。”十二月壬戌爲中郎、同平章事。

崔樞。《元龜》八九《赦宥》八：“（貞元二十一年，按八月改元永貞）四月戊申，詔曰：‘……給事中陸質（原作贄，誤）、中書舍人崔樞積學懿文，守經據古，以參講習，庶叶於中，可充皇太子侍讀。’”

張弘靖。《墓誌彙編下（永貞〇〇八）·唐嵩岳寺明悟禪師塔銘并序》：撰文：朝散大夫、守中書舍人張弘靖述。文末記云：“永貞元年歲次乙酉十二月景申（即丙申）朔九日甲辰。”

李吉甫。《舊書》一四《憲宗紀》上：“（永貞元年十二月壬戌）以考功郎中、知制誥李吉甫爲中書舍人……充翰林學士。”

裴佶。《舊書》九八本傳：“拜同州刺史。徵入中書舍人。遷尚書右丞。”按《刺考全編·京畿道》繫於貞元二十年（804）刺同州。《郎表》二繫於約元和二年遷右丞。據其履歷，姑繫於此。

主書

滑渙。

右諫議大夫

韋丹。韓愈《韋公墓誌銘》：“順宗嗣位，拜河南少尹，行未至，拜鄭滑行軍司馬。始至襄陽，詔拜諫議大夫。”《舊書》一四《憲宗紀》上：“（永貞元年十二月）壬子，以右諫議大夫韋丹爲梓州刺史、充劍南東川節度使。”

右補闕

崔群。

韋貫之。自監察御史遷。《舊書》一五八本傳：“永貞中，始除監察御史。上書舉季弟纁以自代，時議不以爲私。轉右補闕，而纁代爲監察。”《會要》二三《諱》：“永貞元年十二月……韋貫之爲監察御史，名與東宮同，獨不請改。既而下詔以陸淳爲給事中，改名質，充皇太子侍讀。貫之不得已，乃上疏改其名。”又見《舊書》一四八《李藩傳》及校勘記。

右拾遺

王涯。

起居舍人

王叔文。二月壬戌任。五月辛卯爲户侍。《舊書》一四《順宗紀》："（貞元二十一年二月壬寅）以前司功參軍、翰林待詔王叔文爲起居舍人，充翰林學士……（五月）辛卯，以鹽鐵轉運使副王叔文爲户部侍郎。"

門下省

門下侍郎

鄭珣瑜。三月遷吏尚，仍平章事。《舊書》一四《順宗紀》："（貞元二十一年三月戊子）鄭瑜（爲）吏部尚書。"

杜黄裳。《舊書》一四《順宗紀》："（貞元二十一年七月乙未，八月改元永貞）以太常卿杜黄裳爲門下侍郎、左金吾衛大將軍袁滋爲中書侍郎，並同中書門下平章事。"

給事中

馮伉。順宗即位遷兵侍，改祭酒。《舊書》一八九下本傳："順宗即位，拜尚書兵部侍郎，改國子祭酒。"

陸質（淳）。自台州刺史遷，未幾卒。《舊書》一八九下本傳："順宗即位，質素與韋執誼善，由是徵爲給事中……未幾病卒。"《舊書》一四《憲宗紀》上："（永貞元年九月）辛巳，給事中陸質卒。"按《元龜》八九《赦宥》八作陸贄。誤。

歸登。自兵部員外遷。《舊書》一四九本傳："後遷兵部員外郎，充皇太子侍讀，尋加史館修撰。順宗即位，以東朝舊恩，超拜給事中。"《全文》五六〇韓愈《順宗實録》一："（貞元二十一年正月壬戌）以兵部員外郎、史館修撰歸登爲給事中，修撰如故。"

劉闢。十月戊戌授。十二月己酉爲西川節度副使、知節度事。《舊書》一四《憲宗紀》上："（永貞元年十月戊戌）以西川行軍司馬劉闢爲給事中……（十二月）己酉，以新除給事中、西川行軍司馬劉闢爲成都尹、劍南西川節度使。"

劉宗經。是年當在任（下年十一月刺華州）。

左散騎常侍

王伾。《通鑑》二三六“永貞元年”：“（二月）壬戌，以殿中監王伾爲左散騎常侍，依前翰林待詔。”《舊書》一四《順宗紀》：“（貞元二十一年二月）壬寅，以太子詹事、翰林待詔王伾爲左散騎常侍，充翰林學士……（八月）壬寅，貶左（原作右，前云左常侍，《通鑑》、《元龜》均云左，故改）散騎常侍王伾爲開州司馬。”

左補闕

衛次公。《壁記》：“（貞元）二十一年二月二十二日加司勳員外郎。”

劉禹錫。是年遷屯田員外；九月己卯貶連州刺史，旋改朗州司馬。《舊書》一四《憲宗紀》上：“（永貞元年九月己卯）屯田員外郎劉禹錫貶連州刺史……（十一月）連州刺史劉禹錫朗州司馬。”

李逢吉。約是年自左拾遺遷。《舊書》一六七本傳：“入朝爲左拾遺、左補闕，改侍御史，充入吐蕃册命副使。”

左拾遺

盧元輔。

李逢吉。約是年遷左補闕。

李建。自校書郎遷。《四庫》本《壁記》：“貞元二十一年正月六日自秘書省校書郎充。三月十七日遷左拾遺改詹事府司直。”《全文》六五五元稹《李公（建）墓誌銘》：“會德宗皇帝選文學，公被薦……宰相鄭珣瑜對曰……上嘉之，使居翰林，就拜左拾遺。”《新書》一六二本傳亦作左拾遺。按一作右拾遺。《舊書》一五五本傳：“德宗聞其名，用爲右拾遺，翰林學士。”當誤。

張聿。自秘書正字遷。《壁記》：“（貞元）二十一年三月十七日遷左拾遺。”

張宿。七月任。《舊書》一五四本傳：“及上（憲宗）東宮，宿時入謁，辨諷政言。洎監撫之際，驟承顧擢，授左拾遺。”按監撫及太子監國之意。是年七月太子李純（憲宗）監國。

憲宗元和元年(八〇六)

中書省

中書侍郎

鄭絪。《舊書》三一《音樂志》四:"享太廟樂章十四首……順宗至德大聖大安孝皇帝室奠獻用《大順》之舞一章,中書侍郎、平章事鄭絪撰。"

中書舍人

崔郃。知貢舉。見《登科記考補正》一六。貢舉後遷禮侍。《會要》一《帝號》上:"(順宗)元年正月……十九日,崩於興慶宮之咸寧殿,七月葬豐陵……哀册文,禮部侍郎趙宗儒撰。諡册文,禮部侍郎崔汾撰。"按趙宗儒爲吏侍,音訛。崔汾爲崔郃,形訛。

張弘靖。

李吉甫。充翰林學士。

裴佶。

盧景亮。自駕部郎中遷。《元龜》九一五《廢滯》:"盧景亮爲右補闕,德宗以庭諍得失,貶朗州司馬,凡遷謫二十年。憲宗初,由和州別駕,始徵還拜駕部郎中。"《柳宗元集校注》一二《先君石表陰先友記》:"盧景亮,涿人。有志氣,多所激發。爲諫官,奏書如水赴壑,坐貶,廢棄甚久。至順宗時,爲尚書郎,升中書舍人,卒。"

主書

滑渙。九月辛丑貶雷州司户,旋賜死。《通鑑》二三七"元和元年":"堂後主書滑渙久在中書……中書舍人李吉甫言其專恣,請去之。上命宰相闔中書四門搜掩,盡得其奸狀。九月辛丑,貶渙雷州司户,尋賜死。"參《舊書》一五八《鄭餘慶傳》。

右補闕

崔群。《墓誌續編（元和〇〇五）·故清河崔夫人權厝墓銘》（卒於元和
元年六月，葬於二年五月。年三十七）：仲弟宣義郎、守右補闕、雲騎尉
群纂。

韋貫之。是年當遷禮部員外。按下年七月在任，是職僅一員，裴汶是
年自禮部員外遷他職。故繫於此。

崔迥。蓋是年始（下年貶長水令）。

右拾遺

王涯。是年當遷左補闕。

獨孤郁。韓愈《獨孤府君墓誌銘》：“元和元年對詔策，拜右拾遺。”按
《舊書》一六八本傳：“元和初……拜左拾遺。”《會要》五六《省號》下亦云左
拾遺。見左補闕杜從郁引。

蕭俛。《舊書》一七二本傳：“元和初，復登賢良方正制科，拜右拾遺。”
《通鑑》二三七“元和元年”：“（四月辛酉）蕭俛爲右拾遺。”

裴潾。《舊書》一七一本傳：“元和初，累遷爲右拾遺。”

起居舍人

鄭隨。當在任（下年二月在任）。

門下省

侍中

劉濟。兼檢校司徒、同平章事。《舊書》一四三本傳：“加同中書門下平
章事、順宗即位，再遷檢校司徒。元和初，加兼侍中。”按《通鑑》二三七“元
和元年”：“（六月丁酉）加盧龍節度使劉濟兼侍中。”

李師古。《通鑑》二三七“元和元年”：“（六月）己亥，加平盧節度使李師
古兼侍中。”

門下侍郎

杜黃裳。

給事中

歸登。

劉宗經。《舊書》一四《憲宗紀》上：“（元和元年十一月）甲寅，以給事中劉宗經爲華州刺史、潼關防禦、鎮國軍等使。”

穆質。約是徵還。《舊書》一五五本傳：“自補闕至給事中，時政得失，未嘗不先論諫。元和初，掌賦使院多擅禁繫戶人，而有笞掠至死者。質乃論奏鹽鐵轉運司應決私鹽繫囚，須與州府長吏監決。自是刑名畫一。”按質自貞元四年與盧景亮同時被貶，廢抑二十年。

左散騎常侍

盧虔。歸登《秘書監（盧虔）神道碑》：元和元年，拜左散騎常侍，加朝請大夫。按《宣室志》五：“故右散騎常侍范陽盧虔，貞元中爲御史分察東臺。”右當爲左。

諫議大夫

韋況。閏六月壬午任。《舊書》一四《憲宗紀》上：“（元和元年閏六月）壬午，諫議大夫去左右字，只置四員，以前司勳員外郎韋況爲諫議大夫。”

段平仲。自右司郎中遷。《舊書》一五三本傳：“累拜右司郎中。元和初，遷諫議大夫。”

常仲孺（儒）。當在任。見下年引。

左補闕

李逢吉。約是年改侍御史，充吐蕃冊命副使。《舊書》一六七本傳：“入朝爲左拾遺、左補闕，改侍御史，充入吐蕃冊命副使、工部員外郎，又充入南詔副使。元和四年使還，拜祠部郎中。”

王涯。自右拾遺遷。《舊書》一六九本傳：“（貞元）二十年十一月，召充翰林學士，拜右拾遺、左補闕、起居舍人，皆充內職。元和三年，爲宰相李吉甫所怒，罷學士，守都官員外郎。”

杜從郁。自司議郎遷。尋改爲左拾遺。《會要》五六《省號》下：“元和元年九月，以拾遺杜從郁爲秘書丞。郁，司徒佑之子，初，自太子司議郎爲左補闕，右拾遺崔從、韋貫之，左拾遺獨孤郁等上疏，以爲宰相之子，不合爲諫靜之官。於是將爲左拾遺。群等又奏云：‘拾遺與補闕，雖資品不同，而皆是諫官。父爲宰相，而子爲諫官，若政有得失，不可使子論父。’于是改授。”又見《舊書》一五八《韋貫之傳》。

左拾遺

李建。是年罷爲詹事府司直（《新傳》太子詹事）。《舊書》一五五本傳：
"元和六年，坐事罷職，降詹事府司直。高郢爲御史大夫，奏爲殿中侍御
史。"《新書》一六二本傳："左除太子詹事。"按高郢元和三年至四年爲大御，
見《舊書》一四《憲宗紀》上。此處六年當是元年之誤。

張聿。

張宿。約是年貶郴州郴縣丞。《舊書》一五四本傳："授左拾遺。以舊
恩，數召對禁中，機事不密，貶郴州郴縣丞。"

杜從郁。自左補闕轉，尋改秘書丞。見左補闕引。

元稹。四月辛酉自秘書省校書郎遷。九月出爲河南尉。尋丁母憂。
見白居易《元公墓誌銘》。《通鑑》二三七"元和元年"。按《舊書》一六六本
傳云右拾遺。當誤。

李渤。九月辛巳（《舊書》云癸丑）徵召，辭疾不至。《舊書》一四《憲宗
紀》上。《通鑑》二三七"元和元年"。按《新書》一一八本傳云右拾遺。

盧元輔。是年當任。《舊書》一三五《盧杞傳附》："德宗思（盧）杞不已，
乃求其後，特恩拜左拾遺。"

蕭祐（祜）。約是年任。《新書》一六九本傳："少貧窶，隱居，以孝養聞。
司農卿李實督官租，祜居喪，未及輸。召至，將責之，會有賜與，倩祜爲奏，
實稱善，即薦于朝。終制，以處士拜左拾遺。"《元龜》九八《徵聘》："蕭祐，少
貧苦，居山野，奉養以孝，徵拜左拾遺。"按李實貞元十八年至十九年三月爲
司農卿，《元龜》亦接載元和元年之後。故繫於此。

李諒。蓋是年任（下年貶澄城縣令）。《白居易集箋校》一三《自城東至
以詩代書戲招李六拾遺崔二十六先輩》，作於元和元年，李六即左拾遺李
諒。見朱箋。

憲宗元和二年（八〇七）

中書省

中書侍郎

鄭絪。

李吉甫。《新書》七《憲宗紀》：“（元和二年正月己酉）中書舍人李吉甫爲中書侍郎、同中書門下平章事。”

中書舍人

張弘靖。

李吉甫。正月己酉爲中郎、平章事。

裴佶。是年遷右丞。《舊書》九八本傳：“遷尚書右丞。時兵部尚書李巽兼鹽鐵使，將以使局置於本行，經構已半，會佶拜命，堅執以爲不可，遂令徹之。巽恃恩而强，時重佶之有守，就拜吏部侍郎。”

盧景亮。是年當在任，稍後卒。《新書》一六四本傳：“貶爲朗州司馬……廢抑二十年。至憲宗時，由和州別駕召還，再遷中書舍人……元和初卒。”按景亮貞元四年被貶，至是年二十年。按《柳宗元集校注》一二《先君石表陰先友記》：“盧景亮，涿人。有志義，多所激發。爲諫官，奏書如水赴壑，坐貶，廢棄甚久。至順宗時，爲尚書郎，升中書舍人，卒。”

裴垍。《四庫》本《壁記》：“（元和）二年四月十六日遷中書舍人。”

衛次公。自司勳員外遷。《舊書》一五九本傳：“權知中書舍人。”《壁記》：“元和二年（原作二）正月權知中書舍人出院。”據《壁記》，元和三年六月又入翰林院。則是年當權知中舍。

右散騎常侍

閻濟美。自浙東觀察使遷。《舊書》一八五下本傳：“自婺州刺史爲福建觀察使，復爲潤州刺史、浙西觀察使……入拜右散騎常侍。”按《刺考全編・江南東道》不列其刺潤州，《方鎮年表》不列其鎮浙西。又，《嘉泰會稽志》云鎮浙東，《方鎮年表》五據以繫於是年。從之。

右補闕

崔群。《墓誌續編（元和〇〇五）・故清河崔夫人權厝墓銘》（卒於元和元年六月，葬於二年五月；年三十七）：仲弟宣義郎、守右補闕、雲騎尉群纂。按《壁記》：“元和二年十一月六日自左補闕充。”云左補闕，當誤。此從《墓誌》。

崔迵。《元龜》四八一《譴責》：“崔迵爲右（原衍部）補闕，李諒爲左拾遺。元和二年咸（原作減）以交游猥雜，迵貶爲長水縣令，諒貶爲澄城縣令。”

蕭俛。自右拾遺遷。《舊書》一七二本傳：“元和初，復登賢良方正制科，拜右拾遺，遷右補闕。”

右拾遺

獨孤郁。是年兼史館修撰。

蕭俛。是年遷右補闕。

裴潾。約是年遷左補闕。

狄玄範（狄仁傑孫）。《舊書》一四《憲宗紀》上：“（元和二年七月戊子），狄仁傑孫玄範爲右拾遺。”按《會要》四五《功臣》、《元龜》一三一《延賞》二均云左拾遺。此從《舊紀》。

李約。當在任（約下年遷起居舍人）。

起居舍人

鄭隨。《舊書》一四《憲宗紀》上：“（元和二年二月）己巳，起居舍人鄭隨次對，面受進止；令宣兩省供奉官，自今已後，有事即進狀，次對官宜停。”

王涯。自左補闕遷。《舊書》一六九本傳：“拜右拾遺、左補闕、起居舍人，皆充内職。元和三年，爲宰相李吉甫所怒，罷學士，守都官員外郎。”據其履歷，故繫於此。

門下省

侍中

劉濟。

李師古。當在任。

門下侍郎

杜黄裳。正月乙巳檢校司空、平章事、兼河中尹。《舊書》一四《憲宗紀》上：“（元和二年正月）乙巳，以門下侍郎、同平章事、南陽郡開國公杜黄裳檢校司空、同平章事，兼河中尹、河中晉絳等州節度使。”

武元衡。《舊書》一四《憲宗紀》上：“（元和二年正月）丁卯，以户部侍郎、賜緋魚袋武元衡爲門下侍郎、同平章事……（十月）丁卯，以門下侍郎、平章事武元衡檢校吏部尚書、兼門下侍郎、平章事、成都尹，充劍南西川節度使，仍封臨淮郡公。”

給事中

歸登。

穆質。《會要》八八《鹽鐵》：“元和二年九月，給事中穆質請州府鹽鐵巡院應決私鹽死囚，請州縣同監，免有冤濫，從之。”

房式。自吏部郎中遷。《通鑑》二三七“元和二年”：“（八月）戊寅，以給事中房式爲幽州、成德、義武宣慰使。”

杜兼。約是年自吏部郎中遷。《舊書》一四六本傳：“元和初，入爲刑部、吏部郎中，拜給事中。”六月刺商州。參《刺考全編·山南東道》。

左散騎常侍

盧虔。

楊憑。正月自江西觀察遷。《舊書》一四六本傳：“累遷……太常少卿、湖南江西觀察使，入爲左散騎常侍。”《方鎮年表》五據此列於是年罷鎮江西。

馮伉。自同刺遷。《舊書》一八九下本傳：“順宗即位，拜尚書兵部侍郎。改國子祭酒，爲同州刺史。入拜左散騎常侍，復令太學，元和四年卒。”《刺考全編·京畿道》繫於約是年刺同州。

諫議大夫

韋況。是春致仕。《權德輿詩文集》四六《太子賓客舉人自代狀》：“朝議大夫、守太子賓客、驍騎尉、成紀縣開國伯臣權德輿，准制舉自代官諫議大夫韋況。”按此文作於春季，見《權德輿簡譜》。《舊書》一二二本傳：“元和初，授諫議大夫，勉諭到職，數月，乞骸骨，以太子左庶子致仕，卒。”

段平仲。

吕元膺。自右司郎中遷。《舊書》一五四本傳：“元和初，徵拜右司郎中兼侍御史知雜事，遷諫議大夫、給事中。”

常仲孺(儒)。《柳宗元集校注》一二《先君石表陰先友記》：“常仲孺，河南人。今爲諫議大夫。”按柳文作於是年(元和二年)。

左補闕

王涯。是年遷起居舍人。

裴潾。約是年自右拾遺遷。《舊書》一七一本傳：“元和初，累遷右拾遺，轉左補闕。”

左拾遺

張聿。《壁記》：“(元和)二年正月出守本官。”

盧元輔。

蕭祐(祜)。當在任，見上年引。

李諒。是年貶澄城縣令。見右補闕崔迥引。

憲宗元和三年(八○八)

中書省

中書侍郎

鄭絪。是年轉門郎。《舊書》一五九本傳:"轉門下侍郎、宏文館大學士。"見《宰相表》中。

李吉甫。《舊書》一四《憲宗紀》上:"(元和三年九月)戊戌,以中書侍郎、平章事李吉甫檢校兵部尚書、兼中書侍郎、平章事、揚州大都督府長史、淮南節度使。"

裴垍。自户侍遷,入相。《大詔令集》四六《裴垍平章事制》(元和三年九月):"正議大夫、尚書户部侍郎、上柱國、賜紫金魚袋裴垍……可中書侍郎、同中書門下平章事。"《舊書》一四《憲宗紀》上:"(元和三年九月)丙申,以户部侍郎裴垍爲中書侍郎、同平章事。"

中書舍人

張弘靖。

裴垍。《四庫》本《壁記》:"(元和)三年四月二十五日出院拜户部侍郎。"按九月又遷中郎、平章事。見上。

衛次公。是年知貢舉。見《登科記考補正》一七。六月二十五日遷兵侍。《壁記》:"元和三年六月二十五日自權知兵部侍郎充。"

右散騎常侍

閻濟美。

右補闕

崔群。三月遷庫部員外。《壁記》:"(元和)三年四月二十八日加庫部員外郎,五月五日加庫部郎中、知制誥。"

蕭俛。

鄭澣（涵）。自太博遷。《舊書》一五八本傳：“貞元十年舉進士……遷太常博士，改右補闕。”

右拾遺

獨孤郁。兼史館修撰。

李約。是年遷起居舍人。

李正辭。當在任。《舊書》一四八《李吉甫傳》：“（元和）三年秋，裴均爲僕射、判度支，交結權倖，欲求宰相。先是，制策試直言極諫科，其中有譏刺時政、忤犯權倖者。因此均黨揚言皆執政教指，冀以搖動吉甫，賴諫官李約、獨孤郁、李正辭、蕭俛密疏陳奏，帝意乃解。”

崔植。九月後自大理評事遷。《權德輿詩文集》三三《崔公（佑甫）文集序》：“公薨二十九年，天子命公嗣子植爲右拾遺。植乃捧公遺文三十編，見咨論叙。”《元龜》三二一《知人》：“裴垍爲相，時崔植爲大理評事，秩滿退居洛下，潛心經史，尤精易象。垍知其操行，擢拜左拾遺。”左當爲右之訛。裴垍九月丙申入相。

起居舍人

鄭隨。當在任（上年二月在任）。

王涯。四月遷都官員外。《舊書》一六九本傳：“元和三年，爲宰相李吉甫所怒，罷學士，守都官員外郎。再貶虢州司馬。”《會要》七六《貢舉》中：“（元和三年）四月，以起居舍人、翰林學士王涯爲都官員外。”

李約。蓋是年任。接王涯。

門下省

侍中

劉濟。兼檢校司徒、同平章事、幽州節度使。

門下侍郎

鄭絪。《宰相表》中：（元和三年）九月鄭絪爲門下侍郎。

武元衡。兼門郎、平章事、劍南西川節度使。

給事中

歸登。

穆質。《元龜》一五一《慎罰》：“（元和）三年九月，給事中穆質奏：‘諸州府鹽鐵使巡院應決私鹽死囚，請州縣同監，免有冤濫。’從之。”

房式。是年出鎮陝虢。《舊書》一一一本傳：“除陝虢觀察使、兼御史中丞。”參《方鎮年表》四。

李藩。自司業傳。《會要》五四《省號》上：“元和三年，以國子司業李藩爲給事中。”

左散騎常侍

盧虔。是年檢校工尚兼秘監。歸登《秘書監（盧虔）神道碑》：元和元年，拜左散騎常侍，加朝請大夫。元和三年十月檢校工部尚書兼秘書監。

楊憑。是年遷刑侍。《舊書》一四六本傳：“入爲左散騎常侍、刑部侍郎、京兆尹……元和四年拜京兆尹。”參《郎表》四刑侍。

馮伉。是年遷祭酒。《舊書》一八九下本傳：“入拜左散騎常侍，復領國學。”按李元素是年自浙西入遷祭酒，十月轉太常卿，代高郢，高郢自祭酒轉大御。見《舊書》一三二《李元素傳》、《舊書》一四《憲宗紀》上。參《方鎮年表》五。

諫議大夫

段平仲。《舊書》一四《憲宗紀》上：“（元和三年十二月）辛未，以諫議大夫段平仲使南詔吊祭。”又見《會要》九九《南詔蠻》。

呂元膺。

常仲儒（孺）。是年遷吏部員外。《民國禹縣志》一三《故江陵府石首縣令劉浣墓誌》：“於貞元十五年七月廿三日寢疾，終於江陵府私第……夫人榮陽鄭氏……以元和三年七月廿日，終於陽翟縣具茨坊私第……即以其年十一月十八日，合祔於三封鄉角子山之原舊塋。”末署：朝議郎、行尚書吏部員外郎、賜緋魚袋常仲儒撰。

起居郎

薛存誠。九月後自度支員外遷。《舊書》一五三本傳：“裴垍作相，用爲起居郎。”按裴垍九月入相。

左補闕

裴潾。當在任。見上年引。

周禎。當在任。韓愈《集賢院校理石君（洪）墓誌銘》：“故相國鄭公餘慶留守東都,上言洪可付史筆,李建拜御史,周禎爲補闕,皆舉以讓。"按是年鄭餘慶爲東都留守,李建自詹事拜殿侍御。暫繫於左補闕。

左拾遺

白居易。《舊書》一六六本傳:"(元和)三年五月,拜左拾遺。"《壁記》:"(元和)三年四月二十六日遷左拾遺。"

韋弘景。《舊書》一五七本傳:"元和三年,拜左拾遺,充集賢殿學士,轉右補闕。"

憲宗元和四年（八〇九）

中書省

中書侍郎

裴垍。

中書舍人

張弘靖。是年知貢舉。見《登科記考補正》一七。放榜後遷工侍。見《郎表》一六《輯考五》下。

李益。自都官員外遷。見《校箋》四引《舊書》五八《韋貫之傳》，云元和三年，李益爲都官郎中，爲是年考策官。後云：“尋轉中書舍人、出爲河南少尹。”

右散騎常侍

閻濟美。是年刺華州。《舊書》一八五下本傳：“入拜右散騎常侍，華州刺史、潼關防禦、鎮國軍使。”參《刺考全編・京畿道》。

右補闕

蕭俛。

鄭澣（涵）。

獨孤郁。自右拾遺遷。兼史館修撰。韓愈《獨孤府君墓誌銘》：“（元和）四年，遷右補闕。”

李正辭。約是年自右拾遺遷。《舊書》一四八《裴垍傳》：“垍在中書，有獨孤郁、李正辭、嚴休復自拾遺轉補闕，及參謝之際，垍廷語之曰：‘獨孤與李二補闕，孜孜獻納，今之遷轉，可謂酬勞無愧矣。嚴補闕官業，或異於斯，昨者進擬，不無疑緩。’休復悚恧而退。”按上年九月裴垍入中書。又見同卷《李吉甫傳》。

右拾遺

獨孤郁。兼史館修撰。是年遷右補闕。

崔植。當在任（上年九月後始任）。

嚴休復。見右補闕李正辭引。

李正辭。約是年遷右補闕。

起居舍人

李約。韓愈《獨孤府君墓誌銘》：“（元和）四年（獨孤郁）遷右補闕……君與起居舍人李約交章指摘，事以不行。”

裴度。自河南府功曹遷。《舊書》一二〇本傳：“出爲河南府功曹。遷起居舍人。”《大詔令集》六三《冊贈吳少誠司徒文》：“維元和四年歲次己丑十二月壬申朔二十七日戊戌……遣使權知宗正卿李詞、副使起居舍人裴度持節冊贈爾爲司徒。”

門下省

門下侍郎

鄭絪。《宰相表》中：（元和四年）二月丁卯，絪罷爲太子賓客。

李藩。《新書》七《憲宗紀》：“（元和四年）二月丁卯……給事中李藩爲門下侍郎、同中書門下平章事。”

給事中

歸登。是年遷工侍。《舊書》一四九本傳：“順宗初，以東朝舊恩，超拜給事中，旋賜金紫，仍錫衫笏焉。遷工部郎中。”十月爲太子諸王侍讀。《舊書》一四《憲宗紀》上：“工部侍郎歸登、給事中呂元膺爲皇太子諸王侍讀。”《郎表》四工侍：是年由給侍中遷。

穆質。《全文》六五四元稹《薛公（戎）神道碑文銘》：“給事中穆質有直氣，愛公，稱於朝，因拜尚書刑部員外郎。”按薛戎是年拜刑部員外。

李藩。二月丁卯遷門郎、平章事。

呂元膺。自新除同州刺史遷。《會要》五四《省號》上：“（元和四年）十月，以同州刺史呂元膺爲給事中。”《全文》六三《冊皇太子敕文》：“元和四年十月十八日……工部侍郎歸登、給事中呂元膺，並踐履端方，行義休潔……

並可充皇太子諸王侍讀。”

劉伯芻。《舊書》一五三本傳：“遷考功郎中、集賢院學士，轉給事中。”

段平仲。吊祭南詔使還，自大諫遷給事中。

諫議大夫

段平仲。《會要》五五《省號》下：“元和四年正月，先是，諫議大夫段平仲充册立南詔及吊祭使，諫議大夫呂元膺充河南、江西宣慰。議者以爲諫官盡去，恐傷大體，於是元膺罷行，平仲繼止。”按上年十二月辛未呂元膺充南詔吊祭使。見《舊書》一四《憲宗紀》上。吊祭南詔使還，遷給事中。

呂元膺。十月刺同州，未之行，改給事中（見給事中引）。《舊書》一五四本傳：“及鎮州王承宗之叛，憲宗將以吐突承璀爲招討處置使。元膺與給事中穆質、孟簡，兵部侍郎許孟容等八人，抗論不可……出爲同州刺史，及中謝，上問時政得失，元膺論奏，辭氣激切，上嘉之……留元膺給事左右。”

孟簡。自司封郎中遷。《舊書》一六三本傳：“元和四年，超拜諫議大夫。”按《舊書》一五《呂元膺傳》謂是年爲給事中，見上引。當誤。

裴堪。蓋是年始任。見下年及後年引。

起居郎

薛存誠。約是年遷司勳員外。《舊書》一五三本傳：“裴垍作相，用爲起居郎、轉司勳員外郎。”

左補闕

裴潾。

韋弘景。七月九日自左拾遺遷。

左拾遺

白居易。充翰林學士。

韋弘景。《壁記》：“元和四年七月一日自左拾遺、集賢院直學士充。九日轉左補闕。”

韋瓘（茂弘）。《登科記考》一七考引《桂林風土記》：“韋舍人瓘，年十九入關應進士第，二十一進士狀頭。敕下，除左拾遺。”見《登科記考補正》一七。按韋瓘穆宗即位即元和二十年時尚爲左拾遺。任是職時間之久，甚爲可疑。又，徐松云與韋珩之弟，當別是一人，余按，據舍人一職當是同一人。《新書》一六二《韋瓘傳》：“正卿子瓘，字茂弘，進士及第，仕累中書舍人。”

憲宗元和五年（八一〇）

中書省

中書令

張茂昭。十月甲午任。兼河中尹、河中晉絳慈隰節度使。《舊書》一四《憲宗紀》上："（元和五年十月）甲午，以前義武軍節度、檢校太尉、兼太子太傅、同平章事張茂昭檢校太尉、兼中書令、河中尹，充河中晉絳慈隰節度使。"

中書侍郎

裴垍。《舊書》一四《憲宗紀》上："（元和五年十一月）庚申，以中書侍郎、平章事爲兵部尚書。"

中書舍人

李益。約是年出爲河南少尹。參上年引。

李絳。自司勳郎中遷。《壁記》："（元和）五年五月五日加司勳郎中，依前充。十一月遷中書舍人。"《會要》五七《翰林院》云十二月。

韋貫之。八月自都官郎中遷。《舊書》一四《憲宗紀》上："（元和五年八月乙亥）以都官郎中韋貫之爲中書舍人。"

右諫議大夫

蔣乂（蔣武）。年底自少秘監遷。《舊書》一四九本傳："（元和）五年，書成奏御，以功拜右諫議大夫。"又見《舊書》一四《憲宗紀》上："（元和五年十二月）新授諫議大夫蔣武改名乂。"

右補闕

蕭俛。

鄭澣（涵）。約是年遷起居舍人。

獨孤郁。九月丁卯遷起居郎。韓愈《獨孤府君墓誌銘》。按《舊書》一四《憲宗紀》上云："（元和五年）九月丁卯守本官起居，以妻父權德輿在中書，避嫌也。"

李正辭。

右拾遺

嚴休復。當在任。見上年引。

崔植。約是年遷左補闕。

韋處厚。自咸陽尉遷。《寶刻叢編》五引《集古錄目》："《唐京河水門記》，唐秘書省校書郎、直史館韋處厚撰，處士唐衢八分……元和五年正月立此碑。"《舊書》一五九本傳："遷右拾遺，並兼史職。修《德宗實錄》五十卷上之。"《元龜》五五四《恩獎》：元和十五年十二月，諸史官進《德宗實錄》五十卷，以秘書少監、史館修撰蔣武爲諫議大夫，直史館、密縣樊紳爲左拾遺内供奉，咸陽尉韋處厚爲右拾遺内供奉。

起居舍人

李約。

裴度。八月遷司封員外。《舊書》一四《憲宗紀》上："（元和五年八月乙亥）起居舍人裴度爲司封員外郎、知制誥。"

鄭澣（涵）。約是年自右補闕遷。《舊書》一五八本傳："貞元十年舉進士。以父謫官，累年不任……及餘慶入朝，憲宗謂餘慶曰：'卿之令子，朕之直臣，可更相賀。遂遷起居舍人。"

門下省

門下侍郎

李藩。

給事中

穆質。是年遷左庶子。《全文》四八一馬總《南海舉給事中穆質自代狀》："伏乞以臣官授之於質，則必能鎮靜方域，輯和蕃戎。"元和五年七月庚申，馬總自虔州刺史移鎮安南。見《舊紀》一四《憲宗紀》上。于時嘗薦穆質以自代。《舊書》一五五本傳：憲宗用内官吐突承璀討王承宗，穆質論奏，憲宗不悦，尋改質爲左庶子。論奏事詳見《通鑑》二三八"元和四年十月條”。

吕元膺。十月戊辰遷中丞。十二月鎮鄂岳。《舊書》一四《憲宗紀》上：元和五年十月戊辰，給事中吕元膺爲御史中丞。十二月壬午，以前御史中丞吕元膺爲鄂州刺史，鄂黄岳沔蘄安黄等州觀察使。

劉伯芻。

段平仲。《通鑑》二三八“元和五年”：“九月己亥，吐突承璀自行營還，辛亥，復爲左衛上將軍，充左軍中衛……給事中段平仲、吕元膺言承璀可斬。”

諫議大夫

孟簡。

裴堪。當在任（下年四月戊辰爲同州防禦使）。

張正一。蓋是年或上年自西川觀察判官遷。見下年引。

柳公綽。十一月自吏部郎中遷，十二月改中丞。《舊書》一四《憲宗紀》上：“（元和五年十一月）丙寅，吏部郎中柳公綽獻《太醫箴》，上深喜納，遣中使撫勞之。”《舊書》一四《憲宗紀》上：“（元和五年十二月）壬午，以吏部郎中柳公綽爲御史中丞。”按自大諫除。《白居易集箋校》五五《除柳公綽御史中丞制》：“諫議大夫柳公綽，忠實有常，文以詞學。介然端直，有古之遺風。頃居臺憲，累次郎位。持平守正，人頗稱之。擢首諫司，器望益重。今副相缺位，中司專席……可御史中丞。”按據制文，當時先居郎位（即吏部郎中），再居諫司（即大諫），後改中丞。

起居郎

獨孤郁。自右補闕遷。韓愈《獨孤府君墓誌銘》：“（元和）五年，遷起居郎，爲翰林學士。”《四庫》本《壁記》：“元和五年四月一日自右補闕、史館修撰改起居郎充。九月出守本官。”

左補闕

裴潾。

韋弘景。充翰林學士。

崔植。約是年自右拾遺遷。《元龜》四六七《舉職》：“崔植，祐甫之子，爲左補闕，與鄭覃皆賢相之後，同時司諫。朝廷每有得失，二人必送上章疏。公議鬱然歸美。”

左拾遺

白居易。《白居易集箋校》三六《香山居士寫真詩》序：“元和五年，予爲左拾遺、翰林學士，奉詔寫真於集賢殿御書院。”《壁記》：“（元和）五年五月五日改京兆府户曹參軍，依前充，丁憂。”

樊紳。十二月自密縣尉遷。見右拾遺韋處厚引。

憲宗元和六年（八一一）

中書省

中書令

張茂昭。《舊書》一四《憲宗紀》上："（元和六年二月）丙子，河中節度使、檢校太尉、中書令張茂昭卒。"

中書侍郎

李絳。《舊書》一四《憲宗紀》上："（元和六年十二月）己丑，制以朝議郎、守尚書户部侍郎、驍騎尉、賜金魚袋李絳爲朝議大夫、守中書侍郎、同中書門下平章事。"

李吉甫。《舊書》一四《憲宗紀》上："（元和六年正月）庚申，以淮南節度使、中書侍郎、同平章事、趙國公李吉甫復知政事、集賢殿大學士、監修國史。"

中書舍人

李絳。《壁記》："（元和）六年二月二十七日出院，拜户部侍郎。"按十二月又自户侍遷中郎、平章事。見上。

韋貫之。《舊書》一四《憲宗紀》上："（元和六年）六月甲子朔，减教坊樂人衣糧……乃命給事中段平仲、中書舍人韋貫之、兵部侍郎許孟容、户部侍郎李絳等詳定减省。"

于尹躬。知貢舉。見《登科記考補正》一八。是年貶刺洋州。《唐詩紀事》三二："（于尹躬）元和間爲中書舍人，坐其弟皋漢（謨）以贓獲罪，左授洋州刺史。"《白居易集箋校》五四《貶于尹躬刺史制》："中書舍人于尹躬，其弟皋謨，贓污狼藉。雖無從坐之法，合當失教之責……俾居近郡，兹謂得中。"按岑仲勉謂非白氏文。

右諫議大夫

蔣乂（蔣武）。是年遷少太常。《舊書》一四九本傳：“（元和）五年……明年監修國史裴垍罷相，李吉甫再入，以乂、垍之修撰，改授太常少卿。”

右補闕

蕭俛。正月翻譯《心地觀經》。《舊書》一四《憲宗紀》上：“（元和六年正月）敕諫議大夫孟簡、給事中劉伯芻、工部侍郎歸登、右補闕蕭俛等於豐泉寺翻譯《大乘本生心地觀音經》。”四月充翰林學士。《壁記》：“元和六年十月十二日自右補闕充。”

李正辭。

丁公著。自太子文學遷。《舊書》一八八本傳：“淮南節度使李吉甫慕其才行，薦授太子文學，兼集賢殿校理。吉甫自淮南入相，廷薦其行，即日授右補闕。”按正月李吉甫自淮南入相。

右拾遺

韋處厚。四月停修撰，守本官。《會要》六四《史館雜錄》下：“（元和）六年四月，史官左拾遺樊紳、右拾遺韋處厚，太常博士林寶，並停修撰。”按是年稍後當遷左補闕。見下引。

起居舍人

李約。蓋是年遷兵部員外郎。《因話錄》二：“兵部員外郎約，汧公（勉）之子也。以近屬宰相子，而雅度去機，蕭蕭沖遠。”

鄭澣（涵）。當在任。

門下省

門下侍郎

李藩。《舊書》一四《憲宗紀》上：“（元和六年）二月丙寅朔，壬申，門下侍郎、同平章事李藩為太子詹事。”

給事中

劉伯芻。正月翻譯《心地觀經》。詳右補闕蕭俛引。

段平仲。六月在任，見中舍韋貫之引。秋遷左丞。《舊書》一五三本傳：“轉給事中，自在要近，朝廷有得失，未嘗不論奏，時人推其狷直。轉尚書左丞。”

李逢吉。自右司郎中遷。《舊書》一六七本傳：“（元和）六年，遷給事中。”

諫議大夫

孟簡。正月在任。八月或稍後遷常刺。參與翻譯《大乘本生心地觀音經》，《全文》六三《大乘本生心地觀經序》：“命諫議大夫孟簡等四人潤色其文，列爲八卷，勒成一部。”另參右補闕蕭俛引。《集古錄目》四：“《唐昭懿公主碑》，諫議大夫孟簡撰，權知吏部郎中皇甫鎛書……碑以元和六年立。”《舊書》一六三本傳：“王承宗叛，詔以吐突承璀爲招討使，簡抗疏論之，坐語訐，出爲常州刺史。”按《元龜》一八一《惡直》云自右補闕刺常州。當誤。又按是年八月，常州刺史崔芃改刺洪州，見《舊書》一四《憲宗紀》上。孟簡當接任。《刺考全編·江南東道》繫於七年。似未確。

裴堪。《舊書》一四《憲宗紀》上：“（元和六年四月戊辰）以諫議大夫裴堪爲同州防禦使。”

張正一（壹）。春或上年致仕。《白居易集箋校》五五《張正一致仕制》：“前諫議大夫張正一，學行器用，爲時所稱。擢居諫官，冀效忠讜。雖年齒未暮，而衰疾有加……可國子司業致仕。”按《郎官考》一二户部員外張正壹引石刻《蜀丞相諸葛武侯祠堂碑陰》，武元衡題名，後列觀察判官、朝散大夫檢校尚書户部郎中兼侍御史驍騎尉張正壹。元和四年二月（刻）。

孔戣。自兵部員外遷。《舊書》一四《憲宗紀》上：“（元和六年十月）丙戌，以諫議大夫孔戣爲皇太子諸王侍讀。”

起居郎

獨孤郁。是年遷考功員外。韓愈《獨孤府君墓誌銘》：“權公既相，君以嫌自列，改尚書考功員外郎，復史館職。”《會要》六四《史館雜錄》下：“（元和）六年四月……以考功員外郎獨孤郁充史館修撰，兼判館事。”

左補闕

裴潾。

韋弘景。

韋處厚。四月後自右拾遺遷。《舊書》一五九本傳：“遷右拾遺，並兼史職。修《德宗實錄》五十卷上之。”按《舊書》一四《憲宗紀》上：“（上年）冬十月……庚辰，宰相裴垍進所撰《德宗實録》五十卷，賜垍錦彩三百匹、銀器等，史官蔣武、韋處厚等頒賜有差。"

左拾遺

樊紳。四月停修史館修撰，守本官。見右拾遺韋處厚引。

楊歸厚。當在任（下年十二月丙辰貶國子主簿）。

憲宗元和七年（八一二）

中書省

中書侍郎

李絳。

李吉甫。《寶刻叢編》七引《集古録目》："《唐杜佑賓佐記》，唐司徒平章事杜佑撰，不著書人名氏。所記前後賓佐，其首今相國中書侍郎趙國公者李吉甫也。其餘凡八十餘人，碑以元和七年立。"

中書舍人

韋貫之。權知禮侍。《會要》七五《貢舉》上："（元和）七年十二月，權知禮部侍郎韋貫之奏：'試明經請停墨義，依舊格，問口義。'從之。"

裴度。年末自司封郎中遷。《舊唐書》一五《憲宗紀》下："（元和七年十一月）乙丑，詔：'田興以魏博請命，宜令司封郎中、知制誥裴度往彼宣慰。'"《舊書》一七〇本傳："使（魏博）還，拜中書舍人。"

崔群。自庫部郎中遷。《壁記》："（元和）三年四月二十八日加庫部員外郎，五月五日加庫部郎中、知制誥，十二月賜緋；七年四月二十九日遷中書舍人。"《白居易集箋校》五四《除崔群中書舍人制》："庫部郎中、知制誥、翰林學士崔群……所宜寵以正名，式光禁職。"按此非白氏文。

右補闕

蕭俛。八月五日遷司封員外。《舊書》一七二本傳："（元和）七年，轉司封員外郎。"《壁記》："（元和）七年八月五日加司封員外郎。"

李正辭。當在任。

丁公著。

宋景。蓋是年始任。《全文》五六八韓愈《祭石君文》："維元和七年歲次壬辰七月二十七日，右補闕宋景、國子博士韓愈，謹以清酌庶羞之奠，敬祭於石三學士之靈。"

起居舍人
鄭澣（涵）。當在任。

通事舍人
張賈。《元龜》九八〇《通好》："（元和）七年正月癸未，以鴻臚卿張茂宣充入回鶻使，通事舍人張賈副焉。"

門下省

給事中
劉伯芻。六月刺陝虢。《元龜》四八《從人欲》："元和七年六月癸丑，以給事中劉伯芻爲虢州刺史，以疾求出故也。"

李逢吉。十一月乙亥充太子諸王侍讀。《舊書》一五《憲宗紀》下："（元和七年十一月）乙亥，以給事中李逢吉、司勳員外郎李巨並充皇太子諸王侍讀。"

薛存誠。自駕部郎中遷。《白居易集箋校》五五《除孔戣等官制》（按非白氏文）："駕部郎中薛存誠……可給事中。"按《舊書》一五三本傳："改兵部郎中、給事中。"云自兵部郎中改給事中。當誤。七月後又遷中丞。《會要》五四《給事中》："（元和）七年七月，瓊林庫使奏：'巧兒舊挾名外，別定一千三百四十六人，請宣下內府爲定額，特免差役。'時給事中薛存誠以爲此皆奸人竄名，以避征徭，不可以許。又咸陽尉袁儋與鎮軍相競，軍人無理，遂肆侵誣，儋反受罰。二敕繼至，存誠皆執之。上聞甚悅，命中使嘉勞。由是選拜御史中丞。"

孔戣。自大諫遷。《白居易集箋校》五五《除孔戣等官制》（按非白氏文）："諫議大夫孔戣……可給事中。"

左散騎常侍
歸登。約是年自工侍遷。《舊書》一四九本傳："遷工部侍郎……久之改左散騎常侍。"

諫議大夫
孔戣。是年遷給事中。韓愈《正議大夫尚書左丞孔公（戣）墓誌銘》：

"元和元年，以大理正徵。累遷江州刺史、諫議大夫。事有害於正者，無所不言。加皇太子侍讀，改給事中。"《新書》一六三本傳："俄兼太子侍讀，改給事中。"

杜羔。當在任（下年在任）。

左補闕

裴潾。

韋弘景。《壁記》："（元和）七年二月五日遷司門員外郎。"

韋處厚。是年遷禮部員外。《舊書》一五九本傳："轉左補闕、禮部考功二員外。"按禮部員外僅一員，是年崔備遷工部郎中。

路隨。約是年末任。《舊書》一五九本傳："元和五年，邊吏以訃至，隨居喪，益以孝聞。服闋，擢拜左補闕。"

左拾遺

樊紳。當在任（上年四月在任）。

楊歸厚。十二月丙辰貶國子主簿，分司。《舊書》一五《憲宗紀》下："（元和七年十二月）丙辰，左拾遺楊歸厚以自娶婦，進狀借禮會院，貶國子主簿，分司。"

憲宗元和八年(八一三)

中書省

中書侍郎

李絳。

李吉甫。

中書舍人

韋貫之。知貢舉。見《登科記考補正》一八。權知禮侍,放榜後正除。《舊書》一五八本傳:"改禮部侍郎。凡二年,所選士大抵抑浮華,先行實,由是趨競者息。轉尚書右丞,中謝日面賜金紫。"《白居易集箋校》五五《中書舍人韋貫之授禮部侍郎制》:"中書舍人韋貫之……可禮部侍郎。"按此制非白氏文。

裴度。

崔群。充翰林學士、知制誥。

右補闕

李正辭。是年遷左司員外。《郎官考》二左司員外郎有李正辭,在韋纁後、韋審規前。按元和十年或稍前韓愈有《祭左司李員外太夫人文》。

丁公著。

宋景。當在任(蓋上年始任)。

鄭權。《墓誌彙編下(〇六五)·故殿中侍御史李虚中墓誌》:卒於元和八年六月乙酉,葬於十月戊申。篆蓋:右補闕鄭權篆蓋。按鄭權元和六年已任兵部郎中(從五品上),此云右補闕(從七品上),不知何故。當别是一人耶?

李宗閔。約是年自監察御史遷。按元和十年宗閔在右補闕任,十一年遷禮部員外。

右拾遺

楊嗣復。約是年自西川幕府遷，尋遷太博。《舊書》一七六本傳：“遷右拾遺，直史館。以嗣復深於禮學，改太常博士。元和十年，累遷至刑部員外郎。”據其履歷，故繫於此。

庾敬休。約是年自渭南尉遷。《舊書》一八七下本傳：“敬休舉進士，以宏詞登科，授秘書省校書郎，從事宣州。旋授渭南尉、集賢校理。遷右拾遺、集賢學士。”按元和元年舉進士，同年又登宏詞科。

起居舍人

鄭澣（涵）。當在任。

盧士枚。《全文》五三八裴度《劉太真神道碑》（卒於貞元八年三月，年六十八；遷葬於貞元十八年十月，碑作於元和八年）：“公之徽烈，將示於來裔，而高碑未刻，良允繼没。於是門生之在朝廷者，諫議大夫杜羔、中書舍人裴度、起居舍人盧士枚、殿中侍御史李修、光禄少卿盧長卿、右司郎中韋乾度、工部員外郎李君何……咸懷賞鑒，自悼遺闕。”

門下省

門下侍郎

武元衡。《新書》七《憲宗紀》：“（元和八年）三月甲子，劍南西川節度使武元衡爲門下侍郎、同中書門下平章事。”

給事中

李逢吉。兼充太子諸王侍讀。

孔戣。權知右丞。是年正拜右丞。《全文》五六三韓愈《正議大夫尚書左丞孔公墓誌銘》：“改給事中……權知尚書右丞，明年拜右丞。”

孟簡。自常州刺史遷。《舊書》一一三本傳：“（元和）八年……徵拜爲給事中。”

竇易直。自中丞遷。九月戊辰鎮陜虢。《舊書》一六七本傳：“（元和）八年，改給事中。九月出爲陜虢都防禦觀察使，仍賜紫。”《舊書》一五《憲宗紀》下：“（元和八年九月）戊辰，以給事中竇易直爲陜虢防禦使，仍賜金紫。”

杜叔通。是年前後在任。權德輿《奉送杜少尹閣老赴東都序》：“叔通之於文學政事,若雄鋩百鍊,歛郤中節。頃由東曹郎給事黃門,俄以中執法守上洛,得幹支郡,視方任焉。及今亞尹洛師,實顓府政。冬十月,至自繞雷,來朝京師,三接面命,出車就道……岐燕元老,理具惜別,文昌六職,夏官卿趙公而下,舉白出祖,交歡道舊。"按夏官卿趙公,當爲趙宗儒,元和十一年爲兵尚,十二年七月即徙少傅,權知吏部銓事。

左散騎常侍

歸登。

諫議大夫

胡証。自魏博節度副使遷。《集古録目》四:"《唐田弘正家廟碑》,比部郎中、史館修撰韓愈撰,諫議大夫胡證八分書幷篆額。憲宗時,魏博節度使田弘正始以六州歸於朝廷,詔追贈其父母,立廟祭三世,敕愈爲之記。碑以元和八年十一月立。"

杜羔。是年在任。見起居舍人盧士枚引。

起居郎

王起。約是年自殿侍御遷。《舊書》一六四本傳:"宰相李吉甫鎮淮南,以監察御史充掌書記。入朝爲殿中,遷起居郎、司勳員外郎、直史館。元和十四年,以比部郎中知制誥。"《白居易集箋校》五《禁中曉臥懷王起居》朱金城謂王起居爲王起,作於元和五年。按,似未確。李吉是年六月鎮淮南,十二月李鄘接替。而詩寫夏景,則王起剛入淮南幕。況是年五月後白居易轉京兆户曹參軍,不久丁憂。

左補闕

裴潾。

路隨。

劉從周。《壁記》:"元和八年七月二十七日自左補闕充。卒。"

王源中。當在任。《新書》一六四本傳:"擢進士、宏詞,累遷左補闕。"

左拾遺

沈傳師。約是年自鄠縣尉遷。《舊書》一四九本傳:"傳師,擢進士,登制科乙第,授太子校書郎、鄠縣尉、直史館,轉左拾遺、左補闕。"按後年即元和十一年以左補闕充翰林學士。

憲宗元和九年(八一四)

中書省

中書侍郎

李絳。《舊書》一五《憲宗紀》下:"(元和九年二月)癸卯,制朝議大夫、守中書侍郎、同平章事……李絳守禮部尚書,累表辭相位故也。"

李吉甫。十月丙午薨。《舊書》一五《憲宗紀》下:"(元和九年)冬十月甲辰朔,丙午,金紫光禄大夫、中書侍郎、同平章事、集賢大學士、監修國史、上柱國、趙國公李吉甫卒。"

張弘靖。自刑尚、平章事遷,仍平章事。《宰相表》中:(元和九年)十二月庚戌,弘靖守中書侍郎。

中書舍人

裴度。十一月戊戌遷中丞。《舊書》一五《憲宗紀》下:"(元和九年十一月)戊戌,以中書舍人裴度爲御史中丞。"按《舊傳》云十月。

崔群。六月二十六日遷禮侍。《壁記》:"遷中書舍人。(元和)九年六月二十六日出院,拜禮部侍郎。"

李逢吉。自給事中遷。《舊書》一六七本傳:"(元和)六年,遷給事中……九年改中書舍人。"

王涯。自宗正卿遷。《舊書》一六九本傳:"(元和)九年八月,正拜舍人。"

獨孤郁。自駕部郎中遷,蓋冬以病改少秘監。韓愈《試大理評事王君墓誌銘》:"君諱適,姓王氏……(李惟簡)遷帥鳳翔,君隨往,改試大理評事,攝監察御史、觀察判官。櫛垢爬痒,民獲蘇醒。居歲餘,如有所不樂,一旦載妻子,入閿鄉南山不顧。中書舍人王涯、獨孤郁,吏部郎中張惟素,比部郎中韓愈,日發書問訊,顧不可强起,不即薦。"按王涯九月拜中舍(見上),韓愈十月即自比部遷考功郎中。則王適歸隱山中,韓愈等人發書問訊,必在八月至十月間。韓愈《獨孤府君(郁)墓誌銘》:"(元和)九年,以疾罷,尋遷秘書少監。”

右補闕

丁公著。

李宗閔。

右拾遺

庾敬休。

獨孤朗。自浙東幕府遷。《全文》六三九李翱《獨孤公（朗）墓誌銘》："元和九年，拜右拾遺。"

起居舍人

鄭澣（涵）。當在任。

盧士枚。當在任（上年在任）。

門下省

門下侍郎

武元衡。

給事中

李逢吉。是年遷中舍。

孟簡。《舊書》一五《憲宗紀》下："（元和九年九月戊戌）以給事中孟簡爲越州刺史、浙東觀察使。"

薛存誠。自中丞遷，旋復中丞，暴卒。《會要》六〇《御史中丞》："（元和九年），洪州監軍誣奏信州刺史李位謀大逆，追赴京師。上敕令付仗內鞫問，御史中丞存誠一日三表，請付位於御史臺。及推按無狀，位竟得雪。未幾授存誠給事中。"《舊書》一五三本傳："未幾，再授給事中。數月，中丞闕，上思存誠前效，謂宰相持憲無以易存誠，遂復爲御史中丞。未視事，暴卒。"韓愈《祭薛中丞文》："維元和九年歲次甲午閏八月乙巳朔十五日己未，某官某乙等，謹以清酌庶羞之奠，祭于亡友故御史中丞贈刑部侍郎薛公之靈。"薛公即薛中丞。

李遜。《舊書》一五五本傳："遷越州刺史、兼御史大夫、浙東都團練觀察使……（元和）九年，入爲給事中。"按與孟簡互調。

左散騎常侍

歸登。

潘孟陽。自戶侍遷。《舊書》一五四《吕元膺傳》:"(元膺)入爲尚書左丞。度支使潘孟陽與太府卿王遂迭相奏論,孟陽除散騎常侍,遂爲鄧州刺史。"《舊書》一六二本傳:"與武元衡有舊,元衡作相,復召爲戶部侍郎、判度支,兼京北五城營田使,以和糴使韓重華爲副。太府卿王遂與孟陽不協,議以營田非便,持之不下,孟陽憾形於言,二人俱請對,上怒不許,乃罷孟陽左散騎常侍。明年復拜戶部侍郎……元和十年八月卒。"按事在是年。參《刺考全編·山南東道》。

諫議大夫

胡証。是年出鎮振武麟勝等軍。《舊書》一三《憲宗紀》下:"(元和九年十一月)甲午,以御史中丞胡証爲單于大都護、振武麟勝等軍節度使。"《舊書》一六三本傳:"田弘正以魏博內屬,請除副貳,乃兼御史中丞,充魏博節度副使,仍兼左庶子。入遷左諫議大夫。九年,以党項寇邊,以証有安邊才略,乃授單于都護、御史大夫、振武軍節度使。"按《元龜》一二〇《選將》二:"九年,党項寇邊,以左諫議大夫胡証有安邊才略,乃授單于大都護、御史大夫、振武軍節度使。"誤置於大和九年,實爲元和九年事。

杜羔。當在任(上年在任)。

辛祕。自汝刺遷;改常刺。《舊書》一五七本傳:"出爲汝州刺史,九年,徵拜諫議大夫。改常州刺史。"

起居郎

王起。

左補闕

裴潾。

路隨。兼史館修撰。

段文昌。約是年任。《舊書》一六七本傳:"遷左補闕,改祠部員外郎。元和十一年守本官,充翰林學士。"

左拾遺

沈傳師。

憲宗元和十年(八一五)

中書省

中書侍郎

裴度。自中丞兼刑侍遷,入相。《新書》七《憲宗紀》:"(元和十年六月)乙丑,御史中丞裴度爲中書侍郎、同中書門下平章事。"《大詔令集》四六《裴度平章事制》(元和十年六月):"朝議大夫、守御史中丞、兼刑部侍郎、飛騎尉、賜紫金魚袋裴度……守中書侍郎、同中書門下平章事。"

張弘靖。十二月庚戌自刑尚、平章事徙,仍平章事。《宰相表》中:(元和十年)十二月庚戌弘靖守中書侍郎。《通鑑》二三九"元和十年":"(十二月)王承宗縱兵四掠,幽、滄、定三鎮皆苦之,爭上表請討承宗。上欲許之,中書侍郎、同平章事張弘靖以爲'兩役並興,恐國力所不支,請并力平淮西,乃征恒冀',上不爲之止,弘靖乃求罷。"

中書舍人

李逢吉。冬權知貢舉(明年春知貢舉)。

王涯。

錢徽。自司封郎中遷。《壁記》:"(元和)十年七月二十三日遷中書舍人。"

庾承宣。自考功員外遷。考功員外僅一員,是年韋處厚自禮部員外遷任。

李建。《白居易集箋校》一五《李十一舍人松園飲……因酬四韻》,作於元和十年,李十一即中舍李建。見朱金城箋。

右散騎常侍

任迪簡。自賓客遷。《全文》六一《停任迪簡等俸料制》:"新授右散騎常侍任迪簡、秘書少監獨孤郁等,如聞疾患日久,未在視事,其俸料等,宜令所司住給。"按韓愈《獨孤府君墓誌銘》："（元和）十年正月，病遂殆。甲午輿歸，卒於其家。"知在是年正月。

右補闕

丁公著。

李宗閔。《西市博物館藏墓誌（三六五）·唐右補闕隴西李公（宗閔）之妻京兆韋氏墓誌銘》：卒於元和十年四月，葬於十一月。據墓碑題目，知李宗閔在任。

庾敬休。自右拾遺遷。《舊書》一八七下本傳："遷右拾遺、集賢校理。歷右補闕。"

右拾遺

庾敬休。約是年遷右補闕。

獨孤朗。韓愈《獨孤府君墓誌銘》："（元和十年正月獨孤郁卒）四月己酉，其兄右拾遺朗以喪，東葬河南壽安之甘泉鄉家塋憲公墓側。"

起居舍人

鄭澣（涵）。當在任。

門下省

門下侍郎

武元衡。同平章事。六月爲賊所殺。《舊書》一五《憲宗紀》下："（元和十年）六月辛丑朔。癸卯，鎮州節度使王承宗遣盜夜伏於靖安坊，刺宰相武元衡，死之。"

給事中

李遜。是年遷戶侍。《舊書》一五五本傳："（元和）九年（九月），入爲給事中……俄遷戶部侍郎。元和十年，拜襄州刺史。"

盧汀（雲夫）。蓋是年自庫部郎中遷（下年在任）。

左散騎常侍

歸登。

潘孟陽。八月卒。《舊書》一六二本傳："乃罷孟陽爲左散騎常侍。明年,復拜户部侍郎……俄以風緩不能行,改左散騎常侍。元和十年八月卒,贈兵部尚書。”

諫議大夫

韋綬(字子章)。自職方郎中遷。《舊書》一六二本傳:“元和十年,改職方郎中,充太子諸王侍讀,再遷諫議大夫。”《會要》四《雜録》:“元和十年,皇太子侍讀、諫議大夫韋綬奏:‘皇太子書至“依”字,輒去其旁“人”字。臣問其故,答曰:“君父每以此字可天下之奏,臣子豈合書之。”’……其年五月……罷其職(侍讀)。”按《元龜》一八《帝德》云元和末。未確。

崔備。約是年自工部郎中遷(下年八月在任)。

起居郎

王起。

路隨。約是年自左補闕遷。兼史館修撰。《舊書》一五九本傳:“服闕,擢拜左補闕……俄遷起居郎。”

左補闕

裴潾。

路隨。約是年遷起居郎。

段文昌。

左拾遺

沈傳師。

憲宗元和十一年（八一六）

中書省

中書侍郎

裴度。《權德輿詩文集》二九《莊憲皇后謚冊文》：“維元和十一年歲次景申（丙申）某月朔日……謹遣攝太尉、中書侍郎、平章事臣裴度，奉册上尊謚曰莊憲皇后。”

張弘靖。《舊書》一五《憲宗紀》下：“（元和十一年正月）己巳，以中書侍郎、平章事張弘靖檢校吏部尚書、兼太原尹、北都留守、河東節度使。”

韋貫之。自右丞、平章事遷，仍平章事。八月罷爲吏侍。《宰相表》中：（元和十一年）二月乙巳貫之爲中書侍郎，八月壬寅罷爲吏部侍郎。

王涯。自工侍、翰林學士遷，入相。《舊書》一五《憲宗紀》下：“（元和十一年十二月）丁未，以翰林學士、尚書工部侍郎、知制誥王涯爲中書侍郎、同平章事。”

中書舍人

李逢吉。知貢舉。二月乙巳遷門郎、平章事。《唐摭言》一四《主司稱意》：“元和十一年，中書舍人權知貢舉李逢吉下及第三十三人，試策後拜相，令禮部尚書王播署榜，其日午後放榜。”

王涯。十月遷工侍。元稹《承旨學士院記》：“元和十一年正月十八日以中書舍人入院充，二十四日賜紫金魚袋。十月十七日拜工部侍郎、知制誥。十二月十九日拜中書侍郎、同中書門下平章事。”

錢徽。《通鑑》二三九“元和十一年”：“（正月）庚辰，翰林學士、中書舍人錢徽，駕部郎中、知制誥蕭俛，各解職，守本官。”按《新書》一七七本傳：“以論淮西事忤旨，罷職，徙太子右庶子。”

庾承宣。

韓愈。正月自考功郎中遷。五月貶右庶。《舊書》一六〇本傳：“逾歲，轉考功郎中、知制誥,(元和十一年正月)拜中書舍人。俄有不悦愈者,摭其舊事,言愈前左降爲江陵掾曹,荆南節度使裴均館之頗厚,均子鍔凡鄙,近者鍔還省父,愈爲序餞鍔,仍呼其字。此論喧於朝列,(五月)坐是改太子右庶子。"

李程。自兵部郎中遷。《舊書》一六七本傳:"(元和)十年,入爲兵部郎中……明年拜中書舍人、權知京兆尹事。"

主書

楊嶧。《墓誌續編(長慶○○三)•故衛尉寺丞楊嶧及夫人合祔墓誌》(卒於元和十四年十月,年七十二):"授中書主書……拜衛尉寺丞。"

右補闕

丁公著。九月遷水部員外。《元龜》七○八《選任》:"丁公著爲右補闕、集賢殿學士。元和十一年九月,改水部員外郎,充皇太子侍讀。"

李宗閔。是年遷禮部員外。《舊書》一七六本傳:"累遷至禮部員外郎。"韓愈《華嶽題名》:"淮西宣慰處置使、門下侍郎、平章事裴度……掌書記、禮部員外郎、兼侍御史李宗閔……元和十一年八月,宰相奉詔平淮右,八日東過華陰,禮於嶽廟。"

庾敬休。約是年遷起居舍人。

李渤。自著作郎遷。尋改丹王府諮議參軍,分司東都。《舊書》一七一本傳:"(元和)九年,以著作郎徵之……歲餘,遷右補闕。連上章疏忤旨,改丹王府諮議參軍,分司東都。"

段均(一作鈞)。蓋是年始任(下年五月爲殿侍御)。

右拾遺

獨孤朗。《舊書》一六八本傳:"嘗居諫官,請罷淮西用兵,不協旨,貶興元户曹。"按《通鑑》二三九"元和十一年"繫於九月乙亥。

起居舍人

鄭澣(涵)。蓋是年遷考功員外。

庾敬休。約是年自右補遷。《舊書》一八七下本傳:"歷右補闕、稱職,轉起居舍人。"

通事舍人

鄭良宰。《元龜》四八一《譴責》:"鄭良宰爲通事舍人,元和十一年四月,於鄭良宰如聞本非士族,豈容塵忝班行,宜削所鄉官。通事舍人、知館事楊造輕有論薦,頗乖言慎,宜罰一月俸。"(按文意似不通)

楊造。見上引。

門下省

門下侍郎

李逢吉。自中舍遷,同平章事。《舊書》一五《憲宗紀》下:"(元和十一年二月乙巳)以中書舍人、權知禮部貢舉、賜緋魚袋李逢吉爲門下侍郎、同平章事,賜紫金魚袋。"

給事中

盧汀(雲夫)。《韓昌黎詩繫年集釋》九《奉酬盧給事雲夫四兄曲江荷花行見寄並呈上錢七兄閣老張十八助教》,作於元和十一年五月後。見注一。

柳公綽。自鄂岳觀察使遷。十一月庚午轉京兆尹。《舊書》一六五本傳:"(元和)十一年,入爲給事中⋯⋯拜京兆尹,以母憂免。"《元龜》一三六《慰勞》:"(元和十一年)六月庚子,命給事中柳公綽宣慰於淄青。"《元龜》一七七《姑息》二:"(元和)十一年十一月⋯⋯遣給事中柳公綽往(幽州)宣慰。"十一月庚午爲京兆尹。《通鑑》二三九"元和十一年":"(十一月)庚午,以給事中柳公綽爲京兆尹。"

崔從。自中丞遷,旋鎮陝虢。《舊書》一七七本傳:"改給事中,數月,出爲陝州大都督府長史、陝虢團練觀察使。"按《方鎮年表》四謂崔從上年鎮陝虢,據崔從履歷,似未確。

張賈。約是年自吏部郎中遷(下年在任)。

録事

張卓。《西市博物館藏墓誌(三七〇)·張卓墓誌》:"(元和)十一年,補門下録事。"

左散騎常侍

歸登。是年或稍前遷兵侍。《舊書》一四九本傳:"改左散騎常侍⋯⋯

轉兵部侍郎,兼判國子祭酒事。遷工部尚書。元和十五年卒。"《墓誌彙編下(元和〇八八)·鄭敬墓誌》(卒於元和十年十一月八日,葬於十一年二月十三日):"公與吏部侍郎崔公邠、兵部侍郎歸公登、中書侍郎韋公執誼,給事中穆公質等並對爲上第。"按墓誌卒於二月十三日之前,稱登爲兵侍。

諫議大夫

韋綬(字子章)。

崔備。《墓誌彙編下(元和〇八九)·唐隴西郡君夫人墓誌銘》(鄉貢進士裴譔述):"夫人姓李氏,隴西成紀人也……工部尚書崔泰之之妻,大理司直元之母,諫議大夫備之祖姊……至元和十一年,景裕與從父兄孟恭等,方議遷移,歸于東洛。以其年八月廿七日,窆於工部壽宮之旁……夫人之孫諫議大夫府君即予之外舅,遂辱孟恭等以斯文見命。"

起居郎

王起。

路隨。兼史館修撰。

左補闕

裴潾。

段文昌。八月十五日遷祠部員外。《舊書》一六七本傳:"遷左補闕,改祠部員外郎。元和十一年,守本官,充翰林學士。"

張宿。是年遷比部員外。《通鑑》二三九"元和十一年":"中書侍郎、同平章事韋貫之……數請罷用兵,左補闕張宿毁之於上,云其朋黨。"按《元龜》一三六《慰勞》:"(元和十一年)六月庚子,命給事中柳公綽宣慰於淄青,右補闕張宿爲判官。"云右補闕。六月宣慰淄青後遷比部員外。《元龜》一三六《慰勞》:"(元和十一年)十一月己巳,命比部員外郎張宿宣慰隨、唐等州軍。"

沈傳師。《壁記》:"元和十一年二月十三日自左補闕、史館修撰充。"

左拾遺

沈傳師。二月十三日遷左補闕。

郭求。《壁記》:"元和十一年十一月六日自藍田尉、史館修撰充。八日(原作月)遷左拾遺。十一月八日出守本官。"

憲宗元和十二年(八一七)

中書省

中書侍郎

裴度。七月丙辰轉門郎,仍平章事。

王涯。

崔群。《舊書》一五《憲宗紀》下:"(元和十二年七月丙辰)以朝散大夫、守尚書户部侍郎、上護軍、賜紫金魚袋崔群爲中書侍郎、同中書門下平章事。"

中書舍人

庾承宣。冬權知貢舉。按下年春知貢舉。

李程。知貢舉。《舊書》一六七本傳:"(元和)十二年,權知禮部貢舉。"參《登科記考補正》一八。

令狐楚。自職方郎中遷。《壁記》:"(元和)十二年三月遷中書舍人。"

主書

楊嶧。是年改衛尉寺丞。《墓誌續編(長慶○○三)‧故衛尉寺丞楊嶧及夫人合袝墓誌》:"授中書主書……拜衛尉寺丞。公私繫賴,人頗懷之。考績未三,沉痾而至……元和十四年己亥歲十月十五日,殁於萬年縣永興里之私第,享齡七十有二。"

右補闕

段均(一作鈞)。五月遷殿侍御。《元龜》九八○《通好》:"(元和十二年)五月癸亥,以右補闕段均爲殿中侍御史,充吊祭吐蕃使。"

杜元穎。《壁記》:"元和十二年正月十三日自太常博士充。二十日改右補闕。"

起居舍人

庾敬休。《會要》五六《省號》下："元和十二年九月敕：'記言記事，史官是職，昭其法誡，著在常典……'至是，起居舍人庾敬休上疏求復故事。"

門下省

侍中

韓弘。《舊書》一五《憲宗紀》下："（元和十二年十一月）加宣武軍節度使韓弘兼侍中。"按當是檢校。

門下侍郎

李逢吉。《舊書》一五《憲宗紀》下："（元和十二年九月）丁未，以朝議大夫、門下侍郎、同平章事李逢吉檢校兵部尚書、使持節梓州諸軍事、梓州刺史，充劍南東川節度副大使，知節度事。"

裴度。《舊書》一五《憲宗紀》下："（元和十二年七月）丙辰，制以中書侍郎、平章事裴度守門下侍郎、同平章事、使持節蔡州諸軍事、蔡州刺史，充彰義軍節度、申光蔡觀察處置等使，仍充淮西宣慰處置使。"

李鄘。《舊書》一五《憲宗紀》下："（元和十二年十月）甲申，以淮南節度使、檢校左僕射李鄘爲門下侍郎、同中書門下平章事。"《新書》七《憲宗紀》作甲戌。

給事中

張賈。《元龜》五二二《譴讓》：韋乾度元和十二年爲中丞，與給事中張賈、中書舍人李程、比部郎中兼侍御史知雜宋景，同覆按監察御史韋楚材舉報河中觀察使趙宗儒不實事。

崔祐。當在任（下年在任）。

録事

張卓。

諫議大夫

韋綬（字子章）。是年刺虔州。《通鑑》二四〇"元和十二年"："（閏五月）諫議大夫韋綬兼太子侍讀，每以珍膳餉太子，又悦太子以諧謔。上聞之，罷綬侍讀，尋出爲虔州刺史。"按罷太子侍讀時間，《會要》四《雜録》云元和十年五月,此從《通鑑》遷虔州刺史時間。

張宿。自比部員外遷。《會要》五五《省號》下:“(元和)十二年十月,以比部員外郎張宿爲權知諫議大夫。”《通鑑》二四〇“元和十二年”:“(十月)上竟用張宿爲諫議大夫,崔群、王涯固諫,不聽;乃請以爲權知諫議大夫,許之。”

武儒衡。自户部郎中遷。《舊書》一五八本傳:“憲宗以元衡横死王事,嘗嗟惜之,故待儒衡甚厚,累遷户部郎中。十二年,權知諫議大夫、尋兼知制誥。”

起居郎

王起。約是年遷司勳員外。《舊書》一六四本傳:“遷起居郎、司勳員外郎、直史館。”

路隨。兼史館修撰。

左補闕

沈傳師。充翰林學士。

裴潾。《舊書》一七一本傳:“轉左補闕……(元和)十二年,淮西用兵,復以内官爲使,潾上疏。”《會要》六一《館驛使》:“(元和)十二年十二月,復以中官爲館驛使……左補闕裴潾上疏。”

憲宗元和十三年（八一八）

中書省

中書侍郎

王涯。《舊書》一五《憲宗紀》下："（元和十三年）八月壬子，以中書侍郎、平章事王涯爲兵部侍郎，罷知政事。"

崔群。

中書舍人

庾承宣。是年以中舍知貢舉。見《登科記考補正》一八。冬復權知貢舉。《會要》七六《貢舉》中："元和十三年十月，權知禮部貢舉庾承宣奏：'臣有親屬應明經、進士舉者，請准舊例送考功試。'從之。"

李程。四月遷禮侍，六月鎮鄂岳。《舊書》一六七本傳："（元和）十二年，權知禮部貢舉。十三年四月，拜禮部侍郎。六月出爲鄂州刺史、鄂岳觀察使。"

令狐楚。《舊書》一七二本傳："元和十三年四月，出爲華州刺史。其年十月，皇甫鎛作相，其月以楚爲河陽懷節度使。"

衛中行。當在任（下年三月乙未爲華州刺史）。

右補闕

杜元穎。充翰林學士。

高釴。《舊書》一五六《于頔傳》："（于頔元和十三年）八月卒，贈太保，謚曰厲，其子季友從獵苑中，訴於穆宗，賜謚曰思，右丞張正甫封敕請還本謚。右補闕高鉞（當作釴）上疏論之（應依太常謚爲厲）。"

起居舍人

庾敬休。《元龜》一三六《慰勞》："（元和）十三年正月庚寅，命諫議大夫張宿往淄青宣慰李師道，以起居舍人庾敬休爲副。宿至東都，暴卒。命左常侍李遜宣慰于淄青，仍依前以庾敬休副之。"按自淄青還，遷禮部員外，八月在任。《舊書》一八七下本傳："歷右補闕，稱職，轉起居舍人，俄遷禮部員外郎。"《舊書》一五八《鄭餘慶傳》："（元和十三年八月）憲宗以餘慶諳練典章，朝廷禮樂制度有乖故事，專委餘慶參酌施行，遂用詳定使。餘慶復奏刑部侍郎韓愈、禮部侍郎李程爲副使，左司郎中崔酆、吏部郎中陳珮、刑部員外郎楊嗣復、禮部員外郎庚敬休並充詳定判官。"

裴潾。自左補闕遷。《舊書》一七一本傳："遷起居舍人。憲宗季年銳於服餌，詔天下搜訪奇士……潾上疏諫。"

門下省

侍中

韓弘。以宣武節度使兼。

門下侍郎

裴度。

李鄘。《舊書》一五《憲宗紀》下："（元和十三年三月庚子）宰相李鄘守户部尚書，罷知政事。"

李夷簡。《舊書》一五《憲宗紀》下："（元和十三年三月）庚子（《新紀》戊戌）以御史大夫李夷簡爲門下侍郎、同平章事……（七月）辛丑，以門下侍郎、同平章事李夷簡檢校左僕射、同平章事、揚州大都督府長史、淮南節度使。"按《大詔令集》四七《李夷簡平章事制》云自中丞遷門下侍郎、平章事。

給事中

張賈。當在任。

崔植。《會要》四七《議釋教》上：元和十三年，刑部侍郎韓愈上疏諫迎佛骨，憲宗怒甚，給事中崔植及諸諫官上疏論救，不納。

崔祐。《舊書》一三五《皇甫鎛傳》："（元和）十三年，（皇甫鎛）與鹽鐵使程异同日以本官同平章事，領使如故。鎛雖有吏才，素無公望，特以聚斂媚上，詔書既下，物情駭異……鎛知公議不可，益以巧媚自固，奏減内外官奉錢以贍國用；敕下，給事中崔祐封還詔書，其事方罷。"

陸瀍。《李德裕文集箋校·別集二》詩上附陸瀍《和張相公太原山亭懷古詩》。注：給事中陸瀍。

録事

張卓。《西市博物館藏墓誌(三七〇)‧張卓墓誌》:"(元和)十一年,補門下録事……歲在戊戌(按即元和十三年)得疾病,六月癸丑朔日蝕東井,蝕已而傾殂。越十月辛酉,葬國城坤維高陽原西。"

左散騎常侍

李遜。正月自恩王傅遷。改祭酒。《舊書》一五五本傳:"(元和)十三年,李師道效順,命遜爲左散騎常侍,馳赴東平諭之……遜還,未幾除京兆尹,改國子祭酒。"《通鑑》二四〇"元和十三年":"(正月)乙巳,遣左常侍李遜詣鄆州宣慰。"

諫議大夫

張宿。正月暴卒。《舊書》一五《憲宗紀》下:"(元和十三年正月)庚寅,敕李師道頻獻表章,披露懇誠,宜令諫議大夫張宿往彼宣慰。"《舊書》一五四本傳:"(元和)十三年正月,充淄青宣慰使,至東都,暴病卒,於是正人相賀。"

武儒衡。兼知制誥。

殷侑。自虞部員外遷。《舊書》一六五本傳:"使還拜虞部員外郎。王承宗拒命,遣侑銜命照諭之。承宗尋稟朝旨,獻德、棣二州,遣二子入朝。遷侑諫議大夫。"按王承宗二月獻州。

起居郎

路隨。兼史館修撰。約是年遷司勳員外。《舊書》一五九本傳:"俄遷起居郎,轉司勳員外郎。自補闕至司勳員外,皆充史館修撰。"

左補闕

裴潾。是年遷起居舍人。

沈傳師。正月十三日遷司門員外。《壁記》:"(元和)十三年正月十三日遷司門員外郎。"

左拾遺

柏耆。是年任。《舊書》一五四本傳:"會王承宗以常山叛,朝廷厭兵,欲以恩澤撫之。耆於蔡州行營以畫干裴度,請以朝旨奉使鎮州,乃自處士授左拾遺。"按此事載於是年二月。見《通鑑》二四〇"元和十三年"。《元龜》六五四《恩獎》作右拾遺。

憲宗元和十四年（八一九）

中書省

中書令

韓弘。《舊書》一五《憲宗紀》下：“（元和十四年八月己酉）守司徒、兼侍中、汴州刺史……韓弘可守司徒、兼中書令，弘堅辭戎鎮故也。”

中書侍郎

崔群。《全文》六三憲宗《上尊號赦文》：“元和十三年七月十三日昧爽已前……讀册官侍中韓弘、讀寶官户部侍郎、平章事皇甫鏄並加一階。”《舊書》一五《憲宗紀》下：“（元和十四年十二月）乙卯，以正議大夫（原作諫議大夫，誤）、守中書侍郎、同中書門下平章事、上柱國、賜紫金魚袋崔群爲潭州刺史、兼御史大夫，充湖南觀察使。”

令狐楚。《舊書》一五《憲宗紀》下：“（元和十四年七月）丁酉，以河陽三城懷州節度使……令狐楚可朝議大夫、守中書侍郎、同中書門下平章事。”

中書舍人

庾承宣。知貢舉。見《登科記考補正》一八。

衛中行。三月乙未刺華州。《舊書》一五《憲宗紀》下：“（元和十四年三月）乙未，以中書舍人衛中行華州刺史、潼關防禦、鎮國軍等使。”

武儒衡。自大諫遷。《舊書》一五八本傳：“元和末年，垂將大用，（令狐）楚畏其明俊，欲以計沮之，以離其寵……尋除中書舍人。”《會要》一八《原廟裁制》下：“元和十四年二月，太常丞王涇上疏，請去太廟朔望上食，詔令百官詳議……中書舍人武儒衡議曰……”

張仲素。《壁記》：“（元和）十四年三月二十八日遷中書舍人。卒。”

右補闕

杜元穎。《壁記》：“（元和）十四年三月二十一日加司勳員外郎。”

高鈇。《舊書》一六八本傳:"累遷至右補闕,充史館修撰。(元和)十四年,上疏請不以内官爲京西北和糴使。"

李肇。自監察御史遷。《壁記》:"(元和)十四年四月五日遷右補闕,九月二十四日賜紫。"按《翰林志》:"元和十二年肇自監察御史入。明年四月改左補闕。"《壁記》及《翰林志》所云左、右,必有一訛。

右拾遺

孔敏行。《舊書》一九二本傳:"(元和)十四年,入爲右拾遺。"

起居舍人

裴潾。《舊書》一五《憲宗紀》下:"上服方士柳泌金丹藥,起居舍人裴潾上表切諫……上怒,(元和十四年十一月)己亥,貶裴潾爲江陵令。"

王璠。蓋是年始任(下年十一月以是職副鄭覃宣慰鎮州)。

柏耆。約是年自左拾遺遷(下年十月以起居舍人宣慰成德軍)。

門下省

侍中

韓弘。兼司徒、同平章事、汴刺。八月遷守司徒兼中令。

田弘正。九月甲辰以魏州大都督兼。《舊書》一五《憲宗紀》下:"(元和十四年九月)甲辰,以魏博節度使、光禄大夫、檢校司徒、同平章事、兼魏州大都督長史、上柱國、沂國公、食邑三千户田弘正依前檢校司徒、兼侍中,賜實封三百户。"

門下侍郎

裴度。四月丙子遷檢校左僕、兼門郎、同平章事、河東節度使。《舊書》一五《憲宗紀》下:"(元和十四年四月)丙子,制金紫光禄大夫、門下侍郎、同中書門下平章事……裴度可檢校左僕射,兼門下侍郎、平章事、太原尹、北都留守,充河東節度觀察處置等使。"

皇甫鏄。自户侍、平章事判度支徙,仍平章事判度支。《宰相表》中:(元和十四年)七月丁酉鏄守門下侍郎。《全文》五八《授皇甫鏄門下侍郎平章事仍兼判度支制》:"朝請大夫、守尚書户部侍郎、兼御史大夫、判度支、上護軍、賜紫金魚袋皇甫鏄……可守尚書户部侍郎、同中書門下平章事,依前判度支。”

給事中

張賈。約是年改太子中允。按元和十五年十月庚辰，張賈自太子中允遷太府少卿兼御史中丞出使吐蕃，逗留不前，貶撫州。見《元龜》九八〇《通好》。

崔植。《舊書》一五《憲宗紀》下：“（元和十四年三月）丁未，以撫州司馬令狐通爲右衛將軍。給事中崔植封還制書，言通前刺史壽州，用兵失律，未宜獎用。上令宰相諭植，以通父彰有功，不忍遂棄其子。其制方行。”九月稍後轉中丞。《舊書》一一九本傳：“時皇甫鎛以宰相判度支，請減内外官俸禄，植封還敕書，極諫而止。鎛又奏諸州府鹽院兩税、榷酒、鹽利、匹段等加估定數……植抗疏論奏……尋除御史中丞。”按《舊書》一三五《皇甫鎛傳》云封還制書者爲給事中崔祐：“鎛知公議不可，益以巧媚自固，奏減内外官奉錢以贍國用，敕下，給事中崔祐封還詔書。”崔祐，兩《唐書》無傳，《舊書》僅此一處，《新書·宰相世系表》二下僅録姓名。

崔祐。當在任（上年在任）。

左散騎常侍

崔元略。《舊書》一六三本傳：“元和十三年……真拜京兆尹。明年改左散騎常侍。”

諫議大夫

武儒衡。兼知制誥。是年遷中舍。《通鑑》二四一“元和十四年”：“（四月後）皇甫鎛專以掊克取媚，人無敢言者，獨諫議大夫武儒衡上疏言之……（十二月）中書舍人武儒衡有氣節，好直言，上器之。顧待甚厚。”

殷侑。

鄭覃。自刑部郎中遷。《舊書》一七三本傳：“元和十四年二月，遷諫議大夫。”《會要》七八《諸使》中：“（元和十四年）四月，命中官五品人爲京西和糴使。諫議大夫鄭覃、右補闕高鈇等，同以疏論，上覽之，即日罷其使。”

左補闕

邱紓。當在任（下年遷膳部員外）。

左拾遺

柏耆。約是年遷起居舍人。

狄兼謩（謩）。七月後自襄陽推官遷。《舊書》八九本傳：“兼謩，元和末，解褐襄陽推官，試校書郎，言行剛正，使府知名。憲宗召爲左拾遺。”《新書》一一五本傳：“令狐楚執政，薦授左拾遺。”按七月令狐楚入相。

憲宗元和十五年(八二〇)

中書省

中書令

韓弘。《舊書》一六《穆宗紀》:"(元和十五年六月)丁丑,以司徒(《新紀》云司空)、兼中書令韓弘爲河中尹,充河中晉絳慈隰等州節度使。"

田弘正。《舊書》一六《穆宗紀》:"(元和十五年十月)乙酉,以魏博節度觀察等使、光禄大夫、檢校司徒兼侍中、魏博大都督府長史……田弘正可檢校司徒、兼中書令、鎮州大都督府長史、成德軍節度、鎮冀深趙等州觀察處置等使。"

中書侍郎

令狐楚。《會要》二五《雜録》:"(元和)十五年正月十三日,延英閣宰臣及群官往對,已而上却不坐,以中書侍郎令狐楚有事于太清宮故也。"《全文》六三《命皇太子即位册文》:"維元和十五年歲次庚子閏正月甲辰朔越三日景午(即丙午)……宜令中書侍郎、平章事令狐楚奉册,即皇帝位。"穆宗即位遷門郎,仍平章事。

蕭俛。自中丞遷,入相。《舊書》一六《穆宗紀》:"(元和十五年閏正月)辛亥,以朝議郎、守御史中丞、飛騎尉、襲徐國公、賜緋魚袋蕭俛爲朝散大夫、守中書侍郎……同平章事。"八月轉門郎,仍平章事。

段文昌。閏正月自中舍遷。《舊書》一六《穆宗紀》:"(元和十五年正月辛亥)中書舍人、翰林學士、武騎尉、賜紫金魚袋段文昌爲中書侍郎、同平章事。"《壁記》:"(元和)十五年正月二十三日遷中書舍人;閏正月一日賜緋,八日拜中書侍郎、平章事。"《舊書》三一《音樂志》四:"享太廟樂章十四首……憲宗聖神章武孝皇帝室奠獻用《象德》之舞一章,中書侍郎、平章事段文昌撰。"

崔植。自中丞遷,入相。《舊書》一六《穆宗紀》:"(元和十五年八月)戊戌，以朝議郎、守御史中丞、武騎尉、賜紫金魚袋崔植爲朝散大夫、守中書侍郎、同中書門下平章事。”

中書舍人

庾承宣。上年知貢舉。是年當改職。

武儒衡。

杜元穎。《壁記》：“（元和）十五年閏正月……二十一年進中書舍人。十一月十七日遷户部侍郎、知制誥。”

段文昌。正月自祠部郎中遷，閏正月遷侍郎。《舊書》一六七本傳：“穆宗即位，正拜中書舍人，尋拜中書侍郎、平章事。”

王起。自比部郎中遷。《舊書》一六四本傳：“穆宗即位，遷中書舍人。”

李宗閔。自駕部郎中遷。《舊書》一六《穆宗紀》：“（元和十五年九月）乙巳，以駕部郎中、知制誥李宗閔爲中書舍人。”

王仲舒。自蘇州刺史遷，六月刺洪州。《舊書》一九〇下本傳：“穆宗即位，復召爲中書舍人。其年出爲洪州刺史、御史中丞、江南西道觀察使。”六月戊寅爲洪州刺史、兼御史中丞。《舊書》一六《穆宗紀》：“（元和十五年六月戊寅）以中書舍人王仲舒爲洪州刺史、御史中丞、充江西觀察使。”

韋處厚。自户部郎中遷大諫，又改中舍。《壁記》：“元和十五年二月二十四日自户部郎中、知制誥充侍講學士。三月十日賜緋，二十二日遷中書舍人。”

右散騎常侍

李益。《元龜》一七二《求舊》二：“（元和十五年三月）以太子賓客李益爲右散騎常侍。”《舊書》一七一《李渤傳》：“穆宗即位，召（李渤）爲考功員外郎。十一月定京官考，不避權幸，皆行升黜。奏曰……御史大夫李絳、左散騎常侍張惟素、右散騎常侍李益等諫幸驪山，鄭覃等諫畋游，是皆恐陛下行幸不息，恣情無度。”

右補闕

高鈇。充史館修撰。是年遷起居郎。

李肇。《壁記》：“（元和）十五年閏正月一日賜紫。二十一日加司勳員外郎。”

辛丘度。十月諫穆宗過度游宴。見大諫鄭覃引《會要》。

李紳。自右拾遺遷。《壁記》：“（元和十五年）二月一日賜緋，二十日遷右補闕。"

　　楊汝士。自使府入遷。《全文》六四九元稹《授楊汝士等右補闕制》：
"監察御史楊汝士……更佐大府，爲時聞人……可依前件。"

　　韋瓘（茂弘）。十月後自左拾遺遷。《全文》六四九元稹《授獨孤朗尚書
都官員外郎韋瓘守右補闕同充史館修撰制》："左拾遺韋瓘……可守右補
闕，充史館修撰。"

右拾遺

　　孔敏行。是年遷左補闕。

　　李紳。《壁記》："元和十五年閏正月十三日加右拾遺内供奉充。二月
一日賜緋，二十日遷右補闕。"

　　柳公權。《壁記》："元和十五年三月二十三日自夏州觀察判官……拜
右拾，遺賜緋，充侍書學士。"

　　李珏。《舊書》一六《穆宗紀》："（元和十五年九月）辛丑，大合樂於魚藻
宮，觀競渡。又召李愬、李光顏入朝，欲於重陽日宴群臣，拾遺李珏等上疏
諫。"《會要》五六《省號》下："（元和）十五年八月，山陵始復土。先是，追邠
寧節度使李光顏、徐泗節度使李愬赴闕，或言欲及重陽節與百僚内宴。拾
遺李珏、宇文鼎、溫會、韋瓘、馮約等上疏。"《舊書》一七三本傳："累官至右
拾遺。穆宗荒於酒色，纔終易月之制，即與勳臣飲宴，珏與同列上疏論之。"
《新書》一八二本傳："珏與宇文鼎、溫畬、韋瓘、馮約同進曰……"按宇文鼎
等人亦是諫官，不知何職。

起居舍人

　　王璠。《舊書》一六九本傳："元和中，入朝爲監察御史，再遷起居舍人，
副鄭覃宣慰於鎮州。"按十一月鄭覃宣慰鎮州。《金石萃編》八〇《王璠（華
嶽）題名》：起居舍人、賜緋魚袋王璠、元和拾伍年□壹月貳拾陸日□。

　　柏耆。《舊書》一六《穆宗紀》："（元和十五年十月）成德軍節度使王承
宗卒，其弟承元上表請朝廷命帥，遣起居舍人柏耆宣慰之。"

通事舍人

　　盧均。自符寶郎遷。《全文》六四九元稹《授盧均等通事舍人制》："敕：
守門下省符寶郎、賜緋魚袋盧均……可依前件。"

門下省

侍中

田弘正。十月乙酉遷檢校司徒兼中令。

門下侍郎

裴度。兼守司空、平章事。《舊書》一六《穆宗紀》：“（元和十五年九月）戊午，加河東節度使、金紫光禄大夫、檢校尚書右僕射、兼門下侍郎、同平章事、太原尹、北都留守……裴度守司空、門下侍郎、同平章事。”

皇甫鎛。兼判度支。《宰相表》中：（元和十五年）正月壬午鎛罷判度支。閏正月丁未貶崖州。《舊書》一六《穆宗紀》：“（元和十五年閏正月）丁未，集群臣班於月華門外。貶門下侍郎、平章事皇甫鎛爲崖州司户。”

蕭俛。自中郎、平章事遷，仍平章事。《舊書》一七二本傳：“（元和十五年）八月轉門下侍郎。”

令狐楚。正月自中郎遷，仍平章事，七月罷鎮宣州。《宰相表》中：（元和十五年）正月辛亥，楚爲門下侍郎；七月丁卯，罷爲宣歙觀察使。

給事中

韋弘景。約是年自少京尹遷。《舊書》一五七本傳：“入爲京兆少尹，遷給事中。”又，下年正月已任。見《舊書》一六《穆宗紀》。

丁公著。自駕部員外遷。《舊書》一八八本傳：“穆宗即位，未及聽政，召居禁中，詢訪朝典，以宰相許之。公著陳情，詞意極切，超授給事中，賜紫金魚袋。未幾遷工部侍郎，仍兼集賢殿學士。”按《通鑑》二四一“元和十五年”載於閏正月癸丑任給事中。

左散騎常侍

崔元略。自京兆尹改。《會要》二七《行幸》：“元和十五年……十一月二十日，將幸華清宮温湯，宰臣疏請罷行，御史大夫李絳率百僚與（左）常侍崔元略等又疏諫。”《元龜》九八〇《通好》：“（元和十五年）十二月，以左散騎常侍崔元略充黨項宣撫使。丁丑，改命太子中允李寮兼御史中丞，充黨項宣撫使。”

裴向。《舊書》一一三本傳：“出遷陝虢都防禦、觀察使。三歲，拜左散騎常侍。”按其元和十三年遷鎮陝虢，於今三年。參《方鎮年表》四。

張惟素。參上右常侍李益引《舊書》一七一《李渤傳》。《全文》七一二李渤《考校京官奏》：“宰臣蕭俛、段文昌、崔植等當陛下君臨之初，首任宰相……須奉身疾退，不宜尸素於化源，進退戾也，何所避辭。其蕭俛、段文昌、崔植三人並翰林學士杜元穎等，並請賜考中下。御史大夫李絳、左散騎常侍張惟素、右散騎常侍李益等，諫幸驪山，鄭覃等諫畋游，是皆恐陛下行幸道途漸遠，自此恣情無度。”

鄭權。自右金吾衛大將軍遷。《舊書》一六二本傳：“遷右金吾衛大將軍，充左街使。穆宗即位，改左散騎常侍，充入回鶻告哀使。”

諫議大夫

殷侑。

鄭覃。《舊書》一六《穆宗紀》：“（元和十五年十一月）癸卯制：‘……宜令諫議大夫鄭覃往鎮州宣慰，賜錢一百萬貫。’”《會要》五五《省號》下：“（元和）十五年（原作十四，誤），穆宗即位之始，頻出游宴。時吐蕃寇邊，諫議大夫鄭覃等進奏（諫之）……十五年十月，諫議大夫鄭覃、崔郾，右補闕辛丘度，左拾遺韋瓘、温畬（原作會，見下考）於閣下奏事，諫以上宴樂過度。”

崔郾。自吏部郎中遷。《全文》六四八元稹《授崔郾諫議大夫制》：“敕：朝散大夫、守尚書吏部郎中、上護軍崔郾……可守諫議大夫。”《舊書》一五五本傳：“（元和）十五年，遷諫議大夫。”另參上鄭覃引《唐會要》。

韋處厚。自户部郎中遷，旋改中舍。《舊書》一五九本傳：“穆宗以其學有師法，召入翰林爲侍講學士，換諫議大夫。”劉禹錫《韋公集記》：“穆宗新即位，注意進臣，召入翰林，充侍講學士。初授諫議大夫，續換中書舍人。”

李景儉。自倉部員外遷，旋貶刺建州。《舊書》一七一本傳：“元和末入朝，執政惡之，出爲澧州刺史。與元稹、李紳善，時紳、稹在翰林，屢言於上前。及延英辭日，景儉自陳己屈，穆宗憐之，追詔拜倉部員外郎。月餘，驟遷諫議大夫。”按據其履歷，景儉是年任倉部員外，旋遷大諫。然元稹於下二月入翰林、十月出院。故云稹是年在翰林未確。《舊書》一六《穆宗紀》：“（正月庚午）貶諫議大夫李景儉爲建州刺史。”

起居郎

高鉟。自右補闕遷。《舊書》一六八本傳：“（元和）十五年，轉起居郎，依前充職（指史館修撰）。”

左補闕

邱紓。《全文》六四八元稹《授邱紓陳鴻員外郎等制》：“敕：朝議郎、行左補闕、上柱國邱紓……可膳部員外郎。”

孔敏行。自右拾遺遷。《舊書》一九二本傳：“入爲右拾遺，遷左補闕。”

左拾遺

狄兼謨（薈）。

韋瓘（茂弘）。《會要》五五《省號》下：“（元和）十五年（原作十四，誤），穆宗即位之始，頻出游宴。時吐蕃寇邊，諫議大夫鄭覃等進奏（諫之）……十五年十月，諫議大夫鄭覃、崔郾，右補闕辛丘度，左拾遺韋瓘、溫畬（原作會，見下考）於閣下奏事，諫以上宴樂過度。”稍後遷右補闕。

溫畬。十月諫穆宗游宴過度。見上引《會要》五五《省號》下。按《會要》作溫會，按據《新書》一八二《李珏》傳：“珏與宇文鼎、溫畬、韋瓘、馮約同進曰……”作畬當是。

白行簡。自潯陽掌書記遷。《舊書》一六六本傳：“（元和）十五年，居易入朝爲尚書郎，行簡亦授左拾遺。”

穆宗長慶元年（八二一）

中書省

中書令

韓弘。

田弘正。兼鎮州大都督長史、成德軍節度使，七月遇害。《舊書》一六《穆宗紀》："（長慶元年）八月甲子朔。乙巳，鎮州監軍宋惟澄奏：'七月二十八日（壬戌）夜軍亂，節度使田弘正并家屬將佐三百餘口並遇害。'"

中書侍郎

段文昌。二月壬申遷同平章事、西川節度使。《舊書》一六《穆宗紀》："（長慶元年二月）壬申，以中書侍郎、平章事段文昌檢校刑部尚書、同平章事、成都尹，充劍南西川節度等使。"

崔植。《會要》六《雜録》："大和公主，長慶元年二月封爲公主，册爲回紇可敦。出降愛登里邏骨没密施合毗伽保義可汗，以中書侍郎、平章事崔植充册使。户部侍郎、平章事杜元穎充五禮使。"

王播。十月丙寅自刑尚遷，同平章事。《舊書》一六《穆宗紀》："（長慶元年）冬十月……丙寅，太中大夫、守刑部尚書、騎都尉王播可中書侍郎、同中書門下平章事，依前充鹽鐵轉運使。"

中書舍人

武儒衡。四月遷禮侍，數月丁母憂。《全文》六三九李翱《兵部侍郎贈工部尚書武公（儒衡）墓誌銘》："公諱儒衡，字庭碩……轉中書舍人，二年遷禮部（侍郎），入謝賜三品衣魚。數月丁尊夫人憂。"

王起。《會要》九八《回紇》："（長慶元年五月）回鶻宰相、都督、公主、摩尼等至……尋以第五妹，封大和公主，出降回鶻，命中書舍人王起就鴻臚寺宣諭焉。"十月辛未遷禮侍。《舊書》一六《穆宗紀》："（長慶元年十月）辛未，以中書舍人、知貢舉王起爲禮部侍郎。”

李宗閔。《舊書》一六《穆宗紀》：“（長慶元年四月丁丑）中書舍人李宗閔爲劍州刺史。”

韋處厚。

沈傳師。自兵部郎中遷。《壁記》：“長慶元年二月二十四日遷中書舍人。二月二（原脱）十九日出守本官（中書舍人）判史館事。”

元稹。二月十七日自祠部郎中遷，十月遷工侍。《壁記》：“長慶元年二月十六日自祠部郎中、知制誥充，仍賜紫，十七日拜中書舍人；十月遷工部侍郎出院。”

白居易。十月自主客郎中遷。《舊書》一六六本傳：“長慶元年三月，受詔與中書舍人王起覆試禮部侍郎錢徽下及第鄭朗等一十四人。”《舊書》一六《穆宗紀》：“（長慶元年十月）壬午，以尚書主客郎中、知制誥白居易爲中書舍人。”

右散騎常侍

李益。《唐摭言》一五：“長慶中，趙相宗儒爲太常卿，贊郊廟之禮……有常侍李益笑曰：‘僕爲東府試官所送進士。’”

孔戣。自吏侍遷。《舊書》一五四本傳：“穆宗即位，改吏部侍郎。長慶中，或告戣在南海時家人受賂，上不之責，改右散騎常侍。”

右補闕

辛丘度。是年遷工部員外。《白居易集箋校》四八《辛丘度可工部李石可左補闕李仍叔可右補闕三人同制》：“敕：朝議大夫、右補闕内供奉、飛騎尉辛丘度等……可依前件。”

李紳。三月遷司勳員外。《壁記》：“長慶元年三月二十三日加司勳員外郎、知制誥。”

楊汝士。四月爲開江令。《舊書》一六《穆宗紀》：“（長慶元年四月丁丑）右補闕楊汝士爲開州開江令。”

韋表微。五月自監察御史遷。《壁記》：“長慶元年二月二日自監察御史充……五月三日遷右補闕内供奉。”按《舊書》一八九本傳云左補闕。

蔣防。自右拾遺遷。《壁記》：“長慶元年十一月十六日自右補闕充。二十八日賜緋。”按《會要》六一《館驛使》：“長慶元年九月，中使二人充行營糧料館驛使，左補闕蔣防等以非故事，恐驚物聽，上疏切諫，遂罷之。”云左補闕。

狄兼謩（謨）。宣慰幽州後自左拾遺遷。《新出唐墓誌百種·狄兼謨墓誌》：“天子以河朔大兵之後，凶荒赤地，召公（宣慰）……還報，以右補闕酬焉。”參左拾遺引。

右拾遺

柳公權。

李珏。《舊書》一六《穆宗紀》：“（長慶元年五月）壬子加茶榷……（右）拾遺李珏上疏論其不可。”《舊書》一七三本傳：“累官至右拾遺……長慶元年，鹽鐵使王播增茶稅，初稅一百，增之五十。珏上疏論之。”又見《通鑑》二四一“長慶元年”。按《會要》八四《雜稅》云左拾遺。當誤。

蔣防。《舊書》一六六《龐嚴傳》：“嚴元和中登進士第，長慶元年應制舉賢良方正、能言極諫科，策入三等，冠制科之首。是月，拜右拾遺……嚴與右拾遺蔣防俱爲稹、紳保薦，至諫官內職。”旋遷右補闕。

費冠卿。《唐摭言》八《及第後歸隱》：“費冠卿，元和二年及第，以祿不及親，永懷罔極之念，遂隱於九華。長慶中，殿中侍御史李行修舉冠卿孝節，徵拜右拾遺，不起。制曰：‘前進士費冠卿，嘗與計偕，以文中第，歸不及於榮養，恨每積於永懷，遂乃屏跡丘園，絕蹤仕進，守其至性，十有五年……擢參近侍之榮，載佇移忠之效，可右拾遺。’”《全文》六四穆宗《授費冠卿右拾遺制》：“前進士費冠卿……可右拾遺。”

張述。《元龜》六四四《考試》二：“（長慶元年十二月）甲申，以登制科人前試弘文館校書郎龐嚴爲左拾遺、前試秘書省校書郎張述爲右拾遺、前試太常寺協律郎吳思爲右拾遺、供奉京兆府富平縣韋曙爲左拾遺。”

吳思。十二月甲申任。見上引。

起居舍人

王璠。是年遷職方員外。《舊書》一六九本傳：“長慶中累歷員外郎。四年以職方郎中知制誥。”按原作“十四年”，據《新傳》云“長慶末，擢職方郎中、知制誥”知衍“十”字。員外郎未詳，姑繫於職方員外。

柏耆。是年遷兵部員外。《全文》六四九元稹《授柏耆尚書兵部員外郎制》：“敕：守起居舍人、賜緋魚袋柏耆……可守尚書兵部員外郎，賜緋魚袋。”

溫造。《舊書》一六五本傳：長慶元年八月丁亥自殿中遷，十二月因與李景儉於史館飲酒後，謁宰相謾罵，貶朗州刺史。《通鑑》二四二“長慶元年”：“（八月）丁亥，以殿中侍御史溫造爲起居舍人。”《舊書》一六《穆宗紀》：“（長慶元年十二月戊寅，貶）起居舍人溫造朗州刺史。”

通事舍人

元積（非元白並稱之人）。是年遷左諭德。《白居易集校箋》五一《元積可太子左諭德依前入蕃使制》：“敕：通事舍人元積……可太子左諭德，依前入蕃使。”

李武。《白居易集箋校》四九有《太子詹事劉元鼎可大理卿兼御史大夫充西蕃會盟使右司郎中劉師老可守本官充盟會副使通事舍人太僕丞李武可本官兼監察御史充盟會判官三人同制》，作於是年。

門下省

侍中

劉總。《舊書》一六《穆宗紀》：“（長慶元年三月）癸丑，以幽州盧龍軍節度副大使、知節度事、押奚契丹兩蕃經略等使、檢校司空、同中書門下平章事、楚國公劉總可檢校司徒、兼侍中、天平軍節度、鄆曹濮等州觀察等使。”

門下侍郎

裴度。兼檢校司空、同平章事、河東節度使。

蕭俛。正月壬戌自門郎、平章事罷爲右僕。《舊書》一六《穆宗紀》：“（長慶元年正月）壬戌，制朝議大夫、守門下侍郎、同中書門下平章事徐國公蕭俛爲尚書右僕射，累表乞罷政事故也。”

給事中

韋弘景（弘慶）。《舊書》一五七本傳：“劉士涇以駙馬交通邪恦，穆宗用爲太僕卿，弘景與給事薛存慶封還詔書……穆宗怒，乃令弘景事安南、邕、容宣慰。”按宣慰安南事，《舊書》一六《穆宗紀》載於正月。《元龜》一三六《慰勞》載於二月。又按《舊書》一六《穆宗紀》：“（長慶元年三月）辛亥，命給事中韋弘慶充幽州宣慰使。”按韋弘慶、韋弘景當爲一人。

丁公著。《會要》五四《省號》上：“長慶初，穆宗皇帝觀諸軍雜樂，嘗召給事中丁公著問。”三月遷工侍。《全文》三六六賈至《授韋綏禮部尚書薛放刑部侍郎丁公著工部侍郎等制》：“以公著檢敬規度，得有司之體，可貳冬官……可工部侍郎。”十月鎮浙東。《舊書》一八八本傳：“未幾遷工部侍郎，仍兼集賢殿學士，寵青宮之舊也。知吏部選事，公著知將欲大用，以疾辭退，因求外官，遂授浙江西道都團練觀察使。”按應爲浙東觀察使。《舊書》一六《穆宗紀》：“（十月）以工部尚書丁公著檢校左散騎常侍、兼越州刺史、御史中丞，充浙東觀察使。”云自工尚出鎮，誤。

薛存慶。自兵部郎中遷。五月卒。《舊書》一六《穆宗紀》：“（長慶元年正月）己酉，以前檢校大理少卿、駙馬都尉劉士涇爲太僕卿。給事中韋弘景、薛存慶封還詔書……（五月）壬戌，幽州宣慰使、給事中薛存慶卒於鎮州。”

鄭覃。十一月自大諫遷。《舊書》一七三本傳：“長慶元年十一月，轉給事中。”

崔郾。自大諫遷。《舊書》一五五本傳：“長慶中，轉給事中。”

左散騎常侍

崔元略。正月遷黔州刺史、黔中觀察使。《舊書》一六《穆宗紀》：“（長慶元年正月）癸亥，以左散騎常侍崔元略爲黔州刺史，充黔中觀察使。”

裴向。

張惟素。是年當遷祭酒。《韓昌黎文集校注》八《舉張惟素自代狀》：“中散大夫、守左散騎常侍、上柱國、賜紫金魚袋張惟素……臣所不如，輒舉自代。”按七月韓愈自祭酒遷兵侍，張惟素自左常侍遷祭酒。又按，一作右常侍。《白居易集箋校》五三《張惟素亡祖紘贈戶部郎中制》：“敕：右散騎常侍張惟素亡祖某縣令某……可贈戶部郎中。”

鄭權。是年爲河南尹。《舊書》一六二本傳：“穆宗即位，改左散騎常侍，充入回鶻告哀使……長慶元年使還，出爲河南尹。”

張正甫。自同刺遷，兼集賢殿學士、判院事。《舊書》一六二本傳：“由尚書右丞爲同州刺史，入拜左散騎常侍、集賢院學士判院事。”參《刺考全編·京畿道》。

諫議大夫

殷侑。《舊書》一九五《回紇傳》：長慶元年五月，大和公主出降回鶻爲可敦，太常博士殷侑改殿中侍御史，充判官。按是年護送公主出降回鶻事，均言太常博士殷侑爲副。此當與元和八年宣諭回鶻緩期之事混爲一談。

鄭覃。十一月轉給事中。

崔郾。是年轉給事中。

李景儉。八月庚寅自建刺遷，十二月貶漳刺，又改貶楚刺。《全文》六五穆宗《貶李景儉漳州刺史詔》："諫議大夫李景儉乃因酣醉，輒肆叨瀆……可漳州刺史。"《舊書》一六《穆宗紀》："（長慶元年八月）庚寅，以建州刺史爲諫議大夫……（十二月）丁卯，貶諫議大夫李景儉爲楚州刺史。"按未之任，尋改少府少監，分司。

起居郎

高鉄。《舊書》一六八本傳："長慶元年，穆宗憐之，面賜緋於思政殿，仍命以本官充翰林學士。"《壁記》："長慶元年十一月八日自起居舍人、史館修撰充。"

孔敏行。自左補闕遷。《舊書》一九二本傳："長慶中爲起居郎。"

左補闕

孔敏行。是年遷起居郎。

張又新。蓋是年任。《新書》一七五本傳："元和中，及進士高第，歷左右補闕。"參下年引。

李石。《白居易集箋校》四八《辛丘度可工部李石可左補闕李仍叔可右補闕三人同制》："敕：朝議大夫、右補闕內供奉、飛騎尉辛丘度等……可依前件。"

左拾遺

狄兼謨（蓍）。《舊書》一六《穆宗紀》："（長慶元年三月）辛亥，命給事中韋弘慶充幽州宣慰使，左拾遺狄兼謨副之。"宣慰後遷右補闕。

白行簡。約是年遷司門員外。《舊書》一六六本傳："（元和）十五年，居易入朝爲尚書郎，行簡亦授左拾遺，累遷司門員外郎。"

龐嚴。《舊書》一六六本傳："長慶元年應制舉賢良方正、能言極諫科，策入三等，冠制科之首。是月，拜左拾遺。"《全文》六四錄穆宗《授龐嚴等左右拾遺姚中立等校書正字等官制》。

韋曙。十二月甲申在任。見右拾遺張述引。

穆宗長慶二年（八二二）

中書省

中書令

韓弘。兼守司徒。十二月卒。《全文》六四穆宗《復授韓弘中書令制》："司徒兼中書令、河中尹、上柱國、許國公食邑三千户韓弘……可守司徒兼中書令，散官勳封如故。"《舊書》一六《穆宗紀》："（長慶二年十二月庚寅）是夜，司徒、中書令韓弘卒。"

杜元穎。《會要》四《雜錄》："長慶二年十二月，上御紫宸殿，册皇太子……攝中書令杜元穎跪讀册文訖，以授太子，太子再拜舞蹈，乃歸于崇明門幕殿。"

中書侍郎

崔植。《舊書》一六《穆宗紀》："（長慶二年二月辛巳）以正議大夫、守中書侍郎、同中書門下平章事、武騎尉、賜紫金魚袋崔植爲刑部尚書，罷知政事。"

王播。《舊書》一六《穆宗紀》："（長慶二年三月戊午）以中書侍郎、平章事王播檢校右僕射、兼揚州大都督府長史，充淮南節度使，依舊兼諸道鹽鐵轉運使。"

裴度。三月爲司空鎮淮南，旋復入中書知政事。《大詔令集》六一《册裴度司空文》：金紫光禄大夫、守中書侍郎、同中書門下平章事、兼淮南節度使副大使、知節度事、晉國公裴度，庸建爾於上公。三月壬子授度守司空鎮淮南，戊午復入中書知政事。見《舊書》一六《穆宗紀》。

杜元穎。自户侍、平章事遷，仍平章事。《宰相表》下：（長慶二年）二月辛巳，元穎爲中書侍郎。按十二月攝中令。見上。

中書舍人

李宗閔。《舊書》一七六本傳："長慶元年……貶劍州刺史……復入爲中書舍人。三年冬,權知禮部侍郎。"

　　韋處厚。《舊書》一六《穆宗紀》:"(長慶二年三月)以鴻臚卿、判度支張平叔爲户部侍郎充職。平叔以曲承恩顧,上疏請官自賣鹽,可以富國强兵,陳利害十八條。詔下其疏,令公卿詳議。中書舍人韋處厚隨條詰難,固言不可,事遂不行。"

　　沈傳師。

　　白居易。《舊書》一六《穆宗紀》:"(長慶二年七月)壬寅,出中書舍人白居易爲杭州刺史。"

　　李紳。二月自司勳員外遷,三月遷中丞。《舊書》一六《穆宗紀》:"(長慶二年二月辛巳)司勳員外郎、知制誥李紳爲中書舍人,依前翰林學士。"《壁記》:"(長慶)二年二月十九日遷中書舍人、承旨,二十五日賜紫,三月二十七日改中丞出院。"

　　李德裕。自考功郎中遷,旋改中丞。《壁記》:"(長慶)二年正月十九日加承旨,二月四日遷中書舍人。十九日改御史中丞出院。"

　　馮宿。二月自兵部郎中出鎮山南,旋入爲中舍。《舊書》一六《穆宗紀》:"(長慶二年二月)丙戌,以兵部郎中、知制誥馮宿檢校左庶子、充山南東道節度副使、權知襄州軍府事,以牛元翼自深州重圍故也。"《舊書》一六八本傳:"(長慶)二年,轉兵部郎中,依前充職。牛元翼以深州不從王庭湊,詔授襄州節度使。元翼未出深州,爲庭湊所圍。二月(原作二年,據《舊紀》改),以宿檢校左庶子、兼御史中丞,賜紫金魚袋,往總留務……元翼既至,宿歸朝,拜中書舍人。"

　　楊嗣復。自庫部郎中遷。《舊書》一七六本傳:"長慶元年十月,以庫部郎中知制誥,正拜中書舍人。"《韓昌黎詩繫年集釋》一二《早春與張十八博士籍游楊尚書林亭寄第三閣老兼呈白馮二閣老》,作於長慶二年二月。白、馮爲白居易、馮宿。第三閣老即楊嗣復。見注一。

右散騎常侍

　　李益。

　　孔戣。是年遷左丞。《舊書》一五四本傳:"長慶中……改右散騎常侍。二年,轉尚書左丞。"

右補闕

韋表微。

蔣防。十月九日遷司封員外。《壁記》：“（長慶）二年十月九日加司封員外郎。”

狄兼謩（謨）。是年遷侍御史。《新出唐墓誌百種‧狄兼謨墓誌》：“（宣慰幽州）還報，以右補闕酬焉，改侍御史。”按上年三月宣慰幽州。

柳公權。自右拾遺遷。《壁記》：“長慶二年九月改右補闕。”

右拾遺

柳公權。九月改右補闕。

李珏。約是年遷下邽令。《新書》一八二本傳：“方是時，禁中造百尺樓，土木費鉅萬，故（王）播亟斂。珏以數諫不得留，出爲下邽令。”

張述。當在任（上年十二月甲申始任）。

吳思。

起居舍人

宋申錫。自監察御史遷。《舊書》一六七本傳：“長慶初，拜監察御史。二年遷起居舍人。”

門下省

侍中

李光顏。《通鑑》二四二“長慶二年”：“（八月癸未）加李光顏兼侍中。”

門下侍郎

裴度。二月丁亥以守司空、平章事兼。《元龜》七三《命相》三：“（長慶）二年二月，制曰：‘……守司徒、同中書門下平章事、兼揚州大都督府長史……裴度……可守司空、兼門下侍郎、平章事。’”按《舊書》一六《穆宗紀》：“（長慶二年二月）丁亥，以河東節度使、司空兼門下侍郎、平章事裴度守司徒、平章事，充東都留守，判東都尚書省事、都畿汝防禦使、太微宮等使。”《通鑑考異》云《舊紀》《傳》守司徒，誤。今從《考異》。六月罷爲右僕。《舊書》一六《穆宗紀》：“（長慶二年六月）甲子，司徒（當爲司空，見上考）、平章事裴度守尚書右僕射。”

李逢吉。自兵尚遷，入相。《舊書》一六《穆宗紀》："（長慶二年六月甲子）以朝散大夫、守兵部尚書、輕車都尉李逢吉爲門下侍郎、同中書門下平章事。"

給事中

韋弘景（弘慶）。約是年遷刑侍。《舊書》一五七本傳："時蕭俛以清直在位，弘景議論常所輔助。遷刑部侍郎。"

鄭覃。《舊書》一七〇《裴度傳》："（長慶二年五月）詔左僕射韓皋、給事中鄭覃與李逢吉三人鞫于方之獄。"

崔郾。

韋顗（穎）。自少大理遷。《新書》一一八本傳："長慶初爲大理少卿。累遷給事中。"《舊書》一六《穆宗紀》："（長慶二年）八月己未朔，以絳州刺史崔弘禮爲河南尹，兼東畿防禦副使。給事中韋穎以弘禮望輕，封還詔書，上遣中使諭之，乃下。"按新、舊本傳作顗。

左散騎常侍

裴向。

張正甫。兼集賢殿學士、判院事。

諫議大夫

殷侑。《會要》七六《貢舉》中："長慶二年二月，諫議大夫殷侑奏：'謹按《春秋》二百四十二年行事，王道之正，人倫之紀備矣……伏請置《三傳》科以勸學者。'"又見《元龜》六四〇《條制》二。按《舊書》一六《穆宗紀》載於下年二月。

李景儉。五月辛卯由德刺遷。《舊書》一六《穆宗紀》："（長慶二年）五月辛卯朔。以德州刺史李景儉爲諫議大夫。"

路隨。自司勳郎中遷。《舊書》一六《穆宗紀》："（長慶二年五月癸未）（韋）處厚爲中書舍人，（路）隨改諫議大夫，並賜金紫。"《會要》六三《修國史》："長慶二年十月，敕翰林侍講學士、諫議大夫路隨，中書舍人韋處厚充史館修撰，修《憲宗實錄》。"

李源。《全文》六四有穆宗《授李源左諫議大夫制》。《舊書》一六《穆宗紀》："（長慶二年七月）辛亥，以贈司徒、忠烈公李憕子源爲諫議大夫，賜緋魚袋。"《元龜》九八《徵聘》："穆宗長慶二年七月，以前河南府參軍李源爲諫議大夫……以衰老，竟不赴詔。”按《會要》五五《省號》下：“長慶二年三月，以處士李源爲諫議大夫。”云三月，當誤。

高允恭。自户部郎中兼侍御史知雜遷（後年二月卒於大諫）。

起居郎

高鉄。五月遷兵部郎中（一説兵部員外）。《壁記》：“（長慶）二年五月三十日加兵部郎中。”按《舊書》一六八本傳：“（長慶）二年，遷兵部員外郎，依前充（翰林學士）。”

孔敏行。

左補闕

張又新。《新書》一七五本傳：“元和中，及進士高第，歷左右補闕。”按又新，元和九年進士及第，十二年中博學宏詞科。見《登科記考補正》一八。參左拾遺李續之引。是年又新當爲左補闕。

龐嚴。自左拾遺遷。《壁記》：“長慶二年三月二日自左拾遺充。四日賜緋。十月九日遷左補闕。”《舊書》一六六本傳：“長慶元年……拜左拾遺……明年二月，召入翰林學士，轉左補闕。”

左拾遺

龐嚴。十月九日遷左補闕。

韋曙。當在任（上年十二月甲申始任）。

李續之。《舊書》一四九《張又新傳》：“長慶中，宰相李逢吉用事，翰林學士李紳深爲穆宗所寵，逢吉惡之，求朝臣中凶險敢言者搆摭紳陰事，俾暴揚於搢紳間。又新與拾遺李續之、劉棲楚尤蒙逢吉睠待，指爲鷹犬。”按李逢吉六月以門下侍郎入相。所言拾遺應爲左拾遺。

劉棲（栖）楚。見上引。

穆宗長慶三年(八二三)

中書省

中書侍郎

杜元穎。《會要》六三《在外修史》："長慶三年六月,中書侍郎、平章事、監修國史杜元穎奏:'臣去年奉詔,命各據見在史官,分修《憲宗實錄》。'"《舊書》一六《穆宗紀》："(長慶三年十月)宰相杜元穎罷知政事,除成都尹、劍南西川節度使。"

牛僧孺。自户侍遷,仍平章事。《宰相表》下:(長慶三年)十月庚寅,僧孺爲中書侍郎。《集古録目》:"《唐韋綬碑》,中書侍郎平章事牛僧孺撰,給事中子敖書……碑以長慶三年立。"

中書舍人

李宗閔。冬權知禮侍。《舊書》一七六本傳:"復入爲中書舍人。(長慶)三年冬,權知禮部侍郎。"

韋處厚。《壁記》:"(長慶)三年十月二十三日權知兵部侍郎、知制誥,依前充侍講學士、兼史館修撰。"

沈傳師。《集古録跋尾》八《唐韓愈羅池廟碑》:"右《羅池廟碑》,尚書吏部侍郎韓愈撰,中書舍人、史館修撰沈傳師書。碑後云長慶元年正月建。按《穆宗實錄》,長慶元年二月傳師自尚書兵部郎中、翰林學士罷爲中書舍人、史館修撰;其九月愈自兵侍遷吏侍。碑言柳侯死後三年廟成,明年愈爲柳人書羅池事。子厚以元和十四年卒,至愈作碑時,當是長慶三年。"《舊書》一六《穆宗紀》:"(長慶三年)六月,宰相監修國史杜元穎奏:史官沈傳師除鎮湖南。"

馮宿。是年遷少太常。《舊書》一六八本傳:"拜中書舍人,轉太常少卿。"

楊嗣復。

徐晦。自晉州刺史遷。《舊書》一六五本傳：“出爲晉州刺史。入拜中書舍人。寶曆元年出爲福建觀察使。”按《刺考全編·河東道》繫於長慶二年刺晉州，《淳熙三山志》二一《秩官類·郡守》：“徐晦，寶曆元年自晉州刺史入拜中書舍人，是年出爲福建觀察使。”郁賢皓引之後按云：“徐晦長慶四年已在福建觀察任，《三山志》誤。”今按：吳廷燮《方鎮年表》六引沈亞之《閩城開新池記》亦列徐晦長慶四年始鎮福建。故繫於此。

右散騎常侍

李益。是年當遷賓客。按《元龜》一七二《求舊》二云下年三月李益自賓客遷左常侍。

右補闕

韋表微。《壁記》：“（長慶）三年九月三十日拜庫部員外郎。”

柳公權。

張又新。自左補闕轉。《通鑑》二四三“長慶三年”：“（八月）李逢吉惡（裴）度，右補闕張又新等附逢吉，競流謗傷度，竟出之。”

右拾遺

吳思。

起居舍人

宋申錫。

門下省

侍中

李光顏。

門下侍郎

李逢吉。

給事中

鄭覃。

崔郾。

韋顗。是年遷右丞（下年自右丞遷户侍）。《舊書》一〇八本傳：“累遷給事中、尚書左丞（或是右丞之誤）、户部侍郎。"《郎表》二右丞：約是年由給事遷。

盧元輔。是年或上年自吏部郎中改。《白居易集箋校》四三《冷泉亭記》："先是領郡者……有盧給事元輔作見山亭……長慶三年八月十三日記。"

左散騎常侍

裴向。

張正甫。兼集賢殿學士、判院事。

諫議大夫

殷侑。《舊書》一六《穆宗紀》："（長慶三年二月）諫議大夫奏禮部貢舉請置《三傳》《三史》科，從之。"按《會要》七六《貢舉》中載於上年二月。誤。

李景儉。上年五月任。不知何時卒。《舊書》一七一本傳："景儉竟以忤物不得志而卒。"

路隨。

高允恭。當在任（下年二月戊子卒）。

賈直言。《元龜》一四〇《旌表》四："（長慶）三年四月，以潞州左司馬賈直言爲諫議大夫。"

李渤。自職方郎中遷。《舊書》一七一本傳："（長慶）三年，遷諫議大夫。"《會要》五五《省號》下："長慶三年，知匭使、諫議大夫李渤奏：'今後有投匭進狀者，請事之大者奏聞，次申中書門下，小者各牒諸司處理。'"

起居郎

孔敏行。

左補闕

龐嚴。是年遷駕部郎中、知制誥。《壁記》："（長慶）三年三月一日加知制誥，十月十四日賜緋，十一月九日拜駕部郎中、知制誥。"

張又新。是年遷右補闕。

左拾遺

李續之。當在任。考見上年。

劉栖楚。

穆宗長慶四年（八二四）

中書省

中書侍郎

牛僧孺。《大詔令集》一《敬宗即位册文》："維長慶四年歲次甲辰正月辛亥朔二十六日……宜令中書侍郎、平章事牛僧孺奉册即皇帝位。"

中書舍人

楊嗣復。是年遷權知禮侍。《舊書》一七六本傳："（長慶）四年，僧孺作相，欲薦拔大用……乃令嗣復權知禮部侍郎。"

徐晦。是年遷福建觀察使。參《方鎮年表》六。按《舊書》一六五本傳云："寶曆元年，出爲福建觀察使。"兹從《方鎮年表》。

路隨。自大諫遷。《舊書》一五九本傳："敬宗登極，拜中書舍人、翰林學士，仍賜紫。"《壁記》：長慶四年五月二十七日遷中書舍人。

崔郾。自給事中遷。《壁記》："長慶四年六月七日自給事中、侍講學士（充翰林學士）。十二月十一日改中書舍人。"《舊書》一五五本傳："昭愍即位，選侍講學士，轉中書舍人。入思政殿謝恩，郾奏曰：'陛下用臣爲侍講學士，半歲有餘，未嘗問臣經義。今蒙轉改，實慚尸素，有愧厚恩。'"按《會要》五七《翰林院》載於十月。誤。

高鉄。自户部郎中遷。《舊書》一六八本傳："（長慶四年）十二月，正拜中書舍人，充職如故。"

李肇。蓋敬宗即位，自澧州刺史遷。大和三年自中書舍人貶少將作。按長慶元年十二月李肇自司勳員外刺澧州，見《舊書》一六《穆宗紀》。是年韓佽接任澧州刺史。見《刺考全編·江南西道》（云長慶中）。

鄭澣（涵）。自司封郎中遷。《白居易集箋校》外集下詩文補遺三《授李渤給事中鄭涵中書舍人制》（非白氏文）："朝散大夫、守尚書司封郎中、知制誥、上柱國鄭涵……可守中書舍人。"此爲李虞仲文。見《全文》六九三。

右散騎常侍

張賈。《元龜》一七二《求舊》二：“（長慶四年）三月……太子賓客張賈爲右散騎常侍。”

李翱。蓋是年自虞部郎中遷（按長慶二年自金州刺史遷虞部郎中）。

右補闕

柳公權。《壁記》：“（長慶）四年出守本官。”按是年又遷起居郎。

張又新。是年改祠部員外。《新書》一七五本傳：“敬宗立，紳貶申州司馬，朝臣過宰相賀，閽者曰：‘止，宰相方與補闕語，姑伺之。’及又新出……人皆辟易畏之。尋轉祠部員外郎。”按二月李紳貶申州，稍後又新遷祠部員外，年中又自祠部遷給事中。《元龜》四八二《害賢》：“張又新爲給事中，穆宗長慶中，除庫部郎中、知制誥賈餗爲常州刺史，時議以爲餗不當出，又新以私嫌構於宰相李逢吉，出之。”是年賈餗自庫部郎中出刺常州。

韋仁實。《墓誌續編（寶曆〇〇三）·唐故琊琊王府君（汶）墓誌》（卒於長慶四年十二月，年七十七）：“一子曰袞……長慶四年冬，袞爲度支郎……其年仁實爲右補闕，聞喪慟哭。”

高元裕（允中）。自監察御史遷。《樊川文集》一七《高元裕除吏部尚書制》：“始以御史諫官，在長慶、寶曆之際，匡拂時病，磨切貴近，罔有顧慮，知無不爲。”《會要》五六《省號》下：“大和元年十一月，敕以右補闕高允中爲侍御史。允中自爲諫官，甚舉職業，危言直論，不避時忌。寶曆中，常上疏云：‘東頭勢重於南衙，樞密權頗于宰相。敬宗驚悟。久之，雖無明賞，而直其昭然。’”

魏猗。當在任。參下年引。

右拾遺

吳思。《舊書》一七上《敬宗紀》：“（長慶四年二月戊戌）以右拾遺吳思爲殿中侍御史，充入蕃告哀使。”

李景讓。見下薛廷老引。

薛廷老。《舊書》一七上《敬宗紀》：（長慶四年）十二月，淮南節度使王播厚賂貴要，求領鹽鐵使，拾遺李景讓、薛廷老等伏延英抗疏諫之。按據下年薛廷老爲右拾遺而繫於此。

劉堅。《元龜》九八《徵聘》：“長慶四年四月乙未……布衣劉堅爲右拾遺。"

起居舍人

宋申錫。《通鑑》二四三"長慶四年":"王播以錢十萬緡賂王守澄,求復領利權。十二月癸未,諫議大夫獨孤朗、張仲方,起居郎柳公權,起居舍人宋申錫,拾遺李景讓、薛廷老請開延英論其奸邪。"

門下省

侍中

李光顔。兼司徒。

門下侍郎

李逢吉。兼右僕。《會要》五五《省號》:"(長慶四年)三月十九日,上坐朝甚晚……退朝,百官趨出,左拾遺劉栖楚獨進諫……以額叩龍墀,振響之聲,聞於閤外。門下侍郎李逢吉懼栖楚致死,遂宣言曰:'栖楚休叩額,聽進止。'"

給事中

鄭覃。《舊書》一七三本傳:"(長慶)四年,遷御史中丞。"

崔郾。六月充翰林學士。十二月十一日改中舍。

盧元輔。

于敖。自吏部郎中遷,春轉工侍,十月又遷刑侍。《舊書》一四九本傳:"長慶四年,入爲吏部郎中,其年,遷給事中……尋轉工部侍郎,遷刑部。"按《寶刻叢編》八引《集古録》:"《唐山南節度韋綬碑》,唐中書侍郎、平章事牛僧孺撰,給事中于敖書……碑以長慶三年立。"云上年已任給事中。

李渤。九月後自大諫遷。《舊書》一七一本傳:"長慶、寶曆中,政出多門,事歸邪倖。渤不顧患難,章疏論列,曾無虛日。帝雖昏縱,亦爲之感悟。轉給事中。"

張又新。自祠部員外遷。見右補闕引。

左散騎常侍

裴向。是年遷大理卿。《舊書》一一三本傳:"拜左散騎常侍,自常侍復爲大理。"按大理卿僅一員,是年接崔元略而任。

張正甫。兼集賢殿學士、判院事。

蘇遇。《舊書》一七三《李紳傳》："俄而穆宗晏駕，敬宗初即位……（李）逢吉乃以遇爲左常侍。"

李益。《元龜》一七二《求舊》二："（長慶四年三月）太子賓客李益爲左散騎常侍。"

胡証。自京尹遷。《舊書》一六三本傳："敬宗即位之初，檢校户部尚書，守京兆尹。數月，遷左散騎常侍。"

諫議大夫

殷侑。是年鎮桂管。《舊書》一六五本傳："遷侑諫議大夫……以言激切，出爲桂管觀察使。"按上年侑在大諫任，下年轉檢校右常侍、鎮江西。其鎮桂管當在是年。《方鎮年表》七桂管是年條嚴謩罷鎮，未有接任者。疑漏繫。

路隨。五月二十七日遷中舍。

高允恭。二月戊子卒。《舊書》一七上《敬宗紀》："（長慶四年二月）戊子，河北告哀使、諫議大夫高允恭卒於東都。"

賈直言。《舊書》一六《穆宗紀》："（長慶）四年正月……澤潞判官賈直言新授諫議大夫，劉悟上表乞留，從之。"《會要》五五《省號》下："（長慶）四年八月，以諫議大夫賈直言爲檢校右庶子兼御史中丞，充昭義軍司馬，仍賜金紫……宰臣上陳直言，寵其官秩，遂非次除諫議大夫。劉悟累表乞留，云軍中事非直言不可，從其請改，復有斯授。"

李渤。《舊書》一七上《敬宗紀》："（長慶四年三月）戊辰，群臣入閣，日高猶未坐，有不任立而踣者。諫議大夫李渤出次白宰相，俄而始坐……（九月）乙卯，罷理匭使。以諫議大夫李渤知匭，奏請置胥吏、添課料故也。"《會要》五五《省號》下："（長慶）四年七月，理匭使、諫議大夫李渤奏……"是年遷給事中。

獨孤朗。自左司郎中遷。《舊書》一七上《敬宗紀》："淮南節度使王播厚賂貴要，求領鹽鐵使，諫議大夫獨孤朗、張仲方，起居郎孔敏行、柳公權、宋申錫，補闕韋仁實、劉敦儒，拾遺李景讓、薛庭老等伏延英疏論之。"

高重。《壁記》："（長慶四年）十二月十一日遷諫議大夫。"《會要》五七《翰林院》："（長慶四年）十二（原作十，據《四庫》本及《壁記》改）月，翰林院侍講學士、諫議大夫高重，侍講學士、中書舍人崔鄲，中書舍人高鈇於思政殿中謝。"

劉栖楚。十二月自起居郎遷。《舊書》一七上敬宗紀:"(長慶四年十二月癸未)以遷起居郎(原作起居舍人)劉栖楚爲諫議大夫。"

起居郎

孔敏行。《舊書》一七上《敬宗紀》:長慶四年十二月,淮南節度使王播厚賂貴要,求領鹽鐵使,起居郎孔敏行、柳公權、宋申錫等入閤進諫。按宋申錫爲起居舍人。

柳公權。自右補闕遷。《舊書》一七上《敬宗紀》:長慶四年十二月,淮南節度使王播厚賂權要,求領鹽鐵使。起居郎柳公權等抗疏論之。

劉栖楚。三月自左拾遺遷,十二月遷大諫。《墓誌彙編下(大和〇一四)·劉栖楚墓誌》:"初公爲左拾遺,嘗言事,未即用。後朝紫宸,進諫懇直,因頓伏文石之上,奮身連擊,自誓以死……即日賜銀艾之服、起居郎。公自度不起,移疾之洛中,居數月,聞其病已,以諫大夫徵。"《會要》五五《省號》下:"旌拜起居郎。堅讓不起,遂歸東都。至十二月,拜諫議大夫,以旌直諫也。"

左補闕

姜洽(倫)。《通鑑》二四三"長慶四年":"(四月)乙未,以布衣姜洽爲補闕。"按《元龜》九八《徵聘》云姜倫。未云左右,右補闕滿員,則當爲左補闕。

劉敦儒。見大諫獨孤朗引。按未云左右。右職滿員,當爲左補闕。

左拾遺

劉栖楚。《舊書》一七上《敬宗紀》:"(長慶四年三月戊辰)班退,左拾遺劉栖楚極諫,頭叩龍墀血流,上爲之動容,仍賜緋魚袋。"即日拜起居郎。

陸洿。《元龜》九八《徵聘》:"長慶四年四月乙未……評事陸洿、李虞並爲左拾遺。"

李虞。見上引。

李漢(南紀)。《通鑑》二四三"長慶四年":"九月丁未,波斯李蘇沙獻沉香亭子材,左拾遺李漢上言:'此何異瑶臺、瓊室!'"

李耆。《通鑑》二四三"長慶四年":"(正月)初,穆宗既留李紳,李逢吉愈忌之。紳族子虞頗以文學知名,自言不樂仕進,隱居華陽川。及從父耆爲左拾遺,虞與耆書求薦,誤達於紳;紳以書誚之,且以語衆人。"

敬宗寶曆元年（八二五）

中書省

中書侍郎

牛僧孺。《舊書》一七上《敬宗紀》：“（寶曆元年正月）乙卯，以僧孺檢校禮部尚書、同平章事、鄂州刺史，充武昌軍節度、鄂岳觀察使。”

李程。自吏侍遷，仍平章事。《舊書》一六七本傳：“敬宗即位之五月，以本官（吏部侍郎）同平章事……尋加中書侍郎，進封彭原郡公。”《全文》六八敬宗《受尊號赦文》：“寶曆元年四月二十二日昧爽已前，大辟罪已下……咸赦除之……攝侍中、讀寶官、門下侍郎、平章事寶易直，攝中書令、讀册官、中書侍郎平章事李程，各賜一子出身。”《元龜》五四《尚黃老》二：“（寶曆元年）十月，命中書侍郎、平章事李程攝太尉，充孟冬薦獻大聖祖于太清宮。”

中書舍人

楊嗣復。知貢舉。蓋放榜後正除禮侍。

路隨。

崔郾。

高鉄。

李肇。

鄭澣（涵）。《舊書》一七上《敬宗紀》：“（寶曆元年三月）以中書舍人鄭涵、吏部郎中崔琯、兵部郎中李虞仲並充考制策官。”

韋表微。自庫部員外遷。《壁記》：“寶曆元年五月二十五日拜中書舍人。”

右散騎常侍

張賈。

李翺。

右諫議大夫

張仲方。《舊書》一七一本傳："及敬宗即位，李程作相，與仲方同年登進士第，召仲方爲右諫議大夫。"按李程正月入相。

右補闕

韋仁實。初春爲鄂岳判官。《墓誌續編（寶曆〇〇三）·唐故琅琊王府君（汶）墓誌》（卒於長慶四年十二月，年七十七）："一子曰袞……長慶四年冬，袞爲度支郎……其年仁實爲右補闕，聞喪慟哭……明年建號寶曆，春二月十日，袞奉太夫人之命，護公靈座，歸於周京，以卜先遠。仁實方從事夏口，東至於洛，聞於袞。"

高元裕（允中）。

魏猗。《元龜》一三一《延賞》二："寶曆元年正月，以前右補闕魏猗爲湖州司馬。"

右拾遺

李景讓。《新書》一七七本傳："寶曆初，遷右拾遺。"

薛廷老。内供奉。十一月爲臨晉令。《會要》五六《省號》下："寶曆元年閏七月，右拾遺薛廷老與同僚入閣奏事曰：'臣伏見近日除拜，往往不由中書進擬，或是宣出。副恐紀綱漸壞，奸邪恣行。'上曰：'更諫何事？'拾遺舒元褒曰：'近日宮室修造太多。'廷老曰：'臣等職在諫官，凡有所聞，即合論奏，乞勿罪其言。'上改容勞之。其年十一月，以右拾遺内供奉、史館修撰薛廷老爲河中府臨晉令。"

程昔範。《會要》五六《省號》下："（寶曆元年）十一月，以右拾遺内供奉、史館修撰薛廷老爲河中府臨晉令……廷老性本強直，未幾，又譏張權輿、程昔範不宜居諫官之列。"據下年知爲右拾遺。

起居舍人

宋申錫。九月遷禮部員外，充翰林侍講學士。《壁記》："寶曆元年九月二十四日自禮部員外郎充。"按《舊書》一六七本傳："（長慶）二年，遷起居舍人。寶曆二年，轉禮部員外郎，尋充翰林侍講學士……文宗即位，拜户部郎中、知制誥。"《元龜》四五八《德望》："宋申錫，敬宗寶曆二年，爲禮部員外郎。"均作寶曆二年。據《四庫》本《壁記》云二年正月八日自禮部員外郎遷户部郎中。知《舊傳》《元龜》所記爲誤。

門下省

侍中

李光顏。兼司徒。七月癸卯鎮河東。《舊書》一七上《敬宗紀》:"(寶曆元年)秋七月癸卯朔,以忠武軍節度使、守司徒、兼侍中李光顏爲太原尹、北京留守、河東節度使。"

門下侍郎

李逢吉。兼右僕。

竇易直。自户侍、平章事遷,仍平章事。《宰相表》下:(寶曆元年)正月辛酉,易直守門下侍郎。四月攝侍中爲上敬宗尊號讀寶官。見中郎李程引。按《元龜》五四《尚黄老》二:"(寶曆元年)十二月,命中書侍郎平章事竇易直攝太尉,充季冬奏祥瑞于太清宮。"中郎當爲門郎之誤。

給事中

嚴休復。《張籍集繫年校注》三《和李僕射雨中寄盧嚴二給事》,作於寶曆元年夏初,二給事爲盧元輔、嚴休復。見其注及繫年。

盧元輔。閏七月戊子爲工侍。《舊書》一七上《敬宗紀》:"(寶曆元年閏七月)戊子,以給事中盧元輔爲工部侍郎。"

李渤。正月壬申爲桂管防禦觀察使。《舊書》一七上《敬宗紀》:"(寶曆元年正月)壬申,以給事中李渤爲桂州刺史、兼御史中丞、桂管防禦觀察使。"

張又新。

裴潾。自吏部郎中遷。《舊書》一七一本傳:"寶曆初,拜給事中。"

左散騎常侍

張正甫。兼集賢殿學士、兼判院事。

李益。

胡証。七月辛未遷户尚、判度支。《舊書》一七上《敬宗紀》:"(寶曆元年七月)辛未,以左散騎常侍胡証爲户部尚書、判度支。"

馮宿。自少太常遷。《舊書》一六八本傳:"敬宗即位,宿常導引乘輿,出爲華州刺史。以父名拜章乞罷,改左散騎常侍、兼集賢殿學士,充考制策官。"

諫議大夫

高重。

劉栖(棲)楚。四月甲戌遷刑侍。十一月改京兆尹。《舊書》一七上《敬
宗紀》:"(寶曆元年四月甲戌)以諫議大夫劉栖楚爲刑部侍郎……(十一月)
壬辰,以刑部侍郎劉栖楚爲京兆尹。"

獨孤朗。十一月辛未爲中丞。《舊書》一七上《敬宗紀》:"(寶曆元年十
一月辛未)以諫議大夫獨孤朗爲御史中丞。"

起居郎

孔敏行。約是年遷左司員外。《舊書》一九二本傳:"長慶中爲起居郎,
改左司員外郎。"

柳公權。

劉敦儒。約是年自左補闕遷(下年在任)。

左補闕

姜倫。

劉敦儒。約是年遷起居郎。

左拾遺

陸洿。許渾《送陸拾遺東歸》,《丁卯集箋證》九羅時進解題云:"陸拾遺
即陸洿,吳中人,長慶四年四月以試大理評事爲(左)拾遺,居官不久即東歸
蘇州閑居。"按當是年東歸。

李虞。是年貶河南士曹。《舊書》一六七《李逢吉傳》:"(是年)及(武)
昭下獄,逢吉之醜跡皆彰。昭死……李虞自拾遺爲河南士曹。"

李漢(南紀)。《舊書》一七一本傳:"寶曆中,王政日辟,漢與同列薛廷
老因入閣廷奏……坐言忤旨,出爲興元從事。"

舒元褒。《會要》五六《省號》下:"寶曆元年閏七月……拾遺舒元褒曰:
'近日宮室修造太多。'"按大和三年尚任是職。故繫於此。

張權輿。《通鑑》二四三"寶曆元年":"(十月)上欲幸驪山溫湯,左僕射
李絳、諫議大夫張仲方等屢諫不聽,拾遺張權輿伏紫宸殿下,叩頭諫。"按爲
左拾遺,見下年引。

敬宗寶曆二年（八二六）

中書省

中書令

裴度。十二月以司空兼攝中令、門郎、平章事。

中書侍郎

李程。九月罷相，出鎮河東。《舊書》一六七本傳："寶曆二年罷相，檢校兵部尚書、同平章事、太原尹、北京留守、河東節度使。"《宰相表》下：（寶曆二年）九月壬午檢校兵部尚書、同平章事、河東節度使。

韋處厚。《舊書》一七上《文宗紀》上："（寶曆二年十二月）庚戌，以正議大夫、尚書兵部侍郎、知制誥、充翰林學士……韋處厚爲中書侍郎、同中書門下平章事。"

中書舍人

路隨。《壁記》："寶曆二年正月八日遷兵部侍郎、知制誥。"

崔郾。《壁記》："寶曆二年九月四日出守本官。"十月壬戌遷禮侍。《舊書》一七上《敬宗紀》："（寶曆二年九月）壬戌，以中書舍人崔郾爲禮部侍郎。"

高鈇。《壁記》："寶曆二年三月四日出守本官。"

李肇。

韋表微。《壁記》："（寶曆）二年正月遷户部侍郎、知制誥。"

鄭澣（涵）。

王源中。以户部郎中權知。《壁記》："（寶曆）二年正月二十八日權知中書舍人。"

許康佐。自職方員外遷（下年自中舍遷駕部郎中）。《舊書》一八九下本傳："轉職方員外郎，累遷至駕部郎中。"

右散騎常侍

張賈。

李翱。三月乙亥卒。《舊書》一七上《敬宗紀》:"(寶曆二年三月)乙亥,右散騎常侍李翱(原作翔,誤)卒。"按李翱大和初自廬州刺史入遷大諫,大和三年拜中舍。見《舊書》一六〇本傳。

張正甫。約是年自左常侍轉。《元龜》六〇七《撰集》:"張正甫爲集賢殿學士、右散騎常侍,寶曆二年,進《藝文類聚》一百卷。"

孔戢。九月或稍前自少府監遷。韓愈《孔公(戣)墓誌銘》述戣薨後,注:孫曰,長慶三年正月,戢自湖南觀察入爲少府監。《舊書》一五四本傳:"出爲潭州刺史、湖南觀察使。時兄戣爲嶺南,兄弟皆居節鎮,朝野榮之。入爲右散騎常侍。拜京兆尹。"按《舊傳》中間漏叙自湖南觀察入拜少府監一職。

右諫議大夫

張仲方。

右補闕

高元裕(允中)。

右拾遺

李景讓。

程昔範。《元龜》一五三《明罰》二:"(寶曆二年)九月,出右拾遺程昔範爲陝州安邑縣令。以其附會李逢吉與張權興妄論裴度也。"按一作左拾遺。《因話錄》三:"廣平程子昔範……李太師逢吉在相位,見其書,特薦拜左拾遺。竟因李公之累,湮厄而没。"

崔龜從。《舊書》一七六本傳:"登賢良方正制科及書判拔萃二科,釋褐拜右拾遺,大和二年(按《會要》二五《輟朝》大和元年七月已在博士任),改太常博士。"按登賢良方正制科在長慶元年,見《登科記考補正》一九。未詳其書判拔萃科在何年。據其改職太博之年,姑繫於此。

通事舍人

韋翹。《元龜》三八五《褒異》一一:"寶曆二年五月(盧龍節度使朱克融)卒……差光禄大夫崔芸充吊祭使,通事舍人韋翹充副使,將作監王堪充册贈使,金部郎中蕭澣充副使。"

門下省

侍中

李光顏。兼司徒、河東節度使。九月戊寅卒。《舊書》一七上《敬宗紀》："（寶曆二年九月）戊寅，河東節度使、守司徒、兼侍中李光顏卒。"

門下侍郎

李逢吉。兼右僕。十一月甲申同平章事、山南東道節度使。《通鑑》二四三"寶曆二年"："十一月甲申，以門下侍郎、同平章事李逢吉同平章事，充山南東道節度使。"

竇易直。《元龜》一一《繼統》三："（寶曆二年十二月乙巳文宗即位）攝侍中、門下侍郎、平章事竇易直承旨，臨階西向，稱有制，在位者皆再拜。"十二月庚申爲右僕。《宰相表》下：（寶曆二年）十二月庚申易直爲尚書右僕射。

裴度。十二月文宗即位後加。《舊書》一七〇本傳："屬盜起禁闈，宮車晏駕，度與中貴人密謀，誅劉克明等，迎江王立爲天子。以功加門下侍郎、集賢殿大學士、太清宮使，餘如故。"《宰相表》下：（寶曆二年）十二月庚申度兼門下侍郎。

給事中

嚴休復。

張又新。十一月爲山南東道副使。《舊書》一四九本傳："寶曆二年（原誤作三年），逢吉出爲山南東道節度使，請又新爲副使，李續之爲行司馬。"按，十一月李逢吉鎮山南東道。

裴潾。

高重。十二月自大諫遷。《全文》六三三韋表微《翰林學士院新樓記》："經構之始，侍講崔學士出拜小宗伯。構成之月，學士韋公秉國鈞。旬日，侍講高學士拜夕郎。"十月崔郾爲小宗伯（禮侍），十二月庚戌韋處厚以中郎入相。旬日高重爲夕郎（給事中）。按《壁記》："寶曆二年正月六日改給事中出守本官。"正月誤。

左散騎常侍

張正甫。約是年轉右常侍。

李益。

馮宿。

諫議大夫

高重。正月六日遷給事中。

起居郎

柳公權。《會要》五〇《尊崇道教》："寶曆元年，上有事于南郊，將謁太清宮。長安縣主簿鄭覊時主役于御院，忽于縣之西隅見一白衣老人云：'此下有井，正道真皇帝過路，汝速識之，不然罪在不測。'覊……命人發之，則古井存焉……（敬宗）遂命翰林學士、兵部侍郎韋處厚撰記，令起居舍人柳公權書石，置于井之上，以表神異。"又見《全文》九三三杜光庭《歷代崇道記》。

劉敦儒。《會要》一九《諸太子廟》：寶曆二年二月，太常奏文敬太子廟、奉天太子廟、貞順皇后廟、永崇坊隱太子以下七室，祀享之事，請下禮院與百官議。起居郎劉敦儒請以太常所奏。從之。《新書》一三二本傳："後爲起居郎，達禮好古，有祖風云。"按其祖劉眈字惠卿，好學，多所通解。見同卷本傳。

左補闕

姜倫。

劉寬夫。自監察御史遷。《舊書》一五三本傳："寶曆中，入爲監察御史……俄轉左補闕。少列陳岵進注《維摩經》，得濠州刺史。寬夫與同列，因對論之……帝嘉其引過，欣然釋之。"《會要》五六《省號》下："（寶曆）二年九月，以新授濠州刺史陳岵爲太常少卿……左補闕劉寬夫上表自言……疏奏，敕諫官六人各罰一季俸，劉寬夫獨能當罪，釋放。然岵改少府監。"

左拾遺

舒元褒。

張權輿。《舊書》一七〇《裴度傳》："（李）逢吉黨有左拾遺張權輿者，尤出死力。度自興元請入朝也，權輿上疏（阻止）。"《元龜》一五三《明罰》二："（寶曆）二年四月戊午，出左拾遺張權輿爲河中府虞鄉縣令，坐前侵毀裴度故也。"

文宗大和元年（八二七）

中書省

中書侍郎
韋處厚。

中書舍人
路隨。正月八日遷兵侍，仍充翰林承旨。《全文》六三三韋表微《翰林學士院新樓記》：“明年（即大和元年）正月，學士路君遷小司馬，爲承旨。”按《壁記》：“寶曆二年正月八日遷兵部侍郎、知制誥。”寶曆二年爲大和元年之誤。

高鈇。

李肇。

鄭澣（涵）。《壁記》：“大和元年四月二十三日，自中書舍人充侍講學士。”

王源中。以户部郎中權知。

李虞仲。約是年自兵部郎中遷。《舊書》一六三本傳：“寶曆中，考制策甚精，轉兵部郎中，知制誥，拜中書舍人。大和四年，出爲華州刺史。”

許康佐。《壁記》：“大和元年四月二十三日自中書舍人改駕部郎中，充侍講學士。”按《四庫》本作自度支郎中遷駕部郎中。

右散騎常侍
張賈。約是年轉左常侍。

張正甫。正月己亥爲工尚。《舊書》一七《文宗紀》上：“（大和元年正月）己亥，以右散騎常侍、集賢殿學士、判院事張正甫爲工部尚書。”按本傳云左常侍。

孔戢。

右諫議大夫

張仲方。《舊書》一七上《文宗紀》上："(大和元年八月)戊申,以(右)諫議大夫張仲方爲福建觀察使。"

李翺。自廬州刺史遷。《全文》六三八李翺《柏良器神道碑》："有子曰元封,蔡州刺史,曰耆,爲諫議大夫……大和元年,翺自廬以諫議大夫徵,路出於蔡,元封泣拜,且曰:'先公之碑未樹,敎後嗣其果有辭俟也。'"《全文》六四〇李翺《祭福建獨孤中丞文》:"維大和元年歲次丁未九月庚申朔二十日己卯,朝散大夫、守右諫議大夫、知制誥李翺,謹以清酌庶羞之奠,敬祭於亡友故福建都團練觀察處置等使、兼御史中丞獨孤君侍郎之靈。"參《刺考全編·淮南道》刺廬州之任期。

右補闕

高元裕(允中)。是年遷侍御史。《舊書》一七一本傳:"大和初,爲侍御史,奏改元裕。"《會要》五六《省號》下:"大和元年十一月,敕以右補闕高允中爲侍御史。允中自爲諫官,甚舉職業,危言直論,不避時忌。寶曆中,常上疏云:'東頭勢重於南衙,樞密權頗于宰相。'敬宗驚悟。久之,雖無明賞,而直其昭然。"按《元龜》四六七《舉職》:"高允中,大和初爲左補闕。"當誤。

右拾遺

李景讓。《舊書》一八七下本傳:"大和中爲尚書郎。"按未知遷何職。

崔龜從。是年遷太博。《會要》二五《輟朝》:"大和元年七月,太常博士崔龜從奏大臣薨輟朝。"按《舊傳》云大和二年遷。

李讓夷。《舊書》一七六本傳:"大和初入朝,爲右拾遺,召充翰林學士。"《新書》一八一本傳:"與宋申錫善,申錫爲翰林學士,薦讓夷右拾遺,俄拜學士。"按《壁記》:"大和元年十二月二十二日自左拾遺改史館修撰,六月二十七日賜緋。"按十二月當是二月之誤,云左拾遺。

鄭朗。約是年任。《新書》一六五本傳:"始辟柳公綽山南幕府,入遷右拾遺。"按柳公綽上年十二月罷鎮,入爲刑尚。

裴夷。《元龜》四八一《譴責》:"裴夷爲右拾遺,文宗大和元年正月,夷與直史館李虞、集賢修撰劉軻,各罰一月俸,以送桂州觀察使劉栖楚至藍田縣,經宿方回,爲藍田館驛御史所舉也。"

起居舍人

楊漢公。自侍御史轉。《墓誌續編（咸通〇〇八）・楊漢公墓誌》：“故相國崔公群替守華下，喜曰：‘吾真得楊侍御矣！’又署舊職。府移宣城，以禮部員外郎副團練使……徵侍御史，轉起居舍人。”按崔群是年罷鎮宣歙。參《方鎮年表》五。

門下省

門下侍郎

裴度。兼司空、集賢殿大學士、太清宮使。

給事中

裴潾。

高重。《元龜》五九九《講論》：“張仲方爲（右）諫議大夫，大和元年三月，文宗召仲方與給事中高重、中書舍人鄭澣、度支郎中許康佐對，並以將選侍講學士故也。四月，以澣守本官，康佐爲駕部郎中，並充翰林侍講學士。”

崔琯。《舊書》一七七《崔珙傳》：“大和初，累遷給事中。”

嚴休復。當在任（下年在任）。

左散騎常侍

李益。《舊書》一七上《文宗紀》上：“（大和元年正月）戊寅，以左散騎常侍李益爲禮部尚書致仕。”

馮宿。

鄭覃。《舊書》一七三本傳：“文宗即位，改左散騎常侍。”按《文宗紀》載於上年十一月即位。

張賈。約是年自右常侍轉（下年在任）。

諫議大夫

蕭祐。自少太常遷。《舊書》一六八《蕭祐傳》：“出爲虢州刺，入爲太常少卿，轉諫議大夫。逾月爲桂州刺史、御史中丞、桂管防禦觀察使。”《舊書》一七上《文宗紀》上：“（大和元年九月）丙戌，以諫議大夫蕭裕（當作蕭祐）爲桂管觀察使。”按蕭裕，兩《唐書》僅出現一次。當以蕭祐（祐）爲是。

柏耆。自兵部郎中遷。《舊書》一五四本傳：“大和初，遷諫議大夫。”

宇文籍。知制誥、史館修撰。自庫部員外遷。《舊書》一六〇本傳：“大和中，遷諫議大夫、專掌史筆，罷知制誥。”

鄭肅。當在任。見下年引。

起居郎

柳公權。

劉敦儒。當在任（上年在任）。

左補闕

姜倫。《劉禹錫集箋證》一七《舉姜補闕倫自代狀》：“東都尚書省，前左補闕姜倫。右臣蒙恩授尚書主客郎中，分司東都，伏準建中元年正月五日敕，常參官上後三日舉一日自代者……大和元年六月十四日。”

劉寬夫。

左拾遺

舒元褒。

吳汝納。約是年任。《新書》一八一《李紳傳》：“紳雖亡，請從《春秋》戮死者之比。詔削三官，子孫不得仕。貶德裕等，擢汝納左拾遺。”按李紳上年卒，李德裕四月出爲荆南節度使。故繫於此。

文宗大和二年(八二八)

中書省

中書侍郎

韋處厚。《舊書》一七上《文宗紀》上:"(大和二年十二月)壬申,中書侍郎、同平章事韋處厚暴卒。"

路隨。《舊書》一七上《文宗紀》上:"(大和二年十二月)戊寅,詔以兵部侍郎、知制誥、充翰林學士路隨爲中書侍郎、同平章事。"

中書舍人

高鍬。《舊書》一七六《楊虞卿傳》:"大和二年,南曹令史李賓等六人,僞出告身籤符,賣鬻空僞官……乃詔給事中嚴休復、中書舍人高鍬(當作鍐)、左丞韋景休充三司推案。"

李肇。

鄭澣(涵)。六月一日遷禮侍。《舊書》一五八本傳:"大和二年,遷禮部侍郎,典貢舉二年。"《壁記》:"(大和)二年六月一日遷禮部侍郎,出院。"

李虞仲。

王源中。自户部郎中正拜。《壁記》:"大和二年二月五日正拜。"

崔咸。約是年自侍御史遷。《新書》一七七本傳:"入朝爲侍御史……累遷陝虢觀察使。"按大和五年八月,崔咸自中舍出鎮陝虢,見《舊書》一七下《文宗紀》下。

右散騎常侍

孔戢。正月壬申爲京兆尹。《舊書》一七上《文宗紀》上:"(大和二年正月)壬申,以右散騎常侍孔戢爲京兆尹。"

鄭覃。約是年自左常侍轉(下年九月在任)。

右諫議大夫

李翺。知制誥。

路群。自兵部郎中遷。《舊書》一七七本傳:"累加兵部郎中。大和二年,遷諫議大夫。"按據下年引《壁記》,知爲右大諫。

右補闕

張文規。《新書》一二七《張嘉貞傳》:"子文規、次宗。裴度秉政,引文規爲右補闕。度出襄陽,貶温令。"按大和四年九月,裴度鎮襄陽;十月,文規貶温縣令。

右拾遺

李讓夷。二月遷左補闕。

鄭朗。

蔣係。《舊書》一四九本傳:"(大和)二年,拜右拾遺、史館修撰。"

起居舍人

楊漢公。是年遷司勳員外。《墓誌續編(咸通〇〇八)·楊漢公墓誌》:"轉起居舍人……授司勳員外郎,復從相國李公絳興元節度之請,除檢校户部郎中、攝御史中丞,充其軍倅。"按李絳下年出鎮興元。

門下省

門下侍郎

裴度。兼司空、集賢殿大學士、太清宫使。

給事中

裴潾。

高重。

崔琯。

嚴休復。《舊書》一七六《楊虞卿傳》:"大和二年,南曹令史李賨等六人,僞出告身籤符,賣鑿空僞官……乃詔給事中嚴休復、中書舍人高鉞(當代釴)、左丞韋景休充三司推案。"

左散騎常侍

鄭覃。約是年轉右常侍。

馮宿。《舊書》一七上《文宗紀》上：“（大和二年十月己卯）以左散騎常侍馮宿爲河南尹。”《寶刻叢編》一〇引《集古録目》：“《唐薛平增修家廟碑》，唐左散騎常侍集賢院學士馮宿撰，給事中裴潾書……以大和三年立此碑，在夏縣。”按蓋是年撰碑，下年立。

張賈。《墓誌彙編下（大和〇一一）·包陳墓誌》（五十七歲，葬於大和二年二月）：“右揆平章事竇公（易直），工部尚書張正甫、太子賓客皇甫鏞，洎左散騎常侍張賈，皆（其父包佶）門生也。”

諫議大夫

柏耆。《通鑑》二四三“大和二年”：“（十二月）丁丑，命諫議大夫柏耆宣慰魏博。”

宇文籍。兼史館修撰。《舊書》一六〇本傳：“大和二年正月卒。”

鄭蕭。《墓誌彙編下（大和〇一七）·唐殤子鄭行者墓誌》（卒於元和三年十月，四歲。遷葬於大和二年十一月）：“大和二年十一月八日父前諫議大夫蕭記。”

許康佐。自駕部郎中遷。《壁記》：“（大和）二年六月一日遷諫議大夫。”

孔敏行。約是年自吏部郎中遷。《舊書》一九二本傳：“遷吏部郎中，俄拜諫議大夫。”

起居郎

柳公權。五月遷司封員外。《壁記》：“大和二年五月二十一日自司封員外郎充侍書學士。二十三日賜緋。十一月二十一日改庫部郎中。”

劉寬夫。是年或上年自左補闕遷。《集古録目》五：“《唐崔群先廟碑》，武昌軍節度使牛僧孺撰，起居郎劉寬夫八分書并篆額……大和二年八月立此碑。”

左補闕

劉寬夫。是年或上年遷起居郎。

李讓夷。二月自右拾遺遷。《舊書》一七六本傳：“大和初入朝，爲右拾遺，召充翰林學士。轉左補闕。”《壁記》：“（大和）二年二月五日遷左補闕。”

左拾遺

舒元褒。

吳汝納。當在任。參上年引。

文宗大和三年（八二九）

中書省

中書侍郎

路隨。

中書舍人

高釴。七月遷刑侍。《舊書》一六八本傳：“大和三年七月，授刑部侍郎。”

李肇。五月稍後左遷少將作。《新書》五八《藝文志》二：“李肇《國史補》三卷。”注：“翰林學士。坐薦柏耆，自中書舍人左遷將作少監。”按柏耆五月貶，尋賜死。見《舊書》一七上《文宗紀》上。

李虞仲。

王源中。《墓誌續編（大和○二四）・許遂忠墓誌》（卒於大和三年六月廿九日，葬於十一月八日）：翰林學士、中大夫、中書舍人、上柱國、賜紫金魚袋王源中撰。十一月五日遷户部侍郎。《壁記》：“大和二年二月五日正拜（中書舍人）。（三年，按原脱）十一月五日遷户部侍郎、知制誥。十二月加承旨。”

崔咸。

李翱。二月自右大諫遷。尋貶少府少監。《舊書》一六○本傳：“（大和）三年二月，拜中書舍人。初，諫議大夫柏耆將使滄州軍前宣諭，翱嘗贊成此行。柏耆尋以擅入滄州得罪，翱坐謬舉，左授少府少監。”按柏耆五月得罪，尋賜死。

李啓。《會要》五七《左右僕射》：“大和三年四月，中書舍人李啓奏：‘伏奉敕旨，宜令左右常侍、諫議大夫、給事中、中書舍人，審同詳議僕射與御史中丞以下街衢相遇儀式奏聞者。’”

宋申錫。自户部郎中遷。《壁記》：“大和三年六月一日遷中書舍人。”

按《舊書》一六七本傳:"大和二年,正拜中書舍人,復爲翰林學士。"二年爲三年之誤。

韋辭(詞)。自吏部郎中遷,十月鎮湖南。《舊書》一六〇本傳:"文宗即位,韋處厚執政,且以澄汰浮華、登用藝實爲事,乃以辭與李翺同拜中書舍人……辭亦倦於潤色,苦求外任,乃出爲潭州刺史、御史中丞、湖南觀察使。"《舊書》一七上《文宗紀上》:"(大和三年十月癸亥)以中書舍人韋辭爲湖南觀察使。"

賈餗。自少太常遷。《舊書》一六九本傳:"(大和)三年七月,拜中書舍人。"

右散騎常侍

鄭覃。《壁記》:"大和三年九月二十一日自右散騎常侍充侍講學士。"按《舊書》一七三本傳:"(大和)三年,以本官充翰林侍講學士。"云左常侍。

諫議大夫

李翺。知制誥。二月遷中舍。

路群。《壁記》:"大和三年九月二十一日自右諫議大夫充侍講學士。"

右補闕

張文規。

陸洿。《集古録目》五:"《唐陸洿茅山題名》,洿官右補闕,自稱麋鹿臣篆書,大和三年題。"

右拾遺

蔣係。

鄭朗。是年當改他職。

白敏中。約是年自義成節度幕府遷。《新書》一一九本傳:"辟義成節度使李聽府,聽一見,許其遠到,遷右拾遺。"按李聽是年罷鎮,遷少太師。

門下省

門下侍郎

裴度。兼司徒、集賢殿大學士。

給事中

裴潾。《集古録目》五:"《唐薛平家廟碑》,左散騎常侍、集賢院學士馮宿撰,給事中裴潾書……以大和三年立此碑,在夏縣。"按蓋上年撰碑,是年立。

高重。

崔琯。《元龜》一三六《慰勞》:"(大和三年)五月命給事中崔琯往幽州宣慰。中書舍人韋詞(辭)往德州宣慰。"

嚴休復。是年刺華州。按,上年在給事中任,下年自華刺入遷右常侍。參下年右常侍引。《刺考全編·京畿道》繫於大和三年至四年刺華州。

狄兼謨(舊)。自鄭刺遷。《新書》一一五本傳:"(歷)蘄鄧鄭三州刺史。歲旱飢,發粟賑濟,民人不流徙。改蘇州,以治最,擢給事中。"按《新出唐墓誌百種·狄兼謨墓誌》:"又出爲蘇鄭二郡守……徵爲(原模糊不清,當是給事中等字)。"先刺蘇,後刺鄭。

左散騎常侍

吳士矩。當在任(下年二月在任)

諫議大夫

柏耆。五月辛卯貶循州司户,尋賜自盡。《舊書》一七上《文宗紀》上:"(大和三年)五月己卯朔。甲申,柏耆斬李同捷於將陵……(丁亥)貶滄德宣諭使、諫議大夫柏耆循州司户……以擅入滄州取李同捷,諸鎮所怒,奏論之也。"

許康佐。八月二十三日改充學士。《壁記》:(大和)三年八月二十三日改充學士。

孔敏行。

崔戎。約是年自吏部郎中遷。《舊書》一六二本傳:"遷諫議大夫。尋爲劍南東西兩川宣慰使。"按下年五月宣慰西川。

起居郎

劉寬夫。

陳夷行。自虞部員外分司遷。《舊書》一七三本傳:"大和三年,入爲起居郎、史館修撰。"

左補闕

李讓夷。十一月遷職方員外。《壁記》:"(大和)三年十一月五日加職方員外郎。”

李虞。見下左拾遺舒元褒引。

李回。《舊書》一七三本傳：“長慶初，進士擢第……登朝爲左補闕、起居郎。”

左拾遺

舒元褒。《會要》五六《省號》下：“（大和）三年五月，左拾遺舒元褒等奏：‘今年四月，左補闕李虞與御史中丞温造街中相逢，温造怒李虞不迴避，遂提李虞袛承人車從，送臺中禁身一宿，決脊杖十下者。’”按李虞，一作李虞仲，且云中舍。《全文》七四五舒元褒《論温造疏》：“遺補官秩雖卑，陛下侍臣也，中丞雖高，法吏也。侍臣見凌，是不廣敬；法吏壞法，何以持繩。前時中書舍人李虞仲與造相逢，造乃曳去引馬，知制誥崔咸與造相逢，造又捉其從人。”

裴休。約是年自監察御史遷（下年在任）。《舊書》一七七本傳：“大和初，歷諸藩辟召，入爲監察御史、右補闕。”

文宗大和四年（八三〇）

中書省

中書侍郎

路隨。《舊書》一七下《文宗紀》下："（大和四年三月）丁酉，監修國史、中書侍郎、平章事路隨進所撰《憲宗實錄》四十卷，優詔答之，賜史官等五人錦繡銀器有差。"是年遷門郎。

李宗閔。自吏侍遷。仍平章事。《舊書》一七六本傳："累轉中書侍郎、集賢殿學士。"《宰相表》下：（大和四年）六月己酉，宗閔爲中書侍郎。《集古錄目》五："《唐王播碑》，中書侍郎、平章事李宗閔撰，翰林學士承旨柳公權書……碑以大和四年正月立。"按，云正月立碑，月份當誤。

中書舍人

李虞仲。三月刺華州。《舊書》一七下《文宗紀》下："（大和四年三月甲辰）以中書舍人李虞仲爲華州刺史，代嚴休復；以休復爲右散騎常侍。"

崔咸。

宋申錫。七月遷右丞。《四庫》本《壁記》："（大和）四年七月七日遷尚書右丞，出院。"中國書店本《壁記》云左丞。

賈餗。《舊書》一六九本傳："（大和）四年九月，權知禮部貢舉。"

崔鄲。自考功郎中遷。《壁記》："（大和）四年九月十六日拜中書舍人。"

許康佐。自大諫遷。《壁記》："（大和）四年八月二十七日改中書舍人，充侍講學士兼侍講。"

楊汝士。自職方郎中遷。《舊書》一七六本傳："時李宗閔、牛僧孺輔政，待汝士厚，尋正拜中書舍人。"按李宗閔上年十月、牛僧孺是年正月入相。

韋瓘。約是年自司勳郎中遷。《新書》一六二本傳："正卿子瓘，字弘茂，及進士第，仕累中書舍人。”按司勳郎中一員，是年高鍇接任。又大和八年十月自中舍貶康州。

右散騎常侍

鄭覃。三月遷工尚。《舊書》一七下《文宗紀》下：“（大和四年）夏四月乙巳朔，丙午，以右散騎常侍、翰林侍講學士鄭覃爲工部尚書。”《壁記》：“（大和）四年三月三日改工部尚書，六月十七日出守本官。”按《舊書》一七三本傳：“（大和）四年四月拜工部侍郎……五年……（李）宗閔惡覃禁中言事，奏爲工部尚書，罷侍講學士。”謂先侍郎，後尚書。當誤。

嚴休復。三月甲辰自華刺遷任。見上中舍李虞仲引。

右諫議大夫

路群。《壁記》：“（大和）四年八月二十七日改充學士。”

右補闕

張文規。《元龜》四八一《譴責》：“韋厚叔爲左補闕，大和四年十月，貶爲河中府河西縣令。右補闕内供奉張文規爲河南府溫縣令。右拾遺内供奉南卓爲江陵府松滋縣令史。”

蔣係。自右拾遺遷。《新書》一三二本傳：“（大和二年）拜右拾遺、史館修撰，與沈傳師、鄭澣、李漢參撰《憲宗實錄》。轉右補闕。”按《舊書》一四九本傳：“（大和）四年，書成奏御，轉尚書工部員外，遷本司郎中。”下年初蔣係等人（均是諫官）爲宋申錫申冤，當以任右補闕爲近是。故繫於此。

韋溫（弘育）。蓋是年始任（下年五月在任）。

右拾遺

蔣係。是年遷右補闕。

白敏中。

南卓。内供奉。是年貶江陵府松滋縣令史。見右補闕張文規引。

門下省

侍中

裴度。九月壬午自司徒兼侍中遷，兼山南東道節度使。《舊書》一七下《文宗紀》下：“（大和四年九月）壬午，以守司徒、平章軍國重事、晉國公裴度守司徒、兼侍中，充山南東道節度使。”

門下侍郎

裴度。守司徒。《大詔令集》六一《裴度平章軍國重事三五日一入中書制》（大和四年六月）：特進、守司徒、兼門下侍郎、同中書門下平章事裴度可司徒、平章軍國重事，侍疾損日，每三五日一度入朝中書，散官勳封如故。九月兼侍中、山南東道節度使。

路隨。自中郎遷。《舊書》一五九本傳：“（大和）四年，轉門下侍郎，加崇文館學士。”

給事中

裴潾。《舊書》一七一本傳：“大和四年，出爲汝州刺史、兼御史中丞、賜紫。”

高重。是年刺同州，又改刺潭州。《全文》六九三李虞仲《授高重同州刺史兼防禦使制》：“正議大夫、行給事中、上柱國、渤海縣開國男、食邑三百户、賜紫金魚袋高重……可使持節同州諸軍事、同州刺史，充本州防禦長春宫使。”《舊書》一七下《文宗紀》下：“（大和四年十二月癸亥）以同州刺史高重爲潭州刺史、兼御史中丞，充湖南觀察使。”

崔琯。二月宣慰山南西道。使還，遷工侍。《元龜》一三六《慰勞》：“（大和四年）二月，興元三軍作亂，節度使李絳及家並被處置，訖命給事中崔琯充山（南）西道宣慰使，户部員外郎嚴謩爲副。”《舊書》一七七《崔珙傳》：興元兵亂，殺李絳，崔琯奉命平叛，使還，遷工部侍郎。按李絳遇害在二月。

狄兼謨（薈）。

李固言。自駕部郎中遷。《舊書》一七三本傳：“（大和）四年，李宗閔作相，用爲給事中。”《舊書》一五九《路隨傳》：“及隨進《憲宗實録》後，文宗復令改正永貞時事，隨奏曰：‘……近見衛尉卿周居巢、諫議大夫王彦威、給事中李固言、史官蘇景胤等各上章疏，具陳刊改非甚便宜。’……四年，（路隨）轉門下侍郎。”

崔戎。約秋冬自大諫遷。《舊書》一六二本傳：“尋爲劍南東西兩川宣慰使……還，拜給事中。”

羅讓。當在任（下年七月出鎮福建）。

蕭某。《劉禹錫集箋證》二四《和蘇十郎中謝病閑居時嚴常侍蕭給事同過訪歎初有二毛之作》："清羸隱几望雲空,左掖鴛鸞到室中。一卷素書銷永日,數莖斑鬢對秋風。"按詩寫秋景。是年禹錫爲禮部郎中,蘇十郎中,當屬膳部。名未詳;蕭給事,名未詳。又按嚴常侍,或是嚴休復,然是年爲右常侍,非左掖。

左散騎常侍

吳士矩。《大詔令集》三四《册魯王永文》："維大和四年歲次庚戌二月景午(即丙午)朔十二日丁巳……今用命使兵部尚書平章事牛僧孺、副使左散騎常侍吳士矩持節册爾爲魯王。"

崔玄亮。自大諫遷。《舊書》一七下《文宗紀》下:"(大和四年二月,神策中尉王守澄誣告宋申錫與漳王謀反。即令追捕)壬寅,左常侍崔玄亮及諫官等十四人伏奏玉階:'北軍所告事,請不於内中鞫問,乞付法司。'"按《元龜》四五八《德望》云由大諫遷右常侍。

諫議大夫

許康佐。八月遷中舍。

孔敏行。《舊書》一九二本傳:"俄拜諫議大夫,上疏論興元監軍楊叔元陰激募卒爲亂,殺節度使李絳。"《通鑑》二四四"大和四年"載於二月。

崔戎。《舊書》四八《食貨志》上:"大和四年五月,劍南西川宣撫使、諫議大夫崔戎奏:'准詔旨制置西川事條。'"按是年秋冬當遷給事中。

崔玄亮。自少太常遷。《舊書》一六五本傳:"大和初,入爲太常少卿。四年拜諫議大夫。"尋遷左常侍。

王質。自户部郎中遷。《劉禹錫集箋證》三《王質神道碑》:"遷檢校司封郎中攝御史中丞、紫衣金章,充山南西道節度副使,入爲尚書户部郎中。以方雅特立,除諫議大夫,會宋丞相坐狷直爲飛語所陷,抱不測之罪。大僚進言無益,公率諫官數輩,日晏伏閣。"按伏閣進諫事在下年三月。

王彦威。自司封郎中遷。《舊書》一五七本傳:"累轉司封員外、郎中……大和四年(原作五年,誤)遷諫議大夫……以本官兼史館修撰。"

起居郎

劉寬夫。

陳夷行。兼史館修撰。是年遷司封員外。《舊書》一七三本傳:"大和三年，入爲起居郎、史館修撰，預修《憲宗實録》。四年獻上，轉司封員外郎。"按一作起居舍人。《全文》七一文宗《答路隨等上憲宗實録詔》："賜修國史、路隨及見在史官司封郎中蘇景允、起居舍人陳夷行、屯田員外郎李漢、右拾遺蔣係，各錦彩銀器有差。"

李回。約是年自左補闕遷。《舊書》一七三本傳："登朝爲左補闕、起居郎。"

左補闕

李回。約是年遷起居郎。

韋厚叔。《舊書》一七〇《裴度傳》："引韋厚叔、南卓爲補闕、拾遺。"《元龜》四八一《譴責》："韋厚叔爲左補闕，大和四年十月貶爲河中府河西縣令。"

舒元褒。蓋是年自左拾遺遷。參下年引。

羅泰。蓋是年任。參下年引。

左拾遺

舒元褒。蓋是年遷左補闕。

裴休。《金石録補》一八："《唐懷素聖母帖》，右《聖母帖》，素書于貞元九年五月，而左拾遺裴休、試大理評事柳秉、鄉貢士柳槃大和四年十月十二日同登，則觀此帖署名也。"

文宗大和五年（八三一）

中書省

中書侍郎

李宗閔。

牛僧孺。自兵尚遷，仍平章事。《宰相表》下：（大和五年）三月乙丑，僧孺爲中書侍郎。

中書舍人

崔咸。《舊書》一七下《文宗紀》下："（大和五年八月）甲申，以中書舍人崔咸爲陝虢防禦使。"

賈餗。知貢舉。牓出後正拜禮侍。《舊書》一六九本傳："（大和）五年，牓出後，正拜禮部侍郎。"

崔鄲。《壁記》："明年（按即大和五年）以疾陳情請出守本官。"

許康佐。

楊汝士。

韋瓘。

路群。自右大諫遷。《壁記》："（大和）五年九月五日改中書舍人。"

張元夫。約是年自兵部郎中遷。《舊書》一六二《張正甫傳》："元夫，大和初兵部郎中、知制誥，遷中書舍人，出爲汝州刺史。"按大和七年三月刺汝州。見其年引。

右散騎常侍

嚴休復。

諫議大夫

路群。九月五日改中舍。

右補闕

蔣係。

韋溫（弘育）。《舊書》一七下《文宗紀》下："（大和五年）五月戊戌朔，太廟第四室、第六室破漏，有司不時修葺，各罰俸。上命中使領工徒及以禁中修營材葺之。右補闕韋溫上疏論曰：'宗廟不葺，罪在有司弛慢，宜加重責。今有司止於罰俸，便委内臣葺修，是許百司之官公然廢職。'"按《元龜》三〇《奉先》作左補闕。

裴休。年初或上年冬自左拾遺遷。《舊書》一六七《宋申錫傳》："（大和五年三月宋申錫獄成）翌日，開延英，召宰臣及議事官，帝自詢問。左常侍崔玄亮，給事中李固言，諫議大夫王質，補闕盧鈞、舒元褒、羅泰、蔣係、裴休、竇宗直、韋溫（弘育），拾遺李群、韋端符、丁居晦、袁都等一十四人，皆伏玉階下奏以申錫獄付外，請不於禁中訊鞫。"《舊書》一七七裴休傳："大和初，歷諸藩辟召，入爲監察御史、右補闕、史館修撰。"

竇宗直。見上引。

右拾遺

白敏中。

丁居晦、袁都。見右補闕裴休引。未詳左右，姑繫於此。

門下省

侍中

裴度。兼司徒、山南東道節度使。

門下侍郎

路隨。《舊書》一七下《文宗紀》下："（大和五年三月）丁卯，紫宸奏事，宰相路隨至龍墀，仆于地，令中人掖之。翌日，上疏陳退，識者嘉之。"《會要》六四《史館雜録》下："大和五年，中書侍郎、監修國史路隨奏曰：'臣昨面奉聖旨，以《順宗實録》，頗非詳實，委臣等重加刊正，畢日聞奏。'"按中郎爲門郎之誤。路隨上年六月已自中郎遷門郎。

給事中

狄兼謨（謩）。

李固言。《通鑑》二四四“大和五年”：“（宋申錫獄成，三月壬寅）左常侍崔玄亮、給事中李固言、諫議大夫王質、補闕盧鈞、舒元褒、蔣係、裴休、韋溫等復請對於延英，乞以獄事付外覆按。”《會要》五四《省號》上：“（大和）五年，將作監王堪修奉太廟，弛慢罰俸，仍改官爲太子賓客。制出，給事中李固言封還曰：‘東宮調護之地，不可令被罰弛慢之人處之。’乃改均王傅。”

崔戎。

羅讓。《舊書》一七下《文宗紀》下：“（大和五年七月）己未，以給事中羅讓爲福建觀察使。”

高銖。自吏部郎中遷。《舊書》一六八本傳：“大和五年，拜給事中。”

左散騎常侍

吳士矩。按是年初或上年十二月刺同州。高重大和四年十二月癸亥自同州改鎮湖南，士矩當接任，七年改鎮江西。參《刺考全編·京畿道》、《方鎮年表》五。

崔玄亮。《會要》五四《省號》上：“大和五年，神策中尉王守澄誣奏宰相宋申錫謀逆，文宗即令追捕。左散騎常侍崔玄亮與諫官等奏請不於內中鞫，改用法司鞫之。申錫方免死，責授開州司馬。”參給事中李固言引。按《舊傳》云右常侍。又按，是年遷賓客分司。《白居易集箋校》七〇《崔公（玄亮）墓誌銘》：“（爲宋申錫案泣諫）決就長告，徑遵歸路。朝廷不得已，在途拜太子賓客，分司東都。”

張仲方。自賓客遷。《舊書》一七一本傳：“（大和）三年，入爲太子賓客。五年四月，轉右散騎常侍。”按《新書》一二六本傳：“大和初，出爲福建觀察使。召還，進至左散騎常侍。”茲從《新傳》。

諫議大夫

孔敏行。

王質。《舊書》一六七《宋申錫傳》：“（大和五年三月宋申錫獄成）翌日，開延英，召宰臣及議事官，帝自詢問。左常侍崔玄亮，給事中李固言，諫議大夫王質，補闕盧鈞、舒元褒、羅泰、蔣係、裴休、竇宗直、韋溫（弘育），拾遺李群、韋端符、丁居晦、袁都等一十四人，皆伏玉階下奏以申錫獄付外，請不於禁中訊鞫。”是年出刺虢州。《舊書》一六三本傳：“大和中，王守澄構陷宰相宋申錫，文宗怒，欲加極法。質與常侍崔玄亮雨泣切諫，請付外推，申錫方從輕典。質爲中人側目，執政出爲虢州刺史。”

王彦威。《元龜》五六二《不實》：“韓愈，憲宗元和中，爲比部郎中、史館修撰，撰《順宗實錄》五卷。至大和五年，敕宰臣監修國史路隨等重加刊正。隨等奏曰：‘……近伏見衛尉卿周君巢、諫議大夫王彦威、給事中李固言及史官蘇景裔（胤）等各上章疏，具陳刊改非宜。’”

楊虞卿。自左司郎中遷。《舊書》一七六本傳：“及李宗閔、牛僧孺輔政，起爲左司郎中。（大和）五年六月，拜諫議大夫，充弘文館學士，判院事。”

起居郎

劉寬夫。約是年遷吏部員外（後年三月在吏部員外任）。

李回。

左補闕

奚敬玄。約是年遷刑部郎中。《劉禹錫集箋證》二《吏部侍郎奚陟神道碑》（卒於貞元十五年，改葬於大和六年）：“第三子敬玄，以詞藝似續，登文科，歷左補闕，今爲尚書刑部郎中。”

舒元褒。《舊書》一六七《宋申錫傳》：“翌日，開延英，召宰臣及議事官，帝自詢問。左常侍崔玄亮，給事中李固言，諫議大夫王質，補闕盧鈞、舒元褒、羅泰、蔣係、裴休、寶宗直、韋温，拾遺李群、韋端符、丁居晦、袁都等一十四人，皆伏玉階下奏以申錫獄付外，請不於禁中訊鞠。”《舊書》一七七《盧鈞傳》：“大和五年，遷左補闕，與同職理宋申錫之枉，由是知名。”據此知舒元褒、羅泰爲左補闕。

羅泰。見上引。

盧鈞。自長安尉遷。《舊書》一七七本傳：“大和五年，遷左補闕。”《新書》一八二本傳：“從李絳山南府推官，調長安尉。”

左拾遺

裴休。年初或上年冬遷右補闕。

李群、韋端。見右補闕裴休引。未詳左右，姑繫於此。

文宗大和六年（八三二）

中書省

中書侍郎

牛僧孺。《舊書》一七下《文宗紀》下："（大和六年）十二月己未朔。乙丑，以中書侍郎、同平章事牛僧孺檢校右僕射、同平章事、揚州大都督府長史，充淮南節度使。"

李宗閔。

中書舍人

崔鄲。是年罷翰林學士。《舊書》一五五本傳："轉中書舍人，（大和）六年，罷學士。"

許康佐。

楊汝士。

韋瓘。

路群。充翰林學士。

張元夫。

右散騎常侍

嚴休復。

右補闕

蔣係。約是年遷膳部員外。《新書》一三二本傳："轉右補闕。宋申錫被誣，文宗怒甚，係與左常侍崔玄亮涕泣苦諍，申錫得不死。歷膳部員外、工禮兵三部郎中，皆兼史職。"

韋溫（弘育）。是年遷侍御史。《舊書》一六八本傳：群臣上尊號，右補闕韋溫上疏云，今年三川水災，江淮旱歉，不宜行此。文宗善之，改侍御史。《通鑑》二四四"大和六年"載於正月。

裴休。七月充史館修撰。《舊書》一七下《文宗紀》下："大和六年（七月）甲午，以諫議大夫王彥威、户部郎中楊漢公、祠部員外郎蘇滌、右補闕裴休並充史館修撰。"《會要》六三《修史官》云二月。

右拾遺

白敏中。

袁都。

門下省

侍中

裴度。兼司徒、山南東道節度使。

王智興。三月辛丑任、兼太傅、同平章事、忠武軍節度使。《舊書》一七上《文宗紀》上："（大和六年）三月甲午朔。辛丑，以武寧軍節度使、守太傅、同平章事王智興兼侍中，充忠武軍節度使、陳許蔡觀察等使。"

門下侍郎

路隨。

給事中

李固言。是年遷工侍。《舊書》一七三本傳："（大和）六年，遷工部侍郎。"

狄兼謨（蓍）。

崔戎。

高鉄。

楊虞卿。自大諫轉。《舊書》一七六本傳："（大和）六年轉給事中。"按《通鑑》二四四"大和六年"作楊盧卿。誤。

蕭澣。當在任（下年三月刺鄭州）。

左散騎常侍

張仲方。

張昔。當在任（約下年卒）。

諫議大夫

孔敏行。

王彦威。《舊書》一七下《文宗紀》下："（大和六年十月）甲申，以諫議大夫王彦威爲河中少尹，以其論上官興獄太徼訏故也。"

楊虞卿。是年遷給事中。

高鍇。自司勳郎中遷。《舊書》一六八本傳："（大和）六年二月，自司勳郎中轉諫議大夫。"

郭承嘏。自兵部郎中遷。《舊書》一六五本傳："終喪爲侍御史，職方、兵部二員外，兵部郎中。大和六年，拜諫議大夫。"

起居郎

李回。

左補闕

舒元褒。蓋是年遷司封員外。《新書》一七九本傳："元褒又擢賢良方正，終司封員外郎。餘及誅（指甘露之變）。"

盧鈞。是年遷吏部郎中。《新書》一八二本傳："爭宋申錫獄知名，進吏部郎中。"

文宗大和七年（八三三）

中書省

中書侍郎

李宗閔。六月出鎮山南西道。《舊書》一七下《文宗紀》下："（大和七年六月）乙亥以中書侍郎、平章事李宗閔檢校禮部尚書、同平章事，兼興元尹、山南西道節度使。"

李德裕。六月自兵尚遷，兼集賢大學士。《舊書》一七四本傳："（大和）七年二月，德裕以本官（兵部尚書）平章事……六月，（李）宗閔亦罷相，德裕代爲中書侍郎、集賢大學士。"

中書舍人

崔鄲。《元龜》六三六《考課》二："（大和七年）九月，以吏部尚書令狐楚爲校内官考使，中書舍人崔鄲爲監内官考使，以兵部尚書王起爲校外官考使，以給事中高銖爲監外官考使。"

許康佐。七月遷户侍。《壁記》："（大和）七年七月二十五日改户部侍郎、知制誥。"

楊汝士。四月庚辰遷工侍。《舊書》一七下《文宗紀》下："（大和七年四月庚辰）中書舍人楊汝士爲工部侍郎。"

韋瓘（茂弘）。是年貶康州。《新書》一六二本傳："正卿子瓘，字茂弘，進士及第，仕累中書舍人。與李德裕善，德裕任宰相，罕接士，唯瓘往請無間也。李宗閔惡之，德裕罷，貶明州長史。"《金石録補》二〇《唐韋瓘峿溪題名》："右永州峿溪題云：太僕卿分司東都韋瓘，大中二年過此。余以大和中以中書舍人謫宦康州，逮今十六年。去冬罷楚州刺史，今年二月有桂林之命。纔經數月，又蒙除替，行次靈川，聞改此官，分司優閑，誠爲忝幸。按史瓘仕累中書舍人，與李德裕善，李宗閔惡之，德裕罷相，貶爲明州長史，終桂觀察使。以題名證之，乃自中書謫康州，又不終于桂，《新唐書》之誤也。由大中二年逆數十六年前，爲大和七年，是時德裕當國，八年十一月罷相，不知瓘之被謫，坐何事也。"大中二年鄭亞罷鎮桂林（見《舊書》一八下《宣宗紀》），由韋瓘接任，尋改太僕卿，分司。

路群。《壁記》："（大和）七年十二月十七日出守本官。"

張元夫。三月刺汝州。《舊書》一七下《文宗紀》下："（大和七年三月）庚戌中書舍人張元夫（爲）汝州刺史。"

李珏。自庫部郎中遷。《舊書》一七三本傳："（大和）七年三月，正拜中書舍人。"《壁記》："（大和七年）三月二十三日賜紫，二十八日拜中書舍人。"

高鍇。自大諫遷。《舊書》一六八本傳："（大和）六年自司勳郎中轉諫議大夫。七年，遷中書舍人。"

權璩。自考功員外遷（大和五年四月在考功員外任，下年二月在中舍任）。

崔栢。《墓誌彙編下（大和〇五八）·故比部郎中李蟾墓誌》（卒於大和七年五月四日，葬於閏七月七日）：朝散大夫、守中書舍人、上柱國崔栢撰。

右散騎常侍

嚴休復。《舊書》一七下《文宗紀》下："（大和七年三月）丙辰，以（右）散騎常侍嚴休復爲河南尹。"

崔咸。二月癸酉自陝州防禦使遷。《舊書》一七下《文宗紀》下："（大和七年二月）癸酉，以宗正卿李諔爲陝州防禦使，代崔咸；以咸爲右散騎常侍。"

右補闕

裴休。當在任（上年在任）。

袁都。約是年自右拾遺（後年四月前已任）遷。

右拾遺

白敏中。《舊書》一六六本傳："大和七年，丁母憂，退居下邽。"

袁都。約是年遷右補闕。

封敖。是年當在任。《舊書》一六八本傳："大和中，入朝爲右拾遺。"

門下省

侍中

裴度。兼侍中、山南東道節度使。

王智興。兼太傅、同平章事、河中尹、河中節度使。

門下侍郎

路隨。

給事中

狄兼謨（謩）。

崔戎。《舊書》一七下《文宗紀》下：“（大和七年閏七月）戊戌，以給事中崔戎爲華州刺史。”

高銖。九月爲監外官考使。見中舍崔鄲引。

楊虞卿。《舊書》一七下《文宗紀》下：“（大和七年三月）庚戌，出給事中楊虞卿爲常州刺史。”

蕭澣。《舊書》一七下《文宗紀》下：“（大和七年三月）丁巳，以給事中蕭澣爲鄭州刺史。”

李石。《舊書》一七下《文宗紀》下：“（大和七年十二月戊申），以河東節度副使李石爲給事中。”

王質。自號刺遷。十二月戊申權知河南尹。《舊書》一六三本傳：“質爲中人側目，執政出爲虢州刺史……尋召爲給事中、河南尹。”《舊書》一七下《文宗紀》下：“（大和七年十二月）戊申，以給事中王質權知河南尹。”

鄭肅。《舊書》一七六本傳：“（大和七年）肅加給事中。”

左散騎常侍

張仲方。三月壬辰爲賓客，分司。《舊書》一七下《文宗紀》下：“（大和七年三月）壬辰，以左散騎常侍張仲方爲太子賓客，分司。”

張昔。是年或稍前卒。《寶刻叢編》八引《金石錄》：“《唐散騎常侍張昔墓誌》，唐馮宿撰，正書無姓名。大和七年四月。”

裴潾。自左庶分司遷。《舊書》一七一本傳：“坐違法杖殺人，貶左庶子，分司東都。（大和）七年，遷左散騎常侍，充集賢殿學士。”

李虞仲。七月自華刺遷，兼秘監。《舊書》一六三本傳：“大和四年，出爲華州刺史、兼御史大夫。入拜左散騎常侍、兼秘書監。”按七月戊戌給事中崔戎爲華州刺史，代虞仲。

諫議大夫

孔敏行。

郭承嘏。

高鍇。是年遷中舍。

孫簡。自吏部郎中遷。《墓誌續編（咸通〇九九，按當置於大中時）·孫簡墓誌》：“除左司郎中，加朝散階。轉吏部郎中，又加朝請大夫。用公正之望，遷諫議大夫。”

高元裕（允中）。自左司郎中遷。《金石萃編》一一四《高元裕碑》：“除左司□□，遷□□□□、中書舍人。公之爲諫議也，屬朝廷多故，李訓、鄭注貽禍□亂，欲先立威定事。”《舊書》一七一本傳：“累遷左司郎中。李宗閔作相，用爲諫議大夫。”按六月李宗閔入相。

起居郎

李回。約是年遷職方員外。《舊書》一七三本傳：“登朝爲左補闕、起居郎。尤爲宰相李德裕所知……授職方員外郎，判户部案。”按二月李德裕入相。

左補闕

鄭涯。《壁記》：“大和七年四月八日自左補闕充。”

左拾遺

裴坦。自宣歙觀察幕府遷。《新書》一八三本傳：“坦及進士第，沈傳師表置宣宗觀察府，召拜左拾遺，史館修撰。”按沈傳師是年罷鎮宣歙。參《方鎮年表》五。

文宗大和八年（八三四）

中書省

中書侍郎

李宗閔。《舊書》一七下《文宗紀》下："（大和八年十月庚辰）以山南西道節度使……李宗閔可中書侍郎、同中書門下平章事。"

李德裕。十月甲午鎮山南西道。丙午改兵尚。《舊書》一七下《文宗紀》下："（大和八年十月）甲午，以銀青光禄大夫、守中書侍郎、平章事李德裕檢校兵部尚書、同平章事、興元尹，充山南西道節度使……丙午，以新除興元節度使李德裕爲兵部尚書。"

中書舍人

崔鄲。是年遷工侍。《舊書》一五五本傳："轉中書舍人，（大和）六年，罷學士。八年，爲工部侍郎，集賢殿學士，權知禮部。"按下年知貢舉。

路群。《舊書》一七七《路巖傳》："（大和）八年正月病卒。"

李珏。依前充翰林學士。《墓誌續編（大和〇四六）·唐故郪王李經墓誌》（卒於大和八年七月，葬於八月。年五十七）：翰林學士、朝議郎、守中書舍人、賜紫金魚袋臣李珏撰。

高鍇。

權璩。《新出唐墓誌百種·楊元卿墓誌》：誌主葬於大和八年二月三日。書丹：朝散大夫、守中書舍人、上柱國、扶風縣開國男、食邑三百户權璩書。另參給事中鄭蕭引。

崔栝。

孫簡。自大諫改。《墓誌續編（咸通〇九九，按當置於大中時）·孫簡墓誌》："用公正之望，遷諫議大夫……轉中書舍人。"

高元裕（允中）。自大諫遷。《舊書》一七一本傳："李宗閔作相，用爲諫議大夫，尋改中書舍人。"《新書》一七九《李訓傳》："服除，起爲四門助教，賜緋袍、銀魚，時大和八年也。其十月，遷《周易》博士兼翰林侍講學士。入院，詔法曲弟子二十人侑宴，示優寵。於是給事中鄭蕭、韓佽，諫議大夫李珏、郭承嘏，中書舍人高元裕、權璩等共劾仲言憸人，天下共知，不宜在左右。"《樊川文集》一七《高元裕除吏部尚書制》："復以諫議、舍人在大和末。"

歸融。自工部郎中遷。《舊書》一四九本傳："（大和）八年，正拜舍人。"

右散騎常侍

崔咸。約是年遷秘監。九月己丑卒。《舊書》一七下《文宗紀》下："（大和八年九月）己丑，秘書監崔咸（原作威）卒。"按《新書》一七七本傳："入拜右散騎常侍、秘書監。大和八年卒。"

右補闕

王直方。見起居郎崔覯引。《元龜》四六四《謙退》："王直方爲右補闕，大和八年三月，爲鎮州册贈副使。因令中使宣詔，對於浴堂門，使令充翰林學士。辭讓不受。賜以錦彩，却令進發。"

袁都。

起居舍人

李褒。是年當在任。按開成元年，請罷是職。見《舊書》一七六《李讓夷傳》。

門下省

侍中

裴度。兼司徒、山南東道節度使。三月兼司徒、侍中、東都留守。《新出唐墓誌百種·楊元卿墓誌》：誌主葬於二月三日。撰文：山南東道節度觀察處置等使、司徒、兼侍中晉國公裴度撰。三月以本官判東都尚書省事，充東都留守。《舊書》一七〇本傳："（大和）八年三月，以本官判東都尚書省事，充東都留守。"《集古錄目》五："《唐高瑀神道碑》，司徒侍中東都留守裴度撰，河南尹鄭澣書……碑以大和八年立。"

王智興。兼太傅、同平章事、河中尹、河中節度使。

門下侍郎

路隨。九月甲子兼太子太師。《舊書》一七下《文宗紀》下："（大和八年九月庚午)宰相路隨册拜太子太師。"

　　王涯。正月自右僕遷，兼檢校司空、弘文館大學士、太清宮使。《舊書》一六九本傳："（大和）八年正月，加檢校司空、門下侍郎、弘文館大學士、太清宮使。"

給事中

　　狄兼謨（舊）。

　　高銖。

　　李石。

　　鄭肅。《新書》一七九《李訓傳》："（大和八年十月）給事中鄭肅、韓佽，諫議大夫李玨、郭承嘏，中書舍人高元裕、權璩等共劾仲言憸人。"

　　韓佽。十月在任。見上引。

　　李翊（玨）。蓋是年自大諫遷。

左散騎常侍

　　裴潾。是年遷刑侍。尋改華刺。《舊書》一七一本傳："（大和）八年，遷刑部侍郎，尋改華州刺史。"《舊書》一七下《文宗紀》下："（大和八年十二月己亥）以（李）翱爲刑部侍郎，代裴潾；以潾爲華州鎮國軍潼關防禦使。"

　　李虞仲。兼秘監。是年遷右丞。《舊書》一六三本傳："（大和）八年，轉尚書右丞。"

　　張仲方。自賓客分司遷。《舊書》一七下《文宗紀》下："（大和八年十二月）己丑，以太子賓客分司張仲方爲左散騎常侍。"

諫議大夫

　　孔敏行。

　　郭承嘏。見給事中鄭肅引。

　　孫簡。是年轉中舍。

　　高元裕（允中）。是年遷中舍。

　　李翊（玨）。見給事中鄭肅引。是年遷給事中。

　　陳夷行。自著作郎遷。《壁記》："（大和）八年九月六日賜緋，七日遷諫議大夫。"

起居郎

　　崔龜。《舊書》一九二本傳："大和八年，左補闕（當作右補闕）王直方上疏論事，得召見，文宗便殿訪以時事。直方亦興元人，與覲城固山爲鄰，是日因薦覲有高行，詔以起居郎徵之，覲辭疾不起。”

鄭朗。當在任（下年十二月在任）。

左補闕

鄭涯。九月七日遷司勳員外。《壁記》：“（大和）八年九月七日加司勳員外郎，十六日賜緋。”

左拾遺

裴坦。當在任。參上年引。

盧茂弘。當在任（下年十月丁亥爲鳳翔使府判官）。

文宗大和九年(八三五)

中書省

中書令

裴度。《舊書》一七下《文宗紀》下:"(大和九年十月庚子)東都留守、特進、守司徒、侍中裴度進位中書令。餘如故。"

中書侍郎

李宗閔。六月貶剌明州。《舊書》一七下《文宗紀》下:"(大和九年六月)壬辰,詔以銀青光禄大夫、守中書侍郎、同平章事……李宗閔貶明州刺史。"

賈餗。自新除浙西觀察遷。《舊書》一七下《文宗紀》下:"(大和九年四月)戊戌,詔以新浙西觀察使賈餗爲中書侍郎、同中書門下平章事。"十一月甘露事變被殺。

中書舍人

李珏。《壁記》:"(大和)九年五月六日加承旨,十九日遷户部侍郎、知制誥,八月五日貶江州刺史。"

高鍇。《舊書》一六八本傳:"(大和)七年遷中書舍人;九年十月,以本官權知禮部貢舉。"

權璩。《舊書》一七下《文宗紀》下:"(大和九年八月)甲午,貶中書舍人權璩爲鄭州刺史。"

崔柟。《元龜》七〇八《選任》:"崔柟爲中書舍人,大和九年二月,以柟及考功郎中(原誤作員外郎)、史館修撰蘇滌兼充皇太子侍讀。"

孫簡。

高元裕(允中)。八月壬寅貶剌閬州。《金石萃編》一一四《高元裕碑》:"及爲中書舍人,逆(鄭)注益用事。注初以藥道進……方倚恩自大,患不能堪，遽出公□州刺史。"《舊書》一七下《文宗紀》下："（大和九年八月）壬寅，貶中書舍人高元裕爲閬州刺史。"

歸融。《壁記》："大和九年八月一日自中書舍人充……加承旨。八月二十日遷工部侍郎。"按《舊書》一四九本傳云："（大和）九年轉户部侍郎。"兹從《壁記》（省略部分的時間有誤）。

唐扶。是年以職方郎中權知。《舊書》一九〇下本傳："（大和）九年，轉職方郎中，權知中書舍人事。"

崔龜從。十二月自司勳郎中遷。《舊書》一七六本傳："（大和）九年轉司勳郎中、知制誥，十二月正拜中書舍人。"

右補闕

王直方。《元龜》四八一《譴責》："王直方爲右補闕，大和九年出爲興元府城固縣令。"

袁都。《墓誌彙編下（大和〇八七）·唐故國子監禮記博士趙公（君旨）墓誌》（卒於大和八年十二月十九日，葬於九年四月十日）：將仕郎、守右補闕、集賢殿學士袁都撰。

黎填。《壁記》："大和九年十月十二日自右補闕充。"

右拾遺

魏謩。《舊書》一七六本傳："楊汝士牧同州，辟爲防禦判官……汝士入朝，薦爲右拾遺。"按是年汝士自同州遷户侍。見《舊書》一七六本傳。《元龜》一三一《延賞》二："（大和）九年四月，以前同州長春宮巡官、試秘書省校書郎魏謩爲右拾遺。帝因讀《貞觀政要》，思文貞公魏徵之德，訪其後，得謩而不次用之。"按《會要》三四《雜録》："大和九年，文宗以教坊副使雲朝霞善吹笛，新聲變律，深愜上旨，自左驍衛將軍宣授，兼帥府司馬。宰臣奏，帥府司馬品高郎官，不可授伶人。上亟稱朝霞之善。左補闕魏謩上疏論奏，乃改潤州司馬。"云左補闕。誤。

令狐綯。《唐文補編》八六令狐綯《雁塔題名》："侍御史令狐緒，右拾遺令狐綯……大和九年四月一日。"

起居舍人

李褒。當在任（下年四月稍前因病請罷，李讓夷權知）。

丁居晦。《壁記》："大和九年五年三十日起居舍人、集賢院直學士充。

十月十八日賜緋，十九日遷司勳員外郎。"

　　周墀。《樊川文集》七《周公（墀）墓誌銘》："注、訓取公爲起居舍人。"《新書》一八二本傳："大和末，訓、注亂政……遷起居舍人。"按關於周墀是年任職，《舊書》一一七六本傳："大和末，累遷至起居郎。"又見《舊書》一七三《鄭覃傳》。

通事舍人

　　杜例。《元龜》九三五《構患》："（大和九年十一月）時閤門喚仗，帝已御紫宸殿。兩省官與南班一時入閤，亦自序其班。立定，通事舍人杜例宣召左右僕射令狐楚、鄭覃皆至龍墀南，宣授王涯所通反狀。"

門下省

侍中

　　裴度。兼司徒、東都留守。十月進中令。

　　王智興。兼守太傅、同平章事、宣武軍節度使。

門下侍郎

　　路隨。四月鎮浙西。《舊書》一七下《文宗紀》下："（大和九年四月）丙申，以太子太師、門下侍郎、平章事路隨爲鎮海軍節度、浙西觀察使。"

　　王涯。五月辛未拜司空，仍兼門郎、平章事。十一月甘露事變被殺。《全文》六九文宗《授王涯開府儀同三司充諸道榷茶使制》："金紫光祿大夫、守司空、兼門下侍郎、同中書門下平章事、兼充弘文館大學士、太清宮使及諸道鹽鐵轉運等使、上柱國、代郡開國公王涯……可開府儀同三司，充諸道鹽鐵轉運榷茶等使，餘並如故。"《舊書》一七下《文宗紀》下：大和九年五月辛未，宰相王涯拜司空。十一月甘露事變爲宦官所殺。

　　李固言。七月自大御遷，九月出鎮山南西道。《舊書》一七下《文宗紀》下："（大和九年七月）辛亥，詔以御史大夫李固言爲門下侍郎、同平章……（九月）丁卯，以門下侍郎、同平章事李固言爲興元尹、山南西道節度使。"

給事中

　　狄兼謨（謩）。

　　高銖。《舊書》一七下《文宗紀》下："（大和九年五月）乙卯，以給事中高銖爲浙東觀察使。”

李石。《舊書》一七二本傳:“(大和)九年七月,權知京兆尹。”

鄭肅。是年遷刑侍。《舊書》一七六本傳:“(大和)九年,改刑部侍郎,尋改尚書右丞。”

韓佽。《舊書》一七下《文宗紀》下:“(大和九年四月辛卯)以給事中韓佽爲桂管觀察使。”

李翊。《舊書》一七下《文宗紀》下:“(大和九年十一月戊辰)以給事中李翊爲御史中丞。”

盧鈞。自常刺遷。《舊書》一七七本傳:“出爲常州刺史。(大和)九年拜給事中。”

郭承嘏。自大諫遷。《舊書》一六五本傳:“(大和)九年,轉給事中。”《大詔令集》一二五《誅王涯鄭注後德音》(大和九年十二月十六日):給事中臣承嘏等謹奉制書如右,請奉制付外施行。

左散騎常侍

張仲方。十一月己丑權知京兆尹。《通鑑》二四五“大和九年”:“(十一月己丑)是日,以⋯⋯左散騎常侍張仲方權知京兆尹。”

羅讓。自大理卿轉。《舊書》一七下《文宗紀》下:“(大和九年七月丁卯)以大理卿羅讓爲散騎常侍。”《通鑑》二四五“大和九年”:“(甘露之變後)禁兵利其財⋯⋯入左常侍羅讓、詹事渾鐬、翰林學士黎埴等家,掠其貲財,掃地無遺。”按黎埴即黎植。

諫議大夫

孔敏行。《舊書》一九二本傳:“大和九年正月卒。”

郭承嘏。是年遷給事中。

陳夷行。充翰林學士。八月改少太常。《舊書》一七三本傳:“(大和)九年八月,改太常少卿、知制誥。”

馮定。自少太常遷。《舊書》一六八本傳:“大和九年八月,爲太常少卿。文宗每聽樂,鄙鄭衛聲,詔奉常習開元中《霓裳羽衣舞》,以《雲韶樂》和之。舞曲成,定總樂工閱於庭,定立於其間。文宗以其端凝若植,問其姓氏,翰林學士李珏對曰:‘此馮定也。’文宗喜,問曰:‘豈非能爲古章句者耶?’⋯⋯尋遷諫議大夫。”

李讓夷。自左司郎中遷。《舊書》一七六本傳："（大和）九年，拜諫議大夫。"

蕭俶。《舊書》一七二本傳："（大和）九年五月，拜諫議大夫。"

起居郎

鄭朗。《元龜》四六《智識》："文宗大和九年十二月庚辰御紫宸殿……宰臣退，帝命起居郎鄭朗等：'適所記録者，將來一觀。'"

左拾遺

盧茂弘。十月丁亥爲鳳翔使府判官。《舊書》一七下《文宗紀》下："（大和九年十月丁亥）左拾遺盧弘茂等皆受鳳翔使府判官，從鄭注奏請也。"是年甘露之變後，遇害。《新書》一七九《鄭注傳》作右拾遺。

文宗開成元年（八三六）

中書省

中書令

裴度。兼司徒、侍中，東都留守。

中書侍郎

李石。自户侍遷，兼判度支。《舊書》一七二本傳：“尋加中書侍郎、集賢殿大學士，領鹽鐵轉運使……八月罷鹽鐵轉運使。”《舊書》四九《食貨志》下：“開成元年，李石以中書侍郎判收茶法。”

中書舍人

高鍇。知貢舉。貢舉後遷禮侍。《舊書》一六八本傳：“開成元年春，試畢，進呈及第人名……乃以鍇爲禮部侍郎。”

孫簡。是年刺同州。《墓誌續編（咸通〇九九，按當置於大中時）·孫簡墓誌》：“用公正之望，遷諫議大夫……轉中書舍人，拜同州刺史，兼御史中丞、賜紫金魚袋。”參《刺考全編·京畿道》。

唐扶。《舊書》一九〇下本傳：“開成初，正拜舍人，逾月，授福建刺史、御史中丞、福建團練觀察使。”《舊書》一七下《文宗紀》下載於開成元年五月丁巳。

崔龜從。《會要》二三《謹》：“開成元年十一月，中書舍人崔龜從奏：‘前婺王府參軍宋昂，名與御名同，十年不改。昨日參選，追驗正身，改更稍遲，殊戾敕旨，宜殿兩選。’”《舊書》一七六本傳：“開成初出爲華州刺史。”《舊書》一七下《文宗紀》下載於十二月庚戌。

柳公權。自兵部郎中遷，依前充學士兼侍書。《壁記》：“開成元年九月二十八日遷中書舍人。”

敬昕。自常刺遷（下年鎮江西）。《嘉泰吳興志》一四《郡守題名》：“敬昕，大和七年自婺州刺史拜，除吏部郎中，續加檢校本官依前湖州刺史，後除常州。"《刺考全編·江南東道》謂約大和末至開成初刺常州。

裴居中。是年或稍前在任。《白居易集箋校》三三《三月三日被禊洛濱》,序云開成二年三月三日東都留守裴度召前中書舍人裴居中等一十五人合宴舟中。稱前中書舍人,故繫於此。

右諫議大夫

裴休。《雲溪友議》中《弘農忿》:"東川處士柳全節……有子棠,應進士舉……時裴諫議休相公,因封事出漢州,即棠舊知也。聞棠來,且喜;及再謁,則藍衫木簡而已……兼與薦書。開成二年,上第。"按左諫議時滿員,姑繫於此。

右補闕

黎埴。充翰林學士。

魏謩。七月自右拾遺遷。《舊書》一七六本傳:"御史中丞李孝本,皇族也,坐李訓誅,有女没入掖廷,謩諫曰……帝即出孝本女,遷謩右補闕。"按《通鑑》二四五"開成元年"載於七月。

右拾遺

魏謩。《元龜》一〇一《納諫》:"開成元年正月,以叙州司户參軍董昌齡爲硖州刺史。昌齡前在邕南,以殺衡方厚待罪,無何,復命。右拾遺魏謩上疏曰……疏奏數日,昌齡復改爲洪州別駕。"七月遷右補闕。

令狐綯。是年轉左拾遺。

起居舍人

李褒。因病請罷,李讓夷權知。《舊書》一七六《李讓夷傳》:"開成元年……起居舍人李褒有痼疾,請罷官。"

周墀。是年改考功員外。《新書》一八二本傳:"大和末,訓、注亂政……遷起居舍人,改考功員外郎,仍兼舍人事。"

李讓夷。《舊書》一七下《文宗紀》下:"(開成元年四月癸酉)以諫議大夫李讓夷權知起居舍人事。"

門下省

侍中

裴度。兼中令、東都留守。

王智興。兼守太傅、同平章事、宣武軍節度使。七月卒。《舊書》一七
上《文宗紀》上:"(開成元年七月)癸酉,宣武軍節度使王智興卒。"

門下侍郎

鄭覃。兼右僕、祭酒。《舊書》一七三本傳:"加門下侍郎、弘文館大學
士、監修國史。"《宰相表》下:(開成元年)正月甲子,覃兼門下侍郎。

李固言。四月甲午以是職入相。丙申判户部事。《舊書》一七下《文宗
紀》下:"(開成元年四月)甲午,詔以山南西道節度使、檢校兵部尚書李固言
爲門下侍郎、同中書門下平章事……丙申,李固言判户部事。"

給事中

狄兼謨(謩)。十二月丙申爲中丞。《舊書》一七下《文宗紀》下:"(開成
元年十二月丙申)以給事中狄兼謨爲御史中丞。"按《會要》三九《定格令》:
"開成元年三月,刑部侍郎狄兼謩奏:'伏准今年正月日制,刑法科條,頗聞
繁冗。'"《郎表》四刑侍云下年六月後由中丞遷刑侍。若然,則《會要》誤。

盧鈞(均)。五月戊申爲華州防禦使。《舊書》一七下《文宗紀》下:"(開
成元年五月戊申)以給事中盧鈞代(郭承嘏)嘏守華州。"

郭承嘏。是年遷刑侍。《舊書》一七下《文宗紀》下:"(開成元年五月)
丁未,以給事中郭承嘏爲華州防禦使。給事中盧載以承嘏公正守道,屢有
封駁,不宜置之外郡,乃封還詔書。翊日,復以承嘏爲給事中。"《舊書》一六
五本傳:"文宗以淮南諸道累歲大旱,租賦不登,國用多闕。及是,以度支
使、户部分命宰臣鎮之。承嘏論之曰……帝深嘉之,遷刑部侍郎。"

李翊(玝)。五月後自中丞遷。按五月李固言奏言其不宜任憲官,又,
下年六月自給事中出鎮湖南。故繫於此。

盧載。見上郭承嘏引。

左散騎常侍

羅讓。二月辛未鎮江西。《舊書》一七下《文宗紀》下:"(開成元年)二
月辛未朔,以左散騎常侍羅讓爲江西觀察使。"

諫議大夫

馮定。《通鑑》二四五"開成元年":"正月辛丑朔,上御宣政殿,赦天下,
改元。仇士良請以神策仗衛殿門,諫議大夫馮定言其不可,乃止。"

李讓夷。《舊書》一七六本傳:"開成元年,以本官(諫議大夫)兼知起居

舍人事。”

蕭俶。

韋溫（弘育）。春自考功員外遷。尋遷少太常。《樊川文集》八《韋公
（溫）墓誌銘》：“故公自考功不數月拜諫議大夫……不半載，轉太常少卿。”

高元裕（允中）。自閬州刺史遷。《金石萃編》一一四《高元裕碑》：
“（鄭）注敗，復入爲諫議大夫兼充侍講學士。”《舊書》一七一本傳：“訓、注既
誅，復徵爲諫議大夫。”

姚合。約是年自杭州刺史遷。按姚合大和八年刺杭，至是期滿。賈島
《喜姚郎中自杭州回》：“東省期司諫，雲門悔不尋。”東省即門下省。

起居郎

鄭朗。《舊書》一七三本傳：“開成中爲起居郎……朗轉考功郎中，四年
遷諫議大夫。”按上年十二月庚辰已見在任。

左拾遺

令狐綯。自右拾遺轉。《舊書》一七二本傳：“開成初爲左拾遺。二年
丁父喪。”

衛洙。自秘書省校書郎遷。《新書》一七二《杜羔傳》：“子中立……開
成初，文宗欲以真源、臨真二公主降士族……詔宗正卿取世家子以聞。中
立及校書郎衛洙得召見禁中。”《新書》一六四本傳：“洙，舉進士，尚臨真公
主，檢校秘書少監、駙馬都尉。文宗曰：‘洙起名家，以文進，宜諫官寵之。’
乃爲左拾遺。”

竇洵直。《唐闕史》下《李可及戲三教》：“參廖子曰：開成初，文宗皇帝
耽玩經典，好古博雅，嘗欲黜鄭衛之樂，復正始之音。有太樂寺樂官尉遲璋
者，善習古樂……命授尉遲璋官，丞相滎陽鄭公罥擬王府率。時有左拾遺
竇洵直上疏，以爲樂官受賞，不如多予之金。”

文宗開成二年(八三七)

中書省

中書令

裴度。兼司徒、侍中、東都留守。五月守司徒、兼中書令、河東節度使。

中書侍郎

李石。《金石萃編》一〇九《新加九經字樣壹卷》:開成二年八月十二日牒,中書侍郎平章事李石。兼判度支(十一月罷判)。

中書舍人

柳公權。四月己巳遷大諫、知制誥。

敬昕。四月丙子鎮江西。《舊書》一七下《文宗紀》下:"(開成二年四月)丙子,以中書舍人敬昕爲江西觀察使。"

李讓夷。自大諫遷。《舊書》一七六本傳:"(大和)九年,拜諫議大夫。(開成)二年,拜中書舍人。"

崔蠡。自司勳郎中遷。《舊書》一一七本傳:"開成初,以司勳郎中徵,尋以本官知制誥。明年,正拜舍人。"

李景讓。自商刺遷。《舊書》一八七下本傳:"大和中爲尚書郎,出爲商州刺史。開成二年,入朝爲中書舍人。"

右諫議大夫

姚合。約是年自左諫議遷。姚合《西掖寓直春曉聞殘漏》。西掖即中書省。

李中敏。自刑部郎中遷。《舊書》一七一本傳:"尋遷刑部郎中,知雜臺。其年,拜諫議大夫,充理匭使。"參下年引。

裴休。

右補闕

黎埴。《四庫》本《壁記》："開成二年二月十日加司勳員外郎。"

魏謩。

王續。《舊書》一七四《李德裕傳》："（開成二年）補闕王續、魏謩、崔黨、韋有翼，拾遺令狐綯、韋楚老、樊宗仁等，連章論德裕妄奏錢帛以贖僧孺。"按據行文於魏謩前，暫列王續於此。

右拾遺

樊宗仁。《舊書》一七四《李德裕傳》："（開成二年）拾遺令狐綯、韋楚老、樊宗仁等，連章論德裕妄奏錢帛以贖僧孺。"按令狐綯、韋楚老爲左拾遺，暫列樊宗仁於此。

竇洵直。當在任（下年在任）。按上年爲左拾遺，下年一作左拾遺，一作右拾遺。此姑繫於右。

起居舍人

李讓夷。權知。是年遷中舍。

周墀。以考功員外兼。《金石錄補》二〇："《唐國子監石經》……《舊唐書》開成二年正月，中書門下奏起居舍人集賢殿學士周墀、監察御史張次宗、禮部員外郎孔溫禮、兵部員外郎集賢殿學士崔球同勘定《經典釋文》。"按所述不見於《舊書》，張次宗爲起居舍人，而非御史。

張次宗。自監察御史遷。《舊書》一七三《鄭覃傳》："開成初……時太學勒石經，覃奏起居郎周墀、水部員外郎崔球、監察御史張次宗、禮部員外郎（孔）溫業等校定《九經》文字，旋令上石。加門下侍郎、弘文館大學士、監修國史。"《舊書》一二九本傳："開成中，爲起居舍人。"《元龜》六九《審官》："（開成）二年二月……召起居張次宗問刺史。"又見《元龜》一〇四《訪問》。

門下省

侍中

裴度。兼司徒、中令、東都留守。五月守司徒、兼中令、河東節度使。《舊書》一七下《文宗紀》下："（開成二年）五月癸亥朔。乙丑，以東都留守裴度爲太原尹、北都留守、河東節度使，依前守司徒、中書令。"

門下侍郎

鄭覃。兼右僕、祭酒、弘文館大學士。《會要》九二《內外官職田》："開成二年五月，判國子祭酒事、門下侍郎、平章事鄭覃奏：'太學新置五經博士各一人，屯田素無職田，請依王府官品秩例，賜以祿粟。'從之。"

李固言。十月戊申同平章事、充西川節度使。《舊書》一七下《文宗紀》下："（開成二年十月）戊申，以門下侍郎、同平章事李固言爲劍南西川節度使，依前同門下侍郎、平章事。"《金石萃編》一〇九《新加九經字樣壹卷》：開成二年八月十二日牒，門下侍郎平章事李固言。

給事中

李翊（翃）。《舊書》一七下《文宗紀》下："（開成二年六月丁亥）以給事中李翊爲湖南觀察使。"

盧載。

盧弘宣。五月自東都判官遷。《新書》一九七本傳："裴度留守東都，表爲判官，累遷給事中。"按裴度五月自東都留守遷河東節度使。見《舊書》一七下《文宗紀》下。按《會要》四四《水災》下云盧宣，八月宣慰山南東道。當爲同一人。

韋溫（弘育）。自少太常遷（至遲十月戊申前）。參《樊川文集》八《韋公（溫）墓誌銘》。《元龜》七〇八《選任》："韋溫爲給事中，開成二年五月，以溫充皇太子侍讀。"《新書》一六九本傳："徙太常少卿。宰相李固言薦溫給事中……卒爲給事中。"按十月戊申李固言鎭西川。

薛廷老。約是年自刑部郎中遷。《舊書》一五三本傳："轉（刑部）郎中，遷給事中。"

裴袞。當在任（下年四月壬辰爲華州防禦使）。

諫議大夫

馮定。是年遷詹事。《舊書》一六八本傳："（開成）二年改太子詹事。"
李讓夷。是年遷中舍。
蕭俶。《舊書》一七二本傳："開成二年，出爲楚州刺史。"
高元裕（允中）。
姚合。約是年轉右大諫。
柳公權。自中舍遷。《通鑑》二四五"開成二年"："夏四月甲辰，上對中書舍人、翰林學士兼侍書柳公權於便殿……乙巳，以公權爲諫議大夫，餘如故。”《寶刻叢編》一〇引《集古錄目》：“《唐柳尊師墓誌》，唐翰林學士、諫議大夫柳公權撰并書……碑以開成二年立，在華原。”《金石萃編》一一三《馮宿碑》（卒於開成元年十二月三日），翰林學士、朝議大夫、守諫議大夫、知制誥、上柱國、河東縣開國男、食邑三百户、賜紫金魚袋柳公權書并篆額。

李款。自倉部員外遷。《新書》一一八本傳：“（鄭）注自邠寧入朝，款伏閣劾奏……帝不省，後寖用事，款被斥去。注死，繇倉部員外郎累遷江西觀察使。”《舊書》一七一《李甘傳附》：“開成中，累遷至諫議大夫。出爲蘇州刺史。”按開成四年自大諫刺蘇州，旋出鎮江西。

起居郎

鄭朗。是年遷考功郎中。《舊書》一七三本傳：“開成中，爲起居郎……轉考功郎中。（開成）四年，遷諫議大夫。”《劉禹錫集箋證》外集五《奉和鄭相公以考功十弟山薑花俯賜篇詠》：“採擷黃薑蕊，封題青瑣闈。”按鄭相公即鄭覃，考功十弟即鄭朗。鄭覃開成三年三月罷相；山薑花開元四月至八月。綜上則劉詩作於開成二年。

左補闕

令狐綯。自左拾遺遷。十一月丁憂。《李商隱文編年校注·代彭陽公遺表》：“今月八日，臣已召男國子博士緒、左補闕綯、左武衛兵曹參軍綸等，示以殁期，遺之理命。”彭陽公即令狐楚，十一月卒。

李方玄。十月參西川節度使謀事。《樊川文集》八《唐故處州刺史李君（方玄）墓誌銘》（卒於會昌五年四月，年四十三）：“君諱方玄，字景業……尚書馮公宿自兵部侍郎鎮東川，以監察刺史裏行爲觀察判官，不一歲，御史府取爲真御史，分察鹽池左藏吏盜隱官錢千萬。獄竟，遷左補闕。遇事必言，不知其他。丞相固言以門下侍郎出鎮西蜀，奏景業以檢校禮部員外郎參節度軍謀事。”按李固言十月鎮西川。見《舊書》一七下《文宗紀》下。

崔黨。《舊書》一七四《李德裕傳》：“（開成二年）補闕王績、魏謩、崔黨、韋有翼，拾遺令狐綯、韋楚老、樊宗仁等，連章論德裕妄奏錢帛以傾僧孺。”按魏謩、王績爲補闕，暫列崔黨、韋有翼於此。

韋有翼。見上引。

左拾遺

令狐綯。是年遷左補闕。

韋楚老。《舊書》一七四《李德裕傳》："（開成二年）拾遺令狐綯、韋楚老、樊宗仁等，連章論德裕妄奏錢帛以傾僧孺。"《金華子》雜編下："韋楚老少有詩名，相國李宗閔之門生也。自左拾遺辟官東歸，寄居金陵。"

文宗開成三年(八三八)

中書省

中書令

裴度。十二月辛丑守司徒、中令。《舊書》一七下《文宗紀》下:"(開成三年十二月)辛丑,詔以河東節度使、開府儀同三司、守司徒、兼中書令、太原尹、北都留守、上柱國、食邑三千户裴度可守司徒、中書令。"

中書侍郎

李石。《舊書》一七下《文宗紀》下:"(開成三年正月)丙子,以中書侍郎、同中書門下平章事李石爲荆南節度使,依前中書侍郎、平章事……九月……辛酉,荆南李石讓中書侍郎,乃改授檢校兵部尚書。"

李珏。自户侍遷。《宰相表》下:(開成三年)九月乙巳,珏爲中書侍郎。

楊嗣復。自户尚遷。《宰相表》下:(開成三年)九月乙巳,嗣復爲中書侍郎。

中書舍人

李讓夷。

崔蠡。《舊書》一一七本傳:"明年(二年)正拜舍人。三年,權知禮部貢舉。"

李景讓。《舊書》一七下《文宗紀》下:"(開成三年十月)癸巳,以中書舍人李景讓爲華州防禦使。"《集古録目》五:"《唐李有裕碑》,中書舍人李景讓撰,工部侍郎、知制誥柳公權書……碑以開成四年立。"按撰文在開成三年,立碑在四年。

丁居晦。《壁記》:"(開成)三年八月十四日(自司封郎中)遷中書舍人,十一月十六日拜御史中丞,出院。"

李回。約是年自庫部郎中遷。《舊書》一七三本傳:"開成初,以庫部郎中、知制誥,拜中書舍人。賜金紫服。"

右諫議大夫

姚合。是年遷給事中。

李中敏。《會要》五五《省號》下："開成三年八月，諫議大夫、知匭使事李中敏：'應舊例，所有投匭進狀及書策文章，皆先具副本呈匭使，其有詭異難行，不令進入。'"按《元龜》四七四《奏議》云右諫議大夫。從之。

裴休。

右補闕

魏謩。正月遷起居舍人。按《會要》五六《省號》下："開成三年，魏謩自左補闕授起居舍人。"云自左補闕遷起居舍人。

右拾遺

竇洵直。《舊書》一七三《陳夷行傳》："（開成三年）仙韶院樂官尉遲璋授王府率，右拾遺竇洵直當衙論曰：'伶人自有本色官，不合授之清秩。'"按《元龜》一〇一《納諫》云左拾遺。

宋邧。《舊書》一七三《陳夷行傳》："（開成三年）文宗用郭薳爲坊州刺史，右拾遺宋邧論列，以爲不可。既而薳坐贓，帝謂宰相曰：'宋邧論事可嘉，邧授官來幾時？'嗣復曰：'去年。'"按郭薳爲開成三年至四年刺坊州。參《刺考全編·關內道》。

韋籌。《會要》三六《修撰》："（開成）三年八月，右拾遺韋籌進《唐書唐史解表》共五通。"按《元龜》五五九《論議》二作左拾遺。

起居舍人

張次宗。十一月後改國博兼史館修撰。《舊書》一二九本傳：以兄文規爲韋溫不放入省出官，堅辭省秩。改國博兼史館修撰。《新書》一二七本傳云："文規左遷，改國子博士、史館修撰。"按十一月右丞韋溫彈劾文規。

魏謩。自右補闕遷。《舊書》一七六本傳："（開成）三年，轉起居舍人。"《通鑑》二四六"開成三年"："（正月）上命起居舍人魏謩獻其祖文貞公笏。"

門下省

門下侍郎

鄭覃。兼右僕、太子太師、祭酒、同平章事。十二月罷太子太師。《舊書》一七下《文宗紀》下：“（開成三年十二月）丙午，守太子太師、尚書右僕射、門下侍郎、國子祭酒、同平章事鄭覃罷太子太師，仍三五日入中書。”

李固言。兼檢校右僕、西川節度使。七月戊辰表讓。《舊書》一七下《文宗紀》下：“（開成三年七月）戊辰，西川節度使李固言再上表，讓門下侍郎及檢校右僕射。”

陳夷行。九月自工侍遷，仍平章事。《宰相表》下：（開成三年）九月己巳夷行爲門下侍郎。

給事中

盧弘宣。《舊書》一七下《文宗紀》下：“（開成三年八月）給事中盧弘宣往陳許、鄭滑、曹濮等道宣慰。”

韋温（弘育）。九月後遷右丞。《舊書》一六八本傳：“莊恪得罪，召百僚諭之，温曰：‘太子年幼，陛下訓之不早，到此非獨太子之過。’遷尚書右丞。”按其事《通鑑》二四六“開成三年”載於九月。

薛廷老。是年卒。《元龜》一七七《姑息》二：開成三年六月壬寅，康州流人王晏平初除撫州司馬。給事中韋温、薛廷老、盧弘宣等封還敕書，改授永州司户。《舊書》一五三本傳：“遷給事中，開成三年卒。”

裴裦。《舊書》一七下《文宗紀》下：“（開成三年四月）壬辰，以給事中裴裦爲華州防禦使。”

崔璪。約是年自吏部郎中遷。《舊書》一七七本傳：“開成初爲吏部郎中，轉給事中。”

姚合。自右大諫遷。《校箋》六《姚合傳箋》：“文宗開成三年（八三八），合改爲給事中。”《元龜》七○七《令長部》：“朱儔爲京兆府美原縣主簿，文宗開成三年十二月貶爲衡州衡山縣尉……給事中姚合列疏其事，遂貶之。”

諫議大夫

高元裕（允中）。是年兼賓客。《金石萃編》一一四《高元裕碑》：“（鄭）注敗，復入爲諫議大夫兼充侍講學士，尋兼太子賓客。”《壁記》：“開成三年五月五日自諫議大夫充侍講學士。八月十日出守本官兼光禄大夫。”

柳公權。九月十八日遷工侍、知制誥。《壁記》：“（開成）三年九月十八日遷工部侍郎，知制誥。加承旨。”

李款。

馮審。自兵部郎中遷。《舊書》一六八本傳：“開成三年，遷諫議大夫。”

韋力仁。當在任（下年五月在任）。

起居郎

周敬復。《通鑑》二四六“開成三年”：“（正月，上欲與李宗閔郡守一職，爲鄭覃所阻）覃等退，上謂起居郎周敬復、舍人魏謩曰：‘宰相喧爭如此，可乎？’”《元龜》七○八《選任》：“周敬復爲吏部員外郎（原作禮部員外郎）兼起居郎、史館修撰。開成三年五月，以敬復守本官，充皇太子侍讀，依前史館修撰。”

裴素。《壁記》：開成三年十二月十六日以司封員外郎兼起居郎、史館修撰充翰林學士。

左補闕

韋絢。當在任（下年遷左史）。

杜牧。冬自宣州幕府遷（明年二月始到任）。《樊川文集》一六《上宰相求湖州第二啓》：“文宗皇帝改號初年，某爲御史分察東都，顗爲鎮海軍幕府使。至二年間，顗疾眼，暗無所睹，故殿中侍御史韋楚老曰：‘同州有眼醫石公集，劍南少尹姜沔喪明，親見石生針之，不一刻而愈，其神醫也。’……其年秋末，某載病弟與石生自揚州南渡，入宣州幕。至三年冬，某除補闕……四年二月，某於潯陽北渡赴官。”

左拾遺

韋楚老。《樊川文集》九《唐故平盧節度巡官隴西李君（戡）墓誌銘》（卒於開成三年春夏間）：“大和九年，（牧）爲監察御史，分司東都，今諫議大夫李中敏、左拾遺韋楚老、前監察御史盧簡求咸言於某曰：‘御史當檢謹，子少年，設有與游，宜得長厚有學識者……洛下莫若李處士戡。’”

韓昶。當在任（下年八月爲襄陽支使）。

夏侯孜。當在任。《玉泉子》：“夏侯孜爲左拾遺，常著桂管布衫朝謁。開成中，文宗無忌諱，好文，問孜何太粗澀。具言桂管產此布，厚可以禦寒。”

文宗開成四年(八三九)

中書省

中書令

裴度。三月丙申薨。《舊書》一七下《文宗紀》下:"(開成四年三月)兵部侍郎,司徒、中書令裴度卒。"

中書侍郎

李珏。

楊嗣復。開成四年十一月壬午爲門郎,仍平章事。

中書舍人

李讓夷。

崔蠡。知貢舉。是年遷禮侍。《舊書》一一七本傳:"(開成)四年拜禮部侍郎,轉户部。"

丁居晦。《壁記》:"開成四年正月自御史中丞改中書舍人。"

李回。

裴夷直。自左司員外遷。《新書》一四八本傳:"夷直字禮卿,亦婕亮,第進士,歷右拾遺,累進中書舍人。"

周墀。自職方郎中遷。《舊書》一七六本傳:"(開成)四年十月,正拜中書舍人,内職如故。"

黎埴。自兵部郎中遷。《四庫》本《壁記》:"(開成三年十二月二十一日加兵部郎中)四年十一月六日遷中書舍人。"

右諫議大夫

李中敏。是年遷給事中。《舊書》一七一本傳:"拜諫議大夫,充理匭使。上言曰:'據舊例,投匭進狀先以副本呈匭使,或詭異難行者,不令進入……'從之,尋拜給事中。"按中敏所上之奏,《會要》五五《省號》下載於上年八月。

裴休。《因話録》五：“北省班諫議，在給事中上；中書舍人，在給事中下。裴尚書休爲諫議大夫，形質短小，諸舍人戲之曰：‘如此短，何得向上立？’裴對曰：‘若怪，即曳向下着。’衆皆大笑。後除舍人。”

右補闕

宋邧。自右拾遺遷。

右拾遺

宋邧。《元龜》五四九《褒賞》：“宋邧爲右拾遺，開成四年四月，宰臣奏事罷，退及半庭，帝却召問曰：‘昨論坊州事者爲誰？’楊嗣復曰：‘宋邧。’帝曰：‘宋邧論事至當，殊可獎。’……先是，除郭蓮爲坊州刺史，邧上疏以爲不可。蓮至任，以贓罪聞，故有是賜。”另參上年引。是年遷右補闕。

韋籌。當在任（上年八月在任）。

起居舍人

魏謩。是年拜大諫，仍兼是職。

門下省

門下侍郎

鄭覃。兼右僕、祭酒、平章事。五月丙申爲罷左（右）僕。《舊書》一五《文宗紀》下：“（開成四年五月）丙申，鄭覃、陳夷行罷知政事，覃守左僕射，夷行爲吏部侍郎。”又見一七三本傳、《新書》一六五本傳。按《新書》八《文宗紀》、《通鑑》二四六“開成四年”云右僕。

陳夷行。五月罷知政事，爲吏侍。《舊書》一七下《文宗紀》下：開成四年五月丙申，陳夷行罷知政事，爲吏部侍郎。

楊嗣復。自中郎轉，仍平章事。《宰相表》下：（開成四年）十一月壬午，嗣復爲門下侍郎。

給事中

盧弘宣。

崔璪。《元龜》四六九《封駁》：“崔璪爲給事中，開成四年十一月，詔以前青州節度使陳君賞爲右金吾衛大將軍、知衛事。璪封駁，遂除右羽林統軍。”

姚合。八月庚戌朔鎮陝虢。《舊書》一七下《文宗紀》下：“（開成四年）八月庚戌朔，以給事中姚合爲陝虢觀察使。”

李中敏。自右大諫遷。《舊書》一七一本傳：“其年，拜諫議大夫……尋拜給事中。”

裴泰章。《元龜》四六九《封駁》：“裴泰章爲給事中，開成四年九月，詔以京兆尹鄭復爲檢校禮部尚書、兼梓州刺史，充劍南東川節度副大使、知節度事、官内觀察、靜戎軍等使。詔下，泰章封駁。”

諫議大夫

高元裕（允中）。閏正月甲申遷中丞。《舊書》一七下《文宗紀》下：“（開成四年閏正月）以諫議大夫高元裕爲御史中丞。”

李款。是年刺蘇州，九月鎮江西。《舊書》一七一《李甘傳附》：“開成中，累官至諫議大夫，出爲蘇州刺史。”按《舊書》一七下《文宗紀》下：“（開成四年九月辛丑）以蘇州刺史李穎爲江西觀察使。”《方鎮年表》五亦據《舊紀》列李穎開成四年至五年鎮江西，李穎當是李款之訛。

馮審。九月辛丑鎮桂管。《舊書》一七下《文宗紀》下：“（開成四年九月辛丑）以諫議大夫馮審（原作馮定，誤）爲桂管觀察使。”《檢勘紀》云：“馮定，本書一六八《馮宿傳》、《合鈔》一八《文宗紀》作馮審。”按作馮審是。《舊書》一六八本傳：“審……開成三年遷諫議大夫。四年九月，出爲桂州刺史、桂管觀察使。”《新書》一七七本傳：“審字退思，開成中，爲諫議大夫，拜桂管觀察使。”

韋力仁。《元龜》四一《寬恕》：“開成四年五月，諫議大夫韋力仁伏内奏曰：‘臣伏見軍家捉錢，事侵府縣。’”按同書五四七《直諫》一四云開成三年。

魏謩。自起居舍人遷，仍兼起居舍人。《舊書》一七六本傳：“（開成）四年，拜諫議大夫，仍兼起居舍人。”《全文》七〇《授魏謩諫議大夫制》：“可諫議大夫，仍兼起居充職。”

鄭朗。自考功郎中遷。《舊書》一七三本傳：“轉考功郎中。（開成）四年遷諫議大夫。”

高少逸。八月自左司郎中遷。《壁記》：“開成四年閏正月十一日自左司郎中充侍講學士。其年八月一日遷諫議大夫。”又，《舊書》一七一本傳：“元裕爲中丞，少逸遷諫議大夫，代元裕爲侍講學士。”

起居郎

韋絢。自左補闕遷。《廣記》一八七:"開成末,韋絢自左補闕爲起居舍人。時文宗稽古尚文,多行貞觀、開元之事。妙選左右史,以魏謩爲右史,俄兼諫議大夫,入閣秉筆,直聲遠聞……時絢已除起居舍人,楊嗣復於殿下先奏,曰:'左補闕韋絢新除起居舍人,位中謝,奏取進止。'帝頷之。李珏招而引之,絢即置筆札於玉階欄檻之石,遽然趨而致詞拜舞焉。左史得中謝,自開成中。"《劉賓客嘉話録·補遺》引。據文所述,知起居舍人爲左史,即起居郎。

左補闕

韋絢。是年遷左史。

杜牧。自宣州團練判官遷。《舊書》一四七本傳:"授宣宗團練判官、殿中侍御史内供奉。遷左補闕、史館修撰。"

左拾遺

韓昶。八月爲襄陽節度支使。《墓誌彙編下(大中一〇二)·韓昶自撰墓誌》:"又遷度支監察。拜左拾遺。好直言,一日上疏或過二三,文字之體,與同官異。文宗皇帝大用其言……相國牛公僧儒(孺)鎮襄陽,以殿中加支使。"八月癸亥,左僕射牛僧孺出鎮襄陽。

崔鉉,當在任。參下年引。

文宗開成五年(八四〇)

中書省

中書侍郎

李珏。八月罷爲太常卿(一作自門郎罷)。《會要》二《帝號》下:"(文宗)開成五年正月四日,崩於大明宫之大和殿陵。八月葬章陵……哀册文,中書侍郎、平章事李珏撰。"《舊書》一八上《武宗紀》:"(開成五年八月十七日)中書侍郎、同平章事李珏檢校兵部尚書、桂州刺史,充桂管防禦觀察使。"按《宰相表》下、《通鑑》二四六"開成五年"云八月自門下侍郎、平章事罷爲太常卿。又按,當是罷太常卿後出鎮桂管。

崔鄲。自太常卿遷。《會要》二《帝號》下:"(文宗)開成五年正月四日,崩於大明宫之大和殿陵。八月葬章陵……謚册文,中書侍郎、平章事崔鄲撰。"《宰相表》下:(開成五年)二月癸丑,鄲兼禮部尚書。

中書舍人

李讓夷。

李回。是年遷工侍。《舊書》一七三本傳:"拜中書舍人……武宗即位,拜工部侍郎。"

丁居晦。《壁記》:"(開成五年)三月十三日遷户部侍郎、知制誥,其月二十三日卒官。"

周墀。三月遷工侍。尋遷華刺。《舊書》一八二本傳:"武宗即位,以疾改工部侍郎,出爲華州刺史。"按武宗正月即位。《壁記》:"(開成)四年九月十二日賜緋。三月十三日改工部侍郎、知制誥。"按據文意及《新傳》知"三月"前奪"五年"二字。

裴夷直。《新書》一四八本傳:"夷直字禮卿,亦婞亮,第進士,歷右拾遺,累進中書舍人。武宗立,夷直視册牒,不肯署,乃出爲杭州刺史,斥驩州司户參軍。"宋周淙《乾道臨安志》三《牧守》:"裴夷直,字禮卿,武宗時,自中書舍人出爲杭州刺史。”按《舊書》一八上《武宗紀》：“（開成五年八月）御史中丞裴夷直爲杭州刺史。”云八月自中丞貶杭州刺史。《通鑑》二四六“開成五年”：“（十一月）故事，新天子即位，兩省官同署名。上之即位也，諫議大夫裴夷直漏名，由是出爲杭州刺史。”《考異》曰：“《新傳》曰：‘武宗立，夷直視牒不肯署。’今從《武宗實錄》。”又云大諫。

黎埴。《壁記》：“（開成）五年二月一日賜紫，三月十六日拜御史中丞出院。”

柳璟。二月自駕部郎中遷。十月遷禮侍。《壁記》：“（開成）三年四月十四日加駕部郎中。二月九日遷中書舍人。五年十月改禮部侍郎，出院。”據《舊書》一四九本傳：“（開成）五年，拜中書舍人充職。武宗朝，轉禮部侍郎。”知《壁記》中“二月”前奪“五年”二字。

裴素。自司封員外兼起居郎遷。旋卒。《壁記》：“（開成）五年二月二日賜緋，六月遷中書舍人。十一月加承旨，十七日卒官。”

裴休。自右大諫遷。《墓誌彙編下（開成〇五〇）·李潘墓誌》（卒於開成五年八月，葬於十二月）：“今江夏崔公蠡、春官侍郎柳公璟、中書舍人裴公休、天官侍郎崔公球、柱史劉公濛，並交道之深契也。”按崔蠡是年始鎮鄂岳（見《方鎮年表》六）、柳璟十月始任禮侍。

右散騎常侍

柳公權。自工侍遷。《舊書》一六五本傳：“武宗即位，罷内職，授右散騎常侍。”《壁記》：“（開成）五年三月九日加散騎常侍，出院。”

李景讓。自禮侍遷。《新書》一七七本傳：“景讓自右散騎常侍出爲浙西觀察使。”

右諫議大夫

裴休。是年遷中舍。

右補闕

宋祁。是年貶清河縣令。《劇談錄》上《龍待詔相笏》：“開成中，有龍復本者，無目，善聽聲揣骨，每言休咎，無不必中。凡有象簡竹笏，以手撚之，必知官禄年壽。宋祁（邗）補闕，有盛名于世，搢紳之士無不傾屬，屈指翹足，期於貴達。時永樂蕭相亦居諫署，同日詣之。授以所持竹笏，復本執蕭相竹笏，良久，置於案上曰：‘宰相笏。’次至宋補闕笏，曰：‘長官笏。’……時李朱崖方秉鈞軸，威震朝野……頃之，丞相遽出，宋以手板障面，笑猶未已。朱崖目之，回謂左右曰：'宋補闕笑某何事？'聞之者莫不寒心股栗。未旬日，出爲清河縣令。歲餘，遂終所任。其後蕭相揚歷清途，自浙西觀察使入判户部，非久，遂居廊廟。"蕭相即蕭寘。

右拾遺

王哲。《舊書》一八上《武宗紀》："帝自藩時，頗好道術修攝之事，是秋，召道士趙歸真等八十一人入禁中，於三殿修金籙道場，帝幸三殿，於九天壇親受法籙。右拾遺王哲上疏，言王業之初，不宜崇信過當，疏奏不省。"

起居舍人

魏謩。兼大諫。

門下省

門下侍郎

楊嗣復。《通鑑》二四六"開成五年"："五月己卯，門下侍郎、同平章事楊嗣復罷爲吏部尚書。"

李珏。八月罷爲太常卿（一作自中郎罷）。《通鑑》二四六"開成五年"："（八月）庚午，門下侍郎、同平章事李珏……罷爲太常卿。"又見《新書》一八二本傳。按《舊書》一八上《武宗紀》云八月自中書侍郎遷檢校兵部尚書，充桂管防禦觀察等使。參中郎引。

李德裕。九月稍後以吏尚、平章事兼。《舊書》一八上《武宗紀》。按《新書》八《武宗紀》："（開成五年）九月丁丑，淮南節度副大使李德裕爲門下侍郎、同中書門下平章事。"當誤。

給事中

盧弘宣。八月後遷京兆尹。《新書》一九七本傳："開成中，山南、江西大水。詔弘宣與吏部郎中崔瑨分道賑恤，使有指。還，遷京兆尹。"

崔璪。

李中敏。《通鑑》二四六"開成五年"：十一月，仇士良請以開府蔭其子，給事中李中敏駁之。出爲婺州刺史。按《新書》一一八本傳："仇士良以開府階蔭其子，中敏曰：'内謁者安得有子？'士良懣恚。繇是復棄官去。開成末,爲婺、杭二州刺史,卒於官。"云先棄官後除任婺杭。

裴泰章。當在任(上年九月在任)。《新書》七一上《宰相世系表》一上南來吳裴:裴佶子泰章,字敦藻,給事中。

左散騎常侍

裴恭。《金石録》一〇:"《唐常侍裴恭碑》,盧術文、鄭還古正書。開成五年四月。"《寶刻叢編》四引《金石録》作《唐散騎常侍裴恭碑》。

諫議大夫

魏謩。兼起居舍人。

高少逸。《壁記》:"(開成)五年正月二十七日賜紫,守本官(諫議大夫)出院。"

鄭朗。《壁記》:"開成五年四月十九日自諫議大夫充侍講學士。"

蔣係。《新書》一三二本傳:"開成末,轉諫議大夫。"

起居郎

裴素。兼司封員外、知制誥。開成五年六月遷中舍。

左補闕

杜牧。是年遷膳部員外。《樊川文集》一六《上宰相求湖州第二啓》:"至(開成)三年冬,某除補闕……四年二月,某於潯陽北渡赴官……五年冬,某爲膳部員外郎。"

令狐綯。自左拾遺遷。《劉禹錫集箋證》一九《唐故相國贈司空令狐公(楚)集紀》:"開成二年十一月十二日,薨於漢中官舍,享年七十……既免喪,嗣子左補闕綯集公之文,成一百三十卷,因長子太子左諭德弘分司東都,負其笥來謁。"

李訥。《壁記》:"開成五年七月五日自左補闕充。"

左拾遺

令狐綯。春服闋任。《舊書》一七二本傳:"開成初爲左拾遺,(開成)二年丁父喪。服闋,授本官,尋改左補闕、史館修撰。"按是年服闋。尋改左補闕。

崔鉉。《舊書》一六三本傳:"會昌初,入爲左拾遺。"按《壁記》:"開成五年七月五日自司勳員外郎充。"則知《舊傳》所載時間稍誤,應爲是年七月遷司勳員外。

武宗會昌元年(八四一)

中書省

中書侍郎

崔鄲。《宰相表》下：(會昌元年)十一月癸亥，鄲檢校吏部尚書、同平章事、劍南西川節度使。

崔珙。自刑尚遷。《新書》一八二本傳："開成末，累進刑部尚書、諸道鹽鐵轉運使。俄同中書門下平章事，仍領鹽鐵，即拜中書侍郎。"

中書舍人

李讓夷。是年遷工侍。《舊書》一七六本傳："及德裕秉政，驟加拔擢，歷工、户二侍郎，轉左丞。"

裴休。是年當出刺郡守。《舊書》一七七本傳：入爲監察御史、右補闕、史館修撰。會昌中，自尚書郎歷典數郡。

李褒。五月自庫部郎中遷。《壁記》："會昌元年五月拜中書舍人。"

周敬復。自兵部員外遷，兼職方郎中、知制誥。《壁記》："會昌元年二月十三日轉職方郎中、知制誥、中書舍人。"

右散騎常侍

柳公權。《金石萃編》一一三《玄秘塔碑》，正議大夫、守右散騎常侍、充集賢殿學士兼判院事、上柱國、賜紫金魚袋柳公權書并篆額，會昌元年十二月廿八日建。

李景讓。

右拾遺

王哲。《會要》五〇《尊崇道教》："(會昌元年六月)右拾遺進狀，請度進士、明經爲道士，不從。"按《通鑑》二四六"會昌元年"云六月貶河南府士曹。參左補闕劉彦謨引。此從《會要》。

起居舍人

魏謩。兼大諫。是年刺汾州。《舊書》一七六本傳：“武宗即位，李德裕用事，謩坐楊李之黨，出爲汾州刺史。”《刺考全編·河東道》繫於會昌初。

通事舍人

苗縝（一作苗緒）。《通鑑》二四六“會昌元年”：“十一月，李德裕上言：‘今回鶻破亡，大和公主未知所在，若不遣使訪問，則戎狄必謂國家降主虜庭，本非愛惜，既負公主，又傷虜情。請遣通事舍人苗縝齎詔詣温没斯，令轉達公主，兼可卜温没斯逆順之情。’”按《會要》六《雜録》：“會昌元年十一月，敕：‘緣回紇國中離亂頗甚，大和公主恐未安寧，須遣文臣專往訪問，宜差通使舍人苗緒充使。’”苗緒爲苗縝之誤、通使舍人爲通事舍人之誤。

門下省

門下侍郎

李德裕。以吏尚、平章事兼。是年遷左僕，仍兼門郎。《舊書》一七四本傳：“會昌元年，兼左僕射。”

陳夷行。《新書》八《武宗紀》：“（會昌元年）三月甲戌，以御史大夫陳夷行爲門下侍郎、同平章事。”

給事中

盧弘宣。當在任。

崔璪。《舊書》一七七本傳：“轉給事中。會昌初出爲陝虢觀察使，遷河南尹。”按《方鎮年表》四列崔璪鎮陝虢在會昌五年至大中元年。而此時《刺考全編·河南道》列其刺河南。今均不從之。

馮審。是年前後當在任。《全文》七九五孫樵《唐故倉部郎中康公（璙）墓誌銘》（卒於咸通十三年某月，葬於九月）：“公娶長樂馮氏，故給事中贈太尉諱審第三女也。”按開成四年，馮審自大諫出鎮桂管，五年罷鎮。罷鎮後或即任給事中。姑繫於此。

左散騎常侍

高元裕（允中）。自京尹改。《金石萃編》一一四《高元裕碑》：“進尚書右丞、改京兆尹，未幾授左散騎常侍。”

諫議大夫

魏謩。兼起居舍人。是年刺汾州。見上起居舍人引。

高少逸。

鄭朗。

蔣係。是年鎮桂管。《舊書》一四九本傳：“武宗朝，李德裕用事，惡李漢，以係與漢僚婿，出爲桂管都防禦觀察使。”

崔黯。自司勳員外遷。《舊書》一一七本傳：“開成初爲青州從事，入爲監察御史，奏郊廟祭器不虔，請敕有司，文宗謂宰臣曰……黯具條奏以聞。尋遷員外郎。會昌中爲諫議大夫。”

起居郎

李方玄。自西川幕府遷。《樊川文集》八《唐故處州刺史李君（方玄）墓誌銘》（卒於會昌五年四月，年四十三）：“君諱方玄，字景業……丞相（李）固言以門下侍郎出鎮西蜀，奏景業以檢校禮部員外郎參節度謀事，仍賜緋魚袋。徵拜起居郎。”

左補闕

令狐綯。兼史館修撰。是年遷庫部員外。《舊書》一七二本傳：“改左補闕、史館修撰，累遷庫部、户部員外郎。會昌五年，出爲湖州刺史。”

李訥。充翰林學士。

劉彦謨。《會要》五〇《尊崇道教》：“（會昌元年六月）左補闕劉彦謨諫求仙事，貶河南府户曹參軍。”按劉彦謨貶官之因，《舊書》一八上《武宗紀》：“（會昌元年六月）以衡山道士劉玄靖爲銀青光禄大夫，充崇玄館學士，賜號廣成先生，令與道士趙歸真於禁中修法籙。左補闕劉彦謨上疏切諫，貶彦謨爲河南府户曹。”而關於此事，《通鑑》二四六“會昌元年六月”條從《實録》云右拾遺王哲上疏切諫，坐貶河南府士曹。又，關於劉玄靖加官封號，《會要》云在十月，未云有因此而貶官者。

武宗會昌二年（八四二）

中書省

中書侍郎

崔珙。《大詔令集》八《仁聖文武至神大孝皇帝册文》：會昌二年十月四日戊寅，右僕射、兼中書侍郎、同中書崔珙等上册皇帝文。

李紳。《新書》八《武宗紀》："（會昌二年）二月丁丑，淮南節度副大使李紳爲中書侍郎、同中書門下平章事。"《全文》七八武宗《加尊號赦文》："會昌二年四月二十三日……攝侍中、讀寶官、中書侍郎、平章事李紳，攝中書令、讀册官、右僕射、兼中書侍郎、平章事崔珙，各賜一子出身。"

李讓夷。自右丞兼中丞遷，入相。《新書》八《武宗紀》："（會昌二年）七月……尚書右丞、兼御史中丞李讓夷爲中書侍郎、同中書門下平章事。"

中書舍人

李褒。《壁記》："（會昌）二年五月十九日出守本官（中書舍人）。"

周敬復。《壁記》："（會昌）二年九月十八日守本官（中書舍人）出院。"

崔鉉。九月自司封郎中遷。《壁記》："（會昌二年）十一月二十九日遷中書舍人。"

孔溫業。約是年自吏部員外遷。《樊川文集》八《唐故歙州刺史邢君（群）墓誌銘》（卒於大中三年六月，年五十）："今（按即大中三年）吏部侍郎孔溫業自中書舍人以重名爲御史中丞，某以補闕爲賀客。"按會昌四年孔溫業自中舍遷中丞，大中二年自中丞遷吏侍。

右散騎常侍

柳公權。二月貶詹事。《舊書》一六五本傳："宰相崔珙用爲集賢學士、判院事。李德裕素待公權厚，及爲珙奏薦，頗不悦，左授太子詹事、改賓客。"《通鑑》二四六載於二月。按《集古錄目》五："《唐左神策紀聖德碑》，翰林學士承旨崔鉉撰,散騎常侍、集賢殿學士柳公權書,集賢直學士徐方干篆額……碑以會昌三年立。"蓋是年書丹,下年立碑。

李景讓。

右拾遺

崔碣。當在任(下年十二月貶鄧城令)。

起居舍人

韋琮。《壁記》:"會昌二年二月十五日自起居舍人、史館修撰充。其年十月十七日加司勳員外郎。"

通事舍人

苗縝。兼少將作、中丞。《會要》九八《回紇》:"遣將作少監、兼御史中丞苗鎮(縝)持節駐於河東,待其底定,然後受之。"《通鑑》二四六"會昌二年":"(三月)遣將作少監苗縝册命烏牙可汗,使徐行,駐於河東,俟可汗定位,然後進。既而可汗屢侵擾邊境,縝竟不行。"

門下省

門下侍郎

李德裕。兼守司空,五月兼守司徒。《舊書》一八上《武宗紀》:"(會昌二年)四月乙丑朔,光禄大夫、守司空、兼門下侍郎、平章事李德裕……請加尊號曰仁聖文武至神大孝皇帝……五月……宰相李德裕兼守司徒。"

陳夷行。正月遷左僕,仍兼門郎、平章事。六月罷平章事爲左僕。《通鑑》二四六"會昌二年":"(六月甲申)門下侍郎、同平章事陳夷行罷爲左僕射。"

給事中

馮審。當在任。見上年引。

蘇滌。當在任(下年九月出刺睦州即嚴州)。

高少逸。十一月己未自大諫遷。《舊書》一七一本傳:"會昌中,爲給事中。"

劉三復。是年當在任。《舊書》一七七《劉鄴傳》:"會昌中,德裕用事,自諫議、給事拜刑部侍郎、弘文館學士、判館事。"

左散騎常侍

高元裕（允中）。

蕭俶。《舊書》一七二本傳：“（開成）四年三月，遷越州刺史、御史中丞、浙東團練觀察使。會昌中，入爲左散騎常侍。”按《嘉泰會稽志》二《太守》：“蕭俶，開成四年三月自楚州團練使授。會昌二年七月拜給事中。”

諫議大夫

高少逸。《會要》二八《蒐狩》：“（會昌）二年十月，校獵于太白原，諫議大夫高少逸於閤內論奏曰：‘陛下校獵太頻，出城稍遠，萬機廢弛，晨去暮歸，況方用兵師，尤宜停止。’上改容勞之。”十一月己未爲給事中。

鄭朗。《通鑑》二四六“會昌二年”：“（十一月乙卯）諫議大夫高少逸、鄭朗於閤中諫曰……己未，以少逸爲給事，朗爲左諫議大夫。”

崔黯。

起居郎

李方玄。是年刺池州。《樊川文集》八《唐故處州刺史李君（方玄）墓誌銘》（卒于會昌五年四月，年四十三）：“君諱方玄，字景業……遷左補闕。遇事必言，不知其他。丞相（李）固言以門下侍郎出鎮西蜀，奏景業以檢校禮部員外郎參節度謀事，仍賜緋魚袋。徵拜起居郎。出爲池州刺史……凡四年……罷池，廉吏使溫公館于宣城。會昌五年四月某日，卒於宣城客舍，年四十三。”

魏扶。《壁記》：“會昌二年八月八日自起居郎充。”

左補闕

李訥。四月十六日遷職方員外。《壁記》：“會昌二年四月十六日遷職方員外郎。”

武宗會昌三年(八四三)

中書省

中書侍郎

崔珙。《通鑑》二四七"會昌三年":"(二月)中書侍郎、同平章事崔珙罷爲右僕射。"

李紳。《宰相表》下:(會昌三年)五月壬寅紳爲門下侍郎,仍平章事,庚戌紳爲尚書右僕射。

李讓夷。

崔鉉。自中舍遷,入相。《宰相表》下:(會昌三年)五月戊申,翰林學士承旨、中書舍人崔鉉爲中書侍郎、同中書門下平章事。

中書舍人

李褒。蓋是年刺虢州。《全文》八三二錢珝《授李褒刺史等制》:"褒可虢州刺史,韋瞳、崔荊並可刑部員外郎,承休可果州刺史。"按文誤收錢珝名下(其於乾寧二年至光華三年(八九五—九〇〇)知制誥)。又按,《刺考全編·河南道》繫於會昌末。近是。

周敬復。當在任。

崔鉉。五月遷中郎、同平章事。《壁記》:"(會昌)三年五月十四日拜中書侍郎、平章事。"

孔温業。

右散騎常侍

李景讓。

右諫議大夫

元晦。《元龜》四五七《選任》:"元晦爲吏部郎中,會昌三年二月,除右諫議大夫。"

右拾遺

崔碣。十二月貶鄧城令。《通鑑》二四七"會昌三年"："（十二月）右拾遺崔碣上疏請受其（指李恬）降，上怒，貶碣鄧城令。"

杜審權。《舊書》一七七本傳："釋褐江西觀察判官，又以書判拔萃，拜右拾遺。"姑繫於此。

通事舍人

苗縝。兼少將作、中丞。

門下省

門下侍郎

李德裕。兼守司徒。

李紳。自中郎遷，旋爲右僕。《宰相表》下：（會昌三年）五月壬寅，紳爲門下侍郎，庚戌爲右僕射。

給事中

蘇滌。《嚴州圖經》一："蘇滌，會昌三年九月十日自給事中拜。"嚴州即睦州。

高少逸。

劉三復。當在任。《舊書》一七七《劉鄴傳》："會昌中，德裕用事，自諫議、給事拜刑部侍郎、弘文館學士判館事。"

鄭朗。自大諫遷。《舊書》一七三本傳："會昌初，爲給事中。出爲華州刺史。"

劉濛。約是年自侍御史遷（下年在任）。

左散騎常侍

高元裕（允中）。約是年遷兵侍。《金石萃編》一一四《高元裕碑》："授左散騎常侍，遷兵部侍郎。"《郎表》四兵侍：會昌中蓋二、三年由左騎遷。

蕭俶。

諫議大夫

鄭朗。是年遷給事中。

崔黯。

起居郎

魏扶。《壁記》:"(會昌)三年四月二十五日賜緋,五月二十九日加知制誥。"

左拾遺

孫毅。《壁記》:"會昌三年九月二十八日自左拾遺充。"

劉瑑。約是年自河中節度判官遷。《新書》一八二本傳:"鎮國軍陳夷行表爲判官。入遷左拾遺。"按陳夷行是年罷鎮。參《方鎮年表》四。

武宗會昌四年（八四四）

中書省

中書侍郎

李讓夷。《宰相表》下：（會昌四年）八月庚戌，讓夷爲檢校尚書右僕射兼中書侍郎。

崔鉉。《宰相表》下：（會昌四年）八月庚戌，鉉兼户部尚書。

杜悰。自淮南入遷，兼右僕兼中郎、同平章事；八月左僕兼門郎，仍平章事。《宰相表》下：（會昌四年）閏七月壬戌，淮南尚書節度使、檢校尚書右僕射、駙馬都尉杜悰爲尚書右僕射兼中書侍郎、同中書門下平章事、諸道鹽鐵轉運使。

中書舍人

孔溫業。是年遷中丞。《樊川文集》八《唐故歙州刺史邢君（群）墓誌銘》（卒於大中三年六月，年五十）："今吏部侍郎孔溫業自中書舍人以重名爲御史中丞，某以補闕爲賀。"

白敏中。《壁記》："（會昌）四年四月十五日拜中書舍人，九月四日遷户部侍郎，知制誥，並依前充（承旨）。"

封敖。自駕部員外遷。九月遷工侍。《壁記》："（會昌）四年四月十五日遷中書舍人。"

韋琮。兵部郎中遷，依前充翰林學士。《壁記》："（會昌）四年四月十五日轉兵部郎中，九月四日拜中書舍人，並依前充。"

魏扶。自考功郎中遷，依前充翰林學士。《壁記》："（會昌）四年四月十五日考功郎中，九月四日拜中書舍人，並依前充。"

右散騎常侍

李景讓。

李栻。當在任（下年五月充黠戛斯册立使）。

右諫議大夫

元晦。當在任（上年二月始任）。

右補闕

李當。當在任（下年二月在任）。

右拾遺

杜審權。

通事舍人

苗縝。兼少將作、中丞。三月卒。《墓誌彙編下（會昌○三一）·苗府君（縝）墓誌》（卒於會昌四年三月，葬於七月；年五十九）："有唐朝散大夫、守將作少監、兼通事舍人、知館事、御史中丞、上柱國、賜紫金魚袋苗公，以會昌四年三月十七日，棄代于靖恭里之私第……諱縝，字中密。"

門下省

門下侍郎

李德裕。八月進位太尉。仍兼門郎、平章事。《大詔令集》六一《册李德裕太尉文》：光禄大夫、守司徒、兼門下侍郎、同中書門下平章事李德裕，命爾爲太尉。《宰相表》下：（會昌四年）八月戊申，德裕守太尉。

李紳。兼右僕。閏七月檢校司空、同平章事、淮南節度使。《舊書》一八上《武宗紀》："（會昌四年閏七月）制銀青光禄大夫、守尚書右僕射、兼門下侍郎、同平章事、監修國史、上柱國、趙郡開國公、食邑二千户李紳可檢校司空、平章事、揚州大都督府長史、淮南節度副大使，知節度事。"

杜悰。自中郎兼右僕轉門郎兼左僕，仍平章事。《宰相表》下：（會昌四年）八月庚戌，杜悰尚書左僕射、兼門下侍郎。

給事中

高少逸。《金石萃編》四八《高士廉碑》（即《高士廉塋兆記》）碑側題記：大唐會昌四年五月四日，六代孫、正議大夫、行給事中、上柱國、渤海縣開國男、食邑三百户、賜紫金魚袋少逸□。

劉三復。是年遷刑侍。《舊書》一七七《劉鄴傳》：“父三復……會昌中，德裕用事，自諫議、給事拜刑部侍郎、弘文館學士，判館事。”

劉濛。《通鑑》二四七“會昌四年”：“（二月）朝廷以回鶻衰微，吐蕃内亂，議復河湟四鎮十八州。乃以給事中劉濛爲巡邊使。”

盧弘正。《大詔令集》一二五《平潞州德音》（會昌四年九月十八日）：“今遣吏部侍郎高銖、給事中盧弘正專往宣慰，存問疾苦，撫恤凋殘。”

韋弘質。當在任（下年貶）。

左散騎常侍

蕭俶。

諫議大夫

崔黯。約是年遷司勳郎中。《舊書》一一七本傳：“開成初爲青州從事，入爲監察御史，奏郊廟祭器不虔，請救有司，文宗謂宰臣曰……黯具條奏以聞。尋遷員外郎。會昌中爲諫議大夫。”《郎官考》七司勳郎中有崔黯，在韋博、周復後，崔瑶前。按約大中元年當自司勳郎中出刺江州。

陳商。冬權知禮部貢舉。見下年引。

柳仲郢。約秋冬自吏部郎中遷。《舊書》一六五本傳：“武宗有詔減冗官……仲郢條理旬日，減一千二百員，時議爲愜。遷諫議大夫。”按減冗官在六月。

敬晦。當在任（下年二月在任）。

起居郎

魏扶。會昌四年四月十五日遷考功郎中。按九月四日自考功郎中拜中舍。

孫毅。自左拾遺遷。《壁記》：“（會昌）四年九月十日遷起居郎，依前充。”

左拾遺

孫毅。九月十日遷起居郎。

劉瑑。

武宗會昌五年(八四五)

中書省

中書令

薛元賞。以工尚兼。《墓誌彙編下(大中〇〇三)·盧踐言墓誌》:"從檢校吏部尚書薛元賞公入爲大司農,自前左監門衛録事參軍奏拜太子通事舍人,兼廩牆之職。洎薛公領内史,又上請爲涇陽衛。"

中書侍郎

李讓夷。兼右僕、同平章事。《大詔令集》八《仁聖文武章天成功神德明道大孝皇帝册文》:會昌五年正月己丑,守右僕射、兼中書侍郎、同中書門下平章事李讓夷等率百官請上皇帝尊號。

崔鉉。以中郎平章事兼户尚。四月罷爲户尚,旋出鎮陝虢。《大詔令集》五六《杜悰右僕射制崔鉉户部尚書制》(會昌五年四月):中書侍郎、兼户部尚書、同中書門下平章事崔鉉可守户部尚書。《舊書》一六三本傳:"會昌末,以本官同平章事。爲同列李德裕所嫉,罷相,爲陝虢觀察使、檢校刑部尚書。"

盧商。自兵侍、判度支遷,入相。《通鑑》二四八"會昌五年":"(九月)以兵部侍郎、判度支盧商爲中書侍郎、同平章事。"

李回。《新書》八《武宗紀》:"(會昌五年五月)乙丑,户部侍郎李回爲中書侍郎、同中書門下平章事,兼判户部。"

中書舍人

韋琮。

魏扶。

紇干臮。當在任。見下年引。

右散騎常侍

李景讓。

李栻。《會要》一〇〇《結骨國》:"(會昌)五年五月敕……命右散騎常侍、兼御史中丞李栻持節充册使。"《全文》七六《立點戛斯爲可汗制》:"命右散騎常侍、兼御史中丞李栻持節充册立使。仍命有司擇日備禮册命。"

右補闕

李當。《金石萃編》八〇《崔慎由(華嶽)題名》:殿中侍御史、集賢殿學士崔慎由,右補闕李當,鄉貢進士崔安潛。會昌五年二月八日同赴。

右拾遺

杜審權。約是年遷左補闕。

門下省

門下侍郎

李德裕。兼太尉。

杜悰。兼左僕、平章事。五月壬戌罷相爲右僕。《通鑑》二四八"會昌五年":"(五月壬戌)門下侍郎、同平章事杜悰罷爲右僕射。"

給事中

高少逸。

盧弘正。是年遷工侍。《舊書》一六三本傳:王師討劉稹,八月李德裕建議給事中盧弘正爲邢洺磁三州留後,未行而劉稹被誅,乃令弘正宣諭河北三鎮,使還拜工部侍郎。

韋弘質。《舊書》一八上《武宗紀》:"(會昌五年)十二月,車駕幸咸陽。給事中韋弘質上疏,論中書權重,三司錢穀不合相府兼領……弘質坐貶官。"

劉濛。當在任(上年二月在任)。

左散騎常侍

蕭俶。約是年刺華州。《舊書》一七二本傳:"會昌中,入爲左散騎常侍,遷檢校刑部尚書、華州刺史、潼關防禦等使。"按《刺考全編·京畿道》云大中時。似未確。

諫議大夫

陳商。知貢舉。是年遷禮侍。《會要》七六《貢舉》中:"(會昌)五年二月，諫議大夫、權知貢舉陳商放及第三十七人。”《舊書》一八下《宣宗紀》：
“會昌五年，留守因太微宮正殿圮隊，以廢弘敬寺爲太廟，迎神主祔之。又
下百僚議，皆言准故事。無兩都俱置之禮，唯禮部侍郎陳商議云：‘周之文
武，有鎬、洛二廟，令兩都異廟可也。然不宜置主於廟，主宜依禮瘞於廟之
北牖下。’”

柳仲郢。二月後遷京兆尹。《通鑑》二四八“會昌五年”：“（二月）諫議
大夫柳仲郢……李德裕以柳仲郢爲京兆尹。”

敬晦。《通鑑》二四八“會昌五年”：“（正月）淮南節度使李紳按江都令
吳湘盜用程糧錢，强娶所部百姓顔悦女……罪當死。湘，武陵之兄子也。
李德裕素惡武陵，議者多言其冤，諫官請覆按，詔遣監察御史崔元藻、李稠
覆之……二月，貶元藻端州司户、稠汀州司户。不復更推，亦不付法司詳
斷，即如紳奏，處湘死。諫議大夫柳仲郢、敬晦上疏争之，不納。”

鄭亞。約是年自刑部郎中遷。《舊書》一七八《鄭畋傳》：“中丞李回奏
知雜。遷諫議大夫、給事中。”

起居郎

孫毅。

左補闕

杜審權。約是年自右拾遺遷。《舊書》一七七本傳：“拜右拾遺，轉左補
闕。大中初，遷司勳員外郎。”

張彦遠。當在任。按大中初既由是職遷祠部員外。

左拾遺

劉瑑。約是年遷殿侍御（下年在殿侍御任）。

王龜。當在任（下年二月丁丑辭官侍養）。

武宗會昌六年（八四六）

中書省

中書令

薛元賞。以工尚兼。四月貶刺忠州。《通鑑》二四八“會昌六年”：“（四月）甲戌，貶工部尚書、判鹽鐵轉運使薛元賞爲忠州刺史。”

中書侍郎

李讓夷。兼檢校右僕。是年司空兼門郎，仍平章事。《宰相表》下：（會昌六年）四月辛卯爲司空、兼門下侍郎。

盧商。《宰相表》下：（會昌六年）九月，兵部侍郎、判度支盧商爲中書侍郎、兼工部尚書、同中書門下平章事。

李回。兼禮尚、平章事。是年遷門郎，仍平章事。

鄭肅。四月自檢校右僕遷。《宰相表》下：（會昌六年）四月辛卯，鄭肅檢校尚書左僕射、兼中書侍郎；九月檢校本官遷荊南節度使。

白敏中。自兵侍、平章事遷。《宰相表》下；（會昌六年）九月敏中爲中書侍郎。

中書舍人

韋琮。約是年遷户侍。《新書》一八二本傳：“擢累户部侍郎、翰林學士承旨。”參《郎表》三户侍。

魏扶。是年權知貢舉。按是年陳商知貢舉後出鎮陝虢，魏扶秋冬接任，知明年貢舉。

紇干泉。《新書》一六三《柳仲郢傳》：“中書舍人紇干泉訴甥劉詡毆其母，詡爲禁軍校，仲郢不待奏，即捕取之，死杖下，宦官以爲言，改右散騎常侍。”參右常侍引。

徐商。《舊書》一七九本傳：“拜中書舍人、户部侍郎、判本司事。”

右散騎常侍

李景讓。《通鑑》二四八“會昌六年”：“（九月）以右常侍李景讓爲浙西觀察使。”

裴泰章。《舊書》一八上《武宗紀》：“（會昌六年正月）東都太微宮修成玄元皇帝、玄宗、肅宗三聖容，遣右散騎常侍裴章往東都薦獻。”按《會要》五〇《尊崇道教》云十月，裴泰章。《元龜》五四《尚黃老》二亦作裴泰章。

柳仲郢。自京兆尹遷。旋刺鄭州。《舊書》一六五本傳：“紇干臮訴表甥劉詡毆母，詡爲禁軍小校，仲郢不俟奏，杖殺。爲北司所譖，改右散騎常侍，權知吏部尚書銓事……宣宗即位，德裕罷相，出仲郢爲鄭州刺史。”

右諫議大夫

韋博。自朔方（靈武）副使遷。《新書》一七七本傳：“會羌、渾叛，以何清朝爲靈武節度使，詔博副之，擢右諫議大夫，召對，賜金紫。”按何清朝是年罷鎮靈武。參《方鎮年表》一。

右補闕

李當。當在任（上年二月在任）。

元壽。當在任（下年爲陸渾令）。

右拾遺

鄭顥。《舊書》一五九本傳：“登進士第，結綬弘文館校書。遷右拾遺、內供奉。”姑繫於此。

李稢。當在任（下年遷殿待御）。

門下省

門下侍郎

李德裕。四月出鎮荊南。《舊書》一八下《宣宗紀》：“（會昌六年四月壬申）以特進、守太尉、門下侍郎、同平章事、上柱國、衛國公、食邑二千户李德裕檢校太尉、同平章事、江陵尹、荊南節度使。”

李讓夷。自檢校右僕、中郎平章事遷，兼司空，仍平章事。七月鎮淮南。《宰相表》下：（會昌六年）七月，讓夷檢校司空、同平章事、淮南節度使。

李回。自中郎兼禮尚遷，兼户尚，仍平章事。《宰相表》下：（會昌六年九月）李回爲門下侍郎。

給事中

高少逸。

蔣係。自唐州刺史遷。《舊書》一三二本傳云："復坐（李）漢貶唐州刺史。宣宗立，召爲給事中、集賢院學士、判院事。"

鄭亞。約是年末自吏部郎中遷（下年二月刺桂州）。

諫議大夫

敬晦。當在任（上年二月在任）。

鄭亞。約年初遷吏部郎中（會昌五年爲大諫）。《舊書》二六《禮儀志》六："（會昌六年三月）吏部郎中鄭亞等五人議曰（東都廟議）。"按年底又自吏部郎中遷給事中。見上引。

庾簡休。當在任（下年六月刺虢州）。

張鷺。當在任（下年二月在任）。

起居郎

孫毅。二月壬辰遷兵部員外。《舊唐書》一八上《武宗紀》："（會昌六年二月）壬辰，以翰林學士、起居郎孫毅爲兵部員外郎，充職。"

左補闕

張彥遠。

杜審權。

左拾遺

王龜。二月丁丑辭官侍養。《舊書》一八上《武宗紀》："（會昌六年二月）丁丑，左拾遺王龜以父興元節度使起年高，乞休官侍養，從之。"

宣宗大中元年（八四七）

中書省

中書侍郎

盧商。兼工尚。八月鎮鄂岳。《舊書》一八下《宣宗紀》：“（大中元年）八月，工部尚書、中書侍郎、平章事盧商出爲鄂岳觀察使。”

白敏中。

韋琮。自户侍遷。《新書》八《宣宗紀》：“（大中元年三月）翰林學士承旨、户部侍郎韋琮爲中書侍郎，同中書門下平章事。”又見《通鑑》二四八“大中元年”。按《舊書》一八上《武宗紀》：“（大中元年）秋七月，制以正議大夫、尚書户部侍郎、知制誥、翰林學士承旨……韋琮以本官同中書門下平章事。”云以户侍入相。當誤。

中書舍人

魏扶。是年知貢舉。放榜後遷禮侍。《舊書》一八下《宣宗紀》：“（大中二年）二月丁酉，禮部侍郎魏扶奏：‘臣今年所放進士三十三人，其封彦卿、崔琢、鄭延休等三人，實有詞藝，爲時所稱，皆以父兄見居重位，不得令中選。’”

紇干臮。是年出鎮江西。《全文》七二六崔嘏《授紇干臮江西觀察使制》：“中書舍人紇干臮，早以俊造，播其馨香。霜臺竦特立之標，蘭省蔚和光之操……商也之文，開元華國；求也之政，可以觀風。是用輟於演綸，付之廉問，仍加中憲，式峻外臺。可江西觀察使。”《因話録》三：“公後自中書舍人觀察江西。”參《方鎮年表》五。

徐商。

崔璵。自考功郎中遷。《舊書》一八下《宣宗紀》：“（大中元年六月）以正議大夫、行尚書考功郎中、知制誥、上柱國崔璵爲中書舍人。”

崔嘏。自考功郎中遷。《新書》一八〇《李德裕傳》：“德裕之斥中書舍人崔龤，字乾錫，坐書制不深切，貶端州刺史。龤舉進士，復以制策歷刑州刺史。劉積叛，使其黨裴問戍于州，龤説使聽命，改考功郎中，時皆謂遒賞。至是，作詔不肯巧傅以罪。"按下年正月貶端州，則其任中舍當在是年。

孫毅。《壁記》："大中元年十二月七日加承旨，思政殿賜紫，其月二十六日拜中書舍人。"

李訥。自禮部郎中遷。《全文》七二六崔龤《授李訥中書舍人李言大理少卿制》："敕：禮部郎中、知制誥李訥等……可守中書舍人，言可守大理少卿。"按崔龤是年爲中舍。

裴諗。自司封郎中、知制誥遷。《全文》七二六崔龤《授裴諗中書舍人制》："翰林學士、司封郎中、知制誥裴諗……可依前件。"

右散騎常侍

令狐定。《全文》七二六崔龤《授令狐定右散騎常侍制》："敕：前西川節度副使令狐定……可依前件。"按崔龤是年爲中舍。

右諫議大夫

韋博。

李福。約是年自潁刺遷。《舊書》一七二本傳："累遷尚書郎，出爲商、鄭、汝、潁州四州刺史。"《刺考全編·河南道》繫於會昌中刺潁州，大中初爲李廓接任。大中五年自是職出鎮夏綏。

李行方。《金石萃編》八〇《李□方（華嶽）題名》：右議大夫李□方。大中元年三月。□□雨。按《雍州金石記》作李祁方，今字已泐。《全文》七二六崔龤《授李方右諫議大夫制》："爾等皆擢秀瑶林，飛華桂苑……入憲府而自竦孤標，歷文昌而更光列宿……可依前件。"崔龤是年爲中舍、知制誥。參下年引。

姚勗。自吏部郎中遷。《全文》七二六《授姚勗右諫議大夫等制》："勗可右諫議大夫，簡求可吏部郎中。"

右補闕

元壽。是年遷陸渾令。《全文》七二六崔龤《授元壽陸渾縣令制》："敕：右補闕元壽……可陸渾縣令。"

丁柔立。自左拾遺遷。《通鑑》二四八"大中元年"："上即位，柔立爲右補闕。"

蕭鄴。《壁記》：大中元年十一月二十一日自監察御史裏行遷，依舊充翰林學士。

右拾遺

鄭顥。

李稹。是年遷殿侍御。《全文》七二六崔嘏《授李稹韋澳裴達殿中侍御史制》：“敕右拾遺李稹等……可依前件。”

沈詢。《壁記》：“大中元年五月十二日自右拾遺、集賢院學士充。”

崔慎由。是年任，旋遷户部員外。《舊書》一七七本傳：“大中初入朝，爲右拾遺、員外郎。”《墓誌續編（咸通〇五三）·崔慎由墓誌》：“復入臺爲監察御史，轉殿中侍御史、兼集賢殿直學士、尚書户部員外郎、學士如故。”

門下省

門下侍郎

李回。兼吏尚。八月鎮西川。《通鑑》二四八“大中元年”：“秋八月丙申，以門下侍郎、同平章事李回同平章事、充西川節度使。”

崔元式。《宰相表》下：（大中元年）三月崔元式爲門下侍郎兼刑部尚書。

給事中

高少逸。是年刺華州。《舊書》一七一本傳：“會昌中，爲給事，多所封奏。大中初，檢校禮部尚書、華州刺史、潼關防禦、鎮國軍使。”

蔣係。

鄭亞。《舊書》一八下《宣宗紀》：“（大中元年）二月丁卯……以給事中鄭亞爲桂州刺史。”

崔璹。是年始任。《全文》七二六崔嘏《授崔璹等給事中等制》：“璹可給事中、儔可太常少卿。”按是年崔嘏爲中舍。《九卿考》（增訂）二繫於會昌四、五年。未確。

諫議大夫

敬晦。當在任。

庾簡休。《舊書》一八下《宣宗紀》：“（大中元年六月）以左諫議大夫庾簡休爲虢州刺史。”

張鷺。《通鑑》二四八“大中元年”：“（二月）左諫議大夫張鷺等上言：‘陛下以旱理繫囚，慮有冤滯。今所原死罪，無冤可雪，恐凶險僥倖之徒常思水旱爲災，宜如馬植所奏。’詔從之。”

左補闕

張彦遠。

杜審權。約是年遷司勳員外。《舊書》一七七本傳：“拜右拾遺、轉左補闕。大中初，遷司勳員外郎。”

左拾遺

丁柔立。《新書》一八〇《李德裕傳》：“大中初爲左拾遺。”是年遷右補闕。

宣宗大中二年（八四八）

中書省

中書侍郎

白敏中。《宰相表》下：（大中二年）正月丙寅兼刑部尚書。

韋琮。《宰相表》下：（大中二年）正月丙寅兼禮部尚書，六月庚戌爲門下侍郎。

周墀。自兵侍遷。《舊書》一七六本傳："入朝爲兵部侍郎、判度支。尋以本官同平章事、累遷銀青光禄大夫、中書侍郎、監修國史，兼刑部尚書。"《郎表》四兵侍：六月庚戌遷中書侍郎，仍平章事。

馬植。《宰相表》下：（大中二年正月）己卯，刑部侍郎、諸道鹽鐵轉運使馬植同中書門下平章事。六月庚戌植爲中書侍郎。

中書舍人

徐商。

崔瑑。

崔嘏。《通鑑》二四八"大中二年"："中書舍人崔嘏坐草李德裕制不盡言其罪，（正月）己丑，貶端州刺史。"

孫毅。七月六日遷户侍、知制誥。《壁記》："（大中）二年七月六日特恩遷户部侍郎、知制誥，並依前充（承旨），其年十二月二十四日除河南尹兼御史大夫。"

李訥。

裴諗。七月遷工侍。《壁記》："（大中）二年七月二日（原作二十日，據《四庫》本，知"十"字爲衍）三殿賜紫，其月六日特恩加工部侍郎、知制誥，十二月二十六日加承旨，並依前充。"

宇文臨。自禮部郎中遷。《壁記》："（大中二年）六月七日，特恩遷中書舍人，並依前充（翰林學士）。"

右散騎常侍

令狐定。當在任（蓋上年始任）。見上年引。

柳公權。自少太師轉。《集古錄目》五："《唐牛僧孺碑》：河陽三城節度使李珏撰,右散騎常侍柳公權書……大中二年十月立。"又見《寶刻叢編》八《唐贈太尉牛僧孺碑》。

右諫議大夫

韋博。約是年轉左大諫。

李福。

李行方。《全文》七九四孫樵《與李諫議行方書》："今年三月,上嘗欲營治國門,執事尚諫罷之。今詔營廢寺以復群髡,三年之間,斧斤之聲不絕,度其經費,豈特國門之廣乎？稽其所務,豈特國門之急乎？何執事在國門則知諫,在復廢寺則緘默。勇其細而怯其大,豈諫議大夫職耶？"按詔復廢寺在會昌六年五月,宣宗始即位時。

姚勗。

右補闕

丁柔立。《通鑑》二四八"大中二年"："（正月）丙寅,坐阿附貶南陽尉。"

蕭鄴。《壁記》：七月六日遷兵部員外郎,依前充翰林學士。

蔣伸。《新書》一三二本傳："大中二年,以右補闕爲史館修撰。"

鄭魯。自監察御史遷（按上年始任監察御史,下年自右補闕遷起居舍人）。

右拾遺

鄭顥。

沈詢。七月六日遷起居郎。

門下省

門下侍郎

崔元式。兼户尚、平章事。五月罷相爲户尚。《通鑑》二四八"大中二年"："（五月己未）門下侍郎、同平章事崔元式罷爲户部尚書。"

韋琮。《宰相表》下：大中二年正月丙寅以中書侍郎、平章事兼禮部尚書,六月丙戌爲門下侍郎。十一月壬午罷爲太子賓客,分司東都。

給事中

蔣係。

魏謩。自商州刺史遷。《舊書》一七六本傳:"宣宗即位,白敏中當國,量移郢州刺史,尋換商州。(大中)二年,内徵爲給事中。"

杜勝。十二月自刑部員外遷。《通鑑》二四八:"大中二年":"刑部員外郎杜勝次對,上問其家世……即除給事中。"

楊漢公。自浙東觀察使遷。《墓誌續編(咸通〇〇八)·楊公(漢公)墓誌》:"轉浙東觀察使、御史大夫……入拜給事中。"按是年罷鎮浙東,參《方鎮年表》五。

諫議大夫

張鷺。當在任(上年二月在任)。

韋博。約是年自右大諫遷。《新書》一七七本傳:"擢右諫議大夫。召對,賜金紫。因行西北邊,商虜彊弱,還奏有旨,進左大夫。"《唐文補編》七七韋博《劉沔神道碑》,署銜:朝請大夫、守左諫議大夫、上柱國、賜紫金魚袋韋博撰。

起居郎

沈詢。自右拾遺遷。《壁記》:"(大中二年)七月六日特恩遷起居郎,並依前充,十月二十日守本官、知制誥出院。"

左補闕

張彦遠。是年或稍後遷祠部員外。《舊書》一二九《張延賞傳》附:"大中初由左補闕爲尚書祠部員外郎。"

宣宗大中三年（八四九）

中書省

中書侍郎

白敏中。兼刑尚、平章事。《宰相表》下：（大中三年）三月墀兼刑部尚書，敏中爲尚書右僕射。

周墀。兼刑尚。四月鎮東川。《宰相表》下：（大中三年）三月周墀檢校刑部尚書、東川節度使。

馬植。兼禮尚。《舊書》一七六本傳："俄以本官同平章事，遷中書侍郎，兼禮部尚書。"《會要》一《帝號》上："大中三年十二月，追（順宗）崇尊諡曰至德弘道大聖大安孝皇帝。諡冊文，中書侍郎馬植撰。諡議，兵部尚書歸融撰。"

崔鉉。自大御遷，入相。《新書》八《宣宗紀》："（大中三年）四月乙酉……御史大夫崔鉉爲中書侍郎……同中書門下平章事。"

中書舍人

徐商。

崔瑑。

李訥。

宇文臨。《壁記》："（大中）三年九月十四日責授復州刺史。"

劉瑑。自司封郎中遷。《壁記》："（大中）三年六月十四日拜中書舍人。"

令狐綯。自考功郎中遷，旋遷中丞。《舊書》一七二本傳："（大中）三年拜中書舍人……尋遷御史中丞。"《壁記》："（大中）三年二月二十日特恩拜中書舍人，依前充（翰林學士）。其年五月一日遷御史中丞，賜紫，出院。"

崔慎由。九月六日自職方郎中遷。《壁記》："大中三年六月八日自職方郎中、知制誥充,九月六日拜中書舍人,依前充。十二月九日,守本官出院。"《舊書》一七七本傳:"大中初入朝,爲右拾遺、員外郎、知制誥,正拜中書舍人,召充翰林學士。"

右散騎常侍

柳公權。

右諫議大夫

李福。

姚勖。是年或下年初刺常州。李德裕有《與姚諫議郜書三首》,岑仲勉《唐史餘瀋·再論文饒集之姚諫議》:"《粟香五筆》三記唐姚勖等題名云:'姚勖……大中四年二月游。'在常州荊溪縣,似即勖官常州刺史之時。勖大中四年尚作官而(姚)合無考,文饒集之姚諫議,似可斷爲勖矣。"《新書》一二四本傳:"勖字斯勤。長慶初擢進士第……累遷諫議大夫,更湖、常二州刺史。爲宰相李德裕厚善。

鄭顥。閏十一月自起居郎遷。《壁記》:"(大中三年)閏十一月四日特恩遷右諫議大夫,知制誥。"

右補闕

蔣伸。約是年遷駕部郎中。《新書》一三二本傳:"大中二年,以右補闕爲史館修撰。轉駕部郎中,知制誥。"

鄭魯。五月擢起居舍人。

蔣偕。約是年遷主客郎中。《新書》一三二本傳:"偕以父任,歷右拾遺、史館修撰,轉補闕、主客郎中。"

牛蔚。約是年自監察御史遷。《舊書》一七二本傳:"大中初爲右補闕。"《新書》一七四本傳:"繇監察御史爲右補闕。"

孔溫裕。當在任(下年九月貶柳州司馬)。

右拾遺

鄭顥。大中三年二月遷起居郎。

起居舍人

鄭魯。五月自右補闕遷。《通鑑》二四八"大中三年":"五月,徐州軍亂,逐節度使李廓……右補闕鄭魯上言其狀……上未之省。徐州果亂,上思魯言，擢起居舍人。"

門下省

給事中

蔣係。

魏謩。十一月遷刑侍。按上年十一月韋有翼自刑侍（僅一員）遷中丞，見《舊書》一八下《宣宗紀》，則魏謩當繼任。下年八月仍在任。《舊書》一八下《宣宗紀》："（大中四年）八月，刑部侍郎、御史中丞魏謩奏：'諸道州府百姓詣臺訴事，多差御史推劾，臣恐煩勞州縣，先請差度支、户部、鹽鐵院帶憲銜者推劾。'……從之。"故繫於此。然《郎表》四刑侍漏列。

杜勝。當在任（上年十二月始任）。

楊漢公。《金石萃編》八〇《楊漢公（華嶽）題名殘石》：（缺）中楊漢公。（缺）五月。按楊漢公上所缺當是"給事"二字。所列《華嶽題名》按時間順序十分清晰：前面爲《李□方題名》，在大中元年三月；後面爲《李貽孫祈雪題記》，在大中三年十二月。又按，《關中金石記》云：漢公，隨越公後裔，字用义，官至天平軍節度使、檢校户部尚書。題稱其官爲給事中，當在爲同州刺史之前，《唐書》本傳不及之者，略也。

諫議大夫

韋博。

李貽孫。《金石萃編》八〇《李貽孫（華嶽）祈雪題記》：左諫議大夫、充弘文館學士、判館事、賜紫金魚袋李貽孫，大中三年十二月八日奉。

起居郎

鄭顥。二月自右拾遺遷，閏十一月遷右大諫。《壁記》："大中三年二月二十日自起居郎充。其年四月十日加制誥。閏十一月四日特恩遷右諫議大夫，知制誥。"按《舊書》一八下《宣宗紀》："（大中四年）二月，皇女萬壽公主出降右拾遺鄭顥，以顥爲銀青光禄大夫、行起居郎、駙馬都尉。"云大中四年爲三年之誤。

左補闕

崔巖。當在任（下年十二月在任）。

宣宗大中四年（八五〇）

中書省

中書侍郎

崔鉉。

馬植。兼禮尚。《通鑑》二四九“大中四年”：“四月庚戌，以中書侍郎、同平章事馬植爲天平節度使。”按《舊紀》及《宰相表》下均云上年貶官。《舊書》一八下《宣宗紀》：“（大中三年）四月，以正議大夫、守中書侍郎、同平章事、集賢院大學士、賜紫金魚袋馬植爲太子賓客，分司東都。”《宰相表》下：（大中三年）三月檢校禮部尚書、天平軍節度使。今從《通鑑》。又按《新書》一八四本傳：“罷爲天平軍節度使。既行……貶常州刺史，以太子賓客分司東都。”據此知是年末之天平軍即貶常州，然後遷賓客。《刺考全編·江南東道》繫於大中三年刺常州。今不取。

中書舍人

徐商。約是年遷户侍。《舊書》一七九《徐彦若傳》：“父商……拜中書舍人、户部侍郎判户部事。”《郎表》三户侍亦云是年或下年始任。

崔璵。

李訥。《新書》一六二本傳：“建子訥，字敦止，及進士第。遷累中書舍人，爲浙東觀察使。”按李訥大中六年出鎮浙東。見《方鎮年表》五。

劉瑑。《壁記》：“（大中）四年十一月二十八日守本官（中舍）兼御史中丞充西討党項行營諸寨宣慰使，依前充。”

崔慎由。

鄭顥。十月自右大諫遷。《壁記》：“（大中）四年十月七日拜中書舍人，依前充。”

鄭薰。自考功郎中遷。《壁記》：“（大中）四年七月七日拜中書舍人，並依前充。十三日守本官出院。”

崔瑤。《舊書》一五五《崔鄲傳》附：“大和三年登進士第，出佐藩方，入升朝列，累至中書舍人。大中六年，知貢舉。”據其履歷，姑繫於此。

右散騎常侍

柳公權。

右諫議大夫

李福。

鄭顥。十月七日遷中舍。

右補闕

牛蔚。是年遷司門員外。《舊書》一七二本傳：“大中初爲右補闕……尋轉司門員外郎。”

孔溫裕。九月貶柳州司馬。《通鑑》二四九“大中四年”：“（九月）党項爲邊患，發諸道兵討之，連年無功，戍饋不已；右補闕孔溫裕上疏切諫，上怒，貶柳州司馬。”

王龜。《舊書》一六四本傳：“明年丁父憂，服闋，以右補闕徵。”按其父王起卒於大中元年，是年服闋。

王鐸。約是年自監察御史遷。《舊書》一六四本傳：“大中初，入爲監察御史。”《新書》一八五本傳：“累遷右補闕、集賢殿直學士。白敏中辟署西川幕府。”按白敏中大中六年鎮西川。

起居舍人

鄭魯。

門下省

給事中

蔣係。約是年遷吏侍。《舊書》一四九本傳：“宣宗即位，徵拜給事中、集賢院學士、判院事。轉吏部侍郎。”

楊漢公。是年遷户侍。《墓誌續編（咸通〇〇八）·楊漢公墓誌》：“入拜給事中，遷户部侍郎。出爲荊南節度使。”按下年鎮荊南。

唐持。自容管節度使遷。《方鎮年表》七列唐持大中三年至四年鎮容管。按《舊書》一九〇下本傳：“大中末（《方鎮年表》引用作“大中中”，未知何據），自工部郎中出爲容州刺史、容管經略招討使。入爲給事中。”

諫議大夫

韋博。

李貽孫。

孫景商。自兵部郎中遷。《墓誌彙編下（大中一二〇）·孫景商墓誌》（卒於大中十年八月，年六十四）：“今上即位，徵爲刑部、兵部郎中，遷諫議大夫。居數月，疏四五上，皆政之失而除授之乖舛者。”

盧懿。蓋是年自吏部郎中遷。按盧懿大中元年自河南少尹遷吏部郎中，下年二月在大諫任。

起居郎

李某。《杜牧集繫年校注》三《寄李起居四韻》，作於大中四年。見注一。杜牧曾任左補闕，姑繫於此。

左補闕

崔巖。《西市博物館藏墓誌（四二二）·崔廣兒墓誌》（八三九—八五〇）：“博陵崔氏女，字廣兒，户部尚書、贈太子太傅肅公之孫。左補闕内供奉巖之長女。”誌主崔廣兒大中四年十二月卒，時年十三，墓誌爲其父崔巖撰。

宣宗大中五年（八五一）

中書省

中書侍郎

崔鉉。四月遷右僕兼門郎,仍平章事。

令狐綯。自兵侍遷。《宰相表》下:(大中五年)四月乙卯綯爲中書侍郎兼禮部尚書。

崔龜從。自户尚遷,十一月鎮宣武軍。《宰相表》下:(大中五年)四月乙卯龜從爲中書侍郎、兼吏部尚書。十一月庚寅,龜從檢校吏部尚書、同平章事、宣武節度使。

中書舍人

崔璵。是年遷禮侍。《舊書》一七七本傳:"大中五年遷禮部侍郎,六年選士,時謂得才。"

李訥。《新書》一六二本傳:"累遷中書舍人,爲浙東觀察使……凡三爲華州刺史。"按是年刺華州。按《刺考全編·京畿道》。繫於下年刺華周,未確。

劉瑑。三月遷刑侍。《舊書》一八下《宣宗紀》:"(大中五年)四月癸卯,刑部侍郎劉瑑奏:據今年四月十三日已前,凡二百二十四年,雜制敕計六百四十六門,二千一百六十五條,議輕重,名曰《大中刑法統類》,欲行用之。"

崔慎由。是年鎮湖南。《新書》一一四本傳:"授湖南觀察使。"參《方鎮年表》六。

鄭顥。《壁記》:"(大中)五年八月二日授左庶子,出院。"

鄭薰。

崔瑶。

畢誠。自職方郎中、兼侍御史知雜遷。《舊書》一七七本傳:"期年,召爲翰林學士、中書舍人。"《墓誌彙編下(大中〇六四)·故刑部郎中盧就墓誌》(卒於大中五年四月,葬於六年二月):翰林學士、守中書舍人畢誠撰。

蕭鄴。自考功郎中遷。《壁記》："大中五年正月二十八日自考功郎中充，二月一日加知制誥，七月十四日遷中書舍人。"

崔荊。《玉泉子》："崔琪爲東都留守，判尚書省事。中書舍人崔荊爲庶子分務，謁琪，琪不爲見。"按大中五年至六年，琪爲東都留守。參《刺考全編·都畿道》。

沈詢。《舊書》一四九本傳："詢歷清顯，（爲）中書舍人、翰林學士。"是年在制誥任。

右散騎常侍

柳公權。約是年轉左常侍。

趙真齡。杜牧《趙真齡除右散騎常侍制》，《杜牧集繫年校注·附録·繫年目録》：作於大中五年九月至大中六年底之間。

右諫議大夫

李福。正月鎮夏綏。《通鑑》二四九"大中五年"："（正月）上頗知党項之反由邊帥利其羊馬，數欺奪之，或妄誅殺，党項不勝憤怨，故反。乃以右諫議大夫李福爲夏綏節度使。自是繼選儒臣以代邊帥之貪暴者，行日復面加戒勵，党項由是遂安。"

右補闕

王龜。約是年遷屯田員外。《新書》一六七本傳："終父喪，召爲右補闕。再擢屯田員外郎，稱疾去。崔璵觀察宣歙，表爲副。"按上年或稍前服闕，大中八年爲宣歙副使。

王鐸。

宋球。《會要》八二《考》下："大中五年正月敕：'右補闕宋球等奏冬薦狀，引敕文年月不同，各罰一季俸。'"

起居舍人

鄭魯。

薛蒙。《樊川文集》七《周公（墀）墓誌銘》：周墀卒於是年二月，下年二月葬。云女嫁起居舍人薛蒙。故繫於此。

門下省

門下侍郎

崔鉉。自中郎、平章事遷右僕、門郎，仍平章事。《宰相表》下：（大中五年）四月乙卯，鉉守尚書右僕射、兼門下侍郎。按《舊書》一六三本傳："累遷金紫光禄大夫、守左僕射、門下侍郎、太清宫使、弘文館大學士。"云左僕兼門郎。此從《宰相表》。

白敏中。《宰相表》下：（大中五年）三月甲申，敏中爲特進、守司空兼門下侍郎、同平章事，招討南山、平夏党項行營兵馬都統制置使，并南北路供軍使兼邠寧慶等州節度使。

給事中

唐持。

孫景商。自邠寧行軍司馬遷。《墓誌彙編下（大中一二〇）·孫景商墓誌》（卒於大中十年八月，年六十四）："大中五年，今西川白丞相爲京西北招討使，都統諸軍以討叛羌，奏公爲行軍司馬，授左庶子兼御史中丞，賜紫金魚袋……不日寧格，徵爲給事中。"白敏中四月自邠寧移鎮西川。

左散騎常侍

崔瑨。當在任。《西市博物館藏墓誌（四二八）·韋輅夫人薛氏墓誌》："余大中三年爲前京兆參軍事，夫人外老舅故□散騎常侍崔公瑨，時爲亞奉常。"按該墓誌作於大中九年，而大中三年崔瑨爲少太常，則是年當遷常侍。

柳公權。約是年自右常侍轉。《舊書》一六五本傳："武宗即位，罷内職，授右散騎常侍……復爲左常侍、國子祭酒。"

諫議大夫

韋博。是年遷京兆尹。《新書》一七七本傳："擢右諫議大夫，召對，賜金紫。因行西北邊，商虜彊弱，還奏有旨，進左大夫，爲京兆尹。"

李貽孫。約是年鎮福建。《金石萃編》八〇《李貽孫（華嶽）祈雪題記》：左諫議大夫充弘文館學士判館事賜紫金魚袋李貽孫，大中三年十二月八日奉。制祈雪小男進士同吉學究静復從行。後引《授堂金石跋》："予考《歐陽行周文集序》，爲貽孫所撰。序云：大和中爲福建團練副使，大中六年又爲觀察使。其前後結銜特詳,所記實爲福建等州都團練觀察處置等使、正議大夫、使持節都督福州諸軍事、福州刺史、兼御史中丞、上柱國、賜紫金魚袋。以此證之,當在大中三年嘗官于朝,至六年任於外矣。”王昶按:後又有大中五年七月廿七日李貽孫題云“福建(原作達,誤)都團練觀察處置等使、兼御史中丞,則是貽孫之外任,不待六年矣。”按《李貽孫(華嶽)題名》:福建都團練觀察處置等使、兼御史中丞李貽孫,大中五年七月廿七日□鎮將男意承文尉□復含昭謁嶽而退。參《方鎮年表》六。

　　盧懿。《樊川文集》七《周公(墀)墓誌銘》:周墀二月卒,命諫議大夫盧懿吊恤其家。

　　孫景商。四月爲左庶,邠寧行軍司馬(按旋遷給事中,見上引)。《通鑑》二四九“大中五年”:“夏四月,以左諫議大夫孫景商爲左庶子,充邠寧行軍司馬。”

　　崔罕。當在任。《墓誌彙編下(大中〇九〇)·曹州刺史崔罕墓誌》(卒於大中八年十一月,葬於九年二月;年六十八):“公(罕)議以倅理殊績,合加寵異,詔徵膳部郎中。復歸南宮。時仲弟□(按:□爲罕,見大中八年給事中引)任諫議大夫,季弟準任主客郎中,接武彤庭,聯曹粉署。”

起居郎

　　曹確。《壁記》:“大中五年八月十一日自起居郎充。”

左補闕

　　崔巖。當在任(上年十二月在任)。

左拾遺

　　盧告(吉)。杜牧《盧告除左拾等制》,《杜牧集繫年校注·附錄·繫年目錄》:作於大中五年九月至大中六年底之間。

　　杜濛。是年遷太博。《樊川文集》一七《杜濛除太常博士制》:“敕:守左拾遺……可太常博士。”作於大中五年九月至大中六年底之間。

宣宗大中六年(八五二)

中書省

中書侍郎

令狐綯。兼禮尚。正月癸巳兼户尚。《宰相表》下：(大中六年)正月癸巳，綯兼户部尚書。

魏謩。《舊書》一七六本傳："太原節度使李業殺降虜，北邊大擾……謩即奏其事，乃移業滑州。加中書侍郎。"按是年李業移鎮滑州。參《方鎮年表》四。《宰相表》下：(大中六年)十二月壬午，謩爲中書侍郎。仍判户部事。

中書舍人

鄭薰。蓋是年遷工侍。《郎表》四工侍：是年或上年由中舍遷。

崔瑤。《舊書》一五五《崔郾傳附》："累至中書舍人。大中六年，知貢舉，旋拜禮部侍郎。"按瑤下年以中舍知貢舉。

畢諴。六月壬申遷刑侍，癸酉鎮邠寧。《通鑑》二四九"大中六年"："党項復擾邊，上欲擇可爲邠寧帥者而難其人，從容與翰林學士、中書舍人須昌畢諴論邊事，諴援古據今，具陳方略……六月壬申，先以諴爲刑部侍郎，癸酉，乃除邠寧節度使。"

蕭鄴。《壁記》："(大中六年)七月二十七日加承旨。"

沈詢。

蕭寘。自駕部郎中遷。《壁記》："(大中)六年五月十九日拜中書舍人。"

韋澳。自庫部郎中遷。《壁記》："(大中)六年五月十九日遷中書舍人。"

蔣伸。自邠寧節度副使遷。《舊書》一四九本傳："大中初入朝，右補闕、史館修撰，轉中書舍人，召入翰林學士。"

杜牧。自考功郎中遷。《全文》七五九裴延翰《樊川文集後序》："長安南下杜樊鄉，酈元（善）長注《水經》，實樊川也。延翰外曾祖司徒岐公之別墅在焉。（今）上（大中）五年冬，仲舅自吳興守拜考功郎中、知制誥，盡吳興俸錢創治其墅……明年遷中書舍人，始少得恙。"約年底卒。酈道元字善長。

右散騎常侍

趙真齡。當在任。見上年引。

高少逸。當在任（後年鎮陝虢）。

右補闕

王鐸。四月入西川白敏中幕府。《新書》一八五本傳："白敏中辟署西川幕府。"按白敏中四月鎮西川。《通鑑》二四九"大中六年"："四月甲辰，以邠寧節度使白敏中爲西川節度使。"

宋球。當在任（上年正月在任）。

右拾遺

韓乂。杜牧《薦韓乂啓》："昨日所啓，言韓拾遺事……及高至許下，厚禮辟之……蕭舍人考功員外是趨於韓交者，某復趨於蕭崔二君子者，即韓之去某，其間不啻容數十人矣。"《杜牧集繫年校注》一六《薦韓乂啓》注①繫是文於大中六年；杜牧是年爲中舍，韓乂當是右拾遺。

起居舍人

薛蒙。《樊川文集》七《周公（墀）墓誌銘》：周墀卒於上年二月，是年二月葬。云女嫁起居舍人薛蒙。故繫於此。

庾道蔚。《壁記》："大中六年七月十五日自起居舍人充（翰林學士）。"按《舊書》一八下《宣宗紀》云大中三年九月以起居郎充翰林學士。杜牧有制文《庾道蔚守起居舍人李汶儒守禮部員外郎充翰林學士制》，其任中書舍人在大中五年九月至大中六年底，則知《壁記》所載爲確，《杜牧集繫年校注》據《壁記》繫於大中六年七月。是。

門下省

門下侍郎

崔鉉。兼右僕、平章事。

給事中

唐持。

孫景商。是年遷京兆尹。《墓誌彙編下（大中〇六五）·唐故樂安孫廿九女墓誌》（卒於長慶三年五月，遷葬於大中六年五月）：第卅四兄、守給事中、賜紫金魚袋景商書于貞石。《墓誌彙編下（大中一二〇）·孫景商墓誌》（卒於大中十年八月，年六十四）：“不日寧格，徵拜給事中。半歲，爲京兆尹。”

左散騎常侍

崔瑨。當在任。見上年引。

柳公權。《集古錄目》五：“《唐復林寺碑》，湖南觀察使潭州刺史崔黯撰，散騎常侍柳公權書。寺在江州，先被廢，至宣宗時復立。碑以大中十一年四月立。”崔黯大中五年至六年刺潭州，見《刺考全編·江南西道》。

鄭祗德。約是年出刺山陽（楚州）。《墓誌彙編下（大中一四〇）·沈中黃墓誌》（卒於大中十二年二月，年六十七）：“散騎鄭公祗德出刺山陽，持檄就門，辟爲從事，奏授廷評。纔及朞歲，丁先夫人憂，既除喪，復補大理司直。”沈中黃大中十年除喪，授大理司直，見其年引。《刺考全編·淮南道》云約大中五年前後刺楚州。常侍未詳左右，暫繫於此。

諫議大夫

盧懿。當在任。

崔罕。當在任，見上年引。

蕭倣。《舊書》一七二本傳：“倣，大和元年登進士第。大中朝，歷諫議大夫。”據其履歷，姑繫於此。

起居郎

曹確。五月遷兵部員外。《壁記》：“（大中）六年五月十九日加兵部員外郎。”

劉某。是年前後卒。參下年引。

左補闕

趙璘。當在任（下年正月在任）。

左拾遺

盧告（吉）。當在任。見上年引。

宣宗大中七年（八五三）

中書省

中書侍郎

令狐綯。兼户尚、平章事。

魏謩。兼判户部事。

中書舍人

崔瑶。知貢舉。見《登科記考補正》二二。按《舊書》一五五《崔郾傳》："（瑶）大中六年知貢舉，旋拜禮部侍郎，出爲浙西觀察使。"按上年即大中六年知貢舉爲崔瑓，瑶傳云六年，當是抵任時間。知貢舉在前一年秋冬任，《舊傳》多如是而書。是年崔瑶遷禮侍，尋出爲浙西觀察使。

蕭鄴。《壁記》："（大中）七年六月十二日遷户部侍郎，知制誥，並依前充（承旨）。"另參左常侍柳公權引。

沈詢。

蕭寘。充翰林學士。

韋澳。

蔣伸。是年遷（户部）郎中。《舊書》一四九本傳："轉中書舍人，召入翰林學士、自員外郎至户部侍郎、學士承旨。"按當是户部郎中。

楊紹復。《全文》七三三楊紹復《授周敬復尚書右丞制》："江南西道都團練使、觀察處置等使、檢校右散騎常侍周敬復……可尚書右丞。"《全文》七三三小傳：紹復，左僕射於陵子，擢進士第，登宏詞科。終中書舍人。

杜審權。自司勳郎中遷。《舊書》一七七本傳："轉（司勳）郎中知雜，又以本官知制誥，正拜中書舍人。"

韓琮。蓋是年自户部郎中遷（下年在任）。

李當。當在任（下年鎮湖南）。

右散騎常侍

高少逸。當在任（下年九月鎮陝虢）。

右補闕

盧吉（告）。蓋是年自左拾遺遷（下年三月在任）。

起居舍人

庾道蔚。當遷兵部員外。《壁記》："（大中）七年九月十九日加賜封員外郎。九年八月十三日加駕部郎中、知制誥，並依前充。"按據九年駕部郎中，隸兵部。然兵部之職方員外、駕部員外僅一員，是年及下年有人。姑繫於是年遷兵部員外。

門下省

門下侍郎

崔鉉。兼右僕、平章事。《舊書》一八下《宣宗紀》："（大中六年）十月，尚書左僕射、門下侍郎、平章事、太清宮使、弘文館大學士崔鉉進《續會要》四十卷，修撰官楊紹復、崔瑑、薛逢、鄭言等，賜物有差。"又見《會要》三六《修撰》。按左僕當爲右僕之訛。

給事中

唐持。

鄭顥。約是年任。《舊書》一五九本傳："歷尚書郎，給事中、禮部侍郎。"

盧知宗。當在任。見下年引。

崔罕。約是年自大諫遷。參下年引。

盧耽。當在任（下年三月在任）。

左散騎常侍

崔璵。約是年卒。按大中九年稱故散騎常侍，見大中五年引。

柳公權。《集古錄目》五："《唐康約言碑》，左散騎常侍柳公權撰并書……碑以大中七年二月立。"是年遷祭酒。《舊書》一六五本傳："武宗即位，罷内職，授右散騎常侍……復爲左常侍、國子祭酒。"

諫議大夫

蕭倣。

崔罕。約是年遷給事中。

夏侯孜。自陝虢遷。《舊書》一七七本傳:"累遷婺、絳二郡刺史。入爲諫議大夫,轉給事中。(大中)十年改刑部侍郎。"按《刺考全編·都畿道》據《方鎮年表》繫其鎮陝虢在大中五年至七年,繫其刺絳約在大中三年至四年。則其遷大諫當在是年。

起居郎

劉某。是年或稍前卒。《金石録》一〇:"《唐起居郎劉君碑》,劉三復撰,柳公權正書……大中七年。"

左補闕

趙璘。《因話録》一:"大中七年冬,詔來年正月一日御含元殿受朝賀。璘時爲左補闕,請權御宣政殿。"《通鑑》二四九"大中七年":"冬十二月,左補闕趙璘請罷來年元會,止御宣政。"

左拾遺

盧吉(告)。蓋是年遷右補闕。

宣宗大中八年（八五四）

中書省

中書侍郎

令狐綯。兼户尚、平章事。

魏謩。以中郎、平章事判户部。十二月癸巳罷判户部。《宰相表》下：（大中八年）十二月癸巳，謩罷户部。

中書舍人

沈詢。秋冬以中舍權知貢舉。

蕭寘。五月遷户郎，仍充翰林學士。《壁記》：“（大中）八年五月十九日遷户部侍郎、知制誥，並依前充。

韋澳。《壁記》：“（大中）八年以十九日遷工部侍郎、知制誥，並前充（翰林學士）。”

杜審權。

韓琮。《方鎮年表》七嶺南東道大中八年紇干息；《東觀奏記》廣州節度使紇干息以貪猥聞，貶慶王府長史分司。制曰：“鐘陵問俗，澄清之化無聞；南海撫對，貪黷之聲何甚。”舍人韓琮之詞也。

李當。是年鎮湖南。《唐文續拾》六魏深《書李當事》：“公嘗自中書舍人乘廉車問俗湖南。”參《方鎮年表》六。

鄭顥。自給事中遷轉（下年十一月遷禮侍）。

右散騎常侍

高少逸。九月鎮陝虢。尋謫配恭陵。《通鑑》二四九“大中八年”：“秋九月丙戌，以右散騎常侍高少逸爲陝虢觀察使……謫配恭陵。”

右補闕

陳嘏。《會要》五〇《雜記》：“（大中）八年八月，敕改望仙臺爲文思院……是年，復命葺之，右補闕陳嘏抗論，立罷修營，遂改文思院。"

盧吉（告）。《舊書》一八下《宣宗紀》："（大中八年三月）宰相兼監修國史魏暮修成《文宗實錄》四十卷上之。修史官給事中盧耽、太常少卿蔣偕、司勳員外郎王渢、右補闕盧吉，頒賜銀器、錦彩有差。"按《舊書》一七六《魏暮傳》、《會要》六三《修國史》作盧告。又按，據《舊書》一七六《魏暮傳》，是年當遷他職。又按《新書》七三上《宰相世系表》三上盧氏：弘宣子告，字子有，左補闕。

裴衡。蓋是年始任（下年三月在任）。

右拾遺

牛業（叢）。《因話錄》一："其後宰臣因奏對，以遺補多闕，請更除八人。上曰：'諫官但要職業修舉，亦豈在多。只如張道符、牛業、趙璘輩三數人足矣，使朕聞所未聞。'"按《通鑑》作牛叢。當誤。牛叢是年自膳部員外遷司勳員外。

門下省

門下侍郎
崔鉉。兼右僕、平章事。

給事中
唐持。

鄭顥。是年遷中舍。

盧知宗。《墓誌彙編下（大中〇八三）·唐故滎陽鄭夫人墓誌》（卒於大中七年十二月廿四日，葬於八年二月廿九日）：給事郎、守國子監助教盧知宗撰并書。

崔罕。《墓誌彙編下（大中〇九〇）·曹州刺史崔罜墓誌》（卒於大中八年十一月，葬於九年二月；年六十八）："公（罜）以倅理殊績，合加寵異，詔徵膳部郎中。復歸南宮。時仲弟□（□爲罕，見大中八年給事中引）任諫議大夫，季弟準任主客郎中，接武彤庭，聯曹粉署……以其年（大中八年）十二月二日，號奉輀輿，歸于洛師。仲弟給事中罕，聞疾上陳，馳驅不及，哀覲於鄭之東郊。"

盧耽。《舊書》一八下《宣宗紀》。詳見右補闕盧吉引。按據《舊書》一七六《魏謩傳》,是年當改職。

鄭處誨。自職方員外遷。《舊書》一五八本傳:"(歷)尚書郎、給事中。"

左散騎常侍

封敖。自山南西道遷。《舊書》一六八本傳:"歷左散騎常侍。"封敖是年罷鎮山南西道。參《方鎮年表》四。

諫議大夫

蕭倣。

夏侯孜。

左補闕

趙璘。見下引。

左拾遺

張道符。《通鑑》二四九"大中八年":"二月,中書門下奏,拾遺、補闕闕員,請更增補,上曰:'諫官要在舉職,不必人多,如張道符、牛叢、趙麟輩數人,使朕日聞所未聞足矣。'"姑繫於此。按牛叢是年任膳部員外、司勳員外。按《因話錄》一作牛業。

宣宗大中九年（八五五）

中書省

中書侍郎

魏謩。《大詔令集》五一《魏謩監修國史等制》（大中九年九月七日）：銀青光禄大夫、守中書侍郎、兼禮部尚書、同中書門下平章事魏謩可守本官，監修國史。

裴休。自禮尚遷兼户尚，仍平章事。《宰相表》下：（大中九年）二月甲戌，裴休爲中書侍郎、兼户部尚書。《大詔令集》五一《魏謩監修國史等制》（大中九年九月七日）：金紫光禄大夫、中書侍郎、兼户部尚書、同中書門下平章事裴休可守本官，充集賢殿大學士。

中書舍人

沈詢。《因話録》六：“大中九年，沈詢侍郎以中書舍人知舉。”貢舉後遷禮侍。《舊書》一四九本傳：“詢歷清顯，中書舍人、翰林學士、禮部侍郎。”《嘉泰會稽志》二《太守》：“沈詢，大中九年九月自前禮部侍郎授。”《通鑑》二四九“大中九年”：“九月乙亥……以禮部侍郎沈詢爲浙東觀察使。”

杜審權。

鄭顥。《舊書》一八下《宣宗紀》：“（大中九年）十一月……以中書舍人鄭顥爲禮部侍郎。”

曹確。自庫部郎中遷。《壁記》：“（大中）九年閏四月六日拜中書舍人。依前充。”

李汶儒（淳儒）。《壁記》：“（大中）九年十月十二日拜中書舍人，依前充（翰林學士）。”

右諫議大夫

豆盧籍。當在任（下年十月在任）。

右補闕

陳碬。

裴衡。三月在任，見給事中張毅夫引。

門下省

門下侍郎

崔鉉。兼右僕、平章事。二月遷左僕，仍兼門郎、平章事。《大詔令集》
五三《崔鉉淮南節度平章事制》（大中九年八月）：光禄大夫、守尚書左僕射
兼門下侍郎、同中書門下平章事崔鉉可檢校尚書左僕射、同中書門下平章
事、兼揚州刺史、大都督府長史，充淮南節度副大使，知節度事。

令狐綯。自户尚遷，兼兵尚，仍平章事。《大詔令集》五一《魏謩監修國
史等制》（大中九年九月七日）：金紫光禄大夫、門下侍郎、兼兵部尚書、中書
門下平章事令狐綯可守本官，充太清宮使。按同卷《令狐綯弘文館大學士
制》：九月三十日令狐綯又以本官充弘文館大學士。

給事中

唐持。

崔罕。是年遷左常侍。

鄭處誨。

張毅夫。《墓誌彙編下（大中〇九六）・故成德軍節度使王元逵墓誌》：
“以大中八年十二月四日，棄邦國萬人而薨背，時年卅有三……其明歲二月
乙卯，册贈太師。三月一日，給事中張毅夫、副使右補闕裴衡，成禮於次，所
謂遵典故而旌大臣也。”

夏侯孜。自大諫轉。《舊書》一七七本傳：“入爲諫議大夫，轉給事中。
（大中）十年，改刑部侍郎。”據其履歷，姑繫於此。

左散騎常侍

封敖。

崔罕。自給事中遷，旋改京兆尹。《墓誌彙編下（乾符〇一九）・崔紹
墓誌》（卒於乾符四年，年四十四）：“府罷，故刑部侍郎韋用晦廉問陝郊，聆
府君之譽……遂奏爲安邑縣令。未幾，屬季父故宣州觀察使府君（按即崔

罕）自左散騎常侍出守甘棠，歲奏換同州白水令。"

諫議大夫

蕭倣。

夏侯孜。是年遷給事中。

左補闕

崔璞。内供奉。當在任（下年八月在任）。

左拾遺

張道符。當在任。參上年引。

宣宗大中十年（八五六）

中書省

中書侍郎

魏謩。以中郎、平章事兼禮尚。十月遷門郎兼户尚，仍平章事。

裴休。《全文》七六三沈珣《授裴休汴州節度使制》："金紫光禄大夫守中書侍郎兼户部尚書同中書門下平章事……裴休……可檢校户部尚書同中書門下平章事使持節汴州諸軍事行汴州刺史充宣武軍節度副大使知節度事。"《宰相表》下：（大中十年）十月戊子，休爲檢校户部尚書、同平章事、宣武節度使。

鄭朗。自工尚遷，兼禮尚，仍平章事。《宰相表》下：（大中十年）十月，鄭朗爲中書侍郎兼禮部尚書。

中書舍人

杜審權。《舊書》一八下《宣宗紀》："（大中十年）九月，以中書舍人杜審權知禮部貢舉。"

曹確。

李汶儒（淳儒）。

鄭憲。當在任（下年四月爲江南西道都團練處置等使）。

李藩。當在任（下年十月權知貢舉）。

右諫議大夫

豆盧籍。《舊書》一七二《令狐滈傳》："張雲言：'大中十年，綯以諫議大夫豆盧籍、刑部郎中李鄴爲夔王以下侍讀。'"《全文》八〇六張雲《復論令狐滈疏》："大中十年十月八日，敕：右諫議大夫豆盧籍、刑部郎中李業並以本官充夔王已下侍讀。"

右補闕

陳嘏。

裴衡。當在任(上年三月在任)。

右拾遺

鄭言。《新書》一六五《鄭朗傳》:"右拾遺鄭言者,故在幕府,朗以諫臣與輔相争得失,不論則廢職,奏徙它官。"

薛廷傑。當在任(下年九月在任)。

門下省

門下侍郎

令狐綯。兼兵尚、平章事。《宰相表》下:(大中十年)十月,綯爲尚書右僕射(仍門下侍郎、平章事)。

魏謩。自中郎兼禮尚遷門郎兼户尚,仍平章事。《宰相表》下:(大中十年)十月戊子,謩爲門下侍郎兼户部尚書。

給事中

唐持。

鄭處誨。五月丁丑稍後遷工侍。《舊書》一五八本傳:"(歷)尚書郎、給事中,累遷工部侍郎。"按接韋澳,澳於五月丁丑自工侍遷京兆尹。

張毅夫。是年當自是職(上年三月在任)出鎮江西。參《方鎮年表》五。

夏侯孜。是年遷刑侍。《舊書》一七七本傳:"轉給事中。(大中)十年改刑部侍郎。"

裴寅。《西市博物館藏墓誌(四三四)·唐故光禄卿贈右散騎常侍蕭府君(償)墓誌銘》:誌主卒於大中十年七月,葬於十月。撰銘署:朝議大夫、守給事中、上柱國裴寅撰。

蕭倣。約是年自大諫遷。《舊書》一七二本傳:"大中朝,歷諫議大夫、給事中。咸通初,遷左散騎常侍。"

左散騎常侍

封敖。

諫議大夫

蕭倣。約是年遷給事中。

起居郎

王凝。十二月自淮南判官遷。《司空表聖文集箋校》七《唐故宣州觀察使檢校禮部王公(凝)行狀》:"轉殿中侍御史。崔魏公撫淮甸,奏爲節度判官……崔太保慎由浙西又拜徵左史。"按崔慎由是年十二月罷鎮浙西,以工尚入相。

左補闕

崔璞。内供奉。《西市博物館藏墓誌(四三六)·唐故隴西李夫人墓誌銘》:誌主卒於大中十年八月,葬於十月。撰銘署:徵事郎、左補闕内供奉、雲騎尉崔璞撰。

宣宗大中十一年(八五七)

中書省

中書侍郎

鄭朗。十月壬申爲太子太師(《舊紀》作少師)。《舊書》一八下《宣宗紀》:"(大中十一年壬申)制通議大夫、守中書侍郎、禮部尚書、同平章事、監修國史、上柱國、賜紫金魚袋鄭朗可檢校尚書右僕射、兼太子少師。"《通鑑》二四九載於十月壬申,云太子太師。

崔慎由。十一月己未自工尚遷,仍平章事,兼禮尚。《宰相表》下:(大中十一年)十一月己未慎由爲中書侍郎;吏部尚書鄴爲工部尚書。《舊書》一八下《宣宗紀》:"(大中十一年十一月)宰相崔慎由爲中書侍郎、兼禮部尚書。"

中書舍人

杜審權。《舊書》一七七本傳:"(大中)十一年,選士三十人,後多至達官。正拜禮部侍郎。其年冬,出爲陝州大都督長史、陝虢都團練觀察使。"

曹確。《舊書》一八下《宣宗紀》:"(大中十一年八月)以翰林學士、朝散大夫、中書舍人、賜紫金魚袋曹確權知河南尹。"

李汶儒(淳儒)。《壁記》:大中十一年正月五日守本官(中書舍人)出院。

鄭憲。《舊書》一八下《宣宗紀》:"(大中十一年四月)以中書舍人鄭憲爲洪州刺史、御史中丞、江南西道都團練觀察處置等使,仍賜紫金魚袋。"

李藩。《舊書》一八下《宣宗紀》:"(大中十一年十月)以中書舍人李藩權知禮部貢院。"

裴坦。自職方郎中遷。《舊書》一八下《宣宗紀》:"(大中十一年)四月,以職方郎中、知制誥裴坦爲中書舍人。"

右諫議大夫

豆盧籍。當在任（上年在任）。

右補闕

陳嘏。《舊書》一八下《宣宗紀》：“（大中十一年九月）右補闕陳嘏、左拾遺王譜、右拾遺薛廷傑上疏諫遣中使往羅浮山迎軒轅先生。”又見《會要》五〇《雜記》。

右拾遺

薛廷傑。見右補闕陳嘏引。

門下省

門下侍郎

令狐綯。兼右僕、同平章事。《墓誌續編（咸通〇九九，按當爲大中時）·孫簡墓誌》（卒於大中十一年七月，葬於十二月）：從表姪金紫光禄大夫、守□□（按當爲尚書）右僕射、兼門下侍郎、同平章事、充太清宫使、弘文館大學士、上柱國、彭城縣開國男、食邑三百户令狐綯撰。

魏謩。兼户尚。二月鎮西川。《舊書》一八下《宣宗紀》：“（大中十一年二月）以銀青光禄大夫、守門下侍郎、兼户部尚書、同平章事、監修國史、上柱國魏謩檢校户部尚書、同平章事，兼成都尹，充劍南西川節度副大使、知節度事。”

給事中

唐持。《舊書》一九〇下本傳：“大中末，檢校左散騎常侍、靈州大都督府長史、朔方節度使、靈武六城轉運等使。”參《方鎮年表》一。《刺考全編·關内道》。

蕭倣。

衛洙。當在任（下年二月爲工侍）。

左散騎常侍

封敖。八月爲太常卿。《舊書》一六八本傳：“（大中）十一年，拜太常卿。”按《舊書》一八下《宣宗紀》：“（大中十一年八月）以銀青光禄大夫、守（左）散騎常侍，上柱國、渤海郡開國伯、食邑七百户封敖爲太常卿。”

高少逸。十月自華刺遷。《舊書》一八下《宣宗紀》：“（大中十一年十月）以華州刺史高少逸爲左散騎常侍。”

諫議大夫

李紃。當在任（下年正月在任）。

起居郎

王凝。是年遷禮部員外。《司空表聖文集箋校》七《唐故宣州觀察使檢校禮部王公（凝）行狀》：“崔太保慎由浙西又拜徵左史，而大夸得人之盛。遷禮部員外。”

左補闕

崔璞。當在任（上年八月在任）。

左拾遺

王譜。九月諫往羅浮山迎軒轅先生，見右補闕陳嘏引。

孫瑝。是年任。《墓誌續編（咸通〇八九）·孫瑝墓誌》：“宣宗皇帝朝，崔丞相慎由方樞造物，權望壓天下，凡所登用，拟第一流，因起公爲小諫。”按崔慎由上年十二月入相，下年二月出鎮東川。小諫即拾遺。

宣宗大中十二年（八五八）

中書省

中書侍郎

崔慎由。以中郎、平章事兼禮尚，二月鎮東川。《宰相表》下：（大中十二年）二月壬申，慎由罷爲檢校禮部尚書、劍南東川節度使。

蕭鄴。自工尚遷，仍平章事。《宰相表》下：（大中十二年）四月己酉，鄴爲中書侍郎、兼禮部尚書。

中書舍人

李藩。知貢舉。二月爲户侍。《舊書》一八下《宣宗紀》：“（大中十二年二月）以朝議大夫、守中書舍人、權知禮部貢舉、上柱國、賜紫金魚袋李藩爲尚書户部侍郎。”

裴坦。

楊知温。《壁記》：“（大中）十二年五月十二日三殿召對賜紫。十一月拜中書舍人，依前充（翰林學士）。”

孔温裕。正月自司勳郎中遷，八月除河南尹。《舊書》一八下《宣宗紀》：“（大中十二年正月）以翰林學士、朝議郎、守尚書司勳郎中、知制誥、賜緋魚袋孔温裕爲中書舍人，充職。”《壁記》：“（大中）十二年正月十六日遷中書舍人，其年八月三十日，除河南尹，出院。”

于德孫。自工部郎中遷。《舊書》一八下《宣宗紀》：“（大中十二年二月）以工部郎中、知制誥于德孫，庫部郎中、知制誥苗恪，並可中書舍人，依前翰林學士。”

苗恪。二月自庫部郎中遷，仍充翰林學士。見上引。

皇甫珪。《壁記》：“（大中）十二年八月十二日拜中書舍人，依前充（翰林學士）。”

右補闕

陳嘏。當在任（上年九月在任）。

右拾遺

薛廷傑。當在任（上年九月在任）。

李眤。《壁記》："大中十二年十二月二十四日自權知右拾遺內供奉充。"

門下省

門下侍郎

令狐綯。兼右僕。是年改左僕，仍兼門郎、平章事。《宰相表》下：（大中十二年）十一月己未，綯爲尚書左僕射。

給事中

蕭倣。《通鑑》二四九"大中十二年"："（五月）以右金吾大將軍李燧爲嶺南節度使，已命中使賜之節，給事中蕭倣封還制書。上方奏樂，不暇別召中使，使優人追之，節及燧門而返。"

衛洙。二月遷工侍。《舊書》一八下《宣宗紀》："（大中十二年二月）以銀青光禄大夫、行給事中、駙馬都尉衛洙爲工部侍郎。"

鄭裔綽。當在任（下年貶刺商州）。

鄭公輿。當在任（下年在任）。

崔準。自湖州刺史遷。《嘉泰吴興志》："崔準，大中十一年四月自刑部郎中拜；除給事中。"按是年蕭峴出刺湖州。同書："蕭峴，大中十二年十一月自户部郎中授。"按蕭峴接崔準任。

左散騎常侍

高少逸。

諫議大夫

鄭漳。《新書》八二《通王滋傳》："帝初詔鄆王居十六宅，餘五王處大明宮內院，以諫議大夫鄭漳、兵部郎中李鄴爲侍讀。"《會要》二六《侍讀》："大中十二年四月，以諫議大夫鄭漳（原誤作覃）、兵部郎中李鄴爲鄆王侍讀，居十六宅。"按《舊書》一七三本傳："會昌二年，守司徒致仕，卒。"《新書》一六五本傳："武宗初，李德裕復用，欲援覃共政，固辭，乃授司空，致仕，卒。"知會昌二年後不久鄭覃即卒。《會要》誤書。又《全文》七九一盧恕《楚州新修吳太宰伍相神廟記》："大中十歲四月十八日，上以山陽薦災，當寧憂軫曰：'非朝之顯德清望有才者，不可分吾憂子眾姓。'於是詔兵部郎中滎陽公守郡……洎詔徵公爲左諫議大夫，釋符之日，恕蒙公付以留務，行及祠前，顧謂恕曰：'有事或誠存太宰，其應也如響，今去，能無感焉！君爲我編其修建之由。'恕謹奉教，一無僞飾……大中十二年七月十一日記。"鄭某當是鄭漳。

李紉。《墓誌彙編下（大中一三七）·楊松年墓誌》（卒於大中十二年正月，葬於二月）：朝議大夫、守左諫議大夫、上柱國李紉撰。

左補闕

嚴祁。《壁記》："大中十二年五月二十一日自左補闕內供奉充。九月十二日加駕部員外郎。"

左拾遺

王譜。

孫瑝。是年遷殿侍御。《墓誌續編（咸通〇八九）·孫瑝墓誌》："宣宗皇帝朝，崔丞相慎由方樞造物，權望壓天下，凡所登用，擬第一流，因起公爲小諫……未幾，御史中丞李公磧始提憲印，風稜大張，欲其望者，輝我寮伍，遂寮爲殿內。"

宣宗大中十三年（八五九）

中書省

中書令

何弘敬。《通鑑》二四九"大中十三年"："九月……加魏博節度使何弘敬兼中書令。"

中書侍郎

蕭鄴。兼禮尚。《全文》八二《命皇太子即位册文》："維大中十三年歲次己卯八月甲申朔十三日丙申……宜令攝中書令、中書侍郎、兼禮部尚書、平章事蕭鄴奉册，即皇帝位。"八月癸卯爲門郎兼兵尚，仍平章事。

蔣伸。八月癸卯自兵侍遷，仍平章事。《宰相表》下：（大中十三年）三月甲戌，伸罷户部。八月癸卯（蕭）鄴爲門下侍郎，伸爲中書侍郎，並兼兵部尚書。

夏侯孜。自工尚遷中郎兼刑尚。《宰相表》下：（大中十三年）八月癸卯，孜爲中書侍郎、兼刑部尚書。

中書舍人

裴坦。《舊書》一九上《宣宗紀》："（大中十三年十月）以中書舍人裴坦權知禮部貢舉。"

楊知温。《壁記》："（大中）十三年九月十三日召對，賜紫。"

于德孫。《壁記》："（大中）十三年四月二十九日授御史中丞，出院。"

苗恪。《壁記》：大中十三年八月二十九日遷户部侍郎、知制誥，十二月加承旨。

皇甫珪。《壁記》："（大中十三年）十一月遷工部侍郎、知制誥，依前充（翰林學士）。"

衛洙。大中十三年十一月或稍前自工侍遷。按工侍一員，十一月皇甫珪遷任。又，下年衛洙在是職任。故繫於此。

薛耽。當在任（下年權知貢舉）。

鄭從讜。當在任。《舊書》一五八本傳：“會昌二年進士第。釋褐秘書省校書郎，歷拾遺、補闕、尚書郎、知制誥……尋遷中書舍人。”按令狐綯大中四年十月至十三年十二月爲宰相。

右諫議大夫

李朋。八月或稍後自晉州刺史遷。《西市博物館藏墓誌（四五〇）·李朋墓誌》：“今上（按即懿宗）嗣位，聽政之初，制以公爲右諫議大夫。”懿宗八月嗣位。

右補闕

王諝。約是年自左拾遺遷（下年貶陽翟令）。

右拾遺

李眠。充翰林學士。

高璩。《壁記》：“大中十三年四月二十三日自右拾遺內供奉充……十一月三日特恩遷起居郎、知制誥，依前充。”按《新書》一七七本傳云以左拾遺充翰林學士。未云何時。

門下省

門下侍郎

令狐綯。兼左僕、同平章事。十月爲司空，仍門郎、平章事。十二月丁酉出鎮河中。《舊書》一八下《宣宗紀》：“（大中十三年）詔門下侍郎、平章事令狐綯攝冢宰。”一九上《懿宗紀》：“（大中十三年）十月癸未，制以門下侍郎、守左僕射、同平章事令狐綯守司空。”《宰相表》下：（大中十三年）十二月丁酉檢校司徒同平章事、河中節度使。

蕭鄴。《宰相表》下：（大中十三年）八月癸卯，鄴爲門下侍郎、（蔣）伸爲中書侍郎，並兼兵部尚書。《舊書》一九上《宣宗紀》：“（大中十三年十月）門下侍郎、兵部尚書、同平章事蕭鄴兼尚書右僕射。”《通鑑》二四九“大中十三年”：“十一月戊午，以門下侍郎、同平章事蕭鄴同平章事，充荊南節度使。”

白敏中。十二月丁酉自荊南遷，兼司徒入相。《新書》九《懿宗紀》：“（大中十三年十二月丁酉）荊南節度使白敏中爲司徒，兼門下侍郎、同中書門下平章事。"

給事中

蕭倣。是年鎮嶺南東道。《新書》一〇一本傳："自集賢學士拜嶺南節度使。"參《方鎮年表》七。

鄭裔綽。是年貶商刺。《新書》一六五本傳："遷給事中,楊漢公爲荊南節度使,坐貪沓,貶秘書監,尋拜同州刺史,裔綽與鄭公輿封還制書……翌日,貶(裔綽)商州刺史。"又見《新書》一七五本《楊漢公傳》。《東觀奏記》中:"大中十三年,漢公除同州刺史,給事中鄭公輿、裔綽三駁還制書……翌日,裔綽貶商州刺史。"

鄭公輿。見上鄭裔綽引。

崔準。當在任(上年始任)。

左散騎常侍

高少逸。約是年致仕。《新書》一七七本傳："出爲陝虢觀察使……以兵部尚書致仕,卒。"《舊書》一七一本傳:"大中初,檢校禮部尚書、華州刺史、潼關防禦、鎮國軍使。入爲左散騎常侍、工部尚書,卒。"按《郎表》四據《舊傳》繫於約大中二、三年由左常侍遷工尚。而《方鎮年表》四、《刺考全編·京畿道》均云大中十一年罷鎮陝虢。兹暫從《方鎮年表》及《刺史考》,而不繫任職工尚。

李當。蓋是年任。《唐文續拾》六魏深《書李當事》:"公嘗自中書舍人乘廉車問俗湖南。他日,宣皇帝注意急徵,值公南風中足,不克見。久之,乃有金貂之拜。"按大中八年至十年鎮湖南。參《方鎮年表》六。

諫議大夫

牛蔚。約是年自吏部郎中遷。《舊書》一七二本傳:"復爲吏部郎中,兼史館修撰。遷左諫議大夫。咸通中,爲給事中。"

崔瑄。當在任(下年在任)。

起居郎

高璩。十一月自右拾遺遷。《壁記》:"大中十三年四月二十三日自右拾遺內供奉充,其年九月三十日召對,賜緋。十一月三日特恩遷起居郎、知制誥,依前充。"

李璋。約是年自侍御史遷(下年九月在任)見下年引。

左拾遺

王譜。約是年遷右補闕。

于琮。自秘書省校書郎遷。《通鑑》二四九“大中十三年”：“夏四月辛卯，以校書郎于琮爲左拾遺内供奉。”按《舊書》一八下《宣宗紀》云右拾遺。

懿宗咸通元年（八六〇）

中書省

中書令

何弘敬。兼魏博節度使。

白敏中。《新書》九《懿宗紀》：“大中十四年（十一月改元咸通）九月戊申，白敏中爲中書令。”《通鑑》二五〇“咸通元年”：“九月，白敏中五上表辭位；辛亥，以敏中爲司徒、中書令。”

中書侍郎

蔣伸。兼工尚。九月兼刑尚，仍中郎、平章事。《宰相表》下：（咸通元年）九月癸酉，伸兼刑部尚書。

夏侯孜。是年遷門郎兼兵尚，仍平章事。

杜審權。自兵侍遷。《宰相表》下：（大中十四年，按十一月改元咸通）九月，審權爲中書侍郎兼工部尚書。

中書舍人

裴坦。知貢舉。見《登科記考補正》二二。放榜後遷禮侍（按下年自禮侍出鎮江西）。

楊知温。《壁記》：“（大中）十四年十月拜工部侍郎、知制誥，依前遷充（翰林學士）。”按大中十四年即咸通元年（十一月改元）。

衛洙。

薛耽。十一月權知貢舉。《舊書》一九上《懿宗紀》：“（咸通元年十一月丁未）以中書舍人薛耽權知貢舉。”

鄭從讜。《新書》一六五本傳：“遷累左補闕……令狐綯、魏扶皆瀚門生，數進譽之。遷中書舍人。”按鄭瀚爲其父。

主書

唐思禮。蓋是年任。《墓誌續編（咸通〇七八）·唐思禮墓誌》（卒於咸通十二年六月，年五十二）："年卅六釋褐，授録事京兆府。歲滿日，我主人方幹運玄化，變贊瑤圖，奏授主書紫微署。"據其卒年及享年推，今年四十歲。

右諫議大夫

李朋。是年轉給事中。

高璩。十月自起居郎遷。《壁記》："（大中）十四年十月六日特恩拜右諫議大夫、依充（翰林學士）。"按十一月改元咸通。

右補闕

王譜。四月己酉貶陽翟令。《新書》一一九《白敏中傳》："懿宗立，召拜（敏中）司徒、門下侍郎，還平章事。數月足病不任謁，固求避位；不許，中使者勞問，俾對別殿，毋拜。右補闕王譜奏言：'敏中病四月，陛下坐朝，與他宰相語不到三刻，安暇論天下事？ 願聽其請，無使有持寵曠貴之譏。'書聞，帝怒，斥譜陽翟令。"《通鑑》二五〇"咸通元年"載於四月己酉貶。

李覬。自右拾遺遷。《壁記》："（大中）十四年五月十二日召對賜紫，加右補闕。"按十一月改元咸通。

右拾遺

李覬。五月十二日遷右補闕。

劉鄴。《舊書》一九上《懿宗紀》："大中十四年（十一月改元咸通）二月……以右拾遺劉鄴充翰林學士。"《通鑑》二五〇"咸通元年"："（九月）右拾遺句容劉鄴上言。"一作左拾遺。姑兩存之。

薛調。內供奉。《通鑑》二五〇"咸通元年"："（五月）壬申，右拾遺內供奉薛調上言。"

門下省

門下侍郎

白敏中。《大詔令集》五一《白敏中弘文館大學士等制》（大中十四年正月十六日）：特進、守司徒、兼門下侍郎、同中書門下平章事白敏中可兼充太清宮使、弘文館大學士。《宰相表》下：（大中十四年，按十一月改元咸通）九月戊申兼中書令。

　　夏侯孜。自中郎遷。《會要》二《帝號》下：“（宣宗）大中十四年（十一月改元咸通）二月庚辰葬貞陵……哀册文，門下侍郎、平章事夏侯孜撰。”《宰相表》下：（大中十四年，按十一月改元咸通）九月癸酉、孜爲門下侍郎兼兵部尚書……十月己亥，孜爲檢校尚書右僕射、同平章事、劍南西川節度使。

給事中

　　鄭公輿。是年當貶職。《新書》一一九《白敏中傳》：“懿宗立，召拜（敏中）司徒、門下侍郎，還平章事。數月足病不任謁。固求避位；不許……右補闕王譜奏言：‘敏中病四月，陛下坐朝，與他宰相語不到三刻，安暇論天下事？願聽其請，無使有持寵曠貴之譏。’書聞，帝怒，斥譜陽翟令。給事中鄭公輿申求，不聽。”又見《通鑑》二五○“咸通元年四月”條，按《東觀奏記》卷中載此事於大中十三年，疑誤。

　　李朋。自右大諫遷。《西市博物館藏墓誌（四五○）·李朋墓誌》：“到闕，加知匭使，獻章恭直，無所一避。乃轉給事中。”

左散騎常侍

　　李當。

　　蕭倣。自嶺南東道節度使遷。《舊書》一七二本傳：“大中朝，歷諫議大夫、給事中。咸通初，遷左散騎常侍。”明《廣東志》：蔣之奇《廣州十賢贊》：節度嶺南，來自集賢。珍賄叢夥，不以入門……咸通之初，散騎常侍。按，上年蕭倣自集賢學士出鎮嶺南。見《新書》一○一本傳。參《方鎮年表》七。

諫議大夫

　　牛蔚。

　　崔瑄。《舊書》一七二《令狐滈傳》：是年鄭義、魏籌、令狐滈及第，皆名臣，無實才，諫議大夫崔瑄上疏論之。《元龜》六五一《謬濫》：“（大中）十四年（十一月改元咸通），中書舍人裴坦知貢舉，奏放進士三十人。考試官、庫部員外郎崔劭言放宏詞登科一人。時舉子尤盛，進士過千人，然中第者皆衣冠士子……諫議大夫崔瑄上疏：‘……伏請下御史臺，仔細推勘納卷及取解月日聞奏。臣職當諫署，分合上聞。’”《全文》八○六錄崔瑄《論令狐滈及第疏》。

李蟾。約是年自左司郎中遷。《金石萃編》八〇《李蟾（華嶽）祈雪題名》：左諫議大夫、賜緋魚袋李蟾，咸通元年十二月廿九日奉恩命祈雪。

起居郎

高璩。十月遷右大諫。

張雲。當在任（《舊傳》云下年貶興元少尹）。

李璋。九月後在任。見下年引。

左拾遺

于琮。內供奉。當在任（上年四月始任）。

劉鄴。《舊書》一七七本傳：“咸通初，劉瞻、高璩居要職，以故人子薦爲左拾遺，召充翰林學士。”《會要》五七《翰林院》：“（大中）十四年（十一月改元咸通）三月，敕左拾遺劉鄴充翰林學士。”《壁記》：“大中十四年十月十二日自左拾遺充。”按是年十一月改元咸通。按一作右拾遺。《舊書》一九上《懿宗紀》：“（大中十四年，按十一月改元咸通）二月……以右拾遺劉鄴充翰林學士。”《通鑑》二五〇“咸通十年”：“（九月）右拾遺句容劉鄴上言……”姑兩存之。

劉蛻。當在任（《舊傳》云下年貶華陰令）。

懿宗咸通二年(八六一)

中書省

中書令

何弘敬。兼魏博節度使。

白敏中。《通鑑》二五〇"咸通二年":"二月以中書令白敏中兼中書令、充鳳翔節度使。"按《舊傳》云咸通三年罷相,爲河中尹、河中晉絳節度使,累遷中令。當誤。

中書侍郎

蔣伸。兼判刑尚、平章事。九月罷知政事。《舊書》一九上《懿宗紀》:"(咸通二年)九月……蔣伸罷知政事。"

杜審權。兼工尚、平章事。《金石録補》二一:"《唐主簿范隋告》……四行云咸通二年六月十一日。後三行低六字平列檢校司徒、兼中書令使爲一行,中書侍郎、兼工部尚書平章事臣杜審權宣奉爲一行。"

中書舍人

衛洙。八月遷工侍。《舊書》一九上《懿宗紀》:"(咸通二年)八月,以中書舍人衛洙爲工部侍郎。尋改……義成軍節度使。"

薛耽。知貢舉。見《登科記考補正》二三。

鄭從讜。秋冬權知貢舉。

嚴祁。自庫部郎中遷。《壁記》:"咸通二年四月改中書舍人,出院。"

李蔚。約是年自考功郎中遷。《舊書》一七八本傳:"大中七年以(考功)員外郎知臺雜,尋知制誥。轉郎中,正拜中書舍人。"

主書

唐思禮。是年爲遂州司馬。《墓誌續編(咸通〇七八)·唐思禮墓誌》(卒於咸通十二年六月,年五十二):"年卅六釋褐,授録事京兆府。歲滿日,我主人方斡運玄化，變贊瑶圖，奏授主書紫微署。來年，遷遂州都督府司馬，直書東觀。"

右諫議大夫

高璩。《壁記》："咸通二年七月十九日加承旨。八月七日遷工部侍郎，依前充（承旨）。"

右補闕

李覘。三月轉左補闕。

右拾遺

薛調。

趙騭。《壁記》："咸通二年八月六日自右拾遺充。"

起居舍人

劉鄴。自左拾遺遷。《壁記》："咸通二年九月二十七日遷起居舍人，依前充。"

門下省

侍中

白敏中。《金石萃編》一一七《將仕郎權知幽州良鄉縣主簿范隋》，右可柱國。檢校司徒兼侍中使（白敏中），右僕射兼門下侍郎平章事悰，給事中渢，告將仕郎、前權知幽州良鄉縣主簿、柱國范隋奉敕如右，符到奉行。咸通二年六月□日下。

門下侍郎

杜悰。二月以左僕兼、同平章事。《新書》九《懿宗紀》："（咸通二年）二月……尚書左僕射、判度支杜悰兼門下侍郎、同中書門下平章事。"又見《通鑑》二五〇"咸通二年"。《金石錄補》二一："《唐主簿范隋告》……四行云咸通二年六月十一日……行左僕射見門下侍郎平章事悰爲一行。"按《舊書》一九上《懿宗紀》云上年二月。誤。

給事中

李朋。

（王）渢。《金石萃編》一一七《將仕郎權知幽州良鄉縣主簿范隋》，右可柱國。咸通二年六月十二日，檢校司徒兼侍中使（相），右僕射兼門下侍郎平章事悰，給事中渢，告將仕郎、前權知幽州良鄉縣主簿、柱國范隋奉敕如右，符到奉行。按當是王渢，咸通七年爲户侍。

牛蔚。約是年自左大諫遷。《舊書》一七二本傳：“遷左諫議大夫。咸通中，爲給事中。”

左散騎常侍

李當。

蕭倣。《會要》四八《議釋教》下：“咸通二年，上以志奉釋氏，怠於朝政，左散騎常侍蕭倣上疏論之。”冬以是職知吏部銓事。

諫議大夫

牛蔚。約是年遷給事中。

崔瑄。當在任（上年在任）。

李蠙。

起居郎

張雲。當在任。《舊書》一七二《令狐滈傳》：“咸通二年，（滈）遷右拾遺、史館修撰。制出，左拾遺劉蛻、起居郎張雲，各上疏極論滈云……懿宗重傷大臣意，貶雲爲興元少尹，蛻爲華陰令，改滈詹事府司直。”《全文》八〇六錄張雲《論令狐滈不宜爲左拾遺疏》《復論令狐滈疏》。按《舊紀》云咸通四年。

李璋。《墓誌彙編下（咸通〇一四）・盧夫人墓誌》（卒於咸通二年九月廿七日，葬於三年正月十六日）：夫朝議郎、行起居郎李璋撰。

左補闕

李眈。自右補闕轉。《壁記》：“咸通二年三月十一日加左補闕，依前充。”

左拾遺

劉鄴。咸通二年九月遷起居舍人。

劉蛻。見起居郎張雲引。

懿宗咸通三年(八六二)

中書省

中書令

何弘敬。兼魏博節度使。

白敏中。兼鳳翔節度使。

中書侍郎

蔣伸。《宰相表》下：(咸通三年)正月己酉，伸檢校兵部尚書、同平章事、河中節度使。

杜審權。兼工尚、平章事。二月庚子遷門郎兼吏尚。仍平章事。

畢諴。自禮尚遷。《宰相表》下：(咸通三年)二月庚子諴爲中書侍郎兼兵部尚書。《集古録目》五：“《唐白敏中碑》，中書侍郎平章事畢諴撰，中書舍人王鐸書⋯⋯碑以咸通三年立在下邽縣。”

中書舍人

薛耽。是年鎮東川。《新書》七三下《宰相世系》三下“薛氏西祖興”：“耽字敬交，東川節度使。”《方鎮年表》六繫於是年即咸通三年。

鄭從讜。知貢舉後遷禮侍。《舊書》一五八本傳：“咸通三年，知貢舉，拜禮部侍郎。”見《登科記考補正》二三。

李蔚。

楊收。自庫部郎中遷。尋遷兵侍。《壁記》：“咸通三年二月二十日特恩遷中書舍人充。九月二十三日加承旨。其月二十六日遷兵部侍郎充，兼知制誥。”

王鐸。自駕部郎中遷。《舊書》一九上《懿宗紀》：“(咸通三年)五月⋯⋯駕部郎中、知制誥王鐸爲中書舍人。”

劉鄴。自兵部員外遷，仍充翰林學士。《壁記》：“(咸通)三年二月二十一日加兵部員外郎、知制誥,依前充,七月二十九日召對賜紫,十一月八日遷中書舍人充。”

右補闕

獨孤霖。《壁記》:“咸通三年九月二十七日自右補闕賜緋入(翰林學士)。”

右拾遺

趙騭。二月遷起居舍人。

起居舍人

劉鄴。咸通三年二月遷兵部員外,十一月遷中舍。

趙騭。自右拾遺遷。《壁記》:“(咸通)三年二月二十日遷起居舍人。”

李覘。自職方員外遷。《壁記》:“(咸通)三年二月二十(自左補闕)加職方員外郎、知制誥充,九月十四日遷起居舍人。”

門下省

門下侍郎

杜悰。《新書》九《懿宗紀》:“(咸通三年)二月庚子,杜悰爲司空。”

杜審權。自中郎兼工尚、平章事遷門郎兼吏尚,仍平章事。《宰相表》下:(咸通三年)二月庚子,審權爲門下侍郎、兼吏部尚書。

夏侯孜。《新書》九《懿宗紀》:“(咸通三年七月)劍南西川節度使夏侯孜爲尚書左僕射,兼門下侍郎、同中書門下平章事。”

給事中

牛蔚。

李朋。是年遷工侍。《西市博物館藏墓誌(四五〇)·李朋墓誌》:“轉給事中……徊翔歲深,論駁政舉,由是擢拜工部侍郎。”

李湯。《舊五代史》一〇八《李鏻傳》:“伯父湯咸通中爲給事中,懿宗除乳母楚國夫人墦爲夏州刺史,湯封還制書。”《刺考全編·關內道》繫楚國夫人墦約咸通三年刺夏州。按,乾符中有李湯任給事中,不知是一人否?

左散騎常侍

李當。當在任。

蕭倣。十二月以左常侍權知吏侍，旋改禮侍權知貢舉，仍兼左常侍。參見下年引。

趙格。《大詔令集》三四《册魏王侑文》：“維咸通三年……今遣使門下侍郎兼吏部尚書平章事杜悰、副使左散騎常侍趙格等持節策（當爲册）爾爲魏王。”

李苟。當在任（下年二月鎮義成軍）。

諫議大夫

李蠙。蓋是年遷戶侍（下年三月自戶侍出鎮昭義軍）。

起居郎

李璋。是年當改職（正月尚在任）。見上年引。

張雲。

劉允章。《壁記》：“咸通三年九月二十七日自起居郎入。”

左補闕

李眈。三月二十日遷職方員外，九月十四日又遷起居舍人。見前引《壁記》。

左拾遺

劉蛻。

懿宗咸通四年(八六三)

中書省

中書令

何弘敬。兼魏博節度使。

白敏中。兼鳳翔節度使。《新書》一一九本傳："出爲鳳翔節度使。三奏願歸守墳墓,除東都留守,不敢拜,許以太傅致仕。詔書未至,卒。"參《方鎮年表》一。按《寶刻叢編》一〇引《集古録目》:"《唐贈太尉白敏中碑》,唐中書侍郎、平章事畢諴撰,中書舍人王鐸書……碑以咸通三年立,在下邽。"按三年當是五年之誤。

中書侍郎

畢諴。兼兵尚。四月罷相,守兵尚;十一月出鎮河中。《宰相表》下:(咸通四年)四月癸巳,諴罷爲兵部尚書。《舊書》一九上《懿宗紀》:"(咸通四年十一月)以中書侍郎、平章事畢諴檢校吏部尚書、河中尹、晉絳慈隰節度使。"

楊收。自兵侍遷。《宰相表》下:(咸通四年)十月,收爲中書侍郎。

中書舍人

李蔚。

王鐸。《舊書》一九上《懿宗紀》:"(咸通四年十一月)以中書舍人王鐸權知禮部貢舉。"

劉鄴。

宇文瓚。《唐摭言》一四《主司失意》:"咸通四年,蕭仿(倣)雜文榜中,數人有故,放榜後發覺,責授蘄州刺史主司(按主司疑是衍文)……中書舍人知制誥宇文瓚制敕:'……中散大夫、守左散騎常侍、權知禮部貢舉……蕭仿(倣)……可守蘄州刺史,散官勳賜如故。'"

路巖。《壁記》:"(咸通)四年正月九日遷中書舍人……九月十八日遷户部侍郎、知制誥。”

王凝。約是年自考功郎中遷。《舊書》一六五本傳：“換考功郎中，遷中書舍人，時政不協，出爲同州刺史。”按下年自是職刺同州。

楊嚴。當在任（下年九月自是職出鎮浙東）。

右補闕

獨孤霖。《墓誌續編（咸通〇一五）·大唐故贈平原長公主墓誌銘》（卒於咸通三年十二月，葬於四年四月）：翰林學士、朝議郎、行右補闕、賜緋魚袋臣獨孤霖奉敕撰。閏六月遷司勳員外，依舊充。《壁記》：“（咸通）四年閏六月十九日特恩加司勳員外郎充。十二月二十一日加知制誥。”

李瓚。《壁記》：“咸通四年四月七日自荆南節度判官、檢校禮部員外郎、賜緋充。其月十日遷右補闕內供奉充，九月十八日加駕部員外郎充。十二月二十八日加知制誥。”

起居舍人

趙騭。八月遷兵部員外。《舊書》一七八本傳：“咸通初，以兵部員外郎知制誥。”《壁記》：“（咸通）四年八月七日改兵部員外郎，特恩知制誥。”

門下省

門下侍郎

杜悰。閏六月鎮鳳翔。《通鑑》二五〇“咸通四年”：“閏（六）月，以門下侍郎、同平章事杜悰同平章事，充鳳翔節度使。”按《宰相表》下云上年二月杜悰守司空，十月爲司徒。

杜審權。兼吏尚、平章事。五月鎮浙西。《宰相表》下：（咸通四年）五月戊子，審權檢校吏部尚書、同平章事、鎮海軍節度使。

夏侯孜。兼左僕。

曹確。《元龜》三二二《出鎮》：“曹確，咸通四年十一月以兵部侍郎、平章事加門下侍郎兼户部尚書。”

給事中

牛蔚。約是年遷户侍。《舊書》一七二本傳：“咸通中爲給事中。延英謝日，面賜金紫。蔚封駁無避，帝嘉之。逾歲，遷户部侍郎。”按《郎表》三列於咸通末。似未確。

左散騎常侍

李當。蓋是年遷户侍。《唐文續拾》六魏深《書李當事》："公嘗自中書舍人乘廉車問俗湖南……久之,乃有金貂之拜。洎足力如常,除户部侍郎。"

蕭倣。以左常侍權知禮部貢舉。二月貶蘄州。《唐摭言》一四《主司失意》："咸通四年,蕭仿(倣)雜文榜中,數人有故,放榜後發覺,責授蘄州刺史主司(按主司疑是衍文)……中書舍人知制誥宇文瓚制敕:'……中散大夫、守左散騎常侍、權知禮部貢舉……蕭仿(倣)……可守蘄州刺史,散官勳賜如故。'"

李荀。二月鎮義成軍。《舊書》一九上《懿宗紀》:"(咸通四年)二月,以左散騎常侍李荀檢校工部尚書、滑州刺史、義成軍節度、鄭滑觀察等使。"

諫議大夫

裴坦。自江西觀察遷。《北夢瑣言》一《再興釋教》:"懿宗即位,唯以崇佛為事。相國蕭倣、裴坦時為常侍、諫議,上疏極諫。"按二月十三日左常侍、兼禮部侍郎蕭倣貶蘄州,則坦是年初既任諫議大夫。《方鎮年表》五列於下年罷鎮,又無確據。似未確。

起居郎

張雲。《舊書》一九上《懿宗紀》:"(咸通四年)十一月,長安縣尉、集賢校理令狐滈爲左拾遺。制出,左拾遺劉蛻、起居郎張雲上疏,論滈父綯秉權之日,廣納賂遺,受李琢賄,除安南,致生蠻寇,滈不宜居諫諍之列。時綯自淮南上表論訴,乃貶雲興元少尹,蛻華陰令,滈改詹事司直。"又見《會要》五六《省號》下。按《通鑑》二五〇"咸通五年"云下年正月貶。按《舊書》一七二《令狐滈傳》載於咸通二年。當誤。又,按《新書》五八《藝文志》二:"張雲《咸通解圍録》一卷。"注:字景之,一字瑞卿,起居舍人。

劉允章。三月刺歙州。《壁記》:"咸通三年九月二十七日自起居郎入……四年三月二十日授歙州刺史。"

左拾遺

令狐滈。見上起居郎張雲引。

劉蛻。《全文》七八九劉蛻《論令狐滈不宜爲左拾遺疏》:"臣伏見新除左拾遺令狐滈,大中之時,其父執政,傳家乏子弟之法,布衣干宰相之權……誓以愚見,義不比肩,干冒聖聽,乞迴成命。"參起居郎張雲引。

懿宗咸通五年（八六四）

中書省

中書令
何弘敬。兼魏博節度使。

中書侍郎
楊收。八月乙卯爲門郎兼刑尚。

曹確。自門郎遷，仍兼户尚。《宰相表》下：（咸通五年）三月己亥，確爲中書侍郎。

高璩。五月壬寅自兵侍遷，知政事。《舊書》一九上《懿宗紀》：“（咸通五年五月）兵部侍郎、平章事高璩爲中書侍郎、知政事，餘並如故。”

中書舍人
李蔚。《舊書》一九上《懿宗紀》：“（咸通五年）十一月丙辰，以中書舍人李蔚權知禮部貢舉。”

王鐸。知貢舉。見《登科記考補正》二三。四月遷禮侍。《舊書》一九上《懿宗紀》：“（咸通五年四月）以中書舍人王鐸爲禮部侍郎。”

劉鄴。九月五日遷户侍，仍充翰林學士。《壁記》：“（咸通）五年九月五日遷户部侍郎，依前充，知制誥。”

宇文瓚。

王凝。是年刺同州。《司空表聖文集箋校》二《太原王公同州修堰記》：“咸通五年，太原王公自中書舍人出牧是邦。”

楊嚴。九月鎮浙東。《嘉泰會稽志》二《太守》：“楊嚴，咸通五年九月自前中書舍人授。”

李瓚。自駕部員外遷。《壁記》：“（咸通）五年六月一日改權知中書舍人，出院。”

于琮。自庫郎中、知制誥遷。九月遷刑侍。《壁記》：“（咸通）五年七月八日遷中書舍人充，九月二十七日改刑部侍郎，出院。”

門下省

門下侍郎

夏侯孜。《通鑑》二五〇“咸通五年”：“十一月，以門下侍郎、同平章事夏侯孜同平章事、充河中（原作河東，誤）節度使。”

曹確。兼戶尚。三月己亥爲中郎，仍戶尚、平章事。

楊收。自中郎遷，兼刑尚。《宰相表》下：（咸通五年）八月乙卯，收爲門下侍郎兼刑部尚書。按《舊書》一九上《懿宗紀》云五月壬寅。

諫議大夫

裴坦。《舊書》一九上《懿宗紀》：“（咸通）五年正月戊午朔，以用兵罷元會。諫議大夫裴坦上疏，論天下徵兵，財賦方匱，不宜興佛寺，以困國力。優詔答之。”

盧告。當在任（下年三月在任）。

起居郎

張雲。正月貶興元少尹。《通鑑》二五〇“咸通五年”：“（正月）淮南節度使令狐綯爲其子滈訟冤，貶張雲興元少尹，劉蛻華陰令。”

盧渥。約是年自東都侍御史遷。《司空表聖文集箋校》五《唐故太子太師致仕盧公（渥）神道碑》（卒於天祐二年九月，葬於十月；年八十六）：“宣宗銳意文治，白衣稍出，流類亦往往上門，故中選甲科……纔及升班之限，臺命已行，太夫人在洛，乞以散秩就養，拜國子博士，分務殆十年。公議所迫，遷侍御史，專領東臺之務，徵起居。”

左拾遺

劉蛻。正月貶華陰令。見起居郎引。

盧知猷。約是年自西川節度記室遷。《舊書》一六三本傳：“知猷登進士第，釋褐秘書省正字。宰臣蕭鄴鎮江陵、成都，辟爲兩府記室。入拜左拾遺。”按是年二月蕭鄴罷鎮西川，轉鎮山南西道。見《通鑑》二五〇“咸通五年”。

懿宗咸通六年（八六五）

中書省

中書令

何弘敬。兼魏博節度使。三月薨。《墓誌續編（咸通〇三二）·何弘敬墓誌》："咸通六年……册拜公檢校太尉兼中書令，三月辛巳下詔，乙丑，公薨於位。"

中書侍郎

曹確。兼户尚。六月兼工尚。《宰相表》下：（咸通六年）六月確兼工部尚書。旋仍兼户尚。

高璩。《宰相表》下：咸通六年六月庚戌，璩薨。

路巖。自兵侍遷。《宰相表》下：（咸通六年）六月巖爲中書侍郎。

蕭寘。《宰相表》下：（咸通六年）三月，寘薨。《通鑑》二五〇"咸通六年"："三月，中書侍郎、平章事蕭寘薨。"《舊書》一九上《懿宗紀》云："（咸通六年）四月……兵部侍郎徐商、蕭寘轉中書侍郎，知政事。"云蕭寘四月轉中郎，當誤。

中書舍人

李蔚。知貢舉。是年遷禮侍。《舊書》一七八本傳："（咸通）六年拜禮部侍郎，轉尚書右丞。"

宇文瓚。約是年遷右常侍。

李瓚。

趙隱。自户部郎中遷。《舊書》一九上《懿宗紀》："（咸通六年）九月，以中書舍人趙騭權知禮部貢舉。"

崔彦昭。當在任。《舊書》一七八本傳："轉郎中、知制誥，拜中書舍人。"

獨孤霖。自庫部郎中、知制誥遷。《壁記》:"(咸通)六年六月五日遷中書舍人,依前充。九月十七日加朝散大夫、工部侍郎,依前充。"

侯備。自司勳郎中遷。《壁記》:"(咸通)六年二月二十三日遷中書舍人,依前充,五月二十五日遷戶部侍郎,依前知制誥充。"

裴璩。《壁記》:"(咸通)六年正月九日加戶部郎中、知制誥充。五月九日三殿召對,賜紫。九月十七日加朝散大夫、中書舍人充。"

右散騎常侍

宇文瓚。約是年自中舍遷。

門下省

門下侍郎

楊收。兼刑尚。六月遷右僕兼門郎。《宰相表》下:(咸通六年)六月,收爲尚書右僕射兼門下侍郎。

給事中

楊嚴。二月自浙東遷。旋改工侍,八月復鎮浙東。《會稽志》二:咸通五年九月自前中書舍人授浙東,六年二月赴闕。《舊書》一九上《懿宗紀》:"(咸通六年二月)以給事中楊嚴爲工部侍郎,尋召爲翰林學士。"參《方鎮年表》五。

諫議大夫

盧告。《墓誌續編(咸通〇三二)•何弘敬墓誌》(卒於咸通六年三月,葬於八月。年六十):朝議郎、守左諫議大夫、柱國盧告撰。

起居郎

盧渥。約是年遷司封員外。《司空表聖文集箋校》五《唐故太子太師致仕盧公(渥)神道碑》(卒於天祐二年九月,葬於十月;年八十六):"公議所迫,遷侍御史,專領東臺之務。徵起居,轉司封員外,知雜事。"

懿宗咸通七年（八六六）

中書省

中書侍郎

曹確。兼工尚。十一月戊辰遷門郎。《宰相表》下：（咸通七年）十一月戊辰確爲門下侍郎。

路巖。《宰相表》下：咸通七年十一月戊辰，巖兼刑部尚書。

徐商。自兵侍遷。《宰相表》下：咸通七年十一月戊辰，商爲中書侍郎兼工部尚書。《舊書》一九上《懿宗紀》作八月。

中書舍人

趙隱。知貢舉。放榜後遷禮侍，轉中丞。《舊書》一七八本傳："拜中書舍人。（咸通）六年，權知貢舉，七年，選士，多得名流，拜禮部侍郎、御史中丞。"

崔彦昭。

裴璩。

鄭愚。冬權知貢舉。參下年引。

李騭。《壁記》："咸通七年三月二十四日自太常少卿、弘文館直學士入。二十七日加知制誥，七月遷中書舍人。"《墓誌續編（咸通〇四五）·唐故朗寧公主墓誌》（卒於咸通七年八月，葬於八年四月。年四十）：翰林學士、朝議郎、守中書舍人、上柱國、賜紫金魚袋李騭奉敕撰。

鄭言。咸通七年十一月或稍前當自禮部郎中遷。按禮部郎中一員，十一月由李景温任，則鄭言在是時或稍前遷中舍。按《郎表》四工侍：疑下年自中書舍人遷工侍。故繫於此。

右散騎常侍

宇文瓚。當在任（下年在任）。

韓琮。當在任,見下年引。

門下省

門下侍郎

楊收。兼右僕。十月鎮宣歙。《宰相表》下:(咸通七年)十月壬申,收檢校工部尚書、宣歙觀察使。

曹確。自中郎兼户尚、工尚遷。《宰相表》下:(咸通七年)十一月戊辰,確爲門下侍郎。

諫議大夫

盧告。當在任(上年三月在任)。

李景温。當在任(下年鎮福建)。

起居郎

盧深。《壁記》:"咸通七年三月三十日自起居郎入。七月一日加兵部員外郎充。"

左補闕

李億。約是年自河東幕府遷。《北夢瑣言》九《魚玄機》:"唐女道士魚玄機,字蕙蘭,甚有才思。咸通中,爲李億補闕執箕帚,後愛衰下山,隸咸宜觀爲女道士。"按李億曾入河東幕,是年劉潼罷鎮河東。參《校箋》八《魚玄機》。

令狐滈。《金華子》雜編上:"令狐補闕滈與中書舍人澄,皆有才藻。"皮日休《送令狐補闕歸朝》:"且願仲山居左掖。"左掖即門下省,令狐即令狐滈。尹楚兵《令狐綯年譜》(咸通七年):"令狐滈已遷左補闕。"

懿宗咸通八年（八六七）

中書省

中書侍郎

路巖。十月遷門郎兼户尚。

徐商。兼工尚。十月兼刑尚。《舊書》一九上《懿宗紀》：“（咸通八年十月）中書侍郎、工部尚書徐商兼刑部尚書。”

于琮。《舊書》一九上《懿宗紀》：“（咸通八年十月）兵部侍郎、平章事于琮爲中書侍郎。”

中書舍人

鄭愚。知貢舉（見《登科記考補正》二三）後遷禮侍。冬鎮嶺南東道。《唐摭言》一二《設奇沽譽》：“咸通中，鄭愚自禮部侍郎鎮南海。”

崔彥昭。是年遷户侍。《舊書》一七八本傳：“拜中書舍人，再遷户部侍郎，判本司事。”《舊書》一九上《懿宗紀》：“（咸通八年）十月丙寅，户部侍郎（原作兵部侍郎，據校勘記改）判度支崔彥昭奏……”

裴璩。壁記：“（咸通）八年正月二十七日遷水部侍郎（按當爲郎中）、知制誥，依前充，其年九月二十三日除同州刺史。”

鄭言。《壁記》：“（咸通）八年十一月四日遷工部侍郎、知制誥，並依前充。”

李騭。

劉允章。《舊書》一九上《懿宗紀》：“（咸通八年十一月）以中書舍人劉允章權知禮部貢舉。”《壁記》：“（咸通）八年十一月四日遷工部侍郎，知制誥，依前充。其年十一月十六日改禮部侍郎出院。”

高湘。約是年自吏部員外遷。《舊書》一六八本傳：“湘自員外郎知制誥，正拜中書舍人，咸通年，改諫議大夫。坐宰相劉瞻親厚，貶高州司馬。”按咸通十一年九月貶高州。

右散騎常侍

宇文瓚。《墓誌彙編下（咸通〇六一）・秘書郎李郴夫人宇文氏墓誌》（卒於咸通八年四月，葬於八月。年卅一）：“父瓚，見任右散騎常侍……夫人得疾長安宣平里，九十日啟手足而化，是歲丁亥（咸通八年）夏四月辛卯，享年叄拾有壹。常侍公哀慟致疾，其於追傷痛惜，如掌失明珠耳。”

韓琮。是年或稍前在任。《集古錄目》五：“《唐裴休碑》，宣武節度副大使□（鄭）處誨撰，右散騎常侍韓琮書。休字公美，河東聞喜人，官至太子太師。碑以咸通八年立。”

右拾遺

韋保衡。《通鑑》二五〇“咸通八年”：“（七月）右拾遺韋保衡復言，（楊）收前爲相，除嚴譔江西節度使，受錢百萬。”

竇洵直。《通鑑》二五〇“咸通八年”：“樂工李可及善爲新聲，三月，上以可及爲左威衛將軍……拾遺竇洵直諫，即改光州長史。”按竇洵直長慶元年及第，開成三年即任右拾遺，至是年（咸通八年）仍任拾遺，甚爲可疑。

門下省

門下侍郎

曹確。兼戶尚。十月兼吏尚。《舊書》一九上《懿宗紀》：“（咸通八年十月）宰相、門下侍郎、戶部尚書曹確兼吏部尚書。”

路巖。自中郎遷，兼戶尚。《宰相表》下：（咸通八年）十月巖爲門下侍郎、兼戶部尚書。

給事中

盧告。是年或稍後在任。《舊書》一九七《盧弘宣傳》：“子告，字子有，及進士第，終給事中。”按上年及前年在大諫任。

左散騎常侍

崔璙。當在任（下年六月在任）。

諫議大夫

李景溫。是年出鎮福建。《新書》一七七本傳：“景溫字德己，歷諫議大夫、福建觀察使。”參《方鎮年表》六。

懿宗咸通九年(八六八)

中書省

中書侍郎

徐商。兼刑尚。

于琮。

中書舍人

李騭。《壁記》:"(咸通)九年五月十六日除江西觀察使。"

高湘。

劉瞻。自户部郎中遷。《壁記》:"(咸通)九年五月二十六日拜中書舍人,依前充。"《四庫》本《壁記》:九月十二日遷户部侍郎、知制誥、承旨。十月十七日以本官同中書門下平章事。

盧深。《壁記》:(咸通)九年十月二十六日拜中書舍人,依前充。"

崔安潛。《墓誌續編(咸通〇五三)·崔慎由墓誌》(卒於咸通九年六月,葬於八月;年六十五):季弟朝請大夫、守中書舍人、柱國安潛虔奉理命銜哀以書。

右拾遺

韋保衡。

門下省

門下侍郎

曹確。兼吏尚。

路巖。兼户尚。

給事中

薛逢。蓋是年自少太常遷。《新書》二〇三本傳：“乃出爲巴州刺史。而楊收、王鐸同牒署第，收輔政，逢有詩微辭譏訕，收銜之，復斥蓬綿二州刺史。收罷，以太常少卿召還，歷給事中。”

左散騎常侍

崔璙。《墓誌續編（咸通〇五三）·崔慎由墓誌》（卒於咸通九年六月，葬於八月；年六十五）：天子聞之，制詔丞相御史曰……已而臨軒，命使者左散騎常侍崔公璙、使副吏部郎中孔君晦如洛陽，備禮冊命焉，安潛號慟，附而載之。按，誌由崔慎由自撰，安潛爲慎由季弟，爲書墓誌。

劉異。當在任（下年十月在任）。

諫議大夫

崔璞。當在任（下年冬刺蘇州）。

起居郎

李輝。《墓誌續編（咸通〇五三）·崔慎由墓誌》（卒於咸通九年六月，葬於八月；年六十五）：“夫人所生唯一女，嫁姑臧李輝，今爲起居郎。”

崔雍。是年刺和州。《唐闕史》下《崔起居題馬上圖》：“崔雍起居，譽望清舉，尤嗜古書圖畫……咸通戊子歲，授禄二千石於和州。”《金華子》雜編卷上：“崔雍爲起居郎，出守和州。”

左拾遺

杜裔休。《唐摭言》一三《無名子謗議》：“劉允章試《天下爲家賦》，爲拾遺杜裔休駁奏，允章辭窮，乃謂與裔休對。時允章出江夏，裔休尋亦改官。”按劉允章知貢舉後鎮鄂岳（江夏），見禮侍引。

崔庚。當在任（下年貶連州司户）。

懿宗咸通十年（八六九）

中書省

中書侍郎

徐商。《通鑑》二五一"咸通十年"："（六月）以中書侍郎、同平章事徐商同平章事，充荆南節度使。"按《舊書》一九上《懿宗紀》云正月自門郎出爲荆南節度使。當誤。

于琮。

劉瞻。自户侍遷。《宰相表》下：（咸通十年）九月，瞻爲中書侍郎。

蔣伸。兼户尚。正月爲太子太保。罷知政事。《舊書》一九上《懿宗紀》："（正月）中書侍郎、兼户部尚書、平章事蔣伸爲太子太保，罷知政事，病免也。"按《宰相表》不列，兩傳未及。存疑。

中書舍人

高湘。約是年遷右大諫。

盧深。遷户侍。尋卒。《壁記》："（咸通）十年十一月十一日遷户部侍郎，依前知制誥。其年十二月卒官，贈户部尚書。"

曹汾。是年鎮忠武。《金石録補》二二："《唐曹汾題東林寺詩》……會昌三年秘書省正字曹汾題。按汾開成四年崔嘏下進士，後爲中書舍人、户部侍郎、忠武軍節度使，乃丞相確之弟也。"按咸通十四年由忠武軍遷户侍。

韋蟾。自户部郎中遷。《壁記》："咸通十年六月四日自職方郎中充。九月七日加户部郎中、知制誥，十一月十一日遷中書舍人，依前充。"

鄭畋。六月自户部郎中遷。十一月遷户侍。《壁記》："（咸通）十年六月四日遷中書舍人，依前充。十一月十一日遷户部侍郎。"

崔充。《壁記》："（咸通）十年五月二十五日加庫部郎中、知制誥，依前充。十一月十一日遷中書舍人，依前充。"

張禓。自祠部郎中遷，尋遷工侍。《壁記》："（咸通）十年七月十日遷中書舍人，依前充。其年十一月遷工部侍郎（原作兵部侍郎，此據《四庫》本改），知制誥，依前充。"

孫瑝。自司封郎中拜。《墓誌續編（咸通〇八九）·孫瑝墓誌》："遷司封郎中，賜五品服。尋以本官掌西掖書命。西□起□代，故事，歲滿必以真授。公居職四周，方踐正秩。"按咸通六年始任司封郎中，至今四周歲。《墓誌續編（乾符〇二九）·孫揆季妹墓誌》（生於咸通三年，卒於咸通乾符六年。年十八）："皇考□，歷中書舍人、御史中丞，贈吏部侍郎。"所述孫揆父當是孫瑝。

楊知至。《全文》七九六皮日休《松陵集序》："咸通七年，今兵部令狐員外在淮南，今中書舍人弘農（原闕，據《皮子文藪》補）公守毗陵，日休皆以詞獲幸。"陶敏《校箋補正》八皮日休箋謂序約作於咸通十年，又謂弘農公爲楊知至。

右諫議大夫

高湘。自中舍遷。《舊書》一六八本傳："正拜中書舍人，咸通年，改諫議大夫。"按下年湘由是職貶高州，故繫於此。

張鐸。

當在任（下年在任）。

右拾遺

韋保衡。《新書》一八四本傳："咸通中，以右拾遺尚同昌公主，遷起居郎、駙馬都尉。"正月遷起居郎。

王徽。二月稍後自淮南掌書記遷，十月又入荊南幕府。《舊書》一七八本傳："從令狐綯歷宣武、淮南兩鎮書記，得大理評事。召拜右拾遺……會徐商罷相鎮江陵，以徽舊僚……奏授殿中侍御史，賜緋，荊南節度判官。"按是年二月令狐綯罷鎮淮南，十月徐商鎮荊州。

蕭遘。《舊書》一七九本傳："咸通五年登進士第，釋褐秘書省校書郎、太原從事。入朝爲右拾遺。"按據其及第之年，當入鄭從讜幕。是年從讜罷鎮太原。姑繫於此。

門下省

門下侍郎

曹確。兼吏尚。

路巖。兼户尚。

給事中

薛逢。當在任。見上年引。

薛能。是年或上年自都官郎中遷(其於咸通七年任都官郎中)。按下年自是職遷京兆尹。

趙隱。當在任。見下年引。

左散騎常侍

崔璙。當在任(上年六月在任)。

劉異。《大詔令集》一一七《遣使安慰徐宿二州敕》(咸通十年十月):"徐宿二州……軍人百姓,罹此橫禍……今遣左散騎常侍劉異、兵部郎中薛崇宣慰。"

諫議大夫

崔璞。冬刺蘇州。《全文》七九六皮日休《松陵集序》:"(咸通)十年,大司諫清河公出牧於吳,日休爲郡縱事。"《松陵集》九《奉酬霜菊見贈之什》題"蘇州刺史崔璞。"《姑蘇志》:"崔璞,清河人,咸通六(當作十)年冬以諫議大夫除。"

韋保衡。三月自起居郎遷。十一月遷兵侍。《通鑑》二五一"咸通十年":"三月辛未,以起居郎韋保衡爲左諫議大夫、充翰林學士。"《壁記》:"其年(即是年)十一月十日遷兵部侍郎,依前充。"

起居郎

韋保衡。自右拾遺遷。《舊書》一九上《懿宗紀》:"(咸通十年正月)癸亥,以右拾遺韋保衡爲銀青光禄大夫、守起居郎、駙馬都尉。"《通鑑》二五一"咸通十年"云正月丁卯。三月辛未爲左大諫,充翰林學士。

左補闕

楊堪。當在任（下年五月在任）。

左拾遺

崔庚。《舊書》一九上《懿宗紀》："（咸通十年八月）左拾遺崔庚（貶）連州司戶。"

懿宗咸通十一年(八七〇)

中書省

中書侍郎

于琮。《舊書》一九上《懿宗紀》:"(咸通十一年正月)中書侍郎于琮可兼户部尚書。"

劉瞻。《宰相表》下:(咸通十一年)正月戊午瞻兼刑部尚書。九月丙辰,瞻檢校刑部尚書、同平章事、荆南節度使。

中書舍人

韋蟾。

崔充。

李縉。五月鎮浙東。《嘉泰會稽志》二《太守》:"李縉。咸通十一年五月自中書舍人授。"

孫瑝。是年遷中丞,旋貶汀州。《舊書》一九上《懿宗紀》:"(九月)正議大夫、御史中丞、上柱國、賜紫金魚袋孫瑝爲汀州刺史。"

楊知至。蓋春轉比部郎中,九月貶瓊州司馬。《舊書》一九上《懿宗紀》:"(咸通十一年九月)比部郎中……楊知至爲瓊州司馬。"

高湜。十月權知貢舉。《舊書》一九上《懿宗紀》:"(咸通十一年十月)以中書舍人高湜權知禮部貢舉。"

鄭延休。《壁記》:咸通十一年五月十八日自司封郎中、知制誥遷,充翰林學士。

李庚。《中朝故事》:"咸通中,中書侍郎、平章事劉瞻以清廉自守,忠正佐時,懿皇以同昌公主薨謝,怒其醫官韓宗紹等……瞻上書切諫。時路巖、韋保衡恃寵忌之,出瞻爲荆南節度使,中外咸不平之。翰林承旨鄭畋爲制詞……韋、路大怒,貶畋爲梧州刺史……乃謫瞻爲驩州司户參軍。舍人李庚行誥詞,駁責深焉。"按所叙事在是年。九月瞻貶荆南,畋貶梧州。又據

《中朝故事》，咸通十四年，韋保衡南竄賀州，遇劉瞻北歸於江中，"瞻至湖南，李庚方典是郡，出迎於江次竹牌亭置酒。"則似庚舍人出刺。

劉蛻。蓋是年始任。《新書》六〇《藝文志》四："劉蛻《文泉子》十卷。"注："字復愚，咸通中書舍人。"按蛻咸通五年自左拾遺貶華陰令，見其年引。據其資歷品階，最早是年任中舍。

主書

邊係。六月後丁憂。《墓誌續編（咸通〇七〇）·邊諴夫人楊氏墓誌》（卒於咸通十一年六月，葬於八月。年卅六）："繼子四人……曰係，前權知中書主事。"

右諫議大夫

高湘。九月己巳貶刺高州。《舊書》一九上《懿宗紀》："（咸通十一年九月己巳）將仕郎、右諫議大夫、柱國、賜紫金魚袋高湘爲高州刺史。"按兩《唐書》本傳均言貶高州司馬。

張鐸。《集古錄目》五："《唐高弘碑》，河東節度使鄭從讜撰，右諫議大夫張鐸書……碑以咸通十一年立。"

右補闕

柳玭。當在任。見下年引。

右拾遺

蕭遘。當在任。《舊書》一七九本傳："咸通五年登進士第，釋褐秘書省校書郎、太原從事。入朝爲右拾遺。"

門下省

門下侍郎

曹確。兼吏尚。正月丙午兼左僕。《舊書》一九上《懿宗紀》："（咸通十一年正月）丙午，制宰相、門下侍郎、吏部尚書曹確可兼尚書左僕射……（三月）左僕射、門下侍郎、同平章事曹確一病求免，授檢校司空、同平章事、兼潤州刺史，充浙江西道觀察等使。"《宰相表》下：（咸通十一年）正月戊午，確加尚書左僕射。三月，確檢校司徒、同平章事、鎮海軍節度使。

路巖。兼戶尚。《宰相表》下：（咸通十一年）正月戊午巖加右僕射。

給事中

薛逢。是年遷秘監。《新書》二〇三本傳："歷給事中。（王）鐸爲宰相，逢又以詩誉鐸，鐸怒，中外亦鄙逢褊傲，故不見齒。遷秘書監，卒。"按王鐸十一月入相。

薛能。十月爲京兆尹。《舊書》一九上《懿宗紀》："（咸通十一年）十月，以給事中薛能爲京兆尹。"

趙隱。《舊書》一七七本傳："大中三年，應進士登第，累遷郡守、尚書郎、給事中、河南尹，歷户兵二侍郎。"按下年出爲河南尹。

左散騎常侍

劉異。當在任（上年十月在任）。

起居郎

林裔休。《壁記》："咸通十一年正月十八日自起居郎入，守本官充……九月十一日加司勳員外郎、知制誥，依前充。"

左補闕

楊堪。《通鑑》二五二"咸通十一年"："（五月）光州民逐刺史李弱翁，弱翁奔新息。左補闕楊堪等上言：'刺史不道，百姓負冤，當訴於朝廷，置諸典刑，豈得群黨相聚，擅自斥逐，亂上下之分！此風殆不可長，宜加嚴誅以懲來省。'"

懿宗咸通十二年(八七一)

中書省

中書侍郎

于琮。是年某月罷兼户尚。

王鐸。十月轉門郎兼吏尚。《宰相表》下：(咸通十二年)四月癸卯王鐸爲中書侍郎、兼刑部尚書，十月爲門下侍郎、兼吏部尚書。

中書舍人

韋蟾。是年遷工侍。《壁記》："(咸通)十二年正月二十六日遷工部侍郎、知制誥，依前充。"

崔充。《壁記》："(咸通)十二年正月二十六日遷户部侍郎、知制誥，依前充。"

高湜。知貢舉。見《登科記考補正》二三。按貢舉後遷禮侍。《舊書》一六八本傳："湜，咸通十二年爲禮部侍郎。"

鄭延休。是年遷工侍。《壁記》："(咸通)十二年……十一月十八日遷工部侍郎、知制誥，依前充。"

劉蛻。當在任。見上年引。

封彦卿。當在任(下年五月十七日貶潮州司户)。

崔沆。當在任(下年五月乙亥貶嶺南)。

盧渥。是年始任。《唐闕史》下《盧左丞赴陝郊詩》："盧左丞渥……乾符初，服喪紀於洛下。先終制，渥自前中書舍人拜陝郊觀察使。"《司空表聖文集箋校》五《唐故太子太師致仕盧公(渥)神道碑》："拜某官、知制誥……前後六年……丁内憂，哀毀過禮，士大夫莫不感傷。免喪，拜陝虢觀察使兼御史中丞。"按盧渥乾符三年丁母憂，乾符六年二月鎮陝虢。見《方鎮年表》四。

右諫議大夫

張鐸。是年遷給事中。

右補闕

柳玭。《舊書》一六五本傳："高湜辟爲度支推官。逾年，拜右補闕。湜出鎮澤潞，奏爲節度副使。"按《新書》一六三本傳云左補闕。下年高湜鎮澤潞。

右拾遺

蕭遘。約是年遷起居舍人。

崔凝。自藍田縣尉遷。《墓誌續編（乾寧○○三）·唐故刑部尚書崔公（凝）府君墓誌》（卒於乾寧二年八月，葬於三年八月；年五十八）："故相國崔公延昭鎮河陽，署節度推官……隨府而莅職也，未幾，故相國劉公鄴奏以藍田縣尉置弘文館，不月除右拾遺内供奉。"

起居舍人

蕭遘。約是年自右拾遺遷。《舊書》一七九本傳："入朝爲右拾遺，再遷起居舍人。與韋保衡同年登進士第，保衡以幸進無藝，同年門生皆薄之……及保衡作相，摭遘之失，貶播州司馬。"按下年五月貶嶺南。

李瀆。當在任（下年五月癸未貶嶺南）。

鄭彦特。當在任（下年五月癸未貶嶺南）。

李藻。當在任（下年五月癸未貶嶺南）。

門下省

門下侍郎

路巖。兼左僕。四月鎮西川。《舊書》一九上《懿宗紀》："（咸通十二年）四月以左僕射、門下侍郎、同平章事路巖檢校司徒、兼成都尹、劍南西川節度等使。"

王鐸。十月自中郎、兼刑尚遷門郎、兼吏尚。《宰相表》下：（咸通十二年）四月癸卯，鐸爲中書侍郎、兼刑部尚書；十月爲門下侍郎、兼吏部尚書。

給事中

趙隱。約是年遷河南尹。《舊書》一七七本傳："累遷郡守、尚書郎、給事中、河南尹。"參《刺考全編·都畿道》。

　　李眈。當在任。見下年引。

　　楊損。約是年任。《舊書》一七六本傳:"出爲絳州刺史。路巖罷相,徵拜給事中。"按四月路巖罷相。

　　張鐸。自右大諫遷(下年貶藤州)。

　　杜裔休。當在任。見下年引。

左散騎常侍

　　李都。《唐文補編》八三李都《唐故御史中丞汀州刺史孫公(瑝)墓誌銘》(卒於咸通十二年六月,葬於十二月;年四十五):署銜:朝散大夫、守左散騎常侍、賜紫金魚袋、上柱國李都撰。

諫議大夫

　　李超。自湖刺遷。《嘉泰吳興志》一四《郡守題名》:"李超,咸通十一年八月自楚州都團練使授,除諫議大夫。裴德符,咸通十二年七月自絳州刺史授。"裴德符接李超刺湖州。

　　楊蟄。當在任(下年五月辛巳新州司户)。

起居郎

　　鄭仁表。當在任。《新書》一八二本傳:"仁表累擢起居郎……劉鄴未仕,往謁洎,而仁表等鄙訿其文。鄴爲相,因罪貶仁表,死嶺外。"劉鄴十月入相。按《北里志·天水仙哥》云右史鄭休範(注仁表)。《唐摭言》一二《自負》:"鄭起居仁表詩曰:'文章世上爭開路,閥閱山東拄破天。'"

左補闕

　　楊堪。當在任(上年五月在任)。

左拾遺

　　陳晝。當在任。見下年引。

懿宗咸通十三年(八七二)

中書省

中書侍郎

于琮。二月丁巳鎮山南東道。《宰相表》下:(咸通十三年)二月丁巳,于琮檢校尚書左僕射、山南東道節度使。按《通鑑》二五二"咸通十三年"云自兵郎貶。未知孰是。

趙隱。自户侍、平章事遷,仍平章事。《宰相表》下:(咸通十三年)二月丁巳趙隱爲户部侍郎、同平章事,十一月爲中書侍郎。

劉鄴。自禮尚遷,尋爲門郎。《宰相表》下:(咸通十三年)二月鄴爲中書侍郎。十一月庚辰,鄴兼户部尚書。尋爲門下侍郎。

中書舍人

封彦卿。《舊書》一九上《懿宗紀》:"(咸通十三年五月辛巳)前中書舍人馮彦卿貶潮州司户。"《通鑑》二五二《考異》引《續寶運録》。

崔沆。五月乙亥貶循州司户。《舊書》一九上《懿宗紀》:"(咸通十三年五月乙亥)中書舍人崔沆(貶)循州司户。"

盧渥。

崔瑾。見《登科記考補正》二三徐松考。

裴延魯。當在任。

楊某。皮日休《松陵集序》:"咸通七年,今兵部員外在淮南,今中書舍人弘農公守毗陵。"序蓋作於咸通十三年。兵部員外爲令狐滈,中舍弘農公當姓楊,俟考。尹楚兵《令狐綯年譜》(咸通十二年):"本年或稍後,子滈遷兵部員外。"今按《松陵集》爲以皮陸爲主的吴中詩人群體唱和集,作於咸通十年至十二年。其結集並撰序當在其後。

右補闕

柳玭。是年爲澤潞節度副使。《舊書》一六五本傳：“高湜辟爲度支推官。逾年，拜右補闕。湜出鎮澤潞，奏爲節度副使。”按是年高湜鎮澤潞。參《方鎮年表》四。

右拾遺

崔凝。當在任，見上年引。

起居舍人

蕭遘。《舊書》一七九本傳：“入朝爲右拾遺，再遷起居舍人。與韋保衡同年登進士第，保衡以幸進無藝，同年門生皆薄之……及保衡作相，掎遘之失，貶播州司馬。”《通鑑》二五二“咸通十三年”：五月癸巳，貶起居舍人蕭遘湖嶺之地（《舊傳》播州司馬）。

李瀆。《通鑑》二五二“咸通十三年”：五月癸巳，貶起居舍人李瀆湖嶺之地。

鄭彦特。《通鑑》二五二“咸通十三年”：五月癸巳，貶起居舍人鄭彦特湖嶺之地。

李藻。《通鑑》二五二“咸通十三年”：五月癸巳，貶起居舍人李藻湖嶺之地。

門下省

門下侍郎

王鐸。《宰相表》下：（咸通十三年）二月丁巳鐸爲尚書左僕射（仍兼門下侍郎、同平章事）。

韋保衡。自右僕遷。十一月遷司空。《宰相表》下：（咸通十三年）十月，保衡爲門下侍郎兼兵部尚書。《新書》九《僖宗紀》：“（咸通十三年）十一月，韋保衡爲司空。”

劉鄴。自中郎遷，仍兼户尚、平章事。《宰相表》下：（咸通十三年）十一月庚辰，鄴兼户部尚書，尋爲門下侍郎。

給事中

李琨。《舊書》一九上《懿宗紀》：“（咸通十三年五月辛巳）給事中李琨貶蘄州刺史。”《通鑑》二五二“咸通十三年”《考異》引《續寶運録》。

楊損。

張鐸。《舊書》一九上《懿宗紀》:“(咸通十三年五月辛巳)給事中張鐸貶藤州刺史。”《通鑑》二五二《考異》引《續寶運録》。

杜裔休。五月乙亥貶端州司户。《舊書》一九上《懿宗紀》:“(咸通十三年五月乙亥)給事中杜裔休貶端州司馬。”

左散騎常侍

李都。《舊書》一九上《懿宗紀》:“(咸通十三年五月辛巳)左散騎常侍李郁(當作都)貶賀州刺史。”《通鑑》二五二“咸通十三年”《考異》引《續寶運録》作李都。

諫議大夫

李超。當在任(上年七月始任)。

楊塾。《舊書》一九上《懿宗紀》:“(咸通十三年五月辛巳)右諫議大夫楊塾貶和州司户。”《通鑑》二五二“咸通十三年”《考異》引《續寶運録》作新州。

起居郎

鄭仁表。約是年貶嶺外。《舊書》一七六本傳:“咸通末,鄴爲相,仁表竟貶死南荒。”

左拾遺

陳晝。是年或稍前在任。《全文》七九五孫樵《唐故倉部郎中康公(璩)墓誌銘》(卒於咸通十三年某月,葬於九月):“大中二年復調授京兆府參軍,其年冬爲進士試官……故中書侍郎高公璩、尚書倉部郎中楊嵒、太常博士杜敏求,今春官二卿崔公殷夢、尚書屯田郎中崔亞、前左拾遺陳晝及樵十輩,皆出其等列也。”

孔紓。約是年自河中節度判官遷。《墓誌彙編下(咸通一一五)·故左拾遺孔紓墓誌》(卒於咸通十五年正月,年卅三):“越一月,今許昌太傅相國襄陽公(即杜審權)爲河中,奏署觀察判官假監察御史……俄轉節度判官……俄拜左拾遺内供奉。”

懿宗咸通十四年（八七三）

中書省

中書令

王景崇。《通鑑》二五二"咸通十四年"："（九月）加成德節度使王景崇中書令。"

中書侍郎

趙隱。《宰相表》下：（咸通十四年）二月乙卯，隱兼禮部尚書；十月乙未，隱兼户部尚書。

蕭倣。《宰相表》下：（咸通十四年）十月，尚書左僕射蕭倣爲中書侍郎兼兵部尚書、同中書門下平章事。尋遷門郎。

中書舍人

盧渥。

崔瑾。知貢舉。見《登科記考補正》二三。貢舉後遷禮侍。《舊書》一五五《崔郾傳》："咸通十三年，知貢舉，選拔頗爲得人。"按十三年是崔殷夢，見《登科記考補正》二三"徐松考"。《舊傳》所書爲抵任時間，即知十四年貢舉。又按，下年裴瓚知貢舉，則崔瑾是年秋冬之際當轉職。

孔緯。自考功郎中遷。《舊書》一七九本傳："轉考功郎中、知制誥，賜緋。正拜中書舍人，累遷户部侍郎。"

裴延魯。當在任（下年六月鎮浙東）。

豆盧瑑。當在任。《舊書》一七七本傳："咸通末，累遷兵部員外郎，轉户部郎中，知制誥。召充翰林學士，正拜中書舍人。"

崔沆。自循州司户遷。《舊書》一九下《僖宗紀》："（咸通十四年九月）循州司户崔沆復爲中書舍人。"

右散騎常侍

韋荷。當在任（下年四月遷吏侍）。

右諫議大夫

魏籍。蓋僖宗即位，自春州司馬遷。按咸通十一年九月魏籍自禮部郎中出爲春州司馬。見《舊書》一九上《懿宗紀》。至是年三年。又，乾符三年自是職遷中舍。故繫於此。

右拾遺

崔凝。

盧攜。是年任。旋遷監察御史、殿侍御等職。《舊書》一七八本傳：“咸通中，入朝爲右拾遺、殿中侍御史，累轉員外、郎中長安令、鄭州刺史。召拜諫議大夫。乾符初，以本官召充翰林學士。”

門下省

侍中

路巖。《通鑑》二五二“咸通十四年”：“（九月）加西川節度使路巖兼侍中。”

門下侍郎

王鐸。兼司徒。《宰相表》下：（咸通十四年）六月，鐸檢校尚書左僕射、同平章事、宣武軍節度使。按《舊書》一九下《僖宗紀》云下年正月。當未確。

韋保衡。兼司空（《宰相表》下作司徒）。九月貶賀州刺史。《舊書》一九下《僖宗紀》：“（咸通十四年）九月，守司空、門下侍郎、平章事韋保衡貶賀州刺史。”

劉鄴。十月爲左僕。《宰相表》下：（咸通十四年）八月乙卯，鄴兼吏部尚書。十月乙未，鄴爲尚書左僕射。

蕭倣。自中郎遷（下年正月即在門郎任）。

給事中

楊損。

楊嚴。《舊書》一九下《僖宗紀》：“（咸通十四年九月）前宣歙觀察使楊嚴復爲給事中。"

左散騎常侍

鄭畋。《舊書》一九下《僖宗紀》："（咸通十四年九月）前戶部侍郎、知制誥、翰林學士承旨鄭畋爲左散騎常侍。"按《舊傳》《新傳》均云右常侍。

諫議大夫

盧攜。自鄭刺遷。《玉泉子》："故相盧攜爲監察御史，中丞歸仁紹上初日，傳語攜曰：'昔自浙東推事回，鞴袋中何得有綾三千匹？請出臺。'後自郎官除洛陽令，改鄭州刺史，以諫議入至京，除兵部侍郎。攜自洛陽至相臺百數日，曰：'何不見歸侍郎？'或對之云：'自相公大拜請假。'"《壁記》："咸通十四年十二月自左諫議大夫充承旨學士。十五年拜相。"

高湘。《舊書》一九下《僖宗紀》："（咸通十四年九月）前諫議大夫高湘復爲諫議大夫。"

楊知至。約是年自瓊州司馬遷。《舊書》一七六本傳："知至亦貶瓊州司馬。入爲諫議大夫。"按咸通十一年九月貶瓊州司馬。

趙蒙。蓋僖宗即位後自職方郎中遷。按乾符三年由是職遷給事中。

左拾遺

孔紓。

僖宗乾符元年（八七四）

中書省

中書令
王景崇。兼成德節度使。

中書侍郎
趙隱。兼户尚。二月出鎮浙西。《宰相表》下：（咸通十五年二月，十一月改元乾符）癸丑，隱檢校兵部尚書、鎮海軍節度使。按《舊書》一九下《僖宗紀》："（咸通十五年三月，按十一月改元乾符）以中書侍郎、刑部尚書、同平章事趙隱檢校吏部尚書、潤州刺史、浙江西道都團練觀察等使。"云兼刑尚。當誤。

裴坦。自華州刺史遷，五月薨。《宰相表》下：（咸通十五年二月，按十一月改元乾符）癸丑檢校户部尚書、華州刺史裴坦爲中書侍郎、同中書門下平章事；五月乙未坦薨。

崔彦昭。《新書》九《僖宗紀》："（咸通十五年）八月辛未……兵部侍郎、判度支崔彦昭爲中書侍郎、同中書門下平章事。"又見《宰相表》下。《通鑑》二五二"乾符元年"。按《舊書》一九下《僖宗紀》云十一月自兵侍、平章事遷，仍平章事。當誤。按十一月遷門郎兼刑尚、平章事。

盧攜。自户侍遷，同平章事。《宰相表》下：（乾符元年）十一月，攜爲中書侍郎。

鄭畋。自兵侍遷，兼禮尚。《宰相表》下：（乾符元年）十一月，畋爲中書侍郎兼禮部尚書。

劉瞻。五月自刑尚遷，同平章事，八月薨。《宰相表》下：（咸通十五年）五月乙未，刑部尚書劉瞻爲中書侍郎、同中書門下平章事；八月辛未，瞻薨。

中書舍人

盧渥。

孔緯。

崔沆。約年初自永刺遷。《新書》一六〇本傳:"僖宗立,召爲永州刺史,復拜舍人,進禮部、吏部二侍郎。"按《舊書》一九下《僖宗紀》:"十月以中書舍人崔沆爲中書侍郎。"下年五月又云:"中書舍人崔沆爲禮部侍郎。"自相矛盾。《郎表》三禮侍云十月以中舍權知禮侍。然據《會要》二《帝號》下:"(咸通)十四年癸巳七月,崩于咸寧殿。乾符元年二月甲午,葬簡陵……謚議,禮部侍郎崔沆撰。"則二月似已權知。

裴延魯。六月鎮浙東。《嘉泰會稽志》二《太守》:"裴延魯,咸通十五年六月自中書舍人授。"按十一月改元乾符。

右散騎常侍

韋荷。四月遷吏侍。《舊書》一九下《僖宗紀》:"(咸通十五年四月,按十一月改元乾符)以右散騎常侍韋荷爲吏部侍郎。"

崔璞。《舊書》一九下《僖宗紀》:"(咸通十五年四月,按十一月改元乾符)前同州刺史崔璞爲右散騎常侍。"

右諫議大夫

魏籯。

李景莊。《全文》八一三絞干澝《贈太尉韓允忠神道碑》:"乾符元年十一月廿二日,遘疾薨於鎮,享年六十一……皇帝(下闕)郎中曹鄴、太子(下闕)議大夫李景莊、庫部員外郎陳翰,備鼓吹,升輅車,由宣政正衙及公之靈座。"按"議"前所闕當是"右諫"二字。

右補闕

鄭勤。當在任(下年三月爲起居郎)。

董禹。當在任(下年十月貶郴州司馬)。

右拾遺

崔凝。約是年遷殿侍御。《墓誌續編(乾寧〇〇三)·唐故刑部尚書崔公(凝)府君墓誌》(卒於乾寧二年八月,葬於三年八月;年五十八):"除右拾遺內供奉,遷殿中侍御史。"

陸希聲。《全文》八一三陸希聲《周易傳序》:"予乾符初任右拾遺。"

起居舍人

劉崇龜。《舊書》一七九本傳："崇龜，咸通六年進士擢第，累遷起居舍人、禮部、兵部二員外。丁母憂免，廣明元年，鄭從讜罷相，鎮太原，奏崇龜爲度支判官。"據其履歷，姑繫於此。

門下省

侍中

路巖。兼西川節度使。

門下侍郎

王鐸。《舊書》一九下《僖宗紀》："（咸通十五年正月乙丑，按十一月改元乾符）門下侍郎、吏部尚書、平章事王鐸檢校吏部尚書、同平章事，兼汴州刺史，充宣武軍節度、宋亳觀察等使。"《會要》二《帝號》下："（咸通）十四年癸巳七月，崩於咸寧殿。乾符元年二月甲午，葬簡陵……謚册文，門下侍郎、平章事王鐸撰。"按王鐸正月乙丑外放，則謚册文撰於正月乙丑前。

對於王鐸外放時間及官職，史書記載歧異。《宰相表》下及《通鑑》繫於上年六月。《宰相表》下：（咸通十四年）六月鐸檢校尚書左僕射、同平章事、宣武軍節度使。《通鑑》二五二"乾符元年"："（咸通十四年六月）以中書侍郎、同平章事王鐸同平章事，充宣武節度使。"按懿宗崩於上年七月，若王鐸六月外放，則無由撰謚册文，故不從之。

劉鄴。兼左僕、平章事。十月丙辰出鎮淮南。《宰相表》下：（咸通十五年，按十一月改元乾符）十月丙辰，鄴檢校尚書左僕射、同平章事、淮南節度使。

蕭倣。是年先後兼左右僕、司空，仍兼門郎。《舊書》一九下《僖宗紀》："（咸通十五年正月乙丑，按十一月改元乾符）左僕射、門下侍郎、平章事蕭倣兼右僕射……（十一月）宰相蕭倣兼司空、弘文館大學士、太清宮使。"

崔彥昭。自中郎遷，兼刑尚，仍平章事。《宰相表》下：（乾符元年）十一月彥昭爲門下侍郎兼刑部尚書。

給事中

楊損。是年遷京兆尹。《舊書》一七六本傳："路巖罷相，徵拜給事中，遷京兆尹。"按接竇澣（其於三月自京兆尹出鎮河東）。

楊嚴。

鄭毅。《舊書》一七八《鄭畋傳》："及畋作相，薰子爲郎，畋特獎拔爲給事中，列曹侍郎。"《新書》一八五《鄭畋傳》："鄭毅者，薰之子，方畋秉政，擢爲給事中。"按，十月鄭畋入相。

諫議大夫

高湘。

楊知至。

趙蒙。

李璧。自長安令遷。《舊書》一九下《僖宗紀》："（乾符元年十一月）以長安令李璧爲諫議大夫。"

起居郎

裴渥。五月自侍御史遷。《舊書》一九下《僖宗紀》："（咸通十五年五月，按十一月改元乾符）侍御史裴渥爲起居郎。"

左拾遺

孔紓。五、六月卒。《墓誌彙編下（咸通一一五）·故左拾遺孔紓墓誌》（卒於咸通十五年正月，年卅三）："咸通十五年三月，侍講學士、右僕射、太常孔公以疾辭內署職，其元子左拾遺養疾亦病逾二旬。太常公疾少間，拾遺病亦間。又旬日，太常公薨，拾遺哭無時，後七十六日亦終……公諱紓，字持卿。"

僖宗乾符二年（八七五）

中書省

中書令

王景崇。兼成德節度使。四月加兼侍中。

中書侍郎

盧攜。六月兼工尚。《宰相表》下：（乾符二年）六月攜兼工部尚書。

鄭畋。兼禮尚。乾符二年六月遷門郎。

李蔚。《宰相表》下：（乾符二年）六月，吏部尚書李蔚爲中書侍郎、同中書門下平章事。按《舊書》一九下《僖宗紀》云自太常卿、平章事遷中郎。《通鑑》二五二“乾符二年”五月自大御爲中郎、同平章事。

中書舍人

盧渥。

孔緯。約是年遷户侍，旋爲中丞。《舊書》一七九本傳：“宰臣趙隱嘉其能文，薦爲翰林學士，轉考功郎中、知制誥，賜緋。正拜中書舍人，累遷户部侍郎。謝日，面賜金紫之服。乾符中，罷學士，出爲御史中丞。”參《郎表》三户侍。

崔沆。知貢舉。見《登科記考補正》二三。五月遷禮侍。《舊書》一九下《僖宗紀》：“（乾符二年）五月，中書舍人崔沆爲禮部侍郎。”

崔澹。《舊書》一九下《僖宗紀》：“（乾符二年二月）以翰林學士崔澹爲中書舍人。”

高湘。自大諫遷。《舊書》一六八本傳：“乾符初，復爲中書舍人。”

右散騎常侍

崔璞。

右諫議大夫

魏籛。

張禹謨。當在任（下年十二月爲桂州觀察使）。

右補闕

鄭勤。三月爲起居郎。

董禹。《通鑑》二五二"乾符二年"：邠寧節度使李侃爲假父雅求贈官，右補闕董禹上疏論之。十月，坐貶郴州司馬。

牛徽。《舊書》一九下《僖宗紀》："（乾符二年三月，以）度支推官牛徽爲右補闕。"

右拾遺

陸希聲。《新書》一一六本傳："召爲右拾遺。時憸腐秉權，歲數歉，梁、宋尤甚。希聲見州縣刓敝，上言當謹視盜賊。明年，王仙芝反，株連數十州。"按王仙芝是年反。

門下省

侍中

王景崇。兼成德節度使。《通鑑》二五二"乾符二年"："（四月）加成德節度使王景崇兼侍中。"

門下侍郎

王鐸。《舊書》一九下《僖宗紀》："（乾符二年）十一月……左僕射兼門下侍郎、同平章事，復輔政。"

蕭倣。兼司空。五月薨。《通鑑》二五二"乾符二年"："（五月）司空、同平章事蕭倣薨。"

崔彥昭。六月兼右僕。《宰相表》下：（乾符二年）六月，彥昭爲尚書右僕射兼門下侍郎。

鄭畋。自中郎兼禮尚遷。《宰相表》下：（乾符二年）六月，畋爲門下侍郎。按《舊書》一九下《僖宗紀》云下年六月。

給事中

楊嚴。

楊損。自京兆尹遷。《舊書》一七六本傳：“盧攜作相，有宿憾，復拜給事中。”按盧攜上年十月入相。故繫於此。

諫議大夫

高湘。是年遷中舍。

楊知至。是年遷京兆尹。《舊書》一七六本傳：“入爲諫議大夫、累遷京兆尹。”《通鑑》二五二“乾符二年”：“（七月）京兆尹楊知至奏‘蝗入京畿，不食稼，皆抱荆棘而死’。”

趙蒙。

李壁。當在任（上年始任）。

李覘。自少秘監遷。《舊書》一九下《僖宗紀》：“（乾符二年）十月，以秘書少監李覘爲諫議大夫。”

李湯。蓋是年任（後年正月遷給事中）。《舊書》一七六《李宗閔傳》：“宗閔弟宗冉。宗冉子深、湯。湯累官至給事中。”

起居郎

裴渥。

劉崇龜。十一月爲禮部員外。《舊書》一九下《僖宗紀》：“（乾符二年）十一月，以起居郎劉崇龜爲禮部員外郎。”按《舊書》一七九本傳云累遷起居舍人，禮部、兵部二員外。

鄭勤。三月自右補闕遷。《舊書》一九下《僖宗紀》：“（乾符二年）三月，以右補闕鄭勤爲起居郎。”

盧莊。十月自户部員外遷。《舊書》一九下《僖宗紀》：“（乾符二年十月）户部員外郎盧莊爲起居員外郎。”按當爲起居郎。

僖宗乾符三年(八七六)

中書省

中書令

王景崇。兼成德節度使。《通鑑》二五二"乾符三年":"(七月)加成德節度使王景崇兼中書令。"

中書侍郎

盧攜。兼工尚。

李蔚。《舊書》一九下《僖宗紀》:"(乾符三年六月)太常卿、平章事李蔚爲中書侍郎。"按《宰相表》下云上年六月自吏尚爲中郎、平章事。

中書舍人

盧渥。是年丁母憂。《唐闕史》下《盧左丞赴陝郊詩》:"盧左丞渥……乾符初,服喪紀於洛下,先終制。渥自前中書舍人拜陝郊觀察使。"《司空表聖文集箋校》五《唐故太子太師致仕盧公(渥)神道碑》:"拜某官、知制誥……丁內憂,哀毀過禮,士大夫莫不感傷。免喪,拜陝虢觀察使兼御史中丞。"按盧渥乾符六年二月鎮陝虢。參《方鎮年表》四。

崔澹。

高湘。九月權知禮侍。《舊書》一九下《僖宗紀》:"(乾符三年九月)中書舍人高湘權知禮部侍郎。"

魏簹。自右大諫遷。《舊書》一九下《僖宗紀》:"(乾符三年七月)以右諫議大夫、知制誥魏簹爲中書舍人。"

王徽。《舊書》一九下《僖宗紀》:"(乾符三年九月)戶部郎中、知制誥、翰林學士王徽爲中書舍人。"

右諫議大夫。

魏簹。知制誥。七月爲中舍。

張禹謨。十二月鎮桂州。《通鑑》二五二“乾符三年”：“（十二月）以右諫議大夫張禹謨爲桂州觀察使。”

崔璆。蓋是年始任（下年閏二月鎮浙東）。

柳韜。蓋是年始任（下年在任）。

右補闕

牛徽。

右拾遺

陸希聲。當在任。《全文》八一三陸希聲《北戶録序》，文末署：右拾遺內供奉陸希聲撰。

門下省

侍中

王景崇。兼成德節度使。七月遷兼中令。

門下侍郎

王鐸。兼左僕。

崔彦昭。兼刑尚，六月兼右僕。《舊書》一九下《僖宗紀》：“（乾符三年）六月，以門下侍郎、刑部尚書、平章事、太清宮使、弘文館大學士、判度支崔彦昭兼右（原作左，誤）僕射……（九月）右僕射、門下侍郎崔彦昭加特進。”

鄭畋。兼禮尚。九月爲特進。《舊書》一九下《僖宗紀》：“（乾符三年九月）門下侍郎、禮部尚書、平章事鄭畋可特進。”

給事中

楊損。

趙蒙。十月自大諫遷。《舊書》一九下《僖宗紀》：“（乾符三年十月）諫議大夫趙蒙爲給事中。”

左散騎常侍

支訟。五月後當自少太府改。按二月至五月間爲撰《支訟妻鄭氏墓誌》（《墓誌彙編下·乾符〇〇九》），署銜前太府少卿；後年正月自左常侍出鎮河東。

諫議大夫

趙蒙。十月爲給事中。

李眂。當在任（上年始任）。

李湯。

楊授。自吏部郎中遷。《舊書》一七六本傳："李福爲東都留守,奏充判官。改兵部郎中,由吏部拜左諫議大夫、給事中。"《大詔令集》一一七《宣慰東都官吏敕》（乾符三年九月）："敕：東都留守王渢、河南尹劉允章及分司御史官……今差左諫議大夫楊授、工部員外郎李巢專往宣慰。"

張同。十月自商刺遷。《舊書》一九下《僖宗紀》："（乾符三年十月）商州刺史張同爲諫議大夫。"

起居郎

鄭勤。

盧莊。

僖宗乾符四年（八七七）

中書省

中書令

王景崇。兼成德節度使。

中書侍郎

盧攜。正月兼刑尚，九月兼户尚。《宰相表》下：（乾符四年）正月攜兼刑部尚書；九月攜兼户部尚書。

李蔚。

中書舍人

崔澹。九月權知貢舉。《舊書》一九下《僖宗紀》："（乾符四年）九月，以中書舍人崔澹權知貢舉。"

高湘。知貢舉。見《登科記考補正》二三。貢舉後正除禮侍。又遷右庶子，旋鎮江西。《新書》一七七本傳："僖宗初，召爲太子右庶子，終江西觀察使。"參《方鎮年表》五。

魏箸。

王徽。

蕭遘。春自户部郎中遷，仍充翰林學士。《墓誌續編（乾符〇一一）·康王墓誌》（卒於咸通七年七月，葬於乾符四年四月）：翰林學士、朝議郎、守中書舍人、柱國、賜紫金魚袋臣蕭遘奉敕撰。

右諫議大夫

崔璆。閏二月鎮浙東。《嘉泰會稽志》二《太守》："崔璆，乾符四年閏二月自右諫議大夫、知匭使授。"

右諫議大夫

柳韜。《新書》二二二中《南詔傳》下："乾符四年，遣陀西段瑴寶詣邕州節度使辛讜請修好，詔使者答報。未幾，寇西川，（高）駢奏請與和親。右諫議大夫柳韜、吏部（禮部）侍郎崔澹醜其事，上言：'……駢職上將，謀乖謬，不可從。'"

右補闕

牛徽。約是年遷吏部員外。《舊書》一七二本傳："入朝爲右補闕，再遷吏部員外郎。乾符中，選曹猥濫，吏爲奸弊，每歲選人四千餘員。徽性貞剛，特爲奏請。"

柳璧。《舊書》一六五《柳仲郢傳》："李瓚鎮桂管，奏爲觀察判官。軍政不愜，璧極言不納，拂衣而去。桂府尋亂，入爲右補闕。"按上年十二月青滄軍士戍安南者，還至桂州，逐李瓚。見《通鑑》二五二"乾符四年"。

起居舍人

崔凝。約是年自刑部員外轉。《墓誌續編（乾寧〇〇三）·唐故刑部尚書崔公（凝）府君墓誌》（卒於乾寧二年八月，葬於三年八月；年五十八）："遷殿中侍御史，轉刑部員外郎，拜起居舍人。"

門下省

門下侍郎

王鐸。《宰相表》下：（乾符四年）閏二月，王鐸檢校司徒兼門下侍郎、同中書門下平章事。

崔彥昭。二月罷爲太子太傅。《宰相表》下：乾符四年閏二月，彥昭罷爲太子太傅。

鄭畋。兼禮尚。正月兼兵尚。《宰相表》下：（乾符四年）正月，畋兼兵部尚書。《全文》七六七鄭畋《謁昇仙太子廟詩題後》："乾符四年閏二月三日，開府儀同三司行門下侍郎兼兵部尚書平章事監修國史鄭畋記。"

給事中

楊損。《通鑑》二五三"乾符四年"："五月甲子以給事中楊損爲陝虢觀察使。"

趙蒙。

李湯。自大諫遷。《舊書》一九下《僖宗紀》："（乾符四年正月丁丑）以諫議大夫李湯爲給事中。"

　　楊授。自大諫遷。《舊書》一七六本傳："由吏部拜左諫議大夫、給事中。出爲河南尹。"按下年爲河南尹。

　　張同。自大諫轉。《集古録目》五："《唐普照大師碑》，給事中張同撰，禮部侍郎崔厚書……碑以乾符四年立。"按是年崔厚爲大諫。

左散騎常侍
支謨。

諫議大夫
李湯。正月丁丑爲給事中。

楊授。是年遷給事中。

張同。是年遷給事中。

　　崔厚。正月自兵部郎中轉。《舊書》一九下《僖宗紀》："（乾符四年正月丁丑）以兵部郎中崔厚爲諫議大夫。"按《集古録目》五："《唐普照大師碑》，給事中張同撰，禮部侍郎崔厚書……碑以乾符四年立。"謂乾符四年崔厚爲禮侍。崔厚廣明元年爲禮侍。崔沆上年春任禮侍，或是崔沆之因訛，亦未可知。

　　崔庾。自考功郎中遷。《墓誌續編（乾符〇一二）·故嗣陳王（行莘）墓誌》（卒於乾符是年六月，葬於七月；年六十）：翰林學士、朝議郎、守左諫議大夫、柱國、賜緋魚袋臣崔庾奉敕撰。

僖宗乾符五年(八七八)

中書省

中書令

王景崇。兼成德節度使。《大詔令集》六一《册王景崇常山郡王文》：乾符五年十二月三日，成德軍節度使、檢校太尉、兼中書令王景崇，册爾爲常山郡王。

中書侍郎

盧攜。兼户尚。五月丁酉遷賓客，分司。《宰相表》下：(乾符五年)五月丁酉，攜罷爲太子賓客，分司東都。

李蔚。《宰相表》下：(乾符五年)九月蔚檢校司空，判東都尚書省、都畿汝防禦使。《通鑑》二五三"乾符五年"："(九月)中書侍郎、同平章事李蔚罷爲東都留守。"按《舊書》一九下《僖宗紀》："(乾符五年)九月，門下侍郎、吏部尚書、平章事李蔚檢校尚書左僕射，充東都留守。"云自門郎罷，當誤。

鄭從讜。《宰相表》下：(乾符五年)九月，吏部尚書鄭從讜爲中書侍郎、兼禮部尚書、同中書門下平章事。按《舊書》一九上《僖宗紀》云以吏部尚書入相。

中書舍人

崔澹。知貢舉。見《登科記考補正》二三。貢舉後正除禮侍。《舊書》一七七本傳："澹，大中十三年登進士第，累遷禮部員外郎，位終吏部侍郎。"按是年十二月，張讀以中舍權知禮部貢舉，則崔澹當自禮侍改職。又，下年三月澹即在吏侍任。則約夏秋自禮侍遷吏侍。

王徽。約是年遷户侍，仍充翰林學士。《舊書》一七八本傳："徽拜中書舍人。延英中謝，面賜金紫，遷户部侍郎、學士承旨。"

魏籛。

蕭遘。

張讀。十二月權知貢舉。《舊書》一九下《僖宗紀》:"(乾符五年十二月)以中書舍人張讀權知禮部貢舉。"

韋昭度。《舊書》一七九本傳:"乾符中,累遷尚書郎、知制誥,正拜中書舍人。"當在任。

李拯。當在任(下年十月在任)。

裴澈。自禮部員外遷(下年七月在任)。

右諫議大夫

柳韜。是年遷給事中。

右補闕

杜讓能。自興元節度判官遷。《舊書》一七七本傳:"牛蔚鎮興元,奏爲節度使判官,入爲右補闕。"按是年牛蔚罷鎮興元。

柳璧。當在任(下年遷屯田員外)。

起居舍人

崔凝。約是年遷司勳員外、兼侍御史知雜。《墓誌續編(乾寧○○三)·唐故刑部尚書崔公(凝)府君墓誌》(卒於乾寧二年八月,葬於三年八月;年五十八):"拜起居舍人,除司勳員外、兼侍御史知推事。"

門下省

門下侍郎

鄭畋。兼兵尚。《宰相表》下:(乾符五年)五月丁酉,畋罷爲太子賓客,分司東都。

王鐸。兼檢校司徒、平章事。

給事中

趙蒙。

李湯。當在任(上年始任)。

楊授。是年爲河南尹。《舊書》一七六本傳:"由吏部拜左諫議大夫、給事中。出爲河南尹。"參《刺考全編·都畿道》。

柳韜。自右大諫遷。《大詔令集》六一《册王景崇常山郡王文》:乾符五年十二月三日,成德軍節度使、檢校太尉、兼中書令王景崇,今遣使給事中、副使吏部郎中趙秘持節册爾爲常山郡王。

左散騎常侍

支謨。正月鎮河東。《舊書》一九下《僖宗紀》:"(乾符五年正月)以左散騎常侍支謨爲河東節度使。"《通鑑》二五三"乾符五年"《考異》引《唐末聞見録》:"六月十一日,左散騎常侍支謨奉敕到府,充大同軍制置使。"

諫議大夫

崔厚。

崔庾。當在任(上年始任)。

左補闕

張禕。約是年任。《舊書》一六二本傳:"入爲監察御史,遷左補闕。乾符中,詔入翰林學士,累官至中書舍人。"

僖宗乾符六年(八七九)

中書省

中書令
王景崇。兼成德節度使。

中書侍郎
鄭從讜。兼禮尚。乾符六年十二月爲門郎兼兵尚。

豆盧瑑。十二月自兵侍遷,兼户尚。《宰相表》下:(乾符六年)十二月,瑑爲中書侍郎、兼户部尚書。

崔沆。十二月自户侍遷,兼工尚。《宰相表》下:(乾符六年)十二月,沆爲中書侍郎、兼工部尚書。

中書舍人
魏籌。蓋是年遷刑侍。《新書》七二中《宰相世系表》二中魏盈之族:魏扶子籌,字守之,刑部侍郎。《郎表》四刑侍:蓋僖宗世官至刑侍。

蕭遘。

張讀。知貢舉。見《登科記考補正》二三。放榜後正除禮侍。《舊書》一九下《僖宗紀》:"(乾符六年十月)以禮部侍郎張讀權知左丞事。"

韋昭度。

李拯。《會要》四五《功臣》:乾符六年十月,敕修郭子儀廟,擬明年仲春以太牢祭祀。禮部員外郎崔祐甫與諫官上疏,以爲過當。惟中書舍人李拯上疏請行前詔,乃以太牢配之。

裴澈。《墓誌續編(乾符〇二六)·涼王墓誌》(卒於乾符五年六月,葬於六年八月;年十四):"乾符六年秋七月,皇帝聞涼王薨,鍾友于之念,悲軫宸衷,詔輟朝三日。即日有司奏襄事之期,命翰林學士臣裴澈撰刻石上之銘。"署:翰林學士、朝議郎、守中書舍人、柱國、賜紫金魚袋臣裴澈奉敕撰。

按是年遷户侍(下年十二月自户侍改工侍、同平章事)。

李磎。約是年自吏部郎中遷。充翰林學士。《舊書》一五七本傳:"累遷吏部郎中,兼史館修撰,拜翰林學士、中書舍人。"

張禕。約是年自左補闕遷。《舊書》一六二本傳:"遷左補闕。乾符中,詔入翰林學士、累官至中書舍人。"

徐彦若。自主客員外遷,充翰學。《舊書》一七九本傳:"乾符末,以尚書郎知制誥,正拜中書舍人。"《金華子》雜編上:"故事:南曹郎既聞除目,如偶然忽變改授他人,縱未領命,亦不復還省矣。南海端揆爲主客員外郎時,有除翰林學士之命。既還省,吏忽報除目下,員外徐彦若除翰林學士。"

右散騎常侍

李損。《元龜》五一五《剛正》:"乾符末,右散騎常侍李損有子疑古(原作吉),武寧軍節度使支詳辟爲判官。"

李潼。當在任(下年十二月在任)。

右補闕

杜讓能。約是年遷侍御史。《舊書》一七七本傳:"入爲右補闕,歷侍御史、起居郎、禮部員外郎。"

柳璧。約是年遷屯田員外。《新書》一六三本傳:"擢右補闕,再轉屯田員外郎。"

門下省

侍中

王鐸。四月鎮荆南,十二月貶賓客、分司。《宰相表》下:(乾符六年)四月,鐸檢校司空兼侍中、荆南節度使、南門行營招都統;十二月貶太子賓客,分司東都。

門下侍郎

王鐸。四月爲侍中、荆南節度使。

盧攜。自兵尚遷。《宰相表》下:(乾符六年)十二月,兵部尚書盧攜爲門下侍郎、同中書門下平章事。

鄭從讜。自中郎、平章事轉,仍平章事。《宰相表》下:(乾符六年)十二月,從讜爲門下侍郎兼兵部尚書。

給事中

趙蒙。約是年遷中丞(下年十二月爲黃巢所殺)。《新出唐墓誌百種·張文寶墓誌》:"皇妣天水趙氏累贈天水郡太君,外王父諱蒙,皇朝御史中丞。"

盧紹。《唐闕史》下《盧左丞赴陝郊詩》:"盧左丞渥……乾符初,附喪紀於洛下,先終制,渥自前中書舍人拜陝郊觀察使;又旬日,其弟紹自前長安縣令除給事中。"按盧渥乾符六年鎮陝虢。參《方鎮年表》四。

柳韜。十一月鎮浙東。《嘉泰會稽志》二《太守》:"柳韜(原作瑫),乾符六年十一月自給事中授。"

蘇導。當在任(下年刺劍州)。

諫議大夫

崔厚。是年權知貢舉(下年知貢舉)。

韋庾。當在任。《舊書》一五八《韋澳傳》:"入朝累遷兵部郎中、諫議大夫。從僖宗幸蜀,改中書舍人。"

蕭廩。當在任。見下年引。

起居郎

蔣曙。約是年自工部員外轉。《新書》一三二《蔣係傳》:"子曙,字耀之。咸通末,由進士第署鄂岳團練判官,除虞、工二部員外,改起居郎。黃巢之難,曙闔門無噍類,以是絕意仕進。"

柳玭。當在任。見下年引。

左補闕

張禕。約是年遷中舍。

左拾遺

盧沆。《唐闕史》下《盧左丞赴陝郊詩》:"盧左丞渥……自前中書舍人拜陝郊觀察使……弟沆自前集賢校理授左拾遺。"參給事中盧渥引。

侯昌業(一作蒙)。當在任(下年正月因上諫被賜死)。

李渥。當在任(下年三月爲河東觀察判官)。

僖宗廣明元年(八八〇)

中書省

中書令

王景崇。兼成德節度使。

中書侍郎

豆盧瑑。兼户尚。十二月庚子遇難。《宰相表》下：(廣明元年)十二月庚子,黄巢殺瑑。

崔沆。兼工尚。十二月庚子遇難。《宰相表》下：(廣明元年)十二月庚子,黄巢殺沆。

中書舍人

蕭遘。是年遷户侍,進承旨。《舊書》一七九本傳："正拜中書舍人,累遷户部侍郎、翰林承旨。"

韋昭度。是年遷户侍。《舊書》一七九本傳："乾符中,累遷尚書郎、知制誥,正拜中書舍人。從僖宗幸蜀,拜户部侍郎。"

李磎。《舊書》一五七本傳："拜翰林學士、中書舍人。廣明中,分司洛下。"

李拯。當在任(上年十月在任)。

張禕。《舊書》一六二本傳："(廣明元年十一月)黄巢犯京師,從僖宗幸蜀。"

徐彦若。

右散騎常侍

李損。

李潼。《全文》七九四孫樵《自序》："廣明元年,狂寇犯闕,駕避岐隴,詔赴行在,遷職方郎中。朝廷以省方蜀國,文物攸興,品藻朝倫,旌其才行,詔曰：‘行在三絶：右散騎常侍李潼有曾閔之行，職方郎中孫樵有揚馬之文，前進士司空圖有巢由之風，可載青史。’”按僖宗十二月辛巳避岐隴。

門下省

門下侍郎

盧攜。兼右僕、兵尚，二月死難。《舊書》一九下《僖宗紀》：“（廣明元年十二月辛巳）貶右僕射、門下侍郎、平章事盧攜爲太子賓客。攜聞賊至，仰藥而死。”

鄭從讜。兼兵尚。《宰相表》下：（廣明元年）二月壬子，從讜檢校司空、兼平章事、河東節度行營招討等使。

給事中

盧紹。當在任（上年在任）。

牛循。《舊書》一七二《牛徽傳》：“黃巢犯京師……時僖宗已幸成都，徽至行朝拜章，乞歸侍疾，已除諫議大夫，不拜，謂宰相杜讓能曰：‘願留兄循在朝，以當門户，乞侍醫藥。’時循爲給事中，丞相許之。”

蘇導。是年制劍州。《唐摭言》九《敕賜及第》：“杜昇父宣猷終宛陵，昇有辭藻，廣明歲，蘇導給事刺劍州，昇爲軍倅。駕幸西蜀，例得召見，特敕賜緋，導入内。”

左散騎常侍

李騭。《唐詩紀事》六三司空圖：“黃巢陷長安，孫樵赴岐隴，授職方員外（孫樵《自序》作職方郎中），詔書曰：‘行在三絶，以常侍李騭有曾閔之行，圖有巢由之風，樵有揚馬之文故也。’”

諫議大夫

韋庚。

蕭廩。《新書》一〇一本傳：“廣明初，以諫議大夫知制誥……俄遷京兆尹。”按《舊書》一七二本傳：“中和中，徵爲中書舍人，再遷京兆尹。”按下年爲中和元年。而《通鑑》二五四“廣明元年”云：是年十二月蕭廩自京兆尹貶賀州司户。

起居郎

蔣曙。《新書》一三二本傳："除虞、工二部員外,改起居郎。黃巢之難,曙闔門無噍類,以是絕意仕進,隱居沉痛。"

柳玭。《舊書》一六五本傳："召爲起居郎。賊陷長安,爲刃所傷,出奔行在。"按十二月黃巢陷長安。

杜讓能。是年遷禮部員外。《舊書》一七七本傳："入爲右補闕,歷侍御史、起居郎、禮部員外郎。黃巢犯京師,奔赴行在,拜禮部郎中。"

左拾遺

侯昌業(一作蒙)。二月因上諫被賜死。《通鑑》二五三"廣明元年":"(二月)左拾遺侯昌業以盜賊滿關東,而上不親政事,專務游戲,賞賜無度,田令孜專權無上,天文變異,社稷將危,上疏極諫。上大怒,召昌業至內侍省,賜死。"又見《北夢瑣言》六《侯昌業表》。按《考異》引《續寶運録》云侯昌業爲司天少監。又按《新書》二〇八《田令孜傳》作侯昌蒙。

李渥。三月爲河東節度掌書記。《舊書》一五八《鄭從讜傳》:"(廣明元年三月辛未)前左拾遺李渥充(河東節度使)掌書記。"

盧嗣業。《舊書》一六三本傳:"廣明初,以長安尉直昭文館、左拾遺、右補闕。"

孟昭圖。當在任(下年七月被田令孜殺)。

僖宗中和元年（八八一）

中書省

中書令

王景崇。兼成德節度使。

王鐸。自司徒、兼侍中、平章事遷檢校太尉、中令、義成軍節度使，仍平章事。《舊書》一九下《僖宗紀》："（中和元年七月丁巳）以侍中王鐸檢校太尉、中書令，兼滑州刺史、義成軍節度、鄭滑觀察處置，兼充京城四面行營都統，以太子太師崔安潛爲副。"《通鑑》二五四"中和元年"云下年正月。

中書侍郎

裴澈。正月壬申自工侍遷，二月兼禮尚，仍平章事；四月戊寅遷門郎兼兵尚，仍平章事。《宰相表》下：（中和元年）正月壬申，兵部侍郎判度支蕭遘爲工部侍郎、同中書門下平章事，二月澈兼禮部尚書。四月戊寅澈爲門下侍郎、兼兵部尚書。十一月澈爲檢校兵部尚書、鄂岳觀察使。按工侍僅一員，正月壬申，蕭遘爲工侍，據此則裴澈遷中郎。《大詔令集》五一《王鐸弘文館大學士等制》：金紫光禄大夫、守中書侍郎、兼禮部尚書、同中書門下平章事裴澈可特進、行門下侍郎、兼兵部尚書（原作侍郎，誤）、同中書門下平章事。

蕭遘。四月自工侍遷，兼禮尚，十一月兼户尚，仍中郎、平章事。《宰相表》下：（中和元年）正月壬申，兵部侍郎、判度支蕭遘爲工部侍郎、同中書門下平章事；四月遘爲中書侍郎、兼禮部尚書。十一月兼户部尚書。

韋昭度。自兵侍、平章事遷，兼禮尚，仍平章事。《宰相表》下：（中和元年）十一月，昭度爲中書侍郎、兼禮部尚書。《大詔令集》一《蕭遘監修國史等制》：銀青光禄大夫、行兵部侍郎、同中書門下平章事韋昭度可光禄大夫、行中書侍郎、兼禮部尚書、同中書門下平章事，充集賢殿大學士、上柱國。

中書舍人

張禕。是年遷工侍，仍充翰學。《舊書》一六二本傳："乾符中，詔入翰林學士，累官至中書舍人。黃巢犯京師，從僖宗幸蜀，拜工部侍郎。"

徐彥若。

鄭昌圖。當在任（下年四月爲義成軍司馬）。

蕭廩。自賀州司戶遷。旋復任京尹。《資治通鑑》二五四"中和元年"：上年十二月蕭廩自京兆尹貶賀州司戶。《舊書》一七二本傳："中和中，徵爲中書舍人，再遷京兆尹。"

韋庚。自大諫遷。《舊書》一五八《韋澳傳》："（庚）累遷兵部郎中、諫議大夫。從僖宗幸蜀，改中書舍人。"按上年十二月，僖宗出逃。

侯翩。蓋是年始除。《北夢瑣言》五《符載侯翩歸隱》："唐光啓中，成都人侯翩，風儀端秀，有若冰壺。以拔萃出身，爲邠寧從事。僖皇播遷，擢拜中書舍人、翰林學士。"上年僖宗出逃。

右散騎常侍

李損。

李潼。見上年引。

右諫議大夫

柳璧。自屯田員外遷。《新書》一六三本傳："僖宗幸蜀，授翰林學士，累遷右諫議大夫。"上年十二月僖宗至蜀避亂。

右補闕

盧嗣業。約是年自左拾遺遷。《舊書》一六三本傳："廣明初，以長安尉直昭文館、左拾遺、右補闕王鐸徵兵收兩京，辟爲都統判官、檢校禮部郎中。"

右拾遺

樂朋龜。《通鑑》二五四"中和元年"："（正月）裴澈自賊中奔詣行在。時百官未集，乏人草制，右拾遺樂朋龜謁田令孜而拜之，由是擢爲翰林學士。"

門下省

侍中

鄭從讜。《通鑑》二五四"中和元年"："（二月丙申）加河東節度使鄭從讜兼侍中，依前行營招討使。

王鐸。四月自門郎遷，兼司徒，仍平章事；七月爲中令、義成軍節度使。《宰相表》下：廣明二年（按七月改元中和）四月、五月，鐸兼侍中。七月檢校太尉、中令、義成軍節度使。

門下侍郎

王鐸。自少太師遷，兼司徒。《宰相表》下：（廣明二年，按七月改元中和）二月乙卯，太子少師王鐸爲司徒、兼門下侍郎。四月遷兼侍中。

裴澈。四月戊寅自中郎兼禮尚、平章事遷門郎兼兵尚，仍平章事。十一月鎮鄂岳（未至鎮）。《宰相表》下：（廣明二年，按七月改元中和）四月戊寅，澈爲門下侍郎、兼兵部尚書；十一月澈爲檢校兵部尚書、鄂岳觀察使。《大詔令集》五六《裴澈（原誤作胤）鄂岳觀察使制》：特進、行門下侍郎、兼兵部尚書、同中書門下平章事裴澈（原誤作胤）充鄂岳州觀察使。

鄭畋。《宰相表》下：（廣明二年，按七月改元中和）六月戊戌，檢校司空、同平章事、京城西面行營都統鄭畋守司空、兼門下侍郎、同中書門下平章事；十一月畋罷爲太子少傅，分司東都。

給事中

牛循。

顏薈。《唐摭言》一〇《韋莊奏請追贈不及第人近代者》："（陸龜蒙）中和初，遘疾而終。顏薈給事爲文誌其墓，吳子華奠文千餘言。"

諫議大夫

韋庾。是年遷中舍。

牛徽。七月後自吏部員外除是職，不拜。乞歸侍疾。《舊書》一七二《牛徽傳》："黃巢犯京師……時僖宗已幸成都，徽至行朝拜章，乞歸侍疾，已除諫議大夫，不拜，謂宰相杜讓能曰：'願留兄循在朝，以當門户，乞侍醫藥。'時循爲給事中，丞相許之。"

鄭寶。《北夢瑣言》一四《儒將成敗》："王鐸初鎮荆南,黄巢入寇,望風而遁。他日將兵捍潼關,黄巢令人傳語:'相國儒生,且非我敵,無污我鋒刃,自取敗亡也。'後到成都行朝,拜諸道都統。高駢上表,目之爲敗軍之將,正謂是也。諫議大夫鄭寶曾獻書以規,其旨云:'未知令公以何人爲爪牙,何士參帷幄? 當今大盜移國,群雄奮戈,幕下非舊族子弟、白面郎君雍容談笑之秋也。'而後罷軍權,鎮滑臺,竟有貝州之禍。"僖宗七月至成都,命王鐸鎮滑臺(義成軍),充京城四面行營都統。

柳玭。蓋是年自起居郎遷。《舊書》一六五本傳:"賊陷長安,爲刃所傷,出奔行在,歷諫議、給事中。"

起居郎

蔣曙。《唐摭言》八《入道》:"蔣曙,中和初,自起居郎,以弟兄因亂相離,遂屏跡丘園。因應天令表請入道,從之。"

柳玭。蓋是年遷大諫。

裴樞。是年當在任。《舊書》一一三本傳:"從僖宗幸蜀,中丞李涣奏爲殿中侍御史,遷起居郎。"

張濬。《北夢瑣言》五《張濬樂朋龜與田軍容中外事》:"僖皇播遷,行至洋源,百官未集,闕人掌誥。樂朋龜侍郎亦及行在,因謁中尉,仍請中外,由是薦之充翰林學士。張濬相自處士除起居郎,亦出子方之門,皆申中外之敬。洎車駕到蜀,朝士畢集,一日,中尉爲宰相開筵,學士洎張起居同預焉。"

左拾遺

盧嗣業。約是年遷右補闕。

孟昭圖。《新書》九《僖宗紀》:"(中和元年七月)辛未,田令孜殺左拾遺孟昭圖。"

杜昇。《唐摭言》九《敕賜及第》:"杜昇父宣猷終宛陵,昇有辭藻,廣明歲,蘇導給事刺劍州,昇爲軍倅。駕幸西蜀,例得召見,特敕賜緋,導入内。韋中令自翰長拜主文,昇時已拜小諫,抗表乞就試,從之。登第數日,有敕復前官,並服色。議者榮之。"按韋昭度是年拜禮尚知貢舉。小諫即拾遺。

陸龜蒙。《北夢瑣言》六《陸龜蒙追贈》:"唐末以左拾遺受之,詔下之日,(龜蒙)疾終。"按龜蒙是年卒,見給事中顏薦引。

僖宗中和二年(八八二)

中書省

中書令

王景崇。兼成德節度使。十二月卒。《舊書》一九下《僖宗紀》:中和二年十二月庚戌,成德節度使、檢校太尉、中書令王景崇卒。

王鐸。《大詔令集》五二《王鐸中書令諸道行營都統權知義成軍節度使制》(中和二年正月):開府儀同三司、守司徒、兼太子太保、同中書門下平章事王鐸可司徒、兼中書令,充諸道行營都統。二月兼判户部。《大詔令集》五二《王鐸判户部制》:諸道行營都統指揮使、守司徒、兼中書令、判延資庫使王鐸可兼判户部事,餘如故。

中書侍郎

蕭遘。兼户尚。四月遷門郎兼吏尚。

韋昭度。兼禮尚,五月兼吏尚。《宰相表》下:(中和二年)五月昭度兼吏部尚書。

中書舍人

徐彦若。

鄭昌圖。《通鑑》二五四"中和二年":"(正月)以中書舍人鄭昌圖爲義成節度行軍司馬。"

韋庚。

侯翽。

薛□。當在任(下年以中舍權知貢舉)。

右散騎常侍

李損。

右諫議大夫

柳璧。

右補闕

盧嗣業。《舊書》一六三本傳：正月遷檢校禮部郎中、諸道行營都統判官。參上年引。

劉崇望。約是年自監察御史遷，又遷起居郎。《舊書》一七九本傳："崔安潛鎮許昌、成都，崇望昆仲四人，皆在安潛幕下。入爲長安尉，直弘文館，遷監察御史。"按上年崔安潛罷鎮成都。約上年自長安尉遷監察御史。

右拾遺

樂朋龜。當在任。參上年引。

劉崇魯。《舊書》一七九本傳："中和二年入朝，拜右拾遺、左補闕。"

門下省

侍中

陳敬瑄。《通鑑》二五四"中和二年"："夏四月甲午，加（西川節度使）陳敬瑄兼侍中。"

高駢。《通鑑》二五五"中和二年"："加淮南節度使高駢兼侍中，罷其鹽鐵轉運使。"

韓簡。兼魏博節度使，《通鑑》二五五"中和二年"："閏（七）月，加魏博節度使韓簡兼侍中。"

門下侍郎

鄭畋。二月己卯自少太傅分司遷，兼司空。《宰相表》下：（中和二年）二月己卯，鄭畋爲司空、兼門下侍郎、同中書門下平章事。

蕭遘。四月自中郎兼户尚、平章事遷門郎、兼吏尚，仍平章事。《宰相表》下：（中和二年）四月，遘爲門下侍郎、兼吏部尚書，五月遷爲左僕射（仍平章事）。

給事中

牛循。

鄭畯。正月爲義成節度判官。《通鑑》二五四"中和二年"："（正月）給事中鄭畯爲（義成軍）判官。"

鄭凝績。冬刺隴州。《舊書》一七八《鄭畋傳》："（中和）二年冬，罷相，授太子少保。僖宗以畋子給事中凝績爲隴州刺史，詔侍畋就郡養疾。"

柳玭。蓋是年自大諫遷。《舊書》一六五本傳："賊陷長安，爲刃所傷，出奔行在，歷諫議、給事中，位至御史大夫。"

諫議大夫

柳玭。是年遷給事中。

張濬。自起居郎遷。《舊書》一七九本傳："賊犯京師，僖宗出幸……帝異之，急召至行在，拜兵部郎中。未幾，拜諫議大夫。"按《舊傳》未言任起居郎事。

吳畦。《全文》八〇五小傳：畦，山陰人，第進士。官諫議大夫，以諫討河東出爲潤州刺史。按《通鑑》二五四"中和二年"：李克用寇蔚州，三月，振武節度使契苾璋奏與天德、大同共討之。《刺考全編‧江南東道》不列吳畦刺潤州。

起居郎

張濬。是年遷左大諫。

劉崇望。約是年自右補闕遷。《舊書》一七九本傳："遷監察御史、右補闕、起居郎。"參右補闕引。

左拾遺

杜昇。當在任。見上年引。

僖宗中和三年（八八三）

中書省

中書令

王鐸。兼司徒、中令、平章事判户部事。正月乙亥檢校司徒、兼中令、充義成節度使。《宰相表》：（中和三年）正月乙亥，鐸檢校司徒、兼中書令、義成軍節度使。

中書侍郎

韋昭度。兼吏尚。中和三年七月遷門郎。

裴澈。自檢校兵尚、判度支遷，入相。《宰相表》：（中和三年）七月，檢校兵部尚書、判度支裴澈爲中書侍郎、同中書門下平章事。

中書舍人

徐彦若。

韋庚。

侯翩。

薛□。《郎表》三禮侍：蓋冬以中舍權知貢舉。

柳玭。自給事中遷。《唐文補編》八七柳玭《柳氏家訓序》："中和三年癸卯夏，鑾輿在蜀之三年也，余爲中書舍人。"

杜讓能。《舊書》一七七本傳："尋以本官知制誥，正拜中書舍人。謝日，面賜金紫之服，尋召充翰林學士。"

崔凝。自祠部郎中遷。《墓誌續編（乾寧○○三）·唐故刑部尚書崔公（凝）府君墓誌》（卒於乾寧二年八月，葬於三年八月。年五十八）："除考功員外郎……遷祠部郎中、知制誥。未周月，拜中書舍人，面賜金紫，即以本官充翰林學士。"

鄭延昌。是年以司勳員外、翰林學士兼。《全文》八一二録劉崇望《授鄭延昌守本官兼中書舍人制》。

右散騎常侍

李損。《通鑑》二五五"中和三年"：感化節度使時溥因食中毒，疑判官李凝古與父右常侍損同謀投毒所致，溥上章披訴，内官田令孜受溥厚賂，曲奏請收損下獄。侍御史王華嫉惡，堅執奏證損無罪⋯⋯損得免，止於停任。按《舊書》一七九《蕭遘傳》：云光啓初。

右補闕

沈文偉。《全文》八一二錄劉崇望《授中書舍人崔凝右補闕沈文偉並守本官充翰林學士制》。制文作於是年。參中舍崔凝引。

右拾遺

劉崇魯。

門下省

侍中

鄭從讜。兼東都留守、檢校司空。五月遷司空、兼門郎、同平章事。

門下侍郎

鄭畋。兼司徒。七月丁卯罷爲太子太保。《宰相表》下：(中和三年)五月，畋爲司徒，七月，畋罷爲檢校司徒，守太子太保。

鄭從讜。自東都留守、兼侍中遷，兼司空。《宰相表》下：(中和三年)五月，東都留守、檢校司空、兼侍中鄭從讜爲司空、兼門下侍郎、同中書門下平章事。

韋昭度。自中郎遷，仍兼吏尚。《宰相表》下：(中和三年)七月，昭度爲門下侍郎。

給事中

牛循。

孫儲。《蜀中名勝記》二五《壁山題名》："檢校司徒守太子太保鄭畋，門吏給事中賜紫金緋魚袋孫儲，尚書刑部郎中賜紫金緋魚袋鄭損，中和三年十二月八日，收訪泉石，偶題於此。"

柳玭。是年遷中舍。

諫議大夫

張濬。

起居郎

劉崇望。是年遷司勳員外。《舊書》一七九本傳："遷監察御史、右補闕、起居郎、弘文館學士，轉司勳、吏部二員外郎。"

左拾遺

王蔵。《舊書》一六四本傳："蕭遘作相，奏授藍田尉，直史館，遷左拾遺、右補闕。"按蕭遘中和元年入相。

僖宗中和四年（八八四）

中書省

中書令

王鐸。兼滄景節度使。《舊書》一九下《僖宗紀》："（中和四年十二月）新除滄德節度使王鐸，爲魏博節度使樂彥禎害之於漳南縣之高雞泊。"

陳敬瑄。《大詔令集》一二〇《討楊師立制》（中和四年二月）："今西川節度使、太尉、兼中書令陳敬瑄，以義制事，擁銳敏之司徒，擅訓齊之政令，必能剿除逆豎，鎮定蜀川。"

中書侍郎

裴澈。中和四年十月遷門郎、兼右僕。

中書舍人

徐彥若。

韋庾。是年遷刑侍、判户部事。《舊書》一五八《韋澳傳》："（庾）從僖宗幸蜀，改中書舍人，累拜刑部侍郎，判户部事。"

侯翩。

柳玭。蓋是年遷中丞。《新書》一六三本傳："再遷中書舍人、御史中丞。文德元年，以吏部侍郎修國史，拜御史大夫。"

杜讓能。春夏遷户侍。《舊書》一七七本傳："正拜中書舍人……六飛在蜀，關東用兵，徵發招懷，書詔雲委。讓能詞才敏速，筆無點竄，動中事機。僖宗嘉之，累遷户部侍郎。"

崔凝。是年轉户侍、知制誥。《墓誌續編（乾寧〇〇三）·唐故刑部尚書崔公（凝）府君墓誌》（卒於乾寧二年八月，葬於三年八月。年五十八）："拜中書舍人，面賜金紫，即以本官充翰林學士，仍轉户部侍郎，知制誥。"

鄭延昌。兼司勳員外、翰林學士。

鄭昌圖。《通鑑》二五五《考異》引《僖宗實錄》云:"中和四年正月,以義成行軍司馬鄭昌圖爲中書舍人……三月……以中書舍人鄭昌圖權知昭義留後。"四月爲兵侍、平章事。《舊書》一九下《僖宗紀》:"(中和四年四月庚申)以兵部侍郎、判度支鄭昌圖以本官同平章事。"

鄭損。當在任(下年冬權知貢舉)。

右散騎常侍

李損。

右補闕

沈文偉。當在任(上年始任)。

王蔇。自左拾遺遷。《舊書》一六四本傳:"蕭遘作相,奏授藍田尉,直史館,遷左拾遺、右補闕。"

常濬。當在任(下年七月貶萬州司户,尋賜死)。

右拾遺

劉崇魯。

門下省

門下侍郎

鄭從讜。兼司空。

韋昭度。兼吏尚。七月遷兼左僕。《宰相表》下:(中和四年)十月,(裴)澈加尚書右僕射,昭度加左僕射、兼門下侍郎。

裴澈。十月自中郎遷,兼右僕。《宰相表》下:(中和四年)十月,澈加尚書右僕射、兼門下侍郎。

給事中

牛循。

孫儲。《唐文補編》八七鄭畋《壁州新建山寺記》:"給事中孫君儲,秋曹正郎鄭君損,皆税車此地……甲辰孟秋二十三日記。"甲辰即中和四年。又按,秋冬轉工部郎中(下年正月自工部郎中刺湖州)。另見大諫王致君引。

左散騎常侍

鄭禮臣（縠）。見下引。

諫議大夫

張濬。

王致君（調）。《北里志・鄭舉舉》："鄭舉舉者，居曲中，亦善令章……有名賢釀宴，辟數妓，舉舉者預焉。今左諫王致君調、左貂鄭禮臣縠、夕拜孫文府儲、小天趙爲山崇，皆在席。"按《北里志》只數則，成書於是年。

起居郎

劉郊（文崇）。《北里志・鄭舉舉》："今左史劉郊文崇及第年，亦惑於舉舉。"按《北里志》只數則，成書於是年。

左拾遺

王蕘。是年遷右補闕。

僖宗光啓元年（八八五）

中書省

中書舍人

徐彥若。

侯翩。《北夢瑣言》五《符載侯翩歸隱》："僖皇播遷，擢拜中書舍人、翰林學士……僖宗歸闕，除郡不赴。"二月僖宗返京。

鄭延昌。兼司勳員外郎、翰林學士。

鄭損。是年冬權知貢舉。

司空圖。《舊書》一九〇下本傳："僖宗自蜀還，次鳳翔，召圖知制誥，尋正拜中書舍人。"按二月僖宗至鳳翔。三月至京師。

杜弘徽。是年當在任。《舊書》一七九《鄭綮傳》："僖宗自山南還，以宰相杜讓能弟弘徽爲中書舍人。"參給事中鄭綮引。

右散騎常侍

李損。是年停任。《舊書》一七九《蕭遘傳》："光啓初……（時）溥收（李）凝古而殺之。凝古父損，時爲右常侍。溥上章披訴，言損與凝古同謀。内官田令孜受溥厚賂，曲奏請收損下獄，中丞盧渥附令孜，鍛鍊其獄。侍御史王華嫉惡，堅執奏證損無罪……損得免，止於停任。"按《通鑑》二五五載此事於中和三年。又按《唐摭言》一〇《海叙不遇》："李凝古，給事中損之子……中和時，從彭門時溥。"不知何時任給事中。

王糙。《録異記》三："僖宗在蜀，以司封郎中王糙授萬年令兼御史中丞，先次歸京。乙巳年，駕回長安，轉右散騎常侍。"乙巳即光啓元年。

右補闕

王覿。是年遷侍御史。《舊書》一六四本傳："遷左拾遺、右補闕。中丞盧渥（原誤作涯）奏爲侍御史。"

常濬。七月庚戌貶萬州司户，尋賜死。《通鑑》二五六"光啓元年"："（七月）乙巳，右補闕常濬上疏，以爲：'陛下姑息藩鎮太甚，是非功過，駢首並足，致天下紛紛若此，猶未之悟，豈可不念駱谷之艱危，復懷西顧之計乎！宜復振典刑，以威四方。'田令孜之黨言於上曰：'此疏傳於藩鎮，豈不致其猜忿！'庚戌，貶濬萬州司户，尋賜死。"

右拾遺

劉崇魯。

門下省

門下侍郎

鄭從讜。兼司空。

韋昭度。兼左僕。《宰相表》下：（中和五年，按三月改元光啓）二月昭度爲司空。

裴澈。兼右僕。三月兼左僕。《宰相表》下；（光啓元年）三月，澈爲尚書左僕射。

給事中

牛循。

鄭綮。自兵部郎中遷。《舊書》一七九本傳："遷給事中，賜金紫。僖宗自山南還，以宰相杜讓能弟弘徽爲中書舍人。綮以弘徽兄在中書，弟不宜同居禁近，封還制書，天子不報，綮即移病休官。"按僖宗二月還京。

杜孺休。自湖刺遷。《嘉泰吳興志》一四"郡守題名"："杜孺休，乾符六年自户部郎中授；遷司勳郎中。中和三年再授，後遷給事中……孫儲，中和五年（三月改元光啓）正月一日自工部郎中授。"孫儲接杜孺休刺湖州，孺休遷給事中。

左散騎常侍

孫儲。八月自湖刺遷。《嘉泰吳興志》一四"郡守題名"："孫儲。中和五年（三月改元光啓）正月一日自工部郎中授……李師悅。光啓元年八月自工部尚書授。"李師悅八月刺湖州，接孫儲。

諫議大夫

張濬。約是年遷户侍、判度支。《舊書》一七九本傳："賊平，累遷户部侍郎。"

王致君（調）。當在任。參上年引。

僖宗光啓二年（八八六）

中書省

中書侍郎

蕭遘。五月罷爲太子太保。《通鑑》二五六"光啓二年"："五月，朱玫以中書侍郎、同平章事蕭遘爲太子太保……稱疾歸永樂。"

孔緯。四月自兵侍遷。《宰相表》下：（光啓二年）三月戊戌，御史大夫孔緯爲兵部侍郎、同平章事；四月緯爲中書侍郎。

中書舍人

徐彦若。

鄭延昌。冬中舍權知貢舉。

鄭損。知貢舉。見《登科記考補正》二三。

司空圖。《舊書》一九〇下本傳："僖宗出幸寶雞，復從之不及，退還河中。"按正月僖宗幸寶雞。

杜弘徽。當在任。見上年引。

孫揆。《新書》一九三本傳："第進士，辟户部巡官。歷中書舍人、刑部侍郎。"按約後年即光啓四年遷刑侍。

右散騎常侍

王糚。夏卒。《録異記》三："乙巳年（即光啓元年），駕回長安，轉右散騎常侍。十二月二十五日乙亥，蒲帥犯闕，是夜三更，駕出寶雞。糚方寢疾，不得扈衞。自居平康里奔南山下，自是杜門息跡，養疾累月。其夏襄王稱制，京師搜訪……一無所受，號慟而薨。"

右諫議大夫

劉崇望。自吏部員外遷。《通鑑》二五六"光啓二年"："（五月）遣右諫議大夫劉崇望使于河中，齎詔諭（王）重榮。"《舊書》一七九本傳："選使諭旨,以崇望爲諫議大夫。既至,諭以大義,重榮奉詔恭順……使還,上悦,召入翰林學士。"

右拾遺

劉崇魯。

門下省

侍中

鄭從讜。自門郎遷,兼太傅。《宰相表》下:(光啓二年)二月,從讜爲太傅、兼侍中。

門下侍郎

韋昭度。兼司空。

鄭從讜。是年遷太傅、兼侍中。

裴澈。兼左僕,五月歸永樂。《通鑑》二五六"光啓二年":正月,僖宗幸寶雞,裴澈依附朱玫。

給事中

牛循。《舊書》一七二《牛徽傳》:"(徽)已除諫議大夫,不拜,謂宰相杜讓能曰:'愿留兄循在朝,以當門户,乞侍醫藥。'時循爲給事中,丞相許之。"按杜讓能三月入相。

鄭繁。是年移病休官。詳見上年引。

杜孺休。

劉崇龜。約是年自兵侍遷。《舊書》一七九本傳:"中和三年入朝,爲兵部郎中,拜給事中。"

左散騎常侍

孫儲。當在任(上年八月始任)。

楊授。自兵侍轉。《舊書》一七六本傳:"改秘書監分司。車駕還,拜兵部侍郎。宰相有抱怨者,改左散騎常侍、國子祭酒。"

諫議大夫

鄭合敬。《録異記》三:"光啓二年丙午正月一日壬午,河東兵士入京師……是歲六月，僖宗幸褒梁，蕭遘、裴徹立襄王於長安，號曰監國。京輔左右洎江南河北，皆傳襄王教令，以懷撫之，或就加勳爵，或徵督貢奉。亦使諫議大夫鄭合敬與中官賷教令官告，以入河東。"

僖宗光啓三年(八八七)

中書省

中書侍郎

孔緯。三月遷門郎,仍平章事。

杜讓能。自工尚遷。六月兼兵尚。《宰相表》下:(光啓三年)三月,讓能爲中書侍郎;六月兼兵部尚書。

中書舍人

徐彥若。

鄭延昌。冬權知貢舉。

孫揆。

右諫議大夫

劉崇望。是年遷户侍。《舊書》一七九本傳:"以崇望爲(右)諫議大夫。諭(王重榮)以大義……使還,上悦,召入翰林充學士,累遷户部侍郎、承旨。"

右拾遺

劉崇魯。約是年遷左補闕。

門下省

侍中

鄭從讜。三月爲太子太保。《宰相表》下:(光啓三年)三月從讜爲太子太保。

韋昭度。自門郎遷,兼太保。《宰相表》下:(光啓三年)八月昭度爲太保兼侍中。

朱全忠。《舊書》一九下《僖宗紀》："（光啓三年十一月）制授全忠檢校太尉、侍中，兼揚州大都督府長史，充淮南節度觀察等使、行營兵馬都統。"

門下侍郎

韋昭度。八月爲太保兼侍中。

孔緯。自中郎轉。《宰相表》下：（光啓三年）三月緯爲門下侍郎；六月緯兼吏部尚書，充諸道鹽鐵轉運使。

給事中

杜孺休。

劉崇龜。

左散騎常侍

楊授。

鄭繁。《舊書》一七九本傳："繁即移病休官。無幾，以左散騎常侍徵還。"按去年移病休官。又，《新書》一八三本傳云召爲右常侍。

張禕。當在任。《舊書》一六二本傳："從僖宗幸蜀，拜工部侍郎、判户部事。奉使江淮還，爲當塗者不協，改太子賓客、左散騎常侍。"

左補闕

劉崇魯。約是年自右拾遺遷。《舊書》一七九本傳："中和二年入朝，拜右拾遺、左補闕。景福初，以水部員外郎知制誥。"

左拾遺

楊焜。約是年任。《舊書》一七六本傳："焜字公隱，進士及第，再遷左拾遺。昭宗初即位，喜游宴，不恤時事，焜上疏極諫。"

僖宗文德元年（八八八）

中書省

中書令

韋昭度。《宰相表》下：（文德元年）二月昭度（以司徒）兼中書令，四月
昭度守中書令，六月昭度檢校太尉兼中書令、劍南西川節度兼兩川招撫制
等使。按韋昭度，十一月稍前自太保兼侍中遷。《金石錄補》二二："《唐中
書門下江西觀察使牒》，右碑云光啓三年十一月中書門下牒江西觀察使。
其後列銜者二十四人，曰中書侍郎、兼兵部尚書、平章事杜遜能（即杜讓
能），門下侍郎、兼吏部尚書、平章事孔緯……太保、中書令昭度，不書姓；檢
校太師、兼侍中一人，太師、兼中書令一人，亦不書姓。除杜孔韋三正相之
外，餘皆小書'使'字，蓋使相也。"云上年十一月已以太保兼中令。

中書侍郎

杜讓能。二月戊子兼兵尚。四月遷左僕、判度支，仍兼中書侍郎、平章
事。《宰相表》下：（文德元年）二月讓能爲尚書右僕射，四月讓能爲左僕射。

張濬。二月自兵侍遷。四月守户尚，仍中郎、平章事。《宰相表》下：
（文德元年）二月，濬爲中書侍郎。四月，濬守户部尚書。

中書舍人

孫揆。約是年遷刑侍。《舊書》一九三本傳："歷中書舍人、刑部侍郎、
京兆尹。"參《郎表》四刑侍。

徐彦若。是年遷中丞。《舊書》一七九本傳："乾符末，以尚書郎知制
誥，正拜中書舍人。昭宗即位，遷御史中丞。"

鄭延昌。知貢舉。見《登科紀考補正》二三。放榜後正拜禮侍。按《郎
表》三禮侍云上年知貢舉。疑誤。

門下省

侍中

韋昭度。兼太保。《宰相表》下：（文德元年）二月，昭度兼中書令。

李克用。《通鑑》二五七“文德元年”：“（四月）加李克用兼侍中。”

門下侍郎

孔緯。《宰相表》下：（文德元年）二月緯爲左僕射。按《會要》二《帝號》下載，文德元年三月僖宗崩，十二月葬，中書侍郎、平章事孔緯撰哀册文。當誤。

給事中

杜孺休。

劉崇龜。

牛徽。《舊書》一七二本傳：“請授散秩，改給事中。從駕還京，至陳倉疾甚。按，二月僖宗至長安。

崔胤。《舊書》一七七本傳：“王重榮鎮河中，辟爲從事。入朝累遷考功、吏部二員外郎，轉郎中、給事中、中書舍人。大順中，歷兵部、吏部二侍郎。”

左散騎常侍

楊授。

鄭繁。

張禕。

左補闕

劉崇魯。

左拾遺

楊堪。十月遷太博。《舊書》一七六本傳：“遷左拾遺。昭宗初即位，喜游宴，不恤時事，堪上疏極諫，帝面賜緋袍象笏。崔安潛出鎮青州，辟爲支使。不至鎮，改太常博士。”按是年十月崔安潛鎮青州，見《舊書》二〇上《昭宗紀》。

昭宗龍紀元年（八八九）

中書省

中書令

韋昭度。《通鑑》二五七"龍紀元年"："六月以韋昭度兼中書令，充西川節度使，兼兩川招撫制置等使，徵（陳）敬瑄爲龍武統軍。"

朱全忠。《通鑑》二五八"龍紀元年"："三月，加朱全忠兼中書令，進爵東平郡公。"

趙德諲。《通鑑》二五八"龍紀元年"："（三月）加奉國節度使趙德諲中書令。"

中書侍郎

杜讓能。兼右僕。三月遷兼司空、門郎。

張濬。兼户尚、平章事。三月兼吏尚，仍平章事。十一月改兵尚、中郎平章事。《宰相表》下：（龍紀元年）三月濬兼吏部尚書。按：劉崇望十一月兼是吏尚，據《舊書》二〇上《昭宗紀》下年五月濬以兵尚、中郎爲太原四面行營兵馬都統，知張濬十一月當改兵尚。

劉崇望。自兵郎、平章事遷。《宰相表》下：（龍紀元年）三月，崇望爲中書侍郎，十一月己酉崇望兼吏部尚書（仍平章事）。

中書舍人

崔胤。自給事中遷。見上年給事中引。

司空圖。《舊書》一九〇下本傳："龍紀初，復召拜舍人，未幾，又以疾辭。"

門下省

侍中

崔安潛。《舊書》二〇上《昭宗紀》："（龍紀元年十月）制以特進、太子少師……崔安潛檢校太傅、兼侍中、青州刺史、平盧軍節度觀察、押新羅渤海兩蕃等使。"

門下侍郎

孔緯。《舊書》二〇上《昭宗紀》："（龍紀元年）三月壬辰朔，以右僕射、門下侍郎、同平章事孔緯守司空、太清宮使、弘文館大學士、延資庫使、領諸道鹽鐵轉運等使。"

杜讓能。三月以司空兼。《宰相表》下：（龍紀元年）三月，讓能兼門下侍郎。

給事中

杜孺休。十月刺蘇州。《通鑑》二五八"龍紀元年"："（十月）以給事中杜孺休爲蘇州刺史。"

劉崇龜。

牛徽。

崔胤。是年遷中舍。

裴樞。自吏部員外遷。《舊書》一一三本傳："入朝歷兵、吏二員外郎。龍紀初，擢拜給事中。"

陸希聲。蓋是年自歙州刺史遷。《新書》一一六本傳："擢累歙州刺史。昭宗聞其名，詔爲給事中。"

左散騎常侍

楊授。

鄭綮。約是年遷祭酒。《舊書》一七九本傳：論列朝政，執政惡之，改國子祭酒。

張禕。

左補闕

劉崇魯。

昭宗大順元年（八九〇）

中書省

中書令

朱全忠。二月乙丑守。《舊書》二〇上《昭宗紀》：“（大順元年二月乙丑）宣武節度使朱全忠進位守中書令，加食邑千户，餘如故。”又見《通鑑》二五八“大順元年”。按《新書》一〇《昭宗紀》云八月庚午。

趙德諲。兼奉國軍節度使。

中書侍郎

張濬。兼兵尚。是年遷門郎、兼户尚。

劉崇望。兼吏尚。

中書舍人

崔胤。是年遷兵侍。《舊書》一七七本傳：“大順中，歷兵部、吏部二侍郎。”按大順僅兩年，故繫於此。

右散騎常侍

鄭綮。自祭酒遷。《舊書》一七九本傳：“物議以綮匡諫而置之散地不可，執政懼，復用爲常侍。”按其後入相爲右常侍，故繫於此。

門下省

侍中

王行瑜。《通鑑》二五八“大順元年”：“（十月）加邠寧節度使王行瑜侍中。”

門下侍郎

孔緯。兼祭酒。十二月鎮荆南。尋責授均州刺史。《舊書》二〇上《昭宗紀》："（大順元年十二月丙寅）以開府儀同三司、守司徒、門下侍郎……孔緯檢校司徒、兼江陵尹、荆南節度使……庚午……新除荆南節度使孔緯責授均州刺史。"

杜讓能。兼司徒。

張濬。自中郎遷，兼户尚，仍平章事，十二月出鎮鄂岳觀察使。《舊書》一七九本傳：大順元年五月爲河東行營招討宣慰使，兵敗後朝廷下制曰："門下侍郎、兼户部尚書、同中書門下平章事……張濬。"《舊書》二〇上《懿宗紀》："（大順元年十二月）丙寅，制特進、中書侍郎、平章事、太原四面行營都統張濬可檢校兵部尚書、兼鄂州刺史、御史大夫，充鄂岳觀察使……庚午，以新除鄂岳觀察使張濬責授連州刺史。"

給事中

劉崇龜。是年遷左常侍。

牛徽。《通鑑》二五八"大順元年"："（張濬伐晉）奏給事中牛徽爲行營判官（徽以疾固辭）。"

裴樞。是年遷京兆尹。《舊書》一一三本傳："龍紀初，擢拜給事中，改京兆尹。"按接孫揆，揆六月自京兆尹遷昭義節度使。

陸希聲。《全文》八一三陸希聲《唐太子校書李觀文集序》，文末署：大順元年十月日，給事中陸希聲序。

左散騎常侍

楊授。

張禕。約是年遷吏侍。《舊書》一六二本傳："改太子賓客、左散騎常侍，轉吏部侍郎。歷刑部、兵部尚書。從昭宗在華，爲韓建所構，貶爲衡州司馬。"

劉崇龜。自給事中遷，旋鎮嶺南東道。《舊書》一七九本傳："大順中，遷左散騎常侍、集賢殿學士，判院事。改户部侍郎。檢校户部尚書，出爲廣州刺史，清海軍節度、嶺南東道觀察處置等使。"

董禹。當在任。《唐摭言》九《四凶》："李沼者，封川相猶子也，其妻乃董常侍禹之女也。大順中，邠州節度使尚父王行瑜外族董氏，以舅事於禹，沼樂游行瑜之門，行瑜呼沼李郎。"

諫議大夫

高逢休。《唐詩紀事》六七顧雲:"雲大順中制同羊昭業等十人修史,雲至江淮,遇高逢修諫議。"《唐文補編》八八小傳:昭宗大順中官諫議。

起居郎

李昌遠。《全文》八三七薛廷珪《授起居郎李昌遠監察陸扆守本官充翰林學士制》:"起居郎李昌遠……監察陸扆……可守本官充翰林學士。"

左補闕

劉崇魯。

左拾遺

孫泰。當在任(下年二月在任)。

陸扆。自藍田尉遷,改監察御史。《舊書》一七九本傳:"龍紀元年冬,召授藍田尉,直弘文館,遷左拾遺。中丞柳玭奏改監察御史。"參起居郎李昌遠引。

昭宗大順二年（八九一）

中書省

中書令

王重盈。《通鑑》二五八"大順二年"："（九月）加護國節度使王重盈兼中書令。"

李克用。《舊書》二〇上《昭宗紀》："（大順二年）二月辛巳，李克用復檢校太師、中書令、太原尹、北都留守、河東節度觀察處置等使。"

中書侍郎

張濬。兼右僕、中郎、平章事。正月出鎮鄂岳。《大詔令集》五八《張濬鄂岳觀察使制》（大順二年正月）：守尚書右僕射、兼中書侍郎、同中書門下平章事張濬充鄂岳等州都團練觀察等使。

劉崇望。大順二年二月（《舊紀》正月）爲門郎。

徐彦若。大順二年二月自户侍遷，十二月兼兵尚。均同平章事。《宰相表》下：（大順二年）正月御史中丞徐彦若爲户部侍郎、平章事，二月爲中書侍郎，十二月兼兵部尚書。

崔昭緯。二月自兵侍遷，十二月兼吏尚。均同平章事。《宰相表》下：（大順二年）二月崔昭緯爲中書侍郎。

中書舍人

獨孤損。當在任（約下年遷中丞）。

崔遠。約是年任。《舊書》一七七本傳："大順初，以員外郎知制誥，召充翰林學士，正拜中書舍人。"

右散騎常侍

鄭繁。

右補闕

裴庭裕。《會要》六三《修國史》:(大順二年)二月右補闕裴庭裕預修宣宗、懿宗、僖宗《實錄》。

門下省

侍中

王行瑜。兼邠寧節度使。

門下侍郎

孔緯。兼太保、祭酒、平章事。正月貶鎮荆南。《全文》九〇《貶孔緯荆南節度使制》:"開府儀同三司、守太保、兼門下侍郎、同中書門下平章事國子祭酒……孔緯……可檢校太保、兼御史大夫、荆南節度觀察使。"

劉崇望。正月(《宰相表》下云二月)自中郎遷。《舊書》二〇上《昭宗紀》:"(正月)以中書侍郎、吏部尚書、平章事劉崇望爲門下侍郎、監修國史、判度支事。"

杜讓能。《舊書》二〇上《昭宗紀》:"(大順二年正月)司徒、門下侍郎、平章事杜讓能進位太尉、太清宮使、弘文館大學士、延資庫使,領諸道鹽鐵轉運等使。"

給事中

牛徽。

陸希聲。

左散騎常侍

楊授。是年遷祭酒。《舊書》一七六本傳:"改左散騎常侍、國子祭酒。"

董禹。當在任。參上年引。

諫議大夫

高逢休。當在任。見上年引。

陸某。《韋莊集箋校》五《婺州和陸諫議將赴闕懷陽羡山居》注一:蓋卒於大順二年春。

左補闕

劉崇魯。

左拾遺

孫泰。《會要》六三《修國史》：大順二年二月左拾遺孫泰預修宣宗、懿宗、僖宗《實録》。

昭宗景福元年（八九二）

中書省

中書令

王重盈。兼護國軍節度使。

李克用。兼河東節度使。

中書侍郎

徐彦若。兼兵尚、平章事。

崔昭緯。兼吏尚。景福元年八月遷門郎。

鄭延昌。自户尚遷，入相。《宰相表》下：(景福元年)三月，户部尚書鄭延昌爲中書侍郎、同中書門下平章事。

中書舍人

獨孤損。蓋是年遷中丞。《全文》八三七薛廷珪《授中書舍人獨孤損御史中丞制》："丞相言爾中書舍人獨孤損……今以爾爲御史中丞。"

崔遠。

牛徽。自給事中遷，歲中又遷刑侍。《舊書》一七二本傳："(徽爲給事中，論杜讓能討李茂貞事)徽尋改中書舍人。歲中遷刑部侍郎。"

崔涓。當在任(下年遷户侍)。

李磎。當在任(下年遷户侍)。

右散騎常侍

鄭綮。

右拾遺

崔巘。《舊書》一七七《崔安潛傳》："子柅、巘。柅，景福中爲起居郎。巘爲右拾遺。"

起居舍人

李某。《韋莊集箋校》四《寄右省李起居》注一：作於是年。

門下省

侍中

王行瑜。兼邠寧節度使。

時溥。《通鑑》二五九"景福元年"："十月，復以溥爲侍中、感化節度。"

門下侍郎

杜讓能。四月守太尉。仍兼門郎。《宰相表》下：(景福元年)四月，讓能守太尉。

崔昭緯。自中郎遷，仍兼吏尚、平章事。《宰相表》下：(景福元年)八月，昭緯爲門下侍郎。

給事中

牛徽。《通鑑》二五九"景福元年"："(二月，李茂貞陵蔑朝廷)上意不能容，御延英，召宰相、諫官議之……給事中牛徽曰……"《舊書》一七二本傳："(杜讓能討李茂貞)及師出，復召徽謂之曰……徽對曰：'臣忝侍從諫諍之列，所言軍國，據理陳聞。'"是年遷中舍。

陸希聲。

諫議大夫

司空圖。《舊書》一九〇下本傳："景福中，又以諫議大夫徵……移疾不起。"

起居郎

崔梶。《舊書》一七七《崔安潛傳》："子梶、艤。梶，景福中爲起居郎。艤爲右拾遺。"

左拾遺

孫泰。當在任(上年二月在任)。

韓偓。約是年自河中幕府遷。《新書》一八三本傳："韓偓字致光，京兆萬年人。擢進士第，佐河中幕府。召拜左拾遺，以疾解。"《全文》八三一錢珝《授司勳郎中兼侍御史知雜事賜緋魚韓偓本官充翰林學士制》："朕初嗣丕圖，擢升諫曹。"按韓偓龍紀元年及第。見《校箋》九。

昭宗景福二年(八九三)

中書省

中書令

王行瑜。十一月爲太師。《通鑑》二五九"景福二年":"邠寧節度使、守侍中兼中書令王行瑜求爲尚書令……十一月,以行瑜爲太師,賜號尚父,仍賜鐵券。"

李茂貞。《舊書》二〇上《昭宗紀》:"(景福二年七月)癸未,制以鳳翔隴州節度使、檢校太尉中書令、鳳翔尹……李茂貞爲興元尹、山南西道節度等使……十一月,制以鳳翔節度使李茂貞守中書令,進封秦王,兼興元尹、山南西道節度使。"

中書侍郎

徐彦若。兼兵尚、平章事。十月遷大御。《宰相表》下:(景福二年)正月,彦若爲檢校尚書左僕射、同平章事、鳳翔節度使。《通鑑》二五九"景福二年":"(十月)以徐彦若爲御史大夫。"

鄭延昌。六月兼刑尚。《宰相表》下:(景福二年)六月,延昌兼刑部尚書。

中書舍人

崔遠。

崔涓。是年遷户侍、知制誥,充翰林學士。《全文》八三七薛廷珪《授翰林學士承旨户部侍郎崔汪尚書右丞學士中書舍人崔涓李礪並户部侍郎知制誥充學士制》:"具官崔涓……可依前件。"

李礪。是年遷户侍、知制誥,充翰林學士。見上引。

趙光逢。自禮部郎中遷。《舊書》一七八本傳:"景福中,以祠部(當爲禮部)郎中知制誥,尋召充翰林學士,正拜中書舍人。"

陸扆。《舊書》二〇上《昭宗紀》："（景福二年六月）以祠部郎中、知制誥陸扆爲中書舍人，依前翰林學士。"

薛廷珪。約是年自司勳員外遷。《舊書》一九〇下本傳："大順初，累遷司勳員外郎，知制誥，正拜中書舍人。"

右散騎常侍

鄭綮。

李溆。是年或稍後在任。《全文》八三七薛廷珪《授李溆右散騎常侍制》："具官李溆……可守右散騎常侍。"

右拾遺

崔巘。

門下省

侍中

王行瑜。守侍中、兼中令、邠寧節度使。景福二年十一月爲太師。見中令引。

時溥。兼感化節度使，四月自焚。《通鑑》二五九"景福二年"："（四月）龐師古拔彭城，時溥舉族登燕子樓自焚死。"

門下侍郎

杜讓能。兼太尉平章事。九月貶刺梧州。《大詔令集》五八《杜讓能梧州刺史制》（景福二年九月）：守太尉、兼門下侍郎、同中書門下平章事杜讓能可梧州刺史。《宰相表》下：（景福二年）九月貶梧州刺史，再貶雷州司户，十月賜自盡。

崔昭緯。《舊書》二〇上《昭宗紀》："（景福二年十一月）以門下侍郎、吏部尚書、監修國史崔昭緯兼尚書左僕射，充諸道鹽鐵轉運等使。"

韋昭度。《宰相表》下：（景福二年）九月壬辰，檢校司徒、東都留守韋昭度爲司徒、兼門下侍郎、同中書門下平章事；十二月昭度爲太傅。

給事中

陸希聲。

諫議大夫

董禹。是年或稍後在任。《全文》八三七薛廷珪《授董禹左諫議大夫制》:"具官董禹……可左諫議大夫。"

起居郎

崔栳。當在任。見上年引。

昭宗乾寧元年（八九四）

中書省

中書侍郎

徐彦若。《宰相表》下：（乾寧元年）六月御史大夫徐彦若爲中書侍郎、兼吏部尚書、同中書門下平章事。

鄭延昌。兼刑尚。《通鑑》二五九"乾寧元年"："（五月）辛卯，中書侍郎、同平章事鄭延昌罷爲右僕射。"按《舊書》二〇上《昭宗紀》云上年十二月罷："（景福二年六月）中書侍郎、平章事鄭延昌兼刑部尚書……（十二月）中書侍郎、刑部尚書、平章事、判度支鄭延昌罷知政事，守尚書左僕射，以病求罷故也。"又按《宰相表》下：（乾寧元年）二月，延昌爲尚書右僕射、兼門下侍郎。五月延昌罷爲右僕射。又云二月爲右僕兼門郎。兹從《通鑑》。

王摶。自户侍遷。《舊書》二〇上《昭宗紀》："（乾寧元年）十月庚寅，以中書侍郎、平章事王摶爲湖南節度使。"蓋未至，復爲户侍、判户部。《宰相表》下不載其是年爲相。

崔胤。自户侍遷。《宰相表》下：（乾寧元年）六月，胤爲中書侍郎。按《舊書》二〇上《昭宗紀》："（乾寧元年十月）戊申，制御史中丞崔胤爲兵部侍郎、同平章事。"當誤。

中書舍人

崔遠。

趙光逢。是年遷户侍。《舊書》一七八本傳："景福中，以禮部（原作祠部）郎中知制誥，尋召充翰林學士，正拜中書舍人、户部侍郎、學士承旨。"參《郎表》三户侍。

陸扆。五月遷户侍。《舊書》二〇上《昭宗紀》："（乾寧元年五月）以翰林學士、中書舍人陸扆爲户部侍郎、知制誥，充職。"

薛廷珪。《全文》八二四黄滔《翰林薛舍人啓》："今復三歷貢闈，救陸沉而未暇，許垂敏手，拯上重霄。"按黄滔下年及第，然此文所叙，尚未及第。

薛舍人當是薛廷珪。

　　苗深。《全文》八一二録劉崇望《中書舍人苗深母封瑯琊郡太夫人祠部郎中張文蔚母封憑翊郡太夫人制》。按，張文蔚是年以祠部郎中知制誥。又按劉崇望是時不再知制誥。或是誤收。

右散騎常侍

　　鄭綮。二月遷禮侍，入相，七月致仕。《宰相表》下：(乾寧元年)二月，右散騎常侍鄭綮爲禮部侍郎、同中書門下平章事，七月，綮爲太子少保致仕。按《舊書》二〇上《昭宗紀》云乾寧四年。當誤。

　　裴樞。自歙刺遷。《舊書》一一三本傳："尋出爲歙州刺史。乾寧初，入爲右散騎常侍。"

右補闕

　　張茂樞。見下年引。

右拾遺

　　崔艤。

　　鄭谷。《鄭谷集箋注・前言》："釋褐次年(乾寧元年)春兼攝京兆府參軍，同年以詩名拜右拾遺。"參左拾遺楊贊禹引。

門下省

門下侍郎

　　崔昭緯。兼左僕。

給事中

　　陸希聲。

左補闕

　　楊貽德。是年或稍後請告華陰。《北夢瑣言》一二《鐵補闕貞澹》："唐乾寧中，補闕楊貽德，華族科名，德孤道直，不容於時，請告華陰。"未詳左右。

左拾遺

　　楊贊禹。是年任。《全文》八三七薛廷珪《授長安縣尉直弘文館楊贊禹左拾遺鄠縣尉鄭谷右拾遺制》："敕：具官楊贊禹等……可依前件。"

昭宗乾寧二年（八九五）

中書省

中書令

李克用。八月辛丑兼。守太師、邠寧四面諸軍行營都統。《舊書》二〇上《昭宗紀》："（乾寧二年八月）丁酉，制以河東節度使、開府儀同三司、守太師、中書令，兼太原尹、北都留守、上柱國、隴西郡王李克用爲邠寧四面行營都招討使。"

王重盈。正月乙未卒。《舊書》二〇上《昭宗紀》："（乾寧二年）正月己未朔，河中節度使、檢校太師、中書令、河中尹、上柱國、琅邪郡王王重盈卒。"

中書侍郎

徐彦若。兼吏尚、平章事。六月遷左僕兼門郎，仍平章事。《宰相表》下：（乾寧二年）六月彦若爲左僕射、兼門下侍郎。

王摶。《宰相表》下：（乾寧二年）三月，户部侍郎、判户部王摶爲中書侍郎、同中書門下平章事。八月爲門下侍郎、兼户部尚書、判度支、諸道鹽鐵轉運使。

崔胤。三月鎮護國軍。七月復任中郎、同平章事。九月兼禮尚、集賢殿大學士、判户部事。《舊書》二〇上《昭宗紀》："（乾寧二年）三月，制以中書侍郎、同平章事崔胤檢校尚書左僕射、同平章事、河中尹，充河中節度、晉絳慈隰觀察處置等使……九月……正議大夫、中書侍郎、同平章事崔胤爲金紫光禄大夫、兼禮部尚書、集賢殿大學士、判户部事。"《新書》一〇《昭宗紀》："（乾寧二年七月）前護國軍節度使崔胤爲中書侍郎、同中書門下平章事。"

中書舍人

崔遠。

薛廷珪。

薛昭緯。當在任（下年遷禮侍）。

右散騎常侍

裴樞。

右補闕

張茂樞。《鄭谷詩集箋注》三《次韻酬張補闕因寒食見寄之什》，作於乾寧元年至二年。張補闕即張茂樞。見注一。又據同卷《右省補闕張茂樞同在諫垣連居光德新春賦詠柳聊以寄懷》，知張茂樞爲右補闕，與鄭谷同爲諫官。

王涣。自左拾遺遷。《唐文補編》九二盧光濟《王涣墓誌銘》：“故太傅韋公精擇東館之吏，遂除長安尉以直之。旋拜左拾遺，轉右補闕。”

右拾遺

崔艤。

鄭谷。

門下省

侍中

李罕之。《通鑑》二六〇“乾寧二年”：“（九月）以昭義節度使李罕之檢校侍中，充邠寧四面行營副都統……（十二月）加李罕之兼侍中。”

錢鏐。《通鑑》二六〇“乾寧二年”：“（十二月）加鎮海軍節度使錢鏐兼侍中。”

門下侍郎

崔昭緯。《通鑑》二六〇“乾寧二年”：“（八月）壬子，司空兼門下侍郎、同平章事崔昭緯罷爲右僕射。”按《舊書》二〇上《昭宗紀》云罷爲賓客。

徐彥若。《宰相表》下：（乾寧二年）六月彥若爲尚書左僕射兼門下侍郎。九月遷司空，仍門郎、平章事。《舊書》二〇上《昭宗紀》：“（乾寧二年九月丙辰）制光祿大夫、守尚書左僕射、門下侍郎、同平章事、監修國史……徐彥若爲司空、門下侍郎、同平章事、太清宮修奉太廟等使、弘文館大學士、延資庫使，充諸道鹽鐵轉運等使。”

孔緯。《舊書》二〇上《昭宗紀》："（乾寧二年六月）以太子賓客孔緯爲吏部尚書，尋復開府儀同三司、守司空、門下侍郎、同平章事、弘文館大學士、太清宮延資庫使……（九月）癸亥，司空、門下侍郎、平章事、太清宮修奉太廟等使孔緯卒。"

王搏。自中郎遷，仍平章事。《宰相表》下：（乾寧二年）八月，搏爲門下侍郎兼户部尚書、判度支、諸道鹽鐵轉運使。

給事中

陸希聲。正月己巳爲户侍，入相。《宰相表》下：（乾寧二年）正月己巳，給事中陸希聲爲户部侍郎、同中書門下平章事。又見《通鑑》二六〇。按《新書》一〇《昭宗紀》云二月乙未。

起居郎

韋序。是年或稍前當在任（下年在起居舍人任）。《鄭谷詩集箋注》一《寄左省韋起居序》。左省起居即起居郎。

左拾遺

王涣。是年自長安尉遷，轉右補闕。見前引。

昭宗乾寧三年（八九六）

中書省

中書令

李克用。兼邠寧節度使。

錢鏐。自兼侍中遷。《舊書》二〇上《昭宗紀》：“（乾寧三年四月）加錢鏐檢校太尉、中書令。”《通鑑》二六〇“乾寧三年”：“（八月）加錢鏐兼中書令。”

韓建。八月（《舊書》九月）兼。《舊書》二〇上《昭宗紀》：“（乾寧三年九月）丙午，制以鎮國軍節度使韓建檢校太尉、兼中書令，充修復宮闕、京畿制置、催促諸道綱運使。”《通鑑》二六〇“乾寧三年”：“（八月）丙寅，加韓建兼中書令。”

中書侍郎

崔胤。七月出鎮武安軍，九月復中郎，並兼户尚、同平章事，判度支。《宰相表》下：（乾寧三年）七月乙巳，胤檢校禮部尚書、同平章事，武安軍節度使。九月乙未，崔胤爲中書侍郎、兼户部尚書、同平章事。

孫偓。七月自兵侍遷，九月轉門郎，均仍平章事。《宰相表》下：（乾寧三年）五月偓爲兵部侍郎，七月乙巳爲中書侍郎，九月戊申，爲門下侍郎、兼諸道鹽鐵轉運使，判度支。

陸扆。八月自户侍平章事轉，仍平章事。尋貶刺硤州。《舊書》一七九本傳：“（乾寧三年）七月，改户部侍郎、同平章事……八月加中書侍郎、集賢殿大學士、判户部事……（九月）十九日責授硤州刺史。”

朱朴。十一月癸卯自左大諫遷。《宰相表》下：（乾寧三年）十一月癸卯，朴爲中書侍郎。

中書舍人

崔遠。是年遷户侍。《舊書》一七七本傳：“乾寧三年，轉户部侍郎。”

薛廷珪。《舊書》一九〇下本傳：“乾寧三年，奉使太原復命。”

薛昭緯。《舊書》二〇上《昭宗紀》：“（乾寧三年）十月戊申朔，以中書舍人、權知貢舉薛昭緯爲禮部侍郎。”

錢珝。自膳部郎中遷。《新書》一七七本傳：“珝字瑞文，善文辭，宰相王摶薦知制誥，進中書舍人。《全文》八三七有薛廷珪《授膳部郎中知制誥錢珝守中書舍人制》。按上年三月，王摶入相。

張文蔚。自祠部郎中遷。《舊書》一七八本傳：“乾寧中，以祠部郎中知制誥，正拜中書舍人。”

盧光啓。是年或上年自少秘監遷。《全文》八三一錢珝《授秘書少監盧光啓守中書舍人制》：“具官盧光啓……可依前件。”

右散騎常侍

裴樞。

右諫議大夫

何迎。《通鑑》二六一“乾寧四年”：“（朱）朴之爲相，何迎驟遷至右諫議大夫。”按，此爲補叙，朱朴是年八月乙丑入相。

右補闕

王渙。是年遷起居郎。

鄭谷。夏秋自右拾遺遷。《鄭谷集箋注·前言》：“釋褐次年（乾寧元年）春兼攝京兆府參軍，同年以詩名拜右拾遺。至三年遷補闕。”

右拾遺

崔藤。

鄭谷。蓋夏秋遷右補闕。

張道古。自前著作佐郎遷。《全文》八三一錢珝《授前監察御史李漸左補闕前著作佐郎張道古右拾遺制》：“敕：具官李漸等……可依前件。”

起居舍人

韋序。當在任（下年遷禮部員外）。

韋袞。《鄭谷詩集箋注》三《春暮詠懷寄集賢韋起居袞》：“長安一夜殘春雨，右省三年老拾遺。”鄭谷乾寧元年始任右拾遺，至今三年。起居當是右省起居。

門下省

侍中

錢鏐。四月（一作八月）加兼中令。

徐彥若。自門郎遷。《宰相表》下：（乾寧三年）三月，彥若兼侍中、大明宮留守、京畿安撫制置使。

門下侍郎

徐彥若。兼司空。三月兼侍中。

王摶。兼户尚、平章事。八月鎮威勝軍。《大詔令集》五四《王摶威勝軍節度平章事制》（乾寧三年八月）：門下侍郎、兼户部尚書、同中書門下平章事王摶充威勝軍節度使。

孫偓。九月戊申自中郎、平章事轉。兼諸道鹽鐵轉運使、判度支。十月兼禮尚。《宰相表》下：（乾寧三年）九月戊申，偓爲門下侍郎、兼諸道鹽鐵轉運使、判度支。十月，偓兼禮部尚書，持節鳳翔四面行營節度、諸軍都統招討處置等使。

左散騎常侍

王彥昌。自京兆尹遷，旋拜大理卿，又左遷。《唐摭言》九《敕賜及第》："王彥昌，太原人，家世簪冕，推於鼎甲。廣明歲，駕幸西蜀，恩賜及第，後爲嗣薛王知柔判官。昭宗幸石門，時宰臣與學士不及隨駕，知柔以京尹判釐，權中書，事屬近輔表章繼至，切於批答。知柔以彥昌名聞，遂命權知學士，居半載，出拜京尹。又左常侍、大理卿，爲本寺人吏所累，南遷。"

裴庭（廷）裕。自司封郎中遷。《全文》八三一錢珝《授裴廷裕左散騎常侍制》："敕：具官裴廷（當作庭）裕……可依前件。"按，錢珝上年始知制誥。

諫議大夫

朱朴。八月乙丑自國博遷，入相。《通鑑》二六〇"乾寧三年"："（八月）乙丑，以朴爲左諫議大夫、同平章事。"十一月遷中郎。

起居郎

王渙。自右補闕遷，又爲大明宮留後推官。《唐文補編》九二盧光濟《王渙墓誌銘》："轉右補闕……洎扈駕行闕，遷起居郎。我太尉齊國公時自首台，爰膺重委，以鈞軸之任，兼留撫之權，因奏充大明宫留後推官，恩命守本秩加銀艾。”按昭宗是年七月出幸華州；齊國公即徐彥若，三月以侍中兼大明宫留守。

左補闕

吴融。是冬任。《新書》二〇三本傳：“久之，召爲左補闕。”其《禪月集序》：“丙辰歲，余蒙恩詔歸。”參《校箋》九本傳箋。據貫休《送吴融員外赴闕》“雲寒猶惜雪”，知爲冬季赴闕。按《唐摭言》五《切磋》：“景福中，江西節度使鍾傳遣僧從約進《法華經》一千部，上待之恩渥有加，宣從約入内賜齋，面錫紫衣一副。將行，太常博士戴司顏以詩贈行……時吴子華任中諫，司顏仰公之名，志在屬和，以爲從約之資。”云景福中即任，似未確。按中諫爲補闕别稱。

李漸。自監察御史遷。見右拾遺張道古引。

昭宗乾寧四年（八九七）

中書省

中書令

錢鏐。兼鎮海軍節度使。

韓建。兼鎮國軍節度使。

中書侍郎

崔胤。兼户尚、平章事。《金石萃編》一一八《賜錢鏐鐵券》：“維乾寧四年歲次丁巳八月甲辰朔四日丁未……中書侍郎、兼户部尚書、平章事臣崔胤宣奉。”

朱朴。《宰相表》下：（乾寧四年）二月乙亥……朴罷守秘書監。

崔遠。自兵尚遷，仍平章事，判户部。《宰相表》下：（乾寧四年）六月乙巳，遠爲中書侍郎。

中書舍人

薛廷珪。正月遷左常侍。

錢珝。《大詔令集》三四有錢珝《册景王秘文》，據《新書》八二《景王秘傳》：“乾寧四年始王，與祁王同封。”

張文蔚。

盧光啓。《貫休歌詩繫年箋注》六《送盧舍人三首》注一：作於乾寧四年秋冬之際。今按：盧舍人當爲盧光啓。參上年引。

王鉅。自祠部郎中遷。《全文》八三一錢珝《授祠部郎中知制誥賜緋王鉅守中書舍人制》：“掌誥故事，多用外郎，滿歲而升，乃正郎位。歲又滿始得其秩……具官王鉅……棲於禁垣，試之三年，未嘗亂日……可依前件。”按乾寧元年王鉅始以駕部員外知制誥，上年又遷祠部郎中知制誥，於今三年。

右散騎常侍

裴樞。約是年遷兵侍。《舊書》一一三本傳：“乾寧初，入爲由散騎常侍，從昭宗幸華州，爲汴州宣諭使……及樞傳詔，全忠皆稟朝旨，獻奉相繼，昭宗甚悦，乃遷兵部侍郎。”按後年六月丁亥自兵侍遷吏侍。故繫於此。

右諫議大夫

何迎。是年貶湖州司馬。《通鑑》二六一“乾寧四年”：“（朱）朴之爲相，何迎驟遷至右諫議大夫，至是亦貶湖州司馬。”

李洵。四月宣諭兩川，十一月或鎮福建。《通鑑》二六一“乾寧四年”：“（四月）以右諫議大夫李洵爲兩川宣諭使，和解王建及顧彦暉。”按《新書》一八六《顧彦暉傳》作左大諫。又，《舊書》一七八《李蔚傳》：子洵，至福建觀察使。《新書》七二上《宰相世系》二上“姑臧大房”：洵，福建觀察使。按是年十一月福建觀察使王潮病危，於時當任命李洵短暫出鎮福建。尋爲王審知接替，直至唐亡。按《方鎮年表》不列。

右補闕

鄭谷。是年遷都官郎中。《鄭谷集箋注·前言》：“乾寧四年春抵行在，以尚書右丞狄歸昌薦，遷都官郎中。”

李德璘。自殿侍御遷。旋遷起居舍人。《全文》八三一錢珝《授前合州刺史顏蕘禮部郎中殿中侍御史李德璘右補闕監察御史鄭渥右補闕等制》：“德璘合矩中規，擅髦彦之稱。渥端居慎守，積監視之勞。擢爲諫臣，實就近列。”

鄭渥。自監察御史遷。見上引。

右拾遺

崔艤。八月卒。《墓誌彙編下（乾寧○○七故）·故右拾遺崔艤與夫人鄭氏合袝誌》：卒於乾寧四年八月，葬於五年八月，三十三歲。

張道古。歲末貶施州司户。《通鑑》二六一“乾寧四年”：“（十二月）右拾遺上疏稱：‘國家有五危、二亂……臣雖微賤，竊傷陛下朝廷社稷爲姦臣所弄，終爲賊臣所有也！’上怒，貶道古施州司户。”

起居舍人

韋序。是年遷禮部員外。見左拾遺韋溪引。

李德璘。自右補闕，旋遷駕部郎中。《唐詩紀事》六六王涣：“王涣自左史拜考工（功）員外，同年李德隣（璘）自右史拜小戎。"按是年王渙自左史拜考功員外。小戎當是駕部員外別稱。

門下省

侍中

徐彦若。兼司空、平章事。

門下侍郎

王摶。四月以門郎依前兼吏尚，仍平章事。《宰相表》下：（乾寧四年）四月，摶爲門下侍郎、兼吏部尚書、諸道轉運等使。《大詔令集》五二《王摶諸道鹽鐵轉運等使制》：光禄大夫、守吏部尚書、同中書門下平章事王摶可門下侍郎、依前兼吏部尚書、同中書門下平章事，監修國史，充諸道鹽鐵轉運等使。

孫偓。兼禮尚、平章事、諸道鹽鐵轉運使、判度支。二月罷平章事，守禮尚。《宰相表》下：（乾寧四年）二月乙亥，偓罷守禮部尚書。

左散騎常侍

薛廷珪。自中舍遷。《舊書》一九〇下本傳："昭宗幸華州，改左散騎常侍。移疾免，客游成都。"按正月車駕在華州行宫，見《舊書》二〇上《昭宗紀》。

起居郎

王渙。兼大明宫留後推官。是年遷司勳員外兼考功員外。《唐文補編》九二盧光濟《王渙墓誌銘》："遷起居郎……充大明宫留後推官……就職未久，次轉司勳員外郎。"《唐詩紀事》六六王渙："王渙自左史拜考工（功）員外。"

左補闕

吳融。

趙光胤。是年遷禮部主事。《唐詩紀事》六六王渙："王渙自左史拜考工（功）員外……趙光胤自補衮拜小儀。"補衮即補闕，此當爲左補闕。小儀爲禮部主事別稱。

左拾遺

韋溪。《全文》八三一錢珝《授前起居舍人韋序禮部員外郎前櫟陽縣尉韋溪左拾遺等制》:"具官韋序等……可依前件。"

獨孤建(遲)。約是年自前好畤縣尉遷。《全文》八三一錢珝《授前起居舍人崔居遜庫部員外前好畤縣尉充集賢修撰獨孤建(一作遲)守左拾遺等制》:"敕:具官崔居遜等……可依前件。"

昭宗光化元年(八九八)

中書省

中書令

韓建。《舊書》二〇上《昭宗紀》:"(光化元年九月)制以鎮國、匡國等軍節度使韓建守太傅、中書令、興德尹。"

王鎔。九月兼。《通鑑》二六一"光化元年":"九月乙亥,加韓建守太傅、興德尹。加王鎔兼中書令。"

中書侍郎

崔胤。正月兼吏尚。《宰相表》下:(乾寧五年,按八月改元光化)正月,胤兼吏部尚書。

崔遠。判户部。正月兼工尚。《宰相表》下:(乾寧五年,按八月改元光化)正月遠兼工部尚書。

中書舍人

錢珝。《大詔令集》三四有錢珝《册雅王禛文》,《新書》八二《雅王禛傳》:"光化元年始王。"

薛廷珪。《舊書》一九〇下本傳:"光化中,復爲中書舍人。"

楊鉅。當在任。《舊書》一七七本傳:"鉅乾寧初以尚書郎知制誥,召充翰林學士,拜中書舍人、户部侍郎。"

門下省

侍中

徐彦若。正月兼司徒。《宰相表》下:(乾寧五年,按八月改元光化)正月彦若爲司徒。

羅弘信。《通鑑》二六一“光化元年”：“九月……羅弘信守侍中。”

門下侍郎

王摶。兼吏尚、平章事。《宰相表》下：（乾寧五年，按八月改元光化）正月，摶爲尚書右僕射、兼門下侍郎。

左散騎常侍

李涪。《北夢瑣言》六《李常侍遇道術》：“隴西李涪常侍，福相之子，質氣古淡。光化中，與諸朝士避地梁川，小貂日游鄰寺，以散郁陶。”

諫議大夫

李巨川。自工部郎中遷。《唐摭言》一〇《海敍不遇》：“李巨川，字下己，姑臧人也……乾寧中，駕幸三峰，巨川自（韓建）使下侍御史，拜工部郎中。”《舊書》一九〇下本傳：“昭宗還京，特授諫議大夫，仍留佐（韓）建。”按八月壬子昭宗還京。

左補闕

吳融。

左拾遺

柳懷素。當在任。參下年引。

韋某。是年前後任。《鄭谷詩集箋注》三《賀左省新除韋拾遺》：“初昇諫署是真仙，浪透桃花洽五年。垂白郎官居座末，著緋人吏立階前。”據詩意，韋某及第五年除左拾遺，鄭谷時爲郎官（都官郎中）。按鄭谷上年已爲都官郎中。

昭宗光化二年（八九九）

中書省

中書令

李克用。兼太師、河東節度使。

成汭。《通鑑》二六一“光化二年”：“（七月）加荆南節度使成汭兼中書令。”

趙匡凝。《通鑑》二六一“光化二年”：“十一月……加忠義節度使趙匡凝兼中書令。”

中書侍郎

崔胤。兼吏尚、平章事。正月丁未守吏尚。《大詔令集》五六《崔胤吏部尚書制》（光化二年正月）：守中書侍郎、兼吏部尚書、同中書門下平章事、判度支崔胤可守吏部尚書。

崔遠。兼工尚、平章事、判户部。

陸扆。正月自兵尚入相，尋遷中郎兼户尚，仍平章事。《宰相表》下：（光化二年）正月丁未，兵部尚書陸扆本官同中書門下平章事，未幾爲中書侍郎、兼户部尚書、平章事。

中書舍人

錢珝。

薛廷珪。

李渥。冬遷禮侍。《舊書》一七八本傳：“累拜中書舍人、禮部侍郎。”

楊鉅。當在任（下年遷户侍）。

門下省

侍中

徐彦若。正月遷門郎，兼司徒。

門下侍郎

王摶。兼右僕。十一月爲司空（仍兼門郎）。《宰相表》下：（光化二年）
十一月摶爲司空。

徐彥若。正月自侍中遷，十一月兼太保。《宰相表》下：（光化二年）正
月彥若兼門下侍郎。十一月彥若爲太保。

諫議大夫

李巨川。《唐摭言》一〇《海叙不遇》：“乾寧中，駕幸三峰，巨川自（韓
建）使下侍御史，拜工部郎中、諫議大夫……上返正，轉假禮部尚書，充黄州
節度判官。”參下左拾遺柳懷素引。

李博。當在任（下年在任）。

左補闕

吳融。約是年遷禮部郎中。《新書》二〇三本傳：“召爲左補闕，以禮部
郎中爲翰林學士，拜中書舍人。”

韋莊。當在任，參下年引。一作右補闕。

左拾遺

柳懷素。《金石録補》二二：“《唐濟安侯廟記》，右碑諫議大夫李巨川
撰，拾遺柳懷素書，大唐光化二年四月立。”

昭宗光化三年（九〇〇）

中書省

中書令

李克用。《舊書》二〇上《昭宗紀》："（光化三年八月）癸亥，制忠貞平難功臣、河東節度使……守太師、兼中書令、北都留守……李克用加實封一百户。"

王建。《舊書》二〇上《昭宗紀》：光化三年七月，劍南西川節度副大使、知節度事、檢校太尉、中書令、王建兼東川、武信軍兩道都指揮制置使。

趙匡凝。《舊書》二〇上《昭宗紀》：光化三年七月，以忠義軍節度使、檢校太尉、中書令、兼襄州刺史趙匡凝可檢校太師、兼中書令，加實封一百户。

中書侍郎

崔遠。兼吏尚、平章事，判户部。九月丙午罷相，守吏尚、中郎。《舊書》二〇上《昭宗紀》："（光化三年九月）丙午，制光禄大夫、中書侍郎、兼吏部尚書、同平章事、充集賢殿大學士、判户部事……崔遠罷知政事，守本官。"

陸扆。九月戊申遷門郎。

裴樞。《舊書》二〇上《昭宗紀》："（光化三年九月丙午）以銀青光禄大夫、行尚書吏部侍郎、上柱國裴樞爲中書侍郎、同平章事，判户部事。"按《宰相表》下云下年二月自吏侍遷户侍、同平章事。

裴贄。《舊書》二〇上《昭宗紀》："（光化三年九月丙午）以正議大夫、守刑部尚書……裴贄爲中書侍郎、兼刑部尚書、同平章事。"

中書舍人

錢珝。是年貶撫州司馬。《英華》七〇七錢珝《舟中録序》："乙卯歲冬十一月，余以尚書郎得掌誥命，庚申歲夏六月以舍人獲譴佐撫州。"庚申歲即光化三年。

薛廷珪。

楊鉅。約是年遷户侍，仍充翰林學士。《舊書》一七七本傳："鉅乾寧初以尚書郎知制誥，召充翰林學士，拜中書舍人、户部侍郎。"

顔蕘。自虞部郎中遷。《舊書》二○上《昭宗紀》："（光化三年八月）丁卯，以朝議大夫、虞部郎中、知制誥、上柱國、賜紫金魚袋顔蕘爲中書舍人。"

吳融。約是年自禮部郎中遷。《新書》二○三本傳："召爲左補闕，以禮部郎中爲翰林學士，拜中書舍人。"

令狐涣（昭化）。當在任（下年六月在任）。

右諫議大夫

薛正表。自兵部郎中遷。《舊書》二○上《昭宗紀》："（光化三年七月）甲午，兵部郎中薛正表爲右諫議大夫。"

右補闕

張曙。當在任。見下年引。

門下省

侍中

楊行密。十二月兼。《通鑑》二六二"光化三年"："是歲，加楊行密兼侍中。"

門下侍郎

王摶。兼司空、平章事、判度支。六月丁卯貶工侍，尋賜自盡。《宰相表》下：（光化三年）六月，摶罷爲工部侍郎。《大詔令集》五八《王摶工部侍郎制》（光化三年六月）：守司空、兼門下侍郎、同中書門下平章事、判度支王摶可特進、尚書工部侍郎。《舊書》二○上《昭宗紀》："（光化三年六月）戊辰，特進、司空、門下侍郎、平章事、監修國史王摶貶崖州司户，尋賜自盡於藍田驛。"

徐彦若。《舊書》二○上《昭宗紀》：光化三年九月乙巳，守太保、兼門下侍郎、平章事徐彦若檢校太尉、同平章事，充清海軍節度使、嶺南東道管内觀察處置供軍糧料等使。

崔胤。《宰相表》下：（光化三年）六月丁卯，崔胤爲尚書左僕射兼門下侍郎、同中書門下平章事。

陸扆。九月自中郎遷。《宰相表》下：（光化三年）九月戊申，陸扆爲門下侍郎兼户部尚書。

左散騎常侍

王溥。《舊書》二〇上《昭宗紀》：“（光化三年十月）辛酉，以前清海軍節度副使、朝散大夫、檢校左散騎常侍、御史大夫、上柱國王溥守左散騎常侍，充鹽鐵副使。”

諫議大夫

李博。《全文》八三三錢珝《册贈劉崇望司空文》：“今遣使左諫議大夫憲王博、副使倉部郎中温緒持節册爾爲司空。”按劉崇望七月丁亥卒。見《舊書》二〇上《昭宗紀》。

徐彦樞。《中朝故事》：“徐彦若弟彦樞……光化末，彦樞官至左諫議大夫，兄方居宰輔，遂話於兄。時四方皆爲豪傑所據，唯有廣南是嗣薛王知柔爲節度使，彦若遂請出廣州。昭皇授以節鉞而去，果免患難。”按九月彦若鎮廣州。

韓偓。約是年自司勳郎中遷（下年正月在任）。按光化元年韓偓以司勳郎中充翰林學士。《新書》一八三本傳：“召拜左拾遺，以疾解。後遷累左諫議大夫。”

起居郎

張茂樞。《鄭谷詩集箋注》三《九日偶懷寄左省張起居》，作於光化三年前後，張起居疑即張茂樞。見注一。

左補闕

韋莊。《全文》八八九韋莊《又元集序》：“光化三年七月二日，前左補闕韋莊述。”按一作右補闕。《北夢瑣言》六《陸龜蒙追贈》：“唐末以左拾遺授之，詔下之日，疾終。光化三年，贈右補闕、吳侍郎融傳貽史，右補闕韋莊撰誄文，相國陸希聲撰碑文，給事中顔蕘書，皮日休博士爲詩。”

左拾遺

柳懷素。當在任（上年四月在任）。

昭宗天復元年（九〇一）

中書省

中書令

朱全忠。《舊書》二〇上《昭宗紀》："（光化四年二月）制以全忠檢校太師、守中書令。"四月改元天復。

張全義。《通鑑》二六二"天復元年"："（五月）以佑國節度使張全義兼中書令。"

中書侍郎

崔遠。兼吏尚。

裴贄。兼刑尚、平章事。五月遷兼户尚。《宰相表》下：（天復元年）五月，裴贄兼户部尚書。

王溥。《新書》一〇《昭宗紀》："（天復元年二月）翰林學士、户部侍郎王溥爲中書侍郎……同中書門下平章事。"

中書舍人

薛廷珪。約是年遷刑侍。《舊書》一九〇下本傳："光化中，復爲中書舍人，遷刑部、吏部二侍郎。權知禮部貢舉，拜尚書左丞。入梁，至禮部尚書。"

顏蕘。《唐摭言》一二《輕佻》："（薛保遜）子昭緯，頗有父風，嘗任祠部員外。時李系任小儀，王蕘任小賓，正旦立仗班退，昭緯朗吟曰：'左金烏而右玉兔，天子旄旗。'蕘遽請下句，昭緯應聲答曰：'上李系而下王蕘，小人行綴。'聞者靡不大哂。天復中，自臺丞累貶登州司馬。中書舍人顏蕘當制，略曰：'陵轢諸父，代嗣其凶。'"

吳融。是年遷户侍。《新書》二〇三本傳："昭宗反正，御南闕，群臣稱賀，融最先至。于時左右歡駭，帝有所指授，疊十許稿，融跪作詔，少選成，語當意詳,帝咨賞良厚。進户部侍郎。鳳翔劫遷,融不克從,去客閿鄉。"按昭宗正月反正,十一月被李茂貞逼幸鳳翔。又按,貫休《晚春寄吳融于兢二侍郎》作於三月(見《校箋》一〇賈晉華考),據詩句"唯有霜臺客,依依是往還。"則于兢爲何部侍郎,未詳。然據詩句"唯有霜臺客,依依是往還",則于兢似任職御史臺。

令狐涣(昭化)。《通鑑》二六二"天復元年":"(六月)上之返正也,中書舍人令狐涣、給事中韓偓皆預其謀。"韓偓有《和吳子華侍郎令狐昭化舍人歎白菊衰謝之絶次用本韻》。即作於天後元年。

蘇檢。當在任(下年六月遷工侍入相)。

右諫議大夫

薛正表。

盧光啓。自兵侍遷,入相。《新書》一〇《昭宗紀》:"(天復元年十一月)辛酉,兵部侍郎盧光啓權勾當中書事……丁卯,盧光啓爲右諫議大夫,參知機務。"

右補闕

張曙。天復前後在任。《北夢瑣言》四《張曙戲杜荀鶴》:"唐右補闕張曙,吏部侍郎裼之子,禕之侄。文章秀麗,精神敏俊,甚有時稱……後於裴贄侍郎下擢進士第(按大順二年及第),官至右補闕。曾戲同年杜荀鶴。"同書八《張曙起小悼》:"唐張禕侍郎,朝望甚高,有愛姬早逝,悼念不已。因入朝未回,其猶子右補闕曙,才俊風流,因大增大阮之悲,乃制《浣溪沙》,其詞曰……置於几上。大阮朝退,憑几無聊,忽睹此詩,不覺愛慟,乃曰:'必是阿灰所作。'阿灰,即中諫小字也。然於風教,似亦不可,以其叔侄年顏相似,恕之可也。諺曰:'小舅小叔,相追相逐。'謔戲固不免也。"據所叙,知禕、曙叔侄年齡相仿。按《唐摭言》一二《自負》:"張曙拾遺與杜荀鶴同年。"作拾遺,未知左右。

門下省

侍中

李茂貞。《通鑑》二六二"天復元年":"(正月)加茂貞守尚書令,兼侍中，進封岐王。”

錢鏐。《通鑑》二六二“天復元年”：“（五月）己酉，加鎮海、鎮東節度使錢鏐守侍中。”

劉仁恭。《通鑑》二六二“天復元年”：“（二月）加幽州節度使劉仁恭、魏博節度使羅紹威並兼侍中。”

羅紹威。兼魏博節度使。見上引。

門下侍郎

崔胤。司空兼門郎、平章事。十一月甲戌罷爲工尚。《舊書》二〇上《昭宗紀》：“（天復元年十一月）甲戌，制……守司空、門下侍郎、平章事……崔胤可責授朝散大夫、守工部尚書。”按《宰相表》下：（天復元年）十一月甲戌，胤、樞罷，並守工部尚書。未確。

裴樞，二月自户侍入相，十一月罷守本官。《宰相表》下：（天復元年）二月，吏部侍郎裴樞爲户部侍郎、同中書門下平章事。十一月甲戌罷守本官。《通鑑》二六二“天復元年”：“（十一月）甲戌，制守司空兼門下侍郎、同平章事崔胤責授工部尚書，户部侍郎、同平章事裴樞罷守本官。”

陸扆。兼户尚。五月兼兵尚。《宰相表》下：（天復元年）五月陸扆兼兵部尚書。

給事中

韓偓。天復元年春自左大諫遷。六月已在任。見中舍令狐焕引。

韋貽範。自右司郎中遷（下年正月丁卯爲工侍入相）。

嚴龜。當在任（下年二月丙子爲汴、岐和協使）。

諫議大夫

韓偓。《通鑑》二六二“天復元年”：“（正月）李茂貞辭還鎮。崔胤以宦官典兵，終爲肘腋之患，欲以外兵制之，諷茂貞留兵三千於京師，充宿衞，以茂貞假子繼筠將之。左諫議大夫韓偓以爲不可。”六月已爲給事中。

張顗。當在任（下年三月在任）。

左補闕

張道古。《北夢瑣言》五《張道古題墓》：“唐天復中，張道古，滄州蒲臺縣人，擢進士第，拜左補闕。文學甚富，介僻不群。因上《五危二亂表》，左授施掾，而後入蜀。”乾寧四年十二月自右拾遺貶施州司户。

左拾遺

羅袞。《新書》一七八《劉蕡傳》："及昭宗誅韓全誨等，左拾遺羅袞上言：'蕡大和時，宦官始熾，因直言策請奪爵土，復掃除之役，遂罹譴逐，身死異土，六十餘年，正人義夫切齒飲泣……'帝感悟，贈蕡左諫議大夫，訪子孫授以官云。"按《會要》七六《貢舉》中："大和二年，以左散騎常侍馮宿、太常少卿賈餗、庫部郎中龐嚴爲考策官，第二十二人，而前進士劉蕡策果切直，不居是選……登科人李郃者，深有所愧，抗表請讓官于蕡，事竟不行。及天復初，劉季述敗，起居郎羅袞上疏，請追贈蕡。於是下詔贈左諫議大夫，仍訪子孫叙用。初，蕡條對制策，言宦官權盛，後必爲患，及是果然也。"羅袞下年及後年尚在左拾遺任，而此云起居郎。當誤。

昭宗天復二年（九〇二）

中書省

中書令

朱全忠。檢校太師兼中令。

張全義。兼佑國節度使。

楊行密。《通鑑》二六三"天復二年"："（二月）拜行密東面行營都統、中書令、吳王，以討朱全忠。"

中書侍郎

崔遠。兼吏尚。

裴贄。

王溥。

中書舍人

令狐渙（昭化）。當在任（上年六月在任）。

蘇檢。六月丙子爲工侍入相。《新書》一〇《昭宗紀》："（天復二年）六月丙子，中書舍人蘇檢爲工部侍郎、同中書門下平章事。"

右補闕

張曙。當在任。見上年引。

起居舍人

于兢。見大諫柳遜引。

門下省

侍中

李茂貞。兼尚書令、兼鳳翔節度使。

錢鏐。兼鎮海、浙東節度使。

劉仁恭。兼幽州節度使。

羅紹威。兼魏博節度使。

門下侍郎

陸扆。兼兵尚。

給事中

韓偓。

韋貽範。《宰相表》下：（天復二年）正月丁卯，給事中韋貽範爲工部侍郎、同中書門下平章事。

嚴龜。《新書》一〇《昭宗紀》：“（天復二年二月）丙子，給事中嚴龜爲汴、岐和協使。”

左散騎常侍

楊鉅。約是年自吏侍徙。《舊書》一七七《楊收傳》：“（鉅）從昭宗東遷，爲散騎常侍，卒。”

諫議大夫

張顗。《元龜》一六二《命使》二：“昭宗天復二年三月，詔遣諫議大夫張顗示喻太原、汴州，使息兵通和。”

柳遜。據天祐二年敕文繫於柳遜於光化三年接王摶任工侍，是年正月自工侍遷大諫。《舊書》二〇下《哀帝紀》：“（天祐二年六月）丁未，敕：‘太子賓客遜嘗爲張濬租庸判官，又王摶監修日奏充判官，授工部侍郎，又與趙崇爲刎頸之交。昨裴樞等得罪之時，合當連坐，尚矜暮齒，且俾懸車，可本官致仕。’”《唐摭言》八《通榜》：“三榜，裴公第一榜，拾遺盧參預之；第二、第三榜，諫議柳遜、起居舍人于兢佐之；錢紫微珝亦頗通矣。”

左補闕

張道古。當在任。見上年引。

左拾遺

羅袞。

柳璨。《舊書》一七九本傳：“（顏）蕘爲中書舍人，判史館，引爲直學士。璨以劉子玄所撰《史通》譏駁經史過當，璨紀子玄之失，別爲十卷，號《柳氏釋史》,學者伏其優贍。遷左拾遺。"《新書》二二三下本傳:"起布衣,至是不四歲,其暴貴近世所未有。"按柳璨天祐元年正月入相。

　　盧參。當在任。見大諫柳遜引。

昭宗天復三年(九○三)

中書省

中書令

朱全忠。《舊書》二○上《昭宗紀》:天復三年二月甲戌,檢校太師、守中書令、河中尹、汴滑鄆等州刺史、梁王朱全忠,可守太尉、中書令,充諸道兵馬副元帥。

張全義。兼天平軍節度使。

楊行密。兼鎮海、鎮東節度使。

李茂貞。自尚書令兼侍中遷。《舊書》二○上《昭宗紀》:天復三年五月,守尚書令、兼侍中,鳳翔尹李茂貞檢校太師,守中書令。

中書侍郎

崔遠。

裴贄。兼戶尚。十二月辛巳爲左僕。《通鑑》二六四"天復三年":"(十二月)中書侍郎兼戶部尚書、同平章事裴贄罷爲左僕射。"

王溥。二月丙子罷爲戶侍,丁丑(即次日)爲賓客,分司。《宰相表》下:(天復三年)二月丙子,溥罷爲戶部侍郎。《通鑑》二六四"天復三年":"(二月)丁丑,以中書侍郎、同平章王溥爲太子賓客,分司。"

中書舍人

杜彥林。當在任(下年七月遷中丞)。

楊注。《舊書》一七七本傳:"昭宗朝,累官考功員外、刑部郎中。尋知制誥,正拜中書舍人,召充翰林學士。"

起居舍人

于兢。當在任。見上年引。

門下省

侍中

錢鏐。兼鎮海、浙東節度使。

李茂貞。天復三年五月遷檢校太師、守中令。

崔胤。二月自門郎遷，兼司徒。十二月罷爲賓客。《舊書》二〇上《昭宗紀》：“（天復三年二月）以宰臣崔胤守司徒兼侍中、判六軍十二衛……（十二月）丙申，制守司徒、侍中……崔胤責授太子賓客。”

門下侍郎

陸扆。兼兵尚。二月甲戌罷爲沂王傅，分司。《宰相表》下：（天復三年）二月甲戌，陸扆貶沂王傅，分司東都。

崔胤。正月自工尚遷，兼司空。《舊書》二〇上《昭宗紀》：“（天復三年正月）以崔胤守司空、門下侍郎、平章事。”二月丙子遷侍中、兼司徒，仍平章事。

裴樞。《舊書》二〇上《昭宗紀》：“（天復三年二月乙未）以新除廣州節度使裴樞爲門下侍郎、吏部尚書、平章事、監修國史。”

給事中

嚴龜。當在任（上年二月在任）。

孫續。當在任（下年十月在任）。

諫議大夫

張顗。當在任（上年三月在任）。

柳遜。當在任。見上年引。

左拾遺

羅袞。《新書》一七八《劉蕢傳》：及昭宗誅韓全誨等，左拾遺羅袞上言云云。

柳璨。

盧參。當在任。見上年引。

昭宗天祐元年（九○四）

中書省

中書令

朱全忠。守太尉、中令。《宰相表》下：天復四年三月（按閏四月改元天祐），全忠兼判左右神策及六軍諸衛事。

張全義。十月充忠武軍節度使。《舊書》二○下《昭宗紀》："（天祐元年十月）制天平軍節度使、檢校太師、中書令、兼鄆州刺史……張全義本官兼河南尹、許州刺史、忠武軍節度觀察等使、判六軍諸衛事。"

李茂貞。兼鳳翔節度使。

杜洪。兼檢校太師。《舊書》二○上《昭宗紀》："（天祐元年七月）己卯，制武昌軍節度、鄂岳蘄黃等州觀察……檢校太師、中書令……杜洪加食邑一千户、實封二百户。"

中書侍郎

崔遠。《宰相表》下：（天復四年，按閏四月改元天祐）正月乙巳，崔遠為中書侍郎、同中書門下平章事。閏四月兼兵部尚書。

柳璨。自右大諫遷。《舊書》二○上《昭宗紀》："（天祐元年閏四月戊申）中書侍郎、平章事柳璨判户部事。"

中書舍人

杜彥林。七月甲戌遷中丞。《舊書》二○上《昭宗紀》："（天祐元年七月）甲戌，制以中大夫、中書舍人、上柱國、賜紫金魚袋杜彥林為太中大夫、守御史中丞。"

楊注。《舊書》二○上《昭宗紀》："（天祐元年六月）丙申，通議大夫、中書舍人、賜紫金魚袋楊注可充翰林學士。"

封渭。當在任（下年五月甲戌貶齊州司户）。

姚洎。當在任（下年八月戊子爲户侍）。

右散騎常侍

李洵。《韓偓集繫年校注》一《奉和峽州孫舍人肇荆南重圍中寄諸朝士二篇時李常侍洵嚴諫議龜李起居殷衡李郎中冉皆有繼和余久有是債今至湖南方暇牽課》注一：作於是年初夏。據以下幾年知爲右常侍。

竇回。《舊書》二〇下《昭宗紀》：“（天祐元年十月）右散騎常侍竇回、給事中孫續、户部郎中知制誥封舜卿等加勳階。”

右諫議大夫

柳璨。自左拾遺遷，入相。《舊書》二〇上《昭宗紀》：“天祐元年正月丁酉朔，以翰林學士、左拾遺柳璨爲右諫議大夫、同平章事。”按尋遷中郎。《會要》八七《轉運使》、八八《鹽鐵使》均云：“其年（即是年），門下侍郎、平章事柳璨充諸道轉運使（八八作鹽鐵使）”。當誤。

右補闕

郗殷象。自監察御史遷。《舊書》二〇上《昭宗紀》：“（天祐元年七月丁丑）監察御史郗殷象爲右補闕。

鄭輦。當在任（下年五月貶）。

羅袞。約是年自左拾遺遷。按下年四月在是職任，上年在左拾遺任。

起居舍人

盧仁炯。當在任（下年五月丙子貶安州司户）。

門下省

侍中

錢鏐。兼鎮海、浙東節度使。

門下侍郎

裴樞。兼吏尚、平章事。四月乙卯遷右僕，仍兼門郎、平章事。《宰相表》下：（天復四年，按閏四月改元天祐）四月乙卯，樞爲尚書右僕射。

獨孤損。自兵侍遷，仍平章事。《宰相表》下：（天祐元年）閏四月乙卯，損爲門下侍郎兼户部尚書。

給事中

嚴龜。蓋是年轉大諫。

孫續。《舊書》二〇下《昭宗紀》:“(天祐元年十月)右散騎常侍寳回、給事中孫續、户部郎中、知制誥封舜卿等加勳階。”

諫議大夫

柳遜。約是年遷賓客(下年致仕)。《舊書》二〇下《哀帝紀》:“(天祐二年六月)丁未,敕:‘太子賓客遜嘗爲張濬租庸判官,又王溥監修日奏充判官,授工部侍郎,又與趙崇爲刎頸之交。昨裴樞等得罪之時,合當連坐,尚矜暮齒,且俾懸車,可本官致仕。’”

沈棲遠。《舊書》二〇上《昭宗紀》:“(天祐元年五月)乙酉,翰林學士、左諫議大夫、知制誥沈棲遠守本官,以病陳乞也。”

嚴龜。蓋是年自給事中轉。參右常侍李洵引。

起居郎

蘇楷。《新書》一〇《昭宗紀》:“(天祐元年)八月壬寅,全忠以左右龍武統軍朱友恭、氏叔琮、樞密使蔣玄暉兵犯宮門;是夕,皇帝崩,年三十八。明年,起居郎蘇楷請更諡恭靈莊閔,廟號襄宗。”按云明年請諡,是年當在任。

李殷衡。見右常侍李洵引。

左補闕

崔咸休。當在任(下年五月甲申貶寧陵尉)。

盧賡。當在任(下年九月丁父憂)。

左拾遺

羅袞。約是年遷右補闕。

柳璨。正月丙午遷右大諫、同平章事。《舊書》二〇上《昭宗紀》:“(天復四年正月丁酉,閏四月改元天祐)以翰林學士、左拾遺柳璨爲右諫議大夫、同平章事,賜紫金魚袋。”《新書》一〇《昭宗紀》云由右拾遺擢任。

昭宣帝天祐二年（九〇五）

中書省

中書令

朱全忠。八月庚子正守。《舊書》二〇上《哀帝紀》："（天祐二年八月庚子）副元帥、梁王正守太尉、中書令，忠武軍節度使、河南尹張全義亦正守中書令，俱深倚注，咸正台衡。"

張全義。天祐二年八月庚子正守。見上。

中書侍郎

崔遠。《舊書》二〇下《哀帝紀》：天祐二年三月甲申，中書侍郎、同平章事、集賢殿大學士崔遠爲右僕射。五月責授萊州刺史。

柳璨。天祐二年三月甲子遷門郎、兼户尚，仍平章事。

張文蔚。貢舉後，三月甲申自禮侍遷，仍平章事兼判度支。《宰相表》下：（天祐二年）三月甲申，文蔚爲中書侍郎、判度支。

中書舍人

封渭。五月甲戌貶齊州司户。《舊書》二〇下《哀帝紀》："（天祐二年五月）甲戌，敕中書舍人封渭貶齊州司户。"

姚洎。八月戊子爲户侍，充元帥府判官。《舊書》二〇下《哀帝紀》："（天祐二年）八月丁亥朔，戊子，制中書舍人姚洎可尚書户部侍郎，充元帥府判官，從全忠奏也。"

王滌。當在任。見下年引。

封舜卿。《唐詩紀事》六三方干："唐末，宰臣張文蔚、中書舍人封舜卿奏名儒不遇者十有五人，請賜一官，以慰冥魂。干其一也。"按張文蔚三月甲申入相。

右散騎常侍

李洵。

王鉅。十二月隨册禮使柳璨魏國行事。《舊書》二〇下《哀帝紀》："（天祐二年十二月辛卯）敕右常侍王鉅……等，隨册禮使柳璨魏國行事。"

右諫議大夫

蕭頎。《舊書》二〇下《哀帝紀》：天祐二年十二月辛卯右諫議蕭頎隨册禮使柳璨魏國行事。

右補闕

鄭輦。五月甲戌貶密州莒縣尉。《舊書》二〇下《哀帝紀》："（天祐二年五月甲戌）右補闕（貶）鄭輦密州莒縣尉。"

杜承昭。《舊書》二〇下《哀帝紀》："（天祐二年四月辛丑）右補闕杜承昭、羅袞……並賜緋魚袋。"

羅袞。四月辛丑賜緋魚袋。見上引。按是年遷起居郎。

右拾遺

高濟。十二月敕隨册禮使柳璨魏國行事。《舊書》二〇下《哀帝紀》："（天祐二年十二月辛卯）右拾遺高濟……等，隨册禮使柳璨魏國行事。"

韋象。《舊書》二〇下《哀帝紀》："（天祐二年四月辛丑）右拾遺韋篆、路德延……並賜緋魚袋。"

路德延。四月辛丑賜緋魚袋。見上引。

柳瓖。當在任（下年正月貶）。

起居舍人

盧仁炯。五月丙子貶安州司户。《舊書》二〇下《哀帝紀》："（天祐二年五月丙子）起居舍人盧仁炯（貶）安州司户。"

盧鼎。《舊書》二〇下《哀帝紀》："（天祐二年十月，起居郎蘇楷駁昭宗謚號）至是，全忠弑逆君上，柳璨陷害朝臣，乃與起居郎羅袞、起居舍人盧鼎連署駁議。"

門下省

侍中

楊渥。《通鑑》二六五"天祐二年"："（十一月）庚辰，吳武忠王楊行密薨。將佐共請宣諭使李儼承制授楊渥淮南節度使、東南諸道行營都統，兼侍中、弘農郡王。”

門下侍郎

裴樞。兼右僕平章事。三月甲子罷爲左僕。《大詔令集》五六《裴樞崔遠左右平章事制》（天祐二年三月二十五日）：守尚書右僕射、兼門下侍郎、同中書門下平章事裴樞守尚書左僕射，仍進封開國公。

獨孤損。兼户尚、平章事，判户部事。三月鎮静海軍。《舊書》二〇下《哀帝紀》：丹延甲子，門下侍郎、户部尚書、同平章事、監修國史獨孤損可檢校左僕射、同平章事，兼安南都護，充静海軍節度使。

柳璨。三月自中郎遷，兼户尚，十二月守司空、兼門郎，平章事。《舊書》二〇下《哀帝紀》：天祐二年三月甲子中書侍郎、同平章事、判户部事柳璨爲門下侍郎、兼户部尚書、同平章事。十二月，守司空、兼門下侍郎、同平章事。

給事中

孫續。當在任（上年十月在任）。

崔沂。《舊書》二〇下《哀帝紀》：天祐二年十二月辛卯，給事中崔沂等隨册禮使柳璨魏國行事。

左散騎常侍

孔拯。《舊書》二〇下《哀帝紀》：天祐二年十二月辛卯，左散騎常侍孔拯等隨册禮使柳璨魏國行事。

諫議大夫

沈棲遠。當在任。參上年引。

鄭賓。當在任（下年三月貶）。

起居郎

蘇楷。《會要》二《帝號》下：“天祐二年三月，起居郎蘇楷議昭宗（宜稱襄宗）謚號曰……”《新書》一〇《哀帝紀》：“明年（即天祐二年）起居郎蘇楷請更謚‘恭靈莊閔’，廟號襄宗。”按《舊書》二〇下《哀帝紀》云起居舍人，後又云起居郎。

羅袞。自右補闕遷。《舊書》二〇下《哀帝紀》：“（起居郎蘇楷駁昭宗謚號）至是，全忠弑逆君上，柳璨陷害朝臣，乃與起居郎羅袞、起居舍人盧鼎連署駁議。”

左補闕

崔咸休。五月甲申貶寧陵尉。《舊書》二〇下《哀帝紀》：“（天祐二年五月甲申）左補闕崔咸休（貶）寧陵尉。”

盧賡。九月丁父憂。《司空表聖文集箋校》五《唐故太子太師致仕盧公（渥）神道碑》（卒於天祐二年九月，葬於十月；年八十六）：“天祐二年九月十日，寢疾薨於長壽佛宇……孤刑部侍郎膺，實惟冢嗣，敏材慎行，而囂競不能入。弟賡，左補闕。整整唯謹，目爲令人，有以見綿祚無窮也。”

左拾遺

裴璩。十二月敕隨册禮使柳璨魏國行事。《舊書》二〇下《哀帝紀》：“（天祐二年十二月辛卯）左拾遺裴璩……等，隨册禮使柳璨魏國行事。”

昭宣帝天祐三年（九○六）

中書省

中書令

朱全忠。守太尉、中令。《宰相表》下：天祐三年三月戊寅，全忠爲諸道鹽鐵等使，判度支户部事，充三司都制置使。

錢鏐。《舊書》二○下《哀帝紀》：天祐三年三月丙寅，鎮海鎮東節度使、守侍中兼中書令、杭越兩州節度使錢鏐，道途艱阻，未行册命，宜令所司擇日備禮。

中書侍郎

張文蔚。

中書舍人

鄭撰。《北夢瑣言》六《顔給事墓銘》："顔給事蕘，謫官没於湖外。嘗自草墓誌，性躁急不能容物。其志詞云：'……復有吏部尚書薛公貽矩、兵部侍郎于公兢、中書舍人鄭公撰三君子者，余今日已前不變，不知異日見余骨肉幼孤，復何如哉！'"薛貽矩、于兢是年分别任如上所叙官職。

王滌。《唐文補編》九二盧光濟《王涣墓誌銘》："以天祐三年三月廿六日，改卜於是，諒非得已。今見任紫微舍人名滌，實府君同堂之兄，隣共被之分，嘗參禁苑，正播令猷。"

封舜卿。當在任。見上年引。

右散騎常侍

李洵。

王鉅（矩）。《全文》八四二封舜卿《進越王錢鏐爲吳王竹册文》："維天祐三年歲次丙寅九月辛亥朔十五日乙丑……遣使臣中散大夫、右散騎常侍、上柱國、賜紫金魚袋王矩……持節册爾爲吳王。"

右拾遺

柳璨。正月戊午貶洺州雞澤尉。《舊書》二〇下《哀帝紀》："天祐三年（正月）戊午，敕右拾遺柳璨貶洺州雞澤尉。"

門下省

侍中

錢鏐。兼中令。見其引。

諫議大夫

鄭賨。《舊書》二〇下《哀帝紀》："（天祐三年三月）辛巳，敕貶西都留守判官、左諫議大夫鄭賨崖州司户，尋賜死。"

起居郎

蘇楷。

羅袞。《新書》六〇《藝文志》四："《羅袞集》。"注："字子制，天祐起居郎。"

左補闕

李珽。當在任。《全文》八四一小傳：珽字公度，隴西敦煌人。僖宗朝舉進士，累拜右補闕。梁祖即位，爲左諫議大夫兼宣徽院副使。

左拾遺

裴璩。《北夢瑣言》一五《爲堂叔母侍疾》："唐天祐三年，拾遺充史館修撰崔璩進狀，以堂叔母在孟州濟源私莊，抱疾加甚，無兄弟奉養，無强近告投。"

昭宣帝天祐四年（九〇七）

中書省

中書侍郎

張文蔚。《舊書》二〇下《哀帝紀》：“（天祐四年三月）乙酉，乃以中書侍郎、平章事張文蔚充册禮使，禮部尚書蘇循爲副；中書侍郎、平章事楊涉押傳國寶使，翰林學士、中書舍人張策爲副。御史大夫薛貽矩爲押金寶使，左丞趙光逢爲副；甲午，文蔚押文武百僚赴大梁。”《全文》九四《禪位册文》：“今遣持節銀青光禄大夫、守中書侍郎、同中書門下平章事張文蔚等齎皇帝寶綬，敬遜於位。”

楊涉。見上引。

中書舍人

張策。見中郎張文蔚引。

王滌。《全文》八二五黄滔《丈六金身碑》：天祐三年丙寅秋七月，鑄金銅像一，明年正月十八日，設二十萬人齋，坐客有右省常侍李洵、中書舍人王滌、右補闕崔道融。

右散騎常侍

李洵。見上引。

右補闕

崔道融。見上引。

門下省

起居郎

蘇楷。《北夢瑣言》一七《駁昭宗謚號》：“昭宗先謚聖穆景文孝皇帝，廟號昭宗。起居郎蘇楷等駁議，請改爲恭靈莊閔皇帝，廟號襄宗。蘇楷者，禮部尚書蘇循之子，乾寧二年應進士。楷人才寢陋，兼無德行，昭宗惡其濫進，率先黜落，由是怨望，專幸邦國之災……梁祖建號，詔曰：'蘇楷、高貽休、蕭聞禮，皆人才寢陋，不可塵污班行，並停見任，放歸田里。蘇循可令致仕。'"

羅袞。當在任。

左補闕

李珽。見上年引。

左拾遺

孫郃。《全文》八二〇小傳：郃字希韓，明州奉化人。乾寧中進士，累遷左拾遺。朱温篡虐，隱遁奉化山，著書但紀甲子，以示不臣之義。

附：中書門下兩省待考官員

中書省

中書侍郎

元大士。《墓誌續編（貞元〇三六）·故太原太谷縣尉元君（重華）墓誌》："高祖西臺侍郎大士，大士生太子家令寺丞逖。"按據墓誌，元重華不足三十而卒。則其高祖元大士任西臺侍郎約在久視元年前後。

盧懷慎。《元龜》八六二《起復》："盧懷慎爲中書侍郎，丁母憂，起復爲兵部侍郎。"按景雲元年懷慎自少大理遷兵侍。不知何時任中郎。孫某。《寶刻叢編》四引《訪碑録》："《唐中書侍郎孫公碑》，撰寫人及年月並缺。"

司馬某。《墓誌彙編上（開元一六五）·大唐故中書侍郎贈衛尉卿河内司馬府君妻范陽郡君盧氏墓誌銘》：卒於開元十一年正月十一日，葬於二月十三日。當是司馬鍠。《新書》二〇二本傳："（司馬）鍠，河南人，神龍初，以中書侍郎卒。事繼母孝，俸禄不入私舍。與弟銓、伯父希象皆歷殿中侍御史。希象，剛直不諂，終主爵員外郎。"惟籍貫（河南、河内）不同，或訛寫歟？

某某。《白居易集箋校》五四《除常侍制》（制文作於元和二年至六年）："茶官某……俾登西掖，仍珥右貂。從容前後，以備顧問。"

中書舍人

王秀。《全文》一七二張鷟《中書舍人王秀漏洩機密斷絞秀不伏款於掌事張會處傳得語秀合是從會款所傳是實亦非大事不伏科（中書省二條）》。

崔君宙。《墓誌彙編下（開元四四九）·崔諶墓誌》（卒於開元廿五年四月，年五十九）："曾祖君宙，中書舍人。"當貞觀時。

裴孝源。《全文》一五九小傳：孝源官中書舍人。

王弘讓。《墓誌彙編下（天寶一八八）·王鴻祔葬墓誌》（終於東京，權殯城東，天寶十載十一月五日遷葬河南縣。未詳卒年及享年）："祖弘讓，隋工部、憲部郎，中書舍人。"《墓誌彙編下（大和〇五四）·王衮墓誌》（卒於大和六年六月，年五十二）："隋安度太守蕭。蕭生皇中書舍人弘讓。弘讓生太府卿方泰。"當武德、貞觀中。

蕭鈞。《舊書》七六《李承乾傳》：承乾廢，中舍人蕭鈞坐免。按《張説集校注・贈吏部尚書蕭公（灌）神道碑》："考鈞，中書舍人、率更令、弘文、崇賢兩館學士。"《舊書》六三本傳："貞觀中，累除中書舍人，甚爲房玄齡、魏徵所重。"《全唐文》二九五韓休《梁宣帝明帝二陵碑》："子鈞，皇朝中書舍人、率更令、崇賢弘文兩館學士。"按蕭鈞任中舍，當在任太子中舍人後。

陽文瓘。《墓誌彙編下（天寶一八七）・裴蕭與夫人陽氏合祔誌》（裴蕭卒於開元廿二年三月，四十三歲，夫人陽氏卒於天寶六載十一月。年四十七）："夫人北平陽氏，冠婚之右族也。曾祖文瓘，皇中書舍人、青州刺史。祖大經，國子司業，坊州刺史。"按約貞觀末、高宗初。

董思恭。《國秀集》錄中書舍人董思恭詩一首。按龍朔三年思恭以起居舍人知貢舉，犯贓流嶺表。

薛文思。《唐詩紀事》二五薛據："據，河中寶鼎人，中書舍人文思曾孫。"按永徽二年文思爲秘書郎，其任中舍當在之後。

王方泰。《墓誌彙編下（天寶一八八）・王鴻祔葬墓誌》（終於東京，權殯城東，天寶十載十一月五日遷葬河南縣。未詳卒年及享年）："祖弘讓，隋工部、憲部郎，中書舍人；父方泰，皇朝中書舍人、司府少卿……嗣子長安縣尉志悌，少子上黨郡襄垣縣主簿志凝，並從夭逝。嫡孫長安府君長子胡子、次孫陽子等奉遷安厝。"《墓誌彙編下（天寶一九〇）・王志悌祔葬墓誌》（年五十五，終於官舍。天寶十載十一月五日遷葬河南縣）："曾祖弘讓，隋工部、憲部郎，中書舍人；祖方泰，皇朝中書舍人、司府少卿。父鴻，皇同州馮翊縣丞。"《新表二中》王氏："方泰字玄敏，太府少卿。"乃光禄卿方則弟，方慶從兄。《九卿考》（增訂）一〇：按光宅元年改太府寺爲司府寺，其從弟方慶仕至武后時，疑方泰仕至武后初。

何彦先。《全唐文》二四二《爲何舍人賀御書雜文表》："臣彦先等言：臣于梁王武三思處，見御書雜文尺牘，凡九十餘卷。"按武后革命，武三思封梁王，神龍元年五月降爲德静郡王。則何彦先爲中書舍人，當在延載之後至長安中。

韋孝基。《墓誌彙編下（開元四六四）・安國寺惠隱禪師塔銘》（卒於開元廿二年七月，年七十六）："外叔祖韋氏字孝基，皇中書舍人。"當在高宗時

（664—674 之間）

劉禕之。《元龜》九一七《改節》：“劉禕之，高宗咸亨初爲中書舍人。武后臨朝，尋同中書門下三品。”按劉禕之儀鳳三年自巂州入遷。《元龜》所載不見於新舊本傳。

周思鈞。《唐詩紀事》七：“思鈞以中書舍人卒。”按垂拱三年思鈞爲太子文學。

梁載言。《新書》二〇二本傳：“載言，聊城人，歷鳳閣舍人，專知制誥，終懷州刺史。”

陽滔。《朝野僉載》二：“陽滔爲中書舍人，時促命制敕，令史持庫鑰他適，無舊本檢尋，乃斫窗取得之。時人號爲‘斫窗舍人’。”

王無兢。《金石錄》一〇：“《唐中書舍人王無兢碑》，姚汭撰，行書，無姓名。”《寶刻叢編》一引《金石錄目》：“《唐中書舍人王無兢碑》，姚汭撰，行書無姓名。”後又引《金石錄》：“無兢事跡見《唐書·陳子昂附傳》後，以碑考傳，頗不相合，莫知孰是。是碑言無兢無子孫，權知萊州刺史，姚汭爲買石立碑。無兢東萊人，墓在掖縣界中。”按無兢長安中爲太子舍人。

李義仲。《舊書》七二《李安期傳》：“自德林至安期三世，皆掌制誥。安期孫義仲，又爲中書舍人。”當在開元初。

于季子。《金石錄》五：“《唐右庶子於府君碑》，佺儒卿撰，沙門重閏八分書，開元十年七月。”《金石論叢·貞石證史》云：“考《元和姓纂》云：‘唐中書舍人于季子，今居齊郡歷城，佺儒卿。’以此推之，府君殆季子無疑。”《寶刻叢編》一引《復齋碑錄》：“《唐右庶子於府君碑》，佺孺卿撰，沙門重潤分書。開元十年七月。”

崔禹錫。《新出唐墓誌百種·崔尚墓誌》（卒於天寶四載七月，年六十六）：“文公融，君之叔父也。公子中書舍人、知制誥，贈定州刺史貞公禹錫，君之從父兄也。”《墓誌彙編下（元和〇七三·崔氏墓誌》（卒於元和九年五月，年廿六）：“高祖融，曾祖禹錫，皇中書舍人，贈定州刺史，謚曰貞公。”《舊書》九四《崔融傳》：“二子，禹錫、翹，開元中相次爲中書舍人。”按李翹約開元廿二年至廿六年在中舍任。

吳鞏。舊書一九〇中《吳少微傳》：“吳少微子鞏，開元中爲中書舍人。”

苑某。《墓誌彙編下（元和〇五一）·尹夫人墓誌》（卒於元和七年五月廿日，年卅）：“夫人出於苑氏，祖□，中書舍人。”約開元時。

庾光先。《墓誌續編（大和〇三五）·唐左金吾判官前華州司户參軍李公夫人庾氏墓誌》（卒於大和四年十二月，葬於六年正月。年十九）："曾祖光先，皇中書舍人、御史中丞、荆州採訪使、吏部侍郎、贈太子太師。"按至德中爲吏部侍郎。

衛某（晏）。《全文》五六五韓愈《監察御史衛府君墓誌銘》（卒於元和十年，年五十三）："君諱某字某，中書舍人、御史中丞某之子，贈太子洗馬諱某之孫。"約德宗初。

郗昂。《全文》五六四韓愈《河南緱氏主簿唐充妻盧氏墓誌銘》："（唐）充明經，宰相休璟曾侄孫。出郗氏，外王父昂，中書舍人。"按郗昂廣德元年自檢校司勳員外郎遷大諫。其任中舍當在其後不久。

盧載。《全文》四三五小傳：載，肅宗朝官中書舍人。按開成元年爲給事中，《舊書》一七下《文宗紀》下："（開成元年五月）丁未，以給事中郭承嘏爲華州防御使。給事中盧載以承嘏公正守道，屢有封駁，不宜置之外郡，乃封還詔書。翊日，復以承嘏爲給事中。"開成三年二月，左丞盧載爲同州防御使。《舊書》一七下《文宗紀》下："（開成三年二月）辛亥，左丞盧載爲同州防御使。"司空圖《書屏記》：元和、長慶間，先大夫初以詩師友兵部盧公載。《郎考》五司封郎中有盧載，在薛景胤後，敬昕盧商前。

謝良輔。《全文》五二八顧況《禮拜員外郎陶氏（翰）集序》："華實光于苑圃，綦毋著作潛、王龍標昌齡，則其勁敵……中書謝舍人良弼良輔、侍御史李封、殿中劉全誠，名自公出，名著公器。"按謝良弼大曆十三至十五年爲中舍。

馮菿。《西市博物館藏墓誌（四五八）·馮鎛墓誌》（卒於咸通十年五月，年六十三）："父菿，皇中書舍人，府君即舍人之長子。"按約元和初年前後。

唐次。《唐詩紀事》六八唐彦謙："唐儉裔孫，憲宗時終中書舍人次，子持，持子彦謙。"按貞元七年，唐次爲禮部員外，其任中舍當在元和初。

韋少微。《唐詩紀事》六八韋莊："曾祖少微，宣宗時中書舍人。"

李正封。《松窗雜録》："大和開成中，有程修己者，以善畫得進謁。修己始以孝廉召入籍，故上不甚以畫者流視之。會春暮内殿賞牡丹花，上頗好詩，因問修己曰：'今京邑傳唱牡丹花詩，誰爲首出？'修己對曰：'臣嘗聞公卿間多吟賞中書舍人李正封詩曰："天香夜染衣，國色朝酣酒。"'"按正封元和十二年在司勳員外郎任。其任中舍當在此後。

楊仁爽。《墓誌彙編上（乾封〇〇五）·唐故洛州録事楊君夫人張氏墓誌銘》（張氏卒於麟德二年十二月，葬於乾封元年二月）："第二子仁爽，任舍人。"舍人未詳。姑繫於此。

路敬潛。《舊書》一八九下《路敬淳傳》："敬淳與季弟敬潛俱早知名……敬潛仕至中書舍人。"敬淳萬歲通天二年正月被殺。

裴某。《墓誌彙編下（咸通〇〇三）·唐故太中大夫行中書舍人裴公夫人彭氏墓誌》（卒於咸通二年正月，年六十一）。約大中前期。

李昭。《元龜》五五一《器識》："李昭，初自尚書郎出爲蘇州刺史，期月，以中書舍人召還，不拜。謂宰輔曰：'省郎拜舍人，以知制誥爲次序，便縣刺史玷綸閣，非敢聞命。'乃以兵部郎中、知制誥。翌歲，拜舍人，受之。"又見《太平御覽》一二二。按此似德宗用人風格。《元龜》所排順序，亦在德宗和憲宗之間。

令狐澄。《金華子》雜編上："令狐補闕滈與中書舍人澄，皆有才藻。令狐之文彩，世有稱焉。自楚及澄，三代皆擅美於紫薇。"按滈咸通四年爲左拾遺。未知何省補闕。澄任中舍亦當在咸通時。

韓質。《元和姓纂》四："黄門侍郎生（岑校，當作韓）思復，稱昌黎潛後，代居雲陽；生朝宗，京兆尹；朝宗生賁、賞、質。賁，潤州刺史；賞，給事中；質，京兆少尹、中書舍人。生翃，拾遺。翃生倫、佾。佾，果州刺史。並云昌黎人延之族弟恬後焉。"

韋顏。《劇談録》下《崔道樞食井魚》："中書舍人韋顏子婿崔道樞，舉進士者屢屢。乾符二年春，下第歸寧漢上。"

孫棨。《北里志》校點説明："孫棨，字文威，自號無爲之。歷官侍御史、中書舍人。"《北里志》成書於中和四年。《北夢瑣言》四《崔氏女失身爲周寶妻》："孫棨舍人著《北里志》，叙朝賢子弟平康狎游之事。"

王迪。《北夢瑣言》一〇《王迪車碾事》："王迪舍人，早負才業，未卜騫翔。一日，謁宰相杜太尉，於宅門十字通衢，街路稍狹，有二牛車東西交至，迪馬夾在其間，馬驚仆而卧，爲車轍碾靴鼻逾寸而不傷脚指。三日後入拜翰林，雖幸而免，亦神助也。"

袁晞。《唐文又補》六司空圖《滎陽族系圖記》："今年春，愚再遷居中條，賭隴西鄭回《族系記》，因爲定著桓公至温爲上篇，南陽公至回爲下篇。

且彷稽户部侍郎鄭元哲故家,考及中書舍人袁晞《姬姓録》。二公皆博洽大儒,訂核尤爲精絶。”

右補闕

張思道。《全文》一九五小傳:思道,宣德郎行右補闕弘文館學士。按其作品與吳揚吾、劉如璿、員半千比鄰,當是武后時人。然兩《唐書》不見此人。

吕尚。《集古録目》三:“《唐華嶽碑述聖頌》,京兆府富成尉達奚珣撰叙,右補闕、集賢殿學士吕尚撰頌並書,玄宗御製御書‘華嶽廟碑’,建於廟中,珣等遂作此頌。以開元中立。”

劉餗。《新書》一三二本傳:“餗字鼎卿。天寶初歷集賢院學士,兼知史官。終右補闕。”

王諲。《全文》三三三小傳:“開元中進士,官右補闕。”

崔巨。《新書》一一四《崔融傳》:“孫巨,右補闕,亦有文。”《唐文拾遺》二二小傳:巨字爲式,大曆中右補闕、殿中侍御史。

劉迅。《舊書》一〇二本傳:“訊,右補闕,撰《六説》五卷。”

顔勝。《姓纂》四“琅琊江都”顔:游秦,郢州刺史;生元勝,右補闕。岑校:《魯公集》七稱:“度支郎中、廉州刺史,見《循吏傳》。據《新書》一九八,則先刺廉州,終任郢州也。游秦爲廉州刺史,系在武德初。又先元勝左補闕,《顔含碑》,游秦爲十代孫,十一代孫中無‘元勝’名,惟十四代孫有‘勝,進士,左補闕’,則‘生元’殆‘玄孫’之訛,否亦有奪文。《全文》四〇一小傳:曲阜人,擢進士,官右補闕。按蓋本《姓纂》。

李何忌(至德元年爲大諫,二年貶西平郡司馬)。《全文》三六六賈至《授李何忌職方員外郎制》:“敕:右補闕李何忌,後進人物,一時雋選。或丕丞清緒,多負美才,或直言正詞,有犯無隱,或繡衣持斧,摘伏擒奸,或馳譽翰林,文詞藻麗,或知名吏道,政事詳密。在邦必達,歷試有聞。宜居鵷鷺之列,俾弘準繩之紀。可試職方員外郎。”詳文意,當在任大諫之前。然賈至尚未知制誥。亦或誤置賈至名下,或非一人。

常無求。《全文》四〇八小傳:“無求,天寶時官右補闕。”

崔榮。《西市博物館藏墓誌(三一八)·夫人博陵崔氏墓誌銘》(卒於貞元十一年四月,終年二十二):“大父譚……終唐倉部、左司二郎中。”《墓誌彙編下(元和〇七六)·盧公夫人崔氏墓誌》(卒於元和九年七月,年六十九）：“父倫，代宗朝以前御史中丞使吐蕃，拜尚書左丞，殁謚敬公；伯譚，左司郎中；伯榮，右補闕；叔曰殷，衡州刺史。”按崔倫大曆五年爲左丞。又見《全文》四三八。

韓昆。《姓纂》四“河東”：狀云本自潁川徙焉。唐給事中韓液，右補闕韓昆，並家蒲阪。岑校：右補闕韓昆，《南部新書》：韓昆，大曆中爲制科第三等敕頭。

陳兼。柳宗元《唐故秘書少監陳公（京）行狀》：“父某（《英華》作兼），皇右補闕、翰林學士，贈秘書少監。”陳京卒貞元二十年，其父當在代宗時官右補闕。

周楨。《墓誌彙編下（大中一一七）·劉理墓誌》（卒於大中四年八月，葬於十月；年廿四）：“外祖周楨，皇右補闕史館修撰。”元和十年左右。

盧渢暉。《唐摭言》四《節操》：“盧大郎補闕（原注：盧名上字與僕家諱同，下字曰暉），升平鄭公之甥也……龍鍾場屋復十許歲，大順中，方爲弘農公所擢，卒於右袞。”按《唐摭言》一〇《韋莊奏請追贈》：“方干，桐廬人也，幼有清才，爲徐凝所器，誨之格律……王大夫（原注：名與定保家諱一字同）廉問浙東，干造之，連跪三拜，因號方三拜。王公將薦之於朝，請吳子華爲表草。無何公遘疾而卒，事不偕矣。”按據《方鎮年表》五知王渢咸通八年至十一年鎮浙東。又，方干有《獻王大夫詩》、羅隱有《上浙東王大夫詩》，再據上引卷四《節操》對於盧大郎所注，知王定保父名渢□或□渢。

孫偓。《全文》八三二錢珝《授前右補闕孫偓長水縣令制》：“敕：具官某……一旦身退，朝實多之。”按，錢珝乾寧二年始知制誥，而是年十月孫偓即入相。則其任右補闕在此之前。具體未詳。

張曙。天復前後在任。《北夢瑣言》四《張曙戲杜荀鶴》：“唐右補闕張曙，吏部侍郎裼之子，褘之侄。文章秀麗，精神敏俊，甚有時稱……後於裴贊侍郎下擢進士第（按大順二年及第），官至右補闕。曾戲同年杜荀鶴曰。”同書八《張曙起小悼》：“唐張褘侍郎，朝望甚高，有愛姬早逝，悼念不已。因入朝未回，其猶子右補闕曙，才俊風流，因大增大阮之悲，乃制《浣溪沙》，其詞曰……置於几上。大阮朝退，憑几無聊，忽睹此詩，不覺愛慟，乃曰：‘必是阿灰所作。’阿灰，即中諫小字也。然於風教，似亦不可，以其叔侄年顏相似，恕之可也。諺曰：‘小舅小叔，相追相逐。’謔戲固不免也。”據所叙，知褘、曙叔侄年齡相仿。按《唐摭言》一二《自負》：“張曙拾遺與杜荀鶴同年。”

作拾遺，未知左右。

右拾遺

徐鐈。《全唐文》二九五徐沔《大寶積經述》：“以先天二年六月三十日進太上皇，八月二十一日進皇帝。禁闈曉辟，真教上聞……復有清信佛弟子前右拾遺徐鐈等，皇朝銀青光禄大夫、太子賓客、昭文館學士高平公子也。”

孫處立。《唐詩紀事》一五：校書張暈、右拾遺孫處立等十八人皆有詩名，殷璠次爲《丹陽集》。

張方回。《開元天寶遺事》上《癡賢》：“右拾遺張方回，精神不爽，時人呼爲癡漢子。每朝政有失，便抗疏論之，精彩昂然，進不懼死。明皇常謂：‘右拾遺張方回，忠賢之人也。’”

鄭某。權德輿《權公（若訥）文集序》：“紀時賢循吏，績用行實，則《劉馮翊碑》，梁萬年、鄭拾遺《志銘》。”未詳左右與時間。

袁均。《新書》一五一《袁滋傳》：“（元和十三年）卒，年七十，贈太子少保……子均，右拾遺；郊，翰林學士。”

康耆。《墓誌續編（大中〇五四）·韋挺夫人柏氏墓誌》（未詳卒歲及享年，葬於大中十年二月）：“夫人姓柏氏，諱苕，無字。唐工部尚書季纂五代孫……幼子諱良器……收睢陽，死希烈，功最，封平原郡王……平原王娶康氏，今工部郎中復之姑，夫人第四女也。長兄封，進士及第，刺三郡，官至太子賓客。次兄耆，以文學白衣徵爲右拾遺，刺二郡，由兵部郎中爲諫議。”

柳珪。《全文》七四七蕭仿《駁還藍田尉直弘文館柳珪擢右拾遺奏》。

起居舍人

李某。《全文》三二七王維《爲楊郎中祭李員外文》：“維載月日朔，行尚書司勳郎中、賜緋魚袋楊元璋等，謹以清酌少牢之奠，敬祭于故左司員外郎李公之靈……記言西掖起草南宮。”自起居舍人遷左司員外郎。據署年月，當在天寶中。

李暄。《舊書》一五七《李埔傳》：“李埔字建侯，江夏人。北海太守邕之侄孫。父暄，官至起居舍人。”《劉禹錫箋證》外集九《唐故監察御史贈尚書右僕射王公（倰）神道碑》：“夫人江夏李氏祔焉。李門多奇材，父暄，起居舍人。暄子埔，門下侍郎、平章事。”

韓某。《全文》五六四韓愈《韓滂墓誌銘》：“滂父（名）老城。厚謹以文，爲韓氏良子弟。未仕而死。有二子，滂其季也。其祖諱介，爲人孝友，一命率府軍佐以卒。二子百川、老成。老成爲伯父起居舍人某後。起居有德行，言詞爲世軌式。”

包何。《新書》六〇《藝文》四：“《包融詩》一卷。”注：“潤州延陵人。歷大理司直。二子何、佶齊名，世稱二包。何，字幼嗣，大曆起居舍人。”《全文》五一八《秘書監包府君集序》：“洎公與兄起居何，又世其業，競爽于天寶之後。”當在任大曆十二年前後。

郭閏。《墓誌續編（大中〇五五）·故趙郡李公夫人姚氏（品）墓誌》（卒於大中八年八月，年六十九）：“起居舍人郭公閏之外孫女也。”約德宗初期。

韋綬。《唐國史補》中：“起居舍人韋綬心疾廢。”按韋綬貞元十六年自左補闕、翰林學士丁憂。

薛保遜。《玉泉子》：“（鄭）光在河中日，遇國忌行香，便與判官及屈客寺中宴徵令。時薛起居保遜爲客在坐。”《唐摭言》一二《輕佻》：“薛保遜，大中朝尤肆輕佻，因之侵侮諸叔，故自起居舍人貶洗馬而卒。”按鄭光鎮河中在大中五年至七年。參《方鎮年表》四。

李定言。《丁卯集箋證》八《李定言自殿院銜命歸闕拜員外部俄遷右史因寄》。右史爲起居舍人。李定言開成二年進士，其任右史當在大中中期。

于兢。《唐摭言》八《通榜》：“三榜，裴公第一榜，拾遺盧參預之；第二、第三榜，諫議柳遜、起居舍人于兢佐之；錢紫微珝亦頗通矣。”按天祐四年爲禮侍知貢舉。

通事舍人

薛待聘。《全文》四〇三薛均《薛良佐塔銘》（卒于天寶元年，廿二十八；葬于天寶二年閏二月）：“曾祖待聘，皇右千牛、通事舍人。”武德貞觀時。

裴恭道。《墓誌彙編上（神龍〇四五）·唐故戶部侍郎贈懷州刺史臨都公韋府君夫人河東郡夫人裴氏墓誌銘》：“隋膳部員外郎、常州司馬揀之孫，皇朝通事舍人、樂壽、臨津二縣令恭道之長女也。”按蓋貞觀年間。

張師暕。《墓誌彙編下（天寶〇八一）·張俊墓誌》（卒於天寶三載十月，年五十九）：“曾祖諱師暕，皇朝散大夫、通事舍人。”約貞觀中。

鄭嗣元。《金石萃編》八一《鄭曾碑》：大父嗣元，唐通事□□，□□明淑。

　　張會。《墓誌彙編上開元〇五二·張齊丘墓誌》:"祖父會,隋國子進士,武德初,佐五府兵曹,鄭縣令,通事舍人,歷幼原二州長史,同州別駕,洛州長史,濟二州刺史。"

　　杜元穎。《墓誌彙編下(開元四九五)·唐故通事舍人杜元穎夫人崔氏墓誌銘》〔卒於開元廿七年十二月,未詳享年,子曾任符離主簿,早卒;女已有子(外孫)〕:"年有十六,歸於杜公……年廿有三而杜公即世。"

　　高覲王。《墓誌彙編下(長慶〇三二二)·李府君夫人高氏墓誌》(卒於長慶三年七月,年五十四):"高祖通事舍人覲王。"約高宗時。

　　崔暹。《全文》一七二張鷟《通事舍人崔暹奏事口誤御史彈付法大理斷笞三十徵銅四斤暹款奏事雖誤不失事意不伏徵銅》。

　　柳岑。《墓誌續編(貞元〇七八)·故殿中次監柳昱墓誌》(生於上元元年,卒於貞元二十年八月,年四十五):"祖岑,皇朝通事舍人。"約天寶末肅宗時。

　　崔伋。《墓誌彙編下(大和〇八五)·李翼墓誌》(卒於大和六年十月,年七十一):"夫人博陵崔氏,父伋,通事舍人、揚州司馬。"約德宗時。

　　郭鄩。《宣室志》六:"郭鄩罷櫟陽縣尉,久不得調,窮居京華,困甚……未旬,見宰相面白,遂除通事舍人。"又見《劇談錄》卷上《郭鄩見窮鬼》。

門下省

侍中

　　蕭某。《全文》四四二潘炎《蕭尚書拜命路尚書就林亭宴集序》:"至是以蕭公膺納言之職,路公徵賀遷之會。"

　　李知白。《大唐新語》一一:"李知白爲侍中,子弟纔總角而婚名族,識者非之:'宰相當存久遠、敦風俗,奈何爲促薄之事耶!'"

　　崔安潛。《唐摭言》七《升沉後進》:"大中、咸通中,盛傳崔慎由相公嘗寓尺題於知聞。或曰:王凝、裴瓚、舍弟安潛,朝中無呼字知聞,廳里絕脫靴賓客。凝終宣城,瓚禮部尚書,潛侍中。"按王凝乾符五年卒於宣城任(《舊傳》),裴瓚約中和三、四年爲禮尚(《郎表》),則安潛任侍中亦當在僖宗時。

門下侍郎

　　榮思九。《墓誌彙編下(開元四六四)·安國寺惠隱禪師塔銘》(卒於開

元廿二年七月，年七十六）：“禪師俗姓榮，京兆人……叔祖思九，黃門侍郎。”當在高宗時（664—674 之間）

盧涣。《玄怪録》三《盧公涣》：“黃門侍郎盧公涣，爲明州（洺州）刺史。”按《刺考全編·河北道》云約開元中刺。天寶中刺睦州、歙州，見《刺考全編·江南東道》。

給事中

楊珍。《全文》一七二張鷟《給事中楊珍奏狀錯以崔午爲崔牛斷笞三十徵銅四斤不伏（門下省二條）》。

温某。《全文》二一九崔融《爲温給事請致仕表》：“臣某言，臣以凡薄，幸承基蔭，一霑官侶，三十餘年……自忝皇眷，祗命神都……伏惟皇太后陛下……”詳文意，稱皇太后陛下，當是光宅遷都洛陽之後不久，改周號之前。

陳安平。《朝野僉載》三：“給事中陳安平子年滿赴選，與鄉人李仙藥臥。夜夢十一月養蠶，仙藥占曰：‘十一月養蠶，冬絲也，君必送東司。’數日，果送吏部。”

裴友直。《墓誌彙編下（○○四）·楊君夫人裴氏墓誌》（卒於建中歲，未詳享年。按楊君時任聞喜令，年歲當不是很大）：“曾祖友直，皇朝給事中。”當在武后至開元時期。

盧逸。《新書》七三下上《宰相世系表》三上：盧逸，給事中，荆府長史。按景雲二年以考功員外知貢舉，其任給事中當在其後。

裴惓。《全文》三一六李華《杭州刺史聽壁記》：“所蒞臨者，皆當時名公……其間劉尚書、裴給事之盛德遠業。”《刺考全編·江南東道》據《宰相世系》一上中眷裴氏、《舊書·岑羲傳》、《金石録》五《唐杭州刺史裴惓碑》等繫于中宗睿宗間刺杭州，並推測李華所述裴給事或即此人。

竇總。《墓誌彙編下（元和○九八）·崔公夫人竇氏墓誌》（卒於元和十二年三月，葬於閏五月）：“皇太常卿、汾州刺史總之曾孫，皇尚書屯田員外郎儼之孫。”約在武后時期。按《刺考全編·河東道》云約武后時刺汾州。

竇紹。《墓誌彙編下（大曆○八○）·竇寓墓誌》（卒於大曆十四年七月，年四十五）：“公諱寓，扶風平陵人……父紹，給事中（正五品），公即給事君之長子也。”按至德元年爲少府監（從三品）。《元龜》一二二《征討二》：“永王璘宜充山南東路及黔中、江南西路節度、支度、採訪使、江陵都督如故，以少府監竇紹爲之傅。”則其任給事中當在之前。

王燾。《墓誌彙編下（大和〇一五）·王師正墓誌》（卒於大和二年四月，葬於十月。年卅九）：“皇朝給事中，房陵、大寧、彭城□□郡太守，累贈工部尚書、太子少師燾，公之皇祖也。”天寶四載爲大諫。

李亶。《新出唐墓誌百種·李亶妻盧氏合祔之銘》：“太君姓盧氏，號太君，范陽人……朝請大夫給事中姑臧子李府君亶之妻……以開元廿五年夏四月丙午終于洛陽會節里第。嗚呼哀哉！越若來五月丙申合祔于偃師先府君之舊塋。”《西市博物館藏墓誌（三二五）·盧克乂墓誌》：“姑臧李氏之出，外曾祖諱亶，給事中。”

李收。《新書》七二上《宰相世系》二上“西祖房”：景伯，禮部侍郎，生彭年、喬年。彭年，吏部侍郎，生收、孚。收給事中。喬年，右司郎中。按天寶八載，其父李彭年自吏侍長流嶺南。

蕭直。《新書》七一下《宰相世系》一下蕭氏齊梁房：“直，給事中。”按蕭直爲汝州刺史蕭諒子，天寶十四年蕭直爲大理評事。《蕭穎士集校箋》三《與從弟評事書》箋證：作于天寶十四載夏秋，穎士從弟爲蕭直，時爲大理評事。從之。

王燾。《墓誌彙編下（大和〇一五）·王師正墓誌》（卒於大和二年四月，葬於十月，年卅九）：“皇朝給事中，房陵、大寧、彭城□□郡太守，累贈工部尚書、太子少師燾，公之皇祖也。”約代宗時。

徐某。《全文》五二七柳冕《與徐給事論文書》。未詳爲誰。當在貞元中。

殷台。《墓誌彙編下（開成〇三九）·鄭當墓誌》（卒於開成四年九月，年卅八）：“外族殷氏，故大理司直諱□即父也，故給事中諱台即親舅也。”當在元和時。

盧允。《墓誌彙編下（貞元〇六八）·金州刺史鄭公夫人盧氏墓誌》（卒於貞元十一年十月，未詳享年）：“祖從愿，吏部尚書；父允，給事中、河南少尹。”按盧允乾元二年爲吏部郎中（從五品），任給事中（正五品）當在其後。

于蕭。《墓誌彙編下（咸通〇四〇）·鄉貢士孫備妻于氏墓誌》（卒於咸通六月二月，年卅）：“高祖諱蕭，入內廷爲給事中。”當在開元、天寶之際。

崔銳。《全文》七一四李宗閔《王播神道碑》（卒於大和四年正月，年七十二）：“故夫人清河崔氏，給事中銳之女。”按崔銳貞元元年爲庫部員外，其任給事中，當在其後不久。

韓賞。《元和姓纂》四："黃門侍郎生（岑校，當作韓）思復，稱昌黎潛後，代居雲陽；生朝宗，京兆尹、朝宗生賁、賞、質。賁，潤州刺史；賞，給事中；質，京兆少尹、中書舍人。生翃，拾遺。翃生倫、佋。佋，果州刺史。並云昌黎人延之族弟恬後焉。"

嚴休復。《劇談錄》下《玉蕊院真人降》："元和中，春物方盛，車馬尋玩者相繼。忽一日，有女子年可十七八，衣綠繡衣，乘馬，峨髻雙鬟，無簪珥之飾，容色婉約，迴出於衆……須臾塵滅，望之已在半空天，方悟神仙之游。餘香不散者經月餘日。時嚴給事休復、元相國、劉賓客、白醉吟，俱有《聞玉蕊院真人降詩》。"按大和七年嚴休復自右常侍爲河南尹。

杜裔休。《新書》一六六《杜悰傳》："子裔休，懿宗時歷翰林學士、給事中，坐事貶端州司馬。"

馮蕘。《玉泉子》："馮蕘給事親仁坊有宅，南面山亭，尤多養鵝鴨及雜禽類極多。"

馮針（鍼）。《劇談錄》上《潘將軍失珠》："馮針給事，常聞京師多任俠之徒，及爲尹，密詢左右，超具述前事，潘將軍所説與超符同。"《劇談錄》下《命相日雨雹》："馮給事爲鄭州刺史，親召李生説之。"按《刺考全編·河南道》作馮緘（刺鄭於咸通中）。當誤。

王祝（祝）。《北夢瑣言》九《王給事剛鯁》："唐王祝給事，名家子，以剛鯁自任……黃巢前嘗典常州（按約乾符中，見《刺考全編·江南東道》）京國亂離，盤旋江湖，甚有時望。急詔徵回，歸裝極厚，水陸分載。行至甘棠，王琪帥於是邦，不式王命，凶暴衆聞。以夕拜將來必居廊廟，延奉勤至。夕拜鄙其武人，殊不降接……（琪）暗授意旨，並令害之。"按王琪文德元年至光化二年鎮陝虢（甘棠）。

諫議大夫

沈瑱。《全文》四〇一小傳：開元時官諫議大夫。

李積。《前河南府河陽縣丞崔公夫人隴西姑臧李氏墓誌銘并序》（大中元年三月十三日）："祖積，諫議大夫、河內太守。"李肇《國史補》上："李積……官至司封郎中、懷州刺史。"按天寶十載李積爲大理少卿。《刺考全編·都畿道》云約天寶中刺懷州。

崔文□。《墓誌彙編下（天寶二六五）·崔克讓墓誌》（卒於天寶十三載十月，年四十三）："父文□，諫議大夫。"按當在天寶初，或天寶十三載在任。

王□一。《墓誌彙編下（貞元〇二一）·王郅墓誌》（卒於貞元五年三月，年五十三）：“高祖□一，皇諫議大夫、涇州刺史，有集廿卷。”按《刺考全編·關內道》推測約高宗時刺涇州。

徐玄之。《權德輿詩文集》二四《徐公（申）墓誌銘》（卒于元和元年，年七十）：“公諱申，字維降，東海郯人……仁澈生皇吏部郎中諫議大夫玄之，玄之生公烈考汾州司户參軍贈信州刺史乂。”當在開元中後期。

于益。《姓纂》二：益，諫議大夫。按永泰元年《白道生碑》，撰人題：朝議郎、行尚書禮部員外郎、翰林學士賜緋魚袋于益。

房密。《新書》七一下《宰相世系》一下河南房氏：（肱子）密，諫議大夫。《全文》四三五小傳：密，肅宗朝官考功郎中，遷諫議大夫。

蕭明。《全文》九三一杜光庭《道德真經廣聖義序》：“嚴君平《指歸》十四卷……諫議大夫蕭明……太子司議郎楊上善、禮部（原誤作吏部）侍郎賈至……殿中監申甫……玄宗皇帝所注《道德》上下二卷，即今所廣疏矣……天復元年龍集辛酉九月十六日甲子序。”

韓幼深。《全文》三八八獨孤及《送柳員外赴上都序》：“初弱用之拜也，吏者隱者相見皆賀……而弱用獨以衰疾行邁爲憂。諫議大夫昌黎韓幼深貽弱用書曰：‘君子之命，知己之遇，豈可易乎？’”當大曆時。

王師乾。《集古録目》四：“《唐王師乾碑》，中書侍郎楊綰撰，大理司直張從申書。師乾字修然，琅邪臨沂人。官至諫議大夫、盧循道三州刺史。碑以大曆十三立，在句容。

張珣。《墓誌彙編下（大中〇四二）·孫府君夫人張氏墓誌》（卒於大中四年十月，年六十一）：“皇太中大夫、左諫議珣之孫。”約德宗後期。

康耆。《墓誌續編（大中〇五四）·韋挺夫人柏氏墓誌》（未詳卒歲及享年，葬於大中十年二月）：“夫人姓柏氏，諱莟，無字。唐工部尚書季纂五代孫……幼子諱良器……收睢陽，死希烈，功最，封平原郡王……平原王婚康氏，今工部郎中復之姑，夫人第四女也。長兄封，進士及第，刺三郡，官至太子賓客。次兄耆，以文學白衣徵爲右拾遺，刺二郡，由兵部郎中爲諫議。”

常渠牟。《元龜》四八一《輕躁》：“常渠牟，貞元中爲諫議大夫。風貌佻躁，無君子器。志尚不根道德，眾雅知不能以正理開弘帝意。”

丘據。《新書》五八《藝文志》二：丘據《相國涼公録》一卷，注：李抱玉事，據，諫議大夫。

劉迥。《舊書》一〇二本傳："迥，諫議大夫、給事中，有集五卷。"

許堯佐。《全文》六三三小傳："堯佐，禮部尚書康佐弟。第進士，官太子校書郎，終諫議大夫。"按元和十一年爲左贊善大夫。

溫某。《寶刻叢編》四引《訪碑錄》："《唐諫議大夫溫府君碑》，唐牛僧孺撰，裴潾書。"

路季登。《舊書》一七七《路岩傳》："祖季登，大曆六年進士及第，累辟諸侯府。升朝爲尚書郎。遷左諫議大夫，卒。"《新書》七五下《宰相世系》五下路氏：(齊運子)季登，諫議大夫。《姓纂》八"京兆三原"：季登，諫議大夫，生群。《郎官題名考》八司勳郎中有路季登(當在貞元時)，在韓章後、鄭南史前。卷一五金部郎中路季登，在樊澤後、王遘前。

廖真。《全文》六八四楊行悍《對黜免判得諫議大夫廖真坐事黜後既寢病猶用大夫之簪御史舉其非法大理斷無罪》，小傳：行悍，穆宗時人。

盧某。《全文》八六八殷文圭《後唐張崇修廬州外羅城記》："咸通十年，盧諫議出牧此州。"《刺考全編·淮南道》云疑是盧鈅。

左散騎常侍

周和舉。《墓誌彙編下(開元四八三)·周子諒墓誌》(卒於開元二十五年四月，年五十五)："曾祖和舉，左散騎常侍、宣宗刺史。"按當在貞觀中(637 年左右)。

李寬。《金華子》補："李寬爲常侍，有門下者姓盧，善相。或問：'李公如何？'曰：'據其面部所無者：無子、無宅、無冢。'公有數子，皆先公卒。有宅，未嘗還鄉居。死於池州，乘舟歸，舟破沉其骨。"按顯慶四年爲太子詹事。

崔順。《墓誌彙編下(天寶二六九)·崔夫人墓誌》(卒於天寶十□載七月，年七十二)："曾祖順，使持節松渝玉簡平湖等六郡太守，左散騎常侍，襲武康公。"約高宗時。

劉仁緯。《西市博物館藏墓誌(三二一)·劉莒墓誌》(卒於貞元十二年七月，年五十九)："武陵生(其曾祖)兵部員外郎、左散騎常侍府君仁緯(即其祖父)。"

段師。《墓誌彙編上(永徽〇九四)·段公(會)墓誌》(卒於永徽四年十一月，年五十八)："父師，皇朝散騎常侍，光禄大夫，贈洪州都督、八州軍事、益都縣開國公，謐曰信公。"

和顯壽。《墓誌彙編上（景龍〇二二）·和府君（智全）墓誌銘》（龍朔二年卒，年六十二）："父顯壽，皇朝吉州刺史、散騎常侍，朱陽縣開國男。"按《刺考全編·江南西道》云刺吉州約貞觀中，

崔濟。《墓誌彙編下（天寶二三四）·鄭君夫人崔氏墓誌》（卒於天寶十二載六月，年六十一）："曾祖濟府君，皇左常侍；祖元獎府君，皇吏部侍郎、杭州刺史。"按元獎任吏部侍郎在 690 年至 962 年。則崔濟任左常侍當在 653 年至 663 年之間。

顏熙。《全文》三三九顏真卿《平靖侯顏公大宗碑》："允臧，友悌有史乾，制舉縣令，宰延昌，拜監察，充郭子儀朔方衣資使，遷殿中、太子中允、江陵少尹。再兼侍御史，充荊南節度行軍司馬……孫綸，廷尉；熙，散騎常侍。"

鄭沛。《全文》六三一呂溫《大唐故紀國大長公主墓誌銘》（卒於元和二年九月十三日，葬於三年某月日）："公主諱某字某……肅宗宣皇帝之第二女也……乾元二年，年若干，許笄從周，築館于魯。輜軿將其百兩，環佩出乎九重。以降于駙馬都尉滎陽鄭君曰某，官至特進、左散騎常侍。"《新書》八三《諸帝公主傳》："紀國公主，始封宜寧。下嫁鄭沛。薨元和時。"

李寧。《全文》六一九小傳："寧，元和中官常侍。"

張道晏。《墓誌彙編下（大和〇二〇）·張侔墓誌》（卒於大和三年八月，年四十四）："（父）道晏，皇左散騎常侍兼御史大夫、涿州刺史。"當在任元和時。按似散官。

趙某。《寶刻叢編》四引《訪碑錄》："《唐散騎常侍贈侍中趙郡成公碑》。唐薛稷書撰。"

黎某。《寶刻叢編》四引《訪碑錄》："《唐散騎常侍黎公碑》，嗣子（缺名）書，大和中立。"

李文通。《墓誌彙編下（大中一三〇）·李昕墓誌》（葬於大中十一年五月。未詳卒時、享年）："（父）金吾將軍、壽州刺史、左散騎常侍。"按文通自元和十年自左金吾大將軍出刺壽州，至十二年，終壽州刺史。《唐故隴西郡夫人墓誌銘》："大父（文）通……終壽州刺史。"

陳諫。《墓誌彙編下（咸通一〇五）·賈洮墓誌》（卒於咸通十四年五月，年五十一）："公諱洮，字德川。潁川陳氏夫人，散騎常侍諫之女。"約大中時。未詳左右。又，當非貞元、元和時陳諫。

衛增。《北里志·王團兒》："（宜之、能之）尋爲計巡遼所變，韋宙相國子及衛增常侍子所娶。"未詳左右。

杜蘊。《唐摭言》一三《敏捷》："白中令鎮荊南，杜蘊常侍廉問長沙。"按事在大中十一年，未詳左右，亦不詳是否爲散職。

于德晦。《金石萃編》八○《于德晦（華嶽）題名》：監察御史于德晦，□州鎮國軍判官試大理評事□□。大中六年三月廿四同謁。後引《授堂金石跋》：《長安志·務本坊》有左散騎常侍于德晦宅。

起居郎

楊某。《全文》三八九獨孤及《楊起居畫古松樹贊》。當在蕭代時。

裴僑卿。《柳宗元集校注》一一《故試大理評事裴君（名未詳）墓誌》："裴氏之昭曰贈户部尚書諱某（按守真），穆曰起居郎諱某（按僑卿），生均州刺史諱某（叔獻）。均州與其弟（按名伯陽）大理更爲刑部郎。用文史名於朝，善杜禮書。長子曰某（即誌主）。"按僑卿開元十九年爲協律郎。其伯父裴伯言，建中元年二月在任刑部員外。其父叔獻約貞元中刺均州（《刺考全編·山南東道》，）僑卿任起居郎當在開元十九年後。

蔣某。《全文》五二七柳冕《謝杜相公論房杜二相書》："冕再拜，上書相公閣下：昨得蔣起居書，伏承相公以冕論房杜二相書，並答江西刑政論公四本，以副史館。"按杜相當是杜佑。貞元十九年十二月入相。蔣起居，或是起居舍人。亦未可知。

左補闕

陳邃。《全文》一七二張鷟《左補闕陳邃司制敕知敕書有誤不奏輒改所改之次與元敕同付法不伏》。

張某（未詳左右）。《全文》三一二孫逖《送張補闕歸鄴序》："余射策于洛城南門者，有年數矣。"

孫菫。《酉陽雜俎》前集八《夢》："補闕揚子孫菫善占夢。"未詳左右，未詳任期。

畢乾泰。《朝野僉載》五："左補闕畢乾泰，瀛州任丘人。"

張懷禮。《朝野僉載》一："瀛州人安縣令張懷禮、滄州弓高令晉行忠就蔡微遠卜……二人皆應舉，懷禮授左補闕，後至和復二州刺史。行忠授城門郎，至秋而卒。"按《刺考全編·淮南道》謂約中宗時刺和州。

劉某。《全文》五四二令狐楚《爲人作奏貶晉陽縣主簿葦鈇狀》：“臣劉氏堂外生，即故硤州刺史伯華嫡孫、左補闕某第三女。是臣亡叔庶子絳州刺史勳外孫。”劉伯華刺硤州在大曆初，見《刺考全編·山南東道》。劉某任左補闕當在貞元末元和初。

呂焯。《全文》六二二小傳：“焯，任城人，官左補闕。”

蕭敞。《墓誌彙編下（乾符〇一三）·李推賢墓誌》（卒於乾符三年，年七十四）：“娶蘭陵蕭氏，左補闕敞之女。”約大中時。

孫徽。《墓誌彙編下（殘誌〇一五）·孫譜墓誌》（卒於五月五日，享年六十）：第十九弟、朝議郎、守左補闕內供奉、柱國孫徽撰并篆額。按咸通十一年徽任刑部員外，則其任左補闕當在咸通九年前後。

皇甫湜。《唐摭言》五《以其人不稱才試而後驚》：“韓文公、皇甫補闕見李長吉時，年七歲。二公不之信，因面試《高軒過》一篇。”

薛澤。《北夢瑣言》一二《楊收不學仙》：“唐相國楊收，江州人，祖爲本州都押衙，父直，爲蘭溪縣主簿。生四子，發、嘏、收、嚴，皆登進士第。收即大拜，發以下皆至丞郎……薛澤補闕，乃楊氏女孫婿，嘗語之。”同卷《楊鑣偶大姑神》：“唐楊鑣，收相之子，少年爲江西推巡，優游外幕也……楊生歸，指揮訖，倉卒而卒，似有鬼神來迎也。薛澤補闕與鑣姻懿，常言此事甚詳。”按當是朱梁時。

王志安。《封氏聞見記》一〇《嘲玩》：“補闕王志安，晚不得志，久游恒趙之間。人畏其口，莫敢引用。”

韋昌謀。《全文》八一九小傳：昌謀，官左補闕。

左拾遺

孟匡朝。《封氏聞見記校注》八《竊蟲》：“拾遺孟匡朝貶賀州，作《竊蟲賦》，比之鬼魅，似都不識此蟲。”按天寶元年，匡朝爲監察御史。則爲拾遺，當在此後不久。

張琪。《元龜》六五二《非才》：“李融爲壽安丞，開元中，侍中、弘文館學士裴光庭引融並拾遺張琪、著作佐郎司馬里賓等直弘文館，撰《續春秋經傳》。上表請以經爲御撰，而光庭等相依左氏之體爲之作傳，玄宗手制褒賞之。光庭筆削于李融，書竟不就。”未詳左右。

趙自勤。《廣記》二七七“潘玠”：“潘玠自稱，出身得官，必先有夢。與趙自勤同選，俱送名上堂。而官久不出。後玠云，已作夢，官欲出矣……其後三日，果官出。玠爲御史，自勤爲拾遺。”《姓纂》七《諸郡趙氏》：“尚書左丞華州刺史趙升卿，臨汝人。户部郎中趙謙光，汲郡人。司水部員外郎趙自勤，河南人。”按當在天寶中。

張泛。《大唐新語》一二《勸勵》：“張泛自左拾遺左授許州司户。有侍佐自相毆竟者……乃舉罰刺史已下俸，行鄉次之禮，竟者慚謝而退。風俗爲之改焉。”

朱長通。《全文》五一八《送朱拾遺赴朝廷序》：“上將以道蒞天下，先命大臣舉有道以備司諫，故朱君長通有拾遺之拜……吴中賢士大夫，相賀不暇。”按當在大曆中。

楊茂謙。《舊書》一八五下本傳：“起家應制舉，拜左拾遺。”

康耆。《墓誌續編（大中〇五四）·韋挺夫人柏氏墓誌》（未詳卒歲及享年，葬於大中十年二月）：“夫人姓柏氏，諱莟，無字。唐工部尚書季纂五代孫……幼子諱良器……收睢陽，死希烈，功最，封平原郡王……平原王婚康氏，今工部郎中復之姑，夫人第四女也。長兄封，進士及第，刺三郡，官至太子賓客。次兄耆，以文學白衣徵爲右拾遺，刺二郡，由兵部郎中爲諫議。”

劉圓。《唐國史補》中：“江淮客劉圓，嘗謁江州刺史崔沆，稱前拾遺。沆引坐徐勖曰：‘諫官不可自稱，司直評事可矣。’須臾他客至，圓抑揚曰：‘大理評事劉圓。’沆甚奇之。”按崔沆約咸通中刺江州，參《刺考全編·江南西道》。

杜曉。《全文》八三六小傳：曉字明遠，京兆杜陵人。昭宗時拜左拾遺，召爲翰林學士、知制誥。按天佑二年爲膳部郎中。

盧參。《唐摭言》八《通榜》：“三榜，裴公第一榜，拾遺盧參預之；第二、第三榜，諫議柳遜、起居舍人于兢佐之；錢紫微珝亦頗通矣。”柳遜約天復二年至三年任大諫。

符寶郎

長孫安。《墓誌彙編上（開元一三九）·長孫安墓誌》：“時國步初夷，才賢實急，詔選良家子爲左右千牛……雅得休選，秩滿遷符璽郎。”按當武德中後期。

段□瑾。《墓誌彙編下（二五五）·段承宗墓誌》（卒於天寶十二載六月，年六十八）：“大父□瑾，朝散大夫、符璽郎。”

王子麟。《墓誌彙編上（開元〇六二）·大唐故正議大夫行光禄寺少卿太原王府君墓誌銘并序》："解褐授越王府倉曹，歷尚輦直長、太子典設郎、符璽郎、澤州司馬、常州長史……潭越貳府都督，光禄少卿……尋而謝疾退榮，怡情田里，以大唐開元五年歲次丁巳十二月丙寅朔十二日丁丑，薨于大同里第，春秋五十有八。"按任符寶郎一職在垂拱四年之後（是年越王貞反），當在證聖元年前後。

鄧弘業。《墓誌彙編上（開元一九五）·鄧賓墓誌》（卒於開元十年五月，年四十三）："曾祖弘業，尚衣直長、符璽郎。"

趙某。《全唐文》二九三張九齡《故許州長史趙公（元楷）墓誌銘》（開元八年春二月，不詳享年）："祖某，金紫光禄大夫、殿中監、贈工部尚書、武强公。父某，符寶郎。"

城門郎

于尚範。《墓誌續編（開元〇〇一）·于尚範墓誌》："文德皇后玉匣昇輿，虞歌下殿，以公令望，擢爲挽郎。解褐益州參軍，轉右屯衛録事、少府監主簿、城門郎。"文德皇后卒於貞觀十年，則其任少府監主簿及城門郎約在貞觀十三年至十九年間。

于知微。《全文》二〇六姚崇《兗州都督于知微碑》："俄丁窮罰，殆至滅性……服闋被徵□爲擧首。敕授魏州貴鄉縣令□任未幾，在京違豫，公乃請休……時魏州連夏大旱。州縣祈禱……隨誠降雨……尋被巡察使昇進。制加朝散大夫行城門郎……俄兼夏官郎中……出爲許州司馬，累除蒲晉潤三州長史。"據其履歷，當在高宗、武后之際。

晉行忠。《朝野僉載》一："瀛州人安縣令張懷禮、滄州弓高令晉行忠就蔡微遠卜……二人皆應擧，懷禮授左補闕，後至和復二州刺史。行忠授城門郎，至秋而卒。"按《刺考全編·淮南道》謂約中宗時刺和州。

程某。《全唐文》二六五李邕《桂府長史程府君神道碑》（卒於開元十六年十月五日）："五臣升第，遷宋城，轉櫟城簿……擢來庭、長安二赤縣尉……擢左臺監察御史……轉詹事府司直，歷城門郎、長社武進朝邑曲沃好時雲陽宰六縣。"當在睿宗至開元初。

李韶。《權德輿詩文集》二四《唐故尚書工部員外郎王公（端）改葬墓誌銘》："（天寶）十四年遷工部員外郎。謝病長告，南浮江湖因寓。幽陵兵亂，啓手足於行次，春秋若干。是歲乾元二年也。娶隴西李氏，隋太師申國公穆五代孫，吏部郎中間政之孫，城門郎韶之女。"

盧渚。《墓誌彙編下（咸通〇一四）·盧夫人墓誌》（卒於咸通二年九月廿七日，葬於二年正月十六日。年卌一）：“祖諱渚，門下省城門郎。”約長慶前後。

蘇佐。《墓誌彙編下（咸通〇二一）·趙璜墓誌》（卒於咸通三年四月，葬於十月。年五十九）：“君之上室上邽縣蘇氏，丞相貞公五代孫，城門郎佐之孫，秘書省校書郎巢之女。”《墓誌彙編下（咸通一一八）·趙璜妻蘇氏墓誌》（卒於咸通十五年十月，年五十六）：“王父諱佐，皇城門郎。”約元和中。

呂復。《墓誌彙編下（咸通〇二八）·張觀墓誌》（卒於咸通四年三月，年六十一）：“妣東平呂氏……（觀）早娶親舅城門郎復之長女，不育。”約大和中。

主要參考書目

［唐］李林甫等撰，陳仲夫點校《唐六典》，北京：中華書局，1992 年。

［後晉］劉昫等撰《舊唐書》，北京：中華書局，1975 年。

［宋］歐陽修、宋祁撰《新唐書》，北京：中華書局，1975 年。

［宋］薛居正等撰《舊五代史》，北京：中華書局，2015 年。

［宋］歐陽修撰《新五代史》，北京：中華書局，2015 年。

［宋］司馬光編著《資治通鑑》，北京：中華書局，1976 年。

［宋］王溥撰《唐會要》，上海：上海古籍出版社，2006 年。

［宋］王欽若等編《册府元龜》，北京：中華書局，1960 年。

［宋］馬令撰《南唐書》，四部叢刊續編本。

［宋］陸游撰《南唐書》，四部叢刊續編本。

［南唐］史虛白撰《釣磯立談》，《五代史書彙編》本，杭州：杭州出版社，
　　2004 年。

［宋］陳彭年撰《江南別錄》，《五代史書彙編》本。

［宋］龍袞撰《江南野史》，《五代史書彙編》本。

［宋］鄭文寶撰《江表志》，《五代史書彙編》本。

［宋］鄭文寶撰《江南餘載》，《五代史書彙編》本。

［宋］鄭文寶撰《南唐近事》，《五代史書彙編》本。

［清］吳任臣撰《十國春秋》，北京：中華書局，1983 年。

［清］彭定求等編《全唐詩》，北京：中華書局，1960 年。

陳尚君輯校《全唐詩補編》，北京：中華書局，1992 年。

［清］董誥等編《全唐文》，北京：中華書局，1983 年。

陳尚君輯校《全唐文補編》，北京：中華書局，2005 年。

［宋］李昉等編《文苑英華》，北京：中華書局，1966 年。

［宋］李昉等編《太平廣記》，北京：中華書局，1961 年。

上海古籍出版社編《唐五代筆記小説大觀》，上海：上海古籍出版社，2000 年。

［清］勞格、趙鉞著《唐尚書省郎官石柱題名考》，北京：中華書局，1992 年。

［清］勞格、趙鉞撰《唐御史臺精舍題名考》，北京：中華書局，1997 年。

［清］吳廷燮撰《唐方鎮年表》，北京：中華書局，1980 年。

張忱石著《唐尚書省右司郎官考》，北京：中華書局，2020 年。

嚴耕望著《唐僕尚丞郎表》，上海：上海古籍出版社，2007 年。

郁賢皓著《唐刺史考全編》，合肥：安徽大學出版社，2000 年。

郁賢皓、胡可先著《唐九卿考》（增訂本），南京：鳳凰出版社，2022 年。

［唐］丁居晦撰《重修承旨學士壁記》，北京：中國書店，2018 年。

［唐］韋執誼撰《翰林院故事》，北京：中國書店，2018 年。

［唐］元稹撰《翰林承旨學士院記》，北京：中國書店，2018 年。

［五代］王定保撰《唐摭言》，上海：上海社會科學院出版社，2006 年。

［清］徐松撰、孟二冬補正《登科記考補正》，北京：北京燕山出版社，2003 年。

［宋］宋敏求撰《唐大詔令集》，北京：中華書局，2008 年。

［唐］李吉甫撰《元和郡縣圖志》，北京：中華書局，1983 年。

［宋］凌萬頃撰《玉峰志》，《宋元地方志叢刊》，北京：中華書局，2006 年。

［宋］張津等撰《乾道四明圖經》，《宋元地方志叢刊》本。

［宋］胡榘、羅濬等撰《寶慶四明志》，《宋元地方志叢刊》本。

［元］袁桷撰《延祐四明志》，《宋元地方志叢刊》本。

［元］王元恭撰《至正四明續志》，《宋元地方志叢刊》本。

［元］郭薦等撰《大德昌國州圖志》，《宋元地方志叢刊》本。

［宋］趙與泌等撰《仙溪志》，《宋元地方志叢刊》本。

［宋］齊碩等撰《嘉定赤城志》，《宋元地方志叢刊》本。

［宋］朱長文撰《吳郡圖經續記》，《宋元地方志叢刊》本。

［宋］范成大撰《吳郡志》，《宋元地方志叢刊》本。

［宋］宋敏求撰《長安志》，《宋元地方志叢刊》本。

［宋］馬光祖等撰《景定建康志》，《宋元地方志叢刊》本。

［元］張鉉撰《至正金陵新志》，《宋元地方志叢刊》本。

［宋］楊潛撰《雲間志》，《宋元地方志叢刊》本。

［宋］趙不悔等撰《新安志》，《宋元地方志叢刊》本。

［宋］孔延之撰《會稽掇英總集》，山陰杜氏浣花墅刊本。

［宋］施宿撰《嘉泰會稽志》，《宋元地方志叢刊》本。

［宋］周淙撰《乾道臨安志》，《宋元地方志叢刊》本。

［宋］潛説友撰《咸淳臨安志》，《宋元地方志叢刊》本。

［宋］盧憲撰《嘉定鎮江志》，《宋元地方志叢刊》本。

［宋］陳公亮等撰《嚴州圖經》，《宋元地方志叢刊》本。

［宋］梁克家等撰《淳熙三山志》，《宋元地方志叢刊》本。

［宋］談鑰撰《嘉泰吳興志》，《宋元地方志叢刊》本。

［宋］歐陽修，［宋］歐陽棐撰《集古録跋尾》《集古録目》，上海：上海古籍出版
　　社，2020 年。

［宋］趙明誠撰，金文明校證《金石録校證》，北京：中華書局，2019 年。

［宋］陳思撰《寶刻叢編》，杭州：浙江古籍出版社，2012 年。

［清］王昶撰《金石萃編》，上海：上海古籍出版社，2020 年。

［清］葉奕苞撰《金石録補》，上海：上海古籍出版社，2020 年。

［清］陸增祥撰《八瓊室金石補正》，上海：上海古籍出版社，2020 年。

周紹良、趙超編《唐代墓誌彙編》，上海：上海古籍出版社，1992 年。

周紹良編《唐代墓誌續編》，上海：上海古籍出版社，2001 年。

《隋唐五代墓誌彙編》，天津：天津古籍出版社，1991 年。

胡戟、榮新江編《大唐西市博物館藏墓誌》，北京：北京大學出版社，2012 年。

尚民傑編《唐代長安家族葬地出土墓誌輯纂》，北京：商務印書館，2018 年。

趙文成、趙君平編《新出土唐墓誌百種》，杭州：西泠印社，2010 年。

陳振濂主編《千唐誌齋碑銘全集》，北京：朝華出版社，2022 年。

［唐］林寶撰《元和姓纂》，北京：中華書局，1994 年。

［宋］計有功撰《唐詩紀事》，中華書局，1965 年。

［元］辛文房撰，傅璇琮等校箋《唐才子傳校箋》，北京：中華書局，2000 年。

［唐］道宣撰《續高僧傳》，北京：中華書局，2014 年。

［宋］贊寧撰《宋高僧傳》，北京：中華書局，1987 年。

賴瑞和著《唐代高層文官》《唐代中層文官》《唐代基層文官》，北京：中華書
　　局，2017、2011、2008 年。

劉萬川著《唐代中書舍人與文學》，北京：人民出版社，2017 年。

主要的唐五代別集

［唐］王勃撰，［清］蔣清翊注《王子安集注》，上海：上海古籍出版社，1995 年。

［唐］楊炯撰，祝尚書箋注《楊炯集箋注》，北京：中華書局，2016 年。

［唐］盧照鄰撰，李雲逸校注《盧照鄰集校注》，北京：中華書局，1998年。

［唐］駱賓王撰，［清］陳熙晉注《駱賓王集》，杭州：浙江古籍出版社，2018年。

［唐］陳子昂撰，彭慶生校注《陳子昂集校注》，合肥：黃山書社，2015年。

［唐］沈佺期、宋之問撰，陶敏等校注《沈佺期宋之問集校注》，北京：中華書局，2001年。

［唐］張説撰，熊飛校注《張説集校注》，北京：中華書局，2013年。

［唐］張九齡撰，熊飛校注《張九齡集校注》，北京：中華書局，2008年。

［唐］孟浩然撰，佟培基箋注《孟浩然詩集箋注》，上海：上海古籍出版社，2000年。

［唐］王維撰，陳鐵民校注《王維集校注》，北京：中華書局，1997年。

［唐］戴叔倫撰，蔣寅校注《戴叔倫詩集校注》，上海：上海古籍出版社，2010年。

［唐］常建撰，王錫九校注《常建詩歌校注》，北京：中華書局，2017年。

［唐］高適撰，劉開陽箋注《高適詩集編年箋注》，北京：中華書局，1981年。

［唐］岑參撰，陳鐵民、侯忠義校注《岑參集校注》，上海：上海古籍出版社，2004年。

［唐］李白撰，安旗等箋注《李白全集編年箋注》，北京：中華書局，2015年。

［唐］杜甫撰，［清］仇兆鰲注《杜詩詳注》，北京：中華書局，1979年。

［唐］杜甫撰，蕭滌非等校注《杜甫全集校注》，北京：人民文學出版社，2014年。

［唐］李頎撰，王錫九校注《李頎詩歌校注》，北京：中華書局，2018年。

［唐］元稹撰，楊軍箋注《元稹集編年箋注》，西安：三秦出版社，2002年。

［唐］白居易撰，朱金城箋注《白居易集箋校》，上海：上海古籍出版社，1988年。

［唐］韓愈撰，錢仲聯集釋《韓昌黎繫年集釋》，上海：上海古籍出版社，1984年。

［唐］韓愈撰，劉真倫等箋注《韓愈文集彙校箋注》，北京：中華書局，2010年。

［唐］柳宗元撰，尹占華等校注《柳宗元集校注》，北京：中華書局，2013年。

［唐］劉禹錫撰，瞿蛻園箋證《劉禹錫集箋證》，上海：上海古籍出版社，1989年。

［唐］劉禹錫撰，陶敏校注《劉禹錫全集編年校注》，北京：中華書局，2019年。

［唐］劉長卿撰，儲仲君箋注《劉長卿詩編年箋注》，北京：中華書局，1996年。

［唐］李紳撰，盧燕平校注《李紳集校注》，北京：中華書局，2009 年。

［唐］張籍撰，徐禮節、余恕誠校注《張籍集繫年校注》，北京：中華書局，
　　2011 年。

［唐］韋應物撰，陶敏等校注《韋應物集校注》，上海：上海古籍出版社，
　　1998 年。

［唐］權德輿撰，郭廣偉校點《權德輿詩文集》，上海：上海古籍出版社，
　　2008 年。

［唐］陸贄撰，王素點校《陸贄集》，北京：中華書局，2006 年。

［唐］李德裕撰，傅璇琮等校箋《李德裕文集校箋》，北京：中華書局，2018 年。

［唐］李賀撰，吳企明箋注《李長吉歌詩編年箋注》，北京：中華書局，2012 年。

［唐］賈島撰，齊文榜校注《賈島集校注》，北京：人民文學出版社，2001 年。

［唐］孟郊撰，郝世峰箋注《孟郊詩集箋注》，石家莊：河北教育出版社，
　　2002 年。

［唐］蕭穎士撰，黃大宏等校箋《蕭穎士集校箋》，北京：中華書局，2017 年。

［唐］許渾撰，羅時進箋證《丁卯集箋證》，北京：中華書局，2012 年。

［唐］李商隱撰，劉學鍇、余恕誠集解《李商隱詩歌集解》，北京：中華書局，
　　1988 年。

［唐］李商隱撰，劉學鍇、余恕誠校注《李商隱文編年校注》，北京：中華書局，
　　2002 年。

［唐］杜牧撰，吳在慶校注《杜牧集繫年校注》，北京：中華書局，2008 年。

［唐］鄭谷撰，嚴壽澂等箋注《鄭谷詩集箋注》，上海：上海古籍出版社，
　　2009 年。

［唐］陸龜蒙撰，何錫光校注《陸龜蒙全集校注》，南京：鳳凰出版社，2015 年。

［唐］韓偓撰，吳在慶校注《韓偓集繫年校注》，北京：中華書局，2015 年。

［唐］司空圖撰，祖保泉等箋校《司空表聖詩文集箋校》，合肥：安徽大學出版
　　社，2002 年。

［唐］溫庭筠撰，［清］曾益等箋注，王國安標點《溫飛卿詩集箋注》，上海：上
　　海古籍出版社，1998 年。

［唐］韋莊撰，聶安福箋注《韋莊集箋注》，上海：上海古籍出版社，2002 年。

［唐］羅隱撰，李定廣校箋《羅隱集繫年校箋》，北京：人民文學出版社，
　　2013 年。

索　引

説明：一、本索引按音序排列。音節相同，以聲調爲序；聲調相同，以年代爲序。

二、每條索引先列人名，後爲頁碼。

陳安平　917

陳　嶷　751,755,757,761,764

陳嘉言　169,172

陳　兼　395,913

陳　諫　922

陳　京　505,508,512,516,551,554,
556,559,561

陳敬瑄　836,841

陳九言　349,353,356,358,360,363

陳　某　153

陳　商　721,723

陳叔達　3,4,6,9,12,14,16,18,20,
22,25

陳　邃　923

陳希烈　325,328,332,334,337,343,
346,350,353,356,359,361,363,
365,369,372,375,378,381,383,
385,388,391,393,395,398

陳　憲　279,282,284,287

陳　詡　557,560

陳夷行　662,667,682,687,700,703,
711,714

陳貞節　273,278,282

陳　政　2,5

陳　書　802,805

陳子昂　181,185,188,191,195

成　汭　882

程　某　926

程昔範　645,649

褚長孺　445,449

褚遂良　34,36,46,48,50,52,54,
56,58,61,63,65,67,69,70,71,
73,76

褚庭誨　295,299,346,350,354,357,
359

褚无量　267,272,277,287,290,293,
297

褚　琇　312,315

崔安潛　791,855,916

崔　黯　712,715,717,721

崔　備　604,608

崔　邠　525,528,536,539,543,553,
555,557,560,563,566,570

崔　誉　154,156,160,162

崔　充　793,797,800

崔　從　607

崔　鄲　664,669,673,676,680,706,
710

崔　澹　813,816,819,822

崔　黨　696

崔道融　905

崔　峒　450,453,455,456,458,460

崔敦禮　11,13,15,17,19,21,24,
25,27,30,33,35,37,39,43,84,
86,87,88,90

崔　庚　792,796

崔　珙　710,713,716

崔　嶬　728,732

崔　琯　654,657,662,666

崔龜從　649,653,685,689,741

崔國輔　373,376,379,380,382,383,
385,388

陸敦信　103,105,107,109,110,111,
　112,113,116,118

陸龜蒙　834

陸　堅　301,304,307,308,309,311,
　313,317

陸景獻　308,311

陸　某　860

陸　涉　643,647,661

陸希聲　810,814,817,855,857,860,
　863,865,868,871

陸象先(景初)　239,243,248,254,
　259,264

陸　扆　858,865,867,872,882,884,
　886,889,892,895

陸餘慶　199,203,206,294,297,300

陸元方　168,169,171,174,178,
　182,186,200,204

陸　質(淳)　505,509,512,568

陸　贄　501,504,506,510,513,523,
　529,533,536

路　泌　500

路德延　900

路季登　921

路敬潛　255,911

路　群　657,661,665,669,673,677,
　680

路　隨　595,598,601,604,608,611,
　614,634,638,639,642,644,648,
　652,656,660,664,666,670,674,
　678,681,686

路　巖　780,785,787,789,790,791,

795,798,801,807,811

羅　袞　890,892,895,897,898,900,
　901,904,906

羅弘信　881

羅　讓　666,671,687,691

羅紹威　889,892

羅　泰　668,672

呂　才　26,29,32,34,36,38,40

呂　復　927

呂　某　535

呂　尚　912

呂太一　293,297,300,303,306

呂　渭　523,526

呂　溫　562,565

呂　向　309,312,314,315,318,321,
　350,353,356,359,361,364,
　367,371

呂延嗣　266

呂延祚　277

呂　諲　419,422

呂元膺　577,580,583,584,587

呂　焯　924

M

馬　曾　376,379

馬懷素　205,208,234,238,243,248,
　254,279,284

馬吉甫　229

馬秦客　245,252

馬　燧　507,511,514,518,521,524,
　527,530,534,537,540

蕭　倣　747,750,753,756,758,761,764,768,772,776,779,782,806,807,811,814
蕭　俛　571,575,578,582,585,590,593,619,622,628
蕭　復　502
蕭　遘　794,798,801,804,819,823,825,828,831,835,836,847
蕭　華　340,343,424,427
蕭　澣　674,678
蕭　璟　20,22,25
蕭　鈞　79,82,84,86,908
蕭　廩　827,829,832
蕭　明　920
蕭　某　667,916
蕭　頎　900
蕭嗣業　66
蕭　嵩　282,286,310,313,325,328,332,334,337
蕭　昕　376,379,399,402,406,409,414,418,421,424,427,444,448,451,455,457,460,562,465,468,471, 473, 476, 483, 487, 491,495,497
蕭　璿　279,284
蕭　鄴　730,733,742,745,748,763,766,767
蕭　釴　116,118
蕭　祐　573,577,654
蕭　瑀　1,5,8,11,13,15
蕭　直　453,456,918
蕭　寘　745,748,751,785
蕭至忠　233,235,238,242,244,247,264
謝良弼　478,479,480,483,486
謝良輔　910
解　琬　269,275,279
辛景湊　378,381
辛茂將　81,83,85,96,98
辛　祕　601
辛丘度　620,626
辛替否　237,241,246,253,257,262
辛　諝　25
邢文偉　122,124,152,155,158,161,164,166,168
熊執易　539,543,544
徐安貞　334,337,341,352,355,358,360,362,364,367,371
徐楚璧　294,297,301,304,308
徐　岱　527,531,534,537,540,544,546,548
徐　浩　338,342,345,349,353,355,404,409,413,428,432,436,440,443,447
徐　璜　478
徐　晦　637,639
徐　堅　225,229,231,234,249,251,256,261,307,311,313,318,320,322,325
徐　某　560,918
徐齊耽　118,119,120,121
徐　嶠　338,341,344,348

鄭少微　329,332

鄭　審　386,389,391,393

鄭嗣元　915

鄭　肅　655,658,678,682,687,725

鄭　隨　548,571,575,579

鄭　損　842,844,847

鄭　覃　617,623,629,630,634,637,
　641,654,656,658,661,665,691,
　695,699,703

鄭　畋　793,808,809,813,814,817,
　820,823,833,836,839

鄭惟忠　206,209,212,216,222,
　225,231

鄭　渥　877

鄭　憲　757,760

鄭虚心　292,295

鄭　薰　738,741,745

鄭珣瑜　485,489,524,526,527,
　528,533,561,564,568

鄭　涯　679,683

鄭　亞　724,727,730

鄭延昌　838,841,844,847,850,
　852,862,864,867

鄭延休　797,800

鄭　言　758,787,789

鄭彦特　801,804

鄭裔綽　764,768

鄭　愔　222,228,233

鄭　綑　509,512,516,519,522,525,
　528,531,566,567,570,574,578,
　579,583

鄭　繇　267

鄭　愚　787,789

鄭餘慶　547,550,553

鄭雲逵　496,499,504,508,511,
　515,518,521,540,544,546

鄭祇德　747

鄭　漳　764

鄭　撰　903

支　謨　817,821,824

鍾紹京　247

周　譒　189,192

周　墀　686,690,694,702,706,732,
　735

周和舉　921

周敬復　701,710,713,717

周　絴　175,178

周思成　130,132

周思鈞　909

周允元　180,184

周　禎　580

周　楨　913

朱長通　925

朱　泚　486,490,494,497

朱敬則　175,178,181,185,188,191,
　195,199,203,215,218

朱巨川　485,487,489,491,494,497

朱　某　514

朱　朴　872,874,876

朱前疑　185

朱全忠　851,854,856,887,891,
　894,896,899,903

後　記

　　2018 年 8 月 15 日,我來到汕頭大學,至今年 8 月 15 日,整整六年。六年以來,幾乎没有參加學術會議,更没有外出旅游。上課之餘,就在潛心做《唐京官年表》的編纂工作。不分上下班,没有節假日。每天工作到深夜十一點甚至十二點才休息。有關唐代的典籍及其研究成果,都進行爬梳洗剔,詳細研讀。史書部分,更是無數次翻閱。查勘比對,繁瑣考證。個中辛苦,惟有學界知音方能體會。《唐京官年表》已逾 300 萬字,業已粗具規模。《唐中書門下兩省屬官年表》《唐尚書省屬官年表》就是其中的兩個部分,分别獲批國家社科基金後期資助一般項目和重點項目。前者付梓在即,有幾點想法和疑惑,與方家商榷。

　　一、關於唐代職官研究,尚書省及御史臺的職官,已有研究成果。而對於中書、門下兩省職官研究,尚屬首次。惟其全新,則無範本以資參照。本書體例,科學與否,尚待學界檢驗。

　　二、中晚唐中書、門下兩省長官,即中書令、侍中,多以節度使平章事者兼職,即所謂使相。若遇大詔敕,且可繫銜,同於真相。所以本年表亦列之。是否允當,亦待學界評判。

　　三、某年某官確屬在職,其前後一年,往往以"當在任"繫之,雖屬揆度,亦是提供一種可能,以便學界進一步研究。

　　本書若臻於完善,則需假以時日,仔細打磨。今却即將出版,在於筆者急功近利,不能全然歸責於浮躁的學術環境。加之檢核不細,考證不嚴,所繫未允或遺漏,定然很多。懇請學界批評指正,留待以後訂正增補。

　　研究過程中,得到薛天緯老師、朱玉麒老師、張明非老師、王兆鵬老師等學界名流的贊成與指導,使我動力不竭,不敢懈怠。出版過程中,中華書局羅華彤主任、責編吳愛蘭老師,付出很多心力。尤其是吳老師,幫助校稿,不厭其煩。本書出版,還得到汕頭大學領導以及文學院領導的熱情鼓勵與幫助。值此出版之際,對上述老師和同志致以誠摯感謝!

2024 年 8 月 15 日